秦穆公

以德報怨君德至宏以刑為賣君實盡云金鼓
懋陵用霸西戎俾壹區宇何愧壹功賠澤漆卿
嚴宥襄中書列秦譽閒然響表 伯奎題

진秦 목공穆公

弄玉

月照秦樓夜未央
玉簫吹徹彩

鸞翔
支機石
畔
君知否
眠一
銀河
望斷腸
紅豆詞人
題

농옥弄玉

楚莊王

桓文為伯攘楚尊周君與我非楚乃周末由問鼎觀兵
孰為是謀釋此戈矛譯工德排籍古右文之賢侯伯羞

초楚 장왕莊王

董狐

弑君之響不討胡俟弑君之賊不書胡史
其正若繩其直如矢賢奸大防千吉鑒此
戊子春日　柏奎青　退廬書

동호董狐

養由基

穗成而上羽成下乎命中穿楊
神乎射乎一矢復命君曬晚乎公侯干
城此其選乎　夢槐仙館主

양유기養由基

吳季子

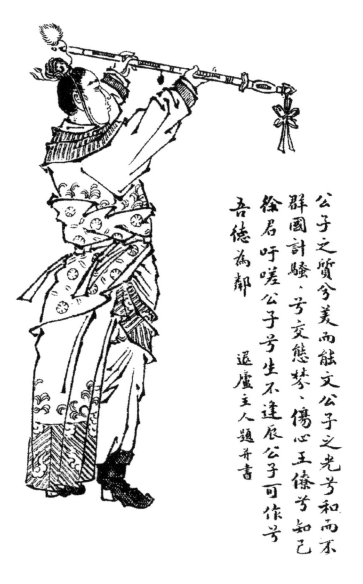

公子之質兮美而觥文公子之光兮和而不
群國詩驗、兮交態梦、傷心玉徐兮知己
徐君呼嗟公子兮生不逢辰公子可作兮
吾德為鄰

退盧主人題并書

오吳 계찰季札

동주
열국지

문헌 고증 완역 결정판

동주
열국지

3

풍몽룡 지음 | 채원방 정리

김영문 옮김

글항아리

임호林胡

견융犬戎

의거
義渠

적도狄道

진
秦

시원豕原

경양涇陽

옹雍

역양櫟陽

임조臨兆

위수渭水

함양咸陽

무도武都

순양旬陽

전저湔氐

재동梓潼

구인枸忍

촉蜀

성도成都

파巴

춘추시대 말기 주요 제후국 및
주요 도시 위치.

북적北狄

산융山戎

조선
朝鮮

연燕

• 무종無終

• 고류高柳

• 고죽孤竹

■ 계薊

• 대代

• 신성
新城

중산
中山

적적赤狄

• 영수靈壽

• 원양原陽

• 이석離石

• 형邢형邢

• 정양定陽

진晉

한단邯鄲

제齊

• 야읍夜邑

■ 기紀

임치
臨淄

• 순우淳于

• 평양平陽

• 곡옥曲沃

• 즉묵卽墨

• 후마侯馬

위衛

• 낭야瑯琊

곡부
曲阜

노魯

거莒
거莒

• 우虞

조가
朝歌

성복城濮

조曹
도구
陶邱

• 등滕

• 주邾

황하潢河

정성鄭城

• 곡虢

주周

낙양
洛陽

정鄭

상구
商邱

송宋

설薛

담郯

• 상商

• 허許

진陳
■ 완구宛邱

• 팽성彭城

서徐

• 신申

신채
新蔡

채蔡

• 거양巨陽

종리
鍾離

• 광릉廣陵

• 식息

회수淮水

• 용庸

• 등鄧

• 당唐

성양城陽

• 황黃

수춘
壽春

연릉延陵

• 무巫

• 수隨

오吳

고소姑蘇

• 백거柏擧

• 육六

• 서舒

호주湖州

초楚

취리檇李

■ 영郢

장강長江

여항餘杭

회계會稽

• 악鄂

장강長江

월越

구甌

1. 이 『동주열국지東周列國志』 번역본의 저본은 중국 청대淸代 광서光緖 14년(1888) 상하이 上海 점석재點石齋에서 간행한 『東周列國志』다. 점석재 간행본은 청 건륭乾隆 원년을 전후하 여 채원방蔡元放이 정리한 판본을 정교한 석인본으로 재간행한 것이다. 이 번역본의 삽화 도 점석재본의 것이다.

2. 점석재본을 저본으로 했지만 소설 원문을 제외한 채원방의 평어나 협주夾註는 모두 생 략했다.

3. 근래에 출판된 판본으로 참고가 되었던 것은 중국 런민문학출판사에서 1978년에 출판 한 『東周列國志』(上·下)다. 근래 중국 대륙의 판본이 대부분 간체자로 출판된 것에 비해 이 판본은 번체자(한국 한자 정자)로 되어 있을 뿐만 아니라 인명과 지명 및 서명 옆에 옆줄이 그어져 있어서 매우 유용하게 참고할 수 있었다.

4. 이외에 단락을 나누고 점석재본의 원문을 교감하기 위해 중화서국, 상하이고적출판사, 제노서사齊魯書社, 악록서사岳麓書社 등의 판본을 참조했다.

5. 인명과 지명은 모두 우리 한자음으로 표기했다. 『동주열국지』의 배경이 중국 춘추전국 시대이기 때문에 현대 중국어 발음보다 우리 한자음이 훨씬 더 중국 고대어 발음에 가깝 다고 보기 때문이다.

6. 중국 고대 지명을 표기할 때는 해당 지명을 쓰고 옆에 중국 현대 지명을 병기했다. 설 명이 필요할 경우 각주로 처리했다. 더러 상고할 수 없는 지명은 원래의 지명만 썼다.

7. 중국 고대 인명을 표기할 때 통상적인 한자음과 다르게 읽히는 경우, 고대의 주석서와 한자 자전字典 및 현대 중국어 발음에 의거하여 일일이 근거를 밝혔다. 예를 들면 '겸장자 鍼莊子' '위엄遠掩' '투누오도鬪穀於菟' '양보梁父' '상영向寧' '하무저夏無且' 등이 그것이다.

8. 중국 고대 인명을 표기할 때 성姓은 물론이고 이름 첫 글자에도 모두 우리말 두음법칙 을 적용하여 읽었다. 예를 들면 '공영孔寧' '채약蔡略' '순역荀躒' '피이被離' 등이 그것이다.

9. 어떤 인명이나 지명이 장마다 처음 나올 때는 먼저 우리말 발음을 표기하고 해당 한자 를 병기했다. 또한 각 장 안에서 단락이 자주 바뀌면서 인명이나 지명이 혼동될 우려가 있 을 때도 한자를 병기했다.

10. 인명의 성과 이름은 띄우지 않고 전부 붙여 썼다. 그러나 제후의 아들이란 의미로 공 자公子를 인명 앞에 붙인 경우에는 공자와 이름을 띄어 썼다. 예를 들면 '공자 개방開方' '공 자 검모黔牟' '공자 규糾' 등이 그것이다. 공손公孫의 경우는 원래 제후의 손자란 의미지만 성씨로 굳어진 경우도 많기 때문에 전부 붙여 썼다. 예를 들면 '공손고公孫固' '공손주公孫 周' '공손교公孫僑' 등이 그것이다.

11. 제후국 이름과 제후의 시호諡號는 제후국의 특징과 존재를 분명하게 드러내기 위해 모두 띄어 썼다. 예를 들면 '진晉 문공文公' '진秦 목공穆公' '진陳 여공厲公' '위衛 영공靈公' '위魏 혜왕惠王' 등이 그것이다.

12. 중국 고대 장회소설章回小說에서 쓰이는 상투어 '화설話說' '각설却說' '재설再說' '단설單說' '차설且說' '부재화하不在話下' '하문복견下文復見' '불필세설不必細說' '자불필설自不必說' 등은 따로 직역하지 않고 문맥 속에서 다른 접속사로 처리하기도 하고, 굳이 번역할 필요가 없을 때는 생략하기도 했다.

13. 주周나라 천자를 부르는 호칭은 '상감' '아바마마' '주상' 등 우리 왕조 시대의 호칭을 상황에 맞게 사용했다. 그러나 제후국 군주를 부르는 호칭은, 춘추시대 자국의 제후를 부르는 경우 주로 '주상' 또는 '주상전하'를 사용했고, 타국의 제후를 부를 때는 '군주' '군후' '현후' '명공' 등을 상황에 맞게 사용했다. 제후가 자신을 지칭하는 경우는 '과인'을 사용했다. 그러나 전국시대에 들어 모든 나라가 '왕'을 칭할 때는 자국 타국을 막론하고 '대왕마마'란 호칭을 사용했고 경우에 따라 '주상'이란 호칭을 섞어 썼다.

14. 주 왕실 천자의 계승자는 '태자', 제후국 계승자는 '세자'로 구분했지만, 전국시대 후반기에는 모든 나라의 계승자를 '태자'로 호칭했다.

15. 춘추시대 제후국 세자 이외의 아들은 '공자公子', 전국시대 제후국 태자 이외의 아들은 '왕자王子'로 호칭했지만 더러 섞어 쓰기도 했다.

16. 제후국 군주의 부인은 '부인' 또는 '군부인'이란 호칭을 사용했다.

17. 우리에게 잘 알려진 고사성어의 경우 해당 부분에서 상세한 설명을 하고 원래의 출처를 밝혔다.

18. 두 사람의 대화가 두 번 이상 반복되며 '아무개 왈曰' '답왈答曰' 등의 말이 계속될 경우, 독서의 편의를 위해 '아무개 왈' '답왈'을 번역하지 않고 자연스럽게 두 사람의 대화가 이어지도록 했다.

19. 이 소설에 등장하는 다른 시대 인물의 경우 해당 부분에 주석을 달아 비교적 상세하게 보충 설명했다. 춘추전국시대 인물에 대해서는 『동주열국지 사전』 중 「인물 사전」에서 중요한 행적과 특징을 밝히고 각 등장 장회를 명기했다.

20. 이 소설에 나오는 각 제후국에 대해서도 『동주열국지 사전』 중 「제후국 사전」에서 한데 모아 흥망성쇠의 과정을 간단하게 보충 설명했다.

21. 이 번역본에서는 기존 번역본의 장회 나눔이 원본과 다른 경우 모두 원본의 형태로 바로잡았고, 기존 번역본에서 빠진 부분과 잘못된 부분도 모두 보충하고 정정했다. 기존의 어떤 번역본보다 원본에 더 가까운 형태를 유지하려고 애썼다.

차 례

제45회_ 임금의 얼굴에 침을 뱉다 _017

제46회_ 진秦과 진晉의 격돌 _046

제47회_ 자줏빛 봉황을 타고 _069

제48회_ 겨울철 태양과 여름철 태양 _099

제49회_ 탐욕 끝에 목 잘린 임금 _128

제50회_ 3년간 날지 않은 새 _152

제51회_ 어둠 속의 나쁜 손 _185

제52회_ 한 여자와 세 남자 _215

제53회_ 밭을 짓밟았다고 소를 빼앗다니 _241

제54회_ 청백리의 아들 _268

제55회_ 풀을 묶어 갚은 은혜 _298

제56회_ 모욕당한 사신의 복수 _326

제57회_ 조씨 가문의 한 점 혈육 _351

제58회_ 햇보리 죽을 먹지 못하다 _378

제59회_ 간신배의 종말 _409

제60회_ 임금의 아우를 벌하다 _435

제61회_ 대부를 굶기다니 _463

제62회_ 맹인 악사의 신통력 _496

제63회_ 몰락하는 난씨 _521

제64회_ 적을 죽이는 것이 장수의 본분 _548

제65회_ 태사의 직필 _578

제66회_ 간신들의 이전투구 _606

부록_ 주요 왕실 계보도 _633

제45회

임금의 얼굴에 침을 뱉다

진 양공은 상복을 입은 채로 진나라를 패퇴시키고
대원수 선진은 갑옷을 벗고 적나라에서 순국하다
晉襄公墨縗敗秦, 先元帥免胄殉翟.

　　진晉나라 중군원수 선진先軫은 이미 진秦나라가 정나라를 기습하려 한다
는 계략을 알고 진晉 양공襄公을 뵈러 와서 말했다.

　　"진秦나라가 건숙과 백리해의 건의를 무시하고 천 리 먼 길을 달려 다른
나라를 기습하려 합니다. 이것은 전에 태복 곽언이 말한 바와 같이 '서쪽에
서 쥐가 와서 우리 집 담장 넘는다有鼠西來, 越我垣牆'는 상황입니다. 서둘러
저들을 공격하여 기회를 잃지 마십시오."

　　그러자 난지欒枝가 앞으로 나서며 말했다.

　　"진나라는 우리 선군(진 문공)에게 큰 은혜를 베풀었사온데, 아직 우리는
그 덕망에 보답하지 못했습니다. 이런 상황에서 진나라의 군사를 공격한다
면 선군께서 지하에서 어떻게 생각하시겠습니까?"

　　선진이 말했다.

"이것이 오히려 선군의 뜻을 계승하는 방법입니다. 선군의 장례에 우리와 동맹을 맺은 나라가 모두 와서 조문을 하기에 겨를이 없습니다. 그러나 진나라만 슬픔을 표시하지 않고 경계를 넘어 우리와 동성同姓인 나라를 정벌하려 합니다. 진나라의 무례함이 도를 넘어섰습니다. 선군께서도 필시 구천에서 한을 품고 계실 것입니다. 그런데 무슨 보답할 은덕이 있다는 것입니까? 또 우리 두 나라는 피차간에 병력 동원을 함께하기로 약속했습니다. 그러나 지난번 정나라를 포위할 때 진나라는 우리를 배신하고 먼저 떠났습니다. 진나라의 우정이 어떠한지 알만하지 않습니까? 저들이 신의를 돌아보지 않는데 우리가 저들의 은덕을 돌아볼 필요가 있겠습니까?"

난지가 또 말했다.

"진秦나라가 아직은 우리 경계를 침범하지 않았는데, 지금 바로 공격하는 건 지나친 처사가 아닙니까?"

선진이 말했다.

"진나라가 우리 선군을 보위에 올려준 건 우리 진나라를 위한 것이 아니라 스스로 도움을 받기 위함이었습니다. 그런데 선군께서 제후들의 패자霸者가 되자 진나라는 겉으로는 우리에게 순종하는 척했으나 마음속으론 기실 미워하고 있었습니다. 지금 저들이 국상 기간을 틈타 군사를 일으킨 것은 우리가 정나라를 도울 수 없다는 걸 이용하려는 것입니다. 우리가 군사를 출병시키지 않으면 이는 실로 우리의 무능력을 보여주는 것입니다. 진나라는 정나라를 습격한 데 그치지 않고 장차 우리 진나라도 공격할 것입니다. 속담에 이르기를 '하루 동안 적을 내버려뒀다가 몇 대 동안의 재앙을 남겼다一日縱敵, 數世貽殃'라고 했습니다. 진나라를 치지 않고 어떻게 자립할 수 있겠습니까?"

조최가 말했다.

"진나라를 지금 공격할 수는 있겠지만, 주상께서 복상服喪 중에 갑자기 군사를 일으키는 건 아무래도 상주의 도리가 아닌 것 같습니다."

선진이 말했다.

"예법에 자식된 사람이 장례 기간 동안 빈소를 지키는 건 효도를 다하기 위해서라고 합니다. 그러나 강적을 제거하여 사직을 편안하게 하는 것보다 더 큰 효도가 어디 있겠습니까? 경들께서 불가하다고 하시면 신 혼자라도 가겠습니다."

서신 등은 모두 선진의 계책에 찬성했다.

선진은 마침내 진 양공에게 상복을 입고 군사를 거느릴 수 있게 해달라고 청했다. 양공이 말했다.

"대원수의 짐작으로는 진나라 군사들이 언제 회군하며 어느 길을 통과하리라 보시오?"

선진은 손가락을 꼽아보며 계산하고는 대답했다.

"신의 짐작으로는 진나라 군사들이 필시 정나라를 이길 수 없고, 이에 원정을 계속할 수 없어 그 세력을 오래 지탱할 수 없을 것입니다. 전체 거리를 계산해보면 저들이 돌아올 기한은 4개월이 지난 초여름일 터, 아마 틀림없이 민지澠池(河南省 澠池)를 통과할 것입니다. 민지는 진秦과 진晉의 경계입니다. 그 서쪽에는 두 효산崤山[1]이 자리 잡고 있습니다. 동효산東崤山에서 서효산西崤山까지는 거리가 35리인데, 이곳은 진나라 군사가 돌아갈 때 반드시 거쳐가게 될 길입니다. 그곳은 수목이 빽빽하게 우거져 있고 산속에 바위가 층층이 솟구쳐 있어 수레가 지나갈 수 없는 곳도 여러 군데 있습니다. 그곳에서는 반드시 수레에서 말을 풀어 한 줄로 지나가야 합니다.

만약 그곳에 복병을 매복시키고 저들의 의표를 찌르면 진秦나라 장수와 병졸을 깡그리 사로잡을 수 있을 것입니다."

진 양공이 말했다.

"대원수께 모든 작전을 맡기오."

이에 선진은 자신의 아들 선저거先且居[2]를 시켜 도격屠擊과 함께 군사 5000명을 이끌고 효산의 왼쪽에 매복하게 했고, 서신의 아들 서영에게는 호국거狐鞠居와 함께 군사 5000명을 이끌고 효산의 오른쪽에 매복하게 했다. 이들은 진나라 군사가 도착하면 좌우에서 동시에 협공을 하기로 했다. 또 호언의 아들 호야고와 한자여韓子輿에게는 군사 5000명을 주어 서효산西崤山에 매복하게 하고, 미리 나무를 베어 진나라 군사의 귀로를 막게 했다. 그리고 양유미의 아들 양홍梁弘에게도 내구와 함께 군사 5000명을 이끌고 동효산東崤山에 매복하게 한 다음 진나라 군사가 그 길을 다 통과하면 군사를 동원하여 추격하도록 했다. 선진과 조최, 난지, 서신, 양처보, 선멸 등 노장들은 진 양공을 따라 효산에서 20리 떨어진 곳에 진채를 세우고 각각 대오를 나누어 사방에서 호응하기로 준비했다. 이것은 그야말로 "쇠뇌를 정돈하여 맹호를 쏘고, 달콤한 미끼로 자라를 잡는다整頓窩弓射猛虎, 安排香餌釣鼇魚"는 격이었다.

---

1 효산崤山: 지금의 하남성 황하 남쪽 연안인 섬현陝縣과 삼문협三門峽 남쪽에 동서로 길게 뻗어 있는 산맥. 옛날 관중關中에서 중원 사방으로 나가는 요충지였다. 험한 산길이 동쪽 민지澠池에서 시작하여 서쪽 함곡관函穀關으로 이어져 있다. 옛날부터 효산과 함곡관을 함께 일컬어 효함崤函이라고 했다. 천혜의 요충지를 상징한다. 함곡관은 지금의 하남성 영보靈寶 함곡관진函谷關鎮이다.

2 선저거先且居: 두예杜預의 『춘추경전집해春秋經傳集解』 희공僖公 33년 해당 단락을 보면 '先且居'의 '且'의 발음을 '子徐切'이라고 했으므로 '저'로 읽어야 한다.

이때 진나라 군사는 2월에 활나라를 멸망시킨 뒤 군수품을 노획하여 수레에 가득 싣고 귀환 중이었다. 다만 정나라 습격에서는 아무 공도 세우지 못했기 때문에 활나라에서 뺏은 노획물로 죄를 씻기를 바랐다. 이후 4월 초순에 행군이 민지에 당도했다. 백을병이 맹명시에게 말했다.

"이 길을 따라 민지에서 서쪽으로 가면 바로 효산의 험준한 산길이오. 우리 부친께서 조심하라고 신신당부하신 곳이오. 대원수께선 소홀히 생각하지 마시오."

맹명이 말했다.

"나는 천 리를 치달려오면서도 아무 두려움이 없었소. 하물며 효산을 넘으면 바로 우리 진나라 땅이오. 이제 고향이 매우 가까우니 완급을 조절할 수 있을 것이오. 염려할 게 무엇이오?"

서걸술이 말했다.

"대원수께서 범 같은 위엄을 지니고 계시지만 실수가 없도록 조심해야 하오. 진나라 군사가 매복하고 있다가 창졸지간에 덮쳐올까 두렵소. 그럴 땐 어떻게 방어해야 하오?"

맹명이 말했다.

"장군께서 이처럼 진나라를 두려워하시니 내가 선두에 서서 가겠소. 만약 복병이 있으면 내가 먼저 맞아 싸우겠소."

그는 맹장 포만자褒蠻子에게 '원수백리元帥百里'[3]라고 쓴 깃발을 들고 앞에서 길을 열게 했다. 맹명은 그 뒤를 따라 제2대, 서걸술은 제3대, 백을병은 제4대를 이끌고 앞으로 나아갔다. 서로 떨어진 거리는 겨우 1~2리 정

3_ 원수백리元帥百里: 맹명은 백리해의 아들로, 이름은 시視이고 자가 맹명이어서 흔히 '맹명시'로 불림. 따라서 깃발에 '원수元帥'라는 관직명과 '백리百里'라는 성을 같이 쓴 것이다.

도였다.

포만자는 80근이나 나가는 방천화극方天畫戟을 익숙하게 다루고 나는 듯이 움직일 수 있어서 스스로 천하무적이라 일컫는 장수였다. 그는 병거를 몰고 민지를 통과하여 서쪽을 향해 진격해갔다. 행군이 동효산에 이르렀을 때 갑자기 산골짝에서 천지를 진동하는 북소리가 울리며 병거 한 부대가 나는 듯이 달려왔다. 병거 위에는 한 대장이 우뚝 서서 길을 막고 물었다.

"네놈이 진나라 장수 맹명이냐? 내가 네놈을 기다린 지 오래다."

포만자가 말했다.

"너부터 먼저 통성명을 해라."

그 장수가 대답했다.

"이 몸은 진나라 대장 내구니라."

포만자가 말했다.

"네놈 나라의 난지나 위주가 왔다면 몇 합 놀아볼 생각도 있다만 네놈 같은 무명 졸개가 어찌 감히 우리의 귀로를 막는단 말이냐? 속히 길을 열어 우리를 지나가게 하라. 만약 조금이라도 늦었다간 내 이 방천화극이 용서치 않으리라."

내구는 크게 화를 내며 긴 창을 뻗어 상대의 가슴을 찔렀다. 포만자는 가볍게 내구의 창을 쳐내며 강하게 방천화극을 내질렀다. 내구는 황급히 몸을 피했지만 방천화극의 무게가 너무 무거워서 병거 앞 가로나무까지 닿았다. 포만사가 방천화극을 잡아낭기사 병서의 가로나무가 두 동상이 났다. 내구는 포만자의 엄청난 용력을 보고 자기도 모르게 탄성을 내뱉었다.

"맹명, 대단하구나! 명불허전名不虛傳이로다!"

포만자는 껄껄 웃으며 말했다.

"이 몸은 맹명 대원수의 아장牙將 포만자니라. 우리 대원수께서 어찌 쥐새끼 같은 네놈 따위와 창을 부딪칠 수 있겠느냐? 서둘러 몸을 피하거라. 우리 원수께서 뒤따라 당도하시면 너는 목숨이 남아나지 않을 것이다."

내구는 놀라서 넋이 다 빠질 지경이었다. 그는 생각했다.

'아장조차 저렇게 영용英勇하다면 맹명은 어느 정도인지 알 수가 없구나.'

내구가 마침내 고함을 질렀다.

"길을 비켜줄 테니 우리 군사를 해치지 마라."

그러고는 병거를 길 한쪽으로 비키게 하여 포만자의 선발대가 지나가게 했다. 포만자가 연락 군졸을 보내 대원수 맹명에게 소식을 전했다.

"진나라의 작은 부대가 매복해 있었지만 제가 이미 격퇴했습니다. 조속히 앞으로 오셔서 군사를 합친 후 효산을 지나가면 아무 일도 없을 것입니다."

맹명은 보고를 받고 몹시 기뻐하며 마침내 서걸술과 백을병을 재촉하여 함께 출발하게 했다. 한편 내구는 군사를 이끌고 양홍을 만나 포만자의 용력을 크게 칭찬했다. 그러자 양홍이 웃으며 말했다.

"고래나 교룡이라 하더라도 이미 강철 그물망에 걸려들었으니 어찌 조화를 부릴 수 있으리오? 우리는 무기를 쓰지 말고 저놈들이 다 지나가기를 기다렸다가 뒤에서 몰아치면 확실한 승리를 거둘 수 있소."

한편 맹명 등 세 장수는 동효산으로 접어들었다. 몇 리 더 가자 상천제上天梯, 타마애墮馬崖, 절명암絶命巖, 낙혼간落魂澗, 귀수굴鬼愁屈, 단운욕斷雲峪 등과 같이 험하기로 이름난 지명이 줄줄이 나타났다. 그곳은 네 마리 말이 끄는 병거가 지나갈 수 없는 곳이었다. 전초 부대 포만자는 이미 그곳을 벗어나 멀리까지 가버리고 없었다. 맹명이 말했다.

"포만자가 이미 지나간 걸 보니 매복이 없는 것 같구나."

그리하여 장수들에게 분부하여 말고삐를 풀고 갑옷을 벗게 했다. 그리고 더러는 말을 끌고 지나가게 했고, 더러는 수레를 끌고 지나가게 했다. 두 발로 지나가기에도 매우 어려운 곳이었다. 대오가 끊어질 듯 이어지고 있었기 때문에 전혀 전투 대열을 맞출 수가 없었다. 어떤 사람이 물었다.

"우리 진나라 군사가 지난번 출병할 때도 이 효산을 지나왔는데, 그때는 이렇게 험한 곳이 많지 않았소. 그런데 이번에 돌아갈 때는 어찌 이처럼 험하단 말이오?"

여기에는 원인이 있었다. 즉 당초에 진秦나라 군사가 출발할 때는 기세가 씩씩했을 뿐만 아니라 길을 가로막는 진晉나라 군사도 없었다. 또 날랜 말이 가벼운 병거를 끌고 천천히 행진하면서 지나쳤기 때문에 힘든 줄을 몰랐다. 그러나 천 리길을 돌아 다시 귀환하게 되니 사람과 말이 모두 지친 상태였다. 또 노략질로 얻은 수많은 활나라 여자와 황금과 비단을 수레에 무겁게 싣고 지나면서 진나라 군사와 한 번 마주치기도 했다. 비록 억지로 지나친 곳이었지만 앞에도 매복이 있을까 걱정되어 마음이 당황스러웠다. 올 때보다 힘이 배로 드는 것은 당연한 이치였다. 맹명이 첫 번째 험로인 상천제를 지나 행진하고 있을 때 북소리와 나팔 소리가 은은히 들려왔다. 후발대의 군졸이 달려와 보고했다.

"진나라 추격군이 뒤에서 따라오고 있습니다."

맹녕이 말했다.

"우리가 지나가기 어려우니 적들도 지나가기 쉽지 않을 것이다. 다만 복병이 앞에서 가로막을까봐 걱정이다. 뒤에 오는 추격군이 뭐가 겁나겠느냐? 각 군에 분부하여 조속히 전진하라고 일러라."

그러고는 백을병에게 앞서 가라고 명령을 내렸다.

"내가 직접 뒤를 맡아 추격병을 방어하겠소."

그렇게 다시 타마애를 돌파한 후 절명암 가까이 다가설 무렵이었다. 군사들이 고함을 지르며 보고했다.

"저 앞에 베어진 나무가 어지럽게 길을 막고 있어 사람이나 말이 지나갈 수 없습니다. 어떻게 하면 좋겠습니까?"

맹명이 생각했다.

'어지럽게 쌓여 있는 저 나무들은 어디서 떨어진 것일까? 앞에 과연 매복이 있단 말인가?'

그는 친히 앞으로 가서 살펴보았다. 그곳 바위 옆 한 비석에 다섯 글자가 새겨져 있었다.

문왕이 비를 피한 곳   文王避雨處

또 그 비석 옆에는 붉은 깃발이 하나 꽂혀 있었다. 깃대는 세 자가 넘었고 깃발에는 '진晉'이란 글자 하나가 쓰여 있었다. 깃발 아래는 온통 이리저리 엉켜 있는 나무들뿐이었다. 맹명이 말했다.

"이것은 복병이 있는 것처럼 꾸민 속임수다. 이미 행진이 여기까지 왔으므로 매복이 있다 하더라도 앞으로 치고 나갈 수밖에 없다."

맹명은 군사를 시켜 먼저 그 깃발을 뽑아버리게 한 후 길을 막고 있는 나무를 치우고 행진을 계속할 생각이었다. 그러나 누가 알았겠는가? '晉'자가 써진 그 붉은 깃발이 복병의 신호일 줄이야. 바위 계곡 깊은 곳에 매복해 있던 진晉나라 군사들은 붉은 깃발이 뽑히는 순간 진秦나라 군사가 당도한 것을 알고 일제히 들고 일어나 공격을 시작했다. 진나라 군사들은 바야흐로 나무를 옮기다가 앞쪽에서 우레와 같은 북소리가 들려왔다. 저 멀리서 깃발이 번쩍이는 것을 보았으나 얼마나 많은 군사와 병마가 있는지 알 수 없었다. 백을병은 무기를 잘 배치하여 적을 돌파하기로 작전을 세웠다. 저쪽 높다란 바위에 한 장수가 우뚝 서 있었다. 그의 성은 호狐, 이름은 야고射姑, 자는 가계賈季였다. 호야고가 고함을 질렀다.

"네놈들의 선봉장 포만자가 이미 여기에 꽁꽁 묶여 있다. 너희 장수가 일찌감치 항복한다면 도륙은 면하리라."

포만자는 용기만 믿고 전진하다가 함정에 떨어졌고, 진나라 장수들은 그를 갈고리로 끌어올려 포승줄로 꽁꽁 묶어 함거檻車에 태웠다. 백을병은 깜짝 놀라 군졸을 시켜 서걸술과 원수 맹명에게 보고하게 하고 힘을 합쳐 탈출할 계획을 상의했다. 맹명은 지나갈 길을 살펴보았다. 한 자 정도밖에 안 되는 넓이에 한편에는 삐죽삐죽한 바위가 높이 솟아 있었고, 다른 한편에는 만 길 깊이의 까마득한 절벽이 자리 잡고 있었다. 그곳이 바로 낙혼간이었다. 비록 천군만마千軍萬馬가 있다 해도 어찌해볼 방법이 없는 곳이었다. 맹명은 마음속으로 한 가지 계책이 떠올라 명령을 내렸다.

"이곳은 싸움을 벌일 수 있는 장소가 아니다. 대군을 모두 동효산의 넓은 곳으로 후퇴시키고 그곳에서 결사전을 벌이며 다음 상황에 대처해야 겠다."

백을병은 명령을 받들고 군사를 후퇴시켰다. 후퇴하는 언도 내내 북소리 징소리가 끊임없이 들려왔다. 타마애로 후퇴했을 때 동쪽 길에서 깃발이 끊임없이 이어져오는 것이 보였다. 그곳에는 바로 진晉나라 대장 양홍과 부장 내구가 5000명의 군사를 거느리고 그들의 뒤를 추격하며 한 발짝씩 가까이 다가오고 있었다. 진秦나라 군사는 타마애를 넘어가지도 못하고 다시 방향을 돌렸다. 그 모습이 마치 뜨거운 접시 위의 개미떼가 동서로 분주히 움직이며 갈 곳을 찾지 못하는 것과 같았다. 맹명은 군사들에게 좌우 산기슭으로 올라가 길을 찾게 했다. 그러나 왼쪽 산 위에서 또 북소리 징소리가 어지럽게 울리며 또 다른 부대가 버티고 서 있었다. 그곳의 한 대장이 소리를 질렀다.

"대장 선저거가 여기 있다. 맹명은 조속히 투항하라."

때맞춰 오른쪽 건너 계곡에서도 연주포 소리가 울렸다. 산꼭대기와 산골짝에서 함께 호응하려는 작전이었다. 그곳에서는 대장서영大將胥嬰이란 깃발이 올랐다. 이때 맹명은 만 발의 화살을 가슴에 맞은 듯 아무 대책도 세울 수 없었다. 군사들은 모두 이리저리 흩어져 숨기에 바빴고, 산을 넘고 계곡을 건너 달아나던 군사들은 모두 진晉나라 군사에게 죽임을 당했다. 맹명은 진노하여 서걸술, 백을병 두 장수와 함께 타마애를 돌파했다. 길을 막고 있는 나무 더미에는 유황과 염초 같은 인화 물질이 뿌려져 있었다. 한자여가 그곳에 있다가 나무 더미에 불을 붙였다. 불길이 세차게 타오르며 연기가 하늘을 가렸고, 번쩍번쩍 빛나는 불똥이 땅에 가득 떨어졌다. 뒤편에서는 양홍의 군마가 벌써 당도하여 맹명 등 세 장수를 끊임없이 몰아붙였다. 전후좌우에 모두 진晉나라 군사들뿐이었다. 맹명이 백을병에게 말했다.

"장군의 부친은 참으로 신과 같은 분이시오. 오늘 이 막다른 길에 몰렸으니 나는 이제 죽을 것이오. 두 분은 변복을 하고 각자 도망가시오. 만에 하나 천행으로 한 사람이라도 살아서 우리 진나라로 돌아간다면 주상께 아뢰시고 군사를 일으켜 복수를 해달라고 하시오. 그러면 구천에서도 한

숨을 놓겠소."

서걸술과 백을병은 울면서 말했다.

"우리는 살아도 같이 살고 죽어도 같이 죽어야 하오. 설령 이곳을 탈출한다 해도 무슨 면목으로 혼자 고국으로 돌아갈 수 있겠소?"

말을 다 마치지도 않았는데 수하의 병졸들이 모두 뿔뿔이 흩어졌다. 버려진 병거와 무기가 연도에 가득 쌓여 있었다. 세 장수는 어찌해볼 도리가 없어 바위 아래에 함께 모여 포박당하기를 기다릴 수밖에 없었다. 진晉나라 군사는 사방에서 포위를 좁히며 다가와 마치 만두를 싸듯 진秦나라 장수와 병졸을 포박했다. 한 사람씩 속수무책으로 포로가 될 수밖에 없었다. 시체에서 흘러내리는 피는 계곡을 물들였고 산길마다 시체가 가득 쌓여 있었다. 말 한 필, 수레바퀴 하나도 그곳을 빠져나가지 못했다. 염옹이 이 전투를 시로 읊었다.

천 리 행군 장한 마음 하루아침에 스러지고	千里雄心一旦灰
서효산 계곡에선 바퀴 하나도 못 돌아왔네	西崤無復隻輪回
진晉나라 장수에게 기책奇策 많았다 떠벌리지 말라	休誇晉帥多奇計
건숙은 일찍감치 눈물을 흘렸다네	蹇叔先曾墮淚來

선저거는 동효산 아래의 합류 장소로 가기 위해 세 장수와 포만자를 함거에 실었다. 포로로 잡은 군사 및 병거와 군마, 그리고 활나라에서 약탈해온 수많은 여자와 보옥과 비단 모두 진晉 양공의 본채로 옮겨졌다. 양공은 상복 차림으로 포로를 받았다. 군중軍中에서 울려 퍼지는 환호성이 천지를 진동했다. 양공은 진秦나라 세 장수의 성명을 물었다. 그러고는 다시 질

문했다.

"포만자가 누구냐?"

양홍이 말했다.

"그 자는 비록 아장이지만 용력이 다른 사람의 두 배나 됩니다. 내구도 그 자와의 싸움에서 진 적이 있습니다. 만약 함정에 빠지지 않았다면 포박하기 어려웠을 것입니다."

진 양공이 깜짝 놀라며 말했다.

"그처럼 사나운 장수를 살려두면 또 다른 변고를 일으킬까 두렵소."

이에 내구를 앞으로 불러서 일렀다.

"그대는 앞서 저자와의 싸움에서 패배했으니, 오늘 과인의 면전에서 저자의 목을 베어 원한을 갚으라."

내구는 명령을 받들고 포만자를 진채 앞 공터의 기둥에다 묶었다. 손에 큰 칼을 들고 내리치려는 순간 포만자가 고함을 질렀다.

"네놈은 나에게 진 패장인데 어찌 감히 나를 범하려고 하느냐?"

그 목소리가 마치 하늘에서 울리는 천둥소리 같아서 주위의 집들까지 진동했다. 포만자가 소리를 지르며 두 손을 비틀자 포승줄이 모두 끊어졌다. 내구는 대경실색하여 손을 부들부들 떨다가 자기도 모르는 사이에 칼을 땅에 떨어뜨렸다. 만자는 앞으로 달려들어 그 칼을 빼앗았다. 그때 낭심狼瞫이라는 말단 군관 하나가 옆에서 보고 있다가 먼저 칼을 들어 포만자를 내리치고 다시 칼을 휘둘러 포만자의 머리를 양공 앞에 바쳤다. 양공이 크게 기뻐하며 말했다.

"내구의 용기가 일개 말단 군관에도 미치지 못하는구나."

그러고는 바로 내구를 쫓아내고 낭심을 거우직에 임명했다. 낭심은 은혜

진 양공이 상복을 입고 진秦 나라를 패퇴시키다.

에 감사를 드리고 물러났다. 이후 그는 임금에게 인정을 받았다고 떠벌리며 대원수 선진에게는 인사도 하러 가지 않았다. 선진은 마음속으로 자못 불쾌하게 생각했다.

이튿날 진 양공은 장수들과 개선가를 울리며 귀환했다. 곡옥曲沃에 부친 문공의 빈청殯廳이 있었기 때문에 다시 곡옥으로 돌아갔다. 도성인 강주성絳州城으로 돌아간 후 맹명 등 진나라 장수 세 사람을 종묘에 바치고 형벌을 시행할 생각이었다. 양공은 먼저 진나라를 패배시킨 공적을 문공의 빈청에 고하고 마침내 묘혈墓穴을 만들어 문공을 묻었다. 양공은 상복을 입고 장례를 지켜보면서 전공戰功을 고하고 마지막 장례 절차를 마쳤다. 이때 양공의 모부인母夫人 영씨嬴氏(문영文嬴)[4]도 장례에 참여하기 위해 곡옥에 와 있다가 진나라 세 장수가 포로가 되었다는 사실을 알게 되었다. 그래서 일부러 양공에게 물었다.

"소식을 들으니 우리 군사가 승리하여 맹명 등을 모두 사로잡았다고 하더이다. 이는 사직의 홍복이오. 그런데 이미 주살했는지 모르는 것이오?"

양공이 말했다.

"아직 주살하지 않았습니다."

모부인 문영이 말했다.

"진秦과 진晉은 대대로 혼인을 맺으면서 매우 친하게 지내왔소. 그러나 맹명 등이 전공을 탐하여 전쟁을 일으키고 함부로 무기를 휘둘러 두 나라

4_ 모부인母夫人 영씨嬴氏: 진秦 목공穆公의 딸 회영懷嬴을 말한다. 회영은 본래 진晉 회공懷公 어圉에게 출가했기 때문에 회영懷嬴으로 불렸다. 어가 진秦나라 인질 생활을 하다가 도망쳐서 귀국한 후, 당시 진秦나라에서 망명 생활을 하던 진晉 공자 중이에게 다시 시집갔다. 중이가 귀국하여 진晉 문공이 되었으므로 회영은 문영으로 불렸다. 진 문공의 정실부인이었으므로 모부인이라고 한 것이다. 실제로 진 양공의 생모는 핍길偪姞인데, 진 문공이 포성에 있을 때 세상을 떠났다.

사이의 은혜가 원한으로 바뀌었소. 짐작컨대 진秦나라 군후께서도 틀림없이 이 세 사람을 깊이 미워하고 계실 것이오. 우리가 세 장수를 죽여봤자 아무 도움도 되지 않으니 차라리 진나라로 돌려보내는 것이 좋을 것 같소. 저들의 임금이 직접 죽이게 하여 우리 두 나라 사이의 원한을 푸는 게 더 아름다운 일이 아니겠소?"

양공이 말했다.

"우리 삼군이 진秦나라와 싸워서 잡은 장수를 놓아주면 앞으로 진晉나라에 우환을 남길까 두렵습니다."

문영이 말했다.

"싸움에 패한 자를 죽이는 것은 국가의 변함없는 법률이오. 초나라 군사가 한 번 패전하자 성득신은 자결했소. 어찌 진秦나라만 유독 그런 군법이 없겠소? 하물며 옛날 우리 진晉 혜공께서 진秦나라에 사로잡혔을 때도 진나라 군주는 그분을 예우하고 다시 귀국시키셨소. 진나라가 우리에게 예의를 갖춘 것이 이와 같았소. 보잘것없는 패장을 우리가 직접 주살하려는 것은 우리 나라의 몰인정만 드러내는 짓이오."

양공은 처음에 모후의 말을 들으려 하지 않다가 혜공이 풀려난 일을 듣자 갑자기 마음이 움직여 즉시 관리에게 세 장수를 석방시켜 진나라로 돌려보내라고 명령했다. 맹명 등은 감금에서 풀려나자 감사 인사도 하지 않은 채 머리를 끌어안고 줄행랑을 놓았다.

선진은 집에서 식사를 하다가 진 양공이 세 장수를 석방했다는 소식을 들었다. 그는 먹던 밥을 뱉어내고 즉시 조정으로 달려가 노기등등하게 양공에게 물었다.

"진秦나라 죄수가 지금 어디에 있습니까?"

양공이 말했다.

"모부인께서 그들을 귀국시켜 저들의 나라에서 형벌을 받게 해야 한다고 청해서 과인이 이미 그 말씀에 따랐소."

선진은 발끈 화를 내며 양공의 얼굴에 침을 뱉었다.

"퉤! 어린아이가 어찌 이처럼 철이 없을꼬? 무장들이 천신만고 끝에 저들을 포로로 잡았건만 여인네의 말 한마디에 일을 망치다니! 호랑이를 산으로 돌려보내면 뒷날 후회해도 아무 소용이 없을 것이오."

양공은 바야흐로 사태를 깨닫고 얼굴을 닦으며 사과했다.

"모두 과인의 잘못이오!"

그러고는 좌중에게 물었다.

"누가 진나라 죄수를 추격하여 잡아오겠소?"

양처보가 가겠다고 하자 선진이 말했다.

"장군이 애써 주시오. 만약 추격해서 잡아오면 제일등 공으로 치겠소."

양처보는 바람 같은 준마를 타고 칼을 뽑아 든 채 곡옥의 서문을 나서서 맹명을 추격하기 시작했다. 훗날 사관이 시를 지어 진 양공을 찬양했다. 내용인즉 양공이 선진의 무례함을 용납해준 모습에서, 그가 문공의 패업을 계승할 만한 도량을 지녔음을 알 수 있다는 것이다.

부인이 경박하게 무장의 공을 망쳐서	婦人輕喪武夫功
당시에 선진은 노기가 등등했네	先軫當時怒氣沖
얼굴 닦고 용서하여 화를 내지 않았으니	拭面容言無慍意
패업霸業을 계승할 이 양공임을 알겠도다	方知嗣伯屬襄公

맹명 등 세 사람은 죽을 고비에서 벗어난 뒤 길 위에서 서로 상의했다.

"우리가 황하를 건널 수 있다면 다시 살 수 있겠지만, 그러지 못한다면 아마도 진晉나라 임금이 우리를 풀어준 걸 후회하고 추격해올 것이오. 어찌하면 좋겠소?"

그들이 황하에 도착했지만 그곳엔 작은 배 한 척도 없었다. 탄식이 저절로 흘러나왔다.

"하늘이 우리를 죽이려는구나!"

탄식 소리가 아직 끝나지도 않았는데, 늙은 어부 하나가 작은 고깃배를 저어 서쪽에서 오고 있는 것이 보였다. 그 어부는 입으로 노래를 부르고 있었다.

우리에 묶인 원숭이가 풀려났고	囚猿離檻兮
조롱에 갇힌 새가 날아오르도다	囚鳥出籠
이제 나를 만나는 사람은	有人遇我兮
패전을 돌이켜 공을 세우리로다	反敗爲功

맹명이 그 노래를 이상하게 여기고 어부를 불렀다.

"어부 어르신! 이 강을 좀 건너게 해주시오."

어부가 말했다.

"니는 진秦나리 사람을 건네주지, 진晉나라 사람은 건네주지 않소이다."

"우리가 바로 진秦나라 사람이오. 얼른 건네주시오."

"그대가 효산에서 싸움에 진 사람이오?"

"그렇소."

"나는 공손지 장군의 명을 받들어 특별히 이곳에 배를 대고 기다린 지 벌써 하루 이틀이 아니오. 이 배는 작아서 무거운 무게를 오래 견딜 수 없소. 반 리 정도 가면 큰 배가 있으니 장군께서는 속히 가시지요."

말을 마치자 그 늙은 어부는 배를 돌려 서쪽으로 나는 듯이 노를 저어 갔다. 세 장수는 황하를 거슬러 서쪽으로 올라갔다. 반 리도 되지 않은 곳에 과연 큰 배 여러 척이 정박해 있었다. 강변에서 화살을 쏘았을 때 전체 거리의 반쯤 되는 곳이었다. 그 어부의 배는 이미 저쪽에서 인사를 하고 있었다. 맹명시, 서걸술, 백을병은 신발을 벗고 강물로 들어가 큰 배를 탔다. 노를 아직 젓지도 않았는데 동쪽 언덕에 벌써 진晉나라 장군 한 사람이 수레를 타고 달려오는 것이 보였다. 그는 바로 대장 양처보였다. 그가 큰 소리로 불렀다.

"진秦나라 장군들께선 잠시 기다리시오!"

맹명 등은 모두 깜짝 놀랐다. 순식간에 양처보의 수레가 강변에 멈췄다. 그는 맹명이 벌써 배를 타고 있는 걸 보고 금방 한 가지 계책을 생각해냈다. 그는 자신의 수레를 몰고 온 왼쪽 곁말을 진 양공의 명령이라 속이고 맹명에게 하사하겠다고 했다.

"우리 주상께서 장군이 말을 타고 가시지 못할까 걱정되어 나에게 이 양마良馬를 장군께 드리라고 했소. 이건 존경의 표시니 장군께서 받아주시기 바라오."

양처보의 속셈은 맹명을 유인하여 강 언덕으로 올라오게 한 뒤, 그가 말을 받고 감사 인사를 할 때 기회를 틈타 포박할 작정이었다. 그러나 맹명은 벌써 그물을 벗어난 물고기였다.

'낚시 바늘에서 빠져나온 물고기가 어찌 다시 돌아가리오?'

마음속으로 이런 다짐을 하고 있는데 어찌 강 언덕으로 다시 올라가려 하겠는가? 맹명은 멀리서 양처보를 바라보며 고개를 숙이고 감사 인사를 올렸다.

"군후께서 우리를 죽이지 않은 것만 해도 크나큰 은혜인데, 어찌 감히 또 좋은 말까지 받을 수 있겠소? 주상께서 돌아온 우리를 죽이지 않으시면 3년 후에 제가 직접 귀국으로 와서 군후의 하사품을 받도록 하겠소."

양처보는 다시 무슨 말을 하려 했지만 뱃사공들이 재빨리 노를 젓는 바람에 배는 이미 황하 물결 속으로 흘러들어가고 있었다. 양처보는 망연자실하여 울적한 마음으로 되돌아왔다. 그는 맹명의 말을 양공에게 아뢰었다. 그러자 선진이 분연히 앞으로 나서며 말했다.

"그자가 '3년 후에 하사품을 받으러 오겠다'고 한 것은 장차 우리 진晉나라를 정벌하여 복수를 하겠다는 것입니다. 차라리 우리가 지금 저들의 패배를 틈타 먼저 정벌군을 일으켜 저들의 음모를 막아버리는 것이 좋겠습니다."

양공도 그렇게 생각하고 마침내 진나라 정벌에 관한 일을 상의하게 했다.

이야기가 두 갈래로 나뉜다. 진 목공은 세 장수가 진나라에 포로로 잡혀갔다는 소식을 듣고 침울함과 분노로 침식조차 모두 폐지할 지경이었다. 며칠 뒤 다시 세 장수가 석방되어 귀환하고 있다는 소식이 들려왔다. 그는 회색이 만면했지만 좌우 신하들은 모두 이렇게 말했다.

"맹명 등은 군사를 잃고 나라를 욕되게 했사오니 마땅히 주살해야 합니다. 지난날 초나라도 성득신을 죽여 삼군을 경계했습니다. 주상께서도 그 법을 시행하십시오."

목공이 말했다.

"과인이 건숙과 백리해의 말을 듣지 않아서 그 폐해가 세 장군에게까지 미친 것이오. 그러므로 죄는 과인에게 있지 다른 사람에게 있지 않소."

이에 소복을 입고 교외에까지 나가서 세 장수를 맞이하고는 통곡하며 그들을 위로했다. 목공은 그들을 다시 삼군을 거느리는 대원수로 임명하고 더욱더 예의를 갖춰 우대했다. 백리해가 탄식했다.

"우리 부자가 다시 만나게 된 건 망외望外의 기쁨이로다!"

이후 백리해는 늙음을 핑계로 마침내 벼슬자리에서 물러났다. 목공은 유여와 공손지를 좌서장과 우서장으로 삼고 건숙과 백리해의 지위를 대신하게 했다. 이 이야기는 여기에서 잠시 접어두고자 한다.

진 양공이 대신들과 진秦나라 정벌을 논의하고 있을 때 갑자기 변방의 관리가 파발마를 띄워 보고를 올렸다.

"지금 적翟나라 군주 백부호白部胡가 군사를 거느리고 우리 경계를 침범해오고 있습니다. 벌써 기성箕城(山西省 太谷)을 지나고 있으니 방어를 위해 군사를 파견해주시기 바라옵니다."

양공이 깜짝 놀라며 물었다.

"적나라와 우리 진나라는 아무 원한도 없는데, 무엇 때문에 우리를 침범한단 말이오?"

선진이 말했다.

"선군이신 문공께서 망명 도중 적나라에 계실 때, 적나라 군주는 계외와 숙외를 우리 군신君臣의 아내로 주었습니다. 이후 12년을 머무는 동안 그분들을 매우 극진하게 예우해주었습니다. 선군께서 귀국하셨을 때도 적나라 군주는 사람을 보내 축하 인사를 했고, 계외와 숙외까지 우리 진나라로 보내주었습니다. 그러나 선군께서 살아 계실 때 비단 한 필조차 적나라에 보내지 않았습니다. 적나라 군주는 선군과의 우호를 생각하고 은인자중하며 섭섭한 말을 입 밖으로 내지 않았습니다. 그런데 이제 그 아들 백부호가 보위를 이어받아 자신의 용기만 믿고 우리의 국상 기간을 틈타 군사를 동원해 쳐들어온 것입니다."

양공이 말했다.

"선군께서는 주 왕실의 일을 돌보느라 사사로운 은혜에 보답할 겨를이 없었던 것이오. 그런데 지금 적나라 군주가 우리 나라를 쳤으니 이는 우리의 원수요. 장군께서 과인을 위해 저들을 물리쳐주시오."

선진이 다시 재배하며 말했다.

"신은 지난번 진秦나라 장수를 돌려보낸 데 울분을 품고 잠시 격노하여 주상의 얼굴에 침을 뱉었습니다. 이것은 심히 무례한 행동입니다. 신이 듣건대 '군대는 질서정연함을 숭상하고 오직 예법으로써만 질서정연함을 이룰 수 있다'고 했습니다. 저처럼 예법도 모르는 자는 원수 직을 감당할 수 없습니다. 원컨대 주상께서는 신의 직책을 파직하시고 다른 훌륭한 장수를 선택하시기 바랍니다."

양공이 말했다.

"경은 나라를 위해 울분을 터뜨린 것이오. 그것은 충성심의 발로인데 과인이 어찌 그것을 모르겠소? 지금 적나라를 막는 일은 경이 아니면 안 되오. 경은 사양하지 마시오."

선진은 할 수 없이 어명을 받들고 밖으로 나가 탄식했다.

"나는 본래 진나라와의 싸움에서 죽고 싶었는데, 적나라와의 싸움에서 죽을 줄 누가 알았으리오?"

아무도 그 말의 뜻을 이해하지 못했다. 양공은 도성인 강주성으로 돌아갔다.

선진은 중군의 장막으로 들어가 제군諸軍의 상황을 점검하고 장수들에게 물었다.

"누가 전군前軍의 선봉을 맡아주겠소?"

그때 한 사람이 의기양양하게 앞으로 나서며 말했다.

"제가 맡겠습니다."

선진이 바라보니 이제 막 거우에 임명된 낭심이었다. 선진은 그가 인사를 오지 않아서 불쾌한 마음을 갖고 있는데다 이번에 또 선봉장을 자청하자 더욱 마음이 좋지 않았다. 그래서 그를 꾸짖었다.

"너는 신출내기 졸개로서 우연히 죄수 한 명을 참수하여 중용되었다. 지금 강대한 적이 변경을 침범한 상황인데 너는 전혀 사양하는 마음도 보이지 않는구나. 어찌 나의 막하에 너 말고 훌륭한 장수 한 명 없겠느냐?"

낭심이 말했다.

"소장은 국가를 위해 전력을 다하고자 하는데, 원수께선 어찌하여 제 출전을 가로막으십니까?"

선진이 말했다.

"지금 눈앞에도 힘쓸 만한 사람이 적지 않다. 네게 무슨 지략과 용기가 있다고 감히 장군들 위에 서려고 하느냐?"

선진은 그를 꾸짖어 쫓아내고 거우 직에도 임명하지 않았다. 대신 효산 전투에서 공을 세운 호국거를 거우에 임명했다. 낭심은 고개를 떨구고 탄식하며 울분을 품은 채 장막을 나갔다. 그는 길에서 친구 선백鮮伯을 만났다. 선백이 물었다.

"원수께서 장수를 뽑아 적을 막으려 한다는데 자네는 어찌 이처럼 한가한가?"

낭심이 말했다.

"나는 본래 선봉장을 자원해서 국가를 위해 힘을 다하려 했다네. 그러나 내가 선진이란 작자의 성질을 건드릴 줄 누가 알았겠는가? 그 작자가 내게 무슨 지략과 용기가 있냐고 하면서 쓸데없이 장수들 앞에 나서지 말라고 했다네. 그러고는 나를 파직하여 아무 일도 시키지 않았다네."

선백이 몹시 화를 내며 말했다.

"선진이 현명하고 능력 있는 사람을 시기하는 것이네. 내 자네와 함께 집안의 장정들을 불러모아 그 선진이란 작자를 죽여 가슴속 불만을 풀고 싶네. 그렇게라도 분을 풀고 죽으면 죽어도 마음이 상쾌하지 않겠는가?"

낭심이 말했다.

"안 되네, 안 돼! 대장부는 반드시 명예롭게 죽어야지, 죽어서 불의한 이름을 남긴다면 그건 참다운 용기가 아닐세. 나는 용기로 주상의 인정을 받아 거우에 임명된 것이네. 선진이 나를 용기가 없다며 내쫓았는데, 만약 불의한 일에 연루되어 죽는다면 오늘 내가 쫓겨난 건 불의한 인간이 쫓겨난 것 밖에 더 되겠나? 그것은 나를 시기하는 놈들에게 좋은 핑계거리를 주는 게 아니겠나? 잠시 때를 기다리세나."

선백이 감탄하며 말했다.

"자네의 고견에 나는 도저히 따라갈 수 없구면."

결국 그는 낭심과 함께 동행하기로 했다. 후세 사람이 시를 지어 낭심을 쫓아낸 선진의 잘못을 논했다.

창을 들고 적장을 죽인 그 용기가 뛰어나서	提戈斬將勇如賁
거우로 승진된 것도 군주의 은혜였네	車右超升屬主恩
온 힘을 다하려다 어찌하여 쫓겨났나	效力何辜遭黜逐
옛날부터 충용한 자는 원한을 삼키는 법	從來忠勇有冤吞

선진은 자신의 아들 선저거를 선봉장으로 삼고, 난돈과 극결을 각각 좌군과 우군 대장으로 삼았으며, 호야고와 호국거에게는 후방 호위를 맡겼다. 선진은 병거 400승을 징발하여 강주성 북문을 나서서 기성을 향해 진격했다. 양군이 서로 만나 각각 진채를 세우자 선진이 장수들을 불러 계책을 일러줬다.

"기성에는 대곡大谷이란 곳이 있는데 계곡이 넓어 병거로 싸우기 좋은 곳이오. 그 곁에는 수목이 우거져 있어 군사를 매복하기에 적당하오. 난돈과 극결 두 장군은 군사를 나누어 그곳 좌우에 매복하시오. 선저거가 적나라 군사와 교전을 벌이다가 거짓으로 패하여 적을 대곡으로 유인하면 우리 복병이 일제히 뛰어나가 적나라 군주를 사로잡으면 되오. 호야고와 호국거 장군은 군사를 이끌고 후방에서 지원하면서 적나라의 구원병이 오는 걸 방비하시오."

장수들은 계획대로 행동하기로 했다. 선진은 본영을 대곡에서 후방으로 10여 리 떨어진 곳에 세웠다.

다음 날 아침 양군은 서로 마주보고 진영을 펼쳤다. 적나라 군주 백부호는 친히 앞으로 나와 싸움을 걸었다. 선저거는 그와 몇 합 겨루다가 병거를 이끌고 후퇴했다. 백부호는 100여 기의 기병을 거느리고 용맹하게 추격해왔다. 선저거는 그를 유인하여 대곡으로 끌어들였다. 그때 좌우의 복병들이 모두 뛰쳐나왔다. 백부호는 정신을 바짝 차리고 좌충우돌하며 용감하게 싸웠다. 그런 과정에서 적나라의 기마 100여 기騎는 거의 전멸했고 진나라 군사의 손상도 매우 컸다. 백부호는 오랜 시간 싸움을 벌이다가 겹겹의 포위망을 뚫고 달아나기 시작했다. 아무도 그를 막아설 수 없었다. 그가 계곡 입구에 이르렀을 때 비스듬한 자세로 쏜 듯한 화살 한 발이 백부호의 얼굴을 정면으로 맞췄다. 백부호는 몸을 뒤집으며 말에서 떨어졌고 진나라 군사들이 앞으로 달려들어 그를 사로잡았다. 그 화살을 쏜 사람은 새롭게 하군 대장으로 임명된 극결이었다. 화살에 뒤통수까지 관통당한 백부호는 금방 숨이 끊어졌다. 극결은 그가 적나라 군주임을 확인하고 머리를 베어 대원수 선진에게 보고하려 했다. 이때 선진은 중군 본영에서 백부호를 사로잡았다는 소식을 들었다. 그는 고개를 들고 하늘을 바라보며 연방 혼잣말을 했다.

"우리 진나라 군후께서 복이 있도다, 복이 있도다."

그는 마침내 필묵을 찾아 상소문 한 통을 써서 탁자 위에 올려놓았다. 그러고는 장수들에게 알리지도 않고 군영의 심복 몇 사람과 함께 병거를 몰고 적나라 진영으로 돌진해갔다.

한편 백부호의 동생 백돈白暾은 자신의 형이 죽은 것도 모른 채 군사를 이끌고 앞으로 달려와 적나라 군사를 구원하려 하다가 갑자기 진나라 병거 한 대가 치달려오는 것을 보았다. 그는 그것이 자신들을 유인하기 위한 병거인 줄 알고 칼을 뽑아 들고 맞아 싸우러 나갔다. 그때 선진은 어깨에 긴 창을 가로로 메고 눈을 부라리며 호통을 쳤다. 선진의 찢어진 눈꼬리에서 피눈물이 흘러내렸다. 백돈은 깜짝 놀라 수십 보 뒤로 후퇴했다. 그러나 뒤따라오는 군사가 없음을 알고 궁수들을 동원해 선진을 포위하고 화살을 쏘게 했다. 선진은 신과 같은 위력을 떨치며 빽빽한 적진 속을 왕래했다. 그는 장수 3명과 병졸 20여 명을 죽이고도 아무런 상처도 입지 않았다. 적나라 궁수들은 선진의 용맹에 겁을 먹고 손에 힘이 빠져 발사하는 화살도 전혀 힘이 없었다. 또 선진은 두꺼운 갑옷을 입고 있었으니 화살이 어떻게 뚫고 들어갈 수 있겠는가? 선진은 화살이 자신에게 상처 하나 입히지 못하는 것을 보고 탄식하며 말했다.

"내가 적을 죽이지 않고는 나의 용맹을 증명할 방법이 없었다. 이제 나의 용맹을 적에게 알렸으니 적을 더 죽여서 무엇하겠는가? 나는 오늘 여기에서 죽을 것이다."

이에 스스로 갑옷을 벗고 화살을 맞았다. 화살이 그의 몸에 고슴도치처럼 박혔다. 몸은 죽었으나 시체는 꼿꼿함을 유지한 채 쓰러지지 않았다. 백돈이 선진의 머리를 자르려 했지만 그의 치켜뜬 눈과 휘날리는 수염이 생시와 다름이 없었다. 백돈은 몹시 두려웠다. 적나라 군사들 중에서 그를 알아본 자가 말했다.

"이 사람은 진나라 중군 대원수 선진입니다."

백돈은 군사를 이끌고 절을 올리며 감탄했다.

"정말 신神이로다!"

그러고는 다음과 같이 축원을 올렸다.

"신이시여! 저와 함께 적나라로 가서 제사를 받으시겠습니까? 그럼 누우십시오!"

시신은 여전히 꼿꼿하게 쓰러지지 않고 있었다. 그러자 백돈은 축원을 바꾸었다.

"신이시여! 진나라로 돌아가고 싶으시면 제가 보내드리겠습니다."

先元帥
免胄殉翟

선진이 갑옷을 벗고 전사하다.

축원이 끝나자 선진의 시신이 마침내 병거 위에 누웠다. 선진의 시신이 어떻게 진나라로 돌아가는지는 다음 회를 보시라.

진秦과 진晉의 격돌

초나라 상신은 궁중에서 아버지를 시해하고
진나라 목공은 효산 계곡에서 시신을 수습하다
楚商臣宮中弑父, 秦穆公殽谷封尸.

적나라 군주 백부호가 죽은 뒤 도망치던 패잔병들은 그의 동생 백돈에게 그 비보를 알렸다. 백돈이 눈물을 흘리며 말했다.

"내가 진晉나라는 하늘이 돕는 나라이므로 공격하지 말라고 했건만! 형님은 내 말을 듣지 않더니 결국 이런 참변을 당했구나."

그는 선진의 머리를 진나라에 주고 백부호의 머리와 바꿀 생각이었다. 그는 진나라 군영으로 사람을 보내 담판을 하자고 했다. 이때 극결은 백부호의 머리를 들고 장수들과 함께 중군으로 와서 전공을 보고하려 했지만 대원수 선진이 보이지 않았다. 군막을 지키는 병사기 말했다.

"대원수께선 한 대의 병거만 타고 군영을 나가시면서 '진채의 문을 단단히 지키라'고만 하셨습니다. 어디로 가셨는지는 모르겠습니다."

선저거는 이상한 생각이 들어 군막 안으로 들어갔다가 우연히 탁자 위에서 상소문 한 통을 발견했다. 펴서 읽어보니 다음과 같은 내용이었다.

신 중군대부 선진은 아뢰옵니다. 신은 주상께 무례한 짓을 저질렀다는 걸 스스로 잘 알고 있습니다. 그런데도 주상께선 저를 죽이거나 성토하지 않으시고 다시 임용해주셨습니다. 다행히 전쟁에서 승리했사오니 군사들에게 상을 내리실 것으로 짐작됩니다. 신이 귀환하여 상을 받지 않는다면 공을 세우고도 상을 받지 않는 것이 되고, 귀환하여 상을 받는다면 무례한 자가 논공행상에 참여하는 것이 됩니다. 공을 세우고도 상을 받지 못한다면 어떻게 공을 세우라고 권할 수 있겠습니까? 무례한 자가 상을 받는다면 어떻게 죄를 징벌할 수 있겠습니까? 그리하여 공과 죄의 경계가 문란해지면 어떻게 나라를 다스릴 수 있겠습니까? 신은 이제 적나라 군영으로 달려가 적나라 사람의 손을 빌려 주군의 성토를 대신할까 합니다. 신의 아들 저거는 장군으로서 지략을 갖고 있사오니 신을 대신할 만합니다. 신 선진은 죽음에 임하여 외람되게도 이 글을 올립니다.

선저거가 말했다.

"우리 부친께서 적나라 군영으로 달려가 돌아가셨구나!"

그는 대성통곡하며 바로 병거에 올라 적나라 진영으로 달려가서 부친의 시신을 찾아오려고 했다. 이때 극결, 난돈, 호국거, 호야고 등은 모두 중군 군영에 모여 있다가 온 힘을 다해 선저거를 붙잡았다. 장수들은 이렇게 상의했다.

"먼저 사람을 보내 대원수의 생사를 알아본 후 군사를 진격시켜야 하오."

그때 문득 밖에서 보고가 올라왔다.

"적나라 군주의 동생인 백돈이 사람을 보내 담판을 청하고 있습니다."

불러서 물어보니 바로 시신을 교환하고 싶다는 것이었다. 선저거는 부친의 죽음이 사실임을 알고 또다시 한바탕 대성통곡했다. 마침내 쌍방 간에 약속이 정해졌다.

"내일 군영 앞에서 각각 시신을 들고 와서 서로 교환하기로 합시다."

적나라 사신이 돌아간 후 선저거가 말했다.

"융적戎狄들은 속임수가 많으니 내일 준비를 제대로 하지 않으면 안 될 것이오."

그리하여 극결과 난돈은 양쪽 좌군과 우군을 맡고 있다가 싸움이 벌어지면 곧바로 협공하기로 했고 호야고와 호국거는 함께 중군을 지키기로 했다.

이튿날 양쪽 군대는 서로 진을 치고 대치했다. 선저거는 소복을 입고 병거를 탄 채 혼자 군영 앞으로 나가서 부친의 시신을 영접했다. 백돈은 선진의 혼령이 두려워 화살을 전부 뽑아낸 후 향료로 시신을 깨끗이 씻고 비단으로 잘 싸서 수레에 실었다. 그 모습은 마치 살아있는 사람 같았다. 적나라 군사들은 수레를 밀고 진영 앞으로 나와서 선저거에게 시신을 모시고 가게 했다. 진나라 진영에서도 백부호의 수급을 적나라에 반환했다. 적나라가 송환한 것은 향기가 피어오르는 완전한 시신이었다. 그런데 진나라가 돌려준 것은 단지 피범벅이 된 백부호의 머리통뿐이었다. 백돈은 분노를 참지 못하고 소리를 질렀다.

"너희 진나라가 사람을 기만하는구나. 어찌하여 온전한 몸을 돌려주지 않는 거냐?"

선저거가 사람을 시켜 응대하게 했다.

"온전한 몸을 찾으려면 대곡 시체 더미에서 찾아가거라."

백돈은 진노한 나머지 큰 도끼를 들고 기병을 지휘하여 쳐들어왔다. 그러나 진나라 진영은 이미 돈거로 튼튼한 방어진을 구축하여 담장처럼 둘러놓았기 때문에 백돈이 여러 차례 부딪쳐보았으나 진영 안으로 뚫고 들어갈 수 없었다. 백돈은 이곳저곳을 뛰어다니며 포효했지만 분노를 삭일 수 없었다. 그때 갑자기 진나라 진영에서 북소리가 울리더니 진영의 문이 열리며 한 대장이 창을 비껴들고 달려나왔다. 그는 바로 호야고였다. 백돈은 바로 그와 맞붙어 전투를 벌였다. 그러나 전투를 벌인 지 몇 합 되지 않아 왼쪽에서는 극결이, 오른쪽에서는 난돈이 두 날개처럼 군사를 거느리고 포위해왔다. 백돈은 진나라 군사의 숫자가 엄청나게 많은 것을 보고 황급히 말을 돌렸다. 진나라 군사는 뒤쪽에서도 몰려오고 있었다. 셀 수 없이 많은 적나라 군사가 진나라 군사의 칼날 아래 목숨을 잃었다. 호야고는 백돈을 알아보고 바짝 뒤를 쫓았다. 백돈은 적나라 본영이 공격을 당할까 두려워 비스듬히 말을 달려 본영을 벗어났다. 호야고는 놓치지 않고 그의 말꼬리 뒤에 바짝 따라붙었다. 백돈이 고개를 돌려 흘낏 보더니 말머리를 돌리며 물었다.

"장군의 얼굴이 친근하오. 혹시 호야고 장군 아니시오?"

호야고가 대답했다.

"그렇다."

백돈이 말했다.

"장군께선 그동안 별고 없으셨소? 장군 부자께서 우리 나라에 12년 동안 머무실 때 서로 박정하게 지내지는 않았소. 오늘 인정을 베풀어주시면 뒷날 어찌 다시 만나는 날이 없겠소? 나는 바로 백부호의 아우 백돈이오."

백돈이 지난 이야기를 하자 호야고는 옛정을 참을 수 없었다. 그래서 이렇게 대답했다.

"내가 너를 살려줄 테니 서둘러 회군하라. 여기 오래 지체해서는 안 되느니라."

말을 마치고는 병거를 돌려 본영으로 되돌아왔다. 진나라 군영에서는 자신들의 승리에 도취되어 호야고가 백돈을 잡지 못한 것에 대해서는 모두 아무 말도 하지 않았다. 이날 밤 백돈은 몰래 군사를 수습하여 적나라로 돌아갔다. 백부호에겐 아들이 없어서 백돈이 장례를 주관했고 이후 마침내 보위를 계승하여 적나라 군주가 되었다. 이것은 나중의 이야기다.

진나라 군사들은 개선하여 진 양공을 알현하고 선진이 남긴 상소문을 바쳤다. 양공은 선진의 죽음을 애석하게 여기며 친히 그 시신을 염했다. 선진은 아직도 두 눈을 크게 뜬 채 생생하게 생기를 내뿜고 있었다. 양공이 그 시신을 어루만지며 말했다.

"장군께서 국사를 위해 목숨을 바쳤으니 그 영령은 사라지지 않을 것이오. 상소문에 남기신 말씀으로도 장군의 충성심을 충분히 알 수 있소. 과인은 결코 잊지 않을 것이오."

운구하기 전에 선진의 아들 선저거를 중군 대원수 직에 임명하여 그 부친의 직책을 대신하게 하자 선진은 마침내 눈을 감았다. 후세 사람들은 기성에 그의 사당을 세우고 제사를 드리고 있다. 양공은 백부호를 죽인 극결의 공을 가상하게 여겨 기冀 땅을 식읍으로 주면서 말했다.

"그대의 공은 부친의 허물을 덮고도 남음이 있소. 이러한 까닭에 그대 부친의 봉토를 돌려주는 것이오."

또 서신胥臣에게 말했다.

"극결을 천거한 것은 그대의 공이오. 그대가 아니었다면 과인이 어떻게 극결을 임명할 수 있었겠소?"

이에 선모先茅 땅을 서신에게 상으로 주었다. 장군 모두 양공의 논공행상에 기뻐하며 복종하지 않는 사람이 없었다.

이때 허나라와 채나라는 진 문공이 죽었다는 소식을 듣고 또다시 초나라와 동맹을 맺었다. 진 양공은 양처보陽處父를 대장에 임명하여 허나라를 정벌하게 했고 뒤이어 채나라까지 치게 했다. 초 성왕成王은 투발과 성대심에게 군사를 거느리고 두 나라를 구원하게 했다. 행군이 치수泜水¹에 이르자 강 건너로 진나라 군사가 보였다. 초나라 군사는 치수에 가까이 다가가 진채를 세웠다. 진나라 군사는 치수의 북쪽에 진영을 세워서 양쪽 군대는 작은 강물 하나를 사이에 두고 대치하게 되었다. 밤에 야경 도는 딱따기 소리까지 서로의 진영에서 들릴 정도였다. 진나라 군사는 초나라 군사에게 막혀 앞으로 전진할 수 없었다. 이와 같은 대치 상태가 약 두 달이나 계속되었다. 세모가 가까워오자 진晉나라 군대의 식량이 서서히 바닥을 드러내고 있었다. 양처보는 군사를 후퇴시키고 싶었지만 초나라가 그 틈을 타고 공격해올까 두려웠다. 또 초나라 군사 앞에서 도망쳤다는 혐의를 뒤집어쓰고 사람들에게 웃음거리가 되는 것도 싫었다. 그래서 양처보는 치수 건너 초나라 진영으로 사신을 보내 투발에게 말을 전하게 했다.

"속담에 이르기를 '공격해오는 자는 두려움이 없으며, 두려워하는 자는 공격해오지 못한다來者不懼, 懼者不來'라고 하오. 장군께서 만약 우리와 싸울

1_ 치수泜水: 치수滍水라고도 씀. 지금의 사하沙河. 하남성 노산魯山 서쪽에서 발원하여 동쪽으로 경엽經葉을 지나 다시 북으로 흘러 여하汝河에 유입된다. 같은 이름의 하북성 강은 지수泜水라고 읽는다.

의향이 있으시다면 우리가 30리 뒤로 물러나 있겠소. 그때 장군께서 강을 건너오시오. 그런 다음 결사전을 벌입시다. 만약 장군께서 강을 건너오기 싫으시다면 장군께서 30리를 물러나시오. 그러면 우리가 강을 건너가서 싸우도록 하겠소. 이처럼 진격하지도 않고 후퇴하지도 않으면서 군사를 피곤하게 하고 재물을 허비해서야 서로 무슨 도움이 되겠소? 나 양처보는 지금부터 병거에 말을 매놓고 장군의 명령을 기다릴 것이오. 조속한 결단을 바라오."

투발이 화를 내며 말했다.

"진나라가 우리를 속인 뒤 강을 건너오지 않겠다는 수작이다."

투발이 바로 강을 건너 전투를 벌이려 하자 성대심이 다급하게 제지하며 말했다.

"진나라 사람은 신의가 없소. 저들이 30리를 물러나겠다는 것도 우리를 유인하기 위한 계략인 듯하오. 만약 우리가 강물을 반쯤 건넜을 때 저들이 공격해오면 우리는 진퇴양난의 곤경에 빠지게 되오. 차라리 잠시 군사를 후퇴시키고 저들이 건너오도록 만드는 것이 좋을 듯하오. 그럼 우리가 주인이 되고 진나라는 손님이 되는 형국이니 더 좋은 일이 아니겠소?"

투발이 그제야 깨달았다는 듯이 말했다.

"손백孫伯(성대심의 자)의 말씀이 옳소!"

이에 군중에 명령을 내려 30리를 후퇴한 뒤 진채를 세우게 하고 양처보에게 사신을 보내 신나라 군사에게 강물을 건너오라고 했다. 양처보는 초나라 사신의 말을 바꾸어 군사들에게 이렇게 선포했다.

"초나라 장수 투발이 우리 진나라가 무서워 강물을 건너오지 못하고 벌써 도망가버렸다."

군사들 사이에 삽시간에 소문이 퍼졌다. 양처보가 말했다.

"초나라 군사가 벌써 도망쳤는데 우리가 무엇하러 강을 건너겠는가? 세모가 되어 날씨도 추우니 돌아가 쉬면서 다시 거병할 날을 기다리도록 하자."

그들은 마침내 군사를 거두어 진나라로 돌아갔다. 투발은 30리를 후퇴한 뒤 이틀이 지나도 진나라 군영에서 아무 동정이 없자 세작을 보내 진나라 군영을 염탐하게 했다. 이미 저들이 멀리로 떠나간 것을 알고는 그 역시 군사를 거두어 회군했다.

초나라 성왕의 맏아들은 이름이 상신商臣이다. 앞서 성왕은 세자를 세우려고 투발에게 물었다. 투발이 대답했다.

"우리 초나라의 후사 결정은 막내아들에게 유리했고 맏아들에게는 불리했습니다. 대대로 모두 그러했습니다. 또 상신의 관상은 벌 눈에 이리의 음성을 가지고 있어서 그 성격이 잔인합니다. 오늘 상신을 받아들여 세자로 세웠다가 뒷날 그를 미워하여 내쫓는다면 반드시 혼란이 발생할 것입니다."

성왕은 그 말을 듣지 않고 상신을 세자로 세워 반숭潘崇을 세자의 스승으로 삼았다. 상신은 투발이 자신을 세자로 세우려 하지 않았다는 소문을 듣고 마음속으로 원한을 품었다. 그러던 차에 투발이 채나라를 구원하러 갔다가 싸우지도 않고 돌아오자 성왕에게 투발을 참소했다.

"자상子上(투발의 자)이 양처보의 뇌물을 받고 고의로 싸움을 피한 채 진나라 군사에게 후퇴할 명분을 주었습니다."

성왕은 그 말을 믿고 결국 투발의 알현을 허락하지 않고 사람을 시켜 그에게 칼을 내렸다. 투발은 해명할 길이 없자 그 칼로 스스로 목을 찔러 죽었다. 이때 성대심이 성왕의 앞으로 나아가 머리를 조아리며 눈물을 흘렸다. 그는 군사를 물린 투발의 상황이 여차여차했다고 자세히 진술했다.

"결코 뇌물을 받은 일은 없었습니다. 만약 군사를 물린 것이 죄라면 신도 그 죄를 달게 받겠습니다."

성왕이 말했다.

"경까지 허물을 쓸 필요는 없소. 과인도 지금 후회하고 있소."

이때부터 성왕은 세자 상신의 속셈을 의심하게 되었다. 나중에 성왕은 어린 아들 직을 사랑하게 되어 마침내 상신을 폐위하고 직職을 세자로 세우려 했다. 성왕은 상신이 반란을 일으킬까 두려워 그의 과오를 찾아내 주살하려 했다. 궁궐의 나인이 그 말을 듣고 밖으로 소문을 냈다. 상신은 반신반의하며 주저하다가 태부太傅 반숭潘崇에게 이러한 상황을 이야기했다. 반숭이 말했다.

"제게 그 말이 진실인지 거짓인지 알아낼 수 있는 계책이 한 가지 있습니다."

상신이 물었다.

"어떻게 하면 되겠소?"

반숭이 말했다.

"대왕의 여동생 미씨羋氏가 강江나라로 출가했다가 최근에 이곳으로 돌아와 있습니다. 궁중에 꽤 오래 머물러 있었으므로 필시 그 일에 대해서도 잘 알 것입니다. 미씨는 성격이 아주 조급합니다. 세자께서 연회 자리를 마련한 후 태만하게 미씨를 대하면서 고의로 그 성미를 건드리십시오. 그럼 미씨가 성미를 견디지 못해 틀림없이 비밀을 누설할 것입니다."

상신은 그 계책에 따라 연회 자리를 마련하고 미씨를 초대했다. 미씨가 동궁으로 오자 상신은 매우 공손하게 배례하고 술 석 잔을 따라 올렸다. 그러나 그 후로는 점점 소홀하게 대하면서 술과 안주조차도 주방 요리사를 시켜 올리도록 했고 자신은 손끝 하나 까딱하지 않았다. 또 고의로 술시중을 드는 시녀와 몰래 밀담을 나누면서 미씨가 두 번이나 묻는데도 대답조차 하지 않았다. 그러자 미씨가 진노하여 잔치 상을 치며 일어나 욕을 퍼부었다.

"막돼먹은 놈 같으니! 어찌 이리도 버르장머리가 없느냐? 대왕께서 네놈을 죽이고 직을 세자로 세우려 할 만하구나!"

상신은 거짓으로 사죄했지만 미씨는 돌아보지도 않고 결국 수레를 타고 그곳을 떠났다. 수레를 타고 가면서도 끊임없이 욕설을 퍼부었다.

상신은 그날 밤 바로 반숭에게 사실을 알리고 죽음에서 벗어날 계책을 자문했다. 반숭이 말했다.

"세자 저하께선 북면北面[2]하고 직을 섬길 수 있겠습니까?"

"나는 맏아들인데 어찌 어린 동생을 섬길 수 있겠소?"

"만약 머리를 굽혀 다른 사람을 섬길 수 없다면 어찌 다른 나라로 도피하지 않으십니까?"

"그럴 이유도 없고, 가봤자 치욕만 당하게 될 것이오."

"이 두 가지 계책을 따르지 않으신다면 다른 계책은 없습니다."

상신이 거듭 간청하자 반숭이 또 말했다.

"한 가지 계책이 있습니다만 매우 신속하게 행해야 합니다. 다만 세자 저하께서 차마 행하지 못하실까 두렵습니다."

2_ 북면北面: 북쪽을 향하여 바라봄. 옛날 임금은 남쪽을 향해南面 앉고, 신하는 북쪽으로 임금을 바라봤기 때문에 남면은 임금의 지위를, 북면은 신하의 지위를 대신하는 말로 쓰였다.

"생사가 걸린 마당에 무엇인들 못하겠소?"

그러자 반숭이 상신의 귓가에 대고 속삭였다.

"큰일을 행해야만 화禍를 복으로 돌이킬 수 있습니다."

상신이 말했다.

"그건 내가 할 수 있는 일이오."

상신은 동궁 소속 군사를 동원하여 한밤중에 궁중에 변란이 일어났다는 핑계를 대고 왕궁을 포위했다. 반숭은 칼을 빼들고 역사 몇 명과 함께 왕궁으로 들어가 성왕 앞으로 직행했다. 좌우 시종들은 모두 놀라 흩어졌다. 성왕이 물었다.

"경이 무슨 일로 왔소?"

반숭이 대답했다.

"대왕께서 재위하신 지 47년이나 되었습니다. 공을 이룬 분은 물러나야 합니다. 지금 백성이 새로운 왕을 모시고자 하오니 대왕께선 세자에게 보위를 물려주십시오."

성왕이 황급하게 대답했다.

"과인이 양위를 한다면 목숨은 보존할 수 있겠는가?"

"한 임금이 죽어야 다른 임금이 즉위하는 법입니다. 나라에 어찌 두 임금이 있을 수 있겠나이까? 대왕께선 연세가 드시고도 어찌 이러한 이치를 모른단 말씀입니까?"

"과인이 방금 요리사에게 곰 발바닥 요리를 해오도록 시켰다. 다 된 곰 발바닥 요리를 과인이 먹을 수 있다면 죽어도 여한이 없겠다."

반숭이 사나운 목소리로 말했다.

"곰 발바닥은 익히기가 어렵소. 지금 시각을 지체해서 바깥에서 구원병이 오기를 기다리려는 것이오? 신의 손을 빌리지 말고 대왕께서 스스로 결단을 내리시오."

말을 마치고는 허리띠를 풀어 성왕 앞에 던졌다. 성왕은 하늘을 우러러 울부짖었다.

"훌륭한 투발이여! 훌륭한 투발이여! 과인이 그대의 충언을 듣지 않았다가 스스로 화를 자초했도다. 이제 와서 무슨 할 말이 있으리오?"

그러고는 마침내 그 허리띠로 자신의 목을 맸다. 반숭은 좌우 역사에게 명하여 허리끈을 잡아당기게 했다. 순식간에 성왕의 목숨이 끊어졌다. 그 소식을 듣고 성왕의 여동생 미씨가 말했다.

"우리 오라버니를 죽인 건 바로 나다."

미씨 또한 스스로 목을 매 죽었다. 이때가 주 양왕 26년 겨울 10월 정미일丁未日이었다. 염옹은 이 일을 이렇게 논했다.

초 성왕은 아우의 몸으로 형을 시해하더니, 그 아들 상신은 아들의 몸으로 아버지를 시해했다. 천리의 보응이 이처럼 밝고도 밝은 것이다.

또 시를 지어 탄식했다.

초 성왕은 지난날 그의 형을 시해하더니	楚君昔日弑熊囏
오늘은 상신이 백부 원한 갚는구나	今日商臣報叔冤
하늘이 반숭을 보내 역도의 사부 되게 했는데	天遣潘崇爲逆傳
멍청한 초 성왕은 웅장 요리만 먹으려 했네	癡心猶想食熊蹯

楚
臣
宮
入
弑

초나라 상신이 부왕을 죽이다.

상신은 부친을 시해한 뒤 마침내 그가 급환으로 세상을 떠났다고 제후들에게 부고를 띄운 뒤 스스로 왕위에 올랐다. 이 사람이 초 목왕穆王이다. 반숭에게는 태사의 직위를 더해주고 왕궁을 지키는 군대를 장악하게 했으며, 또 자신이 세자 때 거주하던 집을 주었다. 영윤, 투반 등은 모두 성왕이 피살되었다는 것을 알고 있었지만 감히 입 밖에 낼 수 없었다. 상공商公 투의신은 성왕이 죽었다는 소식을 듣고 장례에 참석한다는 핑계로 도성인 영도로 와서 대부 중귀仲歸와 목왕을 시해하려다 일이 발각되고 말았다. 목왕은 사마司馬 투월초를 시켜 투의신과 중귀를 잡아 죽였다. 범 땅의 무당 율사가 일찍이 이렇게 말한 적이 있다.

"웅운(초 성왕)과 성득신子玉, 투의신子西 이 세 사람은 모두 곱게 죽지 못할 것이다."

그 예언이 이때에 이르러 마침내 증명되었다. 그리하여 투월초는 영윤 자리를 노리고 목왕에게 말했다.

"투반은 늘 사람들에게 '우리 부자가 대대로 초나라 정사를 맡아보는 건 선왕의 막대한 은혜를 입은 것이다. 그런데도 선왕의 뜻을 이루지 못했으니 참으로 부끄럽다'고 말했습니다. 그는 아마도 공자 직을 보위에 올리려는 것 같습니다. 자상子上3이 도성으로 온 것도 기실 자양子揚(鬬般의 자)이 부른 것입니다. 그런데 이번에 자상이 주살 당하자 자양은 매우 불안해하고 있습니다. 아마도 다른 음모가 있는 듯하니 방비를 하지 않을 수 없습니다."

3_ 자상子上: 문맥상 자서子西가 되어야 한다. 자상은 앞에서 자결한 투발의 자이고, 자서는 투의신의 자다. 투의신은 초 성왕의 장례를 핑계로 영도에 와서 중귀와 함께 목왕의 시해를 노렸지만 결국 실패했다.

목왕은 의심을 품고 투반을 불러 공자 직을 죽이라고 명했다. 투반은 할 수 없다고 사양했다. 목왕이 화를 내며 말했다.

"네놈이 선왕의 뜻을 이루려고 하는구나!"

그러고는 직접 쇠망치를 들어 그를 격살했다. 공자 직은 진晉나라로 달아나려 했으나 투월초가 교외까지 추격하여 죽였다. 목왕은 성대심을 영윤에 임명했다. 그러나 얼마 지나지 않아 성대심도 세상을 떠났다. 마침내 투월초는 영윤으로 승진했고 위가가 사마司馬 직에 임명되었다. 그 뒤 목왕은 전에 초나라를 잘 다스린 자문의 공을 생각하여 투극황鬪克黃을 잠윤箴尹4으로 삼았다. 투극황의 자는 자의子儀이고, 바로 투반의 아들이며 자문의 손자다.

진 양공은 초 성왕이 죽었다는 소식을 듣고 조돈에게 물었다.

"하늘이 마침내 초나라를 미워하시는 것이오?"

조돈이 대답했다.

"초나라 군주는 비록 전횡을 하기는 했지만 예의로써 백성에게 가르침을 베풀려고 했습니다. 이제 그 아들 상신이 아비를 죽였으니 다른 일이야 말해 무엇하겠습니까? 신은 이웃 나라 제후들의 참화가 그치지 않을까 걱정입니다."

얼마 지나지 않아 초 목왕은 군사를 사방으로 파견해 강江나라를 멸망시켰고, 다음으로 육六나라와 요蓼나라를 멸망시켰다. 또 군사를 보내 진陳나라와 정나라도 쳐서 중원에 많은 사건을 야기했다. 과연 조돈의 말대로 되었다. 물론 이것은 나중의 이야기다.

4_ 잠윤箴尹: 초나라의 관직으로 간언諫言을 맡아보았다.

주 양왕 27년 봄 2월 진秦나라 맹명시는 목공에게 진晉나라를 정벌하여 효산에서의 패배를 되갚자고 했다. 목공은 그 뜻을 장하게 여기고 정벌을 허락했다. 마침내 맹명시는 서걸술, 백을병과 함께 병거 400승을 거느리고 진나라 정벌에 나섰다. 진 양공은 진나라의 보복이 있을까 두려워 매일 사람을 시켜 먼 길까지 염탐하게 했다. 그러다가 침략 소식을 듣고 웃으면서 말했다.

"진나라가 전에 내가 하사한 말을 받으러 오는구나."

이에 마침내 양공은 선저거를 대장, 조최를 부장으로 삼고 호국거를 거우로 삼아 진나라와 맞서 싸우기 위해 군사를 국경으로 출전시켰다. 이때 맹명시 등 진나라 장수들은 아직도 국경을 넘지 못하고 있었다. 진나라 대장 선저거가 말했다.

"진秦나라 군사가 우리 땅에 당도하고 나서 싸우기보다 우리가 먼저 쳐들어가는 것이 더 좋겠소."

그들은 마침내 서쪽으로 행군하여 팽아彭衙(陝西省 白水 彭衙村 일대)에서 진나라 군사와 만났다. 양쪽 군사들은 각각 대열을 지어 진을 펼쳤다. 낭심이 선저거에게 청했다.

"지난날 전 대원수께서 이 낭심을 용기 없다 여기시고 내쫓았소. 그래서 오늘 나는 내 용기를 시험해보고자 하오. 감히 벼슬이나 공훈을 탐하는 것이 아니라 다만 전날의 치욕을 씻어보고 싶소."

말을 마치고 나서 낭심은 마침내 그의 벗 선백鮮伯 등 100여 명의 장정과 함께 곧바로 진나라 진영으로 뚫고 들어갔다. 그들이 가는 곳마다 진나라 군사가 가랑잎 날리듯 쓰러졌다. 진나라 군사의 사상자는 이루 헤아릴 수 없을 정도였다. 그러다가 선백은 백을병에게 죽임을 당했다. 선저거는 병거에 올라 저 멀리서 진나라 진영이 어지러워지는 것을 보고 마침내 대군을 몰아 진나라 군사를 휩쓸었다. 이를 감당할 수 없었던 맹명시 등은 크게 패하여 도주했다. 선저거가 낭심을 구출했을 때는 벌써 온몸이 상처투성이였다. 그는 피를 한 말이나 토한 뒤 하루를 겨우 넘기고 세상을 떠났다. 진晉나라 군사는 개선가를 울리며 조정으로 돌아왔다. 선저거가 양공에게 아뢰었다.

"오늘의 승리는 낭심의 힘입니다. 신은 아무것도 하지 않았습니다."

양공은 낭심을 상대부의 예법으로 서쪽 성곽 밖에 안장하라고 했다. 그리고 신하들을 시켜 모두 그의 장례를 호송하라고 했다. 이것이 바로 인재를 격려할 줄 아는 진 양공의 장점이었다. 사관이 시를 지어 낭심의 용기를 칭찬했다.

장하도다! 거우였던 낭 장군이여	壯哉狼車右
닭을 잡듯 진나라 죄수 참수했도다	斬囚如割雞
파직되고도 망령되이 화내지 않고	被黜不妄怒
목숨 바쳐 적의 위세에 도전했도다	輕身犯敵威
한 번 죽어 평생 뜻을 드러내었고	一死表生平
진나라 군대 이로 인해 꺾어졌도다	秦師因以摧
구천에서도 신령이 이를 아시면	重泉若有知
선진 장군 마땅히 고개 숙이리	先軫應低眉

맹명시는 패전하여 진秦나라로 돌아오면서 이번에는 틀림없이 죽게 될 거라고 생각했다. 그러나 누가 알았으리오? 목공이 한결같이 허물을 자신

의 탓으로 돌리며 장수들을 전혀 꾸짖지 않을 줄이야. 목공은 예전처럼 교외까지 사람을 보내 군사들을 위로했고, 처음처럼 국정을 그대로 맡겼다. 맹명은 스스로 부끄러움을 이길 수 없어 더욱 국정에 힘쓰며 집안 재산을 털어 전사자 가족을 구제했다. 또한 매일 군사들을 훈련시키고 충의를 가르치며 다음 해에 군사를 크게 일으켜 진나라를 칠 작심을 했다. 그해 겨울 진 양공은 다시 선저거를 시켜 송나라 대부 공자 성成, 진陳나라 대부 원선轅選, 정나라 대부 공자 귀생歸生을 규합하여 진秦나라를 정벌하게 했다. 이 싸움에서 강江 및 팽아 두 고을을 빼앗은 뒤 돌아왔다. 이때 군사들이 우스갯소리를 했다.

"하사품(말)을 받으러 온 지난번 전쟁에 이제 보답을 한 셈이다."

앞서 곽언의 점사占辭에 "한 번 치니 세 번 상하네一擊三傷"라는 구절이 있었다. 그때까지 진秦나라 군사가 세 번이나 패했으므로 과연 그 점괘가 맞았다고 할 수 있다. 그러나 이번 싸움에서 맹명은 진晉나라 군대를 방어할 군사를 아예 청하지 않았다. 진秦나라 백성이 모두 맹명을 겁쟁이라고 생각했지만 목공만은 그를 깊이 신뢰했다. 그러고는 대소신료들에게 이렇게 이야기했다.

"맹명은 틀림없이 진나라에 복수할 수 있을 것이오. 다만 지금은 때가 되지 않았을 뿐이오."

이듬해 여름 5월 맹명은 병졸을 보충하고 병거를 선발하여 훈련까지 정밀하게 마쳤다. 또한 그는 목공에게 직접 출정하여 군사들을 독려해달라고 청하면서 이렇게 맹세했다.

"만약 이번에도 치욕을 씻지 못하면 살아서 돌아오지 않겠습니다."

목공도 말했다.

"과인은 진나라에 세 번이나 패배했소. 만약 다시 전공을 세우지 못하면 과인도 다시 귀국할 면목이 없을 것이오."

이에 병거 500승을 선발하여 길일을 잡아 군사를 일으켰다. 이번 전쟁에 종군하는 군사가 있는 가족에겐 모두 후한 선물이 주어졌다. 삼군은 모두 매우 기뻐하며 목숨 바쳐 싸우기를 맹세했다. 군사들은 포진관蒲津關(陝西省 大荔 동쪽)으로 나가 황하를 건넜다. 그때 맹명은 명령을 내려 타고 온 배를 모두 불사르게 했다. 목공이 이상하게 생각하고 물었다.

"원수께서 배를 불태우라 한 것은 무슨 뜻이오?"

맹명시가 아뢰었다.

"군사는 사기가 왕성해야 합니다. 우리는 이미 여러 번 패하여 사기가 떨어져 있습니다. 이번 싸움에서 다행히 승리한다면 무엇 때문에 강을 건널 배가 없을까 걱정하겠습니까? 신이 배를 불태운 건 삼군에 반드시 죽을 각오를 해야 하며, 또 전진만 있을 뿐 후퇴는 없다는 걸 알려준 것입니다. 사기를 진작시키기 위한 방법입니다."5

목공이 말했다.

"훌륭하오!"

맹명은 자신이 직접 선봉에 서서 먼 거리를 쳐들어가 왕관성王官城(山西省 聞喜 서쪽)을 빼앗았다. 첩보가 강주성에 당도하자 진 양공은 대소신료를 모두 모아놓고 군사를 일으켜 적을 물리칠 대책을 상의하게 했다. 조최가 말했다.

"진나라의 분노가 심하여 이번에는 국력을 몽땅 기울여 군사를 일으켰

5_ 제하분주濟河焚舟: '타고 온 배를 불사른다'는 뜻으로 물러설 수 없는 결사항전을 비유한다. 도하분주渡河焚舟, 분주파부焚舟破釜, 파부침주破釜沉舟와 같은 뜻이다.(『좌전左傳』 문공文公 3년)

素穆公
濟河
焚舟

진 목공이 황하를 건넌 후 배를 불사르다.

습니다. 저들은 우리 땅에서 죽을 각오를 하고 있을 뿐만 아니라 진秦나라 군주까지 직접 출전했사오니 맞받아 싸울 수는 없고 피하는 것이 좋을 듯 합니다. 다소간 저들의 뜻을 이루도록 내버려두셨다가 양국 간의 분쟁을 끝내게 해야 합니다."

선저거도 말했다.

"짐승도 곤경에 빠지면 사나워집니다. 하물며 진나라와 같이 큰 나라야 말해 무엇하겠습니까? 지금 진나라 군주는 지난번 패배를 치욕스럽게 생각하고 있고, 삼군은 모두 용맹을 자랑하며 이기지 않고는 돌아가지 않겠다는 마음을 품고 있습니다. 군사들끼리 서로 맞부딪치면 참화가 발생하게 되고 싸움이 그칠 때가 없을 것입니다. 자여의 말이 옳습니다."

진 양공은 사방으로 명령을 내려 성을 굳게 지키고 진나라와 싸우지 말라고 했다. 이때 유여가 진 목공에게 말했다.

"진晉나라가 우리를 두려워하고 있습니다. 이 틈에 주상께서는 우리 군사의 위세를 이용하여 효산에서 전사한 군사의 유골을 수습하십시오. 이는 지난날의 치욕을 씻을 수 있는 길입니다."

목공은 그 말에 따라 마침내 군사를 이끌고 황하를 건너 맞은편 언덕으로 올라갔다. 모진茅津(山西省 平陸 茅津村)에서 강을 건넌 진秦나라 대군은 동 효산에 주둔했다. 이들을 가로막는 진晉나라 군사는 하나도 없었다. 진 목공은 군사들에게 명하여 타마애, 절명암, 낙혼간 등지에서 유골을 수습하게 했다. 그런 다음 풀로 유골을 싸서 산골짝 깊은 곳에 묻고 소와 말을 잡아 위령제를 크게 올렸다. 목공을 소복을 입고 친히 술을 뿌리며 대성통곡했다. 맹명시 등 장수들도 땅에 엎드려 일어나지 못했다. 슬픔이 삼군을 감동시켜 눈물을 흘리지 않는 군사가 없었다. 염선이 이 일을 시로 읊었다.

두 늙은이[6]가 운다고 일찍이 화내더니 　　　　　　　曾嗔二老哭吾師

오늘은 어찌하여 목공 자신이 울고 있나 　　　　　　　今日如何自哭之

유골을 수습한 일 장하다고 자랑마라 　　　　　　　莫道封屍豪舉事

효산은 험하지만 본래 시체는 없었다네 　　　　　　　崤山雖險本無屍

　강과 팽아 고을 백성은 목공이 진나라를 정벌하고 승리를 거두었다는 소식을 들었다. 이들 모두는 환호성을 지르며 한데 모여 그곳을 지키던 진晉나라 장수를 쫓아버리고 진秦나라로 귀환했다. 진 목공은 개선가를 울리며 군사를 거두었다. 또한 맹명시를 아경으로 삼고 이미 좌서장과 우서장을 맡고 있는 유여, 공손지와 함께 국정을 총괄하게 했다. 서걸술과 백을병에게도 모두 봉작을 더해주고, 포진관을 대경관大慶關으로 이름을 바꾸어 전공을 기념하게 했다.

　이때 서융의 군주 적반赤班은 애초에 진秦나라 군사가 여러 번 패배하는 걸 보고 진나라가 약한 것으로 생각했다. 따라서 여러 융족戎族을 인솔하여 진나라를 배반하려 했다. 이에 목공은 진晉나라를 정벌하고 돌아와 군사를 이동시켜 융족을 정벌하고자 했다. 그러자 유여가 직접 나서서 격문을 융족에게 전하겠다고 청했다. 그는 융족에게 조공을 바치라고 요구한 뒤 그래도 오지 않으면 그때 공격하자고 했다. 적반은 맹명시가 승리했다는 소식을 듣고 두려움에 사로잡혀 있었다. 그러던 차에 유여가 가져온 격문을 보고는 마침내 서쪽 20여 국의 군주를 이끌고 그 땅을 바치며 입조하겠다고 청했다. 아울러 목공을 받들어 서융의 패주覇主로 모시겠다고도 했

6_ 두 늙은이二老: 앞서 진秦나라가 정나라 정벌을 나설 때 건숙과 백리해가 진나라의 패배를 예견하고 눈물을 흘린 일을 말한다.

다. 사관이 이 시기 진나라 일을 논한 글이 있다.

천군만마는 쉽게 얻을 수 있지만, 뛰어난 장수 한 사람은 얻기가 어렵다.

진 목공은 맹명시의 현명함을 믿고 처음부터 끝까지 계속 대원수로 임명하여 마침내 패업霸業을 이룰 수 있었다.

이때 진나라의 위세와 명성은 주나라 왕성王城에까지 알려졌다. 주 양왕이 윤무공尹武公에게 말했다.

"진秦나라는 진晉나라에 필적할 만한 나라요. 그 선대의 제후들도 모두 우리 주 왕실에 큰 공을 세웠소. 지난날 진晉나라 중이가 중원에서 회맹을 주관할 때 짐은 그를 후백侯伯(제후의 패자霸者)으로 책봉했소. 지금 진백 임호도 강성하기가 진晉나라에 뒤지지 않으니 짐은 그를 진晉나라의 경우와 마찬가지로 후백에 책봉하고 싶소. 경의 뜻은 어떠하오?"

윤무공이 말했다.

"진秦나라는 지금 스스로 서융의 패주 노릇을 하고 있지만 진晉나라가 우리 왕실을 위해 애쓴 공로에는 비할 수 없습니다. 지금 진秦과 진晉이 서로 미워하고 있는 가운데, 진후 환은 그 부친 문공의 유업을 계승할 만한 능력이 있습니다. 그러므로 만약 진秦나라를 후백에 책봉하면 진晉나라의 환심을 살 수 없을 것입니다. 차라리 사신을 시켜 선물을 들고 진秦나라로 가서 축하를 해주는 것이 너 좋을 것입니다. 그럼 진秦나라도 감사의 마음을 가질 것이며 진晉나라도 원망하지 않을 것입니다."

양왕이 그 말에 따랐다. 뒷일이 어떻게 될지는 다음 회를 보시라.

자줏빛 봉황을 타고

농옥 부부가 퉁소를 불며 봉황을 타고 떠나고
조돈은 진나라를 배반하고 영공을 세우다

弄玉吹簫雙跨鳳, 趙盾背秦立靈公.

진 목공은 서방 스무 나라를 아우르며 마침내 서융의 패주가 되었다. 주 양왕은 윤무공에게 금북金鼓을 가져가 선물로 주고 축하 인사를 하게 했다. 진 목공은 나이가 많아 주 왕실에 입조하기 불편하다고 하면서 대신 공손지를 주나라로 보내 감사의 인사를 드리게 했다. 그해에 유여가 병으로 세상을 떠났다. 목공은 매우 애통해하며 마침내 맹명을 우서장으로 삼았다. 주 왕실에서 돌아온 공손지는 목공이 맹명을 임명하고 싶어하는 걸 알고 역시 늙음을 핑계로 벼슬에서 물러났다.

진 목공에게는 어린 딸 하나가 있었다. 태어날 때 마침 어떤 사람이 가공하지 않은 옥돌 원석을 바쳤다. 목공은 그걸 갈도록 명령해 푸른빛이 도는 아름다운 옥을 얻었다. 어린 딸의 첫 돌날 궁중에서 돌상을 차리자 딸은 유독 그 옥돌만 잡고 놀며 손에서 놓지 않았다. 그래서 이름을 농옥弄玉

이라고 했다. 점점 자라면서 농옥은 절세의 미모를 지니게 되었을 뿐만 아니라 총명함 또한 비할 바가 없었다. 또 생황도 잘 불어서 악사樂師에게 가르침을 받지 않고도 스스로 음조를 만들어낼 줄 알았다. 목공은 솜씨 좋은 장인匠人에게 명하여 그 푸른빛 미옥美玉으로 생황을 만들게 하고 딸에게 그것을 불게 했다. 농옥의 생황 소리는 마치 봉황의 울음소리 같았다. 목공은 그 딸을 지극히 사랑하여 높은 누각을 지어 그곳에 거주하게 했고 그 누각 이름을 봉루鳳樓라고 이름 붙였다. 또 그 누각 앞에 높다란 누대가 있어서 봉대鳳臺라고 불렀다. 농옥의 나이 열다섯이 되자 목공은 좋은 짝을 구해주려고 했다. 그러자 농옥이 이렇게 맹세했다.

"반드시 생황을 잘 부는 사람으로 저와 노래 부르며 화답할 수 있는 사람을 지아비로 삼겠습니다. 다른 사람은 원치 않습니다."

목공이 사람을 시켜 사방에서 두루 찾아보게 했지만 그런 사람을 찾을 수 없었다.

어느 날 농옥은 누각 위에서 주렴을 걷고 한가롭게 밖을 바라보고 있었다. 구름 한 점 없는 하늘에는 명경같이 밝은 달이 천지를 환하게 비추고 있었다. 농옥은 시녀를 불러 향을 사르게 하고 벽옥 생황을 들고 와서 창문 곁에 앉아 연주를 시작했다. 생황 소리는 맑게 퍼져 하늘 끝까지 울리고 있었다. 그때 문득 어디에선가 화답하는 소리가 산들바람에 실려 들려왔다. 그 소리는 멀어지다가 가까워지고, 가까워지다가 다시 멀어지고 있었다. 농옥은 이상하게 생각해 생황 불기를 멈추고 그 소리를 들었다. 그러자 그 소리도 문득 멈추었다. 그러나 남은 여운이 하늘하늘 끝도 없이 이어지고 있었다. 농옥은 바람을 맞으며 마치 무엇을 잃어버린 것처럼 멍하니 서 있었다. 시간은 한밤중이 넘어 달은 지고 향불도 다 사그러들었다.

농옥은 벽옥 생황을 침대 맡에 놓아두고 억지로 잠을 청했다. 농옥은 꿈을 꾸었다. 꿈속에서 농옥은 서남쪽을 바라보고 있었다. 하늘의 문이 열리며 오색 노을빛이 대낮처럼 환하게 비쳤다. 그 가운데서 한 아름다운 장부가 학창의鶴氅衣[1]에 우관羽冠[2]을 쓴 채 채색 영롱한 봉황을 타고 하늘에서 내려와 봉대 위에 우뚝 섰다. 그러고는 농옥에게 말을 걸었다.

"나는 태화산太華山[3]의 주인이오. 상제께서 내게 그대와 혼인을 맺으라는 명령을 내리셨소. 우리는 중추절에 만나 오랜 인연을 맺을 것이오."

그러고는 허리춤에서 붉은색 옥 통소를 꺼내 누대 난간에 의지해서 통소를 불었다. 채색 봉황도 날개를 너울너울 흔들며 춤을 추었다. 봉황 소리와 통소 소리가 어울려 화답하며 일체를 이루고 있었다. 음조가 잘 어울리며 아름다운 연주음이 귀에 가득 찼다. 농옥은 넋이 다 나간 채로 자기도 모르는 사이에 물었다.

"이것이 무슨 곡입니까?"

그 아름다운 장부가 대답했다.

"이 곡은 「화산음華山吟」 제일농第一弄이라는 곡이오."

농옥이 또 물었다.

"이 곡을 배울 수 있겠습니까?"

그 장부가 대답했다.

1_ 학창의鶴氅衣: 흰색 바탕에 소매가 넓고 옷 가장자리를 검은색으로 장식한 옷. 학의 털로 짠다고 전해지며, 흔히 덕이 높은 은자隱者나 신선들이 입는다고 한다.

2_ 우관羽冠: 새 깃으로 장식한 관冠. 은자隱者나 도인道人들이 쓴다고 한다.

3_ 태화산太華山: 중국의 서악西嶽 화산華山. 중원에서 섬서성 관중關中 평원으로 들어가는 길목에 위치해 있다. 지금의 섬서성 화음華陰 경내다.

"이미 인연이 맺어졌거늘 뭐가 어렵겠소?"

말을 마치고는 바로 농옥의 손을 잡았다. 농옥은 깜짝 놀라 꿈을 깼다. 꿈속의 정경이 눈에 선했다. 아침이 되자 농옥은 목공에게 꿈 이야기를 했다. 목공은 맹명을 태화산으로 보내 농옥이 꿈속에서 본 사람을 찾게 했다. 그곳 농부 한 사람이 손가락으로 가리키며 말했다.

"저 산 위 명성암明星巖에 한 이인異人이 살고 있습니다. 7월 15일에 이곳에 와서 오두막을 짓고 혼자 살면서 매일 산에서 내려와 술을 사서 혼자 마십니다. 그러다가 저녁이 되면 퉁소를 한 곡조 부는데, 그 소리가 사방으로 맑게 울려 펴져 듣는 사람들이 잠자는 걸 잊을 정도입니다. 그러나 어디서 온 사람인지는 모르겠습니다."

맹명이 태화산으로 올라가 명성암 아래에 이르니 과연 우관을 쓰고 학창의를 입은 사람의 모습이 보였다. 붉은 입술과 옥 같은 얼굴에 표연히 세속을 초탈한 기상을 갖고 있었다. 맹명은 그가 보통 사람이 아님을 알아보고 앞으로 나아가 읍揖을 하며 성명을 물었다. 그가 대답했다.

"나의 성은 소蕭고 이름은 사史요. 족하께서는 뉘시오? 무슨 일로 여기까지 오셨소?"

맹명이 말했다.

"아무개는 바로 본국의 우서장 백리시4요. 우리 주상께서 사랑하는 따님을 위해 사위를 고르고 있는데, 그 따님이 반드시 생황을 잘 부는 이로 배필을 맺이하고 싶다 하오. 소문에는 족하께시 음악에 정통하다고 하여, 우리 주상께서 한번 만나고 싶다 하시면서 나를 보내 뫼셔오라 하신

---

4 백리시百里視: 백리해의 아들로 성은 백리 이름은 시, 자는 맹명孟明이다. 춘추전국시대에는 흔히 자와 이름을 붙여서 쓰는 것이 관행이어서 맹명시로 많이 알려져 있다.

것이오."

소사가 말했다.

"나는 음률을 대강 이해하고 있을 뿐 다른 장기는 없소. 그러니 감히 높으신 분께 누를 끼칠 순 없소."

맹명이 말했다.

"함께 가셔서 우리 주상을 뵈면 자연히 사실을 알게 될 것이오."

이에 함께 수레를 타고 궁궐로 돌아왔다. 맹명이 먼저 목공을 뵙고 그간의 경과를 아뢰었다. 그런 다음 소사를 인도하여 목공을 알현하게 했다. 목공이 봉대에 앉자 소사가 절을 하며 아뢰었다.

"신은 산야의 촌놈으로 예법을 모르오니 긍휼히 살펴주십시오."

목공은 소사가 깨끗한 풍채에다 티끌세상을 벗어난 기풍이 있는 것을 보고 마음속에서 큰 기쁨이 일었다. 이에 바로 자신의 곁으로 오라고 하고는 물었다.

"소문에는 그대가 퉁소를 잘 분다는데, 생황도 잘 부시오?"

소사가 말했다.

"신은 퉁소만 불 수 있을 뿐 생황은 불지 못합니다."

목공이 말했다.

"과인은 본래 생황을 불 수 있는 딸의 짝을 찾고 있었소. 지금 퉁소와 생황은 다른 악기이니 그대는 내 딸의 짝이 아닌 것 같소."

그러고는 맹명을 돌아보며 밖으로 모시고 나가라고 했다. 이때 농옥이 시녀를 보내 목공에게 아뢰었다.

"퉁소와 생황은 같은 종류입니다. 손님께서 퉁소를 잘 분다고 하시는데 어째서 그 장기를 발휘하게 하지 않으십니까? 어찌하여 뛰어난 재주를 품은 분을 그냥 보내십니까?"

농옥의 말을 듣고 생각이 바뀐 목공은 다시 소사를 불러 퉁소를 불게 했다. 소사는 붉은색 옥 퉁소를 꺼냈다. 옥빛에 윤기가 반짝였고 붉은색이 눈부실 정도로 찬란했다. 세상에서는 찾아보기 힘든 진귀한 보물이었다. 첫 곡을 불자 맑은 바람이 서서히 불어왔고, 두 번째 곡을 불자 오색 영롱한 구름이 사방에서 몰려왔다. 셋째 곡을 불 때는 흰 학이 맞은편에서 소사와 짝을 이루어 하늘 위를 날며 훨훨 춤을 췄다. 또 여러 쌍의 공작도 인근 숲에 모여들었고 온갖 새들도 화답하다가 흩어졌다. 목공은 몹시 기뻤다. 농옥도 주렴 안에서 그 신기한 모습을 훔쳐보다가 기쁨에 젖어 말했다.

"이 사람이 진정 내 낭군이구나!"

목공이 다시 소사에게 물었다.

"그대는 생황과 퉁소가 어떻게 만들어졌는지 알고 있소? 또 언제 만들어진 것이오?"

소사가 대답했다.

"생笙(생황)이란 생生과 같습니다. 여와씨女媧氏5가 만든 것이며 '발생發生'에서 뜻을 취했고 음률은 태주太簇6에 호응합니다. 소簫(퉁소)란 숙肅과 같습니다. 복희씨伏羲氏7가 만든 것이며 '숙청肅淸'8에서 뜻을 취했고, 음률은 중

5_ 여와씨女媧氏: 중국 신화에서 진흙으로 사람을 창조했다는 여신.

6_ 태주太簇: 전통 음악 12율十二律의 하나. 황종黃鐘에서 셋째 율律이다. 인인寅의 기氣를 가지며 양성陽聲을 상징한다. 24절기 중 경칩驚蟄에 해당하고 1년 12개월 중 정월에 해당하므로 사물의 발생發生을 의미한다.

7_ 복희씨伏羲氏: 중국 신화에 나오는 제왕으로 팔괘八卦를 처음 그리고, 그물을 발명하여 물고기 잡는 방법을 가르쳤다고 한다. 악기 금琴과 슬瑟도 만들었다 한다.

려仲呂9에 호응합니다.”

목공이 말했다.

“자세하게 이야기해보시오!”

소사가 대답했다.

“신의 기예技藝는 퉁소를 다루는 데 있기 때문에 퉁소만 가지고 말씀드리겠습니다. 옛날 복희씨는 대나무를 엮어 퉁소를 만들었습니다. 그 모양을 보면 길이가 다른 대나무를 세워서 봉황의 날개처럼 만든 것입니다. 소리는 온화하고 아름다워 봉황의 울음소리를 닮았습니다. 퉁소의 큰 것은 ‘아소雅簫’라 하고 23개의 관을 엮었으며 긴 것의 길이는 네 치寸입니다. 퉁소의 작은 것은 ‘송소頌簫’라 하고 16개의 관을 엮었으며 긴 것의 길이는 두 치입니다. 이 모두를 일컬어 ‘소관簫管’이라 하고, 그중에서 관이 막히지 않은 것을 ‘퉁소洞簫’라 합니다. 그 후 황제黃帝10 때 영윤伶倫11을 시켜 곤계昆溪12에서 대나무를 베어다가 피리笛를 만들게 했습니다. 가로로 일곱 개의 구멍을 냈고, 그것을 불면 역시 봉황소리가 나지만, 모양은 매우 간단해졌습니다. 후인들은 ‘소관’의 번잡함을 싫어하여 오로지 관 하나만을 세워서 불고 있습니다. 또한 그중에서 긴 것을 ‘소’라고 하고 짧은 것을 ‘관’이라 합

8_ 숙청肅淸: 엄숙하고 맑다는 뜻.

9_ 중려仲呂: 전통 음악 12율의 하나. 1년 12개월 중 4월에 해당하므로 엄숙하고 맑은肅淸 기운을 상징한다.

10_ 황제黃帝: 중국 신화에 나오는 중국 문명의 창시자. 성은 공손公孫, 이름은 헌원軒轅이라고 한다. 배와 수레를 처음 만들었다고 전해진다. 염제炎帝 신농씨神農氏와 구려족九黎族의 제왕이었던 치우蚩尤를 물리치고 중국 문명의 기초를 놓은 것으로 알려져 있다.

11_ 영윤伶倫: 중국 신화에 나오는 악관樂官. 황제 시대에 곤륜산崑崙山 해곡嶰谷의 대나무로 피리笛를 만들어 악률樂律을 정했다고 한다. 그 피리를 불면 봉황의 울음소리가 났다고 한다.

12_ 곤계昆溪: 곤계崑溪. 즉 곤륜산崑崙山 해곡嶰谷. 신화 상의 지명.

니다. 그러므로 지금의 퉁소는 옛날의 퉁소가 아닙니다."

목공이 말했다.

"경은 퉁소를 불어 어떻게 진귀한 새들을 모여들게 할 수 있소?"

소사가 대답했다.

"퉁소의 제작 방법은 비록 간단해졌지만 그 소리는 변하지 않았습니다. 따라서 모든 새가 봉황 소리를 듣고 날아드는 것입니다. 옛날 순 임금은 '소소簫韶'라는 음악을 작곡했는데 봉황이 그 음악 소리에 호응하여 날아와 의례를 행했습니다. 봉황도 날아오게 할 수 있거늘 하물며 다른 새이겠습니까?"

소사의 응대는 물 흐르는 것 같았고 그 목소리는 크고 맑았다. 목공은 더욱 기쁨에 겨워 소사에게 말했다.

"과인에게 사랑하는 딸 농옥이 있소. 자못 음률에 능통하여 음치 신랑을 맞이하려 하지 않는구려. 원컨대 그대에게 출가시키고 싶소."

소사는 안색을 바로잡고 다시 재배를 올리며 말했다.

"이 소사는 본래 산간벽촌의 촌놈입니다. 어찌 감히 왕후의 귀한 따님을 감당할 수 있겠습니까?"

목공이 말했다.

"우리 딸이 전에 맹세하기를 생황을 잘 부는 사람을 짝으로 맞고 싶다고 했소. 지금 그대의 퉁소는 천지의 원리에 통했고 만물의 이치를 얻었으니 생황보다 훨씬 뛰어나다고 할 수 있소. 하물며 내 딸이 꿈에 이미 조짐이 나타났음에랴! 오늘이 바로 8월 보름 중추절이니 이것은 하늘이 맺어준 인연이오. 경은 사양하지 마시오."

이에 소사는 감사 배례를 올렸다. 목공은 태사에게 명하여 혼인 길일을 받게 했다. 태사는 바로 오늘 저녁이 가장 길일이라고 하면서 하늘 위에는 달이 둥글고 하늘 아래에는 사람이 둥글게 화합하는 날이라고 했다. 이 말을 듣자 목공은 바로 좌우 시종을 시켜 목욕물을 준비하게 하고 소사를 인도하여 몸을 깨끗이 씻도록 했다. 이어서 새 옷으로 갈아입게 하고 봉루 鳳樓로 올려보내 농옥과 첫날밤을 치르게 했다. 부부 사이가 온화하고 유순했음은 더 말할 필요조차 없다.

　다음 날 아침 목공은 소사를 중대부에 임명했다. 소사는 비록 조정 벼슬아치 대열에 서기는 했지만 국정에는 참여하지 않고 날마다 봉루에 거주하며 익힌 음식은 먹지 않고 때때로 술을 몇 잔 마실 뿐이었다. 농옥도 기氣를 이용한 도인술導引術을 배워 점점 곡기穀氣를 끊었다. 소사는 농옥에게 퉁소 부는 법을 가르친 뒤 「봉황 부르기來鳳」란 곡을 지어줬다. 대략 반년이 지난 어느 날 밤 문득 부부가 달빛 아래서 퉁소를 불자 마침내 자줏빛 봉황이 봉대 왼쪽에 모여들었고 붉은 용이 봉대 오른쪽에 따리를 틀었다. 소사가 말했다.

　"나는 본래 천상의 신선이오. 상제께서 인간 세상의 역사책이 이리저리 흩어져 혼란스럽다 하시고 나를 내려보내 정리하라고 명하셨소. 그리하여 나는 주 선왕 17년 5월 5일 주나라 소씨蕭氏 집안에서 태어나서 소삼랑蕭三郎이라고 불리게 됐소. 선왕 말년에 사관이 실직하여 내가 그 자리를 이어받았고, 역사의 본말을 엮어 넣어 전적에 빠진 부분이 다 갖춰지게 했소. 주나라 사람들은 내가 역사를 기록하는 일에 공을 세웠다고 하여 마침내 나를 소사라고 부르게 됐소. 그때부터 지금까지 110여 년이 흐른 것이오. 이후 상제께서 나를 화산華山의 주인으로 임명하셨소. 그대와는 오랜 인연이 있지만 인간 세상에선 오래 살 수 없소. 이제 봉황이 우리를 맞으러 왔으니 떠나야 할 시간이오."

농옥이 부친 목공에게 작별 인사를 하고 싶어했지만 소사는 안 된다고 하며 이렇게 말했다.

"이미 신선이 되었으니 초연하게 아무 잡념이 없어야 하오. 어찌 가족과의 인연에 연연하시오?"

이에 소사는 붉은 용을 타고 농옥은 자줏빛 봉황을 탄 뒤 봉대에서 구름 위로 날아갔다. 오늘날 사람들이 훌륭한 사위를 맞는 것을 '승룡乘龍'이라고 일컫는 것이 바로 여기에서 유래했다. 이날 밤 어떤 사람이 태화산에서 봉황 울음소리를 들었다. 이튿날 아침 내시가 그 사실을 목공에게 보고했다. 목공은 망연자실하며 탄식했다.

"신선이 되는 일이 과연 있구나. 만약 지금 용과 봉황이 과인을 맞으러 온다면 과인도 이 산하를 짚신짝 버리듯 할 것이다."

그리하여 목공은 태화산으로 사람을 보내 딸과 사위의 자취를 찾게 했으나 전혀 종적을 찾을 수 없었다. 대신 그곳 명성암에 사당을 세우고 계절마다 술과 과일을 갖추어 제사를 지내게 했다. 지금도 그 사당을 소녀사蕭女祠라 부르고 있으며, 때때로 사당 안에서 봉황 울음소리가 들린다. 육조六朝[13] 시대에 포조鮑照[14]가 「소사곡蕭史曲」[15]이란 시를 지었다.

소사는 젊어지길 좋아하나니   蕭史愛少年

농옥도 동안에 연연하누나   嬴女矜童顏

13_ 육조六朝: 중국 남북조 시대의 남조南朝. 삼국시대에 강남에 있던 오吳나라와, 그 후 북방 민족에게 쫓겨 강남으로 내려와 왕조의 명맥을 이은 한족 다섯 왕조, 즉 동진東晉, 송宋, 제齊, 양梁, 진陳을 합쳐서 육조라 한다.

불로 익힌 음식은 다 배척하고	火粒願排棄
노을 위로 오르기를 좋아하였네	霞霧好登攀
용은 날아 하늘 길로 사라져갔고	龍飛逸天路
봉황 일어나 진秦 관문을 떠나갔다네	鳳起出秦關
몸은 떠나 오래도록 안 돌아오나	身去長不返
퉁소 소리 이따금씩 들려온다네	簫聲時往還

또 강총江總[16]도 이에 관한 시를 지었다.[17]

농옥은 진나라 공실公室 딸이고	弄玉秦家女
소사는 신선 세계 동자였다네	蕭史仙處童
올 때는 보름달이 둥실 떴는데	來時兔月滿
간 뒤엔 봉루가 텅 비었구나	去後鳳樓空
은밀하게 미소를 주고받았고	密笑開還斂
퉁소소리 끊어질 듯 또 들려왔지	浮聲咽更通

14_ 포조鮑照: 남조南朝 송대宋代의 문학가. 강소성 연수漣水 출신으로 자는 명원明遠이다. 임천왕臨川王 유의경劉義慶에게 발탁되어 국시랑國侍郞이 되었고, 그 후 몇 가지 관직을 거쳐, 임해왕臨海王 유자욱劉子頊의 전군참군前軍參軍이 되었으므로 흔히 포참군鮑參軍으로 불린다. 유자욱의 반란에 연루되어 목숨을 잃었다. 비분강개한 시풍으로 사영운謝靈運, 안연지顔延之와 함께 원가元嘉 3대가로 일컬어진다.

15_ 「소사곡蕭史曲」: 지금은 서진西晉의 문인 장화張華의 작품으로 알려져 있다.

16_ 강총江總: 남조南朝 진대陳代의 고관이며 문학가. 하남성 난고蘭考 사람으로 자는 총지總持다. 총명한 본성에 문학적 재능이 뛰어났다. 권문세가에서 태어나 벼슬이 상서령尙書令에 이르러 흔히 강령江令으로 칭해진다. 진陳나라 말기 권세를 잡고 퇴폐적인 생활을 했다.

17_ 이 시도 제목이 「소사곡蕭史曲」이며 『강총전집江總全集』에 실려 있다.

弄玉歙簫雙跨鳳

농옥 부부가 퉁소를 불며 봉황을 타고 가다.

분홍색 고운 꿈을 기약하고서　　　　　　　　　相期紅粉色

자줏빛 안개 속으로 날아갔다네　　　　　　　　飛向紫煙中

　이때부터 진 목공은 무기나 전쟁에 관한 이야기를 싫어하면서 초연하게 세상 밖으로 나가려는 생각을 갖게 되었다. 그리하여 국정을 전부 맹명에게 일임하고 날마다 청정하게 무위자연無爲自然의 도를 닦았다. 얼마 지나지 않아 공손지公孫枝가 세상을 떠났다. 맹명은 자거씨子車氏18의 세 아들 엄식奄息, 중항仲行, 겸호鍼虎19를 관직에 추천했다. 모두 어진 덕이 있었기에 온 나라가 모두 이들을 '삼량三良'이라고 일컬었다. 목공도 그들을 모두 대부로 임명하여 은혜와 예우를 두텁게 베풀었다. 다시 3년이 지나서 주 양왕 31년 봄 2월 보름날, 목공은 봉대에 앉아 달구경을 하면서 어디로 갔는지도 모르고 다시 만날 기약도 없는 딸 농옥을 생각하다가 문득 잠 속으로 빠져들었다. 꿈속에서 목공은 소사와 농옥이 데리고 온 봉황을 타고 함께 달나라 광한궁廣寒宮에 가서 놀았다. 맑고 차가운 기운이 뼛속까지 스며들었다. 꿈에서 깨고 난 뒤 목공은 한기가 들더니 며칠 지나지 않아 세상을 떠났다. 사람들은 모두 목공이 신선이 되어 떠나갔다고 생각했다. 재위 39년 만이었고 향년은 69세였다. 진 목공은 진晉나라 헌공의 딸을 부인으로 맞아 세자를 낳았는데, 이자가 뒤를 이어 즉위하니 바로 강공이다. 목공을 옹 땅에 장사 지내면서 서융의 풍속에 따라 모두 177명의 산 사람을 순장했다. 자거씨의 세 아들도 그 속에 포함되었다. 백성이 슬퍼하며 「황조黃鳥」 시를 지었다. 그 시가 『시경詩經·국풍國風·진풍秦風』에 보인다. 후세 사

18_ 자거子車: 복성複姓.

19_ 겸호鍼虎: '鍼'은 성이나 이름으로 쓸 때는 '침'이 아니라 '겸'으로 읽는다.(『강희자전康熙字典』)

람들은 목공이 세 어진 신하를 순장시킨 것을 두고 죽은 사람을 위해 살아 있는 현인을 버린 것은 나라를 위한 올바른 계책이 아니라고 비난했다.[20] 뒷날 송나라 소동파蘇東坡[21]가 「진 목공 묘秦穆公墓」[22]라는 시를 지었는데 다른 사람의 의표를 찌를 만한 견해가 담겨 있다.

탁천궁[23]은 옹성의 동쪽에 있고	橐泉在城東
그 묘는 성안에서 백보도 안 되네	墓在城中無百步
옛날에는 이 성이 없었다 해도	乃知昔未有此城
진인들은 목공의 묘를 알아봤겠네	秦人以此識公墓
목공은 살아서도 맹명을 안 죽였는데	昔公生不誅孟明
어찌하여 죽는 날에	豈有死之日
어진 신하 죽였으리오?	而忍用其良
어진 신하 세 사람이 목공 따라 죽은 뜻은	乃知三子殉公意
제나라 두 문객이 전횡[24] 따라 죽은 것 같네	亦如齊之二子從田橫
옛사람은 밥 한 끼만 감동 받아도	古人感一飯

20_ 진 목공의 사후 함께 순장된 삼량 즉 엄식, 중항, 겸호의 죽음을 안타까워한 시가 역대로 계속 지어졌다. 『시경詩經』 「진풍秦風·황조黃鳥」를 비롯하여 『문선文選』에도 왕찬王粲의 「영사시詠史詩」와 조식曹植의 「삼량시三良詩」가 실려 있다.

21_ 소동파蘇東坡: 중국 송대의 대문호. 본명은 식軾, 자는 자첨子瞻. 사천성 미산眉山에서 태어났다. 시詩, 사詞, 서書, 화畫에 모두 뛰어났고, 유儒, 불佛, 선仙 사상을 넘나들며 자유롭고 호방한 문학 기풍을 개척했다. 아버지 소순蘇洵, 아우 소철蘇轍과 함께 삼소三蘇로 일컬어지며 모두 당송팔대가唐宋八大家에 속한다.

22_ 「진 목공 묘秦穆公墓」: 『소동파전집蘇東坡全集』에 실려 있다. 시구가 가지런하지 않은 고시 악부체樂府體 형식이다.

23_ 탁천궁橐泉宮: 「삼보황도三輔皇圖」 「궁宮」에 의하면 진 목공의 무덤은 탁천궁 기년관祈年觀 아래에 있다고 한다. 탁천궁은 줄여서 탁천으로 칭한다.

오히려 자기 몸을 바칠 수 있었다네   尙能殺其身

지금 사람 이러한 뜻 보지 못하고   今人不復見此等

공연히 옛사람만 의심한다네   乃以所見疑古人

옛사람의 행적을 바랄 수 없어   古人不可望

지금 사람 더욱 가슴 아프네   今人益可傷

이야기가 두 갈래로 나뉜다. 한편 진 양공은 즉위 6년에 아들 이고夷皐를 세자로 세웠고 배다른 동생 공자 낙樂은 진陳나라로 보내 벼슬하게 했다. 이해에 조최, 난지, 선저거, 서신이 모두 앞서거니 뒤서거니 세상을 떠났다. 연이어 네 명의 경卿이 죽자 그 자리가 모두 비었다. 이에 양공은 이夷 땅에서 병거와 군사를 크게 사열하며 문공이 증원한 2군을 폐지하고 옛날 3군 제도를 회복했다. 양공은 사곡士穀[25]과 양익이梁益耳에게 중군中軍을 거느리게 하고, 기정보箕鄭父와 선도에게는 상군上軍을 거느리게 하려고 했다. 이때 선저거의 아들 선극先克이 앞으로 나서며 말했다.

"호언과 조최 두 분은 우리 진晉나라에 막대한 공을 세웠사오니 그 아들을 버려둘 수 없습니다. 또 사공 직을 맡아보고 있는 사곡과 양익이 모두 아무 전공도 세우지 못했습니다. 그들이 갑자기 대장이 되면 군사들이 복

24_ 전횡田橫: 진한秦漢 교체기 제나라의 영웅. 원래 전국시대 제나라 귀족 출신이었다. 그의 형 전담田儋, 전영田榮과 함께 진秦나라의 폭정에 반대하는 의병을 일으켰다. 두 형이 죽은 후 스스로 자립하여 제齊나라 왕이 되었다. 한 고조高祖 유방劉邦에게 패하여 그를 따르는 용사 500명과 함께 섬으로 피신했다. 한 고조의 공격을 받고 두 문객과 함께 낙양洛陽으로 압송되어 가다가 낙양을 30리 남겨 놓고 자신은 본래 왕이었으므로 유방의 신하 노릇을 할 수 없다면서 자결했다. 전횡을 수행하던 두 문객도 그의 뜻에 동조하고 뒤이어 자결했다. 섬으로 피신한 전횡의 부하 500명도 소식을 듣고 모두 자결했다.

25_ 사곡士穀: 『좌전左傳』에는 '穀'이 '縠'으로 되어 있다.

종하지 않을까 두렵습니다."

양공이 그 말에 따라 호야고를 중군원수로 삼고 그의 보좌로 조돈을, 기정보를 상군원수로 삼고 그의 보좌로 순임보를, 선멸을 하군원수로 삼고 그의 보좌로 선도를 명하였다. 호야고가 단상에 올라 제 마음대로 호령을 하면서 방약무인의 태도로 군사들을 지휘했다. 그러자 그 부대 하군사마下軍司馬 유변臾駢이 간언을 올렸다.

"군대의 승리는 화합에서 오는 것입니다. 지금 삼군을 거느리는 장수들은 오랜 경험이 있는 장수가 아니라 권문세가의 자손들입니다. 원수께선 마음을 비우고 자문을 구하며 항상 겸양의 미덕을 보이셔야 합니다. 대저 강경하게 자만하는 마음 때문에 초나라 성득신이 우리 진나라에 패한 것이니 경계하지 않을 수 없습니다."

호야고가 진노하여 고함을 질렀다.

"내가 지금 처음 명령을 내리는데, 보잘것없는 놈이 감히 함부로 입을 놀리며 군사들의 사기를 떨어뜨리려 하는구나!"

그러고는 좌우 군사들에게 명하여 채찍으로 100대를 치게 했다. 이에 군사들이 모두 불만을 품었다.

사곡와 양익이는 선극이 자신들의 승진을 가로막았다는 소식을 듣고 마음속으로 깊은 원한을 품었다. 특히 선도는 상군원수 직에 임명되지 못하여 더욱 원한이 깊었다. 이때 태부 양처보는 위衛나라에 사신으로 가있어서 그 일에 관여하지 못했다. 이후 양처보는 귀국해서야 호야고가 원수 직에 임명되었다는 소식을 듣고 비밀리에 양공에게 아뢰었다.

"호야고는 강경한 성격에다 남에게 이기기를 좋아하므로 민심을 얻을 수 없습니다. 그는 대장의 재목이 아닙니다. 신은 일찍이 조최의 군사 업무를 보좌하면서 그의 아들 조돈과 친하게 지냈사온데, 조돈은 현명하고 능력도 출중합니다. 대저 현인을 존중하고 유능한 사람을 임명하는 것은 나라의 아름다운 법도입니다. 주상께서 지금 원수를 선택하시려면 조돈보다 나은 이가 없을 것입니다."

양공은 그 말에 따라 양처보를 시켜 동董(山西省 萬榮) 경내 땅에 군사를 모아놓게 했다. 호야고는 자신의 원수 직이 바뀐다는 사실도 모른 채 기쁜 마음으로 중군 군사를 거느리고 대열 앞에 섰다. 양공이 그의 자를 부르며 말했다.

"가계賈季! 지난번에는 과인이 조돈에게 그대를 보좌하게 했으니 이젠 그대가 조돈을 보좌하도록 하시오."

호야고는 감히 아무 대꾸도 하지 못한 채 예예 하고 물러났다. 양공은 조돈에게 중군원수 직을 맡기고 호야고를 시켜 그를 보좌하게 했다. 그러나 상군과 하군 대장은 그대로 두었다. 조돈이 이때부터 국정을 맡아 정령을 크게 개혁하자 백성이 모두 기쁘게 복종했다. 어떤 사람이 양처보에게 말했다.

"자맹子孟(양처보의 자)은 말씀을 하실 때 숨기는 것이 없으니 충신은 충신이오. 그러나 다른 사람에게 원한을 살까 근심이 되지 않소?"

양처보가 말했다.

"국가를 이롭게 하는 일인데, 어찌 감히 사사로운 원한을 피한단 말이오?"

다음 날 호야고는 홀로 양공을 뵙고 물었다.

"주상께서 선친의 작은 공로를 생각하시어 신을 불초하게 생각지 않으시고 군사 일을 맡기셨습니다. 그런데 갑자기 그 직무를 바꾸시니 신은 무슨 죄를 지었는지 알지 못하겠습니다. 혹시 제 아비 호언의 공훈이 조최보다 못한 것입니까? 아니면 달리 이르실 말씀이라도 있으신지요?"

양공이 말했다.

"다른 이유는 없소. 양처보가 과인에게 그대가 민심을 얻을 수 없으니 대장 직을 수행하기 어렵다고 했소. 그래서 그대를 교체한 것이오."

호야고는 아무 말 없이 물러났다.

이해 가을 8월 진 양공이 병이 들어 임종이 가까워왔다. 양공은 태부 양처보, 상경 조돈 및 여러 신하를 탑전에 불러놓고 당부했다.

"과인은 선군의 패업을 계승하여 적나라를 격파하고 진나라를 정벌했소. 때문에 아직까지 외국에게 우리의 예리한 기세를 빼앗기지 않을 수 있었소. 이제 과인은 불행하게도 목숨이 얼마 남지 않아 경들과 영결을 고하고자 하오. 세자 이고는 아직 어리므로 경들이 마음을 다해 보좌해주기 바라오. 이웃 나라와는 우호를 잘 유지하면서 맹주의 패업을 잃지 않도록 하시오."

신하들은 모두 재배를 올리고 명을 받들었다. 잠시 후 양공은 마침내 세상을 떠났다. 다음 날 대신들이 세자를 즉위시키려 하자 조돈이 말했다.

"국가에 어려움이 많은 데다 진秦나라와 적나라는 원수가 되었소. 이런 상황에 어린 주상을 세울 수는 없소. 지금 두기杜祁 부인의 아들 공자 옹雍이 진나라에서 벼슬하고 있소. 선善을 좋아하고 나이도 제일 많으니 그분을 맞아와서 보위를 잇도록 하는 것이 좋겠소."

신하들 중 아무도 대답을 하지 못했다. 그때 호야고가 말했다.

"그럼 공자 낙樂을 세우는 것이 더 좋겠소. 그 모친은 주상의 총애를 받았고 낙 공자는 지금 진陳나라에서 벼슬을 하고 있소. 진나라는 평소 우리 진晉나라와 친분이 깊으므로 원한을 품은 진秦나라보다는 나을 것이오. 낙 공자를 맞아오는 일은 아침에 출발하면 저녁에 결과를 볼 수 있을 것이오."

조돈이 말했다.

"그렇지 않소. 진陳은 나라도 작고 거리도 멀지만, 진晉은 나라도 크고 거리도 가깝소. 진陳에서 주상을 맞아온다 해도 친분이 더 깊어지지는 않지만, 진晉에서 주상을 맞아오면 그동안의 원한을 풀고 도움도 받을 수 있을 것이오. 반드시 옹 공자를 모셔와야 하오."

이 말에 조정의 분분한 의견이 수그러들었다. 이에 선멸을 정사로 삼고 사회를 부사로 삼아 진晉나라에 국상을 알리고 공자 옹을 맞아와서 보위에 올리기로 했다. 사신들이 떠나려 할 때 순임보가 제지하며 말했다.

"선군의 부인과 세자가 지금 모두 궁궐에 계신데 어떻게 다른 나라에서 주상을 모셔온단 말이오? 이 일이 성사되지 못하면 다른 변고가 생길까 두렵소. 대부께선 어찌하여 병을 핑계로 사양하지 않으시오?"

선멸이 말했다.

"나라의 정치 권력이 조씨趙氏에게 있는데 어찌 다른 변고가 있을 수 있겠소?"

순임보는 다른 사람에게 이렇게 말했다.

"함께 벼슬하면 동료가 되는 것이오. 나는 사백士伯(선멸의 字)의 동료가 되어 내 마음을 다 이야기해주지 않을 수 없었소. 그러나 그는 내 말을 듣지 않았소. 이제 그가 떠나가는 날은 있지만 돌아오는 날이 없을까 두렵소."

선멸이 진晉나라로 간 이야기는 잠시 접어두고 국내에 있는 호야고의 이야기부터 하고자 한다. 호야고는 조돈이 자신의 말을 듣지 않는 것을 보고 분노하며 말했다.

"호씨와 조씨는 동등한 집안이다. 그런데 이제 조씨만 있고 호씨는 없단 말인가?”

　그러고는 몰래 사람을 보내 진陳나라에서 공자 낙을 불러와 보위를 경쟁할 대책을 마련하고자 했다. 그러나 그 소식은 일찌감치 조돈에게 보고되었다. 조돈은 자신의 문객 공손저구公孫杵臼에게 집안 장정 100명을 거느리고 중도에 매복해 있다가 공자 낙이 그곳을 지날 때 죽이라고 명령했다. 그 소식이 호야고에게 다시 보고되자 호야고가 더욱 화를 내며 말했다.

　“조돈에게 권력을 갖게 한 자는 바로 양처보다. 양처보의 집안은 한미하고 도와주는 사람도 없다. 지금 교외에 나가 묵으며 여러 나라 사신과 함께 주상의 장례 치를 일을 주관하고 있다. 그를 죽이는 건 쉬운 일이다. 조돈이 만약 공자 낙을 죽인다면 내가 양처보를 죽이는 것도 가능한 일이 아니겠는가?”

　이에 그 동생 호국거26와 대책을 논의했다. 호국거가 말했다.

　“그런 일이라면 내 힘만으로도 가능하오.”

　그리하여 집안 장정들과 함께 도둑으로 위장하여 밤에 양처보 집의 담장을 넘어 들어갔다. 양처보는 아직도 촛불을 밝히고 책을 읽고 있었다. 호국거가 앞으로 달려가 그를 찔렀다. 어깨에 칼을 맞은 양처보는 놀라 도망쳤다. 그러나 그는 결국 호국거에게 살해당했고, 호국거는 그의 머리를 베어 돌아갔다. 양처보의 시종 하나가 호국거를 알아보고 조돈에게 달려가 사건을 보고했다. 조돈은 거짓으로 믿지 못하는 척하며 그를 꾸짖었다.

　“양 태부가 도둑에게 살해된 것이다. 어찌 감히 사림을 모함하는 깃이냐?”

　그러고는 바로 사람을 시켜 그 시신을 검시하게 했다. 이것은 9월에 일

26_ 호국거狐鞠居: 호모狐毛의 아들. 호야고는 호언狐偃의 아들. 호모는 호야고의 사촌 동생이다.

어난 일이었다.

겨울 10월에 진 양공을 곡옥에 장사 지냈다. 양공의 부인 목영穆嬴은 세자 이고와 함께 장례에 참석하러 와서 조돈에게 물었다.

"선군께서 무슨 죄를 지으셨고, 그 적자 또한 무슨 죄가 있다고 이 한 점 혈육을 버려두고 타국에서 임금을 구하는 것이오?"

조돈이 대답했다.

"이것은 국가 대사입니다. 이 조돈 혼자 사사로이 처리한 일이 아닙니다."

장례를 마치고 신주를 사당에 모신 뒤 조선자趙宣子(趙盾)가 대부들에게 말했다.

"선군께선 형벌과 포상을 잘 이용하여 제후들의 패자가 되었소. 선군의 관이 아직 빈청에 있을 때 호국거가 양 태부를 마음대로 살해했소. 이런 상황에 신하들 중 누가 위협을 느끼지 않을 수 있겠소? 이 일은 성토하지 않을 수가 없는 일이오."

이에 호국거를 잡아와서 사구에게 판단을 맡기고 그 죄를 하나하나 따져서 참수했다. 그러고는 곧바로 그의 집에서 양처보의 머리를 찾아내어 그것을 실로 목에다 꿰맨 후 장례를 치러줬다. 호야고는 조돈이 이미 그의 음모를 알고 있을까봐 두려워 한밤중에 작은 수레를 타고 적나라로 도망쳤다. 그는 적나라 군주 백돈에게 투신했다.

이때 적나라에는 교여僑如라는 거인이 있었다. 키가 1장丈(10자 5척[27])이나 돼서 장적長翟이라고 불렸다. 힘은 1000균千鈞[28]을 들 수 있을 정도였고

27_ 척尺: 지금은 한 자尺가 30센티미터 정도지만, 춘추전국시대에는 대척大尺이 22.5센티미터, 소척小尺이 18센티미터 정도였다. 여기에서는 소척을 적용시켜야 할 것으로 보인다.

머리는 청동처럼 단단했으며 이마는 마치 강철과 같아서 기와나 돌멩이로도 상처를 입힐 수 없었다. 적나라 군주 백돈은 그를 장수로 임명하여 노魯나라를 침략하도록 했다. 노 문공은 숙손득신叔孫得臣에게 명하여 군사를 거느리고 방어하게 했다. 때는 겨울이라 살을 에는 안개가 하늘을 가득 뒤덮고 있었다. 대부 부보종생富父終甥은 진눈개비가 내릴 줄 알고 계책을 말했다.

"장적은 용력이 보통 사람과는 다르므로 지모智謀로써 이겨야지, 힘으로는 대적할 수 없소."

그들은 요로에 깊은 함정을 여러 군데 파고 풀로 그것을 위장한 뒤 위에 흙을 덮어두었다. 이날 밤 과연 큰 눈이 내려 땅을 뒤덮자 함정의 허실이 전혀 겉으로 드러나지 않았다. 부보종남은 한 부대를 이끌고 교여의 진채를 기습했다. 교여가 싸우러 나오자 종남은 거짓으로 패한 척했다. 교여는 용기를 뽐내며 추격해왔다. 종남은 길에 암호를 표시해놓아서 그 길을 알아보고 함정 옆으로 달아났다. 교여는 그 뒤를 따라 추격하다가 마침내 깊은 함정에 빠졌다. 이때 숙손득신의 복병이 모두 뛰어나와 적나라 군사를 마구 죽였다. 부보종남은 창으로 교여의 목을 찔러 죽인 뒤 그 시체를 큰 수레에 싣고 돌아왔다. 그 시체를 본 사람들은 모두 경악을 금치 못하며 방풍씨防風氏의 유골도 이보다 크지는 않을 것이라고 했다. 그때 마침 숙손득신은 맏아들을 낳아서 그 아들의 이름을 숙손교여叔孫僑如라고 지어주고 전공을 높이 세우기를 기원했다. 이내부터 노魯, 제齊, 위衛는 병력을 합하여 적나라를 정벌했고, 백돈이 도망치다 죽자 마침내 나라는 멸망했다.

28_ 균鈞: 1균鈞은 30근斤이므로 1000균은 3만 근이다.

이에 호야고는 적적족赤翟族의 노潞나라로 옮겨가 대부 풍서酆舒에게 의지했다. 조돈이 말했다.

"호야고는 우리 선친과 함께 망명을 가서 돌아가신 문공을 좌우에서 모셨으니 그 공로가 적지 않다. 내가 호국거를 죽인 것은 호야고의 안전을 위해서였다. 그런데 지금 죄가 두려워 도망치고 말았다. 어떻게 혼자 몸으로 적족翟族의 경계 안에서 편안하게 살 수 있겠는가?"

그는 유변을 시켜 호야고의 처자를 노潞나라로 데려다주라고 했다. 유변이 집안의 장정들을 불러 모아 노潞나라로 떠나려 하자 장정들이 아뢰었다.

"옛날 이夷 땅에서 군사를 모아 사열할 때 주인께선 호야고 원수께 충성을 다 바쳤으나 도리어 치욕만 당했습니다. 그때의 복수를 하지 않을 수 없습니다. 지금 조돈 원수께서 그 처자를 노潞나라로 데려다주라고 하시니 이것은 하늘이 우리에게 준 기회입니다. 응당 그 가족을 죽여 지난날의 한을 푸십시오!"

유변이 연이어 말을 내뱉었다.

"안 된다! 그건 안 될 말이다! 원수께서 내게 호야고의 처자를 맡긴 것은 나를 총애하기 때문이다. 내게 안전하게 보내주라 부탁했는데 그들을 죽인다면 원수께서 내게 화를 내지 않겠느냐? 다른 사람의 위기를 틈타 해치는 것은 어진 사람이 할 일이 아니다. 다른 사람의 화를 돋우는 것은 지혜로운 사람이 할 일이 아니다."

그는 호야고의 처자를 수레에 태우고 그 재산 목록까지 자세히 장부로 만들었다. 또한 친히 국경 너머까지 전송하면서 사람이나 물건 하나도 빠뜨리지 않았다. 호야고가 소문을 듣고 감탄하며 말했다.

"내가 현인을 알아보지 못했으니 도망 다니는 것도 당연한 일이다."

조돈은 이로부터 유변의 인품을 더욱 두텁게 인정하고 앞으로 중용할 마음을 먹게 되었다.

한편 선멸과 사회는 진秦나라로 가서 공자 옹을 맞아와 보위에 올리려고 했다. 진 강공이 기뻐하며 말했다.

"우리 선군께서 두 번이나 진나라의 보위를 안정시켜주셨소. 그런데 과인이 또 옹 공자를 보위에 세우게 되었으니 이렇게 되면 진晉나라의 군후는 대대로 우리 진에서 나오는 것이오."

이에 백을병에게 병거 400승을 이끌고 공자 옹을 진나라로 전송하게 했다.

진 양공의 부인 목영은 장례를 치르고 궁궐로 돌아온 후로 매일 이른 새벽 세자 이고를 품에 안고 조당朝堂으로 가서 대성통곡하며 대부들에게 말했다.

"세자는 선군의 적자요. 그런데 어찌하여 버리시는 것이오?"

그러던 어느 날 조회가 끝난 뒤 목영은 수레를 조씨 댁으로 몰고 가게 하여 조돈에게 머리를 조아리며 말했다.

"선군께서 임종에 이르러 경에게 온 마음을 바쳐 이 아이를 보좌하라고 부탁했소. 선군께서 비록 세상을 떠나셨지만 그 목소리가 아직도 귀에 쟁쟁하오. 만약 다른 사람을 보위에 올린다면 이 아이를 어디에 둔단 말이오? 이 아이를 보위에 올리지 못한다면 우리 모자는 죽을 수밖에 없소."

그렇게 말을 마치고는 또 대성통곡했다. 백성도 그 소문을 듣고 목영을 가련하게 생각하며 조돈에게 허물을 돌리지 않는 사람이 없었다. 대부들도 공자 옹을 맞아오는 건 실책이라고 말을 했다. 조돈은 근심에 싸여 극결에게 대책을 상의했다.

"사백土伯(선멸의 자)이 벌써 진秦나라로 가서 맏아드님을 주상으로 모셔 오고 있는데 지금 어찌 다시 세자를 주상으로 모실 수 있단 말이오?"

극결이 대답했다.

"지금 어린 세자를 버리고 연장자인 옹 공자를 보위에 올리면 뒷날 어린 세자가 장성했을 때 반드시 변란의 원인이 될 것이오. 그러니 다시 진나라로 사람을 보내 사백의 행차를 막는 것이 가장 좋을 듯하오."

조돈이 말했다.

"그렇다면 먼저 세자를 보위에 올리고 난 다음 사신을 파견해야 명분이 설 것이오."

그는 즉시 신하들을 불러 모아 세자 이고를 보위에 올렸다. 이 사람이 진晉 영공靈公이다. 이때 나이가 겨우 일곱 살이었다.

백관들의 하례가 막 끝났을 때 갑자기 변방의 급보가 전해졌다.

"진秦나라가 대군을 파견하여 공자 옹을 호송하고 있는데 그 행차가 벌써 하하河下에 당도했습니다."

대부들이 말했다.

"우리가 진나라에 신용을 잃게 됐소. 어떻게 사과하면 좋겠소?"

조돈이 말했다.

"내가 만약 공자 옹을 보위에 모신다면 진나라는 우리와 우호를 맺는 손님의 나라가 될 것이지만, 이미 저들의 뜻을 받아들일 수 없게 되었으니 이제 진나라는 적국이 되었소. 지금 사람을 보내 사과한다 해도 진나라는 오히려 우리에게 욕만 퍼부을 것이오. 차라리 군사를 동원해 막아서는 것이 좋겠소."

趙盾背秦立霸公

조돈이 진秦을 배신하고 영공을 세우다.

이에 상군원수 기정보에게 영공을 보필하며 튼튼하게 도성을 지키라 했다. 조돈 자신은 스스로 중군원수가 되고 호야고 대신 선극을 부장으로 삼았다. 또한 순임보는 혼자 상군을 거느리게 했으며, 선멸이 진나라로 사신을 가 있기 때문에 선도를 하군 장수로 삼았다. 삼군은 정돈을 마친 후 진나라 군사를 맞아 싸우기 위해 근음麃陰(山西省 臨猗 서북쪽) 땅에 주둔했다. 진나라 군사는 황하를 건넌 후 동쪽으로 진군하여 영호슈狐 땅에 주둔했다. 진秦나라 군영에서는 전방에 이미 진晉나라 군사가 와 있다는 소식을 듣고 공자 옹을 환영하러 출병한 것이라 생각하고는 아무런 경계도 하지 않았다. 선멸은 먼저 진나라 군영으로 찾아가 조돈을 만났다. 조돈은 국내에서 세자를 보위에 올리게 된 까닭을 알려줬다. 선멸은 눈을 부릅뜨며 말했다.

"옹 공자를 맞아오자고 한 것이 누구요? 그런데 지금 또 세자를 보위에 올리고 나의 행차를 막아설 수 있단 말이오?"

선멸은 소매를 뿌리치고 나와 순임보를 보고 말했다.

"후회막심하게도 내가 그대의 말을 듣지 않아 오늘 이 지경에 빠지게 됐소."

순임보가 그를 제지하며 말했다.

"그대도 진晉나라의 신하요. 진나라를 버리고 어디로 간단 말이오?"

선멸이 말했다.

"나는 진秦나라로 가서 옹 공자를 맞아오라는 명령을 받았소. 옹 공자는 나의 주상이오. 진나라는 나의 주상을 돕는 나라요. 내가 어찌 앞서 한 말을 배신하고 구차하게 고향에서 부귀를 누릴 수 있겠소?"

말을 마치고 선멸은 진나라 군영으로 달려들어갔다. 조돈이 말했다.

"사백이 우리 진晉나라에 남으려 하지 않았으니 내일 진秦나라 군사가 틀림없이 진격해올 것이오. 차라리 밤을 틈타 진나라 진영을 기습하여 저들의 의표를 찌른 뒤 우리 뜻을 이루는 것이 좋겠소."

그리하여 말에게 먹이를 충분히 먹이고 군사들도 푹 쉬면서 배불리 먹게 한 후 함매銜枚한 상태로 마침내 진나라 진영으로 쳐들어가게 했다. 시간이 마침 삼경이라 이들은 일제히 고함을 지르며 북과 나팔까지 울렸다. 진晉나라 군사들이 진채의 문으로 쳐들어가자 진秦나라 군사들은 꿈속에서 깨어나 말에 안장을 얹을 틈도, 창을 잡을 시간도 없이 사방으로 어지럽게 도망치기에 바빴다. 진晉나라 군사가 고수刳首(山西省 臨猗 서남쪽) 땅까지 추격했을 때 진나라 대장 백을병이 목숨을 걸고 싸워 탈출로를 열었다. 공자 옹은 난군 속에서 죽었다. 선멸이 탄식하며 말했다.

"조돈이 나를 배신했지만 나는 진秦나라를 배신할 수 없다."

그러고는 진나라로 도망갔다. 사회도 탄식하며 말했다.

"나와 선멸은 동료다. 선멸이 진나라로 갔는데 나 혼자 고향으로 돌아갈 수는 없다."

그도 결국 진나라 군사를 따라갔다. 진 강공은 두 사람 모두 대부에 임명했다. 순임보가 조돈에게 말했다.

"지난날 호야고가 오랑캐 땅으로 도망갔을 때, 상국相國께선 동료로서의 의리를 생각하여 그 처자를 그곳으로 보내줬소. 지금 선멸과 사회도 나와 동료로서의 의리가 있소. 원컨대 상국의 지난 일을 본받고 싶소."

조돈이 말했다.

"순荀 대부께서 의리를 중시하는 모습이 나의 뜻과 딱 맞소."

그는 마침내 호위 병사를 시켜 두 집안 식구와 재산을 진나라로 보내줬다. 호증 선생이 이를 시로 읊었다.

그 누가 국경 넘어 친구 처자식 호송했는가?	誰當越境送妻孥
오로지 동료로서 의리를 중히 여겼네	只爲同僚義氣多
오늘날 인정은 서로가 각박하니	近日人情相忌刻
보통 동료의 우의가 도대체 어떠한가?	一般僚誼卻如何

염옹이 또 시를 지어서 조돈을 비난했다. 즉 그가 공자 옹을 맞아오는 일을 경솔하게 처리하고 손님을 원수로 대했다는 것이다.

바둑을 둘 때도 신중하게 망설이는데	奕棋下子必躊躇
적자嫡子 두고 어찌 밖에서 임금을 구하였나?	有嫡如何又外求
손님과 원수 사이 순식간에 뒤집히니	賓寇須臾成反覆
나라 위한 조돈의 계책 무슨 꿍꿍이 속이더냐?	趙宣謀國是何籌

이번 싸움에서 진晉나라 각 군 장수는 모두 포로와 노획물이 있었다. 다만 선극의 부하 괴득蒯得만이 뒤도 돌아보지 않고 진격만 하다가 진秦나라에게 패하여 병거 5승을 잃었다. 선극은 군법에 따라 그를 참수하려 했다. 그러나 여러 장수가 모두 괴득을 대신해서 살려달라고 간청을 하자 선극은 그 일을 조돈에게 말하고 토지와 녹봉을 박탈했다. 괴득은 이 일로 깊은 원한을 품었다.

기정보, 사곡, 양익이는 평소에도 매우 친하게 지냈다. 그런데 조돈이 중군원수로 승진하고 나서 사곡과 양익이는 병권兵權을 잃어버렸고, 그 때문에 기정보까지도 불만을 품고 있었다. 기정보가 도성에 남아 수비를 담당할 때 사곡과 양익이도 함께 모여 말을 했다.

"조돈이 임금조차 마음대로 올렸다 내렸다 하면서 뵈는 게 없이 행동하고 있소. 지금 소문을 들으니 진나라가 대군을 이끌고 옹 공자를 호송해오고 있다 하오. 만약 양군이 대치하면 서로 상황이 급하여 다른 일엔 신경을 쓰지 못할 것이오. 이 틈에 도성 안에서 반란을 일으켜 조돈을 막고, 지금 보위에 올린 이고를 폐위한 다음 옹 공자를 맞아오면 대권이 모두 우리에게 돌아올 것이오."

그들은 이렇게 의견을 정했다. 성패가 어떻게 될지는 다음 회를 보시라.

제48회

겨울철 태양과 여름철 태양

다섯 장수는 선극을 죽여 진晉나라를 혼란에 빠뜨리고
위수여는 사회를 불러오려고 진秦나라를 속이다
刺先克五將亂晉, 召士會壽餘紿秦.

　기정보, 사곡, 양익이는 의견을 맞춘 후 진秦나라 군사가 긴박하게 몰아
칠 때 도성에서 반란을 일으켜 조돈趙盾의 지위를 대신하려고 했다. 그러나
뜻밖에도 조돈이 진나라 군사를 기습하여 개선가를 울리며 귀환하자 그들
의 마음은 더욱 분노로 들끓었다. 선도는 하군 장군 선멸을 보좌하다가 선
멸이 조돈에게 배반을 당해 진나라로 도망가는 것을 보고 그도 역시 조돈
에게 원망을 품었다. 때마침 괴득은 자신이 패배한 일 때문에 선극에게 토
지와 녹봉을 빼앗기자 가슴속에 원망을 품고 사곡에게 호소했다. 사곡이
말했다.

　"선극은 조돈의 부하임을 믿고 그처럼 만행을 저지른 것이오. 조돈이 마
음대로 할 수 있는 건 오직 중군뿐이오. 만약 죽음을 무릅쓰고 일을 할
수 있는 사람이 있다면 그를 보내 먼저 선극을 죽이시오. 그럼 조돈의 세

력은 고립될 것이오. 이 일은 선도가 아니면 할 수 없는 일이오."

괴득이 말했다.

"선도 장군은 대장이신 선멸 장군이 조돈에게 배반을 당한 일로 역시 원망을 품고 있소."

사곡이 말했다.

"그렇다면 선극을 죽이는 건 어렵지 않은 일이오."

그는 비밀스럽게 귓속말로 속삭였다.

"여차여차하기만 하면 일을 이룰 수 있을 것이오."

그리하여 괴득은 선도를 만나러 갔다. 그러자 선도가 이렇게 말을 했다.

"조돈이 사계士季(선멸의 자)를 배반하고 진秦나라 군사를 기습하여 패퇴시킨 건 전혀 신의가 없는 일이오. 그와는 함께 일을 할 수 없소."

괴득은 사곡의 말을 선도에게 얘기했다. 선도가 말했다.

"참으로 그렇게 될 수 있다면 우리 진晉나라에겐 큰 행운이오."

이때 겨울이 다 가고 새봄이 다가오고 있었다. 선극은 자신의 조부인 선진의 사당에 참배하기 위해 기성으로 갔다. 선도는 집안 장정들을 기성 밖에 매복시키고 선극이 지나가기만을 기다렸다. 그는 멀리서 선극을 뒤따르다가 빈틈을 노리고는 복병을 불러일으켜 선극을 찔러 죽였다. 선극을 수행한 시종들은 놀라 달아났다. 조돈은 선극이 피살되었다는 소식을 듣고 진노했다. 그는 사구에게 엄명을 내려 닷새 안에 범인을 잡아들이게 했다. 선도 등은 상황이 다급해지자 사곡와 양익이를 종용하여 조속히 기시를 치르자고 했다. 그런데 양익이가 술에 취해서 그 일을 양홍梁弘에게 흘리고 말았다. 양홍은 대경실색하며 말했다.

"이건 멸문지화를 당할 일이다."

刺先克
五將爾晉

다섯 장수가 선극을 죽이다.

양홍은 바로 유변에게 밀고했고, 유변은 또 조돈에게 그 사실을 알렸다. 조돈은 즉시 군사를 모으고 병거를 준비하여 명령을 기다리라고 분부했다. 이때 선도는 조돈이 군사를 모으고 병거를 준비한다는 소문을 듣고 자신들의 모의가 누설된 것으로 의심하고 급히 사곡에게 달려가 어서 거사를 시작하자고 재촉했다. 기정보는 정월 대보름날 진후가 주연을 베풀 때 장내가 어수선한 틈을 타서 거사를 벌이자고 했지만, 논의가 길어지며 결정하지 못했다. 이때 조돈은 벌써 유변을 시켜 선도의 집을 포위하고 선도를 잡아들여 옥에 가두었다. 양익이와 괴득은 황망하게 기정보와 사곡의 집안 장정을 포함한 네 집안 사병을 불러 모아 선도를 구출한 뒤 함께 반란을 일으키려고 했다. 조돈은 선도를 처리하는 일을 기정보와 논의하고 싶다고 그를 조정으로 불러들였다. 기정보가 말했다.

"조돈이 나를 부르는 걸 보니 아직 우리 계획을 의심하지 않는 것 같소."

그는 가벼운 차림으로 조정으로 들어갔다. 원래 조돈은 기정보가 상군원수가 되고 나서 군사를 선동해 반란을 일으킬까 두려워하고 있었다. 그래서 자신의 마음을 숨기고 기정보를 불렀다. 기정보는 그런 계책도 알지 못한 채 당당하게 조정으로 들어갔다. 조돈은 조정에 머물며 기정보와 선도의 일을 논의하는 척했다. 하지만 한편으로는 비밀리에 순임보, 극결, 난돈을 시켜 세 갈래의 군마를 거느리고 임무를 나누어 사곡, 양익이, 괴득 세 사람을 잡아들이게 했다. 이들을 모두 사로잡아 옥에 가둔 후 순임보 등 세 장수는 조정으로 돌아와 보고했다. 순임보가 소리를 질렀다.

"기정보도 반란에 참가했는데 어찌 옥에 가두지 않으시오?"

기정보가 말했다.

"나는 도성을 지키기 위해 애를 쓴 사람이오. 접때 삼군이 외지에 있을 때 나 홀로 도성을 지키고 있었소. 그때 반란을 일으키지 않고 오늘 경들께서 모두 모여 있는 하필 이때 내가 죽을 자리를 찾는단 말이오?"

조돈이 말했다.

"네놈이 반란을 늦춘 건 선도와 괴득을 기다리려는 심산이었다. 나는 모든 사실을 명확하게 알고 있으니 여러 말할 필요 없다."

그러자 기정보는 고개를 숙이고 옥으로 들어갔다.

조돈은 이 사실을 진 영공에게 아뢰고 선도 등 다섯 사람을 죽이려고 했다. 영공은 나이가 어려서 그저 승낙할 수밖에 없었다. 영공이 내궁으로 들어가자 다섯 사람이 옥에 갇혔다는 소식을 들은 양부인襄夫人이 영공에게 물었다.

"상국相國이 그 사람들을 어떻게 처리한다 하오?"

영공이 말했다.

"상국은 '모두 주살해야 한다'고 합니다."

양부인이 말했다.

"저들은 거사를 일으켜 권력을 잡으려 한 것이지 보위를 찬탈하려 하지는 않았소. 또 선극을 죽이려 한 주모자는 한두 사람에 불과하오. 또 죄에는 주모자와 추종자가 있을진대 어찌 모두 주살하려 하는 것이오? 근래 원로 분들이 모두 돌아가셔서 인재가 드문 판국에 또 하루아침에 다섯 신하를 죽이면 조정에 벼슬자리가 텅 빌까 두렵소. 어찌 염려할 일이 아니겠소?"

다음 날 영공은 양부인의 말을 조돈에게 전했다. 그러자 조돈이 아뢰었다.

"주상께서 어리시고 나라에 의심스러운 일이 많아 대신들이 마음대로 살인을 행하고 있습니다. 지금 저들을 모두 죽이지 않으시고 어찌 뒷사람을 경계할 수 있겠습니까?"

마침내 영공은 선도, 사곡, 기정보, 양익이, 괴득 다섯 사람에게 임금을 업신여긴 죄를 적용해 참수형을 내렸다. 이들은 저자 거리에서 참수되었고 선극의 아들 선곡先穀[1]은 대부에 임명되었다. 백성 중에 조돈의 엄격한 법 집행이 무서워 사지를 떨지 않는 사람이 없었다.

호야고는 노潞나라에서 소문을 듣고 깜짝 놀라며 말했다.

"다행이로다. 내가 이곳에 있음으로써 죽음을 면했도다."

어느 날 노나라 대부 풍서가 호야고에게 말했다.

"조돈과 그의 부친 조최 둘 중에서 누가 더 어진 사람이오?"

호야고가 말했다.

"조최는 겨울철 태양이고, 조돈은 여름철 태양이오. 겨울철 태양은 그 따뜻함에 의지할 수 있지만 여름철 태양은 그 뜨거움을 두려워할 수밖에 없소."

풍서가 웃으면서 말했다.

"경과 같은 노련한 장수도 조돈을 두려워한단 말이오?"

이 이야기는 잠시 접어두기로 하자. 한편 초 목왕은 스스로 보위를 찬탈한 후 중원을 제패하려는 마음을 품고 있었다. 이때 세작이 첩보를 전해왔다.

"신晉나라에 새 임금이 즉위했고 조돈이 정사를 마음대로 하자 대부들이 그와 정권을 다투다가 주살되었다 합니다."

1_ 선곡先穀: '곡穀'이 뒷부분에는 '곡穀'으로 되어 있으나 『좌전左傳』에는 '곡穀'으로 되어 있다. 따라서 전부 '곡穀'으로 통일한다.

이에 신하들을 불러 대책을 상의한 후 군사를 동원해 정나라를 치려고 했다. 이때 대부 범산范山이 앞으로 나서며 말했다.

"진나라 군주는 나이가 어리므로 신하들은 권력을 다투는 데 마음이 있지 제후들의 일에는 관심이 없습니다. 이 기회를 빌려 군사를 동원해 북방을 친다면 누가 우리를 당해낼 수 있겠습니까?"

그 말을 들은 목왕은 몹시 기뻐하며 투월초를 대장으로 삼고 위가를 부장으로 삼아 병거 300승을 거느리고 정나라를 치게 했다. 또 목왕 자신은 동광 서광의 정예병을 거느리고 낭연狼淵(河南省 許昌 남쪽)에 주둔하여 지원하기로 했다. 동시에 식息나라 공자 주朱를 대장으로 삼고 공자 패茷를 부장으로 삼아 병거 300승을 거느리고 진陳나라까지 치게 했다.

이때 정 목공은 초나라 군사가 국경으로 다가오고 있다는 소식을 듣고 황급히 대부 공자 견堅, 공자 방龐, 악이樂耳 세 사람을 국경으로 보내 초나라 군사를 막게 했다. 전투를 벌이지 말고 성을 굳게 지키라고 당부 한 뒤 따로 진晉나라로 사신을 보내 위급함을 알렸다. 투월초가 날마다 싸움을 걸어왔지만 정나라 군사는 밖으로 나가지 않았다. 그러자 위가가 몰래 투월초에게 말했다.

"성복城濮 싸움 이후로 우리 초나라 군사는 오랫동안 정나라에 오지 않았소. 지금 정나라 사람들은 진晉나라 구원병을 오길 기다리며 우리와 싸우려 하지 않을 것이오. 그러니 진晉나라 군사가 아직 오지 않은 틈에 저들을 유인하여 포획하면 지난날의 치욕을 씻을 수 있을 것이오. 그렇게 하지 않고 날짜를 오래 지체하다 제후들이 모두 모이게 되면 성득신 장군이 당한 일을 다시 반복하게 될까 두렵소. 장차 어찌할 생각이오?"

투월초가 말했다.

"지금 저들을 유인하려면 어떤 계책을 써야 하오?"

위가가 귓속말로 속삭였다.

"반드시 여차여차하게 해야 할 것이오."

투월초는 그 계책에 따라 군중에게 명령을 내렸다.

"식량이 다 떨어져가니 촌락에서 빼앗아와서 군량미로 써야겠다."

그러고는 정작 자신은 군막 안에서 풍악을 즐기며 술을 마셨다. 매일 음주가무를 즐기며 한밤중이 지나서야 자리를 파했다. 누군가 그 사실을 낭연으로 전했다. 초 목왕은 투월초가 적을 경시하는 것으로 의심하고 친히 전투를 독려하러 가려고 했다. 옆에서 범산이 말했다.

"백영伯嬴(투월초의 자)은 지혜로운 선비이니 필시 무슨 계략을 꾸미고 있는 듯합니다. 며칠 지나지 않아 승전보가 들려올 것입니다."

한편 공자 견 등은 초나라 군사가 더 이상 싸움을 걸어오지 않는 것을 보고 의심이 들어 세작을 보내 상황을 탐지하게 했다. 세작이 돌아와 보고했다.

"초나라 군사들이 사방으로 식량을 약탈하러 다니고 있고, 대장 투월초는 중군에서 날마다 음주가무를 즐기고 있다 합니다. 또한 술을 마신 다음에는 정나라 놈들은 아무 쓸모가 없으니 우리 공격을 막아내지 못할 것이라고 험담을 한다 합니다."

공자 견은 기뻐하며 말했다.

"초나라 군사가 사방으로 노략질을 다닌다면 그 진영은 빈드시 비이 있을 것이오. 또 초나라 장수가 음주가무에 빠져 있다 하니 이는 틀림없이 마음이 해이해진 것이오. 만약 야음을 틈타 습격하면 완전한 승리를 얻을 수 있을 것이오."

공자 방과 악이도 그 말에 찬성했다. 그날 밤 군사들을 배불리 먹인 뒤 공자 방은 전군, 중군, 후군 세 부대로 나누어 차례로 적을 공격하자고 했다. 그러자 공자 견이 말했다.

"군영을 기습하는 건 진을 펼치고 싸우는 것과는 다르오. 그러니 군사를 좌우로 나눠야지 전후로 나눠서는 안 되오."

이에 세 장수가 함께 공격에 나서기로 했다. 정나라 군사가 초나라 군영에 다가가자 멀리 촛불이 휘황찬란한 곳에서 풍악 소리가 시끄럽게 울리고 있었다. 공자 견이 말했다.

"투월초의 목숨도 오늘이 마지막이다."

그러고는 병거를 지휘하여 곧바로 쳐들어갔다. 초나라 군사는 전혀 맞서 싸우지 않았다. 공자 견이 먼저 군막으로 쳐들어가자 악사樂師 네 사람이 분주히 도망쳤다. 오직 투월초만 자리에 꼿꼿이 앉아 움직이지 않고 있었다. 공자 견은 앞으로 나아가 보고는 깜짝 놀랐다. 그것은 바로 짚으로 사람을 만들어 투월초처럼 분장해놓은 허수아비였다. 공자 견이 다급하게 외쳤다.

"적의 계략이다!"

군막에서 물러나오자 진채 뒤에서 연주포 소리가 크게 울렸다. 그때 한 대장이 군사를 거느리고 달려오며 고함을 질렀다.

"투월초가 여기 있다!"

공자 견은 정신없이 도망치다가 공자 방과 악이를 만나 함께 동행했다. 그러나 1리도 채 못 가서 또 맞은 편에서 포성이 울렸다. 그곳에서는 위가가 한 무리 군마를 매복시키고 있다가 길 가운데를 막고 정나라 군사의 길을 끊었다. 앞에는 위가가, 뒤에는 투월초가 협공을 하자 정나라 군사는 대패했고 공자 방과 악이가 먼저 포로가 되었다. 공자 견이 목숨을 걸고 구조하려 했지만 말이 병거에 깔려 그 역시 초나라 군사에게 사로잡히고 말았다. 정 목공은 매우 두려워하며 신하들에게 말했다.

"세 장군은 포로가 되었고 진晉나라 구원병은 오지 않으니 어찌하면 좋소?"

신하들이 모두 말했다.

"초나라의 기세가 강성한데 만약 항복하지 않으면 조만간 우리 성곽까지 함락될 것이니 그때는 진晉나라 군사가 온다고 해도 어찌할 수 없을 것입니다."

그리하여 정 목공은 공자 풍豐을 초나라 군영에 보내 사죄하게 했다. 먼저 뇌물로 강화를 요청하고 다시는 초나라를 배반하지 않겠다고 맹세했다. 투월초는 초 목왕에게 사람을 보내 처리 방안을 물었고 초왕은 정나라의 요청을 허락했다. 이에 투월초는 공자 견, 공자 방, 악이 세 죄수를 석방하여 정나라로 돌려보냈다.

초 목왕은 군사를 거두어 돌아오라고 명령을 내렸다. 행군이 중도에 이르렀을 때 초나라 공자 주朱가 진陳나라를 치다가 패배했고, 또 그 부장 공자 패茷는 진나라에 사로잡혔다는 소식이 들려왔다. 공자 주는 낭연으로 달려와 목왕을 뵙고 복수를 하겠다고 다시 군사를 청했다. 초 목왕은 진노하여 진나라에 군사를 보내려고 했다. 이때 갑자기 보고가 올라왔다.

"진나라가 사신을 보내와서 공자 패를 우리 초나라에 돌려보내고 항복을 청하는 국서를 올렸습니다."

목왕이 국서를 펼쳐보니 대략 다음과 같은 내용이었다.

과인 삭朔은 좁은 땅에 살면서 아직 군왕을 좌우에서 모시지도 못한 처지에 지금 군왕의 군사에게 가르침을 받게 됐소. 우리 변방 사람들이 무지몽매하여 공자 패에게 죄를 지었으니 삭은 황송하여 밤에 잠도 이룰 수 없을 지경이오. 이제 삼가 사신 하나를 시켜 수레와 말을 갖추어 공자를 대국에 돌려보내오. 원컨대 삭은 대국 초나라의 지붕 아래 의지하여 그 비호를 받길 원하오. 오직 군왕께서 받아주시길 바랄 뿐이오.

초 목왕이 웃으면서 말했다.

"진陳나라 군주가 나의 정벌이 두려워 우리 초나라에 귀의하겠다고 하는구나. 참으로 눈치가 빠른 자로다!"

목왕은 항복을 허락하고 정나라, 진나라 그리고 채나라 군주에게 격문을 보내 겨울 10월 초하룻날 궐맥厥貉(河南省 項城 서남쪽 땅)에서 회합을 갖자고 했다.

이때 진晉나라 조돈은 정나라가 사신을 보내 위급을 고하자 송, 노魯, 위衛, 허 네 나라에 군사를 청해 함께 정나라를 구원하기로 약속했다. 그러나 아직 정나라 국경에 닿지도 못했을 때 초나라 군사가 이미 돌아갔고 진陳나라까지 항복했다는 소식을 들었다. 송나라 대부 화우華耦와 노나라 대부 공자 수遂는 모두 진陳나라와 정나라 정벌을 요청했다. 조돈이 말했다.

"우리가 구원하지 못하여 두 나라를 잃었는데 저들에게 무슨 죄가 있겠소? 차라리 회군하여 정사政事나 잘 돌보는 것이 좋을 것이오."

그리하여 결국 군사를 거두었다. 염옹이 시를 지어 탄식했다.

국권을 오로지하고 패주 될 자 그 누군가?　　　　　　誰專國柄主諸侯

남녘 땅 오랑캐가 준동하게 만들었도다　　　　　　　　却令荊蠻肆蠹謀

오늘은 정과 진이 초나라에 가버렸으니　　　　　　　　今日鄭陳連臂去

중원 패주 그 기상이 암담하게 빛바랬네　　　　　　　　中原伯氣黯然收

　진陳나라 군주 공공共公 삭과 정나라 군주 목공 난蘭은 가을이 끝날 무렵 함께 식 땅으로 가서 초 목왕의 수레가 도착하기를 기다렸다. 서로 상견례가 끝나자 초 목왕이 물었다.

　"본래 궐맥 땅에서 만나기로 했는데 어찌하여 이곳에 머물고 있소?"

　진후와 정백이 이구동성으로 대답했다.

　"군왕께서 약속을 정하셨는데 혹시 시간이 늦어 죄를 지을까 두려워 미리 이곳에서 기다리다가 군왕을 모시고 가려한 것입니다."

　목왕이 매우 기뻐했다. 그때 갑자기 보고가 올라왔다.

　"채나라 군주 장공莊公 갑오甲午가 미리 궐맥 경계에 당도해 있습니다."

　목왕은 마침내 진과 정 두 나라 군주와 수레에 올라 궐맥으로 질주했다. 채 장공은 궐맥에서 목왕을 맞이하며 신하로서의 예의를 행하고 재배를 올렸다. 진 공공과 정 목공은 몹시 놀라며 수군거렸다.

　"채나라 군주가 저렇게 굽실거리니 초왕은 필시 우리를 오만하다고 생각할 것이오."

　이에 서로 초 목왕에게 청했다.

　"군왕께서 이곳으로 행차하셨는데도 송나라 군주는 알현하러 오지도 않았으니 군왕께서 송나라를 정벌하시는 것이 어떠신지요?"

　목왕이 웃으면서 말했다.

　"과인이 이곳에 군사를 주둔시킨 것은 바로 송나라를 정벌하기 위해

서요."

이 소식은 세작에 의해 일찌감치 송나라에 보고되었다. 당시 송나라에서는 성공成公 왕신王臣이 죽고 그 아들 소공昭公 저구杵臼가 즉위한 지 3년이 지난 때였다. 그는 소인배를 믿고 공족公族을 배척했다. 이에 송 목공과 양공의 파당이 반란을 일으켜 사마司馬 공자 앙卬을 죽였다. 그러자 사성司城 탕의제蕩意諸는 노魯나라로 도망쳤고, 이로 인해 송나라가 큰 혼란에 빠져들었다. 이때 사구司寇 화어사華御事가 국사를 잘 조정하고 탕의제의 관직을 회복시켜주어 나라가 조금 안정을 되찾게 되었다. 그즈음 초나라가 궐맥에서 제후들과 회합을 갖고 송나라를 노리고 있다는 소식이 들려왔다. 화어사가 송 소공에게 말했다.

"신이 듣건대 '작은 나라가 큰 나라를 섬기지 않으면 망국의 원인이 된다小不事大, 國所以亡'고 합니다. 지금 초나라는 진陳나라와 정나라를 복종시켰으니 오직 우리 송나라만 남은 것입니다. 청컨대 먼저 가서 영접하십시오. 만약 초나라가 우리를 정벌한 후 화해를 청하면 벌써 때는 늦게 됩니다."

송 소공도 그렇게 생각하고 친히 궐맥으로 가서 초왕을 맞이하며 배알했다. 그런 다음 사냥 도구를 모두 갖추어 맹저孟諸[2]의 숲에서 사냥대회를 열자고 청했다. 그러자 목왕이 크게 기뻐했다. 진 공공은 전대前隊가 되어 앞에서 길을 열었고 송 소공은 우진右陣을 맡았으며 정 목공은 좌진左陣을 맡았고 채 장공은 후대後隊를 담당했다. 각 나라 군주는 초왕을 따르며 사냥터로 나아갔다. 목왕은 사냥에 나서는 제후들에게 명령을 내려 이른 아침에 수레에 말을 메고 수레 안에 각자 부싯돌을 준비하여 불을 피울 수

2_ 맹저孟諸: 맹저孟猪 또는 맹저孟瀦로도 쓰므로 '諸'는 '제'가 아니라 '저'로 읽어야 한다. 숲이 우거진 송宋나라의 광활한 소택지의 이름. 지금의 하남성 상구商丘 동북쪽에 있었다.

있도록 하라고 했다. 사냥터를 포위한 시간이 오래 지난 후 초 목왕은 오른쪽 대오로 치달려가다가 우연히 여우 떼를 쫓게 되었다. 여우 떼가 깊은 굴속으로 숨어버리자 초 목왕은 송 소공을 돌아보며 부싯돌로 불을 피워 굴속으로 연기를 불어넣으라고 했다. 그러나 송 소공의 수레에는 부싯돌이 없었다. 초나라 사마司馬 신무외申無畏가 아뢰었다.

"송나라 군주가 명령을 어겼습니다. 군주에게는 형벌을 가할 수 없으니 그 노복을 다스리옵소서."

이에 송나라 군주의 마부를 꾸짖으며 매를 300대나 때렸다. 이는 제후들을 경계하기 위함이었다. 송 소공은 심한 모욕을 느꼈다. 이것은 주 경왕頃王 2년의 일이었다. 초나라가 가장 강성한 시기였기 때문에 투월초를 제나라와 노魯나라에도 보내 조공을 바치라고 요구했다. 초나라는 엄연히 중원의 패주로 자처했다. 진晉나라는 초나라를 제압할 수 없었다.

주 경왕頃王 4년 진秦 강공이 군신회의를 소집하여 말했다.

"과인이 영호슈狐 땅에서 원한을 품은 이래 올해까지 5년이란 세월이 흘렀소. 지금 진晉나라는 조돈이 대신들을 주살하느라 변방을 돌보지 못하고 있소. 그리고 진陳, 채, 정, 송은 손을 맞잡고 초나라를 섬기고 있소. 그런데도 진晉나라는 이런 상황을 제지하지 못하니 저들의 힘이 약해진 것이 분명하오. 이런 때 진나라를 치지 못한다면 다시 어느 때를 기다리겠소?"

대부들도 모두 말했다.

"원컨대 시력을 다하겠습니다."

진 강공은 병거와 군사를 크게 사열하고 맹명에게 도성 수비를 맡겼다. 또한 서걸술을 대장으로, 백을병을 부장으로 삼았으며 사회는 참모로 두었다. 이어서 병거 500승을 출전시켜 호호탕탕하게 황하를 건너 동쪽으로 진격했다. 진나라는 기마羈馬(山西省 永濟 남쪽)를 공격하여 바로 함락시켰다.

조돈은 보고를 받고 황급히 적을 맞을 계책을 마련했다. 조돈 자신은 중군을 맡았고 상군上軍 대부 순임보의 자리를 이동시켜 중군 보좌의 직책을 맡기고 선극의 결원을 보충하게 했다. 또 제미명提彌明을 거우에 임명하고 극결을 기정보 대신 상군원수에 보임했다. 조돈에게는 조천趙穿이라는 사촌 동생이 있었고 그는 바로 진 양공이 아끼던 사위였다. 그가 상군의 보좌 직책을 맡겠다고 자청했다. 조돈이 말했다.

"너는 나이가 어리고 용기만 있지 아직 다양한 경험을 하지 못했다. 잠시 기다렸다가 후일을 기약하자꾸나."

그러고는 유변에게 그 일을 맡겼다. 또 난돈을 하군원수 직에 임명하여 선멸의 결원을 메꾸게 한 뒤, 서신의 아들 서갑에게 하군 부장을 맡겨 선도의 결원을 보충하게 했다. 조천이 또다시 군대에 배속되기를 사사로이 자청하면서 상군에 들어가 전공을 세우고 싶다고 하니 조돈이 그것을 허락했다. 군중에 사마 직도 비어 있어서 한자여의 아들 한궐韓厥을 등용했다. 그는 어려서부터 조돈의 집에서 자랐고 커서는 조돈의 문객이 되었다. 현명하고 재주가 있어서 조돈은 그를 영공에게 추천하여 사마 직에 임명되게 했다. 삼군이 바야흐로 강주성을 출발함에 행군 대열이 매우 엄정했다. 행군이 채 10리도 가지 못했을 때, 갑자기 중군으로 치달려 들어오는 수레가 있었다. 한궐이 사람을 보내 어찌된 일인지 물었다. 수레꾼이 대답했다.

"조趙 상국(조돈)께서 다구茶具를 갖고 오는 걸 잊으셔서 제가 군령을 받들어 그것을 싣고 지금 특별히 가져가는 길입니다."

한궐이 화를 내며 말했다.

"병거의 행렬이 이미 엄정하게 정해졌거늘 어찌 수레를 타고 난입할 수 있단 말이냐? 군법에 따라 마땅히 참수하리라."

수레꾼이 눈물을 흘리며 말했다.

"이것은 상국의 명령입니다."

한궐이 말했다.

"나는 외람되게도 사마의 직위에 있지만 군법만 알지 상국의 명령은 모른다!"

그러고는 바로 수레꾼을 참수하고 그 수레를 부쉈다. 조돈의 휘하 장수들이 조돈에게 말했다.

"상국께서 한궐을 천거했는데, 한궐은 상국의 수레를 부숴버렸습니다. 그자는 배은망덕한 놈이니 더 이상 일을 맡길 수 없습니다."

조돈은 미소를 지으며 사람을 시켜 한궐을 불렀다. 휘하 장수들은 필시 조돈이 한궐을 욕보이며 자신의 원한을 갚을 것이라고 생각했다. 그러나 한궐이 당도하자 조돈은 자리에서 내려와 그를 예우하며 말했다.

"내가 들건대 '임금을 섬기는 자는 함께 일을 하면서도 파당을 짓지 않는다事君者比而不黨'고 했소. 그대는 그처럼 법을 엄정하게 집행하니 내가 추천해준 기대를 저버리지 않는구려. 더욱 힘써주기 바라오!"

한궐은 감사 인사를 하고 물러갔다. 조돈이 장수들에게 말했다.

"뒷날 진晉나라의 정권을 잡을 사람은 틀림없이 한궐이 될 것이다. 한씨 가문이 저 사람에게서 빈창할 것이다."

진나라 군사는 하곡河曲3에 군영을 세웠다. 그러자 유변이 대책을 올렸다.

"진秦나라 군사는 여러 해 동안 예기를 기른 뒤 이번 공격에 나섰소. 그러므로 그 예봉을 맞아 싸워서는 아니 되오. 청컨대 해자를 깊이 파고 성루를 높게 쌓아 굳게 지키며 싸움을 벌이지 마시오. 저들은 오래 버틸 수 없으므로 반드시 물러갈 것이오. 그때 저들을 공격하면 완전한 승리를 거둘 수 있을 것이오."

조돈이 유변의 계책에 따랐다.

진秦 강공은 싸움을 걸어도 진晉나라에서 호응하지 않자 사회에게 계책을 물었다. 사회가 대답했다.

"조돈이 새로 유변이란 자를 임명했사온데 이자는 지모가 뛰어납니다. 지금 성벽을 튼튼히 하고 싸우지 않는 것은 아마도 그자의 계책을 써서 우리 군사가 지치기를 기다리는 듯합니다. 조씨 집안의 서자 중에 조천이란 자가 있는데 그는 바로 진晉나라 선군이 아끼던 사위입니다. 그가 상군원수 보좌 직을 요청했지만 조돈이 그의 말을 듣지 않고 유변을 임용했다 합니다. 그러므로 조천은 틀림없이 불만을 품고 있을 터인데, 지금 또 조돈은 유변의 계책만을 쓰고 있으니 조천은 마음속으로 필시 불복하고 있을 것입니다. 조천이 사사롭게 상군에 배속되어 종군하고자 하는 뜻도 유변의 공을 빼앗기 위한 행동인 듯합니다. 지금 만약 가벼운 군사를 저들의 상군에 보내 싸움을 걸면 유변은 나오지 않겠지만 조천은 반드시 용기만 믿고 쫓아 나올 것입니다. 그때 기세를 빌려 일전을 벌인다면 그 또한 좋은 일이 아니겠습니까?"

진 강공이 그의 계책에 따랐다. 그리하여 백을병에게 수레 100승을 거느리고 진晉나라 상군에게 가서 싸움을 걸게 했다. 그러자 극결과 유변은 제자리를 지키며 움직이지 않았으나 조천은 진秦나라 군사가 몰려왔다는

3_ 하곡河曲: 지금의 산서성 영제永濟. 황하가 이곳에서 동쪽으로 방향을 꺾어 흐르기 때문에 하곡河曲이라고 부른다. 춘추시대 진晉과 진秦의 접전지였다.

소식을 듣고 곧바로 자신의 휘하 병거 100승을 거느리고 진秦나라 군사와 마주 싸우기 위해 성 밖으로 뛰쳐나갔다. 진나라 장수 백을병은 바로 수레를 돌려 달아나기 시작했다. 병거의 속도가 매우 빨라서 조천이 10여 리를 추격했지만 따라잡지 못하고 되돌아왔다. 조천은 유변 등 진나라 군사가 힘을 합쳐 함께 추격하지 않는 것을 보고 괴이하게 생각했다. 이에 군리軍吏를 불러 마구 욕을 해댔다.

"군량미와 갑옷을 갖추어 전쟁에 임하는 건 본래 싸우기 위한 것이다. 지금 적군이 왔는데도 나가서 싸우지 않으니 이 어찌 상군 군사들이 모두 나약한 여인네와 같은 것이 아닌가?"

군리軍吏가 말했다.

"대원수께서 적을 격파할 계책을 갖고 계시지만 싸울 날이 오늘은 아니라고 하오."

그러자 조천은 다시 욕을 퍼부었다.

"쥐새끼 같은 진나라 놈들에게 무슨 깊은 꾀가 있단 말이냐? 그놈들은 죽음을 두려워하는 자들에 불과하다. 다른 자들은 진나라를 두려워하겠지만, 나 조천은 전혀 두렵지 않다. 나 혼자라도 진나라 군사를 쫓아가서 결사전을 벌이며 이처럼 성이나 고수하는 치욕을 씻을 것이다."

조천은 병거를 몰고 다시 진격하려 하며 군사들에게 소리쳤다.

"용기가 있는 자는 모두 나를 따르라!"

그러나 삼군 군사들 중 호응하는 자는 아무도 없었다. 오직 하군의 부장 서갑만이 감탄하며 말했다.

"이 사람은 진정한 대장부로다. 내가 그를 도우리라."

그리하여 바야흐로 군사를 출전시키려 했다. 이때 상군원수 극결은 급히 사자를 보내 조돈에게 조천의 일을 알렸다. 조돈이 깜짝 놀라며 말했다.

"이 미친놈이 혼자 나가면 틀림없이 진나라 군사들에게 포로가 될 것이다. 내가 구하러 가지 않을 수가 없구나."

그는 삼군에 출전을 명하여 진晉나라 군사와 싸움을 벌이게 했다.

이때 조천은 벌써 진나라 군영으로 달려갔다. 백을병이 그를 맞아 접전을 벌였다. 대략 30여 합을 싸우는 동안 피차의 진영에서도 사상자가 생기기 시작했다. 서걸술이 백을병과 함께 조천을 협공하려 할 때 마침 진晉나라 대군이 몰려왔다. 양 진영에서는 감히 혼전을 벌이지 못하고 각각 징을 울려 군대를 거두었다. 조천은 본진으로 돌아와 조돈에게 물었다.

"내가 혼자서라도 진나라 군사를 깨뜨리고 여러 장수의 치욕을 씻으려고 했는데 어째서 징을 갑자기 울린 것이오?"

조돈이 말했다.

"진나라는 대국이니 적을 가볍게 보면 안 된다. 응당 계책을 마련하여 격파해야 하느니라."

조천이 말했다.

"계책, 계책만 되뇌고 있으니 분통이 터져 죽겠소!"

말을 아직 마치지도 않았는데 보고가 올라왔다.

"진秦나라에서 사신을 보내 싸움을 요청하는 글을 전해왔습니다."

조돈은 유변을 시켜 그 글을 받아오게 했다. 사신이 글을 바치자 유변이 그것을 받아 조돈에게 전했다. 조돈이 그 글을 열어보니 다음과 같은 내용이었다.

양국의 군사 모두 사상자가 별로 없으니 청컨대 내일 승부를 내는 것이 어떻겠소?

조돈이 말했다.

"삼가 명령을 따르겠다고 전하라."

사신이 떠난 후 유변이 조돈에게 말했다.

"진나라 사신이 입으로는 싸우자고 했지만 눈으로는 사방을 두리번거리며 불안한 모습을 보였소. 저들은 아마도 우리가 두려워 한밤중에 도망갈 것이오. 청컨대 하구河口에 군사를 매복시킨 뒤 저들이 황하를 건널 때 습격하면 대승을 거둘 수 있을 것이오."

조돈이 말했다.

"그 계책이 참으로 묘하오."

군사를 매복시키라고 명령을 내리려는 찰나에 서갑이 그 계책을 듣고 조천에게 알렸다. 조천은 서갑과 함께 군문軍門에 이르러 고함을 질렀다.

"군사들은 내 말을 듣거라! 우리 진晉나라는 군사도 강하고 장수도 많다. 그것이 어찌 진나라보다 못하겠느냐? 진나라가 싸움 약속을 해와서 우리는 이미 그것을 허락했다. 그런데 다시 하구에 군사를 매복시키고 저들을 기습할 계책이나 세운단 말인가? 이 어찌 대장부가 할 일이란 말이냐?"

조돈이 그 소식을 듣고 조천을 불러서 일렀다.

"나는 본래 그럴 마음이 없으니 군사들의 사기를 흔들지 말라!"

진秦나라 첩자가 조천과 서신이 군문에서 나눈 대화를 탐지하여 보고하자 진秦나라 군영에서는 밤새도록 도망치기에 바빴다. 그들은 다시 하읍瑕邑(河南省 靈寶 陽平津)을 침입했다가 다시 도림새桃林塞[4]로 빠져나가 귀환했다.

조돈도 군사를 거두었다. 도성으로 돌아온 후 군사 기밀을 누설한 죄를 다스리고자 했다. 그러나 조천은 선군의 사위이고 조돈의 사촌 동생이었기 때문에 특별히 사면 조치를 받았다. 그러나 서갑은 모든 죄를 뒤집어쓰고 삭탈관직 조치를 당한 뒤 위衛나라로 추방되었다. 조돈이 말했다.

"구계臼季(서갑의 부친 서신의 자)의 공적을 없앨 수 없다."

그리하여 서갑의 아들 서극을 하군 대장의 보좌로 삼았다. 염선이 시를 지어 조돈의 불공정한 처사를 비난했다.

군문에서 소리친 죄 서로 다르지 않았건만	同呼軍門罪不殊
유독 서갑 한 사람만 형벌을 받았도다	獨將胥甲正刑書
조 상국의 친족 비호 고의가 없지 않았나니	相君庇族非無意
도원에서 일어난 일 동호5에게 물어보라	請把桃園問董狐

주 경왕 5년, 조돈은 진秦나라 군사가 다시 올까 두려워 대부 첨가詹嘉를 하읍瑕邑에 거주하게 하고 도림새桃林塞를 지키게 했다. 이때 유변이 앞으로

4_ 도림새桃林塞: 현재 하남성 영보靈寶 함곡관函谷關에서 섬서성 동관潼關 및 화산華山에 이르는 지역. 북쪽은 황하가 굽이쳐 흐르고 남쪽은 험준한 산악 지대가 가로막고 있어 중원에서 관중지방으로 들어가는 요새다. 중국 신화에 의하면 과보誇父가 태양을 쫓다가 이곳에서 갈증으로 죽었고, 그가 짚고 다니던 지팡이가 자라 등림鄧林을 이루었다고 한다. 그 등림이 바로 도림桃林인데 지금도 복숭아밭이 유명하다. 근처에 과보산誇父山, 과보영誇父營 등의 지명이 남아 있다.

5_ 동호董狐: 진晉나라 영공이 정사를 내버려두고 주색에만 탐닉하자 당시의 실권자 조돈이 만류했다. 그러나 영공은 오히려 조돈을 죽이려 했다. 조돈이 위험한 상황을 알고 도피하자, 조돈의 사촌 동생이며 중군원수였던 조천이 도원桃園에서 영공을 시해했다. 조천의 도움으로 다시 조정으로 돌아온 조돈은 상국의 지위를 회복했다. 이때 사관史官 동호가 '조돈이 자기 임금을 시해했다'고 간책簡冊에 기록했다.

나아가 아뢰었다.

"지난번 하곡河曲 전투는 진秦나라를 위해 사회가 획책한 것이오. 이자가 진나라에 있는데, 우리가 어찌 높은 베개를 베고 잠을 잘 수 있겠소?"

조돈도 그렇게 생각하고 제부諸浮의 별관에서 육경六卿을 모두 모아 회의를 열었다. 그때 육경은 누구였던가. 조돈, 극결, 난돈, 순임보, 유변, 서극이 그들이었다. 이날 육경이 모두 모였다. 조돈이 먼저 입을 열었다.

"지금 호야고는 적翟 땅에 있고, 사회는 진秦 땅에 있소. 두 사람은 계략을 써서 우리 진晉나라를 해치고 있소. 마땅히 무슨 대책을 세워야 할 것이오."

순임보가 말했다.

"호야고를 불러 복직시키면 국경 밖 일을 감당할 수 있을 것이오. 또 호야고는 지난날 세운 공적만으로도 상을 받고도 남음이 있소."

극결이 말했다.

"그렇지 않소. 호야고가 비록 많은 공을 세우긴 했지만 대신을 마음대로 죽인 죄를 범했소. 만약 그런 자를 복직시킨다면 어떻게 장래의 일을 경계할 수 있겠소? 차라리 사회를 불러오는 것이 좋겠소. 사회는 인품이 부드러우며 아주 지혜로운 사람이고, 진秦나라로 도망간 것도 그의 죄가 아니오. 또 적나라는 멀고 진秦나라는 가까우니, 진나라로부터 받는 폐해를 제거하려면 먼저 그들을 돕는 자를 없애야 하오. 사회를 불러오는 것이 바로 그 일이오."

조돈이 말했다.

"진나라에서 사회를 총애하고 있으므로 보내달라고 요청해도 틀림없이 우리의 말을 듣지 않을 것이오. 무슨 방법으로 그를 다시 데려올 수 있겠소?"

유변이 말했다.

"나와 친한 사람 중에 돌아가신 대부 필만의 손자가 있소. 그의 이름은 수여인데 위주 장군의 조카뻘이오. 지금 위魏(山西省 芮城 북쪽)땅에 식읍을 갖고 있고 나라 안의 명문세족이지만 아직 변변한 관직에 임명되지 않고 있소. 이 사람은 변화에 대처하는 능력이 뛰어나오. 사회를 불러오려면 오직 이 사람에게 일을 맡겨야 할 것이오."

그러고는 조돈에게 귓속말로 속삭였다.

"여차여차하게 일을 처리하면 어떻겠소?"

조돈이 크게 기뻐하며 말했다.

"수고스럽더라도 나를 위해 그 사람을 좀 불러다주시오."

이에 육경들이 모두 흩어졌다. 유변은 그날 저녁 바로 수여의 집 문을 누드렸다. 수여가 그를 맞아 집안으로 불러들여 좌정했다. 유변은 다시 밀실로 들어가기를 청한 뒤 수여에게 사회를 불러올 대책을 얘기했다. 수여가 응낙하자 유변은 다시 돌아와 조돈에게 보고했다.

이튿날 아침 조돈이 영공에게 아뢰었다.

"진秦나라 사람들이 누차 우리 진晉을 침범했사오니 하동河東 땅 고을 읍재邑宰(고을 원님)들에게 어명을 내리십시오. 각각 무장한 군사를 훈련시켜 황하 나루에 진채를 세우게 하고, 순서를 정해 돌아가며 수비를 하도록 하십시오. 아울러 식읍을 가진 사람들에게 책임을 지워 그 일을 감독하게 하고, 만약 일을 잘 못하는 자가 있으면 바로 삭탈관직 하여, 국경 방비에 유의하도록 해야 할 것입니다."

영공이 그 일을 허락했다. 조돈이 또 아뢰었다.

"위魏는 큰 고을입니다. 위 땅에서 이 일을 먼저 행해야 따르지 않는 고을이 없을 것입니다."

영공은 위수여를 소환하여 감독관으로 임명하고 군사를 동원하여 변방 수비를 담당하게 했다. 그러자 수여가 아뢰었다.

"신은 선조들의 공훈에 힘입어 주상께서 내려주시는 녹봉을 받고 큰 고을에서 풍족하게 살아왔고, 지금까지 전쟁에 관한 일은 알지 못했습니다. 하물며 길게 이어진 황하 가 백여 리에는 곳곳에 건널 수 있는 장소가 있습니다. 그곳에 군사를 모두 드러내놓고 지킨다는 것은 아무 이익도 없을 것입니다."

조돈이 화를 내며 말했다.

"말단 관리가 어찌 감히 나의 큰 계획을 막으려 드는가? 사흘의 기한을 줄 터이니 군사들 병적부를 만들어 보고하도록 하라. 다시 항의하거나 명령을 어기면 당장 군법에 회부할 것이다!"

수여는 탄식하며 물러나왔다. 집으로 돌아와서도 수여는 짐짓 답답하고 울적한 표정을 지어보였다. 그의 아내가 까닭을 묻자 수여가 말했다.

"조돈이 무도하게도 내게 하구를 감독하며 지키라 하는구려. 그것이 어찌 기약이 있는 일이겠소? 당신은 집안의 재산을 수습하여 나를 따르시오. 진나라 사회에게 가는 것이 좋겠소."

수여는 집안 장정들에게 수레와 말을 정비하라 하고 이날 밤 술상을 차리게 하여 취하도록 마시려 했다. 그러나 차려낸 음식이 불결하다 하여 요리사에게 채찍 100대를 때렸다. 그러고도 계속 한풀이를 하며 요리사를 죽이려 했다. 그 요리사가 조돈의 집으로 도망가서 수여가 진晉을 배반하고 진秦으로 도망치려 한다는 사실을 알렸다. 조돈은 한궐에게 군사를 동원해 잡아오라 했다. 한궐은 그의 처자식만 잡아와서 옥에 가두고 수여는 놓아주었다.

수여는 밤새도록 진나라로 도주하여 진 강공을 만났다. 그는 여차여차한 조돈의 무도한 횡포를 강공에게 하소연했다.

"저의 처자식은 감옥에 갇혀 있고 저만 혼자 탈출했습니다. 이에 특별히 진晉나라에 투항하고자 합니다."

강공이 사회에게 물었다.

"이 일이 사실이겠소?"

사회가 말했다.

"진晉나라 사람은 속임수를 많이 쓰니 믿을 수 없습니다. 수여가 진짜 항복하려 한다면 의당 무슨 예물을 가져오지 않았겠습니까?"

그러자 수여는 소매 속에서 문서 하나를 꺼냈다. 그것은 바로 위읍魏邑의 토지와 백성 숫자를 기록한 장부였다. 수여는 그것을 강공에게 바치며 말했다.

"명공께서 이 수여를 받아주신다면 제 식읍을 모두 바치겠습니다."

강공이 또 사회에게 물었다.

"위 땅을 받아도 되겠소?"

수여는 사회에게 몰래 눈짓을 하며 그의 발을 슬쩍 밟았다. 사회는 비록 몸은 진秦나라에 있어도 마음은 늘 진晉나라를 생각하고 있었다. 그래서 수여가 몰래 자신에게 보내는 몸짓을 보고 그 뜻을 짐작했다. 수여가 대답했다.

"우리 진秦이 하동 다섯 성을 버린 건 지난날 양국의 혼인을 위해서였습니다. 그러나 지금 양국은 군사를 동원해 서로 공격하며 여러 해 동안 전쟁을 쉬지 않고 있습니다. 성을 공격하여 고을을 빼앗는 건 오직 힘으로만 가능한 일입니다. 하동 땅 여러 성 중에서 위보다 큰 땅은 없습니다. 만약 위 땅을 얻을 수 있다면 그곳을 거점으로 하여 점차 하동 땅을 접수하는 것도 장기 대책이 될 수 있을 것입니다. 다만 위읍의 관리들이 진晉나라의 토벌이 두려워 우리에게 귀의하려 하지 않을까 걱정입니다."

수여가 말했다.

"위읍의 관리들은 진나라의 신하이긴 하지만 기실 우리 위씨 집안의 가신들입니다. 만약 명공께서 군대를 거느리고 하서河西에 주둔하시어 멀리서 성원을 보내주시면 신이 온 힘을 바쳐 저들이 귀의하도록 하겠습니다."

진 강공이 사회를 돌아보며 말했다.

"경이 진나라의 사정을 잘 아니 과인과 함께 동행해야 하오!"

이에 서걸술을 대장으로 삼고 사회를 부장으로 삼아 진 강공이 직접 대군을 거느리고 동쪽으로 진격했다.

하구에 군영을 세우자 전초병이 보고했다.

"강 건너 하동 땅에 한 무리 군대가 주둔하고 있는데 무슨 의도인지 모르겠습니다."

수여가 대답했다.

"그건 위읍 사람들이 진나라 군사가 공격해온다는 소식을 듣고 방비하는 것일 뿐입니다. 저들은 신이 진나라에 있다는 것도 아직 모릅니다. 만약 진晉나라 시정을 잘 아는 동쪽 지방 사람을 신과 함께 동행하게 하시어 저들에게 진秦나라에 투항하는 것이 좋은지 나쁜지를 깨우쳐주십시오. 그리하면 위읍의 관리들이 복종하지 않을까 근심하실 필요가 없을 것입니다."

강공이 사회에게 수여와 함께 가게 했으나 사회는 머리를 조아리며 사양했다.

"진나라 사람들은 성격이 범이나 이리 같아서 어떤 포악한 짓을 할지 예측할 수 없습니다. 만약 신이 저들을 깨우쳐 복종하게 할 수 있다면 그것은 국가의 복이 될 것입니다. 그러나 만에 하나 저들이 복종하지 않고 신을 잡아가둔다면, 주상께선 신이 일을 잘 수행하지 못했다 여기시고 신의 처자식에게 죄를 덧씌울 것입니다. 이처럼 주상께 아무 도움도 주지 못하고 신의 몸과 집이 억울하게 재앙을 당한다면 신은 구천에 가서도 후회하고 또 후회할 것입니다."

강공은 사회가 속임수를 쓰고 있다고는 전혀 생각지도 못하고 이렇게 말했다.

"경은 마음을 다해 건너가도록 하시오. 만약 위 땅을 얻으면 봉작과 상급을 더욱 두텁게 내리겠소. 만약 경이 진나라에 억류된다 해도 과인은 경의 식구를 돌려보내 그동안 경과 함께한 우의를 표시하겠소."

강공은 사회와 황하를 가리키며 맹세했다. 이때 진秦나라 대부 요조가 간언을 올렸다.

"사회는 진晉나라의 모사謀士입니다. 이번에 그를 보내는 건 큰 물고기에게 깊은 물을 만나게 해주는 것과 같으니 틀림없이 돌아오지 않을 것입니다. 주상께선 어찌하여 수여의 말을 쉽게 믿으시고 모사를 돌려보내 적을 도와주려 하십니까?"

강공이 말했다.

"이 일은 과인이 임무를 맡긴 일이오. 경은 의심하지 마시오!"

그리하여 사회는 수여와 함께 강공에게 작별 인사를 하고 진晉나라로 향했다. 그때 요조가 황망히 수레를 몰고 쫓아와 가죽 채찍을 사회에게 주

名士會圖諫詔審

수여가 진秦을 속이고 사회를 불러오다.

며 말했다.

"그대는 진秦나라에 지혜로운 선비가 없다고 우리를 속일 생각은 하지 마시오. 다만 주상께서 내 말을 듣지 않았을 뿐이오. 그대는 이 채찍을 갖고 갔다가 속히 돌아오기 바라오. 늦으면 참화가 미칠 것이오."

사회는 감사 인사를 하고 마침내 수레를 몰아 서둘러 그곳을 떠났다. 사관이 이 일을 시로 읊었다.

채찍 치고 옷깃 날리며 옛길로 달려와서	策馬揮衣古道前
은근하게 친구에게 말채찍을 선물했네	殷勤贈友有長鞭
진나라에 명사 없다 말하지들 마시라	休言秦國無名士
강공이 말 안 들으니 어찌할 수 없었다네	爭奈康公不納言

사회 등은 황하를 건너 동쪽으로 향했다. 어떻게 진晉나라로 돌아가는지는 다음 회를 보시라.

제49회

탐욕 끝에 목 잘린 임금

공자 포는 재산을 후하게 베풀어 나라를 찬탈하고
제나라 의공은 죽지에서 참변을 당하다
公子鮑厚施買國, 齊懿公竹池遇變.

사회와 수여는 황하를 건너 동쪽으로 달려갔다. 1리도 채 못 갔을 때 소
년 장수 하나가 한 무리의 군마를 이끌고 마중 오는 것이 보였다. 그가 수
레 위에서 허리를 가볍게 굽히며 말했다.

"수계隨季[1] 공은 그동안 별고 없으셨습니까?"

사회가 가까이 가서 보니 그 장수는 바로 상국 조돈의 아들 조삭이었
다. 세 사람은 수레에서 내려 서로 상견례를 하고 사회가 조삭에게 이곳으
로 온 까닭을 물었다. 조삭이 대답했다.

1_ 수계隨季: 사회의 봉토가 수隨와 범范 땅이므로 수회隨會, 수계隨季, 범자范子, 범회范會 등으
로도 불린다. 성은 기祁, 씨는 사土, 자는 계季, 시호는 무武다. 따라서 무계武季, 수무자隨武子,
범무자范武子로도 불린다. 사위土蔿의 손자이며 성백결成伯缺의 아들이다. 춘추시대 진晉나라 중
군 장군과 태부를 역임했다.

"저는 아버지의 명령을 받들어 두 분의 귀국을 마중하러 왔습니다. 제 뒤에 또 대군이 오고 있습니다."

그때 바로 한 줄기 포성이 울리더니 병거가 강물처럼 밀려오고 기마 부대가 용트림 치듯 치달려왔다. 이들은 사회와 수여를 빽빽이 둘러싸고 진晉나라 도성으로 귀환했다. 진秦 강공康公은 사자使者를 시켜 황하 건너의 상황을 살펴보게 했다. 사자가 돌아와 강공에게 보고했다. 강공은 진노하여 바로 황하를 건너 진나라를 공격하려 하자, 전초병이 또 보고했다.

"하동 땅에 다시 대군이 몰려왔고, 그 대장은 바로 순임보와 극결입니다."

서걸술이 말했다.

"진나라에서 대군을 보내 서로 호응하고 있사오니 우리가 황하를 건너는 걸 용납하지 않을 것입니다. 차라리 돌아가는 것이 좋겠습니다."

이에 군대를 철수시켰다. 순임보 등은 진秦나라 군사가 떠나간 것을 확인하고 역시 진晉나라로 귀환했다. 사회는 진나라로 간지 3년 만에 오늘 다시 강주성으로 돌아오자 감개무량한 마음을 이길 수 없었다. 조정으로 들어가 영공을 뵙고 옷을 벗고 어깨를 드러낸 채 사죄했다. 영공이 말했다.

"경은 죄가 없소."

영공은 사회를 다시 육경의 반열에 자리 잡게 했다. 조돈은 위수여의 노고를 가상히 여겨 영공에게 자세히 아뢴 후 수레 10승을 상으로 하사했다. 진 강공은 사람을 시켜 사회의 처자식을 진晉나라로 보내주면서 말했다.

"나는 황하에서의 맹세를 저버리지 않겠노라."

사회는 강공의 신의에 감격하여 감사의 서찰을 보냈다. 그 서찰에서 사회는 강공에게 전쟁을 중지하고 백성을 보살피기를 권했으며 아울러 양국이 사방의 경계만을 지키자고 설득했다. 진 강공은 사회의 말을 따랐고 이 때부터 진秦과 진晉은 서로 전쟁을 하지 않고 수십 년을 보냈다.

주 경왕은 즉위 6년 만에 세상을 떠났고 태자 반班이 즉위했다. 이 사람이 주 광왕匡王이다. 이때가 진晉 영공 8년이었다. 같은 해 초 목왕도 세상을 떠났고 세자 여旅가 보위를 이었다. 이 사람이 초 장왕이다. 조돈은 초나라에 국상이 나자 그 기회를 빌려 선대先代에 이룩했던 맹주로서의 패업을 회복하려고 신성新城(河南省 商邱 서남)에서 제후들과 큰 회맹을 하기로 했다. 송 소공 저구, 노魯 문공 흥興, 진陳 영공 평국平國, 위衛 성공 정鄭, 정 목공 난, 허 소공 석아錫我가 모두 회맹 장소로 왔다. 그중 송, 진, 정 세 나라 군주는 각각 지난날 부득이하게 초나라 편이 된 사정을 하소연했다. 조돈도 각각 세 나라 군주의 마음을 위로했다. 이에 제후들이 다시 진晉나라에 귀의했다. 다만 채나라 군주만 여전히 초나라를 섬기며 회맹에 오려 하지 않았다. 그리하여 조돈은 극결에게 군사를 이끌고 가서 채나라를 정벌하게 했고 채나라가 화의를 청하자 다시 군사를 되돌렸다.

제 소공 반潘은 본래 회맹에 참석하려 했으나 마침 병이 나서 약속한 날짜에 도착하지 못했고 그길로 결국 세상을 떠났다. 그 뒤를 이어 세자 사舍가 즉위했다. 그의 어머니는 노魯나라 여인 숙희叔姬인데 흔히 소희昭姬로 불렸다. 소희는 소공의 부인이었지만 그다지 총애를 받지 못했다. 또한 세자 사舍도 재주가 평범해서 백성에게 존경받지 못했다. 공자 상인商人은 제 환공桓公의 첩 밀희密姬의 소생이고 평소에 보위를 찬탈하려는 미음을 품고 있었다. 그러나 소공이 그를 매우 융숭하게 대우해주자 마음을 잠시 접고 있다가 소공이 죽은 뒤에 거사를 치르려 했다. 소공은 말년에 위衛나라에 가 있던 공자 원元을 불러 국정을 맡겼다. 상인은 공자 원의 현명함을 시기하여 민심을 얻을 목적으로 집안 재산을 모두 풀어 빈민을 두루 구휼했고 부족하면 다른 사람에게 빌려서라도 구조를 이어갔다. 이 때문에 당시 공자 상인에게 감격하지 않는 백성이 없었다. 상인은 자신의 집에 자객을 많이 모아 아침저녁으로 훈련을 시키면서 출입할 때마다 데리고 다녔다. 세자 사가 즉위하자 마침 북두칠성 근처에 혜성이 나타났다. 상인이 사람을 시켜 점을 치게 했다. 점친 사람이 말했다.

"송, 제, 진晉 세 나라 군주가 모두 난리를 만나 죽을 것입니다."

상인이 말했다.

"제나라에서 난리를 일으킬 사람은 나 아니고 누구란 말인가?"

상인은 자신이 기르던 자객에게 명하여 상막喪幕 안에서 세자 사를 칼로 찔러 죽이게 했다. 또 공자 원이 자신보다 나이가 많다는 이유로 그에게 거짓말을 했다.

"사가 임금으로서 위엄을 갖추지 못하여 보위에 계속 앉혀둘 수 없었소. 이번 거사는 형님 때문에 일으킨 일이오."

공자 원이 대경실색하며 말했다.

"나는 네가 보위를 노린 지 오래라는 걸 알고 있다. 그런데 어찌 나를 연루시킨단 말이냐? 나는 너를 섬길 수 있지만, 너는 나를 섬길 수 없을 것이다. 다만 네가 임금이 된 후에라도 내가 제나라의 필부로 살며 내 목숨이나마 다 마치도록 해주면 좋겠다."

상인이 즉위하니 이 사람이 바로 제 의공懿公이다. 공자 원은 상인의 소행이 미워서 두문불출하고 병을 핑계로 조정에 나가지 않았다. 이러한 행동이 바로 공자 원의 훌륭한 점이었다.

한편 소희는 아들의 비명횡사가 애통하여 밤낮으로 슬피 울었다. 의공은 그런 모습이 싫어 소희를 별실에 가두고 음식까지 줄였다. 소희는 몰래 나인들에게 뇌물을 주고 노魯나라에 자신의 처지를 전하게 했다. 노 문공 文公은 제나라의 강성함에 겁을 먹고 대부 동문수東門遂를 주 왕실로 보내 광왕에게 사정을 호소했다. 문공은 천자의 은총을 빌려 소희를 석방시킬 심산이었다. 광왕은 선백을 제나라로 보내 의공에게 이렇게 일렀다.

"지금 아들을 살해한 마당에 그 어미를 어디에 쓰려는 것이오? 어찌하여 어미를 노나라로 돌려보내 제나라의 관대한 은덕을 보여주지 않는 것이오?"

의공은 세자 사를 죽인 일을 숨기고 있다가 주 왕실 사신이 '살해'를 언급하자 부끄러움에 얼굴을 붉히며 아무 말도 할 수 없었다. 선백이 객관으로 물러간 후 의공은 소희를 다른 궁전으로 옮기고 사람을 시켜 선백을 유인하며 말했다.

"우리 주상께서는 아직 국모에게 태만하게 대한 적이 없소. 하물며 천자의 가르침까지 받았는데 어찌 감히 어명에 따르지 않을 수 있겠소? 그런데 대부께선 어찌 우리 국모를 만나 뵙고 동성의 나라를 굽어살피시는 천자의 뜻을 전하지 않으시오?"

선백은 좋은 말이라고 하면서 마침내 수레를 타고 그 사자使者를 따라 입궁하여 소희를 알현했다. 소희는 눈물을 흘리며 자신의 괴로운 마음을 대략 얘기했다. 선백이 아직 대답도 하지 않았을 때, 뜻밖에도 의공이 밖에서 들이닥쳐서 선백에게 마구 욕을 퍼부었다.

"네놈이 어찌하여 마음대로 우리 궁궐로 몰래 들어와 국모와 만난단 말이냐? 뭔가 구차한 일을 하려는 것이 아니냐? 과인은 이 일을 천자께 고발해야겠다."

의공은 곧장 선백을 구금하여 소희와 각각 방 한 칸씩 차지하도록 가두었다. 또 노나라 사람들이 천자의 명령을 빙자하여 자신을 압박했다고 생각하고 군사를 일으켜 노나라를 정벌하려 했다. 후세의 논자는 이 일을 이렇게 평론했다.

제 의공은 어린 임금을 죽였고, 국모를 가두었고, 천자의 사신을 구금했고, 이웃 나라를 괴롭혔으니 그 흉포함은 끝이 없으며 악행은 극에 달했다. 하늘의 이치에 어찌 용납될 수 있겠는가? 그런데도 당시 대대로 벼슬해온 고씨高氏 국씨國氏와 같은 대신들이 조정에 뜨르르하게 있었을 텐데 어찌하여 공자 원元을 받들어 상인商人의 죄를 성토하지 않았던가? 저렇듯 방자하게 흉악한 짓을 저지르는 데도 입을 닫고 한 마디도 하지 않은 채 일이 저 지경에 이르게 했으니 이는 정말 탄식할 만한 일이다.

이 일을 읊은 시가 있다.

보위를 도모하려 어린 임금 속이고	欲圖大位欺孤主
재산을 먼저 뿌려 백성을 매수했네	先散家財買細民
인끈을 길게 드리운 조정 대신 한스럽다	堪恨朝中綬若若
시정잡배 따르면서 악인에게 아첨했네	也隨市井媚兇人

노魯나라는 상경上卿 계손행보季孫行父를 진晉나라에 사신으로 보내 위급함을 알렸다. 진나라 조돈은 영공을 받들고 송, 위衛, 채, 진陳, 정, 조曹, 허 등 여덟 나라 제후와 호扈(河南省 原陽 原武鎭 서북 땅)에 모여 제나라 정벌

에 대해 상의했다. 그러자 제 의공은 진晉나라에 뇌물을 뿌렸고, 선백을 석방시켜 주 왕실로 귀환시켰으며 소희도 노나라로 돌려보냈다. 그러자 제후들도 모두 본국으로 돌아갔다. 노나라는 진나라가 제나라를 정벌하지 않는다는 소식을 듣고 공자 수를 제나라로 보내 뇌물을 주고 우호를 요청하게 했다.

송 양공의 부인 왕희는 주 양왕의 누나였고, 송 성공의 어머니였으며, 송 소공 저구의 할머니였다. 송 소공은 세자 때부터 공자 앙叩, 공손공숙公孫孔叔, 공손종리公孫鍾離 세 사람과 사냥이나 유희를 함께하며 매우 친하게 지냈다. 즉위하고 나서도 세 사람의 말만 듣고 육경六卿에게 일을 맡기지 않았다. 또한 할머니에게 문안 인사도 드리지 않고 친척을 멀리하면서 백성을 돌보는 일에 게으름을 부리고 날마다 사냥놀이만 즐겼다. 그러자 사마司馬 직에 있던 악예樂豫는 송나라가 반드시 혼란스러워질 것을 예감하고 자신의 벼슬을 공자 앙에게 양보했다. 사성司城 직에 있던 공손수公孫壽도 참화에 연루될까 두려워 늙음을 핑계로 벼슬에서 물러났다. 소공은 공손수의 아들 탕의제를 등용하여 사성 직을 계승하게 했다.

양부인襄夫人 왕희는 늙었지만 음행淫行을 즐겼다. 송 소공에게는 배다른 동생 공자 포鮑가 있었다. 그는 생긴 모습이 여자보다 예뻤다. 양부인은 마음속으로 그를 사랑하다가 술을 먹여 만취하게 만든 뒤 그와 사통했다. 그를 보위에 올려주겠다고 약속한 양부인은 소공을 폐위하고 공자 포를 임금 자리에 앉히려 했다. 소공은 그의 선대先代 목공穆公과 양공襄公의 자손들이 강성한 것이 두려워 공자 앙과 함께 그들을 축출하려 했다. 양부인 왕희가 그 사실을 양공과 목공의 자손들에게 알렸다. 그들은 마침내 반란을 일으켜 공자 앙과 공손종리 두 사람을 조정 문에서 포위해 죽였다. 사성 직에 있던 탕의제는 두려움을 느끼고 노나라로 달아났다. 공자 포는 평소에 육경을 존경하고 있었기 때문에, 당시 국내에 남아 있던 여러 경과 함께 반란을 일으킨 자손들과 화해하고 함부로 살인을 저지르지 않았다. 또한 노나라에 가 있던 탕의제를 불러 다시 그 직위를 회복시켜줬다.

공자 포는 제나라 공자 상인이 재산을 후하게 베풀어 민심을 샀고, 결국 제나라 보위를 찬탈했다는 소식을 듣고서는 자신도 그의 행위를 본받아 집안 재산을 털어 빈민들을 두루 먹여 살렸다. 송 소공 7년 송나라에 가뭄이 들자 공자 포는 자기 집 창고의 곡식을 모두 꺼내 빈민들을 구제했다. 또한 노인을 공경하고 현인을 높여줬다. 나라 안에 70세 이상 되는 노인이 있으면 매달 곡식과 비단을 내려줬고, 거기에 산해진미를 보태주며 사람을 시켜 위로 인사를 드리고 안부를 물었다. 게다가 재주나 기술을 한 가지라도 가진 사람이 있으면 모두 자신의 문하로 거두어 들여 양식을 넉넉하게 대주며 우대했다. 공경대부의 대문에도 날마다 선물을 보냈다. 아울러 종실 친척은 가까운 친척이든 먼 친척이든 따지지 않고 길흉사가 생길 때마다 주머니를 털어 도움을 줬다. 송 소공 8년 송나라에 다시 큰 기근이 발생했다. 공자 포의 창고가 벌써 바닥을 드러내자 양부인이 궁궐 창고의 곡식을 모두 꺼내 공자 포를 도와 은혜를 베풀었다. 온 나라 사람들이 공자 포의 어진 덕을 칭송하지 않는 사람이 없었다. 송나라 사람 중에는 친소親疏 귀천貴賤을 막론하고 모두 공자 포가 임금이 되기를 바랐다. 공자 포는 백성이 자신을 돕는다는 걸 알고 비밀리에 양부인에게 그 사실을 알린 뒤 소공을 시해할 대책을 세우고자 했다. 양부인이 말했다.

"소문을 들으니 저구杵臼(소공의 이름)가 맹저2의 숲으로 사냥을 나간다는구나. 그놈이 수레를 타고 나가면 공자 수須를 시켜 궁궐 문을 잠그게 한

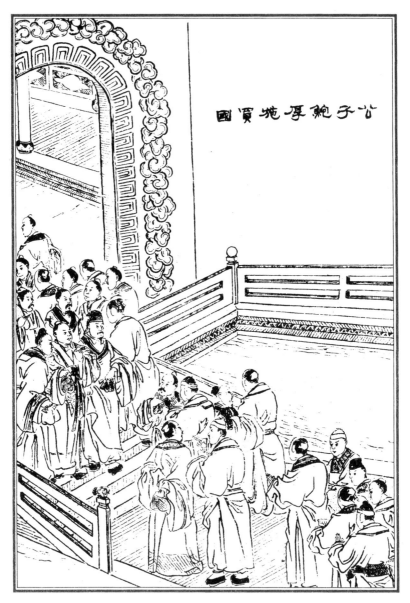

공자 포가 후한 재물로 민심을 매수하다.

뒤, 너는 백성을 거느리고 가서 그놈을 공격하면 반드시 이길 수 있을 것이다."

공자 포가 그 말에 따랐다.

사성 탕의제는 당시 어질다는 명성이 자자했다. 공자 포도 평소에 그를 존경하며 예우했다. 그때 양부인이 음모를 꾸미고 있다는 소식을 듣고 소공에게 말했다.

"주군께선 사냥을 나가서는 안 됩니다. 사냥을 나가시면 다시 돌아오시지 못할까 두렵습니다."

소공이 말했다.

"저들이 반역하고자 한다면 과인이 성안에 머문다 한들 화를 피할 수 있겠소?"

그는 우사 화원華元과 좌사 공손우公孫友를 시켜 궁궐 문을 지키게 하고 마침내 궁궐 창고의 보물을 모두 싣고 좌우 시종들과 함께 11월에 맹저를 향해 출발했다. 소공이 성을 나서자마자 양부인은 화원과 공손우를 불러 궁중에 머물게 하고 공자 수를 시켜 궁궐 문을 잠그게 했다. 이때 공자 포는 사마 화우를 시켜 군사들에게 다음과 같은 명령을 내리게 했다.

"양부인의 명령이다. '오늘 공자 포를 보위에 세운다'고 하신다. 우리는 무도하고 멍청한 임금을 제거하고 올바른 임금을 추대할 것이다. 여러분의 의견은 어떠한가?"

군사들은 모두 환호작약하며 말했다.

"명령대로 따르겠습니다."

2_ 맹저孟諸: 孟猪 또는 孟瀦로도 쓰므로 이 경우 '諸'는 '저'로 읽어야 한다. 앞의 해당 각주 참조.

백성 중에 이를 즐겁게 따르지 않는 사람이 없었다. 화우는 군사를 거느리고 성을 나서서 소공을 추격했다. 소공은 중도에서 변란이 일어났다는 소식을 들었다. 탕의제는 소공에게 다른 나라로 도망친 후 후일을 도모하자고 권했다. 그러나 소공이 말했다.

"위로는 할머니로부터 아래로는 백성에 이르기까지 과인을 원수로 생각하지 않는 사람이 없소. 이런 나를 어느 제후가 받아주겠소? 다른 나라에서 죽느니 차라리 고향에서 죽겠소."

소공은 수레를 멈추고 밥을 지으라고 명령을 내려 사냥을 수행한 모든 사람을 배불리 먹였다. 식사가 끝나자 소공이 좌우 시종들에게 말했다.

"죄는 과인에게 있을 뿐이고 너희와는 아무 관계도 없다. 너희는 나를 여러 해 동안 수행했지만 여태껏 선물을 준 적이 없다. 나라 안의 보옥이 모두 여기에 있다. 이제 이걸 너희에게 나눠줄 테니 각자 도망가서 살기 바란다. 절대로 과인과 함께 죽어서는 안 된다."

좌우 시종들이 모두 흐느껴 울며 말했다.

"주군께서도 함께 가십시오. 만약 추격하는 군사가 있으면 우리가 목숨을 다해 싸우겠습니다."

소공이 말했다.

"헛되이 자신의 한 몸을 버리는 건 아무런 도움도 되지 않는다. 과인은 이곳에서 죽을 것이나 너희는 이에 연연하지 말라."

잠시 후 화우가 거느린 군사가 당도하여 소공을 에워싸고 양부인의 명령을 전했다.

"지금 무도한 임금만 죽이고 나머지 사람들은 죽이지 말라고 하셨다."

소공은 황급히 좌우 시종들에게 도망가라는 손짓을 했다. 태반이 도망갔으나 오직 탕의제만 칼을 빼들고 소공의 곁에 우뚝 서 있었다. 화우가 다시 양부인의 명령을 전하며 탕의제를 불렀다. 그러나 탕의제는 탄식하며 말했다.

"신하된 자가 환난을 피한다면 살아도 죽은 것만 못한 법이다."

화우가 창으로 소공을 곧추 찔렀지만 탕의제가 온몸으로 막아서서 칼을 빼들고 격투를 벌였다. 이때 군사들과 백성이 한꺼번에 몰려와서 먼저 탕의제를 죽인 뒤 다시 소공을 죽였다. 좌우 시종들 중 도망가지 않은 자도 모두 도륙을 당했다. 슬프다! 뒷날 사관이 이 일을 시로 읊었다.

지난날 화독은 송 상공을 시해하더니	昔年華督弑殤公
화우는 오늘 아침 또 악인을 도왔도다	華耦今朝又助凶
난신적자는 본래부터 씨가 따로 있는 법이니	賊子亂臣原有種
장미꽃과 도리화는 서로 다른 꽃이라네	薔薇桃李不相同

화우는 군사를 이끌고 돌아와 양부인에게 보고했다. 우사 화원과 좌사 공손우 등도 합세하여 양부인에게 아뢰었다.

"공자 포가 어질고 후덕한 품성으로 민심을 얻고 있으니 그에게 보위를 잇게 해야 합니다."

그리하여 마침내 공자 포를 옹립하여 보위에 올리니 이 사람이 송 문공이다. 화우는 조정에서의 하례가 끝나고 집으로 돌아온 뒤 갑자기 심장병이 발작을 일으켜 죽었다. 송 문공은 탕의제의 충성을 가상하게 여겨 그의 동생 탕훼蕩虺를 사마 직에 임명하고 화우의 직무를 대신하게 했다. 또 친동생 공자 수를 사성司城으로 삼아 탕의제의 결원을 보충하게 했다.

이때 조돈은 송나라에 임금을 시해한 변란이 일어났단 소식을 듣고 순임보를 대장에 임명하여 위衛, 진陳, 정나라 군사와 힘을 합쳐 송나라를 쳤다. 그러자 송나라 우사 화원이 진晉나라 군영으로 와서 송나라 백성이 공자 포를 추대하려고 한 상황을 자세히 설명했다. 아울러 황금과 비단을 여러 수레 싣고 와서 호군犒軍을 위한 예물로 바치며 진晉나라에 화해를 청했다. 순임보가 그것을 받으려 하자 정 목공이 말했다.

"우리가 징을 치고 북을 울리며 송나라까지 와서 장군을 따르는 것은 자기 임금도 모르는 자들을 토벌하기 위한 것이오. 만약 화해를 허락한다면 장차 난신적자들이 활개를 치게 될 것이오."

순임보가 말했다.

"제와 송은 한 몸과 같습니다. 나는 이미 제나라를 용서했는데 어찌 유독 송나라만 공격할 수 있겠습니까? 또 백성이 원하여 보위를 정했다는데 그 또한 가능한 일이 아니겠습니까?"

마침내 순임보와 송나라 화원은 동맹을 맺고 송 문공의 보위를 인정해 준 후 귀환했다. 정 목공은 군사를 물리면서 투덜거렸다.

"진晉나라가 오직 뇌물만 탐하고 있으니 패주로서의 명분이 유명무실하게 되었다. 더 이상 제후들의 패자가 될 수 없을 것이다. 지금 초나라에 새로 왕이 즉위했으니 앞으로 사방의 정벌에 뜻을 둘 것이다. 차라리 진나라를 버리고 초나라를 따르는 것이 앞으로 우리 안전을 도모하는 길일 것이다."

목공은 사신을 초나라로 보내 우호를 맺었다. 진나라도 어찌할 방법이 없었다. 염선이 이 일을 시로 읊었다.

정의에 기대 잔적 제거 이것이 패업인데　　　　　　仗義除殘是伯圖

거병하여 오히려 난신적자를 도왔도다　　　　　　興師翻把亂臣扶

상인도 탈이 없고 공자 포도 임금 되니　　　　　　商人無恙鮑安位

중원에 장부 없음이 가소롭기 짝이 없다　　　　　　笑殺中原少丈夫

　제 의공 상인은 성격이 탐욕스럽고 사나웠다. 그의 부친 환공이 보위에 있을 때 상인은 대부 병원鄭原과 땅의 경계를 놓고 다툰 적이 있다. 환공은 관중을 시켜 그 시비곡직을 판단하게 했다. 관중은 상인이 이치에 어긋난 짓을 한다는 걸 알고 그 땅을 병원에게 돌려주라고 했다. 이 일로 인해 상인은 줄곧 한을 품어왔다. 이제 세자 사를 죽이고 스스로 보위에 오르게 되자 병원의 땅을 모두 빼앗았다. 또 관중이 병원과 한 패거리라고 미워하며 관중의 봉토도 반이나 깎아버렸다. 관중의 자손들은 모두 죄에 연루될까 두려워 초나라로 도망가 그곳에서 벼슬살이를 했다. 또 의공은 그 이후로도 끊임없이 병원을 미워했다. 이미 병원이 죽었는데도 불구하고 그의 묘가 동쪽 교외에 있다는 것을 알고는 사냥 나가는 길에 그곳에 들러 군사를 시켜 묘를 파게 했다. 그리고 그의 시신을 꺼내 발을 잘랐다. 병원의 아들 병촉鄭歜이 의공을 수행하여 그 곁에 서 있었다. 의공이 물었다.

　"네 아비의 죄가 발을 자를 만하지 않느냐? 너는 지금 과인을 원망하지 않느냐?"

　병촉이 대답했다.

　"신의 아비는 살아서 주살을 면했으니 그것만도 이미 바랄 수 없는 일이었사온데, 이 썩은 뼈 때문에 신이 어찌 감히 원망을 품을 수 있겠습니까?"

　그러자 의공이 몹시 기뻐하며 말했다.

"경은 가히 그 아비의 땅을 계승할 만한 아들이로다."

그러고는 바로 자신이 빼앗은 땅을 돌려줬다. 또 병촉이 자기 부친의 시신을 다시 묻기를 청하자 의공이 그것도 허락했다.

또 의공은 나라 안의 미녀를 사오게 하여 하루 해가 부족하도록 음행을 즐겼다. 어떤 사람이 대부 염직閻職의 아내가 심히 아름답다고 칭찬하자 의공은 정월 초하룻날 명령을 내려 모든 대부의 아내는 중전의 거처로 와서 새해 인사를 하라고 했다. 염직의 아내도 그 속에 포함되어 있었다. 의공은 염직의 아내를 보고 기뻐하며 궁중에 머물게 하고 돌려보내지 않았다. 염직에게는 이렇게 말했다.

"중전이 경의 아내를 좋아하여 곁에 두고 싶다 하니 경은 다른 아내를 얻으시오."

염직은 분노가 치밀었으나 감히 말을 할 수 없었다.

당시 제나라 서남문 근처에 신지申池라는 연못이 있었다. 연못의 물이 목욕을 할 수 있을 만큼 깨끗했고 연못 곁에는 대나무 숲이 우거져 있었다. 때는 여름 5월이라 의공은 신지로 가서 더위를 식히고 싶었다. 이에 병촉에게 수레를 몰게 하고 염직에게는 참승驂乘을 맡겨 자신의 곁에 함께 타게 했다. 그러자 우사 화원이 몰래 간언을 올렸다.

"주군께서는 병촉 아비의 발을 잘랐고 염직의 아내를 후궁으로 데려왔습니다. 저 두 사람이 주상께 어찌 원한을 품지 않았겠습니까? 그런데도 주상께선 저들을 가까이 두고 계십니다. 우리 제나라 신하 중에 사람이 부족하지 않은데 하필이면 저 두 사람을 데려가십니까?"

의공이 말했다.

"저 두 사람은 아직까지 과인을 원망한 적이 없소. 경은 의심하지 마시오."

그들은 수레를 몰고 신지로 놀러 갔다. 의공은 매우 즐겁게 술을 마시다가 만취하여 심한 더위를 느꼈다. 그는 비단 탑상을 대나무 숲 깊은 곳에 가져다놓게 하고, 그곳에 누워 바람을 쐬고 있었다. 이때 병촉과 염직은 신지 가운데서 목욕을 하고 있었다. 병촉은 의공에 대한 원한이 매우 깊어 그를 죽여 아버지의 복수를 할 기회를 엿보고 있었으나 일을 함께할 동료를 찾지 못했다. 병촉은 염직이 아내를 빼앗긴 원한을 품고 있다고 짐작은 했지만 복수에 관한 일을 상의하려니 입을 떼기가 어려웠다. 그런데 마침 오늘 같은 연못에서 함께 목욕을 하다 보니 한 가지 계책이 생각났다. 그는 고의로 대나무 가지를 꺾어서 염직의 머리를 때렸다. 염직이 화를 내며 말했다.

"어찌하여 나를 괴롭히시오?"

병촉이 비웃으며 말했다.

"아내를 빼앗기고도 화를 내지 않더니 대나무로 한번 맞은 것은 뭐 그리 대단하다고 화를 참지 못하시오?"

그러자 염직이 말했다.

"아내를 빼앗긴 건 나의 치욕이지만, 자기 아비 시신의 발이 잘리는 걸 참고 본 사람은 어떤 사람이오? 어떤 것이 더 치욕스러운 일이오? 아비를 욕되게 한 일은 참으면서 나보고 아내를 빼앗긴 치욕은 참지 말라고 하는 것은 도대체 무슨 경우요?"

"내 마음속에 감춰둔 얘기를 대부에게 하고 싶었지만 지금까지 은인자중하며 말하지 못했소. 대부께서 지난 치욕을 잊고 있어서 내가 말을 해봤자 거사에 아무 도움이 되지 않을 것이라 생각했기 때문이오."

"마음속에 감춰 둔 원한을 어느 날인들 잊을 수 있겠소? 다만 힘이 미치지 못함이 한스러울 뿐이오."

"지금 그 흉악한 놈이 술에 취해 대나무 숲에 누워 있소. 이곳에 따라온 사람은 우리 둘뿐이오. 이것은 하늘이 우리에게 복수의 기회를 준 것이오. 절대 놓칠 수 없는 기회요."

"앞장서서 거사를 실행하시오. 내가 의당 옆에서 도우리다."

두 사람은 몸을 닦고 옷을 입은 뒤 함께 대나무 숲으로 들어가보았다. 의공은 바야흐로 깊은 잠에 빠져 우레처럼 코를 골고 있었고 그 곁에 내시가 지키고 서 있었다. 병촉이 말했다.

"주상께서 술에서 깨어나시면 틀림없이 끓인 물을 찾을 것이다. 너희는 나가서 물을 준비하고 기다려라."

내시가 끓인 물을 준비하러 나가자 염직은 의공의 손을 꽉 잡았고 병촉은 그의 목을 내리누르며 칼을 뽑아 목을 잘랐다. 잘린 머리가 땅에 떨어졌다. 두 사람은 시신을 끌어다 대나무 숲 깊은 곳에 숨기고 그 머리는 연못 속에 던져버렸다. 이때가 제 의공이 즉위한 지 겨우 4년 만이었다.

내시가 물을 갖고 오자 병촉이 말했다.

"이 상인이란 놈이 주상을 시해하고 보위에 올랐기 때문에 제나라 선군先君께서 나를 시켜 이 악인을 주살하게 한 것이다. 지금 원元 공자께서 어질고 효성스러우므로 임금으로 옹립할 만하다."

좌우 내시들도 예예 대답만 할 뿐 감히 한 마디도 하지 못했다. 병촉과 염직은 수레를 몰고 성으로 들어와 다시 술상을 마련하여 통쾌하게 마셨고, 아울러 환호성을 지르며 서로 축하를 나눴다. 이 일은 일찌감치 상경上卿 고경高傾과 국귀보에게 보고되었다. 고경이 말했다.

"어찌 저들의 죄를 성토하고 주살하여 후세 사람들에게 경계를 보이지

병촉과 염직이 복수를 상의하다.

않으시오?"

국귀보가 말했다.

"주상을 시해한 자를 내가 성토하지 못했는데, 이제 다른 사람이 그 자를 성토하여 주살했소. 그게 무슨 죄가 되겠소?"

병촉과 염직은 술자리가 끝나자 각각 큰 수레에 자신의 모든 재산을 싣고 또 한 수레에는 처자식을 태운 뒤 남문을 빠져나갔다. 가족들이 수레를 빨리 몰아야 한다고 채근했지만 병촉이 말했다.

"상인이란 자가 무도하여 백성이 모두 그놈의 죽음을 천만다행으로 생각하는데 내가 무엇을 두려워하리오?"

그러면서 천천히 수레를 몰고 초나라로 갔다. 고경과 국귀보는 신하들을 소집하여 상의한 뒤 공자 원元을 보위에 옹립했다. 이 사람이 제 혜공이다. 염옹髥翁이 이 일을 시로 읊었다.

원수와 어떻게 함께 놀 수 있단 말인가?	仇人豈可與同遊
원수를 가까이하다 복수를 당했도다	密邇仇人仇報仇
역신도 아니고 먼 계책도 없었지만	不是逆臣無遠計
하늘이 둘을 시켜 흉악한 자를 죽였도다	天敎二憾逞凶謀

이야기가 두 갈래로 나뉜다. 노 문공은 이름이 흥興으로 노 희공의 정실부인인 성강聲姜의 아들이었다. 그는 주 양왕 26년에 보위에 올랐다. 문공은 제 소공의 딸 강씨를 부인으로 맞아 악惡3과 시視 두 아들을 낳았다. 또

3_ 악惡: 이름이 악이 된 이유는 이 소설 제50회 참조.

당시 잉첩으로 온 진秦나라 여자 경영敬嬴과의 사이에서도 왜倭와 숙힐叔肹이라는 두 아들을 낳았다. 네 아들 중에서 왜가 가장 나이가 많았지만 악이 정실부인의 소생이었으므로 문공은 악을 세자로 삼았다. 이때 노나라에서는 '삼환三桓'4에게 나라의 정사를 맡겼다. 맹손씨孟孫氏인 공손오公孫敖는 곡穀과 난難이란 아들을 낳았고, 숙손씨叔孫氏인 공손자公孫玆는 숙중팽생叔仲彭生과 숙손득신叔孫得臣이란 아들을 낳았다. 노 문공은 숙중팽생을 세자 태부太傅로 삼았다. 또한 계손씨季孫氏인 계무일季無佚은 바로 계우季友의 아들인데, 계무일이 행보行父를 낳으니 이 사람이 바로 계문자季文子다. 또 노 장공의 서자 중에 공자 수遂란 사람이 있었다. 이 사람을 중수仲遂라고 부르기도 하며 동문 근처에 거주했기 때문에 흔히 동문수東門遂라고도 부른다. 그는 희공 때부터 이미 '삼환'과 함께 정사에 참여했고 항렬을 따져보면 공손오와 동문수는 6촌 형제간이었고, 계손행보는 이들의 바로 아래 조카 항렬이었다. 공손오는 동문수에게 죄를 지어 외지에서 객사한 연유로 맹손씨 집안은 권력을 잃었고, 오히려 이 틈에 중손씨仲孫氏,5 숙손씨叔孫氏, 계손씨季孫氏 세 집안이 노나라의 정치를 좌우했다.

공손오는 어떻게 죄를 지었던가? 공손오는 거나라 여자 대기戴己를 아내로 맞았으니 이 사람이 바로 곡의 어머니다. 또 공손오는 그 여동생 성기聲己와도 관계하여 난難을 낳았다. 대기는 병으로 죽었다. 공손오는 음란한 성격이라 다시 기씨己氏 여인을 맞아들이려 했다. 그러자 거나라에서 사양

4_ 삼환三桓: 노魯 환공의 후손으로 이후 노나라의 권력을 독점한 세 집안을 말한다. 맹손씨는 공손오, 숙손씨는 공손자, 계손씨는 계우다. 이 세 공족公族의 후손이 노나라의 정치를 독점하였으므로 '삼환三桓'이라 불렸다. 이 가운데 계손씨 집안이 가장 강성했다. 이 소설 제22회 참조.

5_ 중손씨仲孫氏: 동문수의 후예 가문.

하며 말했다.

"성기가 아직 살아 있으니 그녀를 계실繼室로 삼아야 할 것이오."

공손오가 말했다.

"그럼 내 동생 중수仲遂(동문수)가 아직 장가를 들지 않았으니 중수와 혼인을 맺어주면 좋겠소."

거나라에서 혼사를 허락했다. 노 문공 7년 공손오는 어명을 받들고 거나라로 사신을 가는 길에 동문수를 위해 혼사를 주관하고 그의 아내를 맞아오려고 했다. 행차가 언릉鄢陵(山東省 沂南縣 북쪽)에 이르렀을 때 공손오는 성 위로 올라가 먼 곳을 조망하다가 기씨 여인의 용모가 매우 아름다운 것을 보았다. 이날 밤 공손오는 마침내 기씨 여인을 취하여 동침했고 자신의 후처로 삼아 귀가했다. 동문수는 자신의 아내를 빼앗기자 몹시 화가 나서 문공에게 사정을 이야기하고 군사를 동원해 공손오를 공격하자고 했다. 그러자 곁에 있던 숙중팽생이 간언을 올렸다.

"안 됩니다. 신이 듣건대 '전투가 나라 안에서 일어나면 내란亂이고, 나라 밖에서 일어나면 외침寇이다'라고 합니다. 지금 다행히 밖으로 외침이 없는데 안에서 내란을 일으킬 수 있겠습니까?"

이에 문공이 공손오를 불러서 기씨를 거나라로 돌려보내 동문수의 섭섭한 마음을 풀어주게 했다. 그리하여 공손오와 동문수 6촌 형제는 다시 옛날처럼 화해했다. 그러나 공손오는 한결같이 기씨를 그리워했다. 이듬해 그는 어명을 받들고 주 양왕의 문상을 가게 되었다. 행차가 왕경에 도착하지도 않았을 시간에, 그는 결국 부조금을 가지고 몰래 거나라로 가서 기씨와 부부로 다시 만났다. 노 문공은 잘못을 추궁하지 않고 공손오의 아들 곡에게 맹손씨 가문의 제사를 받게 했다. 그 뒤 문득 고국이 그리워진 공손오는 사람을 시켜 아들 곡에게 사정을 알렸다. 곡은 다시 그 사실을 7촌 숙부인 동문수에게 이야기했다. 동문수가 말했다.

"네 부친이 돌아오려면 반드시 내게 세 가지 약속을 해야 한다. 첫째, 조정에 나오지 말 것. 둘째, 국정에 참여하지 말 것. 셋째 기씨를 데려오지 말 것."

곡이 사람을 시켜 세 가지 조건을 공손오에게 알렸다. 공손오는 귀국하려는 마음이 급해서 기쁘게 그 조건을 허락했다. 공손오는 노나라로 돌아온 지 3년 동안 과연 두문불출했다. 그러던 어느 날 갑자기 다시 집안의 보물과 비단을 모두 싣고 거나라로 갔다. 아들 맹손곡은 아버지를 그리워하다가 해를 넘겨 병으로 죽었다. 그 아들 중손멸이 아직 어려서 동생인 맹손난孟孫難을 경卿으로 삼았다. 얼마 지나지 않아 기씨도 죽었다. 공손오는 또다시 노나라로 돌아오고 싶어서 집안 재산을 모두 털어 문공과 동문수에게 바치고는 아들 난을 시켜 문공에게 귀국 명령을 내려달라고 청했다. 문공이 허락하자 공손오는 바로 귀국길에 올랐다. 그러나 제齊나라에 이르렀을 때 병이 들어 걸을 수 없었고 결국 당부堂阜(山東省 蒙陰 서쪽)에서 죽었다. 맹손난은 문공에게 간청하여 자신의 부친을 노나라로 모셔와 장례를 치렀다. 그 뒤 맹손난은 죄인의 자식이라 자책하며 조카 중손멸이 장성할 때까지 임시로 가문의 제사만 주관했다. 이 때문에 조정의 정사에 심하게 관여하지 않았다. 계손행보도 동문수, 숙중팽생, 숙손득신이 모두 숙부 항렬이었으므로 모든 일을 마음대로 처리할 수 없었다. 또한 팽생도 인품이 어질고 관후하여 사부의 직책에만 참여했고, 득신은 여러 차례 병권을 장악했다. 동문수와 숙손득신 두 사람이 노나라 권력 대부분을 장악하여 정사를 좌지우지하는 상황이었다.

경영은 노 문공의 총애를 믿고, 자신의 아들이 보위를 잇지 못하는 것에 한을 품었다. 이에 동문수에게 후한 뇌물을 주고 교분을 튼 뒤 자신의 아들을 부탁했다.

"뒷날 내 아들 왜(俀)가 보위에 오르면 노나라를 경과 함께 경영할 것이오."

동문수는 자신에게 아들을 부탁하는 마음에 감격하여 공자 왜를 보위하고 추대할 마음을 먹었다. 그러나 숙중팽생이 바로 세자 악의 사부여서 틀림없이 함께 일을 도모하지 못할 것이라 생각했다. 그에 비해 숙손득신은 뇌물을 좋아하는 성격이어서 많은 이득을 안겨주면 마음을 움직일 수 있을 것 같았다. 그리하여 수시로 경영이 그에게 주는 하사품을 득신에게 나누어주며 말했다.

"이건 영씨 부인이 좀 전해달라고 한 선물이오."

공자 왜에게도 자주 득신의 집에 찾아가서 그를 배알하고 겸손하게 가르침을 청하라고 했다. 이 때문에 숙손득신의 마음도 공자 왜에게 기울게 되었다.

주 광왕 4년, 노 문공 8년 봄에 문공이 세상을 떠났다. 세자 악이 장례를 주관하고 보위에 올랐다. 각국에서 모두 사신을 보내 조문했다. 이때 제 혜공 원은 새로 보위에 오른 뒤 그전 군주 상인의 폭정을 돌이키기 위해 특별히 노나라로 사신을 보내 문공의 장례에 참여하게 했다. 동문수가 숙손득신에게 말했다.

"제와 노(魯)는 대대로 우호를 맺어온 사이일세. 제 환공과 우리 희공은 마치 형제처럼 친하게 지냈네. 그러다가 제 효공 때 원한을 맺고 그 여파가 상인에게까지 이어져 마침내 원수지간이 되고 말았네. 지금 제나라에 공자 원이 새로 즉위했지만 우리는 아직 축하 사절도 보내지 않았네. 그런데도 저들이 먼저 우리 국장에 사신을 보내왔네. 이것은 우호를 맺고자 하는 아름다운 뜻이네. 우리 노나라에서도 제나라에 감사의 사절을 보내지 않을 수 없네. 이번 기회를 빌려 제나라의 원조를 받아 공자 왜를 보위에 올리는 것도 한 가지 계책이 될 수 있을 것이네."

숙손득신이 말했다.

"숙부께서 가시면 저도 동행하겠습니다."

두 사람이 제나라로 가서 어떤 일을 상의해올지는 다음 회를 보시라.

제50회

3년간 날지 않은 새

동문수는 공자 왜를 도와 보위에 올리고
조선자는 도원에서 강경하게 간언을 올리다
東門遂援立子倭, 趙宣子桃園強諫.

중손수仲孫遂(동문수)와 숙손득신叔孫得臣은 제齊나라로 가서 새 군주의
즉위를 축하하는 동시에 노魯 문공의 장례에 조문 사절을 보내준 것에 감
사 인사를 했다. 서로 인사가 끝나자 제 혜공은 잔치를 베풀며 노나라 새
군주에 대해 물었다.

"어째서 이름이 악惡이오? 세상에 아름다운 이름이 매우 많은데 어찌하
여 이처럼 아름답지 못한 글자를 이름에 쓰게 됐소?"

동문수가 대답했다.

"우리 선군께서 이 아들을 낳았을 때 태사에게 점을 치게 했습니다. 그
리하여 '흉악하게 죽을 것이고, 보위를 오래 누리지 못하리라當惡死, 不得享國'
라는 점사占辭를 얻었습니다. 이 때문에 선군께서 아들의 이름을 악이라고
짓고 불길한 운명을 피하고자 한 것입니다. 그러나 선군께선 이 아들을 사

랑하지 않으셨습니다. 오히려 사랑한 건 장자 왜倭였습니다. 왜는 사람됨이 어질고 효성스러우며 대신들을 공경할 줄도 알기 때문에 백성 모두 보위에 모시고 싶어합니다. 다만 적자에게 밀린 것입니다."

제 혜공이 말했다.

"옛날부터 '장자를 세자로 세운다立子以長'는 법이 있고, 게다가 임금이 사랑한다는데 무슨 말이 더 필요하겠소?"

숙손득신이 말했다.

"우리 노나라에서는 예부터 적자를 세자로 세웠고 적자가 없어야 장자를 세울 수 있습니다. 선군께서도 예법에 얽매어 왜를 버리고 악을 세자로 세운 것입니다. 그래서 백성도 모두 순종하고 있지 않습니다. 귀국에서 만약 우리 노나라에 어진 새 임금을 세울 마음이 있으시다면 우리는 혼인으로 귀국과 우호관계를 맺고 오로지 귀국을 상국으로 섬기면서 조공을 빠뜨리지 않을 것입니다."

혜공이 매우 기뻐하며 말했다.

"대부께서 국내에서 일을 주관하면 과인은 그 명령에만 따를 것이오. 어찌 감히 명령을 어길 수 있겠소?"

동문수와 숙손득신은 삽혈로 맹세하고 혼인 약속까지 하자고 청했다. 제 혜공이 그것을 허락했다.

동문수는 귀국하여 계손행보에게 말했다.

"이제 진晉나라의 패업이 교체되면서 제나라가 다시 강해지고 있네. 제나라에서는 정실부인의 딸을 공자 왜에게 출가시키려 하고 있네. 이처럼 두터운 보살핌을 놓쳐서는 안 될 것이네."

행보가 말했다.

"지금 보위를 이으신 우리 주상께선 제나라 선군의 생질입니다. 지금 제나라 군주에게 딸이 있는데, 어찌 우리 주상의 부인으로 보내지 않고 공자 왜에게 보낸단 말입니까?"

동문수가 대답했다.

"공자 왜의 현명함을 소문으로 들은 제나라 군주가 그와 혼인하여 장인과 사위 관계를 맺으려 하는 것이 아니겠는가? 지금 우리 선군의 부인 강씨姜氏는 제나라 선군 소공의 딸이네. 제 환공의 여러 아들은 서로 공격하며 원수처럼 지내고 있다네. 이 때문에 제나라는 4대 동안 동생이 형의 보위를 잇고 있는 실정일세. 저들은 형조차 인정하지 않는 형편인데, 사위에게 무슨 특별한 마음을 갖겠는가?"

계손행보는 아무 말 없이 집으로 돌아와 탄식했다.

"동문씨가 다른 마음을 먹고 있구나."

중수는 집이 동문東門에 있었기 때문에 동문씨東門氏로 불리고 있었다. 계손행보는 숙중팽생叔仲彭生에게 이 같은 사실을 이야기했다. 팽생이 말했다.

"보위가 이미 정해졌거늘 누가 감히 두마음을 품는단 말이냐?"

그러고는 특별히 신경을 쓰지 않았다.

마침내 중수는 경영과 몰래 계책을 짜고 마구간에 무사를 매복시킨 뒤 마구간지기를 시켜 거짓 보고를 하도록 했다.

"말이 아주 훌륭한 망아지를 낳았습니다."

경영은 공자 왜를 시켜 새 군주 악과 그 동생 시視에게 그 사실을 알리고 함께 마구간으로 가서 망아지의 털 색깔을 구경하게 했다. 그때 매복한 무사들이 이들을 습격하여 곤봉으로 악과 시를 모두 때려죽였다. 중수가 말했다.

"태부 팽생이 아직 살아 있다. 그 사람을 제거하지 않으면 일이 끝난 것이 아니다."

중수는 내시에게 거짓말로 주상의 명령을 전하라 하고 숙중팽생을 입궁하게 했다. 팽생이 가려 하자 그 가신家臣 공염무인公冉務人은 중수가 평소에 대궐 사람들과 결탁한 사실을 알고 속임수가 있을까봐 의심이 되었다. 그가 팽생을 제지하며 말했다.

"태부께선 입궁해서는 안 됩니다. 입궁하면 틀림없이 죽게 될 것입니다."

팽생이 말했다.

"주상의 명령이다. 죽더라도 피할 수 없는 일이다."

공염무인이 말했다.

"주상의 명령이라면 태부께선 죽지 않겠지만 주상의 명령이 아니라면 죽게 될 것인데, 그 죽음은 무슨 명분입니까?"

그래도 팽생은 듣지 않았다. 공염무인은 그의 소매를 잡고 울었다. 팽생은 소매를 뿌리치고 수레에 올라 궁궐로 직행했다. 팽생이 물었다.

"주상께선 어디 계시냐?"

내시가 그를 속여서 대답했다.

"저 안쪽 마구간에서 말이 새끼를 낳았사온데 지금 그곳에서 망아지를 구경하고 있습니다."

그러고는 곧바로 팽생을 이끌고 마구간으로 갔다. 그때 매복한 무사들이 다시 뛰쳐나와 그를 때려죽이고 말똥 속에다 그 시체를 묻었다. 경영이 사람을 시켜 강씨에게 알렸다.

"주상과 공자 시가 길이 안든 말에 차이고 물려서 모두 죽었습니다."

강씨는 대성통곡하며 마구간으로 달려갔다. 그러나 두 사람의 시신은 벌써 궁궐 문밖으로 옮겨진 뒤였다. 계손행보는 임금 악과 그 동생 시가 죽었다는 소식을 듣고 중수가 저지른 짓임을 짐작했지만 감히 분명하게 말을 할 수 없었다. 결국 그는 몰래 중수에게만 말했다.

"대부께서 저지른 짓이 참으로 악랄해서 저는 차마 귀로 들을 수가 없습니다."

중수가 말했다.

"이건 영씨 부인의 소행이지 나와는 아무 관계도 없는 일이네."

행보가 말했다.

"만약 진晉나라가 우리를 토벌하러 오면 어떻게 하실 작정이십니까?"

중수가 말했다.

"제나라와 송나라에서 일어난 시해 사건을 잘 알고 있지 않는가? 저들은 나이 많은 군주를 시해했는데도 토벌을 당하지 않았네. 지금 우리가 두 어린아이를 죽였다고 무슨 토벌을 당하겠는가?"

행보는 어린 임금의 시신이 있는 곳으로 가서 시신을 어루만지며 자기도 모르게 목 놓아 울었다. 중수가 말했다.

"대신들과 대사를 의논해야지 아녀자처럼 슬피 운다고 무슨 소용이 있겠는가?"

행보가 눈물을 거두자 마침 숙손득신이 당도했다. 득신은 그의 형 팽생이 어디 있는지 물었다. 중수는 모른다고 발뺌했다. 득신이 웃으며 말했다.

"우리 형님은 충신으로 죽으려 했소. 이것이 형님의 평소 뜻이오. 그러니 속일 필요까진 없소."

중수는 몰래 팽생의 시신이 묻힌 곳을 알려주고는 말했다.

"오늘의 대사는 시급히 임금을 세우는 일이오. 공자 왜가 어질고 나이도 많으니 보위를 이어야 할 것이오."

그곳에 있던 백관들이 모두 예예 하고 승낙하지 않는 사람이 없었다. 그들은 공자 왜를 받들어 보위에 올렸다. 이 사람이 노魯 선공이다. 백관들이 모두 하례를 드렸다. 뒷날 호증 선생이 이 일을 영사시詠史詩로 읊었다.

권력자와 총희寵姬가 안팎으로 모의하여	外權內寵私謀合
죄 없는 군주를 하루아침에 죽였구나	無罪嗣君一旦休
가소롭다 계손행보의 애매모호한 그 태도여	可笑模棱季文子
심사숙고 해봤으면 좋은 계책 없었겠나?	三思不復有良謀

숙손득신은 말똥 속을 파헤쳐 팽생의 시신을 찾아 장례를 치렀다.

한편 정실부인 강씨는 두 아들이 모두 피살된 뒤 중수가 공자 왜를 보위에 올렸다는 소식을 듣고 가슴을 치며 대성통곡했다. 강씨는 통곡하느라 기절했다가 다시 소생하기를 여러 번이나 반복했다. 그런데도 중수는 다시 선공에게 아첨하기에 바빴다. 그는 "어머니는 아들로 인해 귀하게 된다母以子貴"는 문구를 인용하며 경영을 정실부인으로 높였다. 백관들이 모두 하례를 올렸다. 강씨 부인은 궁궐에 거주하는 것이 불안하여 밤낮으로 울었다. 그리고 좌우 시종들에게 수레를 준비하라 명령을 내리고 제나라로 돌아갈 계책을 마련했다. 그러자 중수가 사람을 보내 거짓으로 만류하며 말했다.

"새 주상께서 비록 부인의 소생은 아니지만 부인께선 정실부인이십니다. 이제 결례를 하지 않고 효성스럽게 봉양할 터인데, 어찌하여 친정으로 돌

東門遂援公子接

동문수가 공자 왜를 보위에 올리다.

아가 빌붙어 사시려 하십니까?"

강씨가 욕을 퍼부었다.

"네 이놈 역적 수야! 우리 모자가 네놈에게 무엇을 잘못했기에 이처럼 악독한 짓을 저지른단 말이냐? 지금도 거짓말로 나를 만류하고 있다만 귀신이 모든 걸 알고 결코 네놈을 용서치 않으리라!"

강씨는 경영과 만나지도 않고 곧바로 궁궐 문으로 직행하여 수레를 타고 그곳을 떠났다. 큰 시장통 길거리를 통과할 때 대성통곡하며 울부짖었다.

"하늘이시여! 하늘이시여! 두 어린아이가 무슨 죄를 지었소? 역적 중수란 놈은 천리를 없애고 양심을 버린 놈이오. 적자를 죽이고 서자를 세웠소. 오늘 나는 우리 백성과 영원히 이별하오. 다시는 노나라에 오지 않을 것이오."

길 가는 사람들 중에 그 울부짖는 소리를 듣고 슬퍼하지 않는 사람이 없었다. 많은 사람이 강씨를 따라 울었다. 이날 노나라의 시장 사람들은 모두 철시를 했다. 이로 인해 강씨를 애강哀姜이라고 불렀고 또 노나라를 떠나 제나라로 돌아갔다고 출강出姜이라고도 불렀다. 출강은 제나라에 당도하여 소공 부인과 모녀간에 상봉했다. 출강은 아들의 원통함을 호소하다가 어머니의 목을 끌어안고 통곡했다. 제 혜공은 모녀의 통곡소리가 듣기 싫어서 따로 집을 지어주고 그곳에서 함께 살게 했다. 출강은 결국 제나라에서 여생을 마쳤다.

노 선공의 동복同腹 동생 숙힐叔肸은 사람이 충직했다. 그는 자신의 형이 중수(동문수)의 힘을 빌려 아우 악을 죽이고 스스로 보위에 오른 것을 보고 매우 잘못된 일이라 생각했기에 조정에 축하 인사를 하러 가지도 않았다. 선공은 그를 불러 중용하려고 했지만 숙힐은 완강하게 사양하며 입조조차 하지 않았다. 어떤 친구가 그에게 까닭을 물었다. 그러자 숙힐이 이렇게 대답했다.

"나도 부귀를 싫어하지 않지만 형을 보면 동생이 생각나서 차마 벼슬을 하지 못하겠네."

친구가 말했다.

"자네가 형님을 불의하게 생각한다면 어찌 다른 나라로 떠나지 않는가?"

숙힐이 말했다.

"형이 나와 관계를 끊은 적이 없는데, 내가 어찌 감히 형과의 관계를 끊을 수 있겠는가?"

이때 마침 선공이 관리를 보내 숙힐에게 안부를 묻고 곡식과 비단을 하사했다. 숙힐은 관리에게 사양하며 말했다.

"나는 다행히 얼어 죽거나 굶어 죽지는 않고 있으니 감히 공금을 축낼 수는 없소."

그 관리가 거듭 어명을 수행하고자 했으나 숙힐이 이렇게 말했다.

"부족한 것이 있으면 내가 직접 구걸하러 가겠지만 지금은 절대로 받을 수 없소."

친구가 말했다.

"자네가 벼슬과 녹봉을 받지 않았으니 자네의 뜻을 분명하게 밝혔다고 할 수 있네. 지금 집안에 남은 재산이 없으니 조금 받아두었다가 아침저녁 찬거리를 마련한다 해도 자네의 청렴함에 해가 되지는 않을 것이네. 모두 물리치는 건 너무 심하지 않은가?"

숙힐은 미소를 지으며 아무 대답도 하지 않았고 친구도 탄식하며 돌아갔다. 그 관리는 감히 물건을 내려놓을 수가 없어서 다시 돌아가 선공에게 상황을 보고했다. 선공이 말했다.

"내 아우가 평소에 저렇게 가난하게 사는데 어떻게 생활하는지 모르겠다."

선공은 사람을 시켜 밤에 숙힐이 무엇을 하는지 알아보게 했다. 숙힐은 밤에 등불을 돋우고 신발을 짜서 다음 날 이른 아침에 그것을 팔아 아침 찬거리를 마련하고 있었다. 선공이 탄식하며 말했다.

"내 아우가 수양산首陽山에서 고사리를 캔 백이伯夷와 숙제叔齊[1]의 행적을 따라 배우고 있구나. 내가 그 절개를 이루어줘야겠다."

숙힐은 그렇게 살다가 선공 말년에 세상을 떠났다. 종신토록 자기 형이 주는 실 한 자락 곡식 한 톨도 받은 적이 없고, 또 종신토록 자기 형의 잘못을 한 번도 말한 적이 없다. 뒷날 사관이 그를 찬양하는 시를 지었다.

어질도다 숙힐叔肦의 사람됨이여	賢者叔肦
시절 슬퍼 피눈물을 흘리셨도다	感時泣血
신발을 손수 짜서 자급하면서	織屨自贍
공금은 한 푼도 쓰지 않았네	於公不屑
완강한 백성은 주나라가 싫어서	頑民恥周
고사리 뜯어 좋은 음식 먹지 않았네	采薇甘絶
오로지 숙힐 만이 절개 이어서	惟叔嗣音

1_ 백이伯夷와 숙제叔齊: 은주殷周 교체기 고죽국孤竹國의 두 왕자. 주나라 무왕이 은나라 주왕을 정벌하자, 그건 신하가 임금을 죽이는 것이므로 불의하다고 여기고 수양산으로 들어가 고사리를 뜯어먹다가 아사했다. 즉 자신들은 은나라의 신하이므로 주나라에서 나는 곡식은 먹지 않겠다고 고사리를 뜯어 먹었다. 이후 일편단심으로 절개를 지키는 것을 흔히 '채미采薇(고사리를 캐먹다)'라고 한다.

오물에 빠져서도 물들지 않았네	入而不涅
한 어머니 젖을 먹은 형제간에도	一乳同枝
그 형은 완악하고 아우는 결백	兄頑弟潔
동문수의 소행을 형용하자면	形彼東門
말만 해도 혓바닥이 더러워지네	言之汚舌

노나라 사람들은 숙힐의 대의를 높게 여기며 칭송을 그치지 않았다. 노 성공 초에 숙힐의 아들 공손영제公孫嬰齊를 대부로 삼았다. 이에 숙손씨 외에 또다른 숙씨叔氏가 생겨났다. 숙노叔老, 숙궁叔弓, 숙첩叔輒, 숙앙叔鞅, 숙예叔詣가 모두 그 후손이다. 물론 이것은 나중의 이야기므로 한쪽으로 미뤄두고자 한다.

주 광왕 5년은 노 선공 원년이다. 정월 초하룻날 새해 축하 인사가 끝나자 동문수가 아뢰었다.

"주상전하! 지금 안주인의 자리가 비어 있습니다. 신이 전에 제나라 군주와 양국 간에 혼인 약속을 한 적이 있사오니 이제 그 일을 늦출 수 없습니다."

선공이 말했다.

"누가 과인을 위해 제나라에 사신을 다녀오겠소?"

동문수가 대답했다.

"그 약속을 신이 했으므로 신이 홀로 가겠습니다."

선공은 동문수를 제나라로 보내 정식으로 청혼하고 납폐納幣[2]의 예를

2_ 납폐納幣: 고대의 혼인 절차 육례六禮의 하나. 납징納徵이라고도 한다. 납채納采, 문명問名, 납길納吉, 납징納徵: 納幣, 청기請期, 친영親迎을 육례라고 한다. 납폐는 신랑 집에서 신부 집으로 예물을 보내는 의식이다.

갖추게 했다.

동문수는 정월에 제나라로 가서 2월에 부인 강씨姜氏를 맞아왔다. 동문수가 선공에게 비밀리에 아뢰었다.

"제나라가 비록 주군과 장인 사위 관계가 되었지만 장래의 친분이 좋을지 나쁠지는 지금 예측할 수 없습니다. 게다가 나라에 큰 변고가 있고 난 다음에는 반드시 여러 나라와 회맹에 나란히 참석한 이후에야 제후로 인정됩니다. 신은 일찍이 제나라 군주와 삽혈 동맹을 맺으며 해마다 빠짐없이 조공을 바치기로 약속했습니다. 그것은 미리 주군의 보위를 안정시키기 위한 부탁이었습니다. 주상께선 후한 선물을 아끼지 마시고 제나라 군주를 초청하여 회맹을 하십시오. 만약 저들이 선물을 받고 회맹을 허락하면 우리는 공손하고 신중하게 저들을 섬겨야 합니다. 그렇게 되면 양국이 서로 친분을 유지하며 입술과 이빨 같은 굳건한 동맹을 이어나갈 수 있을 것이고, 주상의 보위도 태산보다 더 튼튼하게 될 것입니다."

선공은 그 말을 옳게 여기고 계손행보를 제나라로 보내 이번 혼인에 대한 감사 인사를 올렸다. 함께 가져간 국서의 내용은 대략 이러했다.

우리 주상께서 군후의 신령하신 총애에 힘입어 종묘사직을 지키게 되었습니다. 그러나 지금도 가슴 졸이며 제후의 대열에 서지 못할까 두려워하고 있사오니 군후께는 참으로 부끄러운 일입니다. 군후께서 만약 우리 주상을 보살피는 은혜를 베풀어 회맹으로 우리 노나라와 우호를 맺어주신다면 변변찮게 나마 진 문공이 우리 선군에게 하사한 모든 제서濟西3의 땅을 귀국에 예물로 바치겠습니다. 군후께서 받아주시길 바라옵니다.

제 혜공은 매우 기뻐하며 여름 5월에 평주平州(山東省 萊蕪 서쪽)에서 노 선공과 회맹하기로 약속했다.

약속 날짜가 다가오자 노 선공이 먼저 평주로 갔고 제 혜공이 뒤따라 당도했다. 두 군주는 먼저 장인과 사위의 정을 나누었고 다시 군주끼리 상봉하는 예를 행했다. 동문수는 제서 땅 문서를 받들어 올렸다. 제 혜공은 전혀 사양하지 않았다. 회맹이 끝나자 노 선공은 제 혜공과 작별하고 노나라로 돌아왔다. 동문수가 말했다.

"나는 오늘에야 베개를 높이 베고 잘 수 있게 되었다."

이때부터 노나라는 허송세월하지 않고 거의 모든 군신이 조공을 바치거나 사신을 보내면서 제나라를 왕래했다. 제나라의 명령이라면 따르지 않는 것이 없었고, 제나라가 시키는 일이라면 함께하지 않는 것이 없었다. 제 혜공은 말년에 이르러 자신에게 순종하는 노 선공의 성의에 감격하여 제서의 땅을 노나라에 다시 돌려줬다. 이것은 뒷날의 이야기다.

이야기가 두 갈래로 나뉜다. 초 장왕 여旅는 즉위한 지 3년이 되어도 명령 한 번 내리지 않고 날마다 사냥만 일삼았다. 궁중에 있을 때는 밤낮으로 여인들과 음주가무를 즐겼다. 조당朝堂 문 위에는 이렇게 써 붙였다.

감히 간언을 올리는 자가 있으면 용서 없이 주살하리라.

3_ 제서濟西: 중국 고대의 황하는 지금의 물길보다 북쪽으로 흘렀고, 제수濟水는 그보다 남쪽으로 흘렀다. 이후 황하와 제수濟水의 물길이 합쳐지며 지금의 황하 수로가 형성되었다. 여기에서 말하는 제수 서쪽 땅은 본래 조曹나라의 땅이었지만 성복城濮 전투가 있기 전 진 문공이 점령했다가 그곳과 가까운 노魯나라에 하사한 땅이다.

그때 대부 신무외申無畏가 대전으로 들어오자 초 장왕은 오른손으로는 정희鄭姬를 안고 왼손으로는 채녀蔡女를 안은 채 종과 북 사이에 다리를 뻗치고 앉아 있다가 물었다.

"대부께서는 술을 마시러 오셨소? 음악을 들으러 오셨소? 그것도 아니면 무슨 할 말이 있어서 오셨소?"

신무외가 대답했다.

"신은 술을 마시러 온 것도 음악을 들으러 온 것도 아닙니다. 신이 마침 교외에 나갔더니 어떤 수수께끼를 신에게 들려주는 사람이 있었습니다. 그러나 신은 풀 수가 없어서 지금 대왕마마께 들려드리려 합니다."

"어허! 무슨 수수께끼이기에 대부께서 풀 수 없단 말이오. 그럼 과인에게 말해보시오."

"큰 새가 있는데, 몸은 오색 깃털로 싸여 있고 우리 초나라의 높은 언덕에 머문 지 3년이 되었습니다. 그런데 나는 모습을 볼 수도 없고 우는 소리도 들을 수 없습니다. 신은 이 새가 무슨 새인지 알 수가 없습니다."

장왕은 그것이 자신을 풍자하는 말인 줄 알아채고 웃으며 말했다.

"과인은 그 새를 알고 있소. 그건 보통 새가 아니오. 3년 동안 날지 않았으나 한번 날면 반드시 하늘까지 닿을 것이며, 3년을 울지 않았으나 한번 울면 반드시 사람을 놀라게 할 것이오三年不飛, 飛必沖天[4], 三年不鳴, 鳴必驚人. 경은 기다리시오!"

4_ 비필충천飛必沖天: 평소에는 평범한 것처럼 보이다가 한번 일을 시작하면 놀랄 만한 성과를 내는 사람 또는 그 과정을 비유한다. 『사기』「초세가楚世家」에는 비장충천蜚將沖天으로, 『사기』「골계열전滑稽列傳」에는 일비충천一飛沖天으로, 『한비자韓非子』「유로喩老」에는 비필충천飛必沖天으로 되어 있다. 일비충천一飛衝天이라고도 쓴다. 일명경인一鳴驚人도 같은 뜻이다.

신무외는 재배하고 물러났다. 그러나 그 이후에도 계속 장왕은 여전히 음행을 즐겼다.

대부 소종蘇從이 또 그 사이 장왕을 뵙고자 했다. 그는 대전에 이르러 대성통곡했다. 장왕이 말했다.

"경은 뭐가 그리 슬픈가?"

소종이 대답했다.

"신이 죽으면 초나라가 망할까봐 슬퍼서 우는 것입니다."

"경이 어째서 죽는단 말이오? 또 우리 초나라는 어째서 망한다는 것이오?"

"신이 대왕마마께 간언을 드리는 도중 대왕마마께서 듣기 싫으시면 틀림없이 신을 죽일 것입니다. 신이 죽은 뒤에는 초나라에 다시 간언을 올리는 사람이 없을 것입니다. 그럼 대왕마마께선 마음대로 일을 처리할 것이고 이후 초나라 정치는 타락할 것입니다. 아마 초나라의 망국이 조만간에 닥쳐오게 될 것입니다."

그러자 장왕은 발끈 화를 내며 안색을 바꾸었다.

"과인은 '감히 간언을 올리는 자는 죽일 것이다'라고 명령을 내렸다. 간언을 올리면 반드시 죽는다는 것을 분명히 알고도 과인의 뜻을 범하는 것은 어리석은 짓이 아니더냐?"

소종이 말했다.

"신의 어리석음은 대왕마마의 어리석음보다 심하지 않습니다."

장왕이 더욱 화를 내며 말했다.

"과인이 뭐가 그리 심하게 어리석단 말이냐?"

소종이 말했다.

"대왕마마께선 만승의 지존으로 군림하시면서 천리나 되는 땅의 세금을 받고 있습니다. 군사와 군마가 모두 막강하여 제후들도 두려워 복종하고 있습니다. 또 사시사철 헌상되는 조공품이 조정에 그치지 않고 있습니다. 이는 만세토록 이어질 이익입니다. 그런데 지금 주색에 빠져 정신이 없고 음악에 탐닉하여 헤어나오지 못하고 있습니다. 그러면서 정사는 돌보지 않고 어진 인재도 가까이하지 않고 있습니다. 이런 와중에 밖에선 큰 나라가 우리를 공격해오고 작은 나라는 우리 동맹 안에서 배반을 일삼고 있습니다. 목전의 환락만 추구하다 보면 내일의 환난이 따르는 법입니다. 대저 한때의 즐거움에 빠져 만세의 이익을 내버리고 있으니 이것이 어리석지 않으면 무엇이 어리석겠습니까? 신의 어리석음은 제 한 몸 죽으면 그만이지만 대왕마마께서 신을 죽이시면 후세 사람들이 장차 신을 충신이라 부르며 관용방關龍逄이나 비간比干에 견줄 것입니다. 그러니 신의 행동은 어리석은 것이 아닙니다. 그러나 대왕마마의 어리석음은 필부에게 그렇게 하라고 해도 하지 않을 것입니다. 신의 말은 여기에서 그치겠습니다. 청컨대 대왕마마의 패검을 빌려주시면 신이 대왕마마 앞에서 직접 목을 찔러 대왕마마의 명령을 어길 수 없음을 보이겠습니다."

장왕이 일어나 펄쩍 뛰며 말했다.

"대부께선 손을 멈추시오! 대부의 말씀은 충언이오. 과인이 대부의 말씀에 따르겠소."

장왕은 바로 편종과 북을 매단 줄을 끊었다. 그런 다음 정희를 내치고 채녀를 멀리한 뒤 번희樊姬를 정실부인으로 세워 내명부의 일을 주관하게 했다. 장왕이 말했다.

"과인이 사냥을 좋아할 때 번희만 내게 간언을 올리고 따라가지 않았다.

또한 사냥해온 금수의 고기를 끝까지 먹지 않았으니 번희야 말로 나의 어진 내조자다."

또 위가蔿賈, 반왕潘尪, 굴탕屈蕩에게 영윤 투월초의 권한을 나누어 맡겼다. 아침 일찍 조회를 열고 정사를 논의하기 시작하여 늦은 시간이 되어서야 조회를 파했다. 그들은 그 조회의 결과를 명령으로 시달했다. 정나라 공자 귀생에게는 송나라 정벌을 맡겼다. 그는 대극大棘(河南省 柘城 서북)에서 전투를 벌여 송나라 우사 화원을 사로잡았다. 또 위가에게는 정나라를 구원하게 했다. 그는 진晉나라 군사와 북림北林(河南省 鄭州 동남)에서 싸워 진나라 장수 해양解揚을 사로잡아 귀환했다. 그 뒤 한 해를 넘겨 해양을 방면했다. 이때부터 초나라의 세력은 나날이 강성해졌고, 장왕은 마침내 중원에서 패권을 다투려는 마음을 품게 되었다.

한편 진나라 상경 조돈은 초나라가 나날이 강성해지는 것을 보고 진秦나라와 우호를 맺고 초나라에 대항하려고 했다. 이때 조천이 계책을 올리며 말했다.

"진秦나라 속국 중에 숭崇이란 나라가 있소. 진나라를 섬긴 지 가장 오래된 나라요. 만약 작은 부대를 거느리고 숭나라를 치면 진나라가 틀림없이 구원에 나설 것이오. 그때 진나라와 강화를 하면 우리가 주도권을 잡을 수 있소."

조돈이 그 계책에 따라 진 영공에게 아뢰고 병거 300승을 내어 조천을 장수로 삼고 숭나라를 치게 했다. 그러자 조돈의 아들 조삭趙朔이 말했다.

"진秦과 진晉은 원한이 깊은 나라인데 이제 그 속국을 침략하면 진秦나라가 틀림없이 더욱 화를 낼 것입니다. 어찌 우리와 강화하려 하겠습니까?"

조돈이 말했다.

"내가 이미 허락한 일이니라!"

조삭이 다시 한궐에게 그 말을 했다. 한궐이 희미한 미소를 지으며 조삭의 귀에다 대고 속삭였다.

"존공尊公의 이번 거사는 조천을 통해 조씨 가문을 더욱 공고하게 하기 위한 것이지 진秦나라와 화친하려는 것이 아니오."

그러자 조삭은 아무 말 없이 물러났다. 진秦나라는 진晉나라가 숭나라를 침범했다는 소식을 듣고도 끝내 구원병을 보내지 않고 오히려 군사를 일으켜 쳐들어와 초焦(河南省 陝縣 남쪽) 땅을 포위했다. 조천이 군사를 되돌려 초 땅을 구원하러 가자 진나라 군사들이 비로소 물러갔다. 이즈음 유변이 병으로 죽자 조천이 마침내 그의 직무를 대신했다.

당시 진 영공은 이미 장성하여 황음무도하고 포악했다. 백성에게서 혹독한 세금을 걷고 토목공사를 크게 일으켰으며 노는 것만 좋아했다. 한 대부만을 총애했는데, 그의 이름은 도안고屠岸賈[5]였다. 그는 도격屠擊의 아들이었고 도안이屠岸夷의 손자였다. 도안고는 아첨을 하며 영공을 기쁘게 했고 영공이 시키는 말도 모두 들어줬다. 그리하여 영공이 도안고에게 강주성 안에 아름다운 꽃밭을 만들라고 명령을 내리자 기이한 화초를 두루 찾아서 성안에 심었다. 그중에서도 복사꽃이 가장 많았다. 봄이 되어 복사꽃이 피면 마치 비단에 수를 놓은 듯 찬란하게 빛났다. 그래서 그곳을 도원이라고 불렀다. 또 도원 안에 3층의 높은 누대를 세우고 그 중간에 강소루絳霄樓를 지었다. 그곳 마룻대를 화려하게 장식했고 대들보에도 아름다운 조각을 했다. 기둥을 붉게 칠하고 서까래도 잘 깎아 다듬었으며, 사방으로 붉

5_ 도안고屠岸賈: 이 경우 '賈'의 발음은 중국어로 'gǔ'다. 위키백과 중국어판 维基百科 참조. 그러므로 우리말로는 '고'라고 읽어야 한다.

은색 곡선의 난간을 둘러쳤다. 그 난간에 기대 사방을 바라보면 저 아래쪽으로 저자 거리까지 한눈에 들어왔다. 영공은 그곳을 둘러보며 즐기려고 불시에 누대로 올라가기도 했다. 더러는 탄궁彈弓으로 탄알을 당겨 새를 쏘기도 하고, 어떤 때는 도안고와 술 마시기 내기를 하며 즐거움을 만끽했다. 어느 날 영공은 광대들을 불러 누대 위에서 온갖 공연을 하게 했다. 도원 밖에는 백성이 모여 그 공연을 구경했다. 이때 영공이 도안고에게 말했다.

"탄알로 새를 쏘는 것보다 사람을 쏘는 것이 어떻겠소? 과인이 경과 내기를 하고 싶소. 눈을 맞추는 사람이 이기는 걸로 하고, 어깨나 팔을 맞추면 벌주를 면제하고 아무 것도 맞추지 못하면 큰 말斗로 벌주를 마시는 것이 어떻겠소?"

영공은 오른편을 쏘고 도안고는 왼편을 쏘기로 했다. 누대 위에서 고성이 울렸다.

"발사!"

탄궁을 달처럼 가득 당겼다가 쏘자 탄알이 유성처럼 날아갔다. 구경꾼 중에서 한 사람이 탄알을 맞고 귀가 반쪽 날아갔다. 또 한 사람은 왼쪽 어깨에 탄알을 맞았다. 백성이 깜짝 놀라 어지럽게 도망치기 시작했다. 비명 소리가 마구 뒤섞이며 서로가 서로를 마구 밀쳤고 고함소리가 들려왔다.

"탄환이 날아온다."

영공은 진노하여 좌우 시종들에게 모두 탄궁을 쏘게 했다. 일제히 탄환을 발사하자 마치 비가 쏟아지듯 탄환이 날아갔다. 백성은 숨고 피하기에 정신이 없었다. 머리가 깨진 사람, 이마가 터진 사람, 눈알이 튀어나온 사람, 이빨이 빠진 사람 등 그야말로 울음소리와 비명 소리로 아비규환이었다. 아버지를 부르는 사람, 어머니를 부르는 사람, 머리를 싸안고 쥐구멍을 찾는 사람, 밀려 넘어져 다리를 다친 사람 등 황망히 달아나는 모습이 정말 눈뜨고는 못 볼 지경이었다. 영공은 누대 위에서 그 광경을 구경하다가 탄궁을 바닥에 던지며 껄껄 즐거운 웃음을 터뜨리고는 도안고에게 말했다.

"과인이 이 누대에 올라 여러 번 놀았지만 오늘같이 즐거운 날은 없었소."

이때부터 백성은 누대 위에 사람이 보이면 감히 도원 앞을 지나가지 못했다. 이때 저자 거리에는 다음과 같은 민요가 유행했다.

누대를 보지 말라	莫看臺
탄환이 날아온다	飛丸來
문을 나설 땐 웃으며 기뻐하더니	出門笑且忻
귀가할 땐 울면서 슬퍼한다네	歸家哭且哀

또 어떤 주나라 사람이 영공에게 맹견猛犬을 바쳤다. 그 개의 이름은 영오靈獒라고 했고 키는 세 자나 됐으며 털은 숯불처럼 붉었다. 사람의 마음을 읽을 줄 알았기 때문에 좌우 시종 중에서 잘못을 저지른 사람이 있으면 영공은 곧바로 영오를 불러 그 사람을 찾아 물게 했다. 그러면 영오는 벌떡 일어나 그 사람의 이마를 물고 죽을 때까지 놓지 않았다. 영공은 관노 한 명을 시켜 오로지 그 개만 사육하게 했다. 그 개는 매일 양고기 여러 근을 먹어치웠고 오직 그 관노의 지시만 따랐다. 그래서 그 관노의 이름을 오노獒奴라 부르게 하고 중대부의 녹봉을 주었다. 영공은 바깥 조정의 조회를 폐지하고 대부들에게 모두 침전으로 들어와 조회를 하게 했다. 매일 조회를 보고 밖으로 놀러 나갈 때는 오노가 가느다란 쇠사슬로 영오를 묶어서 끌고 나갔다. 영오가 영공의 좌우에 서 있으면 보는 사람마다 두려워

떨지 않는 사람이 없었다. 이때 여러 제후국의 마음은 진晉나라를 떠나고 있었고 백성도 탄식하며 영공을 원망했다. 조돈 등이 누차 간언을 올려 현인을 예우하고 간신은 멀리하라고 권유했고, 또 정사에 힘쓰며 백성들과 친해야 한다고 설득했다. 그러나 영공은 마치 귀를 틀어막은 듯 전혀 간언을 듣지 않고 오히려 조돈을 의심하고 시기하기 시작했다.

그러던 어느 날 영공이 조회를 마치자 대부들은 대부분 흩어졌다. 오직 조돈과 사회만 아직 침전 출입문에서 국가의 일을 상의하며 서로 탄식하고 있었다. 그런데 내시 두 사람이 대나무 바구니를 들고 내전 안쪽에서 나오는 것이 보였다. 조돈이 물었다.

"궁중에서 무슨 대나무 바구니를 갖고 밖으로 나가는 거요? 필시 무슨 까닭이 있는 것 같소."

그러고는 멀리서 내시를 불렀다.

"이리 오너라! 이리 오너라!"

내시들은 고개를 숙이고 대꾸도 하지 않았다. 조돈이 물었다.

"대나무 바구니 안에 들어 있는 것이 무엇이냐?"

내시가 말했다.

"상국께서 보시려거든 직접 와서 보십시오. 저는 감히 말씀드릴 수 없습니다."

조돈은 더욱 의심스러워서 사회를 불러 함께 가서 바구니를 살펴봤다. 사람의 한쪽 손이 바구니 밖으로 빠져나온 것이 보였다. 두 대부는 대나무 바구니를 끌어당겨 자세히 살펴봤다. 그것은 토막 난 사람의 시체였다. 조돈은 깜짝 놀라 그 연유를 물었으나 내시는 말하려 하지 않았다. 조돈이 말했다.

"말을 하지 않으면 내가 먼저 너를 죽이리라."

그제야 내시가 사실을 털어놓았다.

"이 사람은 궁궐 요리사입니다. 주상께서 곰 발바닥 요리를 하라고 명하시고 그것을 안주 삼아 급히 술을 드시겠다고 하셨습니다. 여러 차례 재촉한 후에야 요리사가 요리를 바쳤는데, 주상께서 맛을 보시고는 곰 발바닥이 아직 덜 익었다고 트집을 잡으신 후 청동으로 만든 말斗로 요리사를 때려 죽였습니다. 그러고는 그 시체를 여러 덩이로 토막 내고 우리를 시켜 야외로 갖다 버리라 하셨습니다. 지금 정해진 시간 내에 돌아가 보고를 올려야지 조금이라도 늦으면 우리가 죄를 뒤집어쓰게 됩니다."

조돈은 내시들이 바구니를 들고 나가게 놓아주며 사회에게 말했다.

"주상께서 무도하여 사람의 목숨을 지푸라기처럼 여기니 국가의 멸망이 조석에 달린 것 같소. 나와 대부가 함께 들어가서 고충을 담아 한번 간언을 올리는 것이 어떻겠소?"

사회가 말했다.

"우리 두 사람이 함께 간언을 올리다가 주상께서 듣지 않으면 우리 뒤를 이을 사람이 없을 것이오. 내가 먼저 들어가 간언을 올리고 그래도 주상께서 듣지 않으시면 상국께서 내 뒤를 이어주시오."

이때 영공은 아직도 침전 중당中堂에 앉아 있었다. 사회가 바로 들어가자 영공은 그를 보고 틀림없이 간언을 올리러 온 것이라고 짐작했다. 그래서 사회를 맞으며 말했다.

"대부께선 아무 말도 마시오. 과인이 이미 잘못을 알고 있소. 이제부터 고치리다."

사회도 머리를 조아리며 대답했다.

"사람이라면 누가 잘못이 없겠습니까? 잘못을 저질렀더라도 고칠 수 있으면 우리 사직의 홍복입니다. 신 등도 기쁨을 이길 수 없습니다."

말을 마치고 물러나와 조돈에게 그 사실을 이야기했다. 조돈이 말했다.

"주상께서 잘못을 고치신다면 조만간 반드시 무슨 조치가 있을 것이오."

다음 날 영공은 조회도 하지 않고 도원으로 놀러가기 위해 수레를 대기하라고 명령을 내렸다. 조돈이 말했다.

"주상께서 아직도 이처럼 행동하시니 어찌 잘못을 고친 사람이라 할 수 있겠는가? 내 오늘 부득불 말씀을 드리지 않을 수 없다."

그는 먼저 도원 문밖으로 가서 영공이 당도하기를 기다렸다. 영공이 당도하자 앞으로 나아가 알현했다. 영공이 의아한 듯 말했다.

"과인이 경을 부른 적이 없는데, 경은 무슨 일로 여기까지 왔소?"

조돈은 머리를 조아리며 재배한 후 큰 소리로 말했다.

"죽을죄를 지었습니다. 허나 미천한 신에게 아뢰올 말씀이 있습니다. 주상께서 너그럽게 용납해주시기 바라옵니다. 신이 듣건대 '도道를 아는 군주는 즐거운 일을 백성과 함께 즐기고, 무도한 군주는 즐거운 일을 자기 혼자만 즐긴다有道之君, 以樂樂人, 無道之君, 以樂樂身'고 했습니다. 대저 화려한 궁궐에서 아름다운 비첩妃妾과 즐기고, 산천에서 사냥하며 유쾌하게 노는 일도 한 개인의 즐거움으로만 그쳤던 것이지 이 과정에서 살인을 즐기는 사람은 아직까지 없었습니다. 그러나 주상께선 맹견을 풀어 사람을 씹어먹게 했고, 탄궁을 쏘아 사람을 다치게 했으며, 사소한 잘못으로 요리사를 죽여 그 시체를 토막 냈습니다. 이것은 도를 아는 군주라면 해서는 안 되는 일인데, 주상께서는 이런 일을 버젓이 행했습니다. 사람의 목숨은 지극히 귀중하온데 이처럼 함부로 살인을 하고 있으니 안으로는 백성이 반란을 일으킬 것이며 밖으로는 제후들이 이반할 것입니다. 그렇게 되면 폭군 걸왕桀王과 주왕이 당했던 참화가 장차 주상의 몸에도 미칠 것입니다. 신이 오늘 이 말씀을 올리지 않으면 이제 더 이상 말씀을 올릴 사람도 없을 것입니다. 신은 임금과 나라의 멸망을 차마 좌시할 수 없어서 감히 숨김없이 직언을 드리옵니다. 바라옵건대 주상께선 어가를 돌려 다시 조정으로 돌아가시어 지난날의 잘못을 고치시고 지나친 놀이를 삼가시며 함부로 살인을 하지 마십시오. 그리하여 우리 진나라의 위태로움을 되돌려 다시 안정을 회복하실 수 있다면 신은 지금 죽어도 여한이 없겠습니다."

영공은 너무나 부끄러워 소매로 얼굴을 가리고 말했다.

"경은 물러가 있으시오. 과인이 오늘만 놀고 다음부터는 경의 말대로 하리다."

그러나 조돈은 자신의 몸으로 도원의 문을 가로막고 영공을 들여보내지 않았다. 도안고가 곁에서 말했다.

"상국께서 간언을 올리는 건 비록 호의에서 나온 행동이라 해도 어가御 駕가 이미 이곳에 당도한 이상 어떻게 그냥 돌아갈 수 있겠소? 아마 사람들에게 웃음거리가 될 것이오. 상국께서 잠시 편리를 봐주시오. 만약 정무 政務가 있다면 주상께서 내일 아침 조회를 열 때 조정에서 의논하시는 것이 어떻겠소?"

영공도 이어서 말했다.

"내일 아침 조회 때 과인이 경을 부르겠소."

조돈은 어찌할 수 없어서 몸을 비켜주고 영공을 도원으로 들어가게 했다. 그러나 눈을 부릅뜨고 도안고에게 말했다.

"나라가 망하고 패가망신하는 일이 모두 네놈 때문에 일어날 것이다."

조돈이 도원에서 간언을 올리다.

그러면서 원망을 그치지 않았다.

도안고는 영공의 놀이를 옆에서 모시다가 막 즐거움이 무르익을 때 갑자기 탄식하며 말했다.

"이런 즐거움도 이제 더 이상 계속할 수 없을 것 같습니다."

영공이 물었다.

"대부께선 어찌하여 그렇게 탄식하시오?"

도안고가 말했다.

"조 상국이 내일 아침 틀림없이 잔소리를 늘어놓을 것인데, 주상께서 어찌 다시 이곳으로 납실 수 있겠습니까?"

그러자 영공은 화가 치미는 듯 안색을 바꾸며 말했다.

"자고로 신하가 임금에게 제재를 받지 임금이 신하에게 제재를 받는다는 말은 듣지 못했소. 그 늙은이가 옆에 있으니 과인은 심히 불편하오. 그 늙은이를 제거할 계책이 없겠소?"

도안고가 말했다.

"신의 문객 중에 서예鉏麑란 자가 있는데 집이 가난하여 신이 늘 재물을 대줬습니다. 때문에 신의 은혜에 감복하여 죽음으로 은혜 갚기를 바라고 있습니다. 만약 그를 시켜 상국을 칼로 찔러 죽인 뒤 주상전하 마음대로 즐거움을 누리신다면 앞으로 무슨 걱정이 있겠습니까?"

영공이 말했다.

"이 일이 성공한다면 과인은 경의 공을 적지 않게 여길 것이오."

이날 밤 도안고는 비밀리에 서예를 불러서 술과 음식을 대접한 후 임무를 일러줬다.

"조돈이 제 마음대로 권력을 행사하며 주상을 기만하고 있다. 지금 주상의 명을 받들어 네게 자객의 임무를 맡긴다. 너는 조 상국의 대문 곁에 매복해 있다가 오경五更(새벽 3~5시)의 북소리가 울리고 그가 조정으로 나갈 때 그를 찔러 죽여라. 절대로 일이 잘못되어서는 안 된다."

서예는 명령을 받들고 단단하게 옷차림을 한 후 눈꽃같은 비수를 품고 조씨 댁 곁에 잠복했다. 오경을 알리는 북소리가 울리자 그는 길을 가로질러 조씨 댁 문 앞으로 달려갔다. 겹겹의 대문이 모두 열려 있었고 벌써 문밖에는 수레가 대기하고 있었다. 먼 곳을 바라보니 마루 위에 등불이 번쩍이고 있었다. 서예는 기회를 엿보다가 몰래 중문으로 들어가 어두운 곳에 몸을 숨겼다. 앞쪽을 자세히 살펴보니 마루 위에 한 고관이 조복과 관모를 갖춰 입고 관대에 홀笏을 꽂은 채 단정하게 앉아 있었다. 이 고관이 바로 상국 조돈이었다. 이제 조정으로 들어가려다 시간이 아직 일러서 그곳에 앉아 날이 밝기를 기다리고 있었다. 서예는 깜짝 놀라 문밖으로 물러나와 탄식했다.

"평소에도 경건한 태도를 잃지 않고 있으니 이런 분이야 말로 우리 백성의 주재자시다. 백성의 주재자를 죽이면 충성스럽지 못한 것이다. 임금의 명령을 받고도 이행하지 않으면 신의가 없는 것이다. 충성스럽지도 못하고 신의도 없이 어떻게 천지간에 발을 딛고 살 수 있겠는가?"

이에 대문에 서서 외쳤다.

"나는 서예다. 차라리 임금의 명령을 어길지언정 차마 충신을 죽일 수 없어 나 스스로 목숨을 끊는다. 내 뒤에 또 따라오는 사람이 있을지 모르니 상국께선 조심해서 방비하시오."

말을 마치고는 문 앞에 있는 큰 홰나무로 달려가 머리를 부딪쳤다. 결국 뇌수가 터져나와 죽었다. 사관이 이를 찬양하는 시를 지었다.

장하고 장하도다 서예 공이여　　　　　　　　　壯哉鉏麑

열렬한 자객의 으뜸이로다　　　　　　　　　　刺客之魁

대의를 들은 뒤 실천하면서　　　　　　　　　　聞義能徒

집으로 돌아가듯 죽음 택했네　　　　　　　　　視死如歸

도안고에 보답하고 조돈도 살려　　　　　　　　報屠存趙

죽은 뒤에 명성이 길이 남았네　　　　　　　　　身滅名垂

홰나무 그늘이 드리운 곳에　　　　　　　　　　槐陰所在

생기가 여전히 서려 있도다　　　　　　　　　　生氣依依

이때 깜짝 놀란 문지기는 서예가 그렇게 죽었다고 조돈에게 보고했다. 조돈의 거우 제미명이 말했다.

"상국께선 오늘 입조하지 마십시오. 다른 변고가 있을까 두렵습니다."

조돈이 말했다.

"주상께서 나에게 일찍 입조하라고 하셨느니라. 그러니 내가 가지 않으면 그건 예의에 어긋나는 행동이다. 삶과 죽음은 다 천명인데 내가 무엇을 근심하랴?"

그러고는 집안 장정들에게 서예를 잠시 홰나무 곁에 묻어두라고 분부했다. 조돈은 수레를 타고 입조하여 여러 버슬아치와 함께 예를 행했다. 영공은 조돈이 죽지 않은 것을 보고 서예에게 시킨 일이 어떻게 되었는지 도안고에게 물었다. 도안고가 대답했다.

"서예는 가서 돌아오지 않았습니다. 어떤 사람의 말에 의하면 서예는 홰나무에 부딪쳐서 죽었다고 합니다. 어떻게 된 연유인지 모르겠습니다."

영공이 말했다.

"그 계책이 실패했으니 어찌하면 좋소?"

"신에게 아직 조돈을 죽일 한 가지 계책이 남아 있습니다. 이번에는 절대 실패하지 않을 것입니다."

"그게 무슨 계책이오?"

"주상께서 내일 조돈을 궁중으로 부르십시오. 그 전에 벽 뒤에 갑사甲士들을 매복시키고 술이 세 순배 돈 후 주상께서 조돈에게 패검佩劍을 좀 보자고 하십시오. 조돈이 패검을 들어 바칠 때 신이 그 곁에서 소리를 지르겠습니다. '조돈이 주상 앞에서 칼을 뽑았다. 불측한 짓을 하려는구나. 좌우 무사들은 주상을 구하라!' 이때 갑사들이 일제히 뛰어나와 조돈을 포박하여 참수할 것입니다. 그러면 외부 사람들은 모두 조돈이 스스로 죽음을 자초했다고 할 것이니 주상께선 대신을 죽였다는 오명을 벗을 수 있을 것입니다. 이 계책이 어떻습니까?"

"묘하고도 묘한 계책이오! 그 계책에 따라 일을 실행하시오."

다음 날 조회를 보고 나서 영공이 조돈에게 말했다.

"과인이 상국의 직언에 힘입어 신하들과 친하게 되었소. 이제 삼가 보잘 것없는 음식이나마 장만하여 상국을 위로할까 하오."

영공은 계획대로 도안고에게 명하여 조돈을 내궁으로 인도하게 했다. 이때 거우 제미명이 그 뒤를 따랐다. 제미명이 계단으로 오르려 하자 도안고가 말했다.

"주상께서 상국에게 연회를 베푸시는 것이므로 나머지 사람은 내당으로 올라갈 수 없소."

제미명은 내당 아래에 멈춰 섰다. 조돈은 재배하고 영공의 오른쪽에 앉았고 도안고는 영공의 왼쪽에 시립했다. 요리사가 음식을 올리고 술이 세 순배 돌자 영공이 조돈에게 말했다.

"과인이 소문을 들이니 상국께서 차고 있는 칼이 아주 날카롭다고 하던데 지금 풀어서 과인에게 보여줄 수 있겠소?"

조돈은 저들의 계책을 알지 못하고 바야흐로 패검을 풀려고 했다. 그때 제미명이 당하에서 그 광경을 보고 고함을 질렀다.

"신하가 임금을 모시고 연회를 할 때 술은 석 잔 이상 마실 수 없습니다. 게다가 어찌하여 술을 마신 후 임금 앞에서 칼을 뽑는 것입니까?"

조돈이 사태를 깨닫고 벌떡 일어섰다. 제미명은 노기등등하게 곧바로 당상으로 달려와서 조돈을 부축하여 내려갔다. 이때 도안고가 오노를 불러서 맹견 영오를 풀고 자주색 도포를 입은 조돈을 쫓게 했다. 영오는 나는 듯이 달려가서 궁궐 문 안에서 조돈을 따라잡았다. 제미명은 본래 천균千鈞의 무게도 들어올릴 수 있는 장사였다. 그는 두 손으로 영오를 잡아 그 목을 꺾어서 죽였다. 영공은 몹시 화가 나서 벽 뒤에 매복시켰던 갑사를 불러내어 조돈을 공격하게 했다. 제미명은 자신의 몸으로 조돈을 보호하며 조돈에게 급히 도망하게 했다. 제미명은 혼자 남아 수많은 갑사와 전투를 하다가 온몸에 상처를 입고 힘이 다해 죽었다. 사관이 제미명을 찬양하는 시를 지었다.

임금에게도 개가 있고	君有獒
신하에게도 개가 있네	臣亦有獒
임금의 개는	君之獒
신하의 개만 못하네	不如臣之獒
임금의 개는	君之獒

사람을 해치지만	能害人
신하의 개는	臣之獒
사람을 보호하네	克保身
아! 두 마리 개 중에서	嗚呼二獒
나는 어떤 개와 친할까?	吾誰與親

조돈은 제미명이 갑사들과 격투를 벌인 덕분에 몸을 빼서 먼저 도주했다. 그때 갑자기 어떤 사람이 미친 듯이 조돈을 추격해왔다. 조돈이 몹시 두려워하고 있는데 그 사람이 말했다.

"상국께서는 두려워하지 마십시오. 저는 상국을 도와드리려는 것이지 해치려는 것이 아닙니다."

조돈이 물었다.

"너는 누구냐?"

그 사람이 대답했다.

"상국께선 뽕나무 그늘에서 굶주려 죽어가던 사람을 기억하지 못하십니까? 저 영첩靈輒이 바로 그 사람입니다."

본래 5년 전 조돈은 구원산九原山(山西省 新絳 근처)에서 사냥을 하고 돌아오다가 어떤 뽕나무 그늘에서 쉬려고 했다. 그는 그곳에 한 남자가 누워있는 것을 보고 자객으로 의심하여 사람을 시켜 포박하게 했다. 그러나 그 사람은 오랫동안 굶주렸기 때문인지 좀처럼 일어나지 못했다. 조돈이 성명을 물었다. 그 사람이 대답했다.

"제 이름은 영첩입니다. 위衛나라에 가서 3년 동안 공부하다가 오늘에야 귀가하게 되었는데 봇짐 속에 먹을 것이 다 떨어져 굶은 지 벌써 사흘째입니다."

조돈은 그가 불쌍해서 그에게 밥과 고기를 주게 했다. 그러자 그는 갑자기 작은 소쿠리를 꺼내 먼저 음식의 반을 담아 놓고 나머지를 먹었다. 조돈이 물었다.

"어째서 음식의 반을 따로 담아 놓느냐?"

영첩이 대답했다.

"집에 노모가 계시는데 서문에 거주하고 있습니다. 소인이 밖으로 떠돈 지 오래되어 아직 노모께서 살아 계신지 모릅니다. 지금 집까지는 채 몇 리도 남지 않았는데, 다행히 노모께서 살아 계시면 대인께서 내려주신 음식으로 노모의 허기를 채워드릴까 합니다."

조돈이 감탄하며 말했다.

"효자로다!"

조돈은 영첩에게 나머지를 모두 먹게 하고 따로 음식과 고기 한 광주리를 담아 봇짐 속에 넣어가게 했다. 영첩은 감사의 인사를 하고 떠나갔다. 지금 산서성 신강新絳에 포기판哺饑坂(굶주린 사람을 먹인 언덕)이란 곳이 있는데 바로 이 일로 인해 생긴 지명이다. 이후 영첩은 궁궐에서 사람을 모집하는 데 응모하여 궁궐 무사가 되었다. 그때 마침 매복 갑사들 속에 섞여 있다가 조돈이 베풀어준 지난날의 은혜를 생각하고 특별히 구조하러 달려왔다. 당시 조돈을 수행하던 시종들은 변란 소식을 듣고 모두 달아난 뒤였다. 영첩은 조돈을 등에 업고 조정 문밖으로 달려 나갔다. 궁궐 갑사들은 제미명을 죽이고 힘을 합쳐 조돈을 추격했다. 다행히 조돈의 아들 조삭이 집안 사병을 모두 이끌고 수레를 타고 달려와 조돈을 실었다. 조돈은 황급히 영첩을 불러 함께 타고 가려 했지만 영첩은 벌써 도망치고 없었다. 궁궐 갑사들은 조씨 댁 사병들이 숫자가 많은 것을 보고 감히 더 이상 추격하지 못했다. 조돈이 조삭에게 말했다.

"나는 이제 다시 집을 돌볼 수 없게 되었다. 지금 적나라로 가거나 진秦나라로 가서 내 몸을 의탁해야겠구나!"

이에 부자는 함께 서문으로 나가 서쪽을 향해 길을 달렸다. 조선자趙宣子(조돈)가 어느 곳으로 도주할지는 다음 회를 보시라.

제51회

어둠 속의 나쁜 손

조돈을 꾸짖으며 동호는 직필을 휘두르고
투월초를 죽이고 초 장왕은 갓끈 끊고 술을 마시다
責趙盾董狐直筆, 誅鬪椒絕纓大會.

진晉 영공靈公은 조돈을 죽이려던 일이 실패했지만 조돈을 강주성에서
쫓아낸 것만으로도 기쁨에 겨워 어쩔 줄 몰랐다. 마치 시골 아이가 엄한
스승 곁을 떠난 듯, 고집 센 하인이 무서운 주인 곁을 떠난 듯 가슴이 상쾌
하여 그 기쁨을 이루 말로 표현할 수 없었다. 영공은 마침내 궁궐 권속을
데리고 아예 도원에 가서 살면서 밤이나 낮이나 궁궐로 돌아오지 않았다.
한편 조천은 서쪽 교외에서 사냥을 하고 돌아오다가 마침 조돈과 조삭을
만났다. 수레를 멈추고 인사를 한 후 이곳으로 나온 연유를 물었다. 상황
을 듣고 난 조천이 말했다.

"숙부1께선 국경을 나가시면 안 됩니다. 수일 내에 제가 소식을 보낼 터
이니 그때 다른 곳으로 가실지 여기 머물지를 다시 결정하십시오."

조돈이 말했다.

"이미 사태가 이 지경에 이르렀으니 나는 잠시 수양산首陽山[2](山西省 永濟 남쪽 首山)에 머물며 좋은 소식을 기다리겠다. 너는 모든 일을 신중하게 처리해야지 설상가상으로 화를 키우면 안 된다."

조천은 조돈 부자와 작별한 후 강주성으로 돌아왔다. 그는 영공이 도원에 거주하는 것을 알고는 본의를 숨긴 채 알현을 청한 후 머리를 조아리고 사죄했다.

"신은 외람되게도 종실 인척[3]의 신분이지만 죄인 조돈의 친족이기도 합니다. 이제 감히 다시 주상의 곁을 지킬 수 없사오니 파직해주십시오!"

영공은 그의 말을 진실이라 여기고 위로하며 말했다.

"조돈이 누차 과인을 능멸하여 과인이 참을 수 없었던 것이오. 그 일이 경과 무슨 상관이오? 경은 안심하고 직무에 힘써주기 바라오."

조천은 감사의 말씀을 올리고 나서 다시 아뢰었다.

"신이 듣건대 군주된 분에게 가장 귀중한 것은 살아생전 성색聲色(음악과 여인의 즐거움)을 끝 간 데까지 누리는 것이라 합니다. 주상께선 지금 여러 가지 악기는 두루 갖추었지만 내궁에 궁녀가 부족하니 무슨 즐거움이 있겠습니까? 제 환공은 총애한 비빈이 내궁에 가득하여 정실 외에도 부인으로 칭해진 여인이 여섯이나 되었습니다. 선군이신 문공께선 비록 망명 중

1_ 숙부: 이 소설 제48회에서는 조천이 조돈의 종제從弟(사촌 동생)라고 했다. 『좌전』이나 『사기』에는 조천이 조돈의 종제라는 설과 당질堂侄(오촌 조카)이라는 설이 모두 존재한다. 어느 것이 옳은지는 밝히기 어려우므로 여기에서는 소설 본문 그대로 번역한다.

2_ 수양산首陽山: 산서성 영제永濟 남쪽 황하 연안에 있는 산. 일명 뇌수산雷首山 또는 수산首山이라고도 한다. 은나라 말기 주나라 초기에 백이와 숙제가 은나라에 대한 절개를 지키며 고사리를 캐먹다가 아사한 곳으로 알려져 있다.

3_ 종실 인척: 조천은 진 양공의 사위다.

에 어려움을 겪으면서도 가는 곳마다 부인을 맞으셨습니다. 그리하여 환국할 때 연세가 예순을 넘었으나 무수한 처첩을 거느리셨습니다. 주상께선 높은 누대와 넓은 동산을 세워 침소로 사용하시면서 어찌 양가의 여인을 많이 선발하여 그 가운데를 채우지 않으십니까? 여인을 많이 뽑아 음악에 밝은 악사를 시켜 가무를 가르치고 오락의 기예를 갖추게 하면 그 또한 아름다운 일이 아니겠습니까?

영공이 말했다.

"경의 말씀이 바로 과인의 뜻에 딱 부합하오. 지금 나라 안의 미색을 고르려면 어떤 사람을 보내야 하겠소?"

조천이 대답했다.

"대부 도안고를 시키십시오."

영공은 마침내 도안고에게 그 일을 전담하게 했다. 그리하여 도성 안팎을 불문하고 용모가 아름다운 여자 중에 나이가 스물 이하로 아직 출가하지 않은 여자가 있으면 모두 이름을 올려 간택을 받으라고 했고, 한 달 안에 영공에게 결과를 보고하라고 했다. 조천은 이번 공무를 빌미로 도안고를 멀리 떠나보낸 후 영공에게 아뢰었다.

"도원의 호위병들이 너무 유약하오니 신의 휘하 군사 중에서 씩씩한 용사 200명을 정선하여 숙위군에 충당하고자 합니다. 엎드려 바라옵건대 주상께서 재가해주십시오."

영공은 또 그의 주청을 허락했다.

조천은 군영으로 돌아와 갑사 200명을 선발했다. 갑사들이 물었다.

"장군께서 우리를 어디로 파견하려고 하십니까?"

조천이 말했다.

"주상께서 백성을 불쌍히 여기지 않으시고 하루 종일 도원에서 음행을 즐기시다가 나에게 명을 내려 너희를 뽑아 경계를 돌라고 하시는구나. 너희도 모두 집이 있는 몸인데 이번에 가면 찬바람 속에서 경계를 서고 이슬을 맞으며 잠을 자야 한다. 하지만 이 일이 언제 끝날지 모르겠구나."

군사들 모두 투덜투덜 원망을 내뱉었다.

"저렇게 무도한 임금이 어찌 일찍 죽지 않는 것인가? 만약 조 상국께서 지금 여기 계셨다면 이런 일은 없었을 텐데."

조천이 말했다.

"내게 지금 할 말이 한 가지 있는데 너희와 상의해도 될는지 모르겠구나."

군사들이 모두 대답했다.

"장군께서 우리의 고통을 구제해주신다면 그 은혜는 저희를 다시 살려주시는 것과 같습니다."

조천이 말했다.

"도원은 궁궐만큼 내부가 깊지 않은 곳이다. 너희는 이경二更(저녁 7~9시)이 되길 기다렸다가 도원 안으로 치고 들어가서 너희 수고에 상을 좀 내려달라고 해라. 그때 내가 소매를 흔드는 것을 신호로 너희가 주상을 죽이면 나는 당장 조 상국을 모셔와서 새로 임금을 세울 것이다. 내 계책이 어떠하냐?"

군사들이 모두 대답했다.

"아주 좋습니다."

조천은 술과 음식으로 모든 군사를 위로한 뒤 도원 밖에 늘여세우고 들어가서 영공에게 보고했다. 영공은 누대에 올라 그들을 내려다보았다. 모두 용맹하고 하나하나 강건한 무사들이었다. 영공은 몹시 기뻐서 조천을 잡고 함께 술을 마셨다. 술자리가 이경까지 이어졌을 때 밖에서 갑자기 고함소리가 들렸다. 영공이 깜짝 놀라 까닭을 물었다. 조천이 말했다.

"저건 필시 숙위 무사들이 밤길 가는 사람을 쫓는 소리일 것입니다. 신이 가서 주상을 놀라게 하지 말라고 타이르겠습니다."

조천은 수하에게 앞에서 등불을 들라고 명령을 내리고는 누대 아래로 내려갔다. 갑사 200명은 벌써 문을 부수고 들어와 있었다. 조천은 갑사들을 안정시킨 후 누대 앞으로 이끌어다놓고 다시 누대로 올라가 영공에게 아뢰었다.

"군사들이 주상께서 주연을 베풀고 있음을 알고 남은 술이나마 얻어 마시고 싶다 합니다. 다른 뜻은 없습니다."

영공이 내시들을 시켜 술을 나누어주고 군사들을 위로하라고 했다. 그리고 난간에 의지하여 그것을 구경했다. 조천이 그 옆에서 소리쳤다.

"주상께서 친히 너희를 위로하는 술이니 각자 잘 받아마셔라."

말을 마치고는 소매를 휘둘렀다. 갑사들은 진뜰 영공을 알아보고 한꺼번에 밀고 올라왔다. 영공은 마음이 초조하여 조천에게 말했다.

"무사들이 왜 누대 위로 올라오는 것이오? 경이 속히 타일러서 물러나게 하시오."

조천이 말했다.

"무사들이 조 상국이 보고 싶다고 주상께 그의 귀국을 요청하려 하는 것 같습니다."

영공이 미처 대답도 하기 전에 무사들이 창으로 영공을 찔렀다. 순식간에 영공은 숨이 끊어졌다. 좌우의 시종들은 모두 놀라 달아났다. 조천이 말했다.

"멍청한 임금이 죽었으니 너희는 한 사람도 함부로 살상을 하지 말라. 내가 조 상국을 모시고 환궁할 때까지 기다려야 한다."

진 영공은 무도하게도 살인을 좋아해서 가까운 내시들도 조석으로 자신이 죽지나 않을까 두려워했다. 그래서 무사들이 반역을 하는데도 아무도 영공을 구하러 달려오는 사람이 없었다. 백성도 원망과 고통 속에서 지낸 날이 오래되어 오히려 영공의 죽음을 통쾌하게 생각했고, 조천에게 죄를 돌리는 사람은 하나도 없었다. 7년 전 혜성이 북두칠성으로 들어갈 때 다음과 같은 점괘가 나온 적이 있다.

"제, 송, 진晉 세 나라 군주가 모두 난리를 만나 죽을 것이다."

오늘에 이르러 이 말이 모두 들어맞았다. 염옹이 이 일을 시로 읊었다.

높은 누대 풍악 소리 끝나지도 않았는데	崇臺歌管未停聲
바깥 군사 거병하여 붉은 누각에 피 튀었네	血濺朱樓起外兵
누대 앞에서 구원하는 자 아무도 없다 탓을 말라	莫怪臺前無救者
탄환을 피한 이후 행인조차 끊겼으니	避丸之後絕人行

도안고는 바야흐로 교외에서 집집마다 돌아다니며 미녀를 찾고 있다가 갑자기 보고를 받았다.

"주상께서 시해되셨습니다."

그는 깜짝 놀랐지만 조천의 소행이라는 것을 짐작했다. 그러나 감히 큰소리를 낼 수 없어서 몰래 자신의 집으로 돌아왔다. 사회 등도 변고 소식을 듣고 도원으로 달려갔지만 그곳은 이미 적막에 싸여 있었다. 그는 조천이 조 상국을 모시러 간 것으로 짐작하고 도원 문을 폐쇄하고 조용하게 기다렸다. 하루도 되지 않아 조돈이 귀환하여 강주성으로 들어가 도원을 순시했다. 백관들이 일시에 모두 모였다. 조돈은 영공의 시신 앞에 엎드려 한바탕 통곡을 했다. 슬픈 울음소리가 도원 밖에까지 들렸다. 백성은 그 소리를 듣고 모두 말했다.

"상국의 충성심이 저와 같은데, 군주가 참화를 자초한 것이다. 이것은 상국의 죄가 아니다."

조돈은 영공의 시신을 염하라고 분부하고 곡옥으로 돌아가 장례를 치렀다. 한편으로는 백관을 불러 모아 새 군주를 세울 일을 의논했다. 당시 영공은 아직 아들을 두지 못한 상태였다. 조돈이 말했다.

"선군이신 양공께서 돌아가신 후로 나는 항상 연장자를 보위에 세워야 한다고 공언해왔소. 그러나 여러분과 의견이 맞지 않아 오늘 이 지경에 이르게 된 것이오. 이번에는 신중하게 처리하지 않을 수 없소."

사회가 말했다.

"나라에 장자가 보위에 오르는 건 사직의 홍복이오. 이는 진실로 상국의 말과 같소."

조돈이 말했다.

"선군이신 문공에게 아직 한 분의 아드님이 있소. 태어날 때 그 모후의 꿈에 신이 나타나 검은 손으로 그 엉덩이를 검게 칠했다 하오. 그래서 그 이름도 흑둔黑臀이오. 지금 주 왕실에서 벼슬을 하고 있고 나이도 이미 장성했소. 나는 그 분을 모셔오고 싶은데 어떻게 생각하시오?"

백관들은 모두 이의를 달지 못하고 말했다.

"상국의 처분이 지당하오."

이에 조돈은 임금을 시해한 조천의 죄를 좀 풀어줄 요량으로 그를 주나라로 보내 공자 흑둔을 맞아오게 했다. 흑둔이 돌아와 종묘에 고하고 진晉나라 군주로 즉위하니 이 사람이 진晉 성공成公이다.

진 성공은 즉위한 후 조돈에게 국정을 전담하게 하고 자신의 딸을 조삭에게 출가시켰다. 이 여인이 장희莊姬다. 조돈이 아뢰었다.

"신의 어미는 오랑캐 적족狄族 여인입니다. 그런데 계모이신 문공의 따님 군희씨君姬氏께서 겸양지덕을 보이시어 사람을 보내 신의 모자를 진나라로 데려오셨습니다. 그리하여 신은 참람되게도 적자의 지위를 차지하고 마침내 중군원수 직에 올랐습니다. 지금 군희씨4의 세 아들 동同, 괄括, 영嬰도 모두 장성했사오니 바라옵건대 적당한 자리를 마련해주십시오."

성공이 말했다.

"경의 아우는 바로 나의 누님5 군희가 사랑하는 아들이오. 내가 직접 등용할 테니 경은 지나치게 신경쓰지 말기 바라오."

그러고는 바로 조동, 조괄, 조영을 모두 대부로 삼고 조천의 중군 보좌직은 그대로 유지하게 했다. 어느 날 조천이 몰래 조돈에게 말했다.

"도안고는 아첨으로 선군을 섬겼고 우리 조씨와는 원수지간입니다. 지난번 도원 거사에 도안고만 불만을 품고 있을 것입니다. 만약 이자를 제거하지 않으면 우리 조씨 집안을 불안하게 할까 두렵습니다."

조돈이 말했다.

4_ 군희君姬: 진 문공의 맏딸. 백희伯姬 또는 조희趙姬라고도 한다. 이 소설 제37회 참조.

5_ 누님: 원문에는 '제娣(누이동생)'로 되어 있지만, '자姊(누나)'가 되어야 한다. 조돈의 부친 조최에게 출가한 진 문공의 딸은 백희다. 백희는 진 문공의 맏딸로 그의 둘째 부인 핍길偪姞 소생이다. 진 문공의 첫째 부인 서영은 자식을 낳지 못하고 일찍 죽었다. 진 성공은 진 문공의 소자少子이므로 백희가 진 성공의 누이동생이 될 수는 없다. 이 소설 제37회 참조.

"사람들이 너의 죄를 묻지 않는데, 너는 오히려 다른 사람에게 죄를 뒤집어씌우려 하느냐? 우리 종족은 매우 귀하게 되었으니 조정의 동료들과 화목하게 지내야 하느니라. 자꾸 원한만 찾아서는 아니 되느니라."

이에 조천도 자신의 생각을 고쳤다. 도안고도 역시 삼가 조씨를 섬기며 스스로 참화에서 벗어나려 했다.

조돈은 끝까지 영공을 시해한 도원의 일이 마음에 걸렸다. 그래서 어느 날 그는 사관으로 가서 태사 동호董狐를 만났다. 그는 사관이 기록한 간책簡冊을 보자고 했다. 동호는 간책을 찾아 올렸다. 조돈이 간책을 살펴보니 분명한 글자로 다음과 같이 쓰여 있었다.

가을 7월 을축일, 조돈이 도원에서 자신의 임금 이고를 시해하다

秋七月乙丑, 趙盾弑其君夷皐於桃園.

조돈이 깜짝 놀라 물었다.

"태사가 잘못 기록한 것이 아닌가? 나는 그때 벌써 하동河東으로 도피해 있었소. 그곳은 강주성에서 200여 리나 떨어져 있는데 내가 어찌 주상을 시해한 일을 알 수 있었겠소? 태사가 나에게 죄를 돌리는 건 모함이 아니오?"

"그대는 상국의 지위에 있었고, 도망을 치면서도 국경을 넘지 않았고, 도성으로 돌아와서도 역적을 주살하지 않았소. 그런데도 이 일에 대해 그대가 주모자가 아니라고 한다면 누가 그 말을 믿겠소?"

"아직 고칠 수 있지 않소?"

"옳은 것을 옳다 하고 그른 것을 그르다 해야 진실한 사관이란 칭호를

責趙盾董狐直筆

동호가 직필을 휘두르다.

듣는 것이오. 내 목은 자를 수 있지만 이 간책은 고칠 수 없소."[6]

조돈이 탄식하며 말했다.

"슬프다! 사관의 권한이 경상卿相보다 막강하도다. 내가 국경 밖으로 나가지 않은 것이 한스럽다. 내 이제 만세의 오명에서 벗어날 수 없게 되었다. 후회막급이로다!"

이때부터 조돈은 성공을 섬김에 더욱 공경스럽고 조심스러운 모습을 보였다. 조천은 자신의 공을 믿고 정경正卿이 되고자 했지만 조돈은 공론에 막힐까 두려워 허락하지 않았다. 조천은 울화병으로 등창이 나서 죽었다. 조천의 아들 조전趙旃이 또 자기 부친의 직위를 계승하고자 했지만 조돈은 이렇게 말했다.

"네가 뒷날 공을 세우면 정경의 지위도 어렵지 않게 받을 수 있을 것이다."

후세 사관들은 조돈을 평하여 그가 사사롭게 조천 부자를 대하지 않은 것은 모두 동호의 직필에 영향 받은 것이라고 했다. 동호의 직필을 찬양한 시가 있다.

평범한 사관은 일만 기록하고	庸史紀事
훌륭한 사관은 붓으로 징벌하네	良史誅意
조천이 임금을 시해했지만	穿弑其君
조돈이 그 죄를 뒤집어썼네	盾蒙其罪
차라리 내 목이 잘릴지언정	寧斷吾頭

6_ 동호직필董狐直筆: 역사 진실에 대한 사관의 엄정함과 단호함, 그리고 역사 기록의 무서움을 의미하는 고사성어 동호직필董狐直筆이 여기서 나왔다.(『좌전』 선공 2년)

어찌 감히 붓으로 아첨을 하랴? 敢以筆媚

탁월하다 동호의 그 직필이여 卓哉董狐

역사의 시시비비 두렵고 두렵도다 是非可畏

이때가 주 광왕 6년이었다. 이해에 광왕이 세상을 떠나고 그 동생 유瑜가 왕위를 이었다. 이 사람이 주 정왕定王이다.

정왕 원년에 초 장왕이 군사를 일으켜 육혼陸渾(河南省 嵩縣 동북쪽 일대)의 융족을 정벌하고 마침내 낙수雒水(洛水)를 건넜다. 장왕은 주나라 경계에서 무력을 과시하며 천자를 위협하고 주나라와 함께 천하를 나눌 마음을 품었다. 주 정왕이 대부 왕손만王孫滿을 보내 초 장왕을 위문했다. 초 장왕이 물었다.

"과인이 듣기로 옛날 우 임금이 아홉 개의 솥九鼎을 만들어 그것이 하, 상(은), 주 삼대三代로 전해졌고 세상의 보물이 되었다고 하오. 구정이 지금 낙양雒陽(洛陽)에 있다는데 솥의 모양이나 크기, 또 그 무게가 어떤지 알 수 없소. 원컨대 과인은 그것에 대해 듣고 싶소."

왕손만이 말했다.

"삼대의 왕조는 덕으로 전해졌지 어찌 솥으로 전해졌겠습니까? 옛날 우 임금께서 천하를 다스리게 되었을 때, 구주九州의 장관들이 쇠를 바치자 그것으로 구정을 주조하게 된 것입니다. 그런데 하나라 걸왕이 무도하여 구정은 상나라로 옮겨졌고, 또 상나라 주왕이 포악하여 그 솥이 주나라로 옮겨진 것입니다. 만약 덕을 갖춘 군주가 있다면 솥이 비록 작아도 무거울 것이며, 덕이 없는 군주라면 솥이 비록 커도 가벼울 것입니다. 우리 주나라 성왕께서 겹욕郟鄏(洛陽)으로 구정을 옮기시면서 점을 쳐서 30세世 700년의 점괘를 얻었습니다. 천명이 아직 우리 주나라에 있으니 구정에 대해서 물어서는 안 됩니다."7

초 장왕은 부끄러움을 느끼고 물러났다. 이로부터 다시는 주 왕실을 엿볼 마음을 먹지 못했다.

한편 초나라 영윤 투월초는 장왕이 자신의 권력을 분산시킨 이후로 마음속으로 장왕에게 원망을 품었고 이에 두 군신 간에 틈이 벌어지기 시작했다. 투월초는 용맹무쌍한 자신의 재주와 또 선대의 공로를 믿고 백성들이 모두 복종하리라 생각했다. 때문에 오래전부터 모반의 뜻을 품었으며, 늘 이렇게 말하고 다녔다.

"초나라의 인재로는 오직 사마 직에 있는 위 한 사람뿐이다. 나머지는 볼 것도 없는 자들이다."

장왕이 육혼을 정벌할 때도 투월초가 반란을 일으킬까 염려하여 특별히 위가를 도성에 머물게 했다. 투월초는 장왕이 군사를 거느리고 출정하는 것을 보고 마침내 반란을 일으킬 마음을 굳혔다. 그는 자기 가문의 군사를 모두 동원하려고 했으나 투극이 따르지 않아 그를 죽이고 사마 위가도 습격하여 죽였다. 위가의 아들 위오蔿敖는 자신이 어머니를 모시고 몽택으로 도망가서 난을 피했다. 투월초는 증야蒸野(河南省 新野 남쪽)의 들판에 군사를 주둔시키고 장왕의 귀로를 끊으려 했다. 장왕은 변란 소식을 듣고 행군의 속도를 배로 높였다. 장수漳水(湖北省 漳河) 근처에 도달했을 때 투월초가 군사를 거느리고 막아섰는데, 그 위세가 아주 대단했다. 투월초는 활

7_ 문정경중問鼎輕重: 초 장왕이 구정의 모양과 무게를 물어보며 천하 제패의 야욕을 드러낸 것이다. 은근히 상대방의 허실을 엿보며 자신의 욕심을 드러내는 것을 비유한다. 문정중원問鼎中原 또는 간단하게 문정問鼎이라고도 한다.(『좌전』 선공 3년)

을 메고 창을 든 채 본진 속을 치달리며 사기를 높이고 있었다. 초나라 군사들은 그 광경을 바라보고 모두 두려운 표정을 지었다. 장왕이 말했다.

"투씨 집안은 대대로 우리 초나라에 많은 공을 세웠다. 그러니 투월초가 과인을 배반할지라도 과인은 투월초를 배반할 수 없다."

이에 대부 소종을 투월초의 진영으로 보내 강화를 요청하게 했다. 장왕은 투월초가 제멋대로 사마 위가를 살해한 죄를 용서해주고, 자신의 왕자를 인질로 보내겠다고 했다. 그러나 투월초는 이렇게 말했다.

"나는 영윤 벼슬에 있는 것도 부끄러운 사람이다. 나는 용서를 바라지 않는다. 너희가 싸울 수 있으면 공격해오기 바란다."

소종이 여러 번 타일렀으나 투월초는 듣지 않았다. 소종이 돌아간 후 투월초는 군사들에게 진군의 북소리를 울리라고 명령했다. 그러자 장왕이 장수들에게 물었다.

"누가 투월초를 물리칠 수 있겠소?"

대장 악백樂伯이 그 부름에 응하여 출전했다. 저쪽에서는 투월초의 아들 투분황鬪賁皇이 그를 맞아 결사전을 벌였다. 반왕은 악백이 투분황을 이기지 못하는 것을 보고 즉시 수레를 몰고 진을 나섰다. 그러자 저쪽에서는 또 투월초의 사촌 동생 투기鬪旗가 역시 수레를 몰고 싸우러 나섰다. 장왕은 융로 위에서 친히 북채를 잡고 북을 두드리며 독전했다. 투월초는 멀리서 그 모습을 보고 나는 듯이 병거를 몰고 장왕이 있는 곳으로 쳐들어갔다. 도중에 투월초는 강궁을 들어 화살 하나를 발사했다. 그 화살은 직선으로 날아가 장왕의 병거 끌채를 넘어 북틀에 꽂혔다. 놀란 장왕은 북채까지 병거 아래로 떨어뜨렸다. 장왕은 황급히 화살을 막으라는 명령을 내렸다. 그러자 좌우로 각각 한 명의 군사가 큰 삿갓으로 장왕의 앞을 가렸다.

투월초가 쏜 또 한 발의 화살은 바로 왼쪽 삿갓을 관통했다. 장왕은 병거를 돌리게 하고 징을 울려 군사를 거두었다. 투월초가 용기를 뽐내며 따라왔지만 우군 대장 공자 측側과 좌군 대장 공자 영제가 거느리는 양쪽 군사가 일제히 달려오자 투월초는 후퇴할 수밖에 없었다. 악백과 반왕도 징소리가 들리자 싸움을 멈추고 되돌아왔다.

초나라 군대는 조금 손상을 입은 채 황호皇滸(湖北省 襄陽 서쪽)로 후퇴하여 진영을 세웠다. 장왕은 투월초가 쏜 화살을 가져와서 살펴봤다. 길이는 보통 화살보다 반 배나 길었고, 황새 털로 깃을 만들었으며 표범 이빨로 화살촉을 만들어 매우 날카로웠다. 좌우로 돌아가며 구경을 시키는데 혀를 내두르지 않는 사람이 없었다. 밤이 되어 장왕은 직접 군영 순찰에 나섰다. 군영 속에서 군졸들이 삼삼오오 모여 떠드는 소리가 들려왔다.

"투 영윤은 신궁이야! 정말 무서워. 이번 싸움은 이기기 힘들 것 같아!"

그 소리를 듣고 장왕은 수하를 시켜 군사들에게 헛소문을 퍼뜨리게 했다.

"지난날 선군 문왕께서 살아 계실 때 융만戎蠻 오랑캐가 화살을 아주 날카롭게 잘 만든다는 소문을 듣고 사신을 보내 그 비법을 물은 적이 있다. 그러자 융만 오랑캐가 '투골풍透骨風'이라는 화살 견본 두 대를 바쳤다. 그것을 종묘에 감추어 두었는데 투월초가 훔쳐냈다. 그런데 오늘 두 대를 모두 쐈기 때문에 이제 걱정할 필요가 없다. 내일은 우리가 반드시 이길 것이다."

그러자 군사들의 동요가 비로소 진정되었다. 장왕은 다시 수나라까지 군사를 후퇴시키라고 명령을 내리며 공언했다.

"한수漢水 동쪽의 제후국 군사들을 불러일으켜 투씨를 토벌하려는 것이다."

소종이 말했다.

"강적이 앞에 있을 때 한 번 후퇴하게 되면 반드시 적에게 승세를 내주게 되오. 대왕마마의 계책이 잘못된 것 같소."

옆에 있던 공자 측이 말했다.

"이건 대왕마마의 속임수요. 우리가 들어가면 틀림없이 다른 분부를 하실 것이오."

공자 측은 공자 영제[8]와 함께 그날 밤 장왕을 알현했다. 장왕이 말했다.

"역적 투월초의 기세가 날카로워 힘으로는 대적할 수 없고 계략으로 맞서야 하겠네."

그리고는 두 장수에게 여차여차하게 매복할 준비를 하라고 분부했다. 두 장수는 계책을 받들어 물러났다.

이튿날 새벽닭이 울자 장왕은 대군을 이끌고 후퇴했다. 투월초는 상황을 탐지한 뒤 군사를 거느리고 추격해왔다. 초나라 군사는 속도를 두 배로 높여 질주했다. 그들은 벌써 경릉竟陵을 지나 북상하고 있었다. 투월초는 하루 밤낮 동안 200여 리를 행군하여 청하교清河橋에 이르렀다. 초나라 군사들은 청하교 북쪽에서 아침밥을 짓다가 멀리서 추격군이 오는 것을 보고 밥 짓던 부뚜막을 헐어버리고 도망치기에 바빴다. 그러자 투월초가 명령을 내렸다.

"초왕을 사로잡은 후에 아침밥을 먹겠다."

군사들은 피로에 지친 데다 배고픔까지 참으면서 억지로 전진하여 초나라 후진 반왕의 군사를 추격했다. 반왕은 병거 위에 서서 투월초에게 말했다.

"우리 대왕마마를 잡으려 하시면서 어찌하여 더 빨리 치달려가지 않소?"

8_ 공자 측側과 공자 영제는 초 목왕의 아들이며 초 장왕의 동생이다.

투월초는 그것이 그럴듯한 말이라 여기고, 반왕을 버려두고 그보다 60리를 앞서 치달렸다. 청산靑山 땅에 이르러 그는 초나라 장수 웅부기熊負羈를 만나 물었다.

"초왕은 어디에 있는가?"

웅부기가 대답했다.

"대왕마마께선 아직 당도하지 않으셨소."

투월초는 의심이 들어 웅부기에게 말했다.

"그대가 나를 위해 초왕의 동정을 알려주면 내가 나라를 얻은 뒤 그대와 나라를 나눠 다스리겠다."

웅부기가 말했다.

"내가 보기에는 장군의 군사들이 피로하고 배고파 보이는데, 밥을 배불리 먹인 후에나 전투를 할 수 있을 것 같소만."

투월초도 그렇게 생각했다. 그는 수레를 멈추고 밥을 짓게 했다. 그러나 밥을 아직 다 짓기도 전에 공자 측과 공자 영제의 두 갈래 군사가 쇄도해오는 것이 보였다. 투월초의 군사는 다시 싸울 능력이 없어 남쪽으로 도주하기에 바빴다. 다시 청하교에 당도했을 때는 다리가 이미 끊어져 있었다. 원래 초 장왕은 군사를 이끌고 다리 근처에 매복해 있다가 투월초가 지나가자 바로 다리를 끊고 그의 귀환을 막았다. 투월초는 깜짝 놀라 좌우 군사에게 분부하여 물의 깊이를 재고 강을 건널 대책을 마련하고자 했다. 그때 강 건너에서 한 줄기 포성이 울리더니 초나라 군사들이 강가에서 고함을 질렀다.

"악백이 여기 있다. 역적 투월초는 속히 말에서 내려 포박을 받아라!"

투월초는 진노하여 강 건너로 화살을 쏘게 했다.

악백의 군사 중에 궁술에 뛰어난 한 하급 군관이 있었다. 그의 성은 양

養이고 이름은 유기繇基였다. 군사들은 그를 신전神箭(神弓) 양숙養叔이라고 칭송했다. 그는 스스로 악백에게 청하여 투월초와 활쏘기 내기를 하고 싶다고 했다. 이에 강가에 서서 크게 소리를 질렀다.

"강이 이렇게 넓은데 화살을 쏘아 보낼 수 있겠소? 소문에는 영윤이 화살을 잘 쏜다는데, 내가 실력을 비교해보고 싶소. 이 다리 양편에 서서 각각 화살 세 발을 쏘아 사생결단을 내는 게 어떻겠소?"

투월초가 물었다.

"너는 어떤 놈이냐?"

양유기가 대답했다.

"나는 악백 장군 휘하에 있는 장수 양유기요!"

투월초는 그가 무명의 장수임을 얕보며 말했다.

"네놈이 나와 화살을 겨루겠다니, 내가 먼저 세 발을 쏘아 실력을 보여주마."

양유기가 말했다.

"세 발이 아니라 백 발을 쏜다 해도 뭐가 두렵겠소? 몸을 피한다면 장부가 아니오."

두 사람은 각각 부대를 뒤로 물리고 다리의 남쪽 북쪽에 서로 나뉘어 섰다. 투월초는 활을 한껏 당겨서 먼저 화살 한 발을 쐈다. 그는 양유기의 머리를 꿰뚫어 강물 속으로 처박고 싶어서 서둘러 활줄을 놓았다. 그러나 누가 알았으랴? "서두는 자는 일을 잘 하지 못하고, 일을 잘 하는 자는 서둘지 않는다忙者不會, 會者不忙"는 것을. 양유기는 화살이 날아오는 것을 보고 자신의 활로 가볍게 쳐냈다. 그 화살은 강물 속으로 떨어졌다. 양유기는 고함을 질렀다.

"어서 쏘시오. 어서 쏴!"

투월초는 두 번째 화살을 활에 메기고 찬찬히 겨냥하여 휙 하고 발사했다. 양유기가 몸을 웅크리자 그 화살은 머리 위로 지나갔다. 투월초가 고함을 질렀다.

"네놈이 몸을 피하지 않는다더니 어째서 몸을 웅크리며 화살을 피하느냐? 장부가 아닌 게로구나!"

양유기가 대답했다.

"아직 한 발이 남았으니 이번에는 피하지 않겠소. 당신이 이번 화살로도 나를 맞추지 못하면 내가 쏠 차례임을 잊지 마시오!"

그러자 투월초는 이렇게 생각했다.

'저 놈이 만약 몸을 피하지 않는다면 이 화살로 틀림없이 명중시킬 수 있다.'

그는 바로 세 번째 화살을 꺼내 정확하게 겨냥하고 발사하며 소리쳤다.

"명중이다!"

양유기는 두 다리를 꼿꼿하게 땅에 붙이고 서서 미동도 하지 않다가, 화살이 당도하자 입을 크게 벌리고 날아오는 화살촉을 재빨리 이빨로 물었다. 투월초는 세 발의 화살로도 상대방을 맞추지 못하자 당황하기 시작했다. 그러나 대장부가 이미 약속을 해놓은 터라 신의를 잃지 않기 위해 고함을 질렀다.

"네놈도 세 발을 쏴라. 만약 맞추지 못하면 내가 다시 쏘겠다!"

양유기가 웃으면서 말했다.

"세 발을 다 쏴서 당신을 맞춘다면 그건 초짜에 불과하오. 나는 단 한 발로 당신의 목숨을 빼앗겠소."

투월초가 말했다.

"허풍은 대단하다만 실력을 보자꾸나. 맞추고 못 맞추고는 네놈 손에 달려 있다."

투월초는 마음속으로 생각했다.

'어떻게 단 한 발로 나를 명중시킬 수 있겠느냐? 만약 한 발로 명중시키지 못하면 내가 욕설을 퍼부어 꼼짝 못하게 할 것이다.'

투월초는 마음을 크게 먹고 그의 화살을 맞을 준비를 했다. 그러나 양유기의 화살 솜씨가 백발백중이라는 것을 그 누가 알았으랴? 양유기가 소리쳤다.

"영윤께선 화살을 잘 보시오!"

그는 먼저 활시위를 거짓으로 당기며 화살을 발사하지 않았다. 투월초는 활시위 소리가 울리자 화살이 날아오는 줄 알고 몸을 왼쪽으로 비틀었다. 양유기가 말했다.

"화살이 아직 내 손에 있고 시위에 메기지도 않았소. 몸을 피하면 장부가 아니라고 하더니 어째서 몸을 피하는 것인가?"

투월초가 말했다.

"사람에게 겁을 주어 몸을 피하게 하는 건 좋은 궁수라고 할 수 없다."

양유기는 또다시 거짓으로 활을 당겨 활시위가 울리는 소리만 냈다. 투월초가 이번에는 오른쪽으로 몸을 비틀었다. 양유기는 그가 몸을 비트는 틈을 타서 바로 화살을 쏘았다. 투월초는 화살이 날아오는 줄도 몰라서 몸을 피할 틈도 없었다. 그 화살은 바로 투월초의 머리를 꿰뚫었다.[9] 가련하

9_ 여기에서 '백발백중百發百中'이라는 고사성어가 나왔다. 무슨 일이든 생각한 대로 다 이루는 것, 또는 시도한 대로 모든 일을 다 성취하는 것을 비유한다.

양유기가 투월초를 쏘아 죽이다.

게도 초나라 호걸 투월초는 여러 해 동안 영윤까지 역임하다가 오늘에 이르러 말단 장수 양유기의 화살 한 대에 목숨을 잃었다. 염선이 이 일을 시로 읊었다.

인생의 안분지족 가장 좋은 행동인데	人生知足最爲良
영윤이 욕심 부려 임금이 되려 했네	令尹貪心又想王
신궁인 양유기는 시험 삼아 활을 쐈건만	神箭將軍聊試技
강 건너 투월초는 벌써 목숨 끊어졌네	越椒已在隔橋亡

투씨 집안의 군사들은 이미 굶주리고 지친 데다 대장이 화살을 맞아 죽자 당황하여 사방으로 달아나기에 바빴다. 초나라 공자 측과 공자 영제는 길을 나누어 그들을 추격하며 살육전을 벌였다. 시체가 산처럼 쌓이고 피가 강물을 붉게 물들였다. 투월초의 아들 투분황은 진晉나라로 도망쳤다. 진나라에서는 그를 대부로 삼고 묘 땅에 식읍을 주었다. 때문에 이후로는 그를 묘분황苗賁皇이라 부르게 됐다.

초 장왕은 완벽한 승리를 거두고 철군의 명령을 내렸다. 사로잡힌 자들은 군영 앞에서 목을 베었다. 장왕은 개선가를 울리며 영도郢都(湖北省 荊州 서북)로 돌아왔다. 그는 늙은이든 젊은이든 투씨 일족을 모두 참수형에 처했다. 오직 투반의 아들 극황만이 이때 제와 진秦 두 나라로 사신을 가 있었다. 투극황은 어명을 받들고 제나라에 사신을 갔다가 귀국길에 송나라에 당도해 있었다. 그때 투월초의 반란 소식이 들려왔다. 좌우 시종들이 말했다.

"귀국해서는 안 됩니다."

투극황이 말했다.

"임금은 하늘과 같다. 하늘의 명령을 어떻게 어길 수 있겠느냐?"

그러고는 수레를 몰아 영도로 들어갔다. 귀국 보고를 마친 후 투극황은 스스로 사구에게 가서 죄를 청했다.

"일찍이 우리 조부께서 '투월초는 반골의 상이어서 틀림없이 멸문지화를 당하게 될 것이다'라고 하셨소. 임종하실 때 우리 부친께 다른 나라로 도망가서 살라고 했소. 우리 부친께선 대대로 초나라의 은혜를 받은 터라 차마 다른 나라로 가지 못하시다가 결국 투월초에게 주살을 당했소. 과연 우리 조부의 말씀이 들어맞았소. 나는 이제 불행하게도 반역자의 친족이 된 데다 우리 조부의 유훈까지 어겼으니 오늘 죽어도 여한이 없소. 어찌 형벌을 피할 수 있겠소?"

장왕이 그 소식을 듣고 감탄하며 말했다.

"극황의 조부 자문은 참으로 신이로다. 하물며 초나라를 다스림에 그렇게 큰 공훈을 세웠음에랴? 어찌 그 후사를 끊을 수 있으리오?"

이에 극황의 죄를 용서해주며 말했다.

"극황은 죽을 수 있음에도 형벌을 피하지 않았으니 충신이다."

장왕은 그 관직을 회복해주고 이름을 바꾸어 투생鬪生으로 부르게 했다. 그것은 의당 죽어야 할 자가 살아났다는 의미다.

초 장왕은 화살 한 발로 투월초를 물리친 양유기의 공을 가상히 여겨 후한 상을 내리고 자신의 친위대 장수로 삼아 어가의 거우 직을 겸하게 했다. 그러나 투월초가 죽은 후 영윤을 맡아볼 사람을 찾지 못했다. 그때 침沉(河南省 平興) 땅의 고을 원 우구虞邱가 어질다는 소문을 듣고 그를 불러 잠시 국정을 주관하게 했다. 그런 다음 신하들과 점대漸臺에서 큰 잔치를 벌였다. 왕실 비빈들도 모두 참석했다. 장왕이 말했다.

"과인이 음악 소리를 듣지 않은 지 벌써 6년이 되었소. 이제 반역자들의 목을 베고 사방이 안정을 되찾았소. 오늘 경들과 하루 종일 잔치를 즐길 것이니, 이 잔치를 '태평연太平宴'이라 부르겠소. 문무백관 대소 관료는 모두 이 자리에 참석하여 끝 간 데까지 즐기도록 하시오."

신하들은 모두 재배하고 벼슬 순서대로 자리에 앉았다. 궁궐 요리사들은 계속 음식을 올렸고 태사들은 풍악을 울렸다. 해가 서산에 기울도록 주흥이 식을 줄 몰랐다. 그러자 장왕은 촛불을 밝히고 다시 술을 마시도록 했다. 또 자신이 총애하는 허희許姬 강씨姜氏를 시켜 모든 대부에게 술을 따라주게 했다. 대부들은 모두 자리에서 일어나 술을 마셨다. 그때 갑자기 일진광풍이 불어 잔치 자리의 촛불이 모두 꺼졌다. 좌우 시종들이 아직 불을 켜기도 전에 그 자리에 있던 어떤 사람이 허희의 미모에 혹하여 몰래 자기 손으로 허희의 소매를 잡아끌었다. 허희는 왼손으로 그 사람의 관모 끈을 잡아당겼다. 관모의 끈이 끊어지자 그 사람이 놀라 손을 놓았다. 허희는 관모의 끈을 손에 들고 자리를 돌아 장왕 앞으로 가서 귓속말로 아뢰었다.

"신첩이 대왕마마의 명령을 받들고 백관들에게 술을 올리고 있었습니다. 그런데 어떤 무례한 자가 촛불이 꺼진 틈에 신첩의 소매를 강제로 잡아끌었습니다. 신첩이 그 자의 관모 끈을 끊어 갖고 왔사오니 속히 촛불을 밝히고 찾아보십시오."

그러자 장왕은 촛불을 켜려는 내시에게 황급히 명령을 내렸다.

"잠시 촛불을 켜지 말라! 과인이 오늘 잔치를 베푼 것은 경들과 끝까지 즐기기 위한 것이오. 이제 경들은 모두 관모 끈을 끊어버리고 통쾌하게 마시시오. 관모 끈을 끊지 않은 자는 함께 술을 마시지 않을 것이오."

그리하여 백관들이 모두 관모의 끈을 끊어버리고 나서야 촛불을 켜게 했다. 결국 허희의 소매를 강제로 끌어당긴 사람이 누군지는 알 수 없게 되었다.[10]

잔치 자리가 끝나고 내궁으로 돌아가자 허희가 장공에게 아뢰었다.

"신첩이 듣건대 '남녀 간에는 함부로 대해서는 안 된다'고 했습니다. 그런데 하물며 임금과 신하 사이는 어떠해야 합니까? 오늘 대왕마마께서 신첩을 시켜 신하들에게 술잔을 올리게 한 것은 신하들을 공경하는 마음이 아닙니까? 그런데도 신첩의 소매를 잡아당긴 자를 찾지 않으시니 이렇게 하고서야 어찌 상하의 예절을 세우고 남녀유별의 법도를 바르게 할 수 있겠습니까?"

장왕이 웃으며 말했다.

"그건 여인네들이 알 바가 아니다. 옛날부터 임금과 신하가 술을 마실 때는 석 잔을 넘기지 않는 것이 예법이니라. 그것도 낮에만 마셔야 하고 밤에는 마실 수 없다. 그런데도 오늘 과인은 신하들에게 끝까지 마시자 하고 촛불을 켠 뒤 술자리를 계속했다. 그러니 취한 후의 미친 짓거리야 인지상정이 아니겠느냐? 만약 그 자를 찾아 벌을 주면 여인의 절개는 밝힐 수 있지만 선비의 마음에 상처를 주게 된다. 그럼 신하들이 모두 더 이상 술을 마시지 못하게 될 것이다. 이것은 오늘 과인이 술을 끝까지 마시자고 명령

10_ 절영대회絶纓大會: 갓끈을 끊고 크게 잔치를 벌인다는 뜻으로 절영지연絶纓之宴, 절영지회絶纓之會, 절영연회絶纓宴會, 절영회絶纓會 또는 더 줄여서 절영絶纓이라고도 한다. 아랫사람의 작은 잘못을 관대하게 용서하여 나중에 큰 보답을 받는다는 의미다.(『한시외전韓詩外傳』 권7) 후세 한대漢代 유향劉向의 『설원說苑』 「복은復恩」 편에도 실려 있다.

을 내린 뜻에도 위배되는 일이다."

허희는 장왕의 조치에 탄복했다. 후세 사람들은 이 잔치를 '절영회'라고 부른다. 염옹이 이 일을 시로 읊었다.

어둠 속에서 소매 끈 건 취중의 인지상정　　　　　暗中牽袂醉中情

섬섬옥수 바람같이 관모 끈을 끊었도다　　　　　玉手如風已絶纓

바다 같은 군왕의 도량 입이 닳도록 칭송하나니　　盡說君王江海量

고기를 기르려면 너무 맑은 물은 꺼린다네　　　　畜魚水忌十分淸

장왕은 어느 날 영윤 우구와 정사를 토론하다가 밤이 되어서야 침전으로 돌아왔다. 부인 번희가 물었다.

"조정에 오늘 무슨 일이 있었습니까? 어째서 이렇게 늦게 돌아오십니까?"

장왕이 말했다.

"과인이 우구와 정사를 논하다가 시간이 늦은 줄도 몰랐소."

"우구는 어떤 사람입니까?"

"우리 초나라의 현자요."

"신첩이 보기에는 우구가 꼭 현자 같지는 않습니다."

"부인은 어떻게 우구가 현자가 아닌 줄 아시오?"

"신하가 임금을 섬기는 건 부인이 남편을 섬기는 것과 같습니다. 신첩은 중궁의 자리에 있으면서 궁궐 안에 아름다운 여인이 있으면 대왕마마 면전에 바치지 않은 적이 없습니다. 그런데 지금 우구는 대왕마마와 정사를 밤늦도록 논하면서도 한 명의 현자도 추천했다는 말을 여태껏 들어본 적이 없습니다. 대저 한 사람의 지혜에는 한계가 있지만 초나라의 인재는 끝도 없이 많습니다. 우구는 자기 한 사람의 지혜를 다 발휘하려 하지만 끝도 없이 많은 인재를 가로막고 있습니다. 그런 사람이 어찌 어질다고 할 수 있겠습니까?"

장왕은 그 말을 옳게 여기고 다음 날 아침 번희의 말을 우구에게 얘기했다. 우구가 말했다.

"신의 지혜가 부인에게 미치지 못했습니다. 마땅히 그렇게 하겠습니다."

그는 새로운 인재를 찾으려고 신하들에게 두루 자문을 구했다. 그러자 투생이 위가의 아들 위오蔿敖가 현명하다고 말했다.

"지금 투월초의 난을 피해 몽택에 은거하고 있소. 이 사람은 장상의 재능을 갖고 있소."

우구가 그 말을 장왕에게 전했다. 장왕이 말했다.

"백영伯嬴(위가의 자)이 지혜로운 선비니 그 아들도 틀림없이 비범할 것이오. 경이 말씀하지 않았다면 과인이 거의 잊을 뻔 했소."

그러고는 우구와 투생에게 수레를 갖추어 몽택으로 가서 위오를 입조하게 한 뒤 바로 등용했다.

위오는 자가 손숙孫叔이어서 사람들이 손숙오孫叔敖라고 불렀다. 어머니를 모시고 난리를 피해 몽택에 살면서 몸소 밭을 갈아 자급자족했다. 어느 날 그는 괭이를 메고 밭에 나갔다가 밭 가운데서 머리가 둘 달린 뱀兩頭蛇을 보았다. 그는 깜짝 놀라 혼잣말을 했다.

"내가 듣기로 머리가 둘 달린 뱀은 불길한 동물이어서 그것을 본 자는 반드시 죽는다고 한다. 나는 아마도 죽을 것이다."

그러다가 다시 생각했다.

'만약 이 뱀을 살려두면 뒤에 다른 사람이 이 뱀을 보고 또 목숨을 잃을 것이다. 나 혼자 죽는 것이 더 좋은 일이리라.'

그래서 바로 괭이를 휘둘러 뱀을 죽이고 밭두렁에다 묻었다. 그러고는 서둘러 집으로 돌아와 어머니를 보고 울었다. 그의 어머니가 우는 까닭을 묻자 손숙오가 대답했다.

"머리 둘 달린 뱀을 본 사람은 반드시 죽는다는데 제가 오늘 그것을 보았습니다. 그래서 어머니를 끝까지 모실 수 없을까 걱정이 되어 울고 있습니다."

어머니가 말했다.

"그 뱀이 지금 어디 있느냐?"

손숙오가 대답했다.

"다른 사람이 다시 볼까 두려워 제가 죽여서 파묻었습니다."

어머니가 말했다.

"사람이 한 가지 착한 생각만 가져도 하늘이 반드시 도와준다고 한다. 너는 머리 둘 달린 뱀을 보고 뒤에 다른 사람에게 화가 미칠까 두려워 그것을 죽여서 땅에 묻었다. 이것은 착한 생각에만 그치지 않는 일이다. 너는 죽지 않을 뿐만 아니라 장차 복을 받을 것이다."

며칠 후 과연 우구가 어명을 받들고 와서 손숙오를 등용했다. 어머니가 웃으면서 말했다.

"이것이 바로 뱀을 죽여서 묻은 선행에 대한 보답이다."

손숙오와 그 모친은 우구를 따라 영도로 돌아왔다.

초 장왕은 손숙오를 만나 하루 종일 이야기를 나누어보고 몹시 기뻐하며 말했다.

"초나라의 신하들 중에 경과 비견할 만한 사람은 아무도 없소."

그날로 바로 영윤令尹 직에 임명했다. 손숙오가 사양하며 말했다.

"신은 시골 밭두렁에서 온 사람인데 갑자기 대권을 맡아 어떻게 다른 사람을 복종시킬 수 있겠습니까? 청컨대 대부들의 뒤나 따를까 합니다."

장왕이 말했다.

"과인이 경을 잘 알게 되었으니 경은 사양하지 마시오."

손숙오는 여러 번 겸양하다가 결국 어명을 받고 영윤이 되었다. 그는 초나라의 제도를 잘 고찰하여 새로 군법軍法을 세웠다. 무릇 군대가 행진을 할 때 오른쪽 부대는 지휘부를 호위하며 전투 준비를 하고, 왼쪽 부대는 풀이나 거적자리 같은 것을 담당하며 숙영宿營 준비를 하게 했다. 또 전모여무前茅廬無[11]와 중권후경中權後勁의 제도도 마련했다. 전모여무라는 것은 깃발을 앞에 세우고 적이 있는지 없는지 염탐하여 후환이 없게 대책을 세우는 것이다. 중권이란 모든 권력과 대책이 중군에서 나오고 옆의 다른 부대는 방해할 수 없다는 것이다. 후경이란 강한 군사를 행군의 맨 뒤에 세워 전투 시에는 기습병으로 활용하고 귀환할 때는 적의 추격을 끊는 역할을 맡기는 것이다. 왕의 친위대는 이광二廣(右廣, 左廣)으로 나누었다. 일광一廣에는 병거 15승을 두고 병거 1승에는 보병 100명과 경계병游兵 25명을 배치했다. 우광은 축시丑時, 인시寅時, 묘시卯時, 진시辰時, 사시巳時까지 근무하고, 좌광은 오시午時, 미시未時, 신시申時, 유시酉時, 술시戌時까지 근무하게 했다. 또 매일 닭이 우는 시간에 우광은 어가에 말을 매고 운행 준비를 한 다음 해가 중천에 이르면 좌광이 근무를 교대하여 황혼에 근무가 끝나도록 했으며, 이후 내궁에서 내시들이 반班을 나누어 순서에 따라 해시亥時와

11_ 전모여무前茅廬無: 본문에서도 설명되고 있는 것처럼 전모前茅는 본래 초나라 군대의 선봉대를 의미한다. 명성이나 성적이 매우 우수하거나 서열이 맨 앞에 있음을 비유한다. 명렬전모名列前茅라고도 한다.(『좌전左傳』 선공宣公 12년)

자시子時의 순찰을 전담하면서 비상사태에 대비하게 했다. 그리고 우구를 중군 대장으로, 공자 영제를 좌군 대장으로, 공자 측을 우군 대장으로, 양유기를 우광 대장으로, 굴탕을 좌광 대장으로 삼았다. 사시사철 점검하고 사열하면서 각각 정해진 법도를 지키니 삼군의 기강이 엄정하고 정숙하여 백성들이 소요를 일으키지 않았다. 또 작파芍波[12]에 수리 사업을 일으켜 육료六蓼(安徽省 六蓼) 땅에 만경萬頃의 논을 마련하자 백성이 모두 칭송했다. 초나라 신하들은 장왕이 손숙오를 총애하는 것을 보고 처음에는 마음속으로 불복했지만 손숙오의 일 처리가 정정당당하고 일사불란한 것을 보고 다음과 같이 감탄하지 않는 사람이 없었다.

"초나라에 행운이 있어 이런 어진 신하를 얻었다. 자문이 다시 살아난 것 같구나."

지난날 영윤 자문이 초나라를 잘 다스렸으므로 이제 손숙오를 얻고 나서 다시 자문이 부활한 것 같다고 생각한 것이다.

이때 정 목공 난蘭이 세상을 떠나고 세자 이夷가 즉위하니 이 사람이 정 영공이다. 정나라는 공자 송宋과 공자 귀생歸生이 정권을 잡고 진晉과 초 사이에서 흔들리며 어느 나라를 섬겨야 할지 결정하지 못하고 있었다. 초 장왕은 손숙오와 상의하여 군사를 일으켜 정나라를 정벌하려고 했다. 그때 또 갑자기 정 영공이 공자 귀생에게 시해되었다는 소식이 들려왔다. 장왕이 말했다.

"내가 정나라를 정벌하려는 마당에 더욱 큰 명분을 얻게 되었다."

귀생이 어떻게 영공을 시해했는지는 다음 회를 보시라.

12_ 작파芍波: 작피芍陂라고도 한다. 지금의 중국 안휘성 수현壽縣 남쪽에 있다. 도강언都江堰, 장하거漳河渠, 정국거鄭國渠와 함께 중국 고대 4대 수리 사업으로 일컬어진다.

제52회

한 여자와 세 남자

공자 송은 자라를 맛보려다 역모를 꾸미고
진 영공은 여자 속옷으로 조정을 희롱하다
公子宋嘗黿搆逆, 陳靈公衵服戲朝.

공자 귀생은 자가 자가子家였고, 공자 송은 자가 자공子公이었다. 두 사람 모두 정나라의 귀족으로 경卿의 벼슬에 있었다. 정 영공 이夷의 원년에 공자 송과 귀생은 일찍 일어나 영공을 뵙기로 약속이 되어 있었다. 아침에 공자 송의 식지食指가 저절로 부르르 떨렸다. 무엇을 식지라고 하는가? 첫째 손가락은 엄지라고 한다. 셋째 손가락은 중지라고 한다. 넷째 손가락은 무명지라고 한다. 다섯째 손가락은 소지小指(새끼손가락)라고 한다. 두 번째 손가락은 대체로 밥을 먹을 때 사용하기 때문에 식지食指라고 한다. 공자 송은 식지가 떨리는 증상을 귀생에게 보여줬다. 귀생도 기이하게 생각했다. 공자 송이 말했다.

"별다른 일은 없었으나 나는 식지가 떨리는 날 항상 별미를 맛보았소. 전에 진晉나라에 사신 갔을 때는 석화어石花魚(쏘가리의 일종)를 먹었고, 그 후 또 초나라로 사신 갔을 때는 백조 고기를 먹었소. 또 합환귤合歡橘(귤의 일종)을 먹었을 때도 식지가 미리 떨렸는데 한 차례도 맞지 않은 때가 없었소. 오늘 또 무슨 음식을 맛보게 될지 모르겠구려!"

이들이 조정 문으로 들어서는데 내시가 요리사를 부르며 매우 급하게 어명을 전하고 있었다. 공자 송이 물었다.

"무슨 일로 요리사를 불렀는가?"

내시가 말했다.

"우리 정나라 문객 중에 한강漢江[1]에서 온 분이 무게가 200여 근이나 나가는 큰 자라를 잡아왔소. 주상께 헌상하자 주상께서 받아서 구경하고 지금 조정 아래에 묶어뒀소. 나더러 요리사를 불러 요리를 시키고는 대부들께 그 맛을 보여준다고 하오."

공자 송이 말했다.

"그 기이한 음식이 바로 이것이었구려. 내 식지가 어찌 공연히 떨리겠소?"

조정으로 들어가자 기둥 아래에 매우 큰 자라가 묶여 있었다. 두 사람은 서로 얼굴을 쳐다보며 웃었다. 알현할 때 영공이 물었다.

"경들께선 오늘 무슨 일로 희색이 만면하오?"

공자 귀생이 대답했다.

"송과 신이 입조할 때 송의 식지가 떨렸습니다. 송이 말하기를 '매번 이렇게 떨릴 때마다 반드시 기이한 음식을 맛보았다'고 했습니다. 그런데 들어올 때 보니 조당 아래에 큰 거북이 있어서 주상께서 그걸 요리하여 백관들에게 맛보게 하실 것이라 생각했습니다. 그래서 송의 식지가 영험한 듯

1_ 한강漢江: 중국의 한수漢水와 장강長江 사이의 지역. 초나라의 근거지다. 지금은 옛날 한수를 한강漢江이라고 한다.

하여 함께 웃은 것입니다."

영공이 놀리며 말했다.

"식지가 영험한지 아닌지는 그 권한이 과인에게 달려 있소."

두 사람이 물러나올 때 귀생이 송에게 말했다.

"별미는 준비되어 있지만 주상께서 대부를 부르지 않으시면 어찌하오?"

공자 송이 말했다.

"모든 대부가 맛을 볼 텐데 유독 나만 빼놓을 이유가 없지 않소?"

신시申時(오후 3~5시)가 되자 내시가 과연 대부들을 두루 불렀다. 공자 송은 기쁨에 겨워 들어가면서 귀생을 보고 웃으며 말했다.

"나는 주상께서 나를 부를 수밖에 없다는 사실을 벌써 알고 있었소."

이윽고 대신들이 모두 모이자 영공은 순서대로 자리에 앉으라고 명령을 내리며 말했다.

"자라는 물고기 중에서 매우 맛이 좋은 동물이오. 과인이 감히 혼자 먹을 수가 없어서 경들과 함께 맛을 보려는 것이오."

모두 좌정하자 요리사가 들어와 자라 요리가 다 되었다고 보고하고 먼저 영공에게 요리를 올렸다. 영공은 요리를 먹으며 아주 맛있다고 했다. 그리고 각자에게 자라 국 한 솥2과 상아 젓가락 한 쌍씩을 하사했다. 순서는 하석下席에서부터 국을 배분하여 상석으로 올라오게 했다. 마침 첫 번째 상석과 두 번째 상석에 이르렀을 때 자라 국이 한 솥밖에 남지 않았다. 요리사가 말했다.

"국을 다 배분했는데 한 솥밖에 남지 않았습니다. 어느 분께 드리면 됩

2_ 솥: 여기에 등장하는 솥은 큰 솥이 아니라 돌솥비빔밥을 먹을 때 사용하는 것과 같은 1인용 작은 솥을 말한다.

니까?"

영공이 말했다.

"자가(귀생의 자)에게 주어라."

요리사는 국을 귀생 앞에 갖다놓았다. 그러자 영공이 껄껄 웃으며 말했다.

"과인이 자라 국을 경들에게 모두 하사했는데, 자공(송의 자)만이 빠졌구려. 이건 자라 국 먹을 순서에 들지 못했기 때문이오. 경의 식지가 뭐가 그리 영험하다는 것이오?"

본래 영공은 고의로 요리사에게 자라 국 한 솥을 모자라게 만들라고 분부하고 공자 송의 식지가 영험하지 않다는 걸 증명하여 사람들에게 웃음의 실마리를 만들려고 했다. 그러나 영공은 공자 송이 귀생의 면전에서 온통 자기 식지의 영험함을 자랑했다는 걸 알지 못했다. 공자 송은 오늘 백관들이 모두 자라 국을 먹는 자리에서 자기만 먹지 못하자 수치심이 변하여 분노가 되고 말았다. 공자 송은 곧바로 영공 앞으로 달려가서 손가락을 영공의 솥에 넣고 자라 고기 한 덩이를 꺼내 씹으며 말했다.

"신은 벌써 맛을 보고 있습니다. 제 식지가 어찌 영험하지 않단 말입니까?"

말을 마치고는 곧바로 밖으로 나가버렸다. 영공도 화가 나서 젓가락을 집어 던지며 말했다.

"저놈이 불손하게도 과인을 능멸하다니. 우리 정나라에 어찌 저놈의 목을 벨 한 치 칼이 없겠는가?"

귀생 등이 모두 자리에 엎드리며 말했다.

"공자 송은 주상의 깊은 사랑만 믿고 오늘도 주상의 은혜를 고루 받으려고 잠시 장난을 한 것입니다. 어찌 감히 주상께 무례한 행동을 할 수 있겠습니까? 주상께서 용서해주십시오."

공자 송이 자라 국 때문에 역모를 일으키다.

그러나 영공은 끝내 노여움을 풀지 못했고 군신들은 모두 불쾌한 마음으로 흩어졌다. 귀생은 바로 공자 송의 집으로 달려가서 영공의 노여움을 전했다.

"내일 입조하여 사죄하시오."

그러자 공자 송이 말했다.

"내가 듣건대 '남을 기만하는 자는 남도 그를 기만한다慢人者, 人亦慢之'고 했소. 주상이 먼저 나를 기만했는데 자신을 질책하지 않고 나를 질책한단 말이오?"

귀생이 말했다.

"그렇긴 하지만 임금과 신하 사이에 사죄하지 않을 수 없는 일이오."

다음 날 두 사람은 함께 조정으로 들어갔다. 공자 송도 대부들 대열에 함께 서서 예를 행했다. 그러나 전혀 자신의 죄를 인정하는 말을 하지 않았다. 오히려 귀생이 불안하여 이렇게 아뢰었다.

"공자 송이 손가락을 국에 담근 실수를 질책당할까 두려워 특별히 사죄하러 왔지만, 지금 두려움에 떨며 전전긍긍 아무 말도 못하고 있으니 주상께서 너그러이 용서해주십시오."

영공이 말했다.

"과인이 송에게 죄를 얻을까봐 두렵소. 송이 어찌 과인을 두려워하겠소?"

말을 마치고 영공은 바로 옷깃을 털며 자리에서 일어났다. 공자 송은 조정에서 나와 귀생을 자신의 집으로 불러 비밀리에 이야기했다.

"주상이 저렇듯 심하게 나를 노여워하니 앞으로 내가 주살당할까 두렵소. 차라리 먼저 난을 일으키는 것이 좋을 것 같소. 일이 성공하면 죽음에서 벗어날 수 있을 것이오."

귀생이 귀를 막으며 말했다.

"가축도 오래 기르다 보면 차마 죽일 수 없는 법이오. 하물며 어찌 한 나라 군주에게 감히 죽인다는 말을 가벼이 할 수 있소?"

공자 송이 말했다.

"내가 농담을 한 것이오. 다른 사람에게는 이야기하지 마시오."

귀생은 작별 인사를 하고 돌아갔다. 공자 송은 귀생과 영공의 동생 공자 거질去疾이 친분이 두텁고 자주 왕래한다는 사실을 탐지한 후 조정에서 큰 소리로 떠들었다.

"귀생과 거질이 아침부터 저녁까지 모여서 무슨 일을 꾸미는지 모르겠소. 사직을 위태롭게 하는 일이 아닌지 두렵소."

그러자 귀생이 황급히 공자 송의 팔을 끌고 조용한 곳으로 가서 말했다.

"그게 무슨 말이오?"

공자 송이 말했다.

"대부께서 나에게 협조하지 않으면 내 반드시 대부를 나보다 하루라도 먼저 죽게 만들 것이오."

귀생은 평소의 성격이 유약하여 결단을 내리지 못하다가 공자 송의 말을 듣고 더욱 두려워하며 말했다.

"대부께선 어떻게 할 작정이오?"

공자 송이 말했다.

"주상이 무도하다는 건 이미 자라 국을 나눠줄 때 드러난 일이오. 만약 거사가 성공하면 나와 대부가 공자 거질을 보위에 모시면 될 것이오. 그러고 나서 진晉나라와 우호를 맺으면 우리 정나라는 몇 년간 안정을 보장받을 수 있소."

귀생은 한참 생각하다가 천천히 대답했다.

"대부 마음대로 하시오. 내가 일을 발설하지는 않겠소."

공자 송은 몰래 집안 사병들을 모은 후 영공이 가을 제사 일로 재궁齋宮에 묵는 틈을 이용하기로 했다. 그는 막대한 뇌물로 영공의 좌우 내시를 매수하여 한밤중에 재궁으로 잠입해 들어갔다. 마침내 공자 송은 무거운 흙 자루로 영공을 눌러 죽였고, 사람들에게는 영공이 자다가 가위에 눌려 갑자기 죽었다고 거짓말을 했다. 귀생은 그 내막을 알았지만 감히 사실을 말할 수 없었다. 뒷날 공자가 쓴 『춘추』를 보면 이렇게 적혀 있다.

"정나라 공자 귀생이 자신의 임금 이를 시해했다鄭公子歸生弑其君夷."

공자는 오히려 공자 송을 용서하고 그 죄를 귀생에게 돌렸다. 조정의 정사를 맡은 대신의 신분으로 공자 송의 참소가 두려워 역모에 가담했으니 이른바 "임무가 무거우면 책임 또한 무겁다任重者, 責亦重"는 것이다. 성인의 필법이 신하된 자를 경계하고 있으니 가히 두렵지 않은가?

다음 날 귀생은 공자 송과 상의하여 공자 거질을 보위에 올리려고 했다. 그러나 거질은 대경실색하며 보위를 사양했다.

"선군에겐 아직도 아들이 여덟이나 있소. 만약 현명한 사람을 세우기로 한다면 이 거질은 내세울 만한 덕이 없소. 만약 연장자를 세우기로 한다면 공자 견堅이 건재하오. 나는 죽을지언정 순서를 뛰어넘을 수 없소."

이에 공자 견을 즉위시키니 이 사람이 정 양공襄公이다. 정 목공의 아들은 모두 13명이었다. 영공 이가 시해되고 양공 견이 즉위하고도 그 밑으로 아직 열한 명이나 남아 있었다. 그 순서는 다음과 같다. 공자 거질去疾(자 자량子良), 공자 희喜(자 자한子罕), 공자 순騑(자 자사子駟), 공자 발發(자 자국子國),

공자 가嘉(자 자공子孔), 공자 언偃(자 자유子游), 공자 서舒(자 자인子印) 그리고 또 공자 풍豐, 공자 우羽, 공자 연然, 공자 지志도 있었다. 양공은 아우들의 파당이 극성하여 뒷날 변란을 일으킬까 두려웠다. 때문에 몰래 공자 거질과 상의하여 거질만 국내에 남기고 모두 다른 나라로 추방하려 했다. 그러자 거질이 말했다.

"선군의 모친께서 난초 꿈을 꾸고 선군을 낳으실 때 점괘에 이르기를 '이 아이는 반드시 희씨姬氏 종족을 번창하게 할 것이다'라고 했습니다. 대저 형제는 공족公族인데 비유하자면 가지와 잎이 무성해야 줄기가 튼튼한 것과 같습니다. 만약 가지를 자르고 잎을 떨어뜨리면 나무는 즉시 말라 죽게 될 것입니다. 주상께서 아우들을 너그럽게 받아들이시길 진실로 바라옵니다. 만약 받아들일 수 없다면 신도 함께 떠날 것입니다. 이곳에 홀로 남았다가 뒷날 무슨 면목으로 지하에서 선군을 뵈올 수 있겠습니까?"

그제야 양공은 마음에 느낀 바가 있어 아우 11명을 모두 대부로 임명하고 함께 정나라 정사에 참여하게 했다. 공자 송은 진晉나라에 사신을 보내 화친을 청하고 정나라를 안정시키려고 했다. 이것은 주 정왕 2년의 일이었다.

이듬해 정 양공 원년, 초 장왕은 공자 영제를 대장으로 삼아 정나라를 정벌했다. 그러고는 정나라 조정에 이렇게 물었다.

"무슨 까닭으로 임금을 시해했는가?"

진晉나라는 순임보를 시켜 정나라를 구원하게 했다. 그러자 초나라는 군사를 이동시켜 진陳나라를 쳤다. 정 양공은 진晉 성공을 따라 흑양黑壤(山西省 沁水 서북) 오령烏嶺에서 회맹했다.

주 정왕 3년, 진晉나라 상경 조돈이 세상을 떠나자 극결을 중군원수로 삼았다. 극결은 진陳나라가 초나라와 화친을 맺었다는 소식을 듣고 성공에 게 알렸다. 극결은 순임보에게 성공을 따라 송, 위衛, 정, 조曹 네 나라 군사를 이끌고 진陳나라를 정벌하게 했다. 진晉 성공은 중도에 병으로 세상을 떠났다. 이에 군사를 거두고 세자 유孺(『곡량전穀梁傳』에는 누孺, 『사기』에는 거據로 되어 있음)를 보위에 올리니 이 사람이 진 경공景公이다. 이해에 초 장왕이 친히 대군을 이끌고 다시 유분柳棼에서 정나라 군사를 공격했다. 진나라 극결이 군사를 이끌고 가서 정나라를 구원하고 초나라 군사를 습격하여 패퇴시켰다. 정나라 사람들은 모두 기뻐했지만 공자 거질만 두려운 기색을 보였다. 양공이 이상하게 생각하고 거질에게 이유를 묻자 그가 대답했다.

"진晉나라가 초나라를 물리친 건 우연입니다. 초나라는 장차 우리 정나라에 울분을 풀 것인데, 진나라를 어찌 오랫동안 믿을 수 있겠습니까? 이제 또 초나라 군사를 우리 교외에서 보게 될 것입니다."

다음 해 초 장왕은 다시 정나라를 정벌하기 위해 영수潁水(河南省 潁河)의 북쪽에다 진을 쳤다. 이때 마침 정나라 공자 귀생이 병으로 죽었다. 공자 거질은 자라를 둘러싸고 일어난 일을 추궁하여 공자 송을 죽이고 그 시체를 조정 앞에다 내걸었다. 또한 공자 귀생을 부관참시하고 그 가족을 추방했으며, 초왕에게 사신을 보내 사과했다.

"우리 주상께서 역적 귀생과 송을 오늘에야 모두 주살하고 진후陳侯와 함께 귀국에서 삽혈 동맹을 맺고자 합니다."

장왕이 허락하고 마침내 진陳나라, 정나라와 진릉辰陵(河南省 淮陽) 서쪽에서 동맹을 맺기 위해 사신을 진나라로 보냈다. 사신이 진나라에서 돌아와 아뢰었다.

"진나라 군주가 대부 하징서夏徵舒에게 피살되어 진나라가 큰 혼란에 빠졌습니다."

이를 증명한 시가 있다.

주 왕실의 동천으로 세상이 혼란스러워지자	周室東遷世亂離
분분한 시역 사건이 없는 해가 없었도다	紛紛篡弑歲無虛
혜성이 북두에 들어 삼국에 조짐을 주니	妖星入斗徵三國
이번에 또 진후가 하징서를 만났도다	又報陳侯遇夏舒

진陳 영공은 이름이 평국으로 진 공공 삭의 아들이었다. 그는 주 경왕 6년에 보위를 이었다. 사람됨이 경박하고 게을러서 전혀 위엄이 없었다. 또 주색과 유희에만 탐닉하며 국가의 정사는 전혀 돌보지 않았다. 그는 공영孔寧과 의행보儀行父라는 두 대부를 총애했다. 두 사람은 모두 임금에게 주색이나 부추기는 무리였다. 한 임금과 두 신하가 의기투합하여 음담패설을 주고받으며 서로 꺼리는 것이 없었다. 그때도 조정에 어진 신하가 있었으니 그의 성은 설泄이요 이름은 야冶였다. 그는 충성스럽고 정직한 사람이어서 일이 있을 때마다 간언을 올렸다. 진 영공과 그의 총신들은 그를 매우 두려워하고 꺼렸다. 또 대부 하어숙夏御叔이란 사람이 있었는데, 그의 아버지는 공자 소서少西로 바로 진 정공의 아들이었다. 소서는 자가 자하子夏였기 때문에 어숙은 하夏를 자신의 성씨로 삼았고, 또 소서씨少西氏로 불리기도 했다. 대대로 진나라의 사마 직을 역임했고 주림株林(河南省 柘城 교외)에 식읍이 있었다. 하어숙은 정 목공의 딸을 아내로 맞았고, 그녀는 이후 하희夏姬

로 불리게 되었다. 하희는 초승달 같은 눈썹에 봉황의 눈을 갖고 있었고 살구 같은 얼굴에 복사꽃 같은 뺨을 지니고 있었다. 여희驪姬와 식규息嬀의 용모에다 달기妲己와 문강文姜의 요염함까지 갖추고 있었다. 그녀를 본 사람은 모두 넋이 다 빠져나가 쓰러질 지경이었다. 게다가 그녀는 아주 기이한 일까지 경험했다. 나이 열다섯 살 때 꿈에 잘생긴 장부를 만났다. 그는 칠성관3에 우의羽衣4를 입고 있었으며 스스로 하늘나라의 신선이라고 했다. 그는 꿈속에서 하희와 교접을 하면서 남자의 정기를 흡수하는 비법을 가르쳐주었다. 그것은 다른 사람과 교접할 때 환락을 곡진하게 하면서도 남자의 양기를 취해 자신의 음기를 보충하여 늙음을 물리치고 다시 젊어지는 비술이었다. 그 비술을 '소녀채전지술素女採戰之術'이라 불렀다. 하희는 출가 전 정나라에서 정 영공의 서형庶兄이고 자신의 이복 오라비인 공자 만蠻과 사통했다. 그러나 3년도 채우지 못하고 공자 만은 요절했다. 그 뒤 하어숙에게 시집가서 아들 하나를 낳았다. 그 아들의 이름은 징서徵舒였고 자는 자남子南이었다. 징서의 나이 열두 살 때 부친 하어숙이 병들어 죽었다. 하희는 외간 남자를 만나야 했기 때문에 아들 징서를 도성 안에 머물게 하며 스승을 좇아 공부를 하게 했다. 그녀 자신은 주림으로 돌아와 혼자 살았다.

공영과 의행보는 지난날 하어숙과 함께 벼슬하며 친하게 지낼 때부터 하희의 미색을 엿보며 각각 그녀를 유혹하고 싶다는 마음을 품고 있었다. 하희에게는 하화荷華라는 시녀가 있었다. 그녀는 눈치도 빠르고 재간도 있어서 주인을 위해 외간 남자와 다리를 놓아주는 데 능숙한 솜씨를 발휘했다.

3_ 칠성관七星冠: 성관星冠이라고도 한다. 일곱 개의 별을 상징하는 무늬나 보석을 장식한 모자다. 흔히 도교의 신선이나 도사가 쓰는 의례용 모자로 알려져 있다.
4_ 우의羽衣: 새의 깃털로 만든 날개옷. 신선이나 도사가 입는다고 한다.

어느 날 공영은 하징서와 교외에서 사냥을 하다가 징서를 주림의 본가로 배웅해준다는 핑계를 대고 그의 집에 묵었다. 공영은 온갖 마음을 다 써서 먼저 시녀 하화를 꾀었다. 그는 하화에게 비녀와 귀고리를 선물로 주고 주인마님에게 소개해달라고 부탁했다. 그는 마침내 하희와 몸을 섞고 나서 그녀의 비단 잠방이를 몰래 훔쳐 입고 나와 의행보에게 자랑했다. 의행보도 그것이 부러워서 후한 패물을 주고 하화와 교분을 튼 뒤 하희와 만나게 해달라고 했다. 하희는 평소에 신체 건장한 의행보를 눈여겨보고 있었다. 특히 그의 우뚝 솟은 코가 그녀의 마음에 들었다. 그녀는 마침내 하화를 보내 의행보와 몰래 만나자는 약속을 했다. 의행보는 밤 전투를 도와주는 기이한 약을 널리 구하여 하희에게 잘 보이려 했다. 하희도 그런 그를 공영보다 두 배 이상 사랑했다. 잠자리에서 의행보가 하희에게 말했다.

"공 대부에겐 비단 잠방이를 주셨던데, 나도 오늘 보살핌을 받았으니 한 가지 물건을 정표로 주시어 고른 사랑을 확인해주시오."

하희가 웃으면서 말했다.

"그 비단 잠방이는 훔쳐간 것이지 소첩이 준 것이 아니오."

그러고는 귓속말로 속삭였다.

"비록 같은 침대를 썼지만 사랑에 어찌 강하고 약함이 없겠소?"

하희는 자신이 입고 있던 벽라 저고리를 벗어서 정표로 주었다. 의행보는 몹시 기뻐하며 더욱 친밀하게 왕래했다. 이 때문에 공영은 좀 서운한 감을 느끼지 않을 수 없었다. 이를 증명한 고시古詩가 있다.[5]

5_ 이 고시는 5언고시이며, 『시경』「국풍·정풍」에 실린 여러 시의 내용을 축약한 것이다. 『시경』 중에서도 특히 「정풍」과 「위풍」에는 남녀 간의 사랑을 노래한 시가 많이 실려 있어서 역대로 음풍淫風으로 평가되었다.

정나라 풍속은 얼마나 음란한지	鄭風何其淫
환공과 무공의 교화는 아득하도다	桓武化已渺
남자 여자 음욕 찾아 뛰어다니며6	士女競私奔
골목길엔 밤낮이 구별 없도다	里巷失昏曉
중자는 담장을 넘으려 하고7	仲子牆欲踰
자충은 한사코 교활하도다8	子充性偏狡
동문에선 꼭두서니 풀 생각이 나고9	東門憶茹藘
야외엔 넝쿨풀이 덮여 있으리10	野外生蔓草
치마 걷고 멀리까진 가기 싫어요11	褰裳望匪遙

6_ 사녀경사분士女競私奔: 『시경』 「정풍·진유溱洧」의 구절을 인용한 것이다. 이 시는 사랑하는 남녀가 들판에서 즐기는 내용이다. 이 시의 제1연 제5행이 "남자와 여자는 서로 희희덕거리네維士與女, 伊其相謔"로 되어 있다. 제2연 제5행도 대동소이하다.

7_ 중자장욕유仲子牆欲踰: 『시경』 「정풍·장중자將仲子」의 구절을 인용한 것이다. 이 시는 남의 눈을 피해 청춘 남녀가 밀회를 즐기는 내용이다. 이 시의 제2연 첫째 구절과 셋째 구절이 "둘째 도련님이시여 우리 담장 넘지 마세요將仲子兮, 無踰我牆"다.

8_ 자충성편교子充性偏狡: 『시경』 「정풍·산유부소山有扶蘇」의 구절을 인용한 것이다. 이 시는 음란한 여인이 애인에게 농담하는 내용이다. 특히 이 시 제1연 둘째 구의 하화荷華(연꽃)는 위의 대목에 나오는 하희의 시녀 이름과 같다. 이 시의 제2연 셋째 구가 "자충을 만나기 전에는 멋진 남자라더니, 만나보니 교활한 녀석일 뿐이네不見子充, 乃見狡童"로 되어 있다. 자충은 본래 남자가 충실하고 믿음직하다는 뜻이지만, 여기에서는 위의 중자仲子와 대구를 맞추기 위해 사람 이름으로 사용하고 있다.

9_ 동문억여려東門憶茹藘: 『시경』 「정풍·동문지선東門之墠」의 구절을 인용한 것이다. 이 시는 여인이 사랑하는 남자를 그리워하는 내용이다. 이 시 제1연 첫째 구와 둘째 구가 "동문 밖에 공터가 있고, 그 곁 언덕에 꼭두서니가 자라네東門之墠, 茹藘在阪"로 되어 있다.

10_ 야외생만초野外生蔓草: 『시경』 「정풍·야유만초野有蔓草」의 구절을 인용한 것이다. 이 시는 남녀가 야외에서 우연히 만나 사랑하는 내용이다. 전체 2연인 이 시는 각 연이 모두 "들판에 넝쿨풀이 우거졌고野有蔓草"로 시작된다.

11_ 건상망비요褰裳望匪遙: 『시경』 「정풍·건상褰裳」의 구절을 인용한 것이다. 이 시는 어떤 여자가 애정이 식어가는 남자를 꾸짖는 내용이다. 전체 2연인 이 시는 각 연 둘째 구에 모두 "치마를 걷고褰裳"란 어휘를 쓰고 있다.

수레 타고 가자니 너무 멀어요[12]　　　　　　　　　駕車去何杳

푸른 옷깃 내 마음에 얽혀들었고[13]　　　　　　　　　靑衿縈我心

패옥 소리 늙음도 잊게 하는구나[14]　　　　　　　　　瓊琚破人老

닭 울 무렵 비바람이 몰아치는데[15]　　　　　　　　　風雨鷄鳴時

만남은 비밀스럽고 교묘하도다　　　　　　　　　　　相會密以巧

물결 위에 가싯단 띄워 보내니[16]　　　　　　　　　揚水流束薪

험담도 방해하지 못하는구나　　　　　　　　　　　讒言莫相攪

그 풍속 사람들에게 스며들었지만　　　　　　　　　習氣多感人

어떻게 아름답다 할 수 있으랴　　　　　　　　　　安能自美好

의행보는 지금까지 공영이 하희의 비단 잠방이를 자신에게 자랑하는 걸

12_ 가거거하묘駕車去何杳: 『시경』「정풍·봉丰」의 구절을 인용한 것이다. 이 시는 어떤 여자가 남자의 구혼을 거절했다가 후회하는 내용이다. 전체 4연인 이 시의 제3연과 제4연의 마지막 구절이 각각 "내게 수레를 몰고 오면 그대와 함께 가리라駕予與行"와 "내게 수레를 몰고 오면 그대에게 시집가리라駕予與歸"로 되어 있다.

13_ 청금영아심靑衿縈我心: 『시경』「정풍·자금子衿」의 구절을 인용한 것이다. 이 시는 여자가 사랑하는 남자를 보고 싶어하는 내용이다. 이 시의 첫째 구절이 "푸르고 푸른 님의 옷깃이여靑靑子衿"로 되어 있다.

14_ 경거파인로瓊琚破人老: 『시경』「정풍·유녀동거有女同車」의 구절을 인용한 것이다. 이 시는 결혼하는 남자가 신부의 아름다움을 찬양한 내용이다. 이 시 제1연 넷째 구절이 "아름다운 패옥이 짤랑짤랑佩玉瓊琚"으로 되어 있다.

15_ 풍우계명시風雨鷄鳴時: 『시경』「정풍·풍우風雨」의 구절을 인용한 것다. 이 시는 먼 곳으로 떠났다가 돌아오는 남편을 맞이하는 내용이다. 이 시의 첫째 구와 둘째 구가 "비바람 스산하게 불어오는데 닭 울음소리 꼬끼오 하고 들리네風雨凄凄, 鷄鳴喈喈"로 되어 있다.

16_ 양수류속신揚水流束薪: 『시경』「정풍·양지수揚之水」의 구절을 인용한 것이다. 이 시는 남들이 형제 사이를 이간질하여 형이 그것을 슬퍼하는 내용이다. 주희朱熹는 『시집전詩集傳』에서 형제를 남녀 사이에 비유했다고 해설한다. 전체 2연인 이 시의 제1연과 제2연 모두가 "잔잔한 물결에 땔 나무 다발도 떠내려 보내지 못하네揚之水, 不流束薪"로 시작된다.

보고만 있었지만 벽라 저고리를 손에 넣고 나서는 공영에게 한껏 뽐낼 수 있었다. 공영은 하화에게 몰래 물어 지금 하희와 의행보가 매우 친밀하게 지내고 있다는 사실을 알았다. 그는 질투심이 일었지만 두 사람을 떼놓을 방법이 없었다. 이리저리 생각하다가 한 가지 계책이 떠올랐다. 당시 진陳 영공도 음욕을 탐하다가 오래전부터 하희의 미색에 대한 소문을 듣고 여러 차례 언급을 했었다. 사모하는 마음이 절실했으나 손이 닿지 않는 것을 한스러워 했다. 공영은 이렇게 생각했다.

'주상도 끌어들여 함께 말을 타는 것이 좋겠다. 주상께서도 틀림없이 내게 감사하는 마음을 가질 것이다. 게다가 주상은 다른 사람이 모르는 질환을 갖고 있는데 의서醫書에서는 그것을 호취狐臭라고도 하고 액기腋氣(겨드랑이 냄새)라 하기도 한다. 하희가 좋아할 리 없다. 어쨌든 내가 주상과 하희를 붙여주고 틈을 보아 둘의 욕정을 부추겨 적당하게 일이 잘 되도록 해야겠다. 최소한 의儀 대부를 좀 떼놓을 수는 있지 않겠나. 이런 짜릿한 계책을 생각하다니, 나는 정말 머리가 비상하단 말이야!'

공영은 마침내 혼자서 진 영공을 만났다. 한담을 나누다가 공영은 하희가 천하에 둘도 없는 미색을 지니고 있다고 슬쩍 언급했다. 영공도 말했다.

"과인도 오래전부터 명성을 듣고 있었소. 그러나 나이가 벌써 마흔을 넘었다는데 늦봄 복사꽃처럼 미색이 시들지 않았겠소?"

공영이 말했다.

"하희는 방중술에 통달했습니다. 그래서 갈수록 몸이 더욱 보들보들해져서 늘 열일곱 열여덟 소녀의 모습을 하고 있습니다. 또 교접할 때의 그 미묘한 기술은 보통 여자와는 크게 다릅니다. 주공께서도 한번 맛을 보시면 저절로 혼백이 다 녹아내릴 것입니다."

영공은 자기도 모르는 사이에 욕정이 불같이 솟구쳐 뺨까지 붉게 달아 올랐다. 그러고는 공영에게 말했다.

"경이 무슨 방법을 써서 과인과 하희를 한번 만나게 해주시오. 과인은 맹세컨대 그 은혜를 잊지 않겠소."

공영이 아뢰었다.

"하씨는 줄곧 주림에서 살고 있습니다. 그곳은 대나무 밭이 울창하여 놀기에 적당한 장소입니다. 주상께서 내일 아침 주림으로 행차하신다고만 하십시오. 그럼 하씨가 틀림없이 음식을 차려놓고 맞이할 것입니다. 하희에게는 하화라는 시녀가 있는데 남녀 간의 일을 잘 주선할 줄 압니다. 신이 먼저 주상의 마음을 전달해놓을 것이니 절대 어긋나는 일은 없을 것입니다."

영공이 웃으면서 말했다.

"이 일은 친애하는 경에게 모든 걸 맡기겠소."

다음 날 진 영공은 수레를 준비하라 어명을 내리고 미복微服으로 갈아입은 뒤 주림으로 유람을 갔다. 오직 대부 공영만 수행하게 했다. 공영은 먼저 하희에게 서찰을 띄워 잘 준비를 하고 기다리라 했다. 또한 하화에게도 영공의 마음을 알리고 그것을 하희에게 전달하게 했다. 하희도 방사에 있어서만큼은 임금이라고 해도 걱정할 것이 없는지라 모든 일을 적절하게 준비했다. 영공은 한결같이 하희의 몸을 탐하고자 하는 욕망에 사로잡혀 있었을 뿐 유람은 기실 명분에 불과했다. 그야말로 "옥 도둑질과 향초香草 훔치기에 진심이 있었을 뿐, 산 구경과 물놀이엔 본래 마음이 없었다竊玉偸香眞有意, 觀山玩水本無心"는 격이었다. 대략 한 시진時辰(현재의 시간으로 두 시간 정도)쯤 걸려 영공은 하씨 댁에 당도했다. 하희는 예복을 갖춰 입고 영접을 나와서 빈청賓廳으로 안내했다. 그러고는 영공을 배알하며 아뢰었다.

"천첩의 자식 징서가 외지로 나가 공부하느라 주상전하께서 왕림하신지 몰라 영접하지 못했습니다."

그 목소리가 마치 새끼 꾀꼬리가 우는 듯, 옥쟁반에 옥이 구르는 듯 영롱하기 그지없었다. 영공이 그 모습을 바라보니 진정 하늘에서 내려온 선녀와 진배없었다. 육궁六宮의 비빈 중에서도 필적할 만한 여인이 드물 정도였다. 영공이 말했다.

"과인이 우연히 유람을 나왔다가 경솔하게 귀댁을 방문하게 되었소. 놀라시지나 않았는지 모르겠구려."

하희가 옷깃을 여미며 말했다.

"주상전하의 옥체가 왕림하시니 이 폐가에 광채가 나는 듯합니다. 천첩이 채소 안주에 술 한잔이나마 준비했사오나 변변치 못하여 감히 주상전하께 올리지 못하겠습니다."

영공이 말했다.

"벌써 주방 사람들에게 폐를 끼쳤으니 너무 예의를 차리지 마시오. 소문에는 귀댁 후원의 정자가 그윽하다던데 잠시 들어가서 관람을 하고 싶소. 주인께서 차린 성찬은 수고스럽지만 그곳으로 옮겨주시면 좋겠소."

하희가 대답했다.

"집주인이 세상을 떠난 이후 황폐한 정원을 오랫동안 소제도 하지 못하여 어가에 누를 끼칠까봐 두렵습니다. 천첩이 먼저 죄를 청합니다!"

하희의 응대는 법도에 맞고 조리가 있어서 영공의 마음은 더욱 사랑으로 가득 찼다. 영공은 하희에게 이렇게 명했다.

"예복을 벗고 과인을 후원으로 인도하여 잠시 유람을 시켜주시오."

하희가 예복을 벗자 얇은 차림의 평상복 아래로 온몸이 은은하게 드러났다. 마치 달빛 아래 활짝 핀 이화梨花(배꽃)인 듯, 눈 속에 수줍게 핀 매화인 듯 특별한 아취가 있었다. 하희가 앞장서서 영공을 인도했고, 마침내 후원에 이르렀다. 넓이는 그렇게 넓지 않았지만 우뚝 솟은 소나무와 수려한 측백나무, 그리고 기암괴석과 기화요초들이 잘 배치되어 있었다. 또 연못한 곳과 화단 몇 곳도 운치 있게 조성되어 있었다. 그 가운데의 높다란 누대에는 붉은색 난간이 설치되어 있었고 거기에 수놓은 비단 장막이 깨끗하게 드리워져 있었다. 그곳이 바로 손님을 접대하는 장소였다. 누대 좌우로는 모두 곁방이 딸려 있었고 누대 뒤에는 굽이진 밀실이 겹겹이 마련되어 있었다. 회랑을 따라 굽이돌면 바로 안쪽의 침실과 연결되는 듯했다. 후원에는 또 말을 먹이는 마구간도 있었다. 후원 서쪽에는 텅 빈 공터가 있었는데 그곳은 바로 활쏘기를 하는 장소였다. 영공이 후원을 한 바퀴 둘러보는 사이에 누대에는 벌써 잔치 자리가 마련되었다. 하희가 잔을 잡고 자리에 서자 영공은 자신의 옆에 앉으라고 권했다. 하희가 사양하며 감히 그 옆에 앉지 못했다. 영공이 말했다.

"주인께서 어찌 앉지 못하오?"

영공은 공영을 자신의 오른쪽에 앉히고 하희를 왼쪽에 앉혔다. 그러고는 말했다.

"오늘 군신 간의 예의는 생략하고 마음껏 즐기도록 합시다."

술을 마시는 동안에도 영공은 하희에게서 눈을 떼지 못했다. 하희도 은근하게 추파를 던졌다. 영공은 술기운이 돌자 욕정이 들끓어올랐고 공 대부도 옆에서 그것을 부추겼다. 술이 동이 나도록 통쾌하게 마시느라 얼마를 마셨는지도 몰랐다.

해가 서산에 기울자 좌우 시종들이 촛불을 밝혔다. 그들은 잔을 씻고 다시 마셨다. 영공은 만취한 채 자리에 쓰러져서 코를 골며 잠이 들었다. 공영이 몰래 하희에게 말했다.

"주상께서 오랫동안 그대의 미색을 사모하다가 오늘 여기 와서 그대와 즐거움을 나누려고 하오. 거절해서는 안 되오."

하희는 미소를 지으며 대답하지 않았다. 공영은 적당하게 일을 처리하고 밖으로 나와서 수레를 몰고 온 시종들의 마음을 안심시켰다. 그러고는 옆방에 쉬러 들어갔다. 하희는 비단금침을 준비하여 일부러 누대 위로 올려 보내고 자신은 향탕香湯에 목욕을 하며 영공을 모실 준비를 했다. 또한 하화를 영공 곁으로 보내 동정을 살피게 했다. 잠시 후 영공이 잠에서 깨어나 눈을 크게 뜨고 물었다.

"너는 누구냐?"

하화는 무릎을 꿇고 대답했다.

"천비賤婢는 하화입니다. 주인마님의 명을 받잡고 주상전하의 곁을 지키고 있습니다."

이어서 술이 깨는 산매탕酸梅湯(매실탕)을 올렸다. 영공이 말했다.

"이 탕은 누가 만들었느냐?"

"천비가 만들었습니다."

"너는 산매탕도 만들 줄 아니 과인을 위해 중매도 설 수 있겠구나!"

하화가 짐짓 모른 체하고 대답했다.

"천비는 중매는 잘 서지 못하나 여기저기 뛰어다니는 일은 할 줄 아옵니다. 다만 주상전하께서 누구를 마음에 두고 계신지 모르겠습니다."

영공이 말했다.

"과인은 네 주인마님 때문에 정신이 산란하다. 네가 나의 소원을 이루어준다면 후한 상을 내리겠다."

하화가 대답했다.

"주인마님은 과부의 몸이라 귀인을 모시기에 적합하지 않을까 두렵습니다. 그래도 싫지 않으시다면 천비가 안내해드리겠습니다."

영공은 크게 기뻐하며 하화에게 등불을 들고 앞장서게 했다. 굽이굽이 회랑을 돌아 바로 내실로 안내되었다. 하희는 촛불을 밝히고 혼자 앉아서 기다리다가 문득 발자국 소리를 들었다. 그러고는 누군지 물으려는데 영공이 벌써 방 안으로 들어서고 있었다. 하화가 바로 은촛대를 가지고 밖으로 나갔다. 영공은 더 이상 말을 하지 않고 바로 하희를 안고 침대 장막 안으로 들어갔다. 옷을 벗고 함께 침대에 누웠다. 하희의 피부는 보드랍고 매끈했다. 몸을 하나로 합쳐 환희에 이를 때 하희의 몸은 완연한 처녀 같았다. 영공이 이상하게 생각하고 물었다. 하희가 대답했다.

"천첩은 제 몸을 안으로 치유하는 방법을 알고 있습니다. 전에 아들을 낳은 후에도 불과 사흘 만에 몸이 평상시처럼 돌아왔습니다."

영공이 감탄하며 말했다.

"과인이 천상의 선녀를 만난다면 혹시 이와 같을지 모르겠소."

영공의 음경은 본래 공영이나 의행보의 것에 미치지 못했다. 하물며 겨드랑이 냄새까지 지독하므로 좋은 점이 아무것도 없었다. 그러나 그는 한 나라의 군주였기 때문에 여자가 좋아하는 권세와 이익을 가지고 있었다. 그래서 하희는 감히 싫다 하지 못하고 침대에서 거짓으로 영공을 받들어 모셨다. 영공은 마침내 세상에 없는 기이한 인연을 만났다고 생각했다. 닭이 울 때까지 잠을 자고 나서 하희는 영공에게 어서 일어나라고 재촉했다. 영공이 말했다.

"과인이 사랑하는 그대와 교접하고 육궁의 비빈들을 생각해보니 마치 거름 더미와 같소. 다만 사랑하는 그대도 과인을 생각하는 마음이 조금이라도 있는지 모르겠소."

하희는 영공이 이미 공영과 의행보와의 관계를 알고 있다고 짐작하고 대답했다.

"천첩이 사실대로 아뢰겠습니다. 천첩은 남편이 죽고 나서 스스로 욕망을 자제할 수 없어 다른 사람에게 몸을 허락하고 말았습니다. 그러나 오늘 주상전하를 모셨는지라 앞으로는 영원히 외간 남자와 사귀지 않겠습니다. 감히 두마음을 먹는다면 죄를 달게 받겠습니다."

영공이 기뻐하며 말했다.

"사랑하는 그대가 평소에 관계했던 사람을 과인에게 모두 꼽아보시오. 숨길 필요가 없소."

하희가 대답했다.

"공영과 의행보 두 대부가 어린 자식을 돌보아주어서 마침내 문란한 짓을 하고 말았습니다. 다른 사람은 없습니다."

영공이 웃으면서 말했다.

"어쩐지 공영이 그대의 미묘한 교접 기교가 보통 여자들과는 다르다더니 자신이 직접 해보지 않고 그것을 어떻게 알았겠소?"

"천첩이 앞서 많은 죄를 지었사오니 바라옵건대 주상께서는 너그럽게 용서해주십시오."

"과인은 공영이 아름다운 그대를 추천해준 공로에 감격하고 있소. 그대는 의심하지 마오. 또한 그대와 만나는 그 정을 끊지 말고 그대가 하고 싶은 대로 하오. 금지하지 않겠소."

"주상께서 계속해서 이곳으로 오실 수 있다면 어찌 항상 만나는 것이 어렵겠습니까?"

잠시 후 영공이 몸을 일으키자 하희는 자신이 입고 있던 속적삼을 벗어서 영공에게 입혀주며 말했다.

"주상께서 이 속적삼을 보실 때마다 천첩을 보는 것처럼 여기십시오."

하화가 불을 밝히자 영공은 어제 온 길을 따라 후원 누대로 돌아갔다.

날이 밝았고 대청에는 아침밥이 준비되어 있었다. 공영은 시종들을 데리고 영공에게 가서 아침 문후를 드렸다. 하희도 대청으로 오르라 청하고 영공에게 문안 인사를 하게 했다. 이어서 요리사가 음식을 올렸다. 따라온 시종들에게도 술과 음식을 내려 극진히 위로했다. 식사를 마치고 공영은 영공을 모시고 조정으로 돌아왔다. 백관들은 영공이 외박을 한 것을 알고 이날 모두 대궐 문 앞에 서서 기다렸다. 영공이 들어오면서 명령을 내렸다.

"오늘 조회는 없소."

그러고는 바로 대궐 문안으로 들어가버렸다. 의행보는 공영을 잡고 어제 영공이 어디서 묵었는지 물었다. 공영은 숨기지 않고 사실대로 말을 했다. 의행보는 공영이 하희를 주상에게 추천해준 걸 알고 발을 구르며 말했다.

"그렇게 좋은 일을 어찌하여 혼자서 하신 거요?"

공영이 말했다.

"주상께선 매우 흡족해하셨소. 두 번째는 대부께서 편의를 봐주시오."

두 대부는 박장대소하며 헤어졌다.

이튿날 아침 조회가 끝나고 백관들이 모두 흩어지자 영공은 공영을 앞으로 불러서 하희를 추천해준 일에 감사의 인사를 했다. 또 의행보를 불러서 물었다.

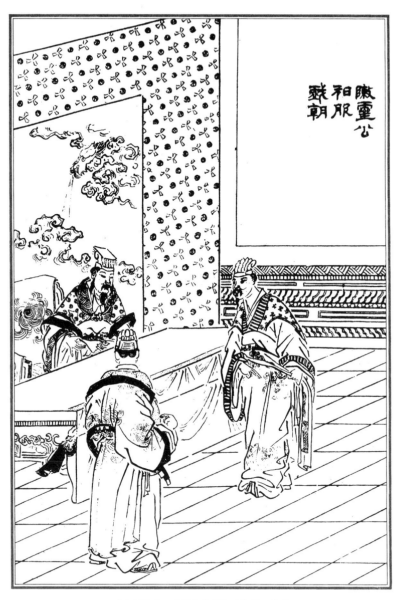

瞰靈公

袒服

戲朝

진陳 영공이 조정에서 음란한 말을 주고받다.

"이처럼 즐거운 일을 어찌하여 과인에게 일찌감치 알려주지 않고 두 대부가 먼저 차지한 것이오? 이게 대체 무슨 경우요?"

공영과 의행보가 일제히 대답했다.

"신 등은 절대 그런 일이 없었습니다."

영공이 말했다.

"그 미인이 직접 말을 한 것이오. 경들은 숨길 필요가 없소."

공영이 대답했다.

"예를 들자면 주상께 맛있는 음식을 올리는 것처럼 신이 먼저 맛을 본 것입니다. 아버지에게 음식을 올리려고 아들이 먼저 간을 본 것과 같습니다. 만약 신이 먼저 먹어보고 맛이 없었다면 감히 주상께 올리지 못했을 것입니다."

영공이 웃으면서 말했다.

"그렇지 않소. 곰 발바닥을 먹는 것처럼 과인이 먼저 맛을 봐도 상관없는 일이오."

공영과 의행보도 모두 껄껄 웃었다. 영공이 또 말했다.

"두 대부께서 비록 먼저 말을 탔지만, 그 사람이 나에게만 정표를 주었소."

그러고는 겉옷을 들치고 속적삼을 보여주며 말했다.

"그 미인이 내게 준 것이오. 두 대부께선 이런 게 있소?"

공영이 말했다.

"신도 있습니다."

영공이 말했다.

"경에겐 무엇을 주었소?"

공영은 겉옷을 헤치고 비단 잠방이를 보여주며 말했다.

"이것이 하희가 준 것입니다. 신뿐만 아니라 행보에게도 있습니다."

영공이 또 의행보에게 물었다.

"경은 또 무슨 물건을 받았소?"

행보는 벽라 저고리를 벗어서 영공에게 보여줬다. 영공이 박장대소하며 말했다.

"우리 세 사람이 모두 각자의 몸에 증거를 갖고 있으니 뒷날 함께 주림으로 가서 침상에서 나란히 대회를 열어도 되겠소."

한 임금과 두 신하가 조정에서 시시덕거리며 음담패설을 하느라 정신이 없었다. 이 말이 조정 밖으로 새어나갔다. 그때 한 정직한 신하가 고민에 휩싸였다. 그는 이빨을 갈며 고함을 질렀다.

"조정의 법도가 어찌 이처럼 문란해졌단 말인가? 진나라의 멸망을 손꼽아 기다릴 수밖에 없게 되었다."

그러고는 마침내 의관을 단정히 하고 홀을 든 채 곧바로 조정 문으로 달려들어가 간언을 올렸다. 그 관리가 누구인지는 다음 회를 보시라.

밭을 짓밟았다고
소를 빼앗다니

초 장왕은 간언을 받아들여 진陳나라를 다시 세워주고
진晉 경공은 군사를 보내 정나라를 구원하다
楚莊王納諫復陳, 晉景公出師救鄭.

진 영공과 두 대부는 모두 하희가 준 속옷을 입고 조정에서 시시덕거렸다. 그때 대부 설야가 그 소문을 듣고 의관을 정제하고 홀을 든 채 조정 문으로 달려들어왔다. 공영과 의행보 두 사람은 평소에 성품이 정직한 설야를 꺼렸다. 그런 데다 오늘 부르지도 않았는데 그가 직접 조정으로 들어오자 틀림없이 조정의 잘못을 바로잡는 간언을 올릴 것으로 짐작하고 먼저 영공에게 인사를 하고 밖으로 나갔다. 영공도 어좌에서 몸을 일으켜 나가려 하자 설야가 앞으로 달려가 영공의 옷깃을 잡은 채 무릎을 꿇고 아뢰었다.

"신이 듣건대 '임금과 신하 사이는 공경해야 하고, 남자와 여자 사이는 유별해야 한다君臣主敬, 男女有別'고 합니다. 지금 주상께서 「주남周南」[1]의 교화를 펼치지 못하시니 나라 안에 절개를 우습게 여기는 여자가 생겨났습니다. 또 군신 간에 음담패설을 주고받으며 서로 자랑하고 있으니 조정에 차마 들을 수 없는 음어淫語가 난무하고 염치는 모두 사라졌으며 임금의 체통도 모두 땅에 떨어졌습니다. 이에 군신 간의 공경과 남녀 간의 유별은 전부 타락하여 이미 갈 데까지 가버렸습니다. 대저 공경심이 없으면 서로 기만하게 되고 남녀가 유별하지 않으면 난잡하게 됩니다. 서로 기만하고 난잡하게 되면 망국으로 빠져들게 됩니다. 주상께선 반드시 고치십시오!"

영공은 얼굴에 식은땀을 흘리다가 소매로 얼굴을 닦으며 말했다.

"경은 여러 말 하지 마오. 과인이 후회하고 있소."

설야가 조정 문을 나설 때 공영과 의행보는 문밖에서 엿듣고 있다가 설야가 분기탱천하여 밖으로 나오는 것을 보고 내시들 속으로 숨어들어가 충돌을 피하려 했다. 그러나 설야는 벌써부터 두 사람을 보고 있다가 앞으로 불러내어 꾸짖었다.

"군주가 선한 일을 하면 신하는 그것을 널리 드러내야 하고, 군주가 악한 일을 하면 신하는 그것을 막아야 하는 법이오. 지금 그대들은 스스로 악한 짓을 하며 군주를 유혹하여 그 나쁜 짓을 더욱 드러내고 있소. 백성이 공공연한 소문을 듣고 무엇을 배우겠소? 이 어찌 수치스러운 일이 아니오?"

두 사람은 대응할 말이 없어서 예예 하고 사과를 했다.

설야가 나가자 공영과 의행보가 영공을 뵙고 설야가 임금을 꾸짖은 일을 비난하며 말했다.

"주상께서는 이제부터 다시는 주림으로 놀러 가실 수 없게 되었습니다."

1_「주남周南」: 「시경」 「국풍」 맨 첫머리의 편명篇名. 「주남」은 고대 학자들에 의해 바로 뒤 편명인 「소남召南」과 함께 「시경」의 정성正聲으로 인정되어왔다. 흔히 「주남」은 주공周公의 교화가 담긴 노래로, 「소남」은 소공召公의 교화가 담긴 노래로 존중되면서 성현의 은덕이 사해에 미침을 비유하기도 한다.

영공이 말했다.

"경들 두 분은 또 가실 것이오?"

공영과 의행보가 대답했다.

"저자는 신하로서 주상께 간언을 올린 것입니다. 신들과는 무관합니다. 신들은 갈 수 있으나 주상께선 가실 수 없습니다."

영공이 화를 내며 말했다.

"과인이 차라리 설야에게 죄를 지을지언정 어찌 그곳의 즐거움을 버릴 수 있겠소?"

공영과 의행보가 다시 아뢰었다.

"주상께서 만약 다시 가신다면 아마도 설야의 잔소리를 감당하기 어려울 것입니다. 그럼 어찌하시겠습니까?"

영공이 말했다.

"경들에게 설야가 말을 못하도록 제지할 수 있는 무슨 대책이 있소?"

공영이 말했다.

"설야가 말을 못하게 하려면 그가 입을 열지 못하도록 해야 합니다."

영공이 비웃으며 말했다.

"그놈에게 입이 달렸는데 과인이 어떻게 입을 열지 못하게 할 수 있단 말이오?"

의행보가 말했다.

"공영의 말뜻을 신은 알 수 있습니다. 대저 사람이 죽으면 입도 닫히게 됩니다. 주상께선 어찌하여 교지를 내리시어 설야를 죽이지 않으십니까? 설야를 죽이고 나면 종신토록 그 즐거움이 무궁할 것입니다."

영공이 말했다.

"과인은 할 수 없는 일이오."

공영이 말했다.

"신이 자객을 시켜 그놈을 죽이는 건 어떻겠습니까?"

영공이 고개를 끄덕이며 말했다.

"경이 알아서 하시오."

두 사람은 조정에서 물러나와 함께 상의했다. 그들은 후한 뇌물을 주고 자객을 사서 길목에 매복시켰다. 자객은 설야가 조정으로 들어올 때를 습격하여 그를 죽였다. 백성은 모두 진 영공이 시킨 짓으로 알았지 공영과 의행보가 꾸민 계략이란 건 몰랐다. 사관이 설야를 찬양하는 시를 지었다.

진나라는 밝은 덕을 모두 상실해	陳喪明德
군신 간에 음란한 짓 마구 행했네	君臣宣淫
관복 안에 여자 속곳을 차려 입고서	纓紳袒服
주림을 조정처럼 드나들었네	大廷株林
장하고 장하도다 설야 공이여	壯哉泄冶
혼자서 꼿꼿하게 직언을 했네	獨矢直音
몸은 죽어도 그 이름 높게 빛나니	身死名高
관용방과 비간의 열혈심이네	龍血比心

설야가 죽은 후 진나라 군신은 더욱 거리낌이 없어져 세 사람은 시도 때도 없이 함께 주림으로 갔다. 처음 한두 차례는 그래도 몰래 조심하며 갔지만 이후로는 그런 습관이 일상화되어 공공연히 행동하며 숨기지도 않았다. 이를 당시 진나라 백성이 「주림」²이란 시를 지어 비난했다. 그 시는 다

음과 같다.

무엇하러 주림에 가나?　　　　　　　　　　　　　胡爲乎株林

하남을 만나러 가지　　　　　　　　　　　　　　　從夏南

주림에 가는 게 아니라　　　　　　　　　　　　　匪適株林

하남을 만나러 가지　　　　　　　　　　　　　　　從夏南

하희의 아들 하징서의 자가 자남이다. 이 시를 지은 시인은 충직하여 하희를 만나러 간다고 하지 않고 하남의 이름만을 들어 하남을 만나러 간다고 했다. 은근한 풍자라고 할 만하다.

진 영공은 본래 부끄럼이 없는 사람이었고, 공영과 의행보 두 사람이 옆에서 떠받들며 부추기자 전혀 염치를 돌아보지 않았다. 더욱이 하희를 함께 소유하며 세 사람이 잘 타협한 뒤 평화로운 국면을 만들었다. 그리하여 한 여자가 세 남자와 함께一婦三夫 환락을 즐기면서도 전혀 이상하게 생각하지 않았다. 점점 자라며 상황을 알게 된 하징서는 자기 모친의 행위를 보고 가슴이 찢어지는 것 같았다. 다만 진나라 군주가 관계된 일이라 어떻게 할 수가 없었다. 그는 매번 진 영공이 주림으로 갈 때마다 자주 핑계를 대고 그곳에서 도피하여 아예 그 혼잡한 상황에서 눈을 돌려버렸다. 음탕한 즐거움에 젖은 그 남녀들 또한 징서가 집에 없는 걸 오히려 다행으로 생각했다. 세월은 쏜살같이 흘러 징서의 나이도 열여덟 살이 되었다. 그는 신체도 건장하고 씩씩한 데다 활쏘기에 많은 공력을 들였다. 영공은 하희의

2_「주림株林」: 주림에서 음란한 짓을 일삼은 진 영공을 풍자한 시로 지금도 『시경』「진풍」에 실려 전한다.

마음을 기쁘게 하기 위해 징서에게 그 부친의 사마 직을 계승하게 하여 병권을 장악하게 했다. 징서는 임금의 은혜에 감사하는 예를 올린 후 주림으로 돌아와 어머니 하희를 뵈었다. 하희가 말했다.

"이번에 주상께서 이렇듯 두터운 은전을 베풀어주셨으니 너는 마땅히 직무에 충실하여 나라의 근심을 분담하도록 해라. 집안일은 걱정할 것 없느니라."

징서는 모친과 작별하고 조정으로 돌아와 자신의 업무에 전념했다.

그러던 어느 날, 어김없이 진 영공은 공영, 의행보와 함께 주림으로 가서 하씨 댁에 묵었다. 하징서는 부친의 벼슬을 이어받게 해준 영공의 은혜에 감사를 표하기 위하여 특별히 본가로 돌아가 연회를 준비하고 영공을 융숭하게 대접했다. 하희는 자신의 아들이 연회 자리에 있었기 때문에 감히 나올 수가 없었다. 주흥이 도도해지자 임금과 신하가 또 음담패설을 주고받으며 손짓 발짓까지 해대고 있었다. 징서는 그 모습이 보기 싫어서 병풍 뒤로 물러나 몰래 그들의 말을 들었다. 영공이 의행보에게 말했다.

"징서의 크고 건장한 몸집이 경을 닮은 것 같소. 경의 자식임에 틀림없소."

의행보가 웃으면서 말했다.

"징서의 형형한 두 눈이 정말 주상을 쏙 빼닮았습니다. 주상의 자식임에 틀림없습니다."

그러자 공영이 옆에서 참견을 했다.

"주상과 의 대부는 그때 나이가 어려서 징서를 낳을 수 없었습니다. 징서는 아비가 많고 많은 잡종입니다. 제 어미조차도 기억하지 못할 것입니다."

세 사람은 박장대소하며 맞장구를 쳤다. 듣지 않았다면 그만이었겠지만 이미 그 말을 들어버린 징서는 자기도 모르게 수치심이 밀려와 걷잡을 수 없을 정도로 노여움이 치솟았다. 그야말로 "분노는 마음속에서 생겨나고, 악행은 간땡이를 향해 자라난다怒從心上起, 惡向膽邊生"는 격이었다. 그는 자신의 모친 하희를 몰래 내실에다 가두어놓고 곁문을 통해 밖으로 나와서 수행 군사들에게 분부했다.

"이 집을 단단히 포위하고 주상 및 공영과 의행보를 절대 내보내지 말라."

군사들은 명령을 받들어 힘찬 목소리로 대답한 후 하씨 집을 포위했다. 징서는 갑옷을 입고 손에는 날카로운 칼을 든 채 집안 사병 여러 명을 거느리고 대문으로 치고 들어갔다. 그러고는 고함을 질렀다.

"어서 저 음란한 역적들을 잡아라!"

진 영공은 아직도 그곳에서 점잖지 못하게 너절한不三不四3 음담패설로 웃고 떠들며 술을 마시고 있었다. 그러나 공영은 밖에서 들려오는 소리를 듣고 영공에게 말했다.

"주상전하! 큰일 났습니다. 징서가 이 연회를 준비한 게 호의가 아닌 듯합니다. 지금 군사를 이끌고 달려오면서 '음란한 역적'을 잡으라고 소리를 질렀습니다. 어서 피하십시오!"

의행보가 말했다.

"앞문은 포위되었을 것이니 뒷문으로 가야 합니다."

세 사람은 늘 하씨 집의 여러 방과 문을 드나들었기 때문에 그곳의 길을 환하게 꿰뚫고 있었다. 눈치 없는 영공은 그때까지도 내실로 뛰어들어가 하희에게 구원을 청할 생각이었다. 그러나 내실 문이 잠긴 것을 보고 더욱

3_ 불삼불사不三不四: 셋도 아니고 넷도 아니다. 이도 저도 아니다. 점잖지 못하고 너절하다.

당황하여 급히 후원으로 달아났다. 징서가 바로 뒤를 쫓아왔다. 영공은 동쪽에 마구간이 있고 그쪽 담장이 낮아서 뛰어넘을 수 있다는 사실이 기억나서 마구간으로 달아났다. 징서가 고함을 질렀다.

"혼군昏君은 게 섰거라!"

그는 활을 당겨 화살을 날렸다. 그러나 화살은 영공에 맞지 않았다. 영공은 급히 마구간으로 뛰어들어 몸을 숨길 생각이었지만 말들이 놀라 날뛰자 얼른 뒷걸음질 쳐 나왔다. 그때 마침 징서가 가까이 다가와서 다시 화살을 쏘았다. 그 화살은 영공의 가슴에 명중했다. 가련하게도 진 영공 평국은 15년 동안 제후로 군림하다가 오늘에 이르러 마구간에서 목숨을 잃었다. 공영과 의행보는 영공이 동쪽으로 가는 것을 보고 틀림없이 하징서가 그쪽으로 추격할 것을 알고 마침내 서쪽의 활터로 도망쳤다. 징서는 과연 영공을 쫓아갔고 이 두 사람은 개구멍으로 빠져나와 자기 집으로 가지도 않고 맨몸으로 초나라로 달아났다.

하징서는 진 영공을 화살로 쏘아 죽인 후 군사를 거느리고 도성으로 돌아왔다. 그는 영공이 술을 마시다가 급환으로 죽었다고 말하고 영공의 유언을 빙자하여 세자 오午를 보위에 올렸다. 이 사람이 진陳 성공成公이다. 성공은 마음속으로 징서를 미워했지만 그를 제압할 힘이 없어 은인자중하며 아무 말도 하지 않았다. 징서도 제후들의 토벌이 두려워서 성공을 핍박하여 진晉나라에 입조하게 했다. 그것은 진나라와 우호를 맺기 위한 조치였다.

한편 초나라 사신은 장왕의 명령을 받들고 진陳나라 군주와 진릉晉陵 회맹에 참가할 약속을 하기 위해 진나라로 향하고 있었다. 그러나 진나라에 도착하기도 전에 변란 소식을 듣고 발길을 돌렸다. 그때 마침 공영과 의행보가 초나라로 도피하여 장왕을 만나고 있었다. 그들은 군신 간의 음란한 행적은 완전히 감추고 단지 이렇게 말했다.

"하징서가 반란을 일으켜 진나라 군주 평국을 시해했습니다."

이 말은 방금 사신이 전한 말과도 부합했다. 초 장왕은 마침내 군신회의를 소집했다. 이 무렵 초나라의 한 공족 대부가 있었다. 그의 성은 굴屈, 이름은 무巫, 자는 자령子靈으로 굴탕의 아들이었다. 이 사람은 용모가 수려한데다 문무겸전한 인재였지만 한 가지 병폐가 있었다. 그것은 바로 음욕을 즐기고 색을 밝히며 오로지 팽조彭祖[4]의 방중술만 강구한다는 점이었다. 그는 몇 년 전 진陳나라로 사신을 갔다가 밖으로 외출 나온 하희와 우연히 부딪쳐 그 미모를 엿본 적이 있었다. 또 그는 하희가 방중술에 뛰어나 나이가 들수록 다시 젊음을 회복한다는 소문을 듣고 마음속으로 깊은 연정을 품었다. 그러던 차에 이번에 하징서가 진 영공을 시해했다는 소식이 들려오자, 이번 기회를 빌려 하희를 잡아오기 위해 장왕에게 군사를 일으켜 진나라를 정벌해야 한다고 강력하게 주청했다. 영윤 손숙오도 이렇게 말했다.

"진나라가 지은 죄는 의당 토벌해야 합니다."

장왕도 마침내 그렇게 하기로 결정했다. 이때가 주 정왕 9년, 진 성공 오원년이었다. 초 장왕은 먼저 한 통의 격문을 써서 진나라로 보냈다. 격문에는 이렇게 쓰여 있었다.

4_ 팽조彭祖: 중국 전설에서 880세를 살았다고 전해지는 신선. 전설에 의하면 요 임금 때 태어나서 하나라와 상나라를 거치면서 49명의 아내를 얻어 54명의 자식을 두었다고 한다. 양생술의 대가로 음양을 마음대로 조절하는 방중술의 창시자로 알려져 있다. 또한 음식을 통해 불로장생의 비법을 터득했다고 한다. 도교에서는 선진仙眞으로 신봉한다.

초왕이 진후에게 보내노라. 소서씨 하징서가 자신의 임금을 시해하여 귀신과 사람이 모두 분노하고 있노라. 너희 나라에서 그자를 토벌하지 못하므로 과인이 너희를 위해 토벌군을 보내노라. 그 죄는 오로지 소서씨에게 귀착될 것이니 나머지 신민은 조용히 따르며 동요하지 말라.

진陳나라에서 격문을 본 모두가 하징서에게 죄를 덮어씌우면서 초나라로부터 도움받기를 간절히 바랐다. 결국 적을 방어할 계책은 세우지도 않았다.

초 장왕은 친히 삼군을 이끌고 공자 영제, 공자 측, 굴무屈巫 등 일반 장수들을 대동한 채 구름이 몰아치고 바람이 휩쓸 듯 곧바로 진나라 도성으로 쳐들어갔다. 마치 무인지경을 가듯 이르는 곳마다 백성을 위로하며 털끝만큼의 침범도 하지 못하게 했다. 하징서는 민심이 자신을 원망하는 것을 알고 몰래 주림으로 도망쳤다. 이때 진陳 성공은 아직 진晉나라에서 귀환하지 않은 상황이었다. 그래서 대부 원파轅頗가 신하들과 상의하며 이렇게 말했다.

"초왕이 우리를 성토하러 오는 것은 하징서를 주살하기 위해서요. 그러니 징서를 잡아 초나라 군대에 바친 뒤 사신을 보내 강화를 요청하고 사직을 보전하는 것이 상책일 듯하오."

신하들도 모두 그렇게 생각했다. 원파는 자신의 아들 교여에게 군사를 거느리고 주림으로 가서 징서를 잡아오게 했다. 교여가 주림으로 가기도 전에 벌써 초나라 군사가 도성 아래로 들이닥쳤다. 진나라에서는 오랫동안 지엄한 정령政令이 내려진 적이 없었고, 하물며 지금 진나라 군주도 국내에 없는 상황이라, 백성이 직접 나서서 성문을 열고 초나라 군사를 맞아들였다. 초 장왕이 군대를 이끌고 질서정연하게 입성하자 장수들은 원파 등 진 나라 신하를 장왕의 면전에 대령했다. 장왕이 물었다.

"징서는 어디 있소?

원파가 대답했다.

"주림에 있습니다."

장왕이 물었다.

"지금 진나라의 신하가 아닌 사람이 누구요? 그런데 어찌하여 그런 역적 을 용납하고 주살하지 않는단 말이오?"

원파가 대답했다.

"주살하고 싶지 않은 것이 아니라 그렇게 할 힘이 없습니다."

장왕은 즉시 원파에게 길을 안내하라 명령을 내리고 직접 대군을 이끌 고 주림으로 출발했다. 그러나 공자 영제에게는 한 무리 군사를 거느리고 도성에 주둔하여 만일의 사태에 대비하라고 했다.

한편 하징서는 가산을 수습하여 모친 하희를 모시고 정나라로 도망가 려 했다. 일각을 다투는 찰나에 초나라 군사가 주림을 단단히 포위하고 징 서를 포박했다. 장왕은 징서를 묶어서 뒷 수레에 싣게 한 뒤 물었다.

"어찌하여 하희가 보이지 않느냐?"

군사들이 하씨 집을 수색하여 후원에서 하희를 잡았다. 하화는 벌써 도 망쳐서 간 곳을 알 수 없었다. 하희는 장왕을 향해 재배하고 말했다.

"불행하게도 나라는 난리를 만났고 집안은 망했습니다. 천첩은 일개 아 녀자로 그 목숨이 대왕마마의 손에 달려 있습니다. 만약 긍휼하게 여겨주 신다면 대왕마마의 노비로 살아가겠습니다."

이때도 하희의 안색은 아름답고 목소리는 우아했다. 장왕은 하희를 보

莊王伏義討徵舒

초 장왕이 하징서를 사로잡다.

자마자 마음이 흔들렸다. 그래서 장수들에게 말했다.

"우리 초나라에도 궁녀들이 많지만 하희와 같은 절색은 거의 없소. 과인이 받아들여 비빈으로 삼고 싶은데 경들의 의견은 어떠하오?"

그러자 굴무가 간언을 올렸다.

"불가하고 불가합니다. 주상께서 진나라까지 군사를 이끌고 오신 뜻은 이들의 죄를 성토하기 위한 것입니다. 그런데 만약 하희를 후궁으로 받아들이신다면 그 미색을 탐하여 이곳으로 온 것이 됩니다. 죄를 성토하는 것은 대의이고, 미색을 탐하는 것은 음욕입니다. 대의로 시작하여 음욕으로 끝마치려 하십니까? 패주의 거동이 이와 같아서는 안 됩니다."

장왕이 말했다.

"자령(굴무의 자)의 말씀이 심히 옳소. 과인은 하희를 받아들이지 않겠소. 다만 이 여자는 절세의 미인이라, 과인이 다시 본다면 틀림없이 자제할 수 없을 것 같소."

그러고는 군사들에게 후원의 담장을 헐고 하희가 가고 싶은 대로 가도록 풀어주라고 했다. 이때 옆에 있던 장군 공자 측이 하희의 미모에 넋이 빠졌다. 그는 장왕이 하희를 받아들이지 않자 바로 무릎을 꿇고 요청했다.

"신은 중년에 이르러 아내가 없습니다. 청컨대 대왕마마께서 하희를 신에게 하사하여 아내로 삼게 해주십시오."

그러자 굴무가 또 아뢰었다.

"대왕마마께서는 허락해서는 안 됩니다."

공자 측이 화를 내며 말했다.

"자령은 내가 하희를 아내로 삼는 일에 반대하시니 무슨 까닭이오?"

굴무가 대답했다.

"이 여자는 천지간의 불길한 요물이오. 내가 알고 있는 일을 말씀드리겠소. 이 여자 때문에 정나라 공자 만이 요절했고, 진나라 하어숙도 일찍 죽었으며, 진나라 군주도 시해되었소. 또 공영과 의행보도 나라에서 쫓겨났고, 진나라는 결국 망국에 이르렀으니 이보다 더 큰 불길함이 어디 있겠소? 천하에 아름다운 여인이 많은데 어찌 이 같은 요물을 취하여 장차 후회를 남기려 하시오?"

장왕이 말했다.

"자령의 말과 같다면 과인도 두려운 마음이 드오."

공자 측이 말했다.

"그 정도라면 나도 아내로 취하지 않겠소. 다만 한 가지 염려가 되오. 지금 주상께서도 받아들이지 않겠다고 하셨고, 나도 취하지 않겠다고 했는데, 설마 굴 대부께서 데려가려는 건 아니시겠지요?"

굴무는 연방 소리를 질렀다.

"아니오, 아니오. 제가 어떻게 감히."

장왕이 말했다.

"물건에 주인이 없으면 반드시 다툼이 생기는 법이오. 소문을 들으니 연윤連尹[5] 양로襄老가 근래에 상처를 했다 하오. 그의 후처로 내려주는 것이 좋을 듯하오."

이때 양로는 군사를 이끌고 출정했다가 후위대에 머물고 있었다. 장왕이 그를 불러 하희를 아내로 하사하자 두 부부는 감사의 배례를 올리고 물러났다. 공자 측은 그렇다 쳐도, 굴무는 장왕에게 간언을 올려 공자 측의 의

---

5 연윤連尹: 연連은 지명으로, 연윤은 연 땅을 다스리는 지방 수령.

도를 무산시킨 뒤 자신이 하희를 데려가고 싶었다. 그런데 장왕이 하희를 양로에게 하사하자 마음속으로 몰래 울부짖었다.

'아깝다. 아까워!'

또 몰래 생각했다.

'저 늙은이가 어떻게 저런 여자를 감당할 수 있겠나? 최소한 1년 반만 지나면 다시 과부가 될 것이다. 그때 가서 다시 생각해보기로 하자.'

굴무는 이런 속셈을 가졌지만 입 밖으로는 한 마디도 발설하지 않았다. 장왕은 주림에서 하룻밤을 자고 다시 진나라 도성으로 돌아왔다. 공자 영제가 장왕의 입성을 영접했다. 장왕은 하징서를 율문栗門으로 끌어내 거열형車裂刑에 처하게 했다. 이것은 제 양공이 고거미를 죽인 형벌과 같았다. 사관이 이를 시로 읊었다.

진 영공은 음란하여 불행을 자초했지만	陳主荒淫雖自取
하징서의 시역 사건도 국법 어긴 일이었네	徵舒弑逆亦違條
초 장왕의 정벌은 단비가 오는 것 같아	莊王弔伐如時雨
사수 연안 제후들은 그 깃발을 우러러봤네	泗上諸侯望羽旄

초 장왕은 하징서에게 호령을 내려 사형에 처한 뒤, 진나라의 강역을 자세히 조사하고 진나라를 멸망시켜 초나라의 현으로 삼았다. 그리고 공자 영제를 진공陳公으로 임명하여 그 땅을 지키게 했다. 진나라 대부 원파 등은 모두 초나라 도성 영도로 데리고 갔다. 남방의 속국들은 모두 초왕이 진나라를 멸망시키고 귀환했다는 소식을 듣고 축하 사절을 보내왔다. 각처의 현을 다스리는 관리들은 말할 필요도 없었다. 그러나 유독 대부 신숙시

申叔時만이 제나라로 사신을 갔다가 돌아오지 않았다. 그 무렵 제나라 혜공이 죽고 공자 무야無野가 즉위했다. 이 사람이 제 경공頃公이다. 제와 초는 줄곧 우호관계를 유지해왔기 때문에 장왕은 신숙시를 사신으로 보내 제나라 옛 군주의 죽음을 조문하고 새 군주의 즉위를 축하하는 예를 갖추게 했다. 이것은 아직 진나라 정벌에 나서기 이전의 일이었다. 장왕이 진나라에서 초나라로 돌아온 지 사흘 뒤에 신숙시가 돌아와 귀환 보고를 했다. 그러나 그는 장왕에게 경하한다는 말을 한 마디도 하지 않았다. 장왕은 내시를 시켜 신숙시에게 질책하는 말을 보냈다.

"하징서가 무도하여 자신의 임금을 시해했소. 그래서 과인이 그 죄를 성토해 죽이고 진나라 땅을 우리 영토로 편입한 것이오. 그리하여 그 의로운 명성이 천하에 알려지자 제후와 현령들이 모두 축하를 올리지 않은 사람이 없었소. 그런데 어찌하여 경만 한 마디 인사도 없소? 과인이 진나라를 토벌한 일이 잘못되었다는 것이오?"

신숙시는 그 시종을 따라와서 초왕을 뵙고 싶다고 했다. 그리고 얼굴을 마주 보고 자신의 말을 끝까지 들어주기를 청했다. 장왕이 허락했다. 신숙시가 말했다.

"대왕마마께선 '남의 소가 내 밭을 짓밟았다고 그 소를 빼앗는다蹊田奪牛'6는 말을 들어보셨습니까?"

장왕이 말했다.

6_ 혜전탈우蹊田奪牛: 남의 소가 내 밭을 짓밟았다고 그 소를 빼앗는다는 고사성어가 여기에서 나왔다. 하징서가 진 영공을 시해한 것은 본래 영공과 간신들의 음행 때문에 일어난 일이기 때문에 진陳나라를 멸망시킬 정도의 큰 죄는 아니라는 뜻이다. 지은 죄보다 받은 죄가 무거운 경우를 비유한다.(『좌전』선공 11년)

"들어보지 못했소."

신숙시가 말했다.

"예컨대 지금 어떤 사람이 소고삐를 놓쳐서 그 소가 다른 사람의 밭을 가로질러 가며 농작물을 짓밟았습니다. 그런데 밭주인이 화가 나서 그 소를 빼앗았습니다. 이 옥사獄事가 지금 대왕마마의 면전에 있다면 어떻게 판결하시겠습니까?"

장왕이 말했다.

"놓친 소가 밭을 밟았다 해도 상한 농작물이 많지는 않을 것이오. 그 소를 빼앗는 건 지나친 처사요. 과인에게 이 옥사를 판결하라면 소를 놓친 그 사람을 가볍게 꾸짖고 소를 돌려주라고 하겠소. 경이 보기엔 타당한 판결이오?"

신숙시가 말했다.

"대왕마마께선 옥사를 판결할 때는 그렇게 현명하게 하시면서 진나라의 일을 판결할 때는 어찌 그렇게 어두우셨습니까? 하징서에게 죄가 있다면 자기 군주를 시해한 죄밖에 없습니다. 그건 나라를 망하게 할 정도의 죄는 아니니, 대왕마마께서는 그의 죄를 성토하는 걸로 충분했습니다. 그런데 그 나라를 빼앗았으니, 밭을 짓밟았다고 소를 빼앗는 경우와 무엇이 다릅니까? 또 그게 무슨 축하받을 일입니까?"

장왕이 발을 구르며 말했다.

"경의 말씀이 참으로 훌륭하오. 과인은 이런 말씀을 들어본 적이 없소."

신숙시가 말했다.

"대왕마마께서 신의 말을 훌륭하다고 생각하신다면 어찌 소를 돌려주는 일을 본받지 않으십니까?"

장왕은 즉시 진나라 대부 원파를 불러서 물었다.

"진나라 군후께선 지금 어디 계시오?"

원파가 대답했다.

"지난번에 진晉나라로 갔는데, 지금은 어디에 있는지 모르겠습니다."

말을 마치고는 자기도 모르게 눈물을 흘렸다. 장왕이 참담하게 말했다.

"과인이 경의 나라를 다시 세워주겠소. 경은 진陳나라 군후를 맞아 보위에 올리시오. 대대로 우리 초나라를 섬기고 남북 간을 이간시키지 말며 과인의 은덕을 저버려서는 안 될 것이오."

또 공영과 의행보를 불러 분부했다.

"경들도 귀국하여 함께 진나라 군후를 보좌하시오."

원파는 공영과 의행보 두 사람이 참화의 근원임을 분명하게 알고 있었지만, 초왕 앞에서는 감히 사실을 밝힐 수 없어 대충 얼버무린 뒤 감사 인사를 하고 함께 진나라로 출발했다. 이들은 초나라 국경을 나서다가 진晉나라에서 초나라로 오는 진陳 성공 오를 만났다. 그는 자신의 나라가 이미 멸망한 것을 알고 초나라로 가서 초왕을 만날 참이었다. 원파는 초왕의 아름다운 뜻을 전하고 함께 수레를 나란히 몰고 진나라로 되돌아왔다. 진나라를 지키던 초나라 장수 공자 영제는 이미 초왕의 명령을 받고 본국으로 돌아가려던 참이었다. 그는 마침내 진나라 땅을 진 성공에게 돌려주고 초나라로 귀환했다. 이것이 바로 초 장왕이 가장 잘한 조치 중의 하나였다. 염옹이 이 일을 시로 읊었다.

진나라를 다시 세워줄 그 누가 알았으랴 　　縣陳誰料復封陳

도척과 순 임금도 마음 쓰기에 달려 있네 　　蹠舜還從一念新

남녘 땅 초나라가 대의를 드날린 건　　　　　　南楚義聲馳四海

어진 임금이 어진 신하에 의지했음을 알아야 하리　須知賢主賴賢臣

공영이 귀국한 지 채 한 달도 되지 않았을 때, 백주대낮에 헛것이 보이며 이미 죽은 하징서가 나타나 그의 목숨을 내놓으라고 했다. 이로 인해 공영은 미치광이가 되어 스스로 연못에 뛰어들어 죽었다. 그가 죽은 후 의행보는 진 영공과 공영, 하징서 세 사람이 나타나는 꿈을 꾸었다. 세 사람은 그를 잡아 염라대왕 앞으로 끌고 가서는 평소 소행에 대한 심판을 받게 했다. 의행보는 꿈속에서 대경실색하여 그때부터 갑자기 폭질暴疾에 걸려 죽었다. 이것은 음란한 사람에 대한 하늘의 보복이었다.

공자 영제는 초나라로 귀국하여 장왕을 배알하면서도 여전히 스스로를 진공陳公 영제라고 칭했다. 장왕이 말했다.

"과인이 이미 진나라를 다시 돌려주었으니, 별도로 경에게 보상할 방법을 찾고자 하오."

그래서 공자 영제는 신申과 여呂 땅을 달라고 했고, 장왕이 그것을 허락했다. 굴무가 아뢰었다.

"그곳은 우리 북쪽 경계의 곳간입니다. 우리 초나라는 그곳에 의지하여 진晉나라 도적을 막아내고 있습니다. 상으로 줄 수 있는 땅이 아닙니다."

이에 장왕이 허락을 취소했다. 그곳을 다스리던 신숙시가 나이가 늙었다고 벼슬을 내놓았다. 장왕은 굴무를 신공申公으로 임명했다. 굴무는 사양하는 말 한 마디도 하지 않고 그곳으로 부임했다. 이 때문에 영제와 굴무는 사이가 벌어졌다. 이것은 주 정왕 10년, 초 장왕 10년의 일이었다.

진陳나라는 남쪽 초나라를 섬겼으나 정나라는 여전히 진晉나라를 따르며 초나라에 복종하지 않았다. 이에 초 장왕은 대부들과 대책을 상의했다. 영윤 손숙오가 말했다.

"우리가 정나라를 정벌하면 진晉나라는 틀림없이 구원에 나설 것입니다. 그렇게 되면 대군을 움직이지 않고는 이길 수 없습니다."

장왕이 말했다.

"과인의 뜻이 바로 그러하오."

그리하여 삼군과 양광의 군사를 모두 일으켜 호호탕탕하게 정나라 형양을 향해 쇄도해 들어갔다. 연윤 양로가 선봉대를 맡아 출병할 때 용장 당교唐狡가 한 가지 요청을 하며 말했다.

"정나라는 작은 나라이니 대군을 번거롭게 할 필요가 없소. 원컨대 이 당교에게 부하 100명만 주시면 하루 앞서 진격하여 우리 삼군을 위해 길을 열겠소."

양로가 그 뜻을 장하게 여기고 그의 말을 들어줬다. 당교는 가는 곳마다 전투에 힘을 쏟았고, 맞붙는 상대를 모두 패퇴시키며 행진을 멈추지 않았다. 당교의 군사들은 매일 밤 군영을 세울 곳을 깨끗이 청소하고 대군이 오기를 기다렸다. 장왕은 장수들을 거느리고 곧바로 정나라 교외까지 오면서 이를 가로막는 정나라 군사를 한 명도 만나지 않았고, 또 행군을 하루도 지체하지 않았다. 장왕은 행군의 신속함을 기이하게 생각하며 양로에게 말했다.

"뜻밖에도 경은 나이가 들수록 더욱 강건해지는 것 같소. 어떻게 그렇게 용감하게 전진할 수 있소?"

양로가 대답했다.

"그건 신의 힘이 아니오라, 신의 부장 당교가 힘써 싸운 결과입니다."

장왕은 즉시 당교를 불러서 후한 상을 내리려 했다. 그러자 당교가 대답했다.

"신은 이미 대왕마마의 은혜를 두텁게 받았습니다. 그래서 오늘 오로지 그 은혜에 보답을 드리려 하는 것인데 어찌 감히 상까지 탐낼 수 있겠습니까?"

장왕이 의아해하며 물었다.

"과인은 경을 알지도 못했는데 경은 어디서 과인의 은혜를 받았단 말이오?"

당교가 대답했다.

"지난번 갓끈을 끊고 놀 때 미인의 소매를 당긴 것이 바로 신이었습니다. 대왕마마께서 이미 신을 죽이지 않은 은혜를 베풀어주셨으니 신은 목숨을 버려서라도 보답하고자 하는 것입니다."

장왕이 감탄하며 말했다.

"오호! 과인이 당시에 촛불을 켜고 죄를 다스렸던들 어찌 오늘 사력을 다해 싸우는 이 사람의 보답을 받을 수 있었으리오?"

장왕은 종군 관리에게 명하여 그의 공을 첫 번째로 기록해두게 했다. 정나라를 평정한 이후 장차 중용할 생각이었다. 당교가 사람들에게 말했다.

"나는 주상께 죽을죄를 지었는데도 주상께서 그것을 덮어주고 죽이지 않으셨소. 이런 연유로 사력을 다해 보답하고자 하는 것이오. 그러나 사실이 밝혀진 이상 감히 죄인의 몸으로 상을 받을 순 없소."

그러고는 그날 밤 바로 종적을 감추어 간 곳을 알 수 없게 되었다. 장왕이 소식을 듣고 탄식했다.

"진정한 열사로다!"

초나라 대군은 정나라 교외 관문을 함락시키고 도성 아래로 직진했다. 장왕은 사방으로 긴 포위망을 구축하고 성을 공격하라고 명령을 내렸다. 무릇 17일 동안 밤낮으로 쉴 틈 없이 공격을 퍼부었다. 정 양공은 진晉나라의 구원을 믿고 바로 강화를 청하지 않았다. 그러나 죽거나 부상당한 군사들이 매우 많아졌다. 또 동북쪽 성곽 모서리가 수십 길이나 붕괴되자 초나라 군사들이 그곳으로 올라가려 했다. 이때 장왕은 성안에서 통곡소리가 진동하는 것을 듣고 마음이 편치 못하여 군사를 10리 뒤로 물렸다. 그러자 공자 영제가 앞으로 나서서 아뢰었다.

"성을 함락시키려면 지금의 승세를 타야 합니다. 어째서 군사를 물리십니까?"

장왕이 말했다.

"정나라가 나의 위엄은 알아도 나의 덕은 모르는 것 같네. 내 잠시 군사를 물리고 나의 덕을 보이려는 것이네. 저들이 내 뜻을 따르는지 거스르는지를 보고 진퇴를 결정하겠네."

정 양공은 초나라 군사가 물러났다는 소식을 듣고 진나라 원군이 이미 도착한 것으로 생각했다. 이에 백성을 이끌고 무너진 성벽을 수축한 뒤 남녀노소 모두 성 위로 올라가게 하여 성을 지키게 했다. 장왕은 정 양공이 항복할 의사가 없음을 알고 다시 군사를 진격시켜 성을 포위했다. 정나라는 3개월 동안 성을 단단히 지켰지만 그 뒤로는 더 이상 지탱할 힘이 없었다. 초나라 장수 악백이 군사를 이끌고 먼저 황문皇門(정나라 도성 서문) 위로 올라가 성문을 부수어 열었다. 장왕은 절대로 약탈하지 말라고 명령을 내렸다. 초나라 삼군이 모두 숙연하게 입성했다. 초나라 군사가 사통팔달의

鄭伯南宮迎楚君羊

정 영공이 양을 끌고 초 장왕에게 항복하다.

큰 거리에 이르자 정 양공은 맨어깨를 드러낸 채 희생으로 바치는 양을 끌고 나가 초나라 군사를 영접했다. 그가 사죄하며 말했다.

"과인이 부덕의 소치로 대국을 섬기지 못하여 대왕을 노엽게 했습니다. 그리하여 대왕께서 이 소국에 군사를 거느리고 행차하시게 되었으니 과인은 자신이 지은 죄를 알고 몸 둘 바를 모르겠습니다. 나라의 존망과 과인의 생사는 모두 대왕께 맡기겠습니다. 만약 선군들이 맺은 우호를 돌아보시어 이 나라를 멸망시키지 않고 종묘사직을 이어갈 수 있게 해주신다면, 이제 부용국附庸國(속국)처럼 초나라를 섬길 것입니다. 이 모두 대왕의 은혜가 될 것입니다."

그 말을 듣고 공자 영제가 앞으로 나서며 말했다.

"정나라는 힘이 다해 항복한 것입니다. 용서해주면 다시 반역할 테니 나라를 없애는 것이 좋겠습니다."

장왕이 말했다.

"신숙시가 이 자리에 있다면 또 '밭을 짓밟았다고 소를 빼앗는蹊田奪牛' 격이라고 할 것이네."

그러고는 즉시 군사를 30리 밖으로 물리게 했다. 정 양공은 친히 초나라 군영으로 가서 사죄하고 회맹을 청했다. 또한 자신의 동생 공자 거질을 초나라에 인질로 주었다.

초 장왕은 군사를 수습해 북쪽으로 진군하여 연郔(河南省 鄭州 북쪽)에 주둔했다. 그때 첩보가 올라왔다.

"진나라가 순임보를 대장으로, 그리고 선곡을 부장으로 임명하여 병거 600승을 이끌고 정나라를 구원하기 위해 벌써 황하를 건넜습니다."

장왕이 장수들에게 물었다.

"진나라 군사가 당도하면 돌아가야 하오? 아니면 싸워야 하오?"

영윤 손숙오가 대답했다.

"정나라를 얻지 못했다면 진나라와 싸우는 것이 마땅합니다. 그러나 이미 정나라를 얻었사온데 어찌 진晉나라와 원한을 맺을 필요가 있겠습니까? 군사를 온전히 유지한 채 귀환하는 것이 만에 하나 실수를 줄일 수 있는 계책이 될 것입니다."

그때 총신寵臣7 오참伍參8이 아뢰었다.

"영윤의 말은 틀렸습니다. 정나라는 늘 우리 초나라의 힘이 진晉나라에게 미치지 못한다고 생각하여 진을 섬겨왔습니다. 지금 진이 공격해오는데도 우리가 피한다면 진정으로 우리의 힘이 저들에게 미치지 못함을 인정하는 꼴이 될 것입니다. 그럼 장차 진나라는 정나라가 우리 초나라에 복종하는 것을 알고 틀림없이 군사를 정나라로 보낼 것입니다. 진나라가 지금 정나라를 구원하러 왔는데, 우리도 정나라를 구원해야 하지 않겠습니까?"

손숙오가 말했다.

"지난해에는 진陳나라를 정벌했고 올해는 정나라를 정벌하느라 우리 초나라 군사는 벌써 지쳤습니다. 만약 싸워서 이기지 못한다면 오참의 살점을 씹어 먹는다 해도 어찌 그의 죄를 씻을 수 있겠습니까?"

오참이 말했다.

"만약 싸워서 이긴다면 영윤께선 지금의 무대책에 책임을 지셔야 할 것

7_ 총신寵臣: '폐인嬖人'을 말한다. 궁궐에서 일하면서 임금의 총애를 받는 환관이나 시종을 가리킨다. 대체로 신분이 미천하다.

8_ 오참伍參: 중국어로 'Wǔ Cān'이라고 읽으므로 우리 발음으로는 오참이 된다. 뒤에 나오는 오자서伍子胥의 증조부다.

이오. 또 만약 우리가 이기지 못한다면 이 오참의 살점은 장차 진나라 군사들에게 모두 먹힐 것인데 어찌 우리 초나라 사람의 입에까지 돌아올 수 있겠소?"

이에 장왕은 여러 장수에게 두루 질문을 한 뒤, 각자가 붓으로 손바닥에 싸울 사람은 '전戰' 자를, 돌아갈 사람은 '퇴退' 자를 쓰게 했다. 쓰기가 끝나자 장왕은 모두 손바닥을 펴보이게 했다. 그러자 중군원수 우구 및 연윤 양로, 비장神將 채구거蔡鳩居와 팽명彭名 네 사람만 '退'자를 썼고 그 나머지 공자 영제, 공자 측, 공자 곡신穀臣, 굴탕, 반당潘黨, 악백, 양유기養繇基, 허백許伯, 웅부기, 허언許偃 등 20여 명은 모두 '戰'자를 썼다. 장왕이 말했다.

"노신 우구의 의견이 영윤과 합치되니 '후퇴'하는 것이 옳소."

이에 수레와 깃발을 남쪽으로 돌리라고 명령을 내리고 내일 황하에서 전마에 물을 먹인 후 돌아가겠다고 했다.

그날 밤 오참이 장왕을 뵈러 와서 말했다.

"대왕마마께선 어찌하여 진나라를 두려워하시며 정나라를 그들에게 던져주려 하십니까?"

"과인은 정나라를 버린 적이 없느니라."

"우리 초나라 군사는 정나라 도성 아래 90일이나 주둔한 끝에 겨우 정나라를 얻었습니다. 지금 진나라가 공격해오는데도 우리 초나라가 후퇴한다면 진나라는 정나라를 구원했다는 핑계를 대고 다시 그들을 복속시킬 것입니다. 그럼 초나라는 다시 정나라를 소유하지 못할 것이니 이것이 정나라를 버리는 것이 아니고 무엇입니까?"

"영윤의 말로는 진나라와 싸워도 반드시 이길 거라는 보장이 없다고 했다. 이러한 까닭에 후퇴하려는 것이다."

"신이 이미 자세히 생각해보았습니다. 진나라 장수 순임보는 새로 중군 대장이 되어 군사들에게 아직 위신이 서지 않을 것입니다. 그를 보좌하는 선곡은 진나라 공신 선진의 손자이며 선저거의 아들입니다. 그는 선대의 공훈만 믿고 뻐길 뿐만 아니라 성격이 강퍅하고 불인하니, 명령을 공정하게 내릴 만한 장수가 아닙니다. 난씨欒氏와 조씨 같은 무리가 있기는 하지만 모두 대대로 내려오는 명장 집안 자제여서 각기 자기 생각만 고집하며 호령을 따르지 않습니다. 지금 진나라 군사가 많다 해도 우리가 쉽게 이길수 있습니다. 또 한 나라의 군주로서 진나라의 신하들을 피하신다면 대왕마마께선 장차 천하에 웃음거리가 될 것입니다. 그러니 어떻게 정나라를 복속시킬 수 있겠습니까?"

장왕이 경악하며 말했다.

"과인이 비록 군사를 부리는 데 능하지 못해도 어찌 진나라 신하들 아래에 처할 수 있겠느냐? 과인은 경의 뜻을 좇아 진나라와 싸울 것이다."

그러고는 그날 밤 바로 사람을 시켜 영윤 손숙오에게 전투 명령을 전달했다. 그리하여 병거를 일제히 북으로 돌려 관성管城(河南省 鄭州) 북쪽으로 들어가 진나라 군사를 기다리게 했다. 양국의 승부가 어떻게 될지는 다음 회를 보시라.

청백리의 아들

순임보는 부하를 단속하지 못해 싸움에 지고
배우 맹은 연극을 빌려 장왕을 깨우치다
荀林父縱屬亡師, 孟侏儒託優悟主.

진晉 경공 즉위 3년, 초 장왕이 직접 정나라 정벌에 나섰다는 소식을 듣고 경공은 정나라를 구원할 대책을 마련하고자 했다. 이에 순임보를 중군 원수로 삼고, 선곡을 부장으로 삼았으며, 조삭을 하군원수로 삼고, 난서樂書를 부장으로 삼았다. 또 조괄趙括과 조영제趙嬰齊를 중군 대부로 삼고, 공삭鞏朔과 한천韓穿을 상군 대부로 삼았으며, 순수荀首와 조동趙同을 하군 대부로 삼았고, 한궐을 사마로 삼았다. 그런 다음 부장 위기魏錡, 조전趙旃, 순앵荀罃, 방백逄伯, 포계鮑癸 등 수십 명을 대동하고 병거 600승을 일으켰다. 그해 여름 6월 강주에서 출병하여 황하 포구에 도착했다. 전초병의 염탐에 의하면 정나라 도성이 초나라 군사에게 오래 포위되어 곤경에 처했다가 원군이 오지 않아서 벌써 초나라에 항복했고, 초나라 군사도 북으로 향하고 있다고 했다. 순임보는 장수들을 불러 행군을 계속할 것인지 멈출 것인지를 상의했다. 사회가 말했다.

"우리의 구원이 미치지 못했으니 초나라와 싸우는 건 명분이 없소. 군사를 거두었다가 다음 기회를 노리는 것이 좋을 것이오."

순임보도 그 말을 옳게 여기고 마침내 장수들에게 군사를 거두라고 명령을 내렸다. 그러자 중군의 한 상장이 몸을 벌떡 일으키며 말했다.

"절대 불가하오! 우리 진나라가 제후들의 패자가 될 수 있었던 것은 기울어져가는 나라를 일으켜주고 재난을 당한 나라를 구원했기 때문이오. 지금 정나라는 우리 원군이 제때 도착하지 않아서 부득이하게 초나라에 항복한 것이오. 우리가 만약 초나라를 꺾으면 정나라는 틀림없이 우리 진나라로 귀의할 것이오. 지금 정나라를 내버리고 초나라를 피한다면 작은 나라들이 우리의 무엇을 믿을 수 있겠소? 그렇게 되면 진나라는 더 이상 제후들의 패자로 군림할 수 없을 것이오. 원수께서 만약 반드시 군사를 거두려 하시면 소장은 혼자서라도 휘하의 군사를 이끌고 앞으로 나아갈 것이오."

순임보가 고개를 들어보니 바로 중군의 부장 선곡이었다. 그는 자가 체자彘子였다. 임보가 말했다.

"지금 초왕이 초나라 군중에 있으며, 저들의 군사는 강하고 장수는 많소. 그대가 작은 부대로 혼자 황하를 건너는 건 굶주린 호랑이에게 고기를 던져주는 것과 같소. 이번 사태에 무슨 도움이 되겠소?"

선곡이 포효하며 울부짖었다.

"만약 진격하지 않는다면 사람들이 우리 진나라에 용감하게 싸우려는 사람이 하나도 없다고 할 것이니 어찌 수치스러운 일이 아니오? 나는 이번에 진격하여 적진 앞에서 죽을지언정 나의 곧은 뜻을 잃지 않을 것이오."

선곡은 말을 마치고 군영을 나서다가 조동과 조괄 형제를 만나 이렇게 말했다.

"원수께서 초나라 군사를 두려워하며 군사를 거두라고 하셨지만 나는 혼자라도 황하를 건널 것이오."

조동과 조괄이 말했다.

"대장부라면 응당 이와 같아야 할 것이오. 우리 형제도 부대를 이끌고 장군을 따르겠소."

세 사람은 원수의 명령은 무시한 채 군사를 거느리고 황하를 건넜다. 순앵은 조동이 보이지 않아 주위에 물으니 군사들이 보고했다.

"이미 초나라 군사와 맞아 싸우기 위해 선 장군을 따라갔습니다."

순앵은 깜짝 놀라 사마 한궐에게 상황을 알렸다. 한궐은 특별히 중군으로 가서 순임보를 보고 말했다.

"원수께선 체자가 황하를 건넜다는 소식을 듣지 못했소? 저런 상태로 초나라 군사를 만나며 틀림없이 패할 것이오. 원수께선 중군을 총괄하는 장수인데 체자가 군사를 잃으면 그 죄가 오로지 원수에게 귀착될 것이오. 장차 어찌하시려오?"

순임보가 두려운 마음으로 계책을 물었다. 한궐이 말했다.

"일이 이미 이 지경에 이르렀으니 삼군을 모두 진격시키는 것이 좋을 것 같소. 만약 이기면 장군의 공로로 하고, 만에 하나 이기지 못하면 우리 여섯 사람이 고루 책임을 분담하는 것이 어떻겠소? 장군 혼자 죄를 뒤집어쓰는 것보다야 낫지 않겠소?"

순임보가 자리에서 내려와 배례를 올리며 말했다.

"사마의 말씀이 옳소."

그리하여 마침내 삼군에게 황하를 건너라고 명령을 전했다. 그리고 오산敖山(河南省 滎陽 북쪽)과 호산鄗山(河南省 滎陽 북쪽 사이)에 군영을 세웠다. 선곡이 기뻐하며 말했다.

"나는 처음부터 원수께서 내 말을 거절하지 못하실 줄 알았다."

이야기가 두 갈래로 나뉜다. 정 양공은 진나라 군사의 숫자가 많은 데다 병력도 강성하다는 소식을 듣고 그들이 싸움에서 이길까봐 두려웠다. 그렇게 되면 초나라에 복종한 정나라의 죄를 장차 성토할 것이기 때문이었다. 이에 신하들을 모아 대책을 의논하게 했다. 대부 황수皇戍[1]가 앞으로 나서며 말했다.

"신이 주상을 위해 진나라 군영에 사신으로 가서 진나라가 초나라와 싸우도록 설득하겠습니다. 우리는 진나라가 이기면 진나라를 따르고 초나라가 이기면 초나라를 따르면 될 터이니 근심할 게 무엇이겠습니까?"

정 양공은 그 계책이 좋다고 여기고 황수를 진나라 군영으로 보내 정 양공의 명을 전하게 했다.

"우리 주상께서는 가뭄에 단비를 바라듯 귀국의 구원을 기다렸습니다. 그러나 사직이 위태로워져서 초나라에 일시 의탁하여 망국을 면하고자 한 것이지 감히 진나라를 배신한 것은 아닙니다. 초나라 군사는 우리 정나라에 승리하여 교만해져 있을 뿐만 아니라 오랜 출병으로 피로에 지쳐 있습니다. 진나라가 만약 저들을 공격하면 우리 나라도 그 뒤를 따르겠습니다."

선곡이 말했다.

1_ 황수皇戍: 『좌전』에는 '황술皇戌'로 되어 있다. 좌전의 인명 중 '술戌'로 기록된 것을 이 소설에서는 일관되게 '수戍'로 표기하고 있다.

"초나라를 패퇴시키고 정나라를 복종시키는 일이 이번 한 번의 공격에 달려 있습니다."

그러자 난서가 말했다.

"정나라 사람들은 마음이 일정치 않고 변덕이 심하여 그 말을 믿을 수 없습니다."

그러나 조동과 조괄은 이렇게 말했다.

"우리 속국이 싸움을 돕겠다고 하니 이번 기회를 놓쳐서는 안 됩니다. 선곡의 말이 옳습니다."

그러고는 마침내 순임보의 명령을 따르지도 않고 선곡 및 황수와 함께 초나라와 싸울 약속을 했다.

그런데 정 양공이 이와는 별도로 초나라 군영에도 사신을 파견하여 초왕에게도 진나라와 싸울 것을 권유했다는 사실을 그 누가 알았을까? 양편에 싸움을 부추겨 놓고 자신은 가만히 앉아서 그들의 승패를 구경할 심산이었다.[2] 손숙오는 진나라 군대의 강성함을 염려하여 초 장왕에게 말했다.

"진나라 사람들도 우리와 결전을 치를 마음이 없을 것이니 저들과 강화를 하는 것이 좋겠습니다. 강화를 요청하여 저들이 받아들이지 않은 연후에 교전을 벌인다면 그 잘못은 저들 진나라에 있게 됩니다."

장왕도 그렇게 생각하고 채구거를 진나라 군영으로 보내 전쟁 중지와 강화 수교를 요청했다. 진나라 원수 순임보가 기뻐하며 말했다.

"이것은 두 나라의 복이로다!"

그러나 선곡은 채구거에게 마구 욕을 퍼부었다.

2_ 좌관성패坐觀成敗: 다른 사람의 승패를 앉아서 구경하며 자신의 이익만을 추구하다.(『사기』「전숙열전田叔列傳」)

"네놈들은 우리 속국을 빼앗고도 우리와 화해를 하겠다는 것이냐? 우리 원수께서 화해를 받아들인다 해도 나 선곡은 절대로 받아들일 수 없다. 나는 네놈들의 갑옷 한 조각도 돌려보내지 않을 것이다. 이제 곧 이 선곡의 무서운 손맛을 보게 될 것이니, 어서 가서 너희 초나라 군주에게 일러라. 목숨을 건지려면 일찌감치 도망가라고."

채구거는 한바탕 욕을 얻어먹은 뒤 머리를 감싸고 진나라 군영을 나서려다 조동과 조괄 형제를 만났다. 그들은 칼끝으로 채구거를 가리키며 말했다.

"네놈이 만약 이곳에 다시 왔다간 먼저 내 칼 맛을 보게 될 것이다."

채구거는 다시 진나라 군영을 나선 후 진나라 장수 조전을 만났다. 그는 활을 들어 채구거를 가리키며 말했다.

"네놈은 내 화살에 죽어야 할 몸이다. 조만간 내가 너를 잡아 죽일 것이다. 귀찮더라도 너희 오랑캐 왕에게 지금 보고 들은 상황을 자세히 전하여라."

채구거는 초나라 본채로 돌아가서 장왕에게 자신이 당한 상황을 아뢰었다. 장왕은 진노하여 장수들에게 물었다.

"누가 가서 싸움을 걸겠소?"

대장 악백이 대답하며 앞으로 나섰다.

"신이 가겠습니다!"

악백은 병거 한 대에 올라 허백에게 말을 몰게 하고 섭숙攝叔을 거우로 삼아 출발했다. 허백은 수레를 질풍처럼 몰아 곧바로 진나라 보루 앞으로 다가갔다. 악백은 고의로 어자御者(수레를 모는 사람) 대신 고삐를 잡고 허백을 병거에서 내리게 하여 말과 말안장을 손질하며 한가한 모습을 보이게 했다. 그때 진나라 순찰병 10여 명이 그곳을 지나가자 악백은 전혀 서두르지 않고 화살 한 발을 발사하여 그중 하나를 거꾸러뜨렸다. 그것을 본 나머지 병졸은 모두 소리를 지르며 달아났다. 허백은 여전히 병거를 몰고 진나라 본채를 향해 치달렸다. 그제야 진나라 군사들은 초나라 장수가 싸움을 걸기 위해 순찰병을 죽인 것을 알고, 세 길로 나누어 그들을 추격했다. 포계가 가운데를 맡고 방영逢寧이 왼쪽을 맡았으며 방개逢蓋가 오른쪽을 맡고 있었다. 악백이 고함을 질렀다.

"나는 왼편의 말을 쏘고 오른편의 사람을 쏘겠다. 내 화살이 빗나가면 내가 진 걸로 하겠다."

그는 조궁彫弓(아름다운 무늬를 새겨 장식한 활)을 한껏 당겨 왼쪽과 오른쪽으로 분주히 화살을 발사했다. 화살은 한 치 한 뼘도 빗나가지 않고 왼쪽에서 달려오던 서너 필의 말에 명중했다. 말이 쓰러지자 병거는 더 이상 움직일 수 없었다. 오른쪽으로는 방개의 얼굴에 화살 한 발이 명중했고 뒤따르던 군사들도 악백의 화살을 맞고 부상당한 자가 대단히 많았다. 그래서 좌우의 추격병은 모두 전진할 수 없었다. 다만 가운데서 달려오던 포계만 악백의 뒤를 바짝 쫓아왔다. 포계가 뒤쫓아오는 것을 보고 악백은 마지막 남은 화살 한 발을 활에 메겨 포계를 향해 발사하려다 잠시 생각했다.

'이 마지막 남은 한 발로 적을 맞추지 못하면 틀림없이 적의 반격을 받게 될 것이다.'

이렇게 생각하는 사이에 병거는 앞으로 치달렸고 그때 앞쪽에서 고라니 한 마리가 뛰어나와 악백의 수레 앞을 스쳐갔다. 악백은 마음을 고쳐먹고 고라니를 향해 화살을 쏘았다. 화살은 고라니의 심장을 꿰뚫었다. 악백은 섭숙을 시켜 수레에서 내려 고라니를 잡아 그것을 포계에게 바치게 했다.

섭숙이 말했다.

"열심히 뒤쫓아오는 분에게 선물로 드리는 것이오."

포계는 악백의 궁술이 백발백중임을 알고 두려움에 떨던 중이었다. 그런데 이렇게 고라니 선물을 받자 짐짓 탄성을 터뜨리며 말했다.

"초나라 장수가 예의가 있으니 함부로 대해서는 안 되겠다."

그러고는 좌우 병졸을 지휘하여 되돌아갔다. 악백은 천천히 병거를 몰고 본진으로 돌아왔다. 후세 사람이 시를 지어 이 일을 증명했다.

병거 한 대로 도전하여 영웅을 끌어내니	單車挑戰騁豪雄
병거 소리 우레 같고 말들은 용과 같네	車似雷轟馬似龍
신궁 솜씨 악 장군을 누가 겁내지 않으랴?	神箭將軍誰不怕
추격군은 목 움츠리고 바람처럼 돌아갔네	追軍縮首去如風

진나라 장수 위기는 포계가 악백을 놓친 것을 알고 크게 화를 내며 말했다.

"초나라 놈들이 싸움을 걸어왔는데 우리 진나라에서는 군영 앞으로 나서는 사람이 한 명도 없구려. 진실로 초나라 놈들에게 웃음거리가 될까 두렵소. 소장이 병거 한 대로 치고 나가 초나라 군사의 강약을 알아보고자 하오."

옆에 있던 조전이 말했다.

"소장도 위 장군과 함께 가겠소."

순임보가 말했다.

"초나라는 강화를 요청한 후에 싸움을 걸어왔소. 장군도 초나라 군영에 당도하거든 먼저 강화를 언급하는 것이 답례가 될 것이오."

위기가 대답했다.

"소장이 강화를 청하러 가겠습니다."

조전은 먼저 위기를 병거에 태워 보내며 말했다.

"장군은 채구거의 사신 행차에 보답해야 하지만 나는 악백의 도전에 보복할 것이오. 각자가 자신의 임무를 수행하면 되겠소."

진나라 상군원수 사회는 조전과 위기가 초나라 군영으로 향했다는 소식을 듣고 황급히 순임보를 만나 두 사람의 행차를 막아보려 했다. 그러나 그가 중군에 당도했을 때 두 사람은 벌써 떠나고 없었다. 사회가 몰래 순임보에게 말했다.

"위기와 조전은 자기 선조들의 공로에만 의지하고 있는 자들이오. 그 두 사람은 벼슬에 중용되지 못하자 늘 원망을 품어왔소. 하물며 그들은 아직 혈기가 왕성하여 나아가고 물러나는 때를 모르오. 이번에 적의 진영에 가서 틀림없이 초나라의 분노를 촉발시킬 것이오. 만약 초나라 군사가 갑자기 우리를 덮쳐오면 어떻게 방어하실 작정이오?"

이때 부장 극극郤克도 중군에 와서 말했다.

"초나라의 의도를 추측하기 어려우니 미리 대비하지 않을 수 없소."

그러자 선곡이 고함을 질렀다.

"조만간에 모두 죽여 없앨 것인데 무슨 대비를 한단 말이오?"

순임보는 어느 쪽을 따를 것인지 결정을 내리지 못하고 있었다. 사회는 중군에서 물러나오며 극극에게 말했다.

"순 장군은 나무토막처럼 멍청한 사람이오. 우리가 스스로 대책을 마련해야겠소."

이에 극극에게 상군 대부 공삭, 한천과 약속을 정하고 각기 휘하의 군사를 세 곳으로 나누어 오산 전방에 매복하게 했다. 중군 대부 조영제도 진나라 군사의 패배를 염려하여 사람을 황하 포구로 보내 배를 준비해놓게 했다.

이야기가 두 갈래로 나뉜다. 위기는 순임보가 중군 대장이 된 것을 한결같이 시기하며 그에게 패전의 오명을 안기고 싶어했다. 그래서 순임보의 면전에서는 초나라 군영에 가서 강화를 요청하겠다고 했으나 정작 초나라 군영에 도착해서는 제 마음대로 전투를 요청하고 귀환하는 중이었다. 이때 초나라 장수 반당은 채구거가 진나라 군영에 사신으로 갔다가 진나라 장수들에게 모욕을 당한 것을 알았다. 그런데 오늘 진나라 사신으로 위기가 도착하자 복수를 하려고 서둘러 중군으로 달려가고 있었다. 그러나 위기는 벌써 군영을 벗어나 귀환하고 있었다. 그는 말에 채찍을 휘두르며 추격했다. 위기는 큰 소택지에 이르렀을 때 한 초나라 장수가 매우 긴박하게 쫓아오는 것을 보았다. 위기는 그와 맞아 싸우려 하다가 문득 소택지 가운데서 고라니 여섯 마리를 보았다. 그는 앞서 초나라 장수 악백이 고라니를 선물로 준 이야기가 생각나서 활에 화살을 메겨 고라니 한 마리를 쐈다. 그러고는 수레를 모는 어자를 시켜 고라니를 반당에게 바치게 하고 이렇게 말을 전하게 했다.

"앞서 악 장군의 선물을 받았으니 이제 이것으로 보답하고자 하오."

반당이 웃으면서 말했다.

"이놈들이 나더러 지난번 악 장군의 모습을 본받으라고 하는구나. 내가 놈들을 추격한다면 우리 초나라 사람들이 예의가 없다는 걸 드러내는 것이다."

이에 또한 어자에게 수레를 돌리게 하여 귀환했다. 위기는 진나라 본영으로 돌아와 거짓말을 했다.

"초왕이 강화 요청을 받아들이지 않고 반드시 싸워서 승부를 내자고 했소."

순임보가 물었다.

"조전은 어디 있소?"

위기가 대답했다.

"내가 먼저 가고, 조 장군은 내 뒤에 있었소. 그 이후 만나지 못했소."

순임보가 말했다.

"초나라가 강화를 거부했으니 조 장군이 틀림없이 곤욕을 치를 것이오."

그는 순앵을 시켜 돈거 20승과 보졸 1500명을 거느리고 가서 조전을 맞아오게 했다.

한편 조전은 밤에 초나라 진영 앞에 당도하여 군문軍門 밖에 자리를 깔고 앉아 수레 안에서 술을 가져오게 하여 마셨다. 그는 수행 병졸 20여 명에게 초나라 말을 흉내 내면서 사방에 순찰을 돌게 했다. 그리고 초나라 군대의 암호를 알아내어 초나라 군사들 속으로 섞여 들어가게 했다. 그러나 어떤 병졸 하나가 신분이 탄로 나서 심문을 당하게 되었다. 그 병졸은 칼을 뽑아 초나라 군사를 베었다. 초나라 진영이 소란스러워지자 군사들은 횃불을 들고 적병을 수색했다. 결국 10여 명의 진晉나라 군사가 사로잡혔고 나머지는 도망쳐 나왔다. 그들은 조전이 아직도 자리를 펴고 앉아 있는 것을 보고 그를 부축해 일으켜 병거에 태웠다. 그리고는 어자를 찾았으나 벌써 초나라 군사들에게 살해당한 뒤였다. 날이 점차 밝아올 무렵 조전은 친히 병거의 말고삐를 잡고 말을 채찍질했다. 그러나 말은 밤새 먹은 게 없어서 달리지 못했다. 초 장왕은 초나라 진영에 적병이 침투했다가 도망치고 있다는 소식을 듣고 친히 융로를 몰고 추격전을 벌였다. 초왕의 병거가 매우 빨라서 조전은 자신이 따라잡힐까봐 몹시 두려웠다. 그래서 그는 병거를 버리고 빽빽한 소나무 숲으로 뛰어들었다. 초나라 장수 굴탕이 그것을 보고 병거에서 내려 뒤를 추격했다. 조전은 갑옷이 소나무 가지에 걸리자 그것을 모두 벗어 던지고 가벼운 몸으로 달아났다. 굴탕은 조전의 갑옷과 병거를 노획하여 장왕에게 바쳤다. 장왕이 바야흐로 되돌아가려는데 저 앞쪽에서 병거 한 대가 바람처럼 달려오는 것이 보였다. 자세히 바라보니 그는 바로 반당이었다. 반당은 허겁지겁 북쪽에서 일어나는 뿌얀 먼지를 가리켰다. 그리고는 초왕에게 말했다.

"진나라 대군이 쳐들어오고 있습니다."

그 먼지는 순임보가 조전을 맞아오라고 보낸 수레가 일으킨 것이었다. 그러나 반당은 멀리서 그 먼지를 보고 진나라 대군이 쳐들어오는 것으로 오인하고 결국 작은 일을 크게 떠벌리는 결과를 빚고 말았다. 초 장왕도 깜짝 놀라 안색이 흙빛으로 변했다. 그때 갑자기 남쪽에서 북소리와 나팔소리가 하늘까지 진동했다. 한 대신이 맨 앞에 서서 한 무리의 거마를 이끌고 나는 듯이 달려오고 있었다. 그 대신은 누구였던가? 그는 바로 영윤 손숙오였다. 장왕은 그제야 마음을 좀 놓았다. 그리고는 물었다.

"상국께서 어떻게 진나라 대군이 당도할 줄 알고 과인을 구원하러 온 것이오?"

손숙오가 대답했다.

"신은 몰랐습니다. 다만 대왕마마께서 경솔하게 진격하다가 진나라 함정에 빠질까 걱정이 되어 신이 먼저 구원 부대를 몰고 온 것입니다. 곧바로 삼군이 모두 당도할 것입니다."

그때 장왕이 다시 북쪽을 바라보니 먼지가 그렇게 많이 일지 않은 듯했다. 장왕이 말했다.

"진나라 대군이 아니오."

손숙오가 대답했다.

"『병법』에도 이르기를 '차라리 내가 적을 핍박할지언정 적이 나를 핍박하게 해서는 안 된다寧可我迫人, 莫使人迫我'라고 했습니다. 여러 장수가 모두 당도했사오니 대왕마마께서 명령을 내리십시오. 이젠 오직 적을 향해 진격해야 합니다. 만약 진나라 중군을 깨뜨린다면 나머지 이군도 생존할 수 없을 것입니다."

초 장왕도 결국 명령을 내려 공자 영제와 부장 채구거에게는 좌군을 거느리고 진나라 상군을 공격하게 했다. 또 공자 측과 부장 공윤工尹3 제齊에게는 우군을 거느리고 진나라 하군을 공격하게 했다. 장왕 자신은 중군과 양광의 군사를 거느리고 바로 순임보의 본채를 치기로 했다. 장왕은 친히 북채를 들고 북을 두드렸다. 좌우 군대에서도 일제히 북소리가 울렸다. 북소리가 우레와 같이 울리는 가운데 말과 병거가 치달려나갔고 보졸들도 병거를 따르며 나는 듯이 진격했다. 진나라 군영에서는 아무런 준비도 하지 않고 있었다. 순임보는 북소리를 듣고 그제야 상황을 알아보게 했다. 초나라 군사가 산과 들을 새카맣게 덮고 벌써 진나라 진영 밖에까지 가득 몰려오고 있었다. 정말 뜻밖의 상황이라 순임보는 당황하여 아무 대책도 세울

3_ 공윤工尹: 춘추시대 초나라 관직명으로 백공百工을 관장한다.

수 없었다. 그는 단지 힘을 다해 싸우라는 명령만 내릴 수 있을 뿐이었다. 초나라 군사는 사람마다 모두 무예를 뽐내고 있었고, 개개인이 모두 위세를 과시하고 있었다. 마치 바닷물이 넘쳐흐르고 큰 산이 무너지는 것 같았고, 하늘이 내려앉고 땅이 꺼지는 것 같았다. 진나라 군사들은 마치 긴 꿈에서 깨어난 듯, 만취한 술에서 깨어난 듯 아직도 동서남북을 분간하지 못하고 있었다. 정말 "아무 생각도 없는 사람이 작심한 사람을 만난沒心人遇有心人" 격이었다. 그러니 어떻게 상대가 될 수 있겠는가? 진나라 군사들은 일시에 물고기가 달아나듯, 새 떼가 흩어지듯 달아나기에 바빴다. 초나라 군사들은 난도질하는 것처럼 그들을 한바탕 살육했다. 진晉나라 군사들은 사분오열로 흩어지며 산산조각이 났다. 순앵은 돈거를 타고 조전을 맞으러 나갔으나 그를 만나지 못하고 초나라 장수 웅부기를 만났다. 두 장수가 교전을 하는 사이에 초나라 대군이 당도했다. 순앵은 중과부적으로 적을 당해내지 못했고 그의 보졸들도 모두 도망쳤다. 순앵의 돈거를 끌던 왼쪽 말이 화살을 맞고 먼저 쓰러지자 마침내 순앵은 웅부기의 포로가 되었다.

이때 진나라 장수 방백은 두 아들 방영과 방개를 작은 수레에 함께 싣고 도주하는 중이었다. 마침 조전도 그곳으로 탈출해오고 있었다. 조전의 두 발은 모두 갈라 터져 있었다. 그는 자신의 앞에 수레가 달려가는 것을 보고 큰 소리로 불렀다.

"수레에 탄 사람이 누구요? 나를 좀 태워주시오!"

방백은 조전의 목소리인 줄 알았지만 두 아들에게 분부했다.

"신속하게 수레를 몰아라. 뒤돌아보지 말고."

두 아들은 부친의 마음을 이해하지 못하고 고개를 돌려 바라봤다. 그러자 조전이 황급히 불렀다.

"방씨 어르신! 저를 좀 태워주시오!"

두 아들이 부친에게 말했다.

"조전 나리가 뒤에서 부르십니다."

방백이 진노하며 말했다.

"네놈이 조전을 보았으니 태워줘야겠구나."

그러고는 두 아들을 꾸짖어 수레에서 내리게 하고 고삐를 던져 조전을 끌어당겨 싣고 함께 도주했다. 두 아들 방영과 방개는 수레를 따라잡지 못하고 결국 난군 속에서 죽었다. 순임보와 한궐은 뒷 진영에서 병거에 올라 패잔병을 이끌고 산 오른쪽 길로 접어들어 황하를 끼고 달렸다. 내버린 병거와 무기가 이루 헤아릴 수 없이 많았다. 선곡은 그 뒤를 따라오다가 이마에 화살을 맞고 선혈이 낭자해졌다. 그는 옷깃을 찢어 머리를 싸맸다. 순임보가 손가락질하며 말했다.

"감히 혼자 싸우겠다던 자가 어찌 그 모양인가?"

그들이 황하 나루에 도착하자 조괄도 당도해 있었다. 그는 자신의 형 조영제가 몰래 배를 준비했다가 먼저 황하를 건너버렸다고 하소연했다.

"우리에게 통지하지도 않고 가버렸으니 이 무슨 경우란 말이오?"

임보가 말했다.

"생사도 모르는 판국에 어떻게 통지할 겨를이 있었겠소?"

조괄은 원망을 그치지 않았다. 이때부터 조괄과 조영제는 사이가 벌어졌다. 임보가 말했다.

"우리 군사는 이제 다시 싸울 수 없소. 목전의 가장 시급한 대책은 서둘러 황하를 건너는 것이오."

이에 선곡을 황하 가로 내려보내 배를 모으게 했다. 그러나 배가 사방으로 흩어져 있어서 한꺼번에 모을 수가 없었다. 이처럼 혼란하고 위급한 상황에서 황하 연안을 따라 무수히 많은 인마人馬가 어지럽게 몰려오고 있었다. 순임보가 바라보니 바로 하군 대장 조삭과 부장 난서가 초나라 장수 공자 측의 습격을 받고 패배하여 남은 군사를 이끌고 역시 그 길을 따라 달려오고 있었다. 두 부대의 군사가 한꺼번에 황하 강안에 도착하여 모두 강을 건너려 하자 배의 숫자가 금방 부족하게 되었다. 그때 남쪽을 바라보니 또 한 무더기 먼지가 피어오르고 있었다. 순임보는 초나라 군사가 승세를 타고 끝까지 추격해오는 줄 알고 북을 쳐서 명령을 내렸다.

"먼저 황하를 건너는 자에겐 상을 내리겠다!"

두 부대의 군사들은 배를 뺏기 위해 서로 살상을 하기에 바빴다. 배에 군사가 가득 탄 뒤에도 뒤따라온 사람이 끊임없이 뱃전을 끌어당겼다. 결국 배는 전복되어 30여 척이 부서졌다. 이때 선곡이 배 안에서 군사들에게 고함을 질렀다.

"뱃전을 잡거나 노를 끌어당기는 자가 있으면 모두 칼로 그 손을 베어라!"

모든 배에서 그 말을 따랐다. 배 위로 잘려서 떨어지는 손가락이 마치 분분히 날리는 꽃잎과 같았다. 몇 움큼으로도 다 집어낼 수 없는 손가락이 모두 황하 물결 속으로 던져졌다. 황하 강변에서 울리는 통곡소리가 천지를 진동하면서 산골짜기에 메아리쳤다. 천지가 암담해지고 태양도 빛을 잃었다. 뒷날 사관이 이를 시로 읊었다.

높은 물결에 배 뒤집히고 돛대까지 부러지고 　　　　　舟翻巨浪連帆倒

큰 파도에 군사 휩쓸려 강물이 피로 물들었네 　　　　　人逐洪波帶血流

가련하다 수만 명의 진나라 군사들아 　　　　　　　　　可憐數萬山西卒

진나라 순임보가 초나라에 대패하다.

황하에서 반이 죽어 물귀신이 되었구나　　　　　　　半喪黃河作水囚

뒤쪽의 먼지는 바로 순수, 조동, 위기, 방백, 포계 등의 패장이 계속 달려 오면서 일으킨 것이었다. 순수는 벌써 배를 탔지만 아들 순앵이 보이지 않 자 사람을 시켜 아들을 부르게 했다. 어린 군졸 하나가 순앵이 초나라 군 사에게 사로잡힌 걸 목도하고 순수에게 그 사실을 알렸다. 순수가 말했다.

"내 아들은 이미 잃었지만 빈손으로 돌아갈 수는 없다."

그리하여 다시 강 언덕으로 올라와 병거를 정돈하고 적진으로 가려 했 다. 순임보가 제지하며 말했다.

"이미 초나라 군사에게 포로가 되었다니 가봐도 소용이 없소."

순수가 말했다.

"다른 적장을 잡아오면 내 아들과 바꿀 수 있을 것이오."

위기는 평소에 순앵과 친분이 두터워서 함께 가기를 청했다. 순수는 몹 시 기뻐하며 아직 생존해 있는 순씨 집안 사병 수백 명을 모았다. 그는 평 소에 백성을 어여삐 여기고 선비를 좋아하여 군사들의 마음을 크게 얻고 있었다. 이 때문에 하군의 군사들 중 강 언덕에 있던 사람은 그를 따라가 려 하지 않는 사람이 없었다. 이미 배를 타고 있던 군사 중에서도 하군 대 부 순수가 다시 초나라 진영으로 쳐들어가서 어린 장수를 구하려 한다는 소문을 듣고 모두 강 언덕으로 올라와 목숨을 바쳐 싸우겠다고 했다. 이때 이들이 내뿜는 날카로운 기세는 전군이 처음 진영을 세울 때보다 훨씬 강 했다. 순수는 진나라에서 첫째 둘째로 꼽힐 만한 명궁이었다. 그는 좋은 화살을 많이 가지고 초나라 군사들 속으로 쳐들어갔다. 초나라 진영에서 는 노장 양로가 진나라 군사가 내버린 병거와 무기를 거둬들이고 있었다.

그러던 중 예기치 않게 진나라 군사가 갑자기 들이닥치자 자신의 군사를 정비하지도 못한 채 순수가 쏜 화살을 뺨에 맞고 병거에서 굴러떨어졌다. 공자 곡신은 양로가 화살에 맞는 것을 보고 병거를 몰아 구원하러 달려왔다. 진나라 진영에서는 위기가 그를 맞아 달려나갔다. 순수는 그 곁에서 또 곡신을 겨냥하여 화살 한 발을 발사했다. 그 화살은 곡신의 오른팔에 맞았다. 곡신은 고통스럽게 화살을 뽑다가 승세를 타고 달려온 위기에게 사로잡혔다. 순수는 같은 수레에 양로의 시신까지 함께 실었다. 순수가 말했다.

"이 두 놈만으로도 내 아들과 바꿀 수 있겠구나. 초나라 군사는 매우 강하니 계속 맞서 싸울 수는 없다."

이에 말에 채찍질을 가해 급히 되돌아왔다. 초나라 대군이 상황을 알고 치달려와 추격하려고 했지만 이미 닿을 수 없었다.

초나라 공자 영제는 진나라 상군을 공격했다. 그러나 진나라 장수 사회는 싸움이 있을 줄 예상하고 가장 일찍 낌새를 탐지하여 먼저 진영을 펼쳐 두고 있었다. 그는 초나라 군사와 싸우면서 질서 있게 뒤로 물러났다. 공자 영제가 오산 아래까지 추격했을 때 갑자기 포성이 크게 울리며 한 무리 군사가 쏟아져 나왔다. 선두에 선 대장이 병거 위에서 고함을 질렀다.

"공삭이 여기서 네놈들을 기다린 지 오래다."

영제는 대경실색했다. 공삭은 영제와 맞붙어 결사전을 벌이며 약 20여 합을 겨루었다. 그는 싸움에 연연하지 않고 사회를 보호하며 천천히 이동했다. 공자 영제는 그들을 놓치지 않으려고 다시 추격해왔다. 그때 다시 앞쪽에서 포성이 울리자 한천이 복병을 일으켜 달려왔다. 초나라 부장 채구거가 적을 맞아 병거를 몰고 달려나가 교전을 벌이려 했다. 그러자 산 계곡에서 또다시 포성이 울렸다. 수많은 깃발이 구름처럼 운집한 가운데 대장 극극이 군사를 거느리고 달려나왔다. 초나라 장수 영제는 복병이 매우 많은 것을 보고 진나라의 계책에 빠질까 두려워 징을 울려 군사를 후퇴시켰다. 사회가 장수와 병졸을 점검해보니 한 사람도 다친 사람이 없었다. 사회는 마침내 오산의 험준함에 의지하여 일곱 개의 작은 진채를 세워 북두칠성처럼 연락을 취했고, 초나라 군사들도 감히 그들에게 접근하지 못했다. 사회는 초나라 군사가 모두 후퇴한 뒤에야 질서정연하게 깃발을 휘날리며 귀환했다. 이것은 물론 나중의 이야기다.

한편 순수는 군사를 되돌려 황하 포구로 귀환했지만 순임보의 대군은 아직도 황하를 다 건너지 못하고 있었다. 임보는 경황이 없이 우왕좌왕했다. 그때 다행히 조영제가 북쪽으로 건너갔다가 빈 배를 징발하여 남쪽으로 가지고 왔다. 날이 이미 캄캄해졌을 때 초나라 군사는 필성邲城(河南省 滎陽 동북)에 당도했다. 오참은 초 장왕에게 서둘러 진晉나라 군사를 추격하자고 했다. 장왕이 말했다.

"우리 초나라는 성복 싸움에서 패배한 이후 사직에 치욕을 남겼다. 그러나 오늘 싸움으로 지난날의 치욕을 씻을 수 있게 되었다. 진나라와 우리 초나라는 이제 강화를 해야 할 것인데 어찌 더 많은 적을 죽일 필요가 있겠느냐?"

그러고는 그곳에 군영을 세우라고 명령을 내렸다. 진나라 군사는 밤새도록 황하를 건너느라 어수선하고 분주했다. 날이 밝을 무렵에야 도하를 완료했다. 뒷날 사관은 순임보를 다음과 같이 평했다.

그의 지혜는 적의 동정을 예상하지 못했고, 그의 재주는 장수를 거느릴 만하지 못했다. 나아가지도 않고 물러나지도 않다가 패배를 자초해서 마침내 중원의 패업을 모두 초나라에 바치고 말았다. 이 어찌 슬픈 일이 아니겠는가?

이를 읊은 시가 있다.

대궐 밖의 대원수에겐 하늘과 땅도 없는 법인데	闡外元戎無地天
어찌하여 부장이 감히 그의 권한을 꺾었던가?	如何裨將敢撓權
배 위에 잘린 손가락은 진정으로 애통했나니	舟中掬指眞堪痛
황하를 건너고도 부끄러움 여전했네	縱渡黃河也靦然

정 양공은 초나라가 승리한 것을 알고 친히 필성까지 가서 초나라 군사를 위로했다. 그러고는 초 장왕을 형옹衡雍(河南省 原陽) 서쪽으로 모시고 가서 참람하게도 이전에 주나라 천자가 묵던 왕궁에 기거하게 했다. 그러고는 큰 잔치를 열어 승전을 축하했다. 반당은 진나라 군사의 시체를 한데 모아 높다란 누대를 짓고 만세토록 초나라의 무공을 널리 알리자고 했다. 장왕이 말했다.

"진나라는 토벌받을 만한 죄를 짓지 않았소. 과인이 요행으로 이긴 것이오. 무슨 무공이라고 일컬을 만한 것이 있겠소?"

그러고는 군사들에게 명하여 유골을 수습하여 묻어주게 하고, 제문을 지어 황하의 신에게 제사를 올렸다. 장왕은 개선가를 울리며 귀환한 뒤 논공행상을 했다. 그는 오참의 계책을 가상하게 여겨 그를 대부에 임명했다.

오거伍擧, 오사伍奢, 오상伍尙, 오원伍員(伍子胥) 등이 모두 그의 후손이다. 영윤 손숙오가 탄식하며 말했다.

"진나라에 승리한 큰 공훈이 모두 비천한 총신 오참의 계책에서 나왔으니 나는 부끄러움에 죽고 싶은 심정이다!"

이후 손숙오는 마침내 울분으로 병이 들었다.

이야기가 두 갈래로 나뉜다. 순임보는 패배한 군사를 이끌고 귀환하여 진 경공을 뵈었다. 경공은 임보를 참수하려 했지만 신하들이 극력 임보를 변호했다.

"임보는 선왕의 대신입니다. 비록 군사를 잃은 죄는 있지만 이는 모두 선곡이 군령을 어겼기 때문에 패배한 것입니다. 주상께서는 선곡을 참수하여 장래의 일을 경계하는 것으로 충분할 것입니다. 지난날 초나라가 성복 싸움에서 패한 성득신을 죽였을 때 우리 문공께서는 매우 기뻐했습니다. 또 진秦나라가 싸움에 패한 맹명을 살려두자 우리 양공께서는 오히려 두려워했습니다. 바라옵건대 주상께서는 지금 임보의 죄를 용서하시어 뒷날 사력을 다해 공을 세우게 하십시오."

경공은 그 말에 따라 선곡을 참수하고 임보의 직책을 회복시켜주었다. 또한 육경에게 명하여 군사를 훈련시키고 장수를 조련하여 뒷날 복수의 날을 기약하도록 했다. 이것은 주 정왕 10년의 일이다.

주 정왕 12년 봄 3월 초나라 영윤 손숙오는 자신의 병이 위독해지자 아들 손안孫安을 불러 당부했다.

"내가 유언을 겸하여 상소문을 한 통 썼다. 내가 죽은 후 대왕마마께 전하도록 하여라. 대왕께서 만약 네게 벼슬을 내리거든 너는 받아서는 안 된다. 너는 재주가 평범하여 나라를 경영할 재목이 못된다. 함부로 관모와 관복을 더럽히지 마라. 만약 네게 큰 고을을 봉해주거든 극구 사양하고 받아서는 안 된다. 너의 사양이 받아들여지지 않거든 침구寢丘(安徽省 臨泉 근처) 땅을 봉토로 청하여라. 그 땅은 척박하여 다른 사람이 욕심내지 않는 곳이니 아마도 후손들이 봉록을 이어갈 수 있을 것이다."[4]

말을 마친 손숙오는 마침내 세상을 떠났다. 손안은 부친이 유언으로 남긴 상소문을 장왕에게 바쳤다. 장왕이 읽어보니 내용은 대체로 이러했다.

신은 죄인의 후예로 대왕마마께서 재상으로 발탁해주신 큰 은혜를 입었습니다. 그런데도 수년 동안 부끄럽게도 큰 공을 세우지 못하여 신이 맡은 중책을 저버렸습니다. 이제 대왕마마의 신령하심에 힘입어 신의 집 창문 아래에서 죽게 되었으니 신에게는 정말 큰 행운입니다. 신에게는 아들 하나가 있으나 불초하여 의관을 욕되게 할 수 없습니다. 그러나 신의 조카 위빙蔿憑은 자못 재능이 있사오니 관직 한자리를 맡길 만합니다. 진나라는 세상의 패자로 일컬어져오다 우연히 패배했으나 가볍게 보아서는 안 됩니다. 백성은 전쟁으로 고통을 받은 지 이미 오래되었으니, 전쟁을 중지하고 백성을 편안하게 해주십시오. '사람이 죽을 때는 그 말이 선하다人之將死, 其言也善'고 했습니다. 원컨대 대왕마마께선 자세히 살펴주십시오.

초 장왕은 읽기를 마치고 탄식했다.

"손숙오는 죽으면서도 나라를 잊지 않는구나. 과인이 복이 없어 하늘이

4_ 침구지지寢丘之志: 가장 척박한 침구寢丘 땅을 봉토로 요구한다는 의미. 고관대작의 후손이 욕심을 버리고 안분지족하며 살아감을 비유한다.(『열자』「설부說符」)

내 어진 신하를 빼앗아가는 것인가?"

장왕은 즉시 어가를 대령하라고 명령을 내린 후 친히 손숙오의 집으로 가서 염을 살펴보고 그의 관을 어루만지며 통곡했다. 수행한 사람들 모두가 눈물을 흘렸다. 다음 날 공자 영제를 영윤으로 삼고 위빙을 불러 잠윤으로 삼았다. 이 사람이 위씨蔿氏의 시조다. 또 장왕은 손안을 공정工正5에 임명했으나 손안은 부친의 유언을 지키며 강력하게 사양하고 벼슬을 받지 않았다. 그는 이후 재야로 물러나 손수 농사를 지었다.

당시 초 장왕이 총애하던 광대優人 중에 난쟁이 맹씨孟氏가 있었다. 그래서 그를 우맹優孟이라 불렀다. 그는 키가 다섯 자尺도 안됐지만 평소에 골계로 사람들을 웃기며 환심을 샀다. 하루는 그가 교외로 나갔다가 손안이 땔감을 해서 직접 지고 집으로 돌아오는 것을 보았다. 우맹이 그를 맞으며 물었다.

"귀한 공자께서 어찌 손수 나무를 하시며 고초를 겪으십니까?"

손안이 말했다.

"선친께서 여러 해 동안 재상을 하셨지만 한 푼도 사사롭게 집안으로 가지고 오시지 않았소. 그래서 세상을 떠나신 후 집안에 남은 재산이 없으니 내 어찌 직접 나뭇짐을 지지 않을 수 있겠소?"

우맹이 탄식하며 말했다.

"공자께서 애쓰고 계시면 대왕마마께서 장차 공자를 부르시겠지요!"

그 길로 우맹은 바로 세상을 떠난 재상 손숙오의 의관, 패검, 신발을 만

5_ 공정工正: 춘추시대 제, 노魯, 송, 초 등의 나라에 설치된 관직. 초나라와 제나라에서는 토목 건축과 일상 용구 제작에 관련된 모든 일을 관장했고, 노나라와 송나라에서는 사마의 속관으로 수레와 의복을 관장했다. 초나라에서는 공윤工尹이라 하기도 했다.

들어 몸에 갖춰 입고 생전의 언행을 연습했다. 사흘을 연습하니 동작 하나 하나가 닮지 않은 것이 없어서 마치 손숙오가 다시 살아난 것 같았다. 그는 초 장왕으로 하여금 궁중에서 연회를 열고 여러 광대를 불러 다양한 연기를 하게 했다. 우맹은 먼저 한 광대에게 초 장왕으로 분장하게 하여 손숙오를 그리워하는 모습을 연기하게 했다. 자신은 손숙오로 분장하고 무대에 올랐다. 장왕이 그를 보고 깜짝 놀라며 말했다.

"손숙께선 별고 없으셨소? 과인은 경을 보고 싶은 마음이 무척 간절했소. 이제 옛날처럼 다시 오셔서 과인을 보좌해줄 수 있겠소?"

우맹이 대답했다.

"신은 진짜 손숙오가 아니라, 그를 우연히 흉내 냈을 뿐입니다."

초왕이 말했다.

"과인은 숙오를 지극히 그리워했으나 만날 수가 없었다. 그런데 오늘 숙오 흉내를 내는 사람이라도 만나니 과인의 마음이 좀 위로가 되는구나. 경은 사양하지 말고 지금 여기 재상의 자리에 와서 잠시 앉으라."

우맹이 손숙오의 목소리를 흉내 내며 대답했다.

"대왕마마께서 신을 등용하신다면 이는 신도 심히 원하는 바입니다. 다만 신의 집에 늙은 아내가 있는데 자못 세상 물정에 통달했습니다. 돌아가서 늙은 아내와 상의한 후 감히 어명을 받들겠습니다."

그러고는 바로 무대를 내려갔다가 다시 올라와서 말했다.

"신이 마침 늙은 아내와 상의한 바, 늙은 아내는 신에게 벼슬자리에 나가지 말라고 말렸습니다."

초왕이 물었다.

"무슨 까닭이오?"

優孟衣冠得似
孫叔

배우 맹이 손숙오 연기를 하다.

우맹이 손숙오의 목소리로 대답했다.

"늙은 아내는 시골 민요를 부르며 신을 말렸습니다. 신이 지금 그 노래를 불러드리겠습니다."

그리고 마침내 노래를 부르기 시작했다.[6]

탐관오리 되어서는 안 되지만 되어볼 만하고	貪吏不可爲而可爲
청백리는 되어야 하지만 되어서는 안 되네	廉吏可爲而不可爲
탐관오리가 되어서는 안 되는 이유는	貪吏不可爲者
더럽고 비열한 사람이 되기 때문이지만	汚且卑
그래도 되어볼 만하다는 것은	而可爲者
자손들이 튼튼한 수레를 타고 살진 말에 채찍질하기 때문이네	子孫乘堅而策肥
청백리가 되어야 하는 이유는	廉吏可爲者
고상하고 깨끗한 사람이 되기 때문이지만	高且潔
그래도 되어서는 안 된다는 것은	而不可爲者
자손들이 단벌 옷에 밥을 굶기 때문이네	子孫衣單而食缺
그대는 초나라 영윤 손숙오를 보지 못했는가?	君不見楚之令尹孫叔敖
생전에 사사롭게 한 푼도 안 가져오더니	生前私殖無分毫
하루아침에 세상 뜨자 집안은 몰락했고	一朝身沒家凌替
자손들은 걸식하며 쑥덤불 속에 살고 있네	子孫丐食棲蓬蒿
그대에게 권하노니 손숙오를 본받지 말라	勸君勿學孫叔敖
임금도 지난 공을 생각지도 않는다네	君王不念前功勞

6_ 이 노래는 『사기』 「골계열전滑稽列傳」이나 『고시원古詩源』 등에 「강강가忼慷歌」라는 이름으로 전해진다. 그러나 자구가 조금씩 다르다.

초 장왕은 앉은 자리에서 우맹과 문답을 주고받다가 그가 완전히 손숙오와 같다는 생각이 들어 벌써 마음속에 슬픔이 밀려들고 있었다. 우맹의 노래가 끝나자 자신도 모르게 눈물을 하염없이 흘리며 말했다.7

"손숙오의 공을 과인도 잊을 수 없소."

곧바로 우맹에게 손숙오의 아들 손안을 불러오라고 명령을 내렸다. 손안은 너덜너덜하게 해진 옷에 짚신을 신고 와서 장왕을 배알했다. 장왕이 말했다.

"그대가 어찌 이렇게까지 가난하게 되었는가?"

우맹이 곁에서 대답했다.

"자손이 이렇게 곤궁한 것은 전 영윤이 어진 분이었기 때문입니다."

장왕이 말했다.

"손안은 관직을 원하지 않는다고 하니 마땅히 1만 호萬戸의 식읍을 내리고자 하노라."

그러나 손안은 굳게 사양했다. 장왕이 말했다.

"과인의 마음은 이미 정해졌으니 경은 물리치지 말라."

손안이 아뢰었다.

"대왕마마께서 선친의 작은 공로를 생각하시어 신에게 의식衣食을 내려주실 요량이라면 원컨대 침구 땅에 봉해주십시오. 신은 그것으로 만족합니다."

7_ 우맹의관優孟衣冠: 위의 대목에서 '우맹의관'이라는 고사성어가 나왔다. 본뜻은 우맹이 손숙오의 의관으로 분장하고 초 장왕을 깨우쳤다는 의미다. 연기자나 문학예술가가 진실을 전달하기 위해 은근한 풍자의 기법을 사용하는 것을 비유한다. 근래에는 겉모양만 비슷하고 진상은 전혀 다른 사이비를 일컫는 말로 사용되기도 하고, 문학예술 작품의 독창성이나 예술성이 전혀 없는 경우를 비유하기도 하는데 이는 본뜻과는 다르다. '의관우맹衣冠優孟'이라고도 한다.(『사기』 「골계열전」)

장왕이 말했다.

"침구는 척박한 땅이오. 경에게 무슨 이익이 있겠소?"

손안이 말했다.

"선친의 유언입니다. 그 땅이 아니면 받을 수 없습니다."

장왕은 그 말에 따랐다. 후세 사람들은 침구가 좋은 땅이 아니어서 그곳을 놓고 다투는 사람이 없었다. 그래서 마침내 침구는 손씨들이 대대로 지키고 사는 터전이 되었다. 이것이 바로 손숙오의 선견지명이었다. 뒷날 사관이 우맹의 일만을 시로 읊은 것이 있다.

청백리는 사욕이 없어 자손이 빈궁하니	淸官遑計子孫貧
죽은 후의 보상은 임금에게 의지하네	身死褒崇賴主君
난쟁이 우맹의 풍자가 없었다면	不是侏儒能諷諫
장왕이 어떻게 손숙오를 생각했으리?	莊王安肯念先臣

한편 진나라 신하 순임보는 손숙오가 죽었다는 소식을 듣고 초나라가 군사를 출병시키지 못할 것이라 생각했다. 이에 군사를 청하여 정나라를 정벌했다. 그는 정나라 교외를 크게 약탈하고 위세를 떨치며 귀환하려고 했다. 장수들이 정나라 도성을 포위할 것을 요청하자 순임보가 말했다.

"정나라 도성을 포위한다 해도 금방 이길 수가 없소. 만약 초나라의 구원병이라도 갑자기 들이닥치면 우리가 적군을 불러들인 격이오. 잠시 정나라 사람들에게 겁을 주어 스스로 고민을 하게 만드는 것이 좋겠소."

그러자 과연 정 양공은 크게 겁을 먹고 사신을 초나라에 보내 대책을 상의하게 했다. 또 자신의 동생 공자 장張을 초나라에 인질로 보내고 공자 거질은 돌아오게 했다. 공자 거질은 정나라로 귀환하여 양공과 국사를 함께 돌보았다. 초 장왕이 말했다.

"정나라가 이처럼 신의를 지키는데 무슨 인질이 필요 있겠는가?"

장공은 인질을 모두 정나라로 돌려보냈다. 그러고는 신하들을 크게 소집하여 대책을 의논하게 했다. 의논한 내용이 무엇인지는 다음 회를 보시라.

제55회

풀을 묶어 갚은 은혜

화원은 침대로 올라가 공자 측을 위협하고
노인은 풀을 묶어 두회를 막아내다
華元登牀劫子反, 老人結草亢杜回.

초 장왕은 백관들을 소집하여 진晉나라를 물리칠 계책을 상의하게 했다. 공자 측이 앞으로 나서며 말했다.

"우리 초나라와 친하기로는 제나라만 한 나라가 없고, 진나라를 흔들림 없이 섬기기로는 송나라를 능가하는 나라가 없습니다. 만약 우리가 군사를 일으켜 송나라를 치면 진나라는 송나라를 구원하기에도 겨를이 없을 터인데, 어찌 감히 우리와 정나라를 가지고 다툴 수 있겠습니까?"

장왕이 말했다.

"아우의 대책이 좋기는 하나 명분이 없네. 지난날 우리 성왕께서 홍수에서 송 양공을 패퇴시키고 그 팔에 부상을 입혔네. 그런데도 송나라는 인내하며 궐맥厥貉의 회맹에 참여하여 송나라 군주가 친히 궂은일을 했네. 그 후 송 소공을 시해하고 공자 포鮑(文公)가 보위를 이은 지 벌써 18년이나 지났네. 송나라를 정벌하려면 무슨 명분이 있어야 하지 않겠는가?"

그러자 공자 영제가 대답했다.

"어렵지 않은 일입니다. 제나라 군주가 여러 번 우리에게 사신을 보내 우호를 돈독히 했지만 우리는 아직 한 번도 답례 인사를 하지 못했습니다. 이제 사신을 제나라로 보내 보답 인사를 하십시오. 그럼 결국 우리 사신이 송나라를 지나야 할 것입니다. 그때 길을 정식으로 빌려달라는 말을 하지 말고 저들의 반응을 살펴보십시오. 만약 저들이 우리와 다투려 하지 않는다면 우리를 두려워하는 것입니다. 그러니 주상께서 송나라에 회맹을 요청하시면 틀림없이 거절하지 못할 것입니다. 만약 무례하다는 이유로 우리 사신을 욕보인다면 그것을 빌미로 삼으면 될 것입니다. 어찌 명분이 없음을 근심하십니까?"

장왕이 말했다.

"그럼 누구를 사신으로 보내면 좋겠는가?"

공자 영제가 대답했다.

"신무외가 일찍이 궐맥 회맹에 참여한 적이 있사오니 그를 보내면 될 것입니다."

장왕은 신무외에게 제나라로 사신을 가라고 명령했다. 그러자 신무외가 아뢰었다.

"제나라에 사신을 가려면 반드시 송나라를 거쳐 가야 합니다. 모름지기 길을 빌려달라는 공식 문서로 신분을 증명해야 관문을 통과시켜줄 것입니다."

장왕이 말했다.

"경은 길이 위험하다고 사신 임무를 거절하는 것이오?"

"지난번 궐맥에서 회맹을 할 때 제후들이 그 옆 맹저에서 사냥을 한 적이 있습니다. 그때 송나라 군주가 명령을 어겨, 신이 송나라 군주의 노복을 욕보였습니다. 그러므로 송나라는 신을 깊이 미워하고 있을 것입니다. 이번 행차에서 만약 길을 빌려달라는 공식 문서를 지니고 가지 않으면 신을 틀림없이 죽일 것입니다."

"그럼 문서에 경의 이름을 바꾸어 신주申舟라고 쓰면 될 것 아닌가? 무외라는 지난 이름은 쓰지 말라!"

그래도 신무외는 가고 싶지 않았다. 신무외가 다시 말했다.

"이름은 바꿀 수 있지만 얼굴은 바꿀 수 없습니다."

장왕이 짐짓 분노를 터뜨렸다.

"만약 그대가 죽으면 내가 군사를 일으켜 송나라를 멸망시키고 그대의 복수를 해주겠노라."

신무외는 감히 더 이상 거절할 수가 없었다.

다음 날 신무외는 자신의 아들 신서申犀를 데리고 입조하여 장왕을 알현하며 말했다.

"신하가 죽음으로 나라에 보답하는 건 본분입니다. 다만 대왕마마께선 제 자식놈을 잘 보아주십시오."

장왕이 말했다.

"그건 과인의 일이니 크게 염려할 것 없다."

이에 신주申舟는 사신 활동에 필요한 예물을 받아들고 하직 인사를 한 뒤 성문을 나섰다. 아들 신서가 교외까지 배웅을 나오자 신주가 분부했다.

"이 아비가 이번에 가면 틀림없이 송나라에서 죽을 것이다. 너는 반드시 대왕마마께 청하여 내 복수를 하도록 해라. 내 말을 단단히 기억하거라."

부자는 눈물을 뿌리며 헤어졌다.

초나라를 출발한 지 하루도 안 되어 송나라 도성 수양에 도착했다. 관문을 지키는 관리가 초나라 사신임을 알아보고 길을 빌려달라는 문서를 보자고 했다. 신주가 대답했다.

"초나라 대왕의 명령을 받들고 가는 길이오. 제나라로 가는 사신 문서는 있지만 길을 빌려달라는 문서는 없소."

관문 관리는 결국 신주를 잡아두고 송 문공에게 신속하게 상황을 보고했다. 이때 송나라 정사를 맡아보고 있던 화원이 송 문공에게 말했다.

"초나라는 대대로 우리의 원수였습니다. 지금 사신을 파견하여 공공연히 송나라를 지나면서도 길을 빌리는 관례를 따르지 않고 있으니 이는 우리를 심히 업신여기는 행동입니다. 사신을 죽이십시오."

송 문공이 말했다.

"초나라 사신을 죽이면 초나라가 틀림없이 우리를 칠 것이오. 그때는 어찌하오?"

화원이 대답했다.

"치욕스럽게 업신여김을 당하는 것은 공격을 받는 것보다 심한 일입니다. 하물며 지금 우리를 업신여기는 것으로 보아 앞으로 틀림없이 정벌하러 올 것입니다. 어떻게 해도 공격을 받을 바엔 치욕을 씻을 기회로 삼아야 합니다."

문공은 사람을 시켜 신주를 송나라 조정으로 압송하게 했다. 화원은 그를 보자마자 바로 신무외임을 알아보고 노발대발하며 꾸짖었다.

"네놈은 일찍이 우리 선군의 노복을 욕보였다. 지금 이름을 바꾸었다고 죽음을 피할 수 있을 것 같으냐?"

신주도 자신이 틀림없이 죽을 것을 알고 송 문공에게 마구 욕을 퍼부었다.

"네 이놈 조모와 간통한 놈아![1] 적자嫡子를 시해하고도 요행히 천벌을 면했구나. 이제 또 함부로 대국의 사신을 죽이면, 우리 초나라 군대가 쳐들어와서 너희 군신을 모조리 없애버릴 것이다."

화원은 먼저 그의 혀를 자르라고 명령을 내린 후 그를 죽였다. 제나라로 보내는 문서와 예물은 모두 교외로 가지고 가서 불태웠다. 신주를 수행하던 시종들은 수레를 버리고 도망쳐 돌아와 장왕에게 보고했다. 장왕은 마침 점심 수라를 들다가 신주의 피살 소식을 듣고, 수저를 자리에 내던지고 소매를 떨치며 일어났다. 바로 사마 직에 있는 공자 측을 대장으로 삼고 신숙시를 부장으로 삼아 즉각 병거를 정돈하여 송나라를 정벌하러 나섰다. 또 신무외의 아들 신서에게도 군정 직을 맡겨 군대를 따라가도록 했다. 신주는 여름 4월에 피살되었고, 초나라 군사는 가을 9월에 바로 송나라 국경에 당도했으니 출병이 얼마나 신속했는지 알 수 있다. 잠연이 이를 시로 읊었다.

송나라를 속이다가 화를 당할 줄 알았지만	明知欺宋必遭屯
어명이 하늘 같으니 어찌 감히 몸을 아끼랴?	君命如天敢惜身
소매 떨치고 출병하여 풍우처럼 진격하니	投袂興師風雨至
사신을 죽인 것을 화원은 후회하리라	華元應悔殺行人

1_ 송 문공 포는 자신의 할머니에 해당하는 왕희와 간통했다. 왕희는 바로 송 양공의 부인으로 늙어서도 음행을 즐겼다. 이 소설 제49회 참조.

초나라 군사는 수양성을 단단히 포위하고 성곽의 높이와 같은 누거樓車를 만들어 사방에서 성을 공격했다. 화원은 군대와 백성을 거느리고 성을 지키며 한편으로는 대부 악영제樂嬰齊를 진나라로 보내 위급함을 알렸다. 진 경공은 군사를 보내 송나라를 구원하려고 했다. 그러나 모신謀臣 백종伯宗이 이렇게 간언을 올렸다.

"순임보는 600승의 병거를 거느리고도 필성에서 패배했습니다. 이는 하늘이 초나라를 돕는 것입니다. 구원병을 보낸다 해도 반드시 이기리란 보장이 없습니다."

경공이 말했다.

"지금 오직 송나라만이 우리 진나라와 친하오. 만약 구원하지 않으면 송나라까지 잃게 될 것이오."

백종이 말했다.

"초나라는 송나라에서 2000리 떨어져 있습니다. 군량미를 계속 조달하기는 어려울 것이니 틀림없이 오래 버틸 수는 없을 것입니다. 지금 사신을 송나라로 보내 '진나라가 대군을 일으켜 구원하러 오고 있다'고만 알리십시오. 그런 다음 성을 굳게 지키게 하고 몇 달만 지나면 초나라 군사는 물러갈 것입니다. 이는 우리가 수고롭게 초나라와 대적하지 않고도 송나라를 구할 수 있는 방책입니다."

경공도 그럴듯하게 생각하고 물었다.

"누가 과인을 위해 송나라로 사신을 가겠소?"

대부 해양이 자청하고 나섰다. 경공이 말했다.

"자호子虎(해양의 자)가 아니면 이 임무를 감당할 사람이 없을 것이오."

해양은 평복으로 갈아입고 송나라 교외까지 갔다가 초나라 순찰병에게 사로잡혀 심문을 받고 장왕에게 보내졌다. 장왕은 그가 진나라 장수 해양임을 알아보고 물었다.

"네놈이 여긴 어쩐 일이냐?"

해양이 말했다.

"우리 진나라 군후의 명을 받잡고 송나라로 가서 성을 굳게 지키며 우리의 구원을 기다리라고 알려줄 작정이었소."

초 장왕이 말했다.

"네놈은 본래 진나라 사신이었구나. 지난번 북림 전투 때도 네놈은 우리 장수 위가蔿賈에게 포로가 되었지만 과인이 죽이지 않고 돌려보냈다. 그런데도 이번에 또 스스로 그물로 뛰어들었으니 무슨 할 말이 있느냐?"

해양이 말했다.

"진과 초는 원수지간이오. 죽고 죽이는 건 당연한 일이오. 무슨 말을 더할 수 있겠소?"

장왕은 그의 몸을 수색하여 문서를 꺼내 읽은 뒤 말했다.

"송나라 도성은 조만간에 함락될 것이다. 네놈이 만약 이 문서와 반대로 말을 하면 살 수 있다. 즉 '너희 나라에 일이 있어서 금방 구해줄 수 없으니 송나라 일을 그르칠까 두렵다. 이에 특별히 나를 파견하여 알리는 바다'라고 말을 하면 송나라 사람들이 절망하여 틀림없이 성을 나와 항복할 것이다. 그럼 두 나라 백성이 서로 도살하는 참극을 막을 수 있다. 이 일이 성공하는 날엔 너를 현을 다스리는 수령에 봉하여 우리 초나라에서 벼슬을 할 수 있게 해주겠다."

해양은 고개를 숙이고 대답하지 않았다. 또 장왕이 말했다.

"그렇게 하지 않으면 당장 네놈을 참수할 것이다."

해양은 본래 그 말에 따르지 않으려 했지만 자신이 초나라 군영에서 죽으면 아무도 진나라 군주의 명을 전달할 사람이 없을까 걱정되어 거짓으로 그들의 제안을 받아들였다.

"좋소!"

그러자 장왕은 해양을 누거 위로 올려 보내고 자기가 시킨 말을 하도록 재촉했다. 마침내 해양은 송나라 사람들에게 고함을 질렀다.

"나는 진나라 사신 해양이오. 지금 초나라 군대에 사로잡혀 있소. 이들이 나를 시켜 여러분의 항복을 권유하라고 하오. 여러분은 절대 항복해서는 안 되오. 우리 주상께서 친히 대군을 이끌고 구원하러 오고 있소. 오래지 않아 틀림없이 당도할 것이오."

초 장왕은 그 말을 듣고 누거를 끌어내리라고 명령을 내린 후 해양을 꾸짖었다.

"네놈은 과인의 말을 듣는다고 허락을 받고 나서 또 배신했다. 이건 네놈 스스로 배신한 것이지 과인의 잘못이 아니다."

그러고는 좌우 군사들에게 호통을 쳐 해양을 참수하라고 했다. 그러나 해양은 전혀 두려운 기색이 없이 느릿느릿 대답했다.

"나는 일찍이 신의를 잃은 적이 없소. 내가 만약 초나라에게 신의를 온전히 지킨다면 진나라에게는 신의를 잃게 되오. 만약 초나라 신하가 자기 주상의 말을 배신하고 외국에서 뇌물을 받는다면 군후께선 그가 신의가 있다고 할 것이오? 아니면 신의가 없다고 할 것이오? 이제 나를 죽이시어 초나라의 신의가 외국 사람에게만 적용되는 것이고 자국 사람에게는 적용되지 않는다는 걸 밝히시오."

장왕이 감탄하며 말했다.

"'충신은 죽음을 두려워하지 않는다忠臣不懼死'더니 바로 그대가 그런 사람이구려."

그러고는 바로 해양을 석방하여 돌려보냈다.

송나라 화원은 해양의 말에 따라 도성 수비를 더욱 튼튼하게 했다. 그러자 초나라 공자 측은 군사를 시켜 성 밖에 성루 모양의 토산을 쌓게 하고 친히 그곳에 거주하며 성안을 들여다보았다. 송나라 사람들의 일거수일투족이 모조리 파악되었다. 화원도 성안 맞은편에 토산을 쌓아 초나라에 대항했다. 가을 9월부터 포위를 시작하여 다음 해 여름 5월까지 피차 9개월 동안 대치했다. 수양 성안에는 식량과 꼴이 모두 떨어졌고 아사하는 사람도 많아졌다. 그러나 화원은 충의忠義로 부하를 격려했다. 백성은 화원의 격려에 감읍하며 심지어 자식을 바꾸어 잡아먹고2 해골을 주워 땔감으로 쓰면서도 전혀 마음을 변치 않았다. 장왕은 어찌할 수가 없었다. 그때 군량미를 담당하는 관리가 보고했다.

"우리 진영에 군량미가 7일 치밖에 남아 있지 않습니다."

장왕이 말했다.

"송나라를 함락시키기가 이렇게 어려울 줄 몰랐도다."

그는 친히 병거에 올라 송나라 도성 밖을 돌며 상황을 점검했다. 송나라의 수비를 담당하는 군사들의 자세가 매우 엄정했다. 장왕은 한숨을 쉬며 공자 측을 불러 군사를 거두게 했다.

그때 신서가 장왕의 말 앞에 울며 꿇어 엎드렸다.

2_ 역자이식易子而食: 전쟁이나 기근으로 먹을 것이 없을 때, 차마 자신의 자식은 잡아먹을 수 없으므로 서로 자식을 바꾸어 잡아먹으며 굶주림에서 벗어나는 일. 극심한 기근이나 전쟁의 참화를 비유한다. '역자위식易子爲食'이라고도 쓴다.(『춘추공양전』 선공 15년)

"신의 아비는 죽음으로 왕명을 받들었는데, 대왕마마께선 신의 아비에게 신의를 잃으려 하십니까?"

장왕의 얼굴에는 부끄러운 빛이 드러났다. 신숙시가 장왕이 탄 병거의 말고삐를 잡고 있다가 계책을 올렸다.

"송나라가 항복하지 않는 것은 우리가 오래 버틸 수 없다고 생각하기 때문입니다. 만약 군사들에게 성 밖에 집을 짓고 밭을 갈게 하여 저들에게 장기 대책을 보여주면 송나라 사람들이 틀림없이 두려워할 것입니다."

장왕이 말했다.

"그 계책이 참으로 훌륭하오!"

이에 명령을 내려 군사들에게 성을 따라 돌아가며 집을 짓게 하고 성 밖 백성의 집은 허물었다. 아울러 대나무를 베어 와서 목재로 사용했다. 군사 열 명 중 다섯 명은 성을 공격하게 하고 다섯 명은 밭을 갈게 했다. 그리고 열흘에 한 번씩 교대하도록 서로 말을 전하게 했다. 화원은 그 소문을 듣고 송 문공에게 말했다.

"초왕은 철수할 마음이 없고 진나라 원군은 오지 않으니 어찌하면 좋습니까? 신이 초나라 군영으로 들어가서 공자 측을 만나 위협을 해서라도 강화를 하도록 해보겠습니다. 혹시 요행으로라도 일이 이루어질지도 모르겠습니다."

송 문공이 말했다.

"사직의 존망이 경의 행차에 달려 있소. 조심해서 다녀오도록 하시오."

화원은 공자 측이 토산 위 누대에서 숙식을 한다는 사실을 탐지하고 미리 좌우 시종들의 성명 및 경비 상황까지 자세히 알아두었다. 밤이 되자 화원은 알자謁者3의 모습으로 변장을 하고 몰래 성 위에서 밧줄을 타고 내려와 바로 토산 옆으로 다가갔다. 순찰병이 딱따기를 두드리며 다가오자 화원이 물었다.

"원수께선 위에 계시는가?"

순찰병이 말했다.

"계십니다."

또 물었다.

"벌써 주무시는가?"

순찰병이 말했다.

"연일 고생하시는지라 오늘 밤에는 대왕마마께서 술을 한 통 내려서 그것을 드시고 벌써 취침 중이십니다."

화원이 토산으로 올라가려 하자 그곳 수비병이 막아섰다. 화원이 말했다.

"나는 대왕마마의 알자 용료庸僚라는 사람이다. 대왕마마께서 긴급한 비밀 명령을 원수께 전하라고 하셨다. 오늘 하사한 술을 마시고 취해 잠이 들었을까 걱정을 하시며 특별히 나를 보내 직접 만나서 명령을 전하라 하셨다. 금방 돌아갈 것이다."

수비병은 진짜로 생각하고 화원을 토산 위로 올려 보냈다. 토산 위의 막사 안에는 아직 등불이 밝게 켜져 있었고, 공자 측은 옷을 입은 채로 쓰러져 잠들어 있었다. 화원은 바로 침상으로 올라가 가볍게 공자 측을 밀어 잠을 깨웠다. 공자 측이 몸을 뒤척이려 할 때 화원은 공자 측의 양 소매를 꽉 틀어잡았다. 공자 측이 황급하게 물었다.

"웬 놈이냐?"

3_ 알자謁者: 춘추전국시대에 군주 좌우에서 명령을 전달하는 일을 맡아본 측근 관리.

화원이 목소리를 낮추어 대답했다.

"원수께선 놀라지 마시오. 나는 송나라 우사 화원이오. 우리 주상의 명을 받잡고 특별히 이 한밤중에 찾아와서 강화를 요청하게 됐소. 원수께서 내 말에 따르시면 우리는 대대로 우호를 맺게 되겠지만 허락하지 않으시면 나와 원수의 목숨은 모두 오늘 밤에 끝장나게 될 것이오."

말을 마치고 화원은 왼손으로 침대를 누르며 오른손으로는 소매에서 하얀빛이 번쩍이는 예리한 비수를 꺼냈다. 촛불 아래에서 비수는 섬뜩한 빛을 뿜어내고 있었다. 공자 측이 황망하게 대답했다.

"일이 있으면 여러 사람과 함께 상의해야지 경솔하게 행동해서는 안 되오."

그러자 화원은 비수를 거두고 사과했다.

"죽을죄를 지었으나 심하게 나무라지 마시오. 정세가 긴박하여 조용하게 처리할 수 없었소."

공자 측이 말했다.

"대부의 국내 형편은 어떠하오?"

화원이 말했다.

"자식을 바꾸어 잡아먹고, 해골을 주워서 땔감으로 사용하고 있소. 벌써 심한 낭패지경으로 빠져들었소."

공자 측이 놀라며 말했다.

"송나라의 곤경이 그 지경이란 말이오? 듣건대 군사 일은 '텅 비었어도 가득 차 있는 것처럼 속이고, 가득 차 있으면서도 텅 비어 있는 것처럼 속인다虛者實之, 實者虛之'고 했소. 그런데 대부께선 어찌하여 송나라의 실상을 나에게 알려주는 것이오?"

송 화원이 초 공자 측을 위협하다.

화원이 말했다.

"군자는 남의 재앙을 불쌍하게 여기고, 소인은 남의 위기를 이용한다君子矜人之厄, 小人利人之危고 했소. 원수께선 군자이지 소인이 아니오. 그래서 나 화원은 우리 형편을 감출 수가 없었소."

"그럼 어찌하여 항복하지 않소?"

"나라는 이미 곤경에 빠졌지만 백성의 마음은 아직 곤궁하지 않소. 임금과 백성이 모두 목숨을 걸고 싸우며 성과 함께 부서질 마음을 먹고 있소. 그러니 어찌 성곽 아래에서 항복을 하려 하겠소? 만약 우리의 재앙을 불쌍히 여기는 은택을 베풀어주실 수 있다면 먼저 군사를 30리만 물려주시오. 그러면 우리 주상께서 초나라를 따르며 맹세컨대 두마음을 먹지 않을 것이오."

"나도 속이지 않겠소. 우리 군영에도 이레 치 양식밖에 남아 있지 않소. 만약 이레가 지나도록 성을 함락시키지 못하면 장차 군사를 거두어 돌아가려 했소. 집을 짓고 밭을 갈라고 명령을 내린 것은 잠시 송나라에 공포를 조장하기 위함이오. 내일 내가 반드시 우리 대왕께 아뢰어 30리를 물러나게 하겠소. 송나라 군신들도 신의를 잃지 마시오!"

"내가 인질로 잡혀가겠소. 그러니 지금 원수께서 나와 함께 맹세를 하시어 각자가 후회하는 일이 없도록 하는 것이 어떻겠소?"

이에 두 사람은 맹세를 마쳤다. 공자 측은 마침내 화원과 결의형제까지 맺고 나서 영전令箭⁴ 하나를 화원에게 주며 분부했다.

"속히 이곳을 떠나시오!"

4_ 영전令箭: 옛날 군중軍中에서 명령을 전달할 때 사용하던 징표의 하나. 모양이 화살처럼 생겨서 '영전'이라고 한다.

화원은 영전을 가지고 있어서 대놓고 초나라 진영을 지나 도성 아래로 갔다. 입으로 암호를 말하자 성 위에서 다시 밧줄이 내려왔고 화원은 그 밧줄을 타고 성루로 올라갔다. 화원은 그날 밤 바로 송 문공에게 보고했다. 두 사람은 기뻐하며 오로지 내일 초나라가 군사를 물렸다는 소식이 있기만을 고대했다.

이튿날 이른 아침 공자 측은 밤에 화원이 전한 내용을 장왕에게 알리며 말했다.

"신의 목숨은 거의 화원의 비수에 의해 끝날 뻔했습니다. 다행히 화원은 어진 마음으로 자신의 형편을 모두 제게 알려주며 우리 군사를 좀 물려달라고 간청했습니다. 신은 이미 허락했으니 바라옵건대 대왕마마께서도 윤허해주십시오."

장왕이 말했다.

"송나라의 곤경이 그 정도라면 과인이 마땅히 저들의 도성을 빼앗고 돌아가야겠네."

공자 측이 머리를 조아리며 말했다.

"우리 군영에 이레 치 양식밖에 없다는 사실도 신이 이미 화원에게 말했습니다."

그러자 장왕은 발끈 화를 내며 말했다.

"어찌하여 우리의 실정을 적에게 누설했단 말인가?"

공자 측이 대답했다.

"보잘것없이 허약한 송나라에도 남을 속이지 않는 신하가 있는데, 어찌 우리 당당하고 위대한 초나라에 그런 신하가 없단 말입니까? 그래서 신은 감히 우리 실정을 숨길 수 없었습니다."

얼굴색이 갑자기 밝아지면서 장왕이 말했다.

"사마의 말씀이 옳소!"

그러고는 바로 퇴군 명령을 내리고 군영을 30리 밖으로 옮겼다. 신서는 군령이 이미 내려진 것을 알고 감히 다시 막아설 수 없어서 가슴을 두드리며 통곡했다. 장왕이 사람을 보내 그를 위로하며 말했다.

"너무 슬퍼하지 말라. 과인이 결국 그대의 효성을 이루어주겠다."

초나라 군영이 새로 차려지자 화원이 먼저 그곳으로 가서 송 문공의 뜻을 전하고 우호 회맹을 맺고 싶다고 요청했다. 또한 공자 측은 화원을 따라 성안으로 들어가서 송 문공과 삽혈로 우호를 맹세했다. 송 문공은 화원을 시켜 신주의 관을 초나라 진영으로 전송하게 했다. 아울러 화원은 초나라 군영에 남아 인질이 되었다. 초 장왕은 군사를 거두어 초나라로 돌아가서 신주의 장례를 융숭하게 치러줬다. 조정 신하들이 모두 나와 장례에 참여했다. 장례가 끝나고 장왕은 신서에게 자기 부친의 대부 직을 계승하게 했다.

화원은 초나라에서 공자 측의 소개로 공자 영제와도 교분을 맺고 아주 친하게 지냈다. 어느 날 두 사람이 만나 시사 문제를 이야기하다가 공자 영제가 탄식하며 말했다.

"지금 진과 초가 서로 다투며 날마다 전쟁의 구실을 찾고 있소. 이런 상황이라면 천하가 언제 태평해지겠소?"

화원이 말했다.

"어리석은 나의 생각으로는 진나라와 초나라가 서로 쌍벽을 이루어 그 힘이 막상막하인 것 같소. 진실로 어떤 사람이 나서서 두 나라를 화해시키고, 각각 자기 속국의 조공을 받으며 전쟁을 그쳐 우호를 맺는다면 천하 백성은 도탄에서 벗어날 수 있을 것이오. 그럼 진실로 이 세상의 큰 다행이라고 할 수 있을 것이오."

"그런 일이라면 대부께서 능히 담당할 수 있을 것 같소이다만?"

"나는 진나라 장수 난서와 친분이 있소. 지난날 진나라에 사신을 갔을 때도 그 사람과 이런 말을 나눈 적이 있소. 그러나 두 나라 사이에서 서로 의견을 합칠 수 있는 사람이 없으니 어찌하겠소?"

이튿날 공자 영제는 화원의 말을 공자 측에게 전했다. 공자 측이 말했다.

"두 나라는 아직도 전쟁에 싫증을 내지 않고 있소. 이것은 아직 경솔하게 논의할 수 있는 일이 아니오."

화원이 초나라에 체류한 지 6년만인 주 정왕 18년에 송 문공 포가 죽고 그 아들 공공共公 고固가 보위에 올랐다. 화원은 장례에 참석하기 위해 귀국을 요청해서 비로소 송나라로 돌아갔다. 이것은 뒷날의 이야기다.

한편 진 경공은 초나라 군사가 송나라를 포위하고 1년이 지나도 물러가지 않고 있다는 소식을 듣고 백종에게 말했다.

"송나라가 도성을 지키느라 지칠 때가 됐소. 과인은 송나라에게 신의를 잃을 수 없소. 구원하러 가야겠소!"

바야흐로 군사를 출병시키려는데 갑자기 보고가 올라왔다.

"노潞나라에서 밀서를 보내왔습니다."

노나라는 적적赤狄의 별종으로 성은 외隗이고 봉작은 자작子爵이며 여黎나라와 이웃해서 살고 있었다. 주 평왕 때 노潞나라 군주가 여나라 군주를 쫓아내고 그 땅을 차지했다. 이에 적적은 더욱 강성해졌다. 이때 노나라 군주의 이름은 영아嬰兒였고, 진晉 경공의 여동생 백희伯姬를 부인으로 맞았다. 영아는 성격이 유약하여 노나라 재상 풍서가 전권을 휘두르며 정사를 농락했다. 이보다 앞서 호야고가 그 나라에 오래 머문 적이 있었다. 호야고는 진나라의 공신인 데다 박학다식하여 풍서도 그를 두려워했고, 그래서 제 마음대로 행동하지 못했다. 그러나 호야고가 죽은 이후 풍서는 더욱 거리낌이 없어졌다. 그는 노나라 군주와 진나라의 우호관계를 끊으려고 백희를 헐뜯어 죄를 뒤집어씌우고 자기 임금을 핍박하여 백희를 목매달아 죽게 했다. 또 풍서는 어느 날 노나라 군주와 교외로 사냥을 나갔다가 술에 취하여 군신 간에 탄궁彈弓 쏘기 놀이를 했다. 날아가는 새를 맞추는 내기를 하다가 풍서가 탄알을 잘못 쏘아 노潞나라 군주의 눈을 상하게 했다. 그러자 그는 탄궁을 땅바닥에 팽개치고 별일 아닌 듯 웃으며 말했다.

"제가 탄궁을 잘못 쏘았으니 벌주 한 잔만 마시겠습니다."

노나라 군주는 그의 포악함을 견딜 수 없었지만 힘으로 도저히 제압할 수 없어 몰래 진나라에 밀서를 보내 부디 군사를 파견하여 풍서의 죄를 토벌해달라고 요청했다. 모사 백종이 앞으로 나서며 말했다.

"만약 풍서를 죽이고 노나라 땅을 차지한 뒤 내친 김에 그 이웃 나라에까지 군사를 보내면 우리 진나라가 적족의 땅을 모두 소유할 수 있게 됩니다. 그럼 서남쪽5 강토가 더욱 넓어져서 진나라의 군사와 세금은 더욱 늘어날 것입니다. 이번 기회를 놓쳐서는 안 됩니다."

진 경공도 노나라 군주 영아가 자신의 아내(경공의 여동생)도 지켜주지 못한 데 화가 나서 바로 순임보를 대장으로 삼고 위과魏顆를 부장으로 삼아 병거 300승을 출동시켜 노나라 정벌에 나섰다.

5_ 서남쪽: 지금의 노성潞城과 여성黎城은 산서성 동쪽에 있으므로 이 대목의 서남쪽은 동쪽 또는 동남쪽이 되어야 마땅하다.

노나라 풍서도 군사를 거느리고 곡량曲梁[6]에서 진나라 군대를 맞아 싸웠으나 결국 패배하여 위衛나라로 달아났다. 위 목공 속速[7]은 진나라와 친분이 돈독했기 때문에 풍서를 잡아 진나라 군영에 넘겼다. 순임보는 그를 묶어 진나라 도성인 강주성으로 보내 주살했다. 진나라 군사는 긴 행렬을 이루며 말을 치달려 바로 노나라 도성으로 쳐들어갔다. 노나라 군주 영아는 말 머리에 나와 진나라 군사를 영접했다. 순임보는 백희를 헐뜯어 죽인 그의 죄를 하나하나 들추어 역시 포박하여 진晉나라 도성으로 보내려고 했다. 그는 핑계거리를 대며 이렇게 말했다.

"여나라 사람들이 자기 임금을 그리워한 지 오래되었다."

그러고는 여나라 군주의 후예가 사는 곳을 방문하여 그곳에 500호를 할양하고 성을 쌓아 그들을 거주하게 한 뒤 그곳을 복려復黎라고 불렀다. 영아는 자신의 나라가 망한 것을 슬퍼하며 스스로 칼로 목을 찔러 죽었다. 노나라 사람들이 슬퍼하며 그를 위해 사당을 세웠다. 지금 여성黎城(山西省黎城 남쪽 15리)에 있는 노사산潞祠山이 바로 그곳이다.

진 경공은 순임보가 또 승리하지 못할까 걱정이 되어 친히 대군을 이끌고 직산稷山(山西省稷山)에 주둔했다. 순임보는 먼저 직산으로 가서 승전보를 올리고, 부장 위과를 노潞나라에 머물게 하여 적적 땅의 경계를 확정하게 했다. 또 귀환하는 과정에 보씨輔氏(陝西省大荔)[8]의 소택지에 이르렀을 때 갑자기 저 멀리서 해를 가릴 듯이 먼지가 일며 함성 소리가 천지를 뒤흔들었

6_ 곡량曲梁: 산서성 심현沁縣 근처 또는 하북성 영기永祈 등 여러 가지 학설이 있다. 그러나 지금의 노성潞城에서 진晉나라 군사를 맞아 싸우려면 서쪽으로 가야 하므로 심현沁縣 근처로 보는 것이 더 타당해 보인다.

7_ 속速은 속邀으로도 쓴다.

다. 진나라 진영에선 어느 쪽 군사인지 몰라 당황하고 있는데 전초병이 나
는 듯이 들어와 보고를 올렸다.

"진秦나라가 대장 두회杜回를 시켜 군사를 동원해 쳐들어오고 있습니다."

당시 상황을 고찰해보면 대체로 다음과 같았다. 진秦 강공은 주 광왕
4년에 죽고 그 아들 공공共公 도稻가 보위에 올랐다. 그때 진晉나라 조천이
숭崇나라를 침략하자, 진秦나라 군사는 초焦 땅을 포위했다. 그러나 아무
소득이 없자 마침내 노나라 풍서와 결탁하여 함께 진晉나라를 도모하기로
했다. 그러나 진 공공은 4년 만에 죽고 그 아들 환공桓公 영榮이 보위에 올
랐다. 진晉나라가 노나라를 멸망시킨 때가 바로 진秦 환공 11년이었다. 환
공은 진나라가 풍서를 토벌했다는 소식을 듣고 군사를 일으켜 구원에 나
서려고 했다. 그러나 진나라가 벌써 풍서를 죽이고 노나라 군주까지 포로
로 잡았다는 소식을 듣고 마침내 두회에게 군사를 거느리고 가서 노나라
땅을 놓고 진나라와 쟁패를 벌이게 했다.

두회는 진秦나라에서 유명한 장사였다. 그의 이빨은 은빛 갈고리처럼 날
카로웠고, 튀어나온 눈은 금으로 만든 통방울 같았다. 주먹은 청동으로 만
든 망치 같았고 얼굴은 강철로 만든 큰 사발 같았으며, 덥수룩한 수염과
곱슬머리를 하고 있었다. 키는 열 자가 넘었고 힘은 천균을 들어 올릴 정도
였다. 그는 개산대부開山大斧9를 익숙하게 사용했고, 그 무게는 120근이나

8_ 위의 각주에서 보듯 순임보가 정벌한 노潞나라는 진晉나라 도성인 강주성絳州城 동쪽에 있었
다. 지금의 산서성 노성潞城이 그곳이고, 바로 옆에 여성黎城이 있다. 그러나 직산稷山은 강주성 서
쪽에 있고, 보씨輔氏는 더 서쪽으로 가서 황하 건너에 위치해 있다. 지금의 섬서성 대려大荔가 그
곳이다. 따라서 동쪽으로 정벌 나간 순임보의 군사가 서쪽에서 돌아오는 것이 된다. 아마도 이 소
설의 마지막 정리자인 풍몽룡이 노潞나라의 위치를 진晉나라 남쪽으로 착각한 것으로 보인다.

9_ 개산대부開山大斧: 자루가 길고 날이 크게 벌어진 대형 도끼.

나갔다. 두회는 본래 백적白翟 사람으로 일찍이 청미산靑眉山(陝西省 延川 북쪽)에서 맨손으로 하루에 호랑이를 다섯 마리나 잡아 그 가죽을 벗겨 돌아온 적도 있었다. 진 환공은 그의 용기를 소문으로 듣고 초빙하여 거우 장군으로 삼았다. 또 그는 300명의 군사만 거느리고 차아산嵯峨山(陝西省 涇陽 북쪽)에서 산적 만여 명을 격파하여 명성을 크게 떨쳤고 이 공으로 마침내 대장이 되었다.

위과는 진을 펼치고 두회와의 교전을 기다리고 있었다. 그러나 두회는 병거나 말도 타지 않고 손에 큰 도끼를 든 채 싸움에 익숙한 살수殺手 300명만 거느리고 성큼성큼 진晉나라 진영으로 바로 쳐들어왔다. 도끼를 사용하여 아래로는 말의 다리를 찍고 위로는 갑옷 입은 장수를 마구 베었다. 그는 정말 하늘에서 내려온 신과 같은 장수였다. 진나라 군사는 여태까지 이런 흉악한 장수를 본 적이 없어서, 두회를 전혀 막지 못하고 첫 싸움에서 대패하고 말았다. 위과는 진채를 굳게 지키며 절대 나가서 싸우지 말라고 명령을 내렸다. 두회는 도부수刀斧手 한 부대를 거느린 채 진채 밖에서 발을 구르고 욕을 퍼부으며 사흘 동안 싸움을 걸어왔지만 위과는 감히 나가 싸울 용기가 나지 않았다. 그때 갑자기 본국에서 구원병이 도착했다는 보고가 올라왔다. 구원병을 거느리고 온 장수는 바로 그의 동생 위기魏錡였다. 위기가 말했다.

"주상께서 적적의 무리가 진秦나라와 작당하여 무슨 변고를 일으키지나 않을까 염려하여 특별히 이 동생을 보내 형님을 도우라고 했소."

위과는 진나라 장수 두회의 여차여차한 모습을 알려주면서 도저히 용기로는 당할 수가 없어서 바야흐로 사람을 보내 구원병을 요청하려던 참이었다고 이야기했다. 위기는 믿을 수가 없어서 이렇게 말했다.

"그따위 도적놈이 뭐가 그리 대단하단 말이오? 내일 이 아우가 앞장서서 싸워 이기고야 말겠소."

다음 날 두회는 또 싸움을 걸어왔다. 위기가 분기탱천하여 뛰쳐나가려 했지만 위과가 제지했다. 그러나 그는 듣지 않고 새로 데리고 온 갑사들을 이끌고 병거를 휘몰아 치달려나갔다. 그러자 진秦나라 군사는 사방으로 흩어져 도망치기에 바빴다. 위기는 병거를 나누어 그들을 쫓았다. 그때 갑자기 한 줄기 휘파람 소리가 울리더니 300명의 살수가 다시 한 부대로 뭉쳐 두회의 뒤를 따라 달려오고 있었다. 그들은 큰 칼과 큰 도끼를 휘두르며 아래로는 말의 다리를 찍고 위로는 갑옷 입은 장수를 마구 베었다. 북쪽으로 도주하던 보졸들은 병거를 따라 방향을 바꾸려 했지만 큰 병거가 방향을 바꾸기에는 불편한 점이 있어서, 두회가 전후 좌우로 휘두르는 도끼에 의해 쉽게 난도질을 당했다. 위기는 대패하고 말았다. 다행히 위과가 군사를 거느리고 달려와 그를 구원하여 진채로 되돌아갔다.

이날 밤 위과는 자신의 진영에서 고민에 빠져 앉아 있었다. 이리저리 온갖 생각을 굴려봐도 좋은 대책을 찾을 수 없었다. 밤이 삼경에 이르도록 피곤하게 앉아 있다가 몽롱한 상태로 잠에 빠져들었다. 그때 그의 귓가로 언뜻 어떤 사람이 '청초파靑草坡'란 세 글자를 속삭이는 소리가 들려왔다. 그는 깨어나서도 그 뜻을 이해할 수 없었다. 다시 잠이 들었을 때도 똑같은 상황이 반복됐다. 그는 위기에게 그 이야기를 들려줬다. 위기가 말했다.

"보씨輔氏 땅에서 왼쪽으로 10리를 가면 큰 언덕이 있는데 거기가 바로 청초파라는 곳이오. 혹시 진나라 군사를 그곳에서 패배시킬 수도 있을지 모르니, 이 아우가 먼저 한 부대 군사를 이끌고 가서 그곳에 매복하고 있겠소. 형님께선 적군을 그곳으로 유인해 오시오. 우리가 좌우에서 협공하면 승리할 수 있을 것이오."

위기는 바로 자신이 직접 군사를 이끌고 청초파에 군사를 매복시키러 갔다. 위과도 명령을 내렸다.

"진채를 모두 거두어라."

그러고는 거짓으로 크게 소리를 질렀다.

"다시 여성으로 되돌아간다."

과연 두회도 그 뒤를 따라 추격해왔다. 위과는 대략 몇 합을 싸우는 척하다가 병거를 돌려 달아났다. 점점 청초파가 가까워오자 한 줄기 포성이 울리며 위기의 복병이 일제히 들고 일어났다. 그제야 위과는 다시 방향을 돌려 두회를 몇 겹으로 단단히 포위하고 양쪽에서 협공을 했다. 그러나 두회는 전혀 두려워하지 않고 120근의 개산대부를 휘두르며 위아래로 진나라 군사를 베었다. 그 도끼를 맞은 군사는 바로 죽어 자빠졌다. 두회를 따르는 많은 살수에게 손상을 입혔지만 끝내 승리할 수 없었다. 위씨 두 형제도 군사들을 독려하면서 두회와의 사투에서 물러나지 않았다. 그렇게 결사전을 벌이며 청초파 중간에 이르렀을 때 두회의 한 발이 갑자기 비틀거렸다. 두회는 마치 신발 바닥에 기름칠을 하고 얼음 위를 걷는 것처럼 땅에 발을 제대로 붙이지 못하고 있었다. 진나라 군중에서 큰 함성이 울렸다. 위과가 눈을 들어 보니 멀찌감치 어떤 노인이 보였다. 그 노인은 베옷에 짚신을 신고 시골 농부 같은 모습을 하고 있었다. 그는 푸른 풀이 우거진 언덕길에서 풀을 묶어놓고 두회의 발이 그곳에 걸리게 하고 있었다. 위과와 위기는 양쪽에서 병거를 몰고 가서 함께 창을 들어 두회를 찔렀다. 두회가 땅바닥에 쓰러지자 군사들이 달려들어 산 채로 포박했다. 두회를 따르던 살수들은 대장이 생포되자 사방으로 달아나기에 바빴다. 진晉나라 군사들이 쫓아가서 많은 수의 적을 사로잡았다. 300명 중에서 도망친 자는 40~50명도 되지 않았다. 위과가 두회에게 물었다.

"네놈은 스스로 영웅이라 뻐기더니 어째서 이렇게 포로가 되었느냐?"

두회가 말했다.

"내 두 발을 누가 잡아당기는 것 같아서 움직일 수가 없었다. 이것은 하늘이 내 목숨을 끊는 것이니 내 힘으로도 어쩔 수 없는 일이다."

위과는 남몰래 마음속으로 기이한 일이라고 생각했다. 위기가 말했다.

"저놈은 엄청난 힘을 갖고 있으니 군중에 살려뒀다가는 다른 변고가 있을까 두렵소."

위과도 이렇게 말했다.

"나도 바로 그것을 염려하고 있었다."

그러고는 즉시 두회를 참수하고 직산으로 가서 공적을 보고했다.

이날 밤 위과는 비로소 편안하게 잠을 잘 수 있었다. 그의 꿈에 낮에 보았던 노인이 나타나서 앞으로 다가와 읍을 하며 말했다.

"장군께선 두회가 사로잡힌 까닭을 아시오? 그것은 바로 이 늙은이가 풀을 묶어 그를 잡아당겼기 때문이오. 그래서 두회가 땅바닥에 넘어져 포로가 된 것이오."

위과는 깜짝 놀라 물었다.

"저는 평소에 노인장을 모르는데 이렇게 큰 도움을 받았으니 어떻게 보답하면 되겠소?"

노인이 말했다.

"나는 바로 조희의 아비 되는 사람이오. 장군이 선친의 명령을 잘 수행하여 내 딸을 좋은 데로 출가시켰기 때문에 이 늙은이는 구천에서도 내 딸

노인이 풀을 묶어 은혜에 보답하다.

을 살려준 장군의 은혜에 감사하고 있었소. 그래서 특별히 미력이나마 발휘하여 장군이 이번 싸움에서 전공을 세우도록 도와드린 것이오. 장군께서 계속 노력하시면 후손들이 대대로 영예를 누릴 것이고, 후손 중에 임금이 되는 사람도 있을 것이오. 내 말을 잊지 마시오."[10]

원래 위과의 부친 위주魏犨에게는 조희祖姬라는 애첩이 있었다. 위주는 매번 전쟁에 나갈 때마다 아들 위과에게 당부했다.

"내가 만약 전쟁터에서 죽거든 너는 좋은 배필을 골라서 이 여자를 출가시켜라. 절대로 내 명령을 어기지 말라. 그래야 내가 죽어서도 눈을 감을 수 있을 것이다."

그러나 위주는 병이 위독해지자 말을 바꾸어 위과에게 이렇게 당부했다.

"이 여자는 내가 사랑하고 아끼는 사람이니 반드시 나와 함께 순장하여 내가 지하에서도 짝을 삼을 수 있게 하여라."

말을 마치고는 숨을 거두었다. 위과는 자기 부친의 장례를 치르면서도 결코 조희를 순장하지 않았다. 그의 아우 위기가 말했다.

"아버지께서 임종 때 남기신 유언을 잊으셨소?"

위과가 말했다.

"아버지께서는 평소 그 여자를 반드시 출가시키라고 했다. 임종 때 하신 말씀은 정신이 혼란한 가운데 내뱉은 말씀이다. 효자는 정신이 맑을 때 하신 말씀을 따르지 정신이 혼란할 때 하신 말씀은 따르지 않는다."

그리하여 장례를 끝내고 위과는 마침내 그녀를 좋은 선비에게 개가시켜

10_ 결초보은結草報恩: 이 대목에서 '결초보은'이라는 고사성어가 나왔다. 풀을 묶어 은혜를 갚는다는 뜻으로 죽어서도 자신이 받은 은혜를 잊지 않고 보답함을 비유한다. 이후 위과의 후손들은 진晉나라의 귀족으로 영광을 누리다가 전국시대에는 위魏나라를 세워 왕족으로 군림한다.

주었다. 이러한 음덕이 있었기 때문에 그 노인이 풀을 묶어 은혜에 보답한 것이다. 위과는 꿈에서 깨어 위기에게 말했다.

"내가 당시에 아버지의 말씀을 에둘러 해석하여 그 여자를 죽이지 않았더니 뜻밖에도 그 여자의 부친이 은혜를 입었다고 지하에서도 이렇게 보답을 하는구나!"

위기도 감탄을 그치지 않았다. 염선이 이 일을 시로 읊었다.

어느 분이 풀을 묶어 두회를 막았던가	結草何人亢杜回
꿈속에서 분명하게 은혜 갚으러 왔다 했네	夢中明說報恩來
권하노니 사람들아 음덕을 많이 쌓으라	勸人廣積陰功事
순리 따르면 마음도 편코 복도 절로 이르리라	理順心安福自該

진秦나라는 전쟁에 패배하여 옹주로 되돌아갔다. 두회가 전사한 것을 알고 군신이 모두 기가 꺾였다. 진 경공은 위과의 공을 가상히 여겨 영호令狐 (山西省 臨猗 경내) 땅을 봉토로 하사했다. 또 큰 종을 만들어 그 일을 기념하기 위해 승전한 연도와 날짜를 모두 기록했다. 후세 사람들은 그 종을 경공이 주조했기 때문에 '경종景鍾'이라 불렀다. 진 경공은 또 사회에게 군사를 주어 적적의 나머지 종족을 쳐 없앴다. 이때 모두 세 나라를 없앴으니, 갑씨甲氏와 유우留吁 그리고 유우의 속국 탁진鐸辰이 그들이었다. 이로부터 적적의 땅은 모두 진晉나라에 귀속되었다.

얼마 뒤 진나라에 흉년이 들어 도적이 사방에서 일어났다. 순임보는 나라 안에서 도적을 잘 잡는 사람을 수소문하여 한 사람을 찾아냈다. 그는 극씨郤氏 집안사람으로 이름은 옹雍이었고 사람의 마음을 잘 읽어냈다. 일찍이 저잣거리를 거닐다가 갑자기 한 사람을 지목하며 도적이라고 했다. 사람들이 그를 잡아 심문하니 과연 진짜 도적이었다. 순임보가 물었다.

"어떻게 도적인지 알았소?"

극옹이 대답했다.

"내가 그자의 미간을 살펴보니 시장의 물건을 보고 욕심을 내는 기색이 있었고 시장 사람들을 보고는 부끄러운 기색을 보였소. 또 내가 왔다는 말을 듣고는 두려운 빛을 보였소. 그래서 바로 알 수 있었소."

극옹이 매일 도적 수십 명을 잡자 시장 사람들은 두려워했지만 도적은 오히려 갈수록 더 많아졌다. 대부 양설직半舌職이 순임보에게 말했다.

"원수께서 극옹에게 도적 잡는 일을 맡겼는데 도적을 다 잡기도 전에 극옹이 죽을 날이 먼저 닥칠 것 같소."

임보가 놀라 물었다.

"무슨 까닭이오?"

양설직이 무슨 말을 할지는 다음 회를 보시라.

제56회

모욕당한 사신의 복수

소 부인은 승대에 올라 사신을 조롱하고
방축보는 옷을 바꿔 입고 임금을 살리다
蕭夫人登臺笑客, 逢丑父易服免君.

순임보는 극옹郤雍을 시켜 도적을 다스렸지만 양설직은 극옹이 틀림없이
제명에 죽지 못할 것이라고 생각했다. 임보가 그 까닭을 물었다. 양설직이
대답했다.

"주나라 속담에 '깊은 연못의 물고기를 자세히 보려는 사람은 불길하고,
숨겨둔 일을 알려는 사람은 재앙을 당한다察見淵魚者不祥, 智料隱惡者有殃'라는
말이 있소. 극옹 한 사람의 안목에만 의지해서는 많은 도적을 다 잡을 수
가 없소. 오히려 도적들이 힘을 합쳐 극옹을 제압하면 그가 죽지 않을 수
있겠소?"

그 후 사흘도 채 되지 않아 극옹은 교외로 나갔다가 수십 명의 도적 떼
의 협공을 받고 죽었다. 도적 떼는 극옹의 머리를 잘라서 달아났다. 순임
보도 울화병이 들어 죽었다. 진晉 경공은 양설직의 이야기를 듣고 그를 불

러서 물었다.

"경은 극옹의 일도 맞추었다는데, 그럼 도적을 없애려면 무슨 대책을 써야 하는가?"

양설직이 대답했다.

"지혜로써 지혜를 제어하는 건 돌로 풀을 눌러두는 것 같아서 시간이 지나면 풀은 반드시 그 옆 틈새로 자라나오게 됩니다. 폭력으로 폭력을 금하는 건 돌로 돌을 치는 것 같아서 두 돌멩이가 모두 부서지게 됩니다. 이 때문에 도적을 막으려면 그들의 마음을 교화하여 염치를 알게 해야지 많이 잡는 걸 능사로 삼아서는 안 됩니다. 주상께서 만약 조정 대신 중에서 선인善人을 선택하여 백성 위에서 영광을 누리게 한다면 악을 저지르는 자들이 저절로 교화될 것입니다. 어찌 도적 따위를 근심할 필요가 있겠습니까?"

경공이 또 물었다.

"지금 우리 진나라의 선인 중에서 어느 분이 가장 낫소? 경이 한번 천거해보시오."

양설직이 말했다.

"사회士會만 한 사람이 없습니다. 그는 사람됨이 말을 할 때는 신용에 의지하고 행동을 할 때는 대의에 의지합니다. 사람들과 잘 어울리면서도 아첨하지 않고 삶이 청렴하면서도 교만하지 않습니다. 또 성품이 정직하면서도 뻣뻣하지 않고 위엄이 있으면서도 사납지 않습니다. 주상께서는 반드시 그를 중용하십시오!"

이윽고 사회가 적적을 평정하고 돌아오자 진 경공은 적적의 포로를 주周 왕실에 바치면서 사회의 공로를 주 정왕에게 알렸다. 정왕은 사회에게 제후의 예복과 면류관을 하사하고 주 왕실의 상경 벼슬을 내렸다. 진 경공은 마침내 죽은 순임보 대신 사회를 중군원수로 삼았고 태부太傅 직도 더해주었다. 또한 봉지를 범范(河南省 范縣) 땅으로 바꿔주니 그가 바로 범씨范氏의 시조다. 사회는 도적을 잡는 법조문을 모두 삭제하고 오로지 백성을 교화하는 일을 급선무로 삼았다. 이에 간악한 백성은 모두 진秦나라로 달아나 도적이 한 명도 없게 되었다. 이후 진晉나라는 크게 다스려졌다.

진 경공은 다시 패업을 도모할 마음이 생겼다. 그러자 모사 백종이 앞으로 나서며 말했다.

"선군이신 문공께서 천토踐土에서 처음 회맹을 하실 때 모든 나라가 그 모습을 흠모하며 따랐습니다. 양공 때 신성新城에서 회맹할 때도 제후들 중에 두마음을 먹는 사람은 없었습니다. 그러나 영호令狐 땅에서 신의를 잃은 이래 처음으로 진秦나라와 우호가 끊어졌습니다. 또 제와 송에서 임금을 죽이는 사건이 일어났을 때도 역적을 토벌하지 못하여 산동山東의 여러 나라가 마침내 우리 진나라를 가볍게 보고 초나라에 붙었습니다. 우리는 정나라를 구원할 때 아무 공도 세우지 못했고, 송나라를 구원할 때는 군대도 보내지 않았습니다. 이제 이 두 나라까지 잃고 보니 우리 진나라 휘하에는 오직 위衛나라와 조曹나라 등 겨우 서너 나라만 남아 있을 뿐입니다. 대저 제나라와 노魯나라는 천하 사람들이 모두 우러러보는 나라입니다. 주상께서 맹주의 대업을 회복하시려면 제, 노와 친하는 것이 가장 좋습니다. 이 두 나라에 사신을 보내 그들의 마음을 사로잡고 그들과 초나라의 틈새가 벌어지도록 기다린다면 장차 뜻을 이룰 수 있을 것입니다."

진 경공은 그 말을 옳게 여기고 상군원수 극극을 노나라와 제나라로 보내 융숭한 예물을 바치게 했다.

노 선공은 제 혜공이 자신의 보위를 안정시켜주었기 때문에 제나라를 아주 지극하게 섬겼다. 조공 사절을 파견하는 일도 항상 정해진 날짜를 어기지 않았다. 제 경공 무야無野가 즉위한 이후에도 옛 규정을 따르며 한 번도 결례를 한 적이 없었다. 극극은 노나라에서의 수교 절차를 마친 후 작별 인사를 하고 제나라로 떠나려 했다. 그러나 노 선공도 제나라에 사신을 보낼 날짜가 다가왔다며 상경 계손행보를 시켜 극극과 동행하도록 했다. 그들이 제나라 교외를 지나갈 무렵 위나라 상경 손양부孫良夫와 조나라 대부 공자 수首를 만났다. 그들도 제나라에 사신으로 가는 길이었다. 네 사람은 서로 만나 각각 제나라로 가는 연유를 말하고 서로 같은 일로 예기치 않게 만나 동지가 되었다고 기뻐했다. 네 대부는 객관에 여장을 풀고 다음 날 경공을 알현하고 각각 자기 나라 군주의 뜻을 전달했다. 서로 예의 절차가 끝나자 제 경공은 네 대부의 용모를 보고 남몰래 기이하게 생각하며 이렇게 말했다.

"대부들께선 잠시 공관으로 돌아가 계시오. 즉시 잔치 자리를 만들어 각별히 대접해드리도록 하겠소."

이에 네 대부는 제나라 조정에서 물러나왔다.

제 경공은 내궁으로 들어가 모친 소태부인蕭太夫人을 만나며 웃음을 참지 못했다. 소태부인은 소蕭나라 군주의 딸로 제 혜공에게 시집왔다. 혜공이 세상을 떠난 후 소부인은 밤낮으로 슬피 울었다. 제 경공은 모친을 섬기는 데 효성을 다하여 매번 모친의 마음을 기쁘게 해드리려 했다. 그래서 항간의 우스갯거리가 있으면 반드시 그것을 직접 몸짓으로 형용하며 재미있게 이야기하여 모친의 얼굴을 펴드리고자 했다. 이날 경공은 다소 과장되게 웃으면서도 자신이 웃는 까닭을 이야기하지 않았다. 소태부인이 물었다.

"밖에서 무슨 즐거운 일이 있었소? 어찌 그렇게 웃고 있소?"

경공이 대답했다.

"바깥에서 특별히 즐거운 일은 없었고 한 가지 기이한 일이 있었습니다. 오늘 진晉, 노, 위衛, 조曹 네 나라에서 각각 대부들을 사신으로 보내왔습니다. 그런데 진나라 대부 극극은 애꾸눈이라 한쪽 눈으로만 사람을 보았습니다. 노나라 대부 계손행보는 대머리라 머리카락이 한 올도 없었습니다. 위나라 대부 손양부는 절름발이라 두 발의 길이가 달랐습니다. 조나라 공자 수는 꼽추라 두 눈으로 땅만 바라보고 있었습니다. 제가 생각해보니 산 사람이 병을 앓아 사지가 불완전해진 경우는 있는 것 같습니다. 그런데 네 사람이 각각 서로 다른 장애를 한 가지씩 가지고 동시에 우리 나라에 와서 기괴한 모습으로 조정에 모여 있으니 어찌 우습지 않습니까?"

소태부인은 그 말을 믿지 못하며 말했다.

"나도 한번 볼 수 있겠소?"

경공이 말했다.

"사신이 오면 공식 연회를 베푼 연후에 사사로운 술자리를 마련하는 것이 관례입니다. 내일 후원에서 술자리를 열라고 명령을 내렸사오니 대부들이 연회에 참석하기 위해 숭대崇臺 아래를 지날 것입니다. 그때 어마마마께서 숭대 위에 올라 장막 사이로 몰래 그들을 엿보시면 그게 무슨 어려운 일이겠습니까?"

공식 연회는 여기에서 생략하고 사사로운 연회에 대해서만 이야기하겠다. 옛날부터 내려오는 관례에 따르면, 사신을 맞이하는 나라는 수레와 말과 시종 모두를 제공하여 사신의 노고를 덜어주게 되어 있었다. 경공은 자신의 모친을 한 번 웃게 하기 위해 나라 안에서 비밀리에 애꾸눈, 대머리,

절름발이, 꼽추를 각각 한 명씩 선발하여 네 나라 대부의 수레를 몰게 했다. 극극은 애꾸눈이어서 애꾸눈 시종을 시켜 수레를 몰게 했고, 계손행보는 대머리여서 대머리 시종을 시켜 수레를 몰게 했다. 그리고 손양부는 절름발이어서 절름발이 시종에게 수레를 몰게 했으며, 공자 수는 꼽추여서 꼽추 시종을 시켜 수레를 몰게 했다. 그때 제나라 상경 국좌國佐가 간언을 올렸다.

"사신 접대는 국가의 대사입니다. 손님과 주인은 공경을 위주로 하여 경건하게 예법을 따라야지 희롱의 대상으로 삼아서는 안 됩니다."

그러나 경공은 그 말을 듣지 않았다. 각 수레 위에 두 애꾸눈, 두 대머리, 두 꼽추, 두 절름발이가 함께 타고 숭대 아래를 지나갔다. 소부인은 장막을 들치고 멀리서 바라보다가 자기도 모르게 웃음을 터뜨렸다. 좌우의 시녀들도 입을 가리고 웃었다. 웃음소리가 바깥에까지 들렸다.

극극은 처음에 수레를 모는 어자가 애꾸눈인 것을 보고 우연으로 여기며 이상하게 생각하지 않았다. 그런데 숭대 위에서 여자들이 시시덕거리며 웃는 소리가 들리자 마음속 깊이 의심이 들었다. 그래서 건성으로 술을 몇 잔 마시고 서둘러 몸을 일으켜 관사로 돌아와 사태를 따져 물었다.

"숭대 위에 있던 사람이 누구요?"

"바로 국모이신 소태부인이오."

잠시 후 노, 위, 조 세 나라 사신도 모두 와서 극극에게 상황을 알려주었다.

"제나라에서 고의로 어자를 시켜 우리를 희롱하고 부인에게 웃음거리를 제공한 것이라 하오. 이게 대체 무슨 경우요?"

극극이 말했다.

蕭夫人登臺笑客

소부인이 사신을 비웃다.

"우리는 호의로 우호를 다지러 왔다가 오히려 모욕을 당했소. 만약 오늘의 이 원한을 갚지 못한다면 장부가 아니오."

계손행보 등 세 사람도 일제히 응답했다.

"대부께서 만약 군사를 일으켜 제나라를 정벌하신다면 우리도 주상에게 상황을 아뢰고 온 나라의 힘을 기울여 도울 것이오."

극극이 말했다.

"대부들께서도 나와 같은 마음이라면 바로 삽혈 동맹을 맺는 것이 어떻겠소? 제나라를 정벌하는 날 힘을 다해 돕지 않는 자는 밝으신 신령께서 그를 죽일 것이오!"

이들 대부 네 사람은 한곳에 모여 밤새도록 상의한 뒤 날이 밝자 제나라 군주에게 작별 인사도 하지 않고 바로 수레에 올라 전력으로 질주하라 명령을 내리고 각기 본국으로 돌아갔다. 제나라 상경 국좌가 탄식하며 말했다.

"이제 제나라에 환난이 시작되겠구나!"

사관이 이 일을 시로 읊었다.

주객이 만날 때는 공경이 우선인데	主賓相見敬爲先
불구자에게 어떻게 말고삐를 잡게 했나?	殘疾何當配執鞭
숭대 위의 웃음소리 아직 그치지 않았는데	臺上笑聲猶未寂
사방의 봉화 연기 전쟁을 알려오네	四郊已報起烽煙

이때 노나라에서는 경의 벼슬에 있던 동문중수와 숙손득신이 모두 세상을 떠나 계손행보가 정경正卿을 맡아 정치권력을 장악하고 있었다. 그는

자신이 직접 제나라로 사신을 갔다가 웃음거리가 된 후 귀국해서 반드시 복수를 하리라 맹세했다. 그러나 극극이 진나라 군주에게 군사를 청했다가 태부 사회와 뜻이 맞지 않아 진후가 결국 출병을 허락하지 않았다는 소식이 들려왔다. 계손행보는 마음이 초조해서 노 선공에게 아뢰고 사신을 초나라로 보내 군사를 빌려오게 했다. 이때 마침 초 장왕 여가 병으로 세상을 떠나고 세자 심審이 즉위했다. 세자 심은 그때 나이가 겨우 열 살이었는데, 이 사람이 초 공왕共王이다. 뒷날 사관이 초 장왕을 찬양하는 사찬史贊을 지었다.

오호라 찬란하다 초 장왕이여	於赫莊王
부왕의 유업을 이으셨도다	幹父之蠱
처음에는 날지도 울지도 않다가	始不飛鳴
마침내 초나라를 크게 떨쳤네	終能張楚
번희가 안에서 내조를 하고	樊姬內助
손숙오가 밖에서 보좌를 했네	孫叔外輔
하징서를 죽여서 대의 날리고	戮舒播義
진나라를 패배시켜 위무 보였네	蒯晉覯武
주 왕실을 엿보고 송을 포위해	窺周圍宋
그 위세 진정으로 범과 같았네	威聲如虎
처음엔 미약한 오랑캐이더니	蠢爾荊蠻
제 환공 진 문공의 대열에 섰네	桓文爲伍

초 공왕은 부친 장왕의 국상을 당하여 군사를 출동시킬 수가 없었다.

계손행보가 울분을 품고 있을 때 어떤 사람이 진나라에서 노나라로 와서 상황을 이야기했다.

"극극은 밤낮없이 제나라를 정벌해야 한다고 하면서 만약 정벌하지 않으면 패업을 도모하기 어렵다고 진후를 설득하고 있소. 그래서 진후도 점점 솔깃하게 듣고 있소. 사회는 극극의 마음을 되돌릴 수 없음을 알고, 늙음을 핑계로 정사를 다른 사람에게 양보했소. 이제 극극은 중군원수가 되어 진나라의 국사를 주관하면서 조만간 군사를 일으켜 제나라에게 원한을 갚으려 할 것이오."

계손행보는 몹시 기뻐서 동문수의 아들 공손귀보公孫歸父를 진晉나라에 사신으로 보냈다. 그 목적은 첫째 지난번 극극의 방문에 답례를 하기 위함이요, 둘째는 제나라를 정벌할 날짜를 약속하기 위함이었다. 노 선공은 앞서 동문수의 힘으로 나라를 얻었기 때문에 그의 아들 공손귀보를 매우 총애하며 여느 신하들과는 달리 대접했다. 당시 노나라는 맹손, 숙손, 계손 세 가문의 자손이 번창했다. 노 선공은 늘 그들을 우려하며 자신의 자손이 세 가문에 의해 능멸당할까 노심초사했다. 그래서 공손귀보가 사신으로 떠나는 날 그의 손을 잡고 비밀리에 당부했다.

"삼환三桓의 자손이 나날이 번성하고 공실은 나날이 미약해지고 있음을 경도 잘 알 것이오. 경은 이번에 가서 진나라 군신에게 우리 공실의 사정을 비밀리에 알리길 바라오. 만약 그들의 군사를 빌릴 수 있다면 과인을 위해 삼환을 축출해달라고 요청해보시오. 그럼 해마다 기꺼이 예물과 비단을 보내 진나라의 은덕에 보답할 것이오. 이 마음은 영원히 변치 않을 것이오. 경도 부디 조심하여 말이 새나가지 않도록 주의해주시오."

공손귀보는 명령을 받들어 후한 뇌물을 싣고 진나라로 갔다. 그때 도안고가 아첨으로 다시 경공의 총애를 얻어 사구司寇 벼슬을 하고 있다는 소문이 들려왔다. 공손귀보는 도안고에게 뇌물을 주고 자신의 주상이 삼환을 축출하려 한다는 뜻을 전했다. 도안고는 조씨에게 죄를 지은 적이 있기 때문에 극씨, 난씨와 교분을 맺으려고 아주 친밀하게 왕래했다. 그래서 공손귀보의 말을 난서에게 얘기했다. 난서가 말했다.

"원수께서 지금 계손씨와 똑같은 원한을 품고 있소. 그러니 공손귀보의 계책은 도움을 받기엔 어려울 것 같소. 내가 한번 타진해보리다."

난서는 틈을 보아 극극에게 그 이야기를 했다. 그러자 극극이 말했다.

"그 임금이 노나라를 어지럽게 하려는 것이오. 그 말을 들어서는 안 되오."

그러고는 밀서 한 통을 써서 사자로 하여금 밤새도록 노나라로 말을 달려 계손행보에게 급히 보고하게 했다. 계손행보가 진노하며 말했다.

"당년에 공자 악과 공자 시를 죽인 것은 모두 동문수가 주도한 것이다. 나는 당시 국가를 안정시키기 위해 그 일을 참고 동문수를 비호했다. 그런데 지금 그 아들이란 놈이 우리를 쫓아내려 하다니 이게 어찌 호랑이 새끼를 키워 후환을 남기는 일이 아니겠느냐?"

그는 극극의 밀서를 숙손교여에게 가지고 가서 직접 보게 했다. 교여가 말했다.

"주상께서 조회를 보시지 않은 지 거의 한 달이 다 되었소. 말은 몸이 아프다고 하지만 아마도 핑계인 것 같소. 우리 함께 문병을 가서 주상의 탑전에서 죄를 청하고 주상의 동정을 살펴보는 것이 어떻겠소?"

그러고는 사람을 시켜 중손멸을 불러오게 했다. 그러나 중손멸은 사양하며 말했다.

"군신 간에 얼굴을 마주하고 시비를 따지는 법은 없소. 나는 감히 그런

자리에는 갈 수 없소."

이에 장손허臧孫許를 끌어들여 함께 가기로 했다. 세 사람이 궁궐 문 앞에 이르렀을 때 선공의 병이 위독하다는 소식이 들려왔다. 그들은 결국 선공을 만나보지도 못하고 안부 인사만 전하고 돌아왔다.

다음 날 선공이 세상을 떠났다는 소식이 들려왔다. 이때가 주 정왕 16년이었다. 계손행보는 세자 흑굉黑肱을 새 군주로 옹립했다. 그는 그때 나이겨우 13세였다. 이 사람이 노 성공이다. 성공은 나이가 어려서 모든 일을 계씨가 결정했다. 계손행보는 대부들을 조당에 모아놓고 상의했다.

"주상은 보령이 어리고 나라는 허약하니 정치와 형벌의 규율을 크게 밝혀야 하오. 당초에 적자를 죽이고 서자를 세운 건 오로지 제나라에 아부하기 위해서였으므로, 결국 진나라와의 우호관계가 끊어지게 되었소. 이모든 것이 동문수가 저지른 짓거리요. 동문수는 나라를 망친 대죄를 지었으니 의당 그 죄를 다스려야 할 것이오."

모든 대부가 예예 하며 명령에 따랐다. 계손행보는 마침내 사구 장손허를 시켜 동문씨의 친족을 모두 국외로 추방했다. 공손귀보는 진晉나라에서 노나라로 돌아가다가 국경에 이르지도 못했을 때 선공이 죽었다는 소식과계씨가 그의 선친 동문수의 죄를 다스렸다는 소식을 들었다. 그는 제나라로 달아났고 그의 친족들도 모두 그를 따라갔다. 후세 유학자들은 동문수의 행위를 이렇게 논했다.

동문수는 자신이 직접 임금을 시해하고 노 선공을 세웠다. 그러나 그가 죽고 얼마 지나지 않아 자손들이 본국에서 쫓겨났으니 악행을 저지른 자가 무슨 이익을 얻을 수 있겠는가?

염옹이 시를 지어 탄식했다.

선공 도와 천추만대 부귀영화 바라더니	援宣富貴望千秋
삼환에 의해 원수 될 줄 그 누가 알았으랴?	誰料三桓作寇仇
동문의 기둥 꺾이고 높은 나무 시든 뒤에	楹折東門喬木萎
청사엔 오로지 악명만이 남았도다	獨餘青簡惡名留

노 성공 즉위 2년에 제 경공은 노나라와 진나라가 힘을 합쳐 자신의 제 나라를 정벌한다는 소식을 들었다. 그래서 한편으로는 초나라로 사신을 보내 우호를 맺은 뒤 긴급할 때 도움을 받으려 했고, 다른 한편으로는 병거와 군사를 정비하여 친히 노나라 정벌에 나섰다. 그는 평음平陰(山東省 平陰)에서 군사를 전진시켜 곧바로 용읍龍邑(山東省 泰安 서남)에 당도했다. 이때 제 경공의 총신 노포취괴盧蒲就魁는 섣부르게 전진하다가 노나라의 북문 군사들에게 잡혀 포로가 되었다. 경공은 사람을 시켜 병거 위에 올라가 성 위의 노나라 군사들을 불러 말을 전하게 했다.

"우리 노포 장군을 돌려주면 바로 군사를 물리겠다."

용읍 사람들은 그 말을 믿지 못하고 노포취괴를 죽인 뒤 그 시체를 성루에 걸었다. 제 경공은 진노하여 삼군에 명령을 내려 사흘 밤낮을 쉬지 않고 사방에서 성을 공격하게 했다. 성을 함락시키고 나서 경공은 성 북쪽 일각의 군사와 백성을 모두 죽여 노포취괴의 원한을 풀었다.

그러고는 바야흐로 노나라 땅으로 깊이 쳐들어가려는데 전초 기병이 달려와 위나라 대장 손양부가 군사를 거느리고 제나라 국경을 침입했다는 보고를 올렸다. 경공이 말했다.

"위衛나라가 우리의 허점을 틈타 국경을 침입했구나. 군사를 돌려 그들과 싸워야겠다."

그러고는 일부 병력을 용읍에 남겨 그곳을 지키게 하고 자신은 군사를 거두어 남쪽으로 달려갔다. 행군이 신축新築(河北省 魏縣 回隆鎭 일대) 경계에 이르렀을 때 마침 위나라 앞 부대의 부장 석직石稷과 마주쳤다. 양군은 각각 마주보고 군영을 세웠다. 석직은 중군으로 가서 손양부에게 말했다.

"내가 명령을 받고 제나라를 공격한 건 저들의 빈틈을 노리기 위한 것이었소. 그런데 이제 제나라 군사가 이미 돌아왔고 군주까지 직접 참전했기 때문에 함부로 대적할 수 없소. 차라리 우리가 군사를 후퇴시켜 저들의 귀로를 터주는 것이 좋겠소. 그런 뒤 진나라와 노나라가 힘을 합쳐 군사를 일으키길 기다리는 것이 온전한 계책이 될 듯하오."

손양부가 말했다.

"이번 거병은 제나라 군주가 우리를 비웃은 원수를 갚기 위한 것이오. 그런데 어찌 피한단 말이오?"

그리하여 끝내 석직의 간언을 듣지 않았다. 이날 밤 손양부는 중군을 이끌고 제나라 진영을 급습하러 갔다. 제나라 군사들도 위나라 군사의 기습을 염려하여 이미 완전하게 준비를 해두고 있었다. 손양부는 군영의 정문으로 쇄도해 들어갔으나 텅 빈 군영이었다. 당황하여 병거를 돌려 나오려는데 왼쪽에서 국좌가, 오른쪽에서는 고고高固가 위나라 군사를 포위하고 공격해왔다. 제 경공도 친히 대군을 이끌고 앞을 막아서며 고함을 질렀다.

"절름발이야! 머리를 내놓아라!"

손양부는 죽을힘을 다해 싸웠지만 적을 막아낼 수가 없었다. 위기일발의 순간 영상寧相과 상금向禽이 이끄는 두 부대의 병거가 앞으로 치달려와 구원에 나섰다. 이들은 손양부를 구출하여 북쪽으로 달아났고 위나라 군사는 대패했다. 제 경공은 국좌와 고고 두 장수를 불러 함께 손양부의 뒤를 추격했다. 이때 위나라 장수 석직의 군사가 달려와서 손양부를 맞으며 소리쳤다.

"원수께선 앞으로만 치달려가시오. 뒤는 내가 맡겠소."

손양부는 자신의 군사를 이끌고 황급히 도망쳤다. 1리도 채 못 갔을 때 앞쪽에서 자욱한 먼지가 일며 병거 소리가 우레처럼 울렸다. 손양부는 탄식하며 말했다.

"제나라가 이곳에도 군사를 매복시켰구나. 내 목숨도 이제는 끝이로다."

그리하여 병거에서 전방 가까운 곳을 바라보니 한 장수가 역시 병거를 타고 허리를 굽히며 말을 했다.

"소장이 원수께서 교전 중인 줄 몰라서 구원이 너무 늦었습니다. 엎드려 용서를 바랍니다."

손양부가 물었다.

"그대는 뉘시오?"

그 장수가 대답했다.

"저는 신축 땅을 지키는 대부 중숙우해仲叔于奚입니다. 본 고을의 군사를 모두 일으켜 수레 100여 승을 거느리고 왔사오니 한번 싸워볼 만합니다. 원수께선 염려 마십시오."

손양부는 그제야 마음을 좀 놓고 중숙우해에게 말했다.

"석직 장군이 뒤에서 교전 중이니 어서 가서 도우시오."

중숙우해는 대답하고 나서 바로 병거를 지휘하여 뒤쪽으로 달려갔다.

제나라 군사는 위나라 군사의 뒤를 보호하는 석직의 부대를 맞아 교전을 벌이려 하다가 북쪽 길에서 먼지가 가득 피어오르는 것을 보았다. 전초병의 탐지에 의하면 그것은 위나라 중숙우해의 부대라고 했다. 제 경공은 자신이 지금 위衛나라 땅에 있기 때문에 구원 병력이 계속 이어지지 않을까 걱정이 됐다. 그리하여 마침내 징을 울려 군사를 거두고 치중輜重만 약탈하여 돌아갔다. 석직과 중숙우해도 제나라 군사를 추격하지 않았다. 그 뒤 중숙우해는 진나라 군사와 힘을 합쳐 제나라에 승리한 후 귀국했다. 위나라 군주는 손양부를 구출한 중숙우해의 공을 인정하여 한 고을을 상으로 하사하려 했다. 그러나 그는 고을을 사양하며 말했다.

"신은 고을을 원치 않습니다. 다만 '곡현曲縣'과 '번영繁纓'을 내려주시면 고관대작들 속에서도 더없이 영광스러울 듯합니다. 신의 소원은 그걸로 족합니다."

『주례』를 살펴보면 천자의 음악은 사방에 모두 악기를 매달고 연주한다. 그것을 '궁현宮縣'이라고 한다. 제후의 음악은 삼면에만 악기를 달고 남방은 비워둔다. 그것을 '곡현'이라 하기도 하고 '헌현軒縣'이라 하기도 한다. 대부는 좌우에만 악기를 매달 수 있다. '번영'은 제후들이 말을 장식하는 방법이다. 이 두 가지는 제후들만 사용할 수 있는 제도다. 중숙우해는 자신의 공을 믿고 이와 같이 참람된 요청을 한 것이다. 위나라 군주는 웃으며 그의 말대로 해줬다. 후일 공자孔子가 『춘추』를 편수編修할 때 이 일을 논하며 명분과 기물은 귀천에 따라 분별해야 하는 것이므로 다른 사람에게 빌려줄 수조차 없는 것인데, 위나라 군주가 상을 주는 법도를 잃었다고 생각했다. 이것은 물론 뒷날의 이야기이므로 여기에서는 거론하지 않겠다.

한편 손양부는 패전한 군사를 수습하여 신축성으로 들어가서 며칠간

쉬었다. 휘하 장수들이 귀환 날짜를 묻자 손양부가 대답했다.

"나는 본래 제나라에 원한을 갚으러 왔소. 그러나 오히려 패배하고 말았소. 내 무슨 면목으로 돌아가 우리 주상을 뵐 수 있겠소? 이제 진晉나라에게 군사를 빌려 제나라 군주를 사로잡아야 내 가슴속 울분이 풀리겠소."

이에 석직 등을 신축에 남겨 성을 지키게 하고 자신은 직접 군사를 빌리러 진나라로 갔다. 그때 마침 노나라 사구 장선숙臧先叔도 진나라에 와서 군사를 빌리려 하고 있었다. 두 사람은 먼저 극극을 통해 진 경공을 알현할 수 있었다. 이렇게 안팎에서 마음을 합쳐 서로 화답하니 진 경공도 따르지 않을 까닭이 없었다. 극극은 제나라의 강한 군사력을 염려하여 병거 800승을 요청했고 진 경공도 그것을 허락했다. 그러고는 극극을 중군 대장으로 삼고 해장解張을 어자로 삼았으며 정구완鄭邱緩을 거우로 임명했다. 또 사섭士燮을 상군 대장으로 삼고 난서를 하군 대장으로 삼았으며 한궐을 사마로 임명했다. 이들이 거느린 군대는 주 정왕 18년 여름 6월 강주성을 출발하여 동쪽을 향해 진격했다. 장손허는 노나라로 미리 돌아가 진나라의 출병 소식을 보고했다. 이에 계손행보와 숙손교여도 군사를 거느리고 신축까지 함께 진군했다. 위나라 손양부도 다시 조나라 공자 수와 약속을 하고 각국 군대가 모두 신축에 모여 제나라를 공격하기로 했다. 네 나라 군사가 대오를 지어 차례로 진군하니 그 장관이 30여 리까지 이어졌고 병거 소리도 끊이지 않았다.

제 경공은 미리 사람을 보내 노나라 경계에서 상황을 염탐하게 했기 때문에 이미 노나라 사구 장손허가 진나라에 군사를 빌리러 간 사실을 알고 있었다. 제 경공이 말했다.

"만약 진나라 군사가 우리 경계 내로 들어올 때까지 기다린다면 백성이 매우 놀랄 것이니 바로 국경에서 적의 군사를 맞이해야 할 것이다."

그러고는 바로 병거와 군사를 크게 사열하고 병거 500승을 징발했다. 이어서 사흘 밤낮을 쉬지 않고 500리를 행군하여 바로 안鞍(山東省 濟南 북서) 땅에 당도해 군영을 세웠다. 전초병이 보고했다.

"진나라 군사는 이미 미계산靡笄山[1] 아래에 주둔했습니다."

제 경공이 사신을 보내 전투를 청하자 극극은 내일 바로 결전을 벌이자고 화답했다. 다음 날 제나라 대장 고고가 경공에게 요청했다.

"우리 제나라와 진나라는 여태까지 교전을 벌인 적이 없어서 진나라 사람들이 용감한지 어떤지 알지 못합니다. 신이 한번 시험해보겠습니다."

그는 한 대의 수레를 타고 곧바로 진나라 군영으로 달려가 싸움을 걸었다. 그러자 어떤 말단 장수 하나가 병거에 올라 스스로 군영의 문을 열고 달려나왔다. 그러자 고고는 땅에서 큰 돌을 주워 던졌다. 그 돌이 진나라 말단 장수를 맞추자 그는 병거에서 거꾸러졌고 병거를 몰던 어자는 놀라 도망쳤다. 고고는 몸을 한 번 도약해 단숨에 진나라 병거 위로 올라갔다. 그러고는 발로 진나라 군사를 마구 차며 손으로는 고삐를 잡아당겼다. 그러자 말이 방향을 틀어 제나라 보루 쪽으로 달려갔다. 고고는 제나라 군영을 한 바퀴 돌며 고함을 질렀다.

"남아도는 나의 용기를 팔겠다!"

제나라 군사들이 모두 웃었다. 진나라 군사가 상황을 알아채고 그를 뒤

1_ 미계산靡笄山: 산동성 제남濟南 남쪽에 있는 천불산千佛山. 제남濟南 고성古城 남문에서 약 2킬로미터 거리에 위치해 있다. 줄여서 미산靡山이라고도 부르고 역산歷山이라고도 부른다. 또 전설에 의하면 순舜 임금이 이곳에서 몸소 밭을 갈았다고 하여 순경산舜耕山으로 불리기도 한다. 수당隋唐 이래 이 산에 흥국사興國寺가 건축되고 아울러 수많은 불상이 조성되어 지금은 천불산千佛山으로 불린다.

쫓았으나 벌써 따라잡을 수 없었다. 고고가 제 경공에게 말했다.

"진나라의 군사는 숫자가 매우 많지만 싸울 능력이 있는 자는 많지 않습니다. 두려워할 바가 못 됩니다."

다음 날 제 경공은 친히 갑옷을 입고 출전하면서 병하邴夏에게는 병거를 몰게 하고 방축보逢丑父에게는 거우 직을 맡겼다. 두 진영은 각각 안 땅에 진채를 세웠다. 경공은 제나라 대부 국좌에게는 우군을 거느리고 노나라를 막게 했고, 고고에게는 좌군의 장수가 되어 위나라와 조나라의 군사를 막게 했다. 두 진영은 싸움을 벌이지 않고 오로지 중군 소식만 기다렸다. 제 경공은 자신의 용기만 믿고 진나라 군사는 안중에도 없었다. 몸에 비단 전포와 화려한 무늬의 갑옷을 입고 금빛 수레에 올라 좌우 군사들에게 화살을 메긴 채 대기하게 했다. 그러고는 명령을 내렸다.

"나의 말이 가는 곳을 잘 보고 일제히 화살을 발사하라."

진군의 북소리가 울리자 수레를 몰고 곧바로 진나라 진영으로 치고 들어갔다. 화살은 메뚜기 떼처럼 새카맣게 날아갔다. 수많은 진나라 군사가 죽어 넘어졌다. 진나라 어자 해장도 팔꿈치에 연이어 두 발의 화살을 맞았다. 피가 흘러 병거의 바퀴까지 적셨다. 그래도 고통을 참으며 힘을 다해 고삐를 잡았다. 극극도 진군의 북을 울리려 하다가 왼쪽 옆구리에 화살을 맞았다. 피가 신발까지 흘러내렸다. 그러자 북소리도 점점 느려졌다. 해장이 소리쳤다.

"군사들의 이목이 모두 중군의 깃발과 북에 집중되어 있소. 삼군은 모두 중군의 지휘에 따라 진퇴를 결정하오. 죽을 정도의 상처가 아니라면 힘을 내서 전투를 독려하시오."

정구완도 말했다.

"해 장군의 말이 옳소. 죽고 사는 것은 천명이오."

이에 극극은 북채를 잡고 연이어 북을 쳤다. 해장도 말에 채찍을 가하며 화살을 무릅쓰고 전진했다. 정구완은 왼손으로 방패를 들어 극극을 보호하고 오른손으로는 창을 들고 적을 죽였다. 좌우에서 일제히 북을 울리니 북소리가 하늘까지 진동했다. 진나라 군사는 중군의 본진이 이미 승리한 것으로 생각하고 앞다투어 제나라 군사를 추격하며 치달려갔다. 그 기세가 마치 산을 무너뜨리고 바다를 뒤집는 듯했다. 제나라 군사는 도저히 감당할 수 없어서 크게 싸움에 패하고 도망쳤다. 한궐은 극극이 중상을 입은 것을 보고 말했다.

"원수께선 잠시 쉬시지요. 제가 힘을 다해 적을 추격하겠습니다!"

그는 말을 마치자마자 본진을 이끌고 병거를 휘몰아 추격전을 시작했다. 제나라 군사는 어지럽게 사방으로 흩어졌다.

제 경공은 화부주산華不注山(山東省 濟南 교외 동북쪽 華山)을 에돌아 도망치고 있었다. 한궐은 멀리서 금빛 수레를 바라보며 있는 힘을 다해 추격했다. 방축보가 병하를 돌아보며 말했다.

"장군은 급히 포위를 탈출하여 구원병을 요청하시오. 내가 장군 대신 병거를 몰겠소."

병하가 병거에서 뛰어내렸다. 진晉나라 군사가 더욱더 많아지며 화부주산을 세 겹으로 포위했다. 방축보가 제 경공에게 말했다.

"사태가 위급합니다. 주상께선 어서 비단 전포와 갑옷을 벗어서 신에게 주십시오. 신이 그 옷을 입고 주상으로 가장하겠습니다. 주상께선 신의 옷을 입고 말고삐를 잡으십시오. 진나라 놈들의 눈을 속여야 합니다. 만약 불측한 일이 있게 되면 신이 주상 대신 죽겠습니다. 주상께선 그 틈에 탈출하십시오."

경공도 그 말에 따르겠다고 했다. 옷을 다 바꿔 입고 나자 병거가 화천華泉(화부주산 남쪽 발치에 있는 샘물)에 이르렀다. 진나라 사마 한궐의 병거가 벌써 선두에 당도해 있었다. 한궐은 비단 전포에 화려한 갑옷을 입은 자가 제나라 군주라고 생각하고 말고삐를 빼앗은 뒤 재배를 올리며 말했다.

"우리 주상께서 노나라와 위나라의 요청을 거절할 수 없어서 신하들을 시켜 귀국에 죄를 묻게 했습니다. 신 한궐이 이제 외람되게도 행군 대열에서 군후를 모실까 하오니 군후께선 우리 나라까지 가주셔야 하겠습니다."

경공으로 변장한 방축보는 목이 말라 말을 할 수 없다고 거짓말을 하면서 어자로 변장한 제 경공에게 바가지를 주고 이렇게 말했다.

"축보야! 물을 좀 떠올 수 있겠느냐?"

제 경공은 병거에서 내려 화천으로 가서 물을 떠왔다. 물을 가지고 오자 방축보는 물이 너무 탁하다고 하면서 다시 맑은 물을 떠오게 시켰다. 제 경공은 마침내 그 뜻을 알아채고 산기슭 왼쪽을 돌아 도망쳤다. 그때 마침 제나라 장수 정주보鄭周父가 작은 수레를 몰고 달려오며 말했다.

"병하는 벌써 진나라 군사에게 잡혔습니다. 진나라 군사의 기세가 대단하나 이쪽 길에는 군사들이 많지 않습니다. 주상께선 어서 수레를 타십시오!"

그는 고삐를 제 경공에게 던져 그것을 잡고 수레에 오르게 했다. 제 경공은 그 수레를 타고 포위망을 벗어났다. 한궐은 먼저 사람을 보내 진晉나라 본진에 보고했다.

"이미 제나라 군주를 사로잡았소."

극극은 뛸 듯이 기뻐했다. 한궐이 제나라 군주로 변장한 방축보를 바치

逢丑父
易服
免君

방축보가 변장하고 제 경공을 탈출시키다.

자 극극은 그를 보고 소리쳤다.

"이놈은 제나라 군주가 아니오!"

극극은 일찍이 제나라에 사신을 간 적이 있기 때문에 제나라 군주의 얼굴을 알고 있었지만 한궐은 그 얼굴을 몰랐다. 이 때문에 한궐은 방축보에게 속고 말았다. 한궐이 분노하여 축보에게 물었다.

"네놈은 어떤 놈이냐?"

축보가 대답했다.

"나는 우리 주상의 거우 장군 방축보다. 우리 주상의 소식을 물어보고 싶으냐? 바로 화천으로 물을 길으러 간 사람이 우리 주상이시다."

극극도 역시 화를 내며 말했다.

"군법에 의하면 '삼군을 속인 자는 사형에 처한다欺三軍者, 罪應死'고 되어 있다. 네놈은 제나라 군주를 사칭하고 우리 군사를 속였다. 그러고도 살기를 바라느냐?"

그러고는 좌우 군사들에게 명하여 방축보를 포박하여 참수하라고 했다. 방축보가 크게 호통을 쳤다.

"진나라 군사들은 내 말을 한마디만 들어라! 지금부터는 자기 임금을 대신해 환난을 책임질 사람이 없겠구나. 이 축보는 우리 임금을 환난에서 구해내고 오늘 여기서 죽는다."

극극은 그의 포박을 풀어주라는 명령을 내리며 말했다.

"임금에게 충성을 다한 사람을 죽이는 것은 불길한 일이다人盡忠於君, 我殺之不祥."

그러고는 뒤편 수레에 그를 싣게 했다. 잠연거사가 이 일을 시로 읊었다.

산을 두른 창과 갑옷, 수풀처럼 빽빽하여   遠山戈甲密如林

비단 갑옷 입은 군왕이 사로잡히게 되었구나   繡甲君王險被擒

천 자 깊이 화천 샘물 끊임없이 솟아오르나   千尺華泉源不竭

방축보의 깊은 꾀에는 미치지 못하는구나   不如丑父計謀深

후세 사람들이 화부주산을 금여산金輿山으로 부르는 까닭도 바로 제 경공의 금빛 병거가 이곳에서 멈췄기 때문이다.

제 경공은 포위망을 탈출하여 본진으로 돌아와 자신의 목숨을 살려준 방축보의 은혜를 생각하고 다시 가벼운 병거에 올라 진나라 진영으로 달려가 그를 구하려 했다. 그렇게 진나라 진영으로 들어갔다 다시 나오기를 세 차례나 했다. 국좌와 고고 두 장수는 중군이 이미 패배했다는 소식을 듣고 제 경공이 사로잡혔을까 걱정이 되어 각각 군사를 휘몰아 어가를 구하기 위해 달려왔다. 그들은 제 경공이 진나라 진영에서 나오는 것을 보고 깜짝 놀라며 물었다.

"주상께선 어찌하여 천승지국 지존의 몸으로 스스로 호랑이 굴을 탐색하십니까?"

경공이 말했다.

"방축보가 과인을 대신해 적의 수중에 사로잡혔소. 그 생사를 알 수 없으니 과인이 편안하게 앉아 있을 수가 없소. 이러한 까닭에 그를 구하고자 하는 것이오."

말을 다 마치지도 않았는데 앞의 초병이 보고를 올렸다.

"진나라 군사가 다섯 갈래로 나누어 쇄도해오고 있습니다."

국좌가 아뢰었다.

"우리 군사들의 사기가 이미 꺾였사오니, 주상께선 이곳에 오래 머물러서는 안 됩니다. 잠시 도성으로 돌아가 그곳을 튼튼하게 지키면서 초나라 구원병이 당도하기를 기다리는 것이 좋겠습니다."

제 경공도 그 말에 따라 마침내 대군을 이끌고 임치臨淄로 되돌아갔다. 극극은 대군을 이끌고 노魯, 위衛, 조曹 세 나라 군사와 함께 긴 행군 대열을 이루며 제나라 경계 안으로 쳐들어갔다. 지나는 관문은 모두 불을 지르거나 파괴하면서 곧바로 제나라 도성을 향해 갔다. 그의 뜻은 제나라를 멸망시키는 데 있었다. 제나라가 어떻게 적을 맞아 싸울 것인지 다음 회를 보시라.

조씨 가문의 한 점 혈육

무신은 하희를 아내로 맞아 진나라로 도망가고
정영은 포위된 궁궐에서 조씨 고아를 빼내다
娶夏姬巫臣逃晉, 圍下宮程嬰匿孤.

진晉나라 군사는 제 경공을 추격하여 450리를 행군했다. 그리고 원루袁
婁(山東省 臨淄 서쪽)라는 곳에 이르러 군영을 세우고 제나라 도성을 공격하기
시작했다. 제 경공은 당황하여 신하들을 소집해 대책을 물었다. 국좌가 앞
으로 나서며 말했다.

"신은 기후紀侯가 바친 시루와 옥경玉磬을 진나라에 뇌물로 주고 우호
맺길 바라옵니다. 노魯나라와 위衛나라에겐 지난번에 뺏은 땅을 돌려주십
시오."

경공이 말했다.

"만약 경의 말대로 된다면 과인도 성의 표시는 다한 셈이오. 그러나 우
리 요청을 받아들이지 않는다면 오직 전쟁만이 있을 뿐이오."

국좌는 경공의 명령에 따라 기紀나라 시루와 옥경 두 가지 보물을 받들

고 바로 진나라 진영으로 갔다. 국좌는 먼저 한궐을 만나 제 경공의 뜻을 전했다. 한궐이 말했다.

"노나라와 위나라는 제나라에게 끊임없이 땅을 뺏겼소. 이 때문에 우리 주상께서 이 두 나라를 가엾게 여기고 구원에 나선 것이오. 우리 주상께서 이외에 제나라에 무슨 원한이 있겠소?"

국좌가 대답했다.

"내가 우리 주상께 그 말을 전하고 노나라와 위나라에서 뺏은 땅을 돌려주면 어떻겠소?"

한궐이 말했다.

"중군원수께서 계신지라 내 마음대로 처리할 수 없소."

한궐은 국좌를 극극에게 안내했다. 극극은 심하게 화를 내며 그를 대했지만, 국좌는 어투를 더욱 공손하게 했다. 극극이 말했다.

"너희 나라의 망국이 조석에 달려 있어서 교묘한 언사로 나를 설득하려는 것이냐? 만약 진심으로 우호를 맺고자 한다면 내가 말하는 두 가지 조건을 받아들여야 할 것이다."

국좌가 말했다.

"그게 무엇인지 감히 묻겠습니다."

극극이 말했다.

"첫째, 소나라 군주 동숙同叔의 딸 소태부인을 우리 진나라에 인질로 보내라. 둘째, 제나라 경내의 모든 밭두렁 길을 동서 방향으로 바꿔라. 만약 뒷날 제나라가 우리와 맺은 맹약을 배신하면 너희 인질을 죽이고 너희 나라를 정벌할 것이다. 그때 동서 방향의 길을 따라 병거를 몰고 곧바로 달려갈 것이다."

국좌는 노발대발하며 말했다.

"원수께서 말씀이 지나치시오. 소나라 군주의 딸은 다른 사람이 아니라 바로 우리 주상의 모후이시오. 제나라와 진쯤나라를 비교해서 말하자면 바로 진나라 군후의 모후와 같은 분이오. 국모를 인질로 보내는 법이 어디 있단 말이오? 밭두렁 길의 가로세로는 모두 땅의 형세에 따라 자연스럽게 정해지는 것이오. 오직 진나라의 요청에 따라 방향을 바꾼다면 우리가 나라를 잃는 것과 무엇이 다르겠소? 원수께서 이처럼 어려운 조건을 내세우는 걸 보니 우호를 맺을 생각이 없으신 것으로 생각되오."

극극이 말했다.

"내가 우호를 맺을 생각이 없다면, 그래, 나를 어찌할 셈이냐?"

국좌가 말했다.

"원수께선 우리 제나라를 너무 심하게 욕보이지 않았으면 좋겠소. 우리 제나라가 비록 작은 나라이지만 천승의 병거를 거느린 나라요. 신하들의 사사로운 병거도 수백 승은 되오. 지금 우연히 한 번 패배했지만 아직 큰 손상은 없소. 원수께서 우호를 맺을 생각이 없으시다면 우리는 패잔병이나마 수습하여 도성 아래에서 원수와 결전을 벌일 것이오. 한 번 싸워 이기지 못하면 두 번을 싸울 것이고, 두 번 싸워 이기지 못하면 세 번을 싸울 것이오. 만약 세 번 싸워 모두 패하면 제나라 전체가 모두 진나라의 소유가 될 것이오. 어찌 국모를 인질로 보낼 필요가 있으며 어찌 밭두렁 길을 동서로 고칠 필요가 있겠소? 나는 이제 작별을 고하고자 하오."

그러고는 시루와 옥경을 땅바닥에 버려두고 윗자리를 향해 한 번 읍揖을 하고는 기세등등하게 진쯤나라 군영을 나섰다.

계손행보와 손양부는 막후에서 그 말을 듣고 있다가 앞으로 나와 극극에게 말했다.

"제나라가 우리를 깊이 원망하고 있으니 틀림없이 우리와 싸우다 죽으려할 것이오. 전쟁은 매번 이긴다는 보장이 없으니 국좌의 말을 따르는 것이 좋을 듯하오."

극극이 말했다.

"제나라 사신이 이미 가버렸으니 어찌하면 좋소?"

계손행보가 말했다.

"뒤쫓아 가서 다시 데려와야 할 것이오."

이에 손양보를 시켜 수레를 몰고 그를 뒤쫓게 했다. 10리 밖까지 추격하여 억지로 국좌를 잡아끌고 다시 진나라 진영으로 되돌아왔다. 극극은 그를 계손행보, 손양부와 만나게 하면서 말했다.

"나는 싸움에 이기지 못하여 우리 주상께 벌을 받을까 두려웠소. 그래서 가볍게 그대의 제의를 허락하지 못한 것이오. 지금 노나라와 위나라 대부께서 모두 그대의 제의를 받아들이라고 청하니 내 이제 이분들의 말씀을 거스를 수가 없소. 그대의 말에 따르겠소."

국좌가 말했다.

"원수께서 우리 나라의 청을 굽어살펴주시니 이제 동맹을 맺어 신의의 근거를 마련했으면 하오. 그럼 우리 제나라는 진나라에 조공을 바치고 노나라와 위나라에게서 뺏은 땅을 돌려드리겠소. 진나라는 군사를 물리고 추호의 침범도 있어서는 안 될 것이오. 이 내용을 맹약문으로 작성해주시오."

극극은 희생을 잡으라는 명령을 내리고 함께 삽혈 의식을 행한 뒤 맹약문에 서명하고 헤어졌다. 또 방축보도 석방하여 제나라로 돌려보냈다. 제

경공은 방축보의 벼슬을 올려 상경으로 삼았다. 진, 노, 위, 조나라 군사
는 모두 본국으로 돌아갔다. 뒷날 송나라 유학자들이 이 회맹에 대한 평론
을 남겼다.

극극은 승리만 믿고 교만을 부렸고 명령을 내림에 공손하지 않아 국좌의 분
노를 불렀다. 비록 우호를 맺고 돌아가긴 했지만 제나라 사람들의 마음을
복종시키지는 못했다.

진나라 군사들은 귀환하여 승리를 보고했다. 진 경공은 안 땅 싸움의
전공을 가상히 여겨 극극 등에게 모두 봉토를 더해줬다. 그런 다음 다시
새로운 상중하 삼군을 편성하여 한궐을 신군新軍 원수로 임명하고 조괄趙
括에게 그를 보좌하게 했다. 또 공삭鞏朔을 신상군 원수로 임명하고 한천에
게 그를 보좌하게 했고, 순추荀騅를 신하군 원수로 임명하고 조전에게 그를
보좌하게 했다. 이들의 작위를 모두 경으로 올려주었다. 이로부터 진나라
는 육군을 거느리고 다시 패업을 일으키려 했다. 이 무렵 사구 도안고는
조씨趙氏가 다시 번창하는 것을 보고 그들을 더욱 심하게 미워하게 되었다.
그리하여 날마다 조씨의 단점을 찾아내 진 경공에게 참소했다. 또 난씨와
극씨 두 가문과 아주 친밀하게 교유하며 자신의 원군으로 삼았다. 이 일은
잠시 접어두고 나중에 이야기하기로 한다.

제 경공은 자신의 패배를 치욕스럽게 여기고 전사자들을 일일이 문상했
다. 또 백성을 어여삐 여기며 정치를 개선하고 복수의 칼날을 갈았다. 진
라 군신은 제나라가 침략해와서 다시 패업을 잃을까 두려웠다. 이에 '제나
라가 이제 공손하므로 상을 내려야 한다'는 핑계를 대고 각국이 제나라에

서 뺏은 땅을 돌려주라고 했다. 이때부터 각국의 제후는 진나라가 신의를 지키지 않는다고 생각하고 점점 진나라를 멀리하게 되었다. 이것은 물론 나중의 이야기다.

한편 진陳나라 하희는 초 연윤 양로에게 시집갔다. 그러나 1년도 안 되어 양로가 필 땅 싸움터로 나가게 되었다. 하희는 마침내 양로의 아들 흑요黑要와 사통했다. 양로가 전사했는데도 아들 흑요는 하희의 미색에 빠져 부친의 시신을 거두러 가지 않았다. 백성의 여론이 분분해지자 이를 부끄럽게 느낀 하희는 이 기회를 틈타 양로의 시신을 거두어오겠다는 핑계를 대고 친정인 정나라로 되돌아가려 했다. 이때 신공 굴무는 마침내 하희의 좌우 시녀들에게 뇌물을 주고 하희에게 말을 전하게 했다.

"신공께서 마님을 간절히 사모하고 있다 합니다. 만약 마님께서 정나라로 돌아가시면 신공께서도 조만간 그곳으로 가서 혼례를 올리겠다고 하십니다."

또 굴무는 정 양공에게도 사람을 보내 이렇게 아뢰게 했다.

"하희가 조상의 나라로 돌아가고 싶어하는데 어찌 맞아들이지 않으십니까?"

그러자 정 양공은 과연 하희를 맞아오기 위해 초나라로 사신을 보냈다. 당시 초 장왕이 대부들에게 물었다.

"정나라에서 하희를 데리고 가겠다는데 이것이 무슨 뜻인가?"

굴무가 장왕을 독대하고 말했다.

"하희는 지금 남편 양로의 시신을 수습하려 하는데 정나라 사람들이 그 일을 맡으면 성공할 수 있다고 생각하는 듯합니다. 이런 연유로 정나라에서 하희를 데려가 양로의 시신을 수습하려는 것입니다."

장왕이 말했다.

"양로의 시신은 진나라에 있는데 정나라에서 어떻게 그 일을 성공시킬 수 있겠소?"

굴무가 대답했다.

"순앵은 순수가 아끼는 아들인데 지금 우리 초나라에 사로잡혀 있습니다. 순수는 아들을 생각하는 마음이 지극합니다. 지금 순수는 진나라에서 새로 중군원수를 보좌하게 되었습니다. 그는 정나라 대부 황수와 평소 교분이 깊습니다. 때문에 틀림없이 정나라 황수를 중개자로 삼아 우리 초나라에 화해를 주선할 것입니다. 즉 왕자 곡신과 양로의 시신을 우리에게 주고 순앵과 교환하자고 할 것입니다. 정나라 군주는 지난번 필성 전투 때문에 장차 진나라의 정벌을 받을까 두려워하고 있습니다. 이에 이번 기회를 빌려 진나라에 잘 보이려 할 것입니다. 이것은 의심할 수 없는 사실입니다."

말을 아직 다 마치지도 않았는데 하희가 입조하여 초 장왕을 뵙겠다고 했다. 그녀는 장왕을 뵙고 자신이 정나라로 돌아가려는 까닭을 아뢰면서 구슬 같은 눈물을 비 오듯 뿌렸다.

"만약 남편의 시신을 수습하지 못하면 죽어도 초나라로 돌아오지 않겠습니다."

초 장왕은 하희를 불쌍하게 여겨 그 일을 허락했다. 하희가 떠나려 하자 굴무는 마침내 정 양공에게 서찰을 보내 하희를 아내로 맞겠다고 했다. 정 양공은 초 장왕 및 공자 영제가 하희를 맞아들이고자 했던 사실은 모른 채[1] 단지 굴무가 지금 초나라에서 중용되고 있기 때문에 혼인으로 양국 간

---

[1] 제53회에서는 공자 측이 하희를 맞이하고자 함. 약간의 착오로 보인다.

에 우호를 다지려는 것으로만 생각하고 그가 보낸 예물을 받아들였다. 초나라 사람들 역시 굴무의 책략을 아는 사람이 아무도 없었다. 굴무는 다시 진나라로 사자를 보내 순수와 연락하고 초나라 두 장수의 시신과 순앵을 교환하고 싶다고 사실대로 얘기했다. 그러자 순수는 황수에게 서찰을 보내 중간에서 일을 잘 주선해달라고 요청했다. 초 장왕도 자신의 아들 공자 곡신의 시신을 찾고 싶어했다. 그리하여 순앵을 진나라로 귀환시키자 진나라도 두 장수의 시신을 초나라로 보냈다. 초나라 사람들은 굴무의 말이 사실인 것을 알고 그에게 다른 꿍꿍이가 있는지에 대해 의심하지 않았다. 그 무렵 진나라 군사가 제나라를 정벌하러 나섰을 때 제 경공은 초나라에 구원을 요청했다. 그러나 초나라에서는 장왕이 세상을 떠나서 즉시 군사를 보낼 수 없었다. 그 뒤 제나라 군사가 대패했다는 소식과 국좌가 이미 진나라와 우호의 맹세까지 했다는 소식이 들려왔다. 초 공왕이 말했다.

"제나라가 진나라를 따르게 된 건 우리 초나라가 원군을 보내지 않았기 때문이지 제나라의 본뜻은 아니오. 과인은 제나라를 위해 위나라와 노나라를 정벌하여 저들이 안 땅에서 패배한 치욕을 씻어줄까 하오. 누가 과인의 이 뜻을 제나라 군주에게 전해주고 오겠소?"

그러자 신공 굴무가 바로 대답했다.

"미천한 신이 가겠습니다."

공왕이 말했다.

"경은 이번에 정나라를 경유하여 그들에게 겨울 10월 보름날 위나라 경계에서 만나자고 약속을 정하고, 그 날짜를 바로 제나라 군주에게도 전하도록 하오."

굴무는 명령을 받고 귀가하여 신읍新邑에 조세租稅를 받으러 간다는 핑계를 대고 먼저 가족 및 재산을 10여 대의 수레에 가득 실은 뒤 계속 성밖으로 내보냈다. 자신은 작은 수레만 타고 그 뒤를 따라 나는 듯이 정나라로 달려가서 초왕의 명령을 전했다. 그러고는 마침내 관사에서 하희와 혼례를 올렸다. 두 사람의 기쁨은 말이 필요 없을 지경이었다. 이를 증명할 만한 시가 있다.

하희는 본래부터 다 늙은 요물인데	佳人原是老妖精
도처에서 음행으로 명성이 자자했네	到處偸情舊有名
밤일 잘하는 한 쌍이 오늘 짝을 맺었으니	探戰一雙今作配
이번에는 밤 전투에서 승부가 날 것이네	這回鏖戰定輸贏

하희가 머리맡에서 굴무에게 속삭였다.

"이 일을 초왕에게 알렸습니까?"

굴무는 장왕과 공자 영제가 하희를 취하고자 한 사실을 자세히 얘기했다.

"이 미미한 사람이 부인을 얻기 위해 많은 심혈을 기울이다가 오늘에야 물고기가 물을 만난 듯 평생의 소원을 이루게 됐소. 그래서 나는 초나라로 돌아가지 않을 것이오. 내일 부인과 편안히 살 수 있는 곳을 별도로 찾아서 평생을 해로할 것이오. 그것이 온당한 일이 아니겠소?"

하희가 말했다.

"원래 그런 사정이 있었군요. 그럼 부군께서 초나라로 돌아가지 않으시면 제나라로 사신을 가는 임무는 어떻게 해결하려 하십니까?"

굴무가 말했다.

"나는 제나라로 가지 않을 것이오. 지금 바야흐로 초나라와 균형을 이루고 있는 나라로는 진晉나라만 한 나라가 없소. 나는 당신과 진나라로 갈 것이오."

다음 날 아침 굴무는 상소문 한 통을 써서 시종을 시켜 초왕에게 전하게 하고 마침내 하희와 진나라로 망명했다.

진 경공은 얼마 전 초나라에게 당한 패배를 치욕으로 여기던 차에 굴무가 왔다는 소식을 듣고 기뻐하며 말했다.

"하늘이 굴무를 내게 내려주신 것이다."

그리고는 그날 바로 굴무를 대부로 임명하고 형邢(河北省 邢臺) 땅을 봉토로 하사했다. 이에 굴무는 본래 성인 굴씨를 버리고 무씨巫氏로 성을 바꾼 뒤 이름도 신臣이라고 칭했다. 지금까지도 사람들은 그를 신공 무신巫臣이라 칭한다. 무신은 이때부터 진나라에 안착하게 되었다. 초 공왕은 무신의 상소문을 받고 그것을 개봉하여 읽었다. 그 내용은 대략 다음과 같았다.

정나라 군주께서 하희를 신의 아내로 내려주셨습니다. 신은 불초하여 끝내 사양할 수 없었습니다. 대왕마마께서 죄를 주실까 두려워 신은 잠시 진나라에 머물겠습니다. 바라옵건대 대왕마마께선 따로 훌륭한 사신을 제나라로 보내십시오. 신은 죽을죄를 지었습니다.

초 공왕은 상소문을 보고 진노하여 공자 영제와 공자 측을 불러 상소문을 보여줬다. 공자 측이 대답했다.

"초나라와 진나라는 대대로 원수지간입니다. 지금 무신이 진나라로 간 것은 반역입니다. 토벌하지 않을 수 없습니다."

공자 영제도 아뢰었다.

굴무가 하희와 함께 진晉으로 망명하다.

"흑요는 제 어미와 간통한 격이니 이 또한 죄가 큽니다. 마땅히 벌을 줘야 합니다."

공왕은 그 말에 따라 공자 영제에게 군사를 주어 무신의 일족을 찾아 몰살시키고, 공자 측에게는 흑요를 잡아들여 참수하게 했다. 두 가문의 재산은 모두 두 장수에게 나누어줬다. 무신은 자신의 가문 사람들이 모두 주살되었다는 소문을 듣고 두 장수에게 서찰을 보냈다. 그 내용은 대략 이러했다.

네놈들이 지나친 참언으로 임금을 섬기면서 무고한 사람을 많이 죽였다. 나는 반드시 네놈들을 길가에서 지쳐서 죽게 만들 것이다.

공자 영제 등은 이 서찰을 비밀에 부치고 초왕에게 알리지 않았다. 이때 무신은 진나라를 위해 방책을 마련하여 진나라 군주에게 오吳나라와 우호를 맺도록 요청했다. 그리하여 무신은 병거로 전투하는 전법을 오나라 사람들에게 가르쳤고, 자신의 아들 호용狐庸을 오나라에 남겨두고 그곳의 행인行人[2] 벼슬을 하게 했다. 이후 진나라와 오나라는 서로 믿음을 갖고 끊임없이 왕래했다. 이때부터 오나라는 세력이 나날이 커졌고 병력도 나날이 강해져서 초나라의 동방 속국을 모두 탈취했다. 마침내 오나라 군주 수몽壽夢은 왕을 참칭하게 되었다. 또한 초나라 변경은 늘 오나라의 침략을 받아 한 해도 편안한 때가 없었다. 나중에 무신이 죽자 호용은 다시 굴성屈姓을 회복했고 마침내 오나라에 남아 계속 벼슬을 했다. 오나라에서는 그를

2_ 행인行人: 춘추전국시대 각국에 설치된 관직. 빈객과 사신 접대를 담당했다.

상국으로 삼고 국정의 모든 권한을 맡겼다.

겨울 10월, 초왕은 공자 영제를 대장으로 임명하여 정나라 군사와 합동으로 위나라를 정벌하고 그 교외를 깨뜨렸다. 또한 내친김에 군사를 이동시켜 노나라를 침략하고 양교楊橋(山東省 濟南 남쪽 땅)에 주둔했다. 중손멸이 뇌물을 주고 강화를 하자고 요청했다. 그가 나라 안의 훌륭한 장인 및 직녀(베를 잘 짜는 여인), 침녀(바느질 잘 하는 여인) 각각 100명을 초나라 군사에게 바치고 회맹을 청하자 초나라 군사가 물러갔다. 그러자 진나라도 노나라에 사신을 보내 함께 정나라를 정벌하자고 요청했다. 노 성공도 그 말에 따랐다. 주 정왕 20년 정 양공 견이 세상을 떠나고 세자 비費가 보위를 이었다. 이 사람이 정 도공悼公이다. 이때 정나라와 허나라가 경계를 다투었다. 허나라 군주가 그 사정을 초나라에 호소하자 초 공왕이 허나라 군주를 위해 사리를 밝히고 정나라에 사신을 보내 그들을 꾸짖었다. 정 도공은 분노하여 초나라를 버리고 진晉나라를 섬겼다. 이해에 진나라 극극은 화살에 맞은 상처가 도져서 결국 왼팔을 잘랐다. 그러고는 늙음을 핑계로 벼슬에서 물러났다가 조금 뒤에 죽었다. 다음 해 초나라 공자 영제가 군사를 거느리고 정나라를 정벌했고 진나라에서는 난서를 보내 정나라를 구원했다.

한편 이때 진 경공은 제나라와 정나라가 모두 복종해오자 자못 자만하는 마음을 갖게 되었다. 그는 도안고를 총애하여 함께 사냥을 다니고 술을 마셨다. 마치 영공 때가 다시 돌아온 것 같았다. 이즈음 조동과 조괄은 그들의 형 조영제와 사이가 좋지 못했다. 그리하여 자신들의 형이 음란한 짓을 저질렀다고 무고하여 제나라로 추방했다. 경공도 그들을 제지할 수 없었다. 이때 진나라 양산梁山(陝西省 습陽 소재)이 아무 이유도 없이 저절로 무너져 내려 황하의 물길을 막아 사흘 동안 강물이 흐르지 못했다. 경공은 태사에게 점을 치게 했다. 그러자 도안고는 태사에게 뇌물을 먹여 '형벌을 제대로 시행하지 않아서' 일어난 일이라고 말하도록 했다. 경공이 말했다.

"과인은 형벌을 과도하게 사용한 적도 없는데, 어째서 제대로 시행하지 않았다는 것이냐?"

도안고가 옆에서 아뢰었다.

"소위 형벌을 제대로 시행하지 않았다는 것은 형벌을 잘못 시행했다는 말과 같습니다. 조돈이 도원에서 영공을 시해한 사실이 사책史冊에 기록되어 있습니다. 이것은 용서할 수 없는 죄인데 성공께선 그를 주살하지 않으시고 다시 국정을 맡겼습니다. 그래서 지금까지도 계속 역적의 자손들이 조정을 가득 메우고 있습니다. 이렇게 해서야 어찌 후세 사람을 경계할 수 있겠습니까? 또 신이 소문을 듣건대 조삭, 조원趙原, 조병趙屛 등은 자신들 종족의 번창함을 믿고 장차 역모를 도모하려 한다 합니다. 누영樓嬰이 저들에게 간언을 올리고 저지하려다가 추방되었고, 난씨와 극씨 두 가문에서도 조씨의 권세가 두려워 은인자중하며 아무 말도 못한다 합니다. 지금 양산이 무너진 것은 하늘이 주상께 명령을 내려 영공의 원한을 갚고 조씨의 죄상을 밝히려는 조짐입니다."

진 경공은 필 땅에서 전투를 할 때부터 조동과 조괄의 전횡에 나쁜 감정을 품고 있어서 도안고의 말에 쉽게 미혹되었다. 그래서 그 일을 한궐에게 다시 물었다. 한궐이 대답했다.

"도원에서 일어난 일이 조돈과 무슨 상관이 있습니까? 하물며 조씨는 조성자趙成子3 이래 대대로 우리 진나라에 큰 공을 세웠습니다. 주상께선 어찌하여 자잘한 사람의 말을 듣고 공신의 후예를 의심하십니까?"

경공은 그래도 마음이 석연치 않아서 다시 난서와 극기에게 물었다. 두 사람은 먼저 도안고의 부탁을 받은 터라 말을 얼버무리고 조씨를 변호하지 않았다. 경공은 결국 도안고의 말이 사실이라 믿고 서판書板에 조돈의 죄를 기록하여 도안고에게 주었다.

"경이 알아서 처분하시오. 백성을 놀라게 하지 말고."

도안고의 음모를 알아챈 한궐은 밤에 조씨 댁으로 가서 조삭에게 사실을 알리고 미리 도피하게 했다. 조삭이 말했다.

"우리 부친께선 선군의 주살을 피하려다 마침내 오명을 쓰게 되었소. 지금 도안고가 주상의 명령을 받들고 틀림없이 나를 죽이려 할 테지만 내가 어찌 죽음을 피하겠소? 다만 나의 처가 아이를 가져 산달이 가까이 다가왔소. 만약 딸을 낳으면 그만이지만 천행으로 아들을 낳는다면 조씨의 제사를 이을 수 있을 것이오. 이 한 점 혈육을 장군이 맡아서 잘 보호해주시오. 그럼 나는 죽더라도 산 것과 마찬가지일 것이오."

한궐이 울면서 말했다.

"나는 조선자(조돈) 어르신께서 알아주셔서 오늘까지 오게 되었소. 그 은혜는 부자 관계나 마찬가지이지만 오늘 내게 힘이 없어 역적의 머리를 벨 수 없음이 안타까울 따름이오. 지금 내게 맡긴 일에 어찌 힘을 다하지 않을 수 있겠소? 다만 역적 도안고가 울분을 품은 지 오래라 일시에 난을 일으키면 옥석玉石이 모두 타버릴 것이니 내게 힘이 있어도 아무 소용이 없을 것이오. 지금 환난이 일어나기 전에 어찌하여 조부인趙夫人[4]을 궁궐로 보내 이 대란을 피할 수 있게 하지 않으시오? 나중에 공자가 장성하면 아마도

3_ 조성자趙成子: 진 문공의 공신 조최의 시호는 성계成季다. 흔히 조성자로 불린다.

4_ 조부인趙夫人: 조삭의 부인. 진 성공의 딸 장희.

복수할 날이 있을 것이오."

조삭이 말했다.

"삼가 가르침을 받들겠소."

두 사람은 눈물을 뿌리며 작별했다. 그리고 조삭은 몰래 부인 장희와 약속했다.

"딸을 낳으면 이름을 문文이라 하고 아들을 낳으면 이름을 무武라고 지으시오. 문인文人은 쓸모가 없고 무인武人이 되어야 복수를 할 수 있을 것이오."

또 문객 정영程嬰에게만 이 사실을 알렸다. 그는 장희를 저택 후문에서 온거溫車[5]에 태워 정영에게 호위하게 하고 바로 궁궐로 보내 모후 성부인成夫人에게 맡겼다. 부부가 고통 속에서 이별했음은 더 말할 필요도 없다.

날이 밝자 도안고는 친히 갑사를 거느리고 조씨 저택을 포위했다. 그리고 조씨 일족의 죄상을 기록한 서판을 대문에 건 뒤 어명을 받들고 역적을 토벌하러 왔다고 공언했다. 마침내 조삭, 조동, 조괄, 조전 등 각 집안의 남녀노소는 모두 주살을 당했다. 조전의 아들 조승趙勝은 이때 한단邯鄲(河北省 邯鄲)에 있었기 때문에 혼자 화를 면했다. 그러나 이후 참변 소식을 듣고 송나라로 망명했다. 당시 주살된 사람의 시체가 방마다 가득했고 그 피가 흘러서 뜰의 계단까지 붉게 물들였다. 도안고가 죽인 사람을 점검해보니 유독 장희만 보이지 않았다. 도안고가 말했다.

"장희를 죽이는 것은 긴급한 일이 아니다. 다만 장희가 회임하여 산달이 다가왔다는 소문이 들린다. 만일 아들을 낳으면 역적의 씨를 남기는 것이

5_ 온거溫車: 사람이 누울 수 있는 수레.

라 반드시 후환이 생길 것이다."

어떤 사람이 보고했다.

"한밤중에 온거를 타고 입궁했다 합니다."

도안고가 말했다.

"그게 틀림없이 장희일 것이다."

그러고는 즉시 경공에게 달려가 아뢰었다.

"역적 일문은 모두 주살되었습니다. 다만 조부인께서 궁중으로 들어가셨다 하니 주상께서 직접 처결하시기 바라옵니다."

경공이 말했다.

"나의 누이는 어마마마께서 총애하시니 더 이상 묻지 마시오."

도안고가 또 아뢰었다.

"조부인께선 산달이 임박했다 합니다. 만일 아들을 낳으면 역적의 씨를 남기는 것입니다. 뒷날 장성하여 틀림없이 복수를 하려고 할 것이니 도원에서 일어난 일이 또다시 반복될 것입니다. 주상께서 염려하지 않을 수 없는 일입니다."

경공이 말했다.

"그럼 아들을 낳으면 없애버리리다."

도안고는 밤낮으로 사람을 시켜 장희의 출산 소식을 염탐하게 했다. 며칠 후 장희는 과연 아들을 낳았다. 성부인은 궁궐 나인들에게 딸을 낳았다고 거짓말을 하게 했다. 그러나 도안고는 그 말을 믿지 못하고 자기 집 유모를 입궁시켜 사실을 알아보게 했다. 장희는 당황하여 모후 성부인과 상의한 끝에 자신이 낳은 딸이 이미 죽었다는 말을 퍼뜨렸다. 이때 진 경공은 음란한 쾌락에 빠져들어 국사를 전부 도안고에게 맡기고 그가 마음대로 하도록 내버려두었다. 도안고는 장희가 낳은 아이가 딸이 아니고 또 아직 죽지 않은 것으로 의심했다. 이에 직접 여복女僕을 거느리고 궁궐 안을 샅샅이 뒤졌다. 장희는 갓난아이를 자신의 고쟁이 속에 감추고 하늘에 축수 기도를 올렸다.

'하늘이 만약 조씨 가문을 멸망시키려 하신다면 이 아이를 울게 하옵소서. 만약 조씨 가문에 아직 한 줄기 혈맥을 잇게 하시려면 이 아이를 울게 하지 마시옵소서.'

여복이 장희를 끌어내고 궁궐 안을 수색했지만 아무것도 발견하지 못했다. 고쟁이 속에서도 전혀 아이의 울음소리가 나지 않았다. 도안고는 궁궐을 나가면서도 마음속 의심을 지우지 못했다. 어떤 사람이 말했다.

"아이가 이미 궁궐 밖으로 나갔을 수도 있습니다."

도안고는 마침내 도성 문에 현상금을 내걸었다.

"가장 먼저 조씨 댁 고아孤兒[6]의 진실을 알려주는 자에게 천금을 주겠다. 사실을 알고도 고하지 않는 자는 역적을 숨겨준 죄와 같이 처리하여 전 가족을 참수하겠다."

또 도성 문을 지키는 군사들에게도 철저하게 검문하라고 분부를 내렸다.

한편 이미 세상을 떠난 조돈의 문객 중에 두 명의 심복이 있었다. 그 한 명은 공손저구公孫杵臼였고 다른 한 명은 정영이었다. 앞서 도안고가 조씨 저택을 포위했다는 소식을 듣고 공손저구와 정영은 조씨 댁의 환란과 함께

6_ 고아孤兒: 현대에는 양 부모가 없는 아이를 고아라고 하지만, 고대에는 아버지가 죽은 아들을 고아 또는 고자孤子, 어머니가 죽은 아들을 애자哀子라고 했다. 여기서는 아버지가 죽은 아들을 의미한다.

하기로 약속했다. 정영이 말했다.

"도안고가 주상의 명령을 사칭하여 역적을 토벌한다고 공언하는데 우리가 그놈과 함께 죽는다고 조씨 댁에 무슨 도움이 되겠소?"

공손저구가 말했다.

"아무 도움이 되지 않는다는 것을 분명하게 알지만 은혜를 베푸신 주인이 환란을 당했으므로 감히 죽음도 피하지 않으려는 것이오."

정영이 말했다.

"희씨(장희)가 회임을 했다고 하니 만약 아들을 낳으면 나와 그대가 함께 받들고 불행하게 딸을 낳으면 그때 죽어도 늦지 않을 것이오."

그즈음 장희가 딸을 낳았다는 소문을 듣고 공손저구가 울면서 말했다.

"하늘이 과연 조씨의 후손을 끊는 것인가?"

정영이 말했다.

"아직 믿을 수 없소. 내가 자세히 알아봐야겠소."

그는 궁궐 나인들에게 후한 뇌물을 주고 장희에게 연락을 보냈다. 장희도 정영이 충성스럽고 의로운 사람이란 걸 알고 밀서에 '무武' 한 글자만을 써서 궁궐 밖으로 내보냈다. 정영은 밀서를 받고 몰래 기뻐하며 말했다.

"부인께서 과연 아들을 낳으셨구나!"

또 도안고가 궁중을 수색했지만 아이를 찾지 못했다는 소식이 들리자 정영은 공손저구에게 이렇게 말했다.

"조씨 댁 고아가 궁중에 살아 있는데 도안고가 찾지 못했으니 이는 천행이오. 그러나 잠깐 속일 수는 있어도 나중에 사실이 누설되면 도안고가 또 수색을 할 것이오. 반드시 계책을 써서 궁궐 문을 나오게 하여 먼 곳에 숨긴 뒤 아무 걱정이 없도록 보호해야 할 것이오."

공손저구는 한나절이나 신음하다가 정영에게 물었다.

"고아를 지키는 것과 환란에 죽는 것 중 어느 것이 더 어렵소?"

정영이 말했다.

"죽는 것은 쉬운 일이나 고아를 지키는 건 어려운 일이오."

"그럼 그대가 어려운 일을 맡아주시오. 나는 쉬운 일을 맡으리다. 어떻소?"

"무슨 계책이 있소?"

"만약 다른 사람의 아이를 얻을 수만 있다면 조씨 댁 고아라 속이고 내가 수양산으로 안고 들어가 기르고 있을 테니, 그대는 자수하여 그 은신처를 고발하면 되오. 만약 도안고 놈이 가짜 고아를 잡고 나면 진짜 고아는 환란에서 벗어날 수 있을 것이오."

"갓난아이를 얻기는 쉬운 일이오. 그러나 진짜 고아를 몰래 궁궐에서 빼내야 그 목숨을 보전할 길이 열리게 되오."

"여러 장수 가운데 오직 한궐이 조씨 댁에서 가장 깊은 은혜를 입었소. 고아를 몰래 빼내는 일을 그 사람에게 부탁하면 될 것이오."

"내가 근래 새로 아들놈 하나를 낳았소. 조씨 댁 고아와 비슷한 날에 태어났으니 대신할 수 있을 것이오. 그러나 그대가 고아를 숨겨주었다는 죄목을 덮어쓰면 틀림없이 주살당할 것이오. 그대가 나보다 먼저 죽으면 내가 어떻게 참을 수 있겠소?"

그리고 나서 정영은 끊임없이 눈물을 흘렸다. 저구가 화를 내며 말했다.

"이것은 큰일이면서 또 아름다운 일인데, 어찌하여 눈물을 흘리는가?"

정영은 눈물을 거두고 떠나갔다.

그는 한밤중에 자신의 아들을 안고 와서 공손저구의 손에 넘겼다. 그 후 한궐을 만나서 먼저 '武' 자를 써 보인 후 공손저구의 대책을 알려줬다. 한궐이 말했다.

"희씨가 지금 몸이 불편하여 나더러 의원을 좀 구해달라고 했소. 그대가 만약 역적 도안고를 유인하여 직접 수양산으로 데리고 가면 내가 조씨 댁 고아를 빼낼 계책을 마련하겠소."

이때 정영은 사람들에게 큰소리를 치고 다녔다.

"도 사구가 조씨 댁 고아를 찾는다면서 어찌하여 궁궐만 뒤지고 있는가?"

도안고 댁 문객이 그 말을 듣고 물었다.

"조씨 댁 고아의 행방을 알고 있소?"

정영이 말했다.

"나에게 천금을 준다면 알려주리다."

문객이 정영을 도안고에게 데리고 갔다. 도안고가 성명을 물었다. 정영이 대답했다.

"성은 정이고 이름은 영이오. 공손저구와 함께 조씨를 섬겼소. 조부인께서 아들을 낳은 후 궁중의 여인을 시켜 궐 밖으로 안고 나와 우리 두 사람에게 숨겨달라고 부탁했소. 그러나 나는 나중에 일이 새나갈까 두려웠소. 나중에 어떤 사람이 낌새를 알아채고 고발하면 그자는 천금의 상을 받지만 나는 온 집안이 몰살당하게 되오. 그래서 먼저 고발하는 것이오."

"지금 고아는 어디에 있느냐?"

"주위 사람을 물리쳐 주시면 말씀드리겠소."

도안고가 좌우 측근들을 물러가게 했다. 정영이 말했다.

"수양산 깊은 곳에 있으니 서둘러 달려가야 잡을 수 있을 것이오. 오래지 않아 진晉나라로 도피한다고 했소. 그러나 대부께서 반드시 직접 가서야 할 것이오. 다른 사람은 조씨 댁과 옛날부터 왕래가 많았기 때문에 가볍게 일을 맡길 수 없소."

도안고가 말했다.

"너도 나를 따라가야 하느니라. 만약 사실이라면 후한 상을 내릴 것이고, 거짓이라면 죽음을 면치 못하리라!"

정영이 말했다.

"나는 방금 산속에서 이곳으로 왔기 때문에 배가 몹시 고프오. 밥 한 그릇만 내려주시오."

도안고가 정영에게 술과 음식을 대접했다. 정영은 음식을 다 먹고 나서 도안고에게 서둘러 가자고 재촉했다. 도안고는 직접 집안 사병 3000명을 거느리고 정영을 길잡이로 삼아 수양산으로 직행했다. 굽이굽이 몇 리의 산길을 돌아가자 길은 끊어지고 궁벽한 장소가 나타났다. 그곳 계곡 가에 초가집 몇 칸이 있고 사립문 두 짝이 달려 있었다. 정영이 그곳을 가리키며 말했다.

"저곳이 공손저구와 고아가 있는 곳이오."

정영이 먼저 문을 두드리자 저구가 마중을 나왔다. 그러나 많은 갑사가 늘어서 있는 것을 보고 당황하여 도망치려는 모습을 보였다. 정영이 소리를 질렀다.

"도망치지 말라! 사구께서 이미 이곳에 조씨 댁 고아가 있는 것을 알고 오셨다. 네가 직접 안고 나와 속히 사구께 받들어 올려야 할 것이다."

말을 다 마치지도 않았는데 갑사들이 공손저구를 포박하여 도안고 앞에 대령했다. 도안고가 물었다.

"고아는 어디에 있느냐?"

저구가 속여서 말했다.

"없다!"

도안고가 그 집을 수색하라고 명령을 내렸다. 벽 옆에 단단한 자물쇠로 채워진 방이 있었다. 갑사들이 자물쇠를 뜯어내고 그 방으로 들어갔다. 어두침침한 방에 대나무 침상이 어렴풋하게 보였고 그곳에서 어린아이의 울음소리가 들렸다. 아이를 안고 나와 보니 비단 포대기에 수놓은 강보로 싸여 있었다. 그 모습이 분명히 귀한 댁 아이였다. 공손저구는 아이를 보고 달려가 뺏으려 했지만 이미 포박된 몸이라 앞으로 나갈 수 없었다. 그러자 큰 소리로 욕설을 퍼부었다.

"이 소인배 정영아! 지난번 조씨 저택이 환난을 당할 때, 네놈은 나와 함께 죽기로 약속하지 않았더냐? 네놈 입으로 이렇게 말했다. '조부인께서 회임하셨는데 만약 우리가 죽으면 누가 고아를 보호할 수 있는가?' 그런데 지금 부인께서 고아를 빼내 우리 두 사람에게 맡기고 이 산속에 숨어 살게 하셨다. 네놈은 나와 함께 일을 도모하고도 천금의 상에 욕심이 나서 몰래 자수하여 비밀을 까밝혔으니 나는 죽어도 애석하지 않다만 네놈은 어떻게 조선자(조돈)의 은혜에 보답하려느냐?"

공손저구가 천 번 만 번 소인배라고 욕설을 퍼부어대니 정영은 얼굴 가득 부끄러운 빛을 드러내며 도안고에게 말했다.

"어찌 속히 죽이지 않는 것이오?"

도안고가 호령했다.

"공손저구를 참수하라!"

그리고 나서 도안고 자신은 직접 아이를 빼앗아 땅바닥에 팽개쳤다. 한 줄기 울음소리가 짧게 들린 후 아이는 온몸이 부서져 죽고 말았다. 오호애

재라! 염옹이 이 일을 시로 읊었다.

한 줄기 조씨 혈육이 궁중에서 위험하자	一線宮中趙氏危
차라리 자기 자식을 고아 대신 바쳤다네	寧將血胤代孤兒
간신 도안고가 하늘에 그물 펼쳐도	屠奸縱有彌天網
공손저구의 속임수를 예상이나 했겠는가?	誰料公孫已售欺

도안고가 직접 몸을 움직여 수양산에서 조씨 댁 고아를 잡고 나자 도성 안 모든 곳에 소문이 쫙 퍼졌다. 어떤 사람은 도씨 가문을 위해 기뻐했고, 어떤 사람은 조씨 댁을 위해 탄식했다. 그리하여 궁궐 문의 검색도 자연스럽게 태만해졌다. 이때 한궐은 문객 중에서 심복을 초야의 의원으로 변장시켜 궁궐로 들어가 장희를 진찰하게 했다. 그는 정영이 전해준 '무武' 자를 약주머니에 붙였다. 장희는 그것을 보고 이미 의도를 짐작했다. 진맥이 끝나자 그 의원은 임신과 산후 조리에 관한 상투어를 몇 마디 늘어놓았다. 장희는 좌우 나인들이 모두 심복임을 확인하고 바로 조씨 댁 고아를 약주머니 속에 넣었다. 아이가 울기 시작했다. 장희는 손으로 약주머니를 어루만지며 말했다.

"조무야! 조무야! 우리 일문의 수많은 원혼이 네 한 점 혈육 속에 스며 있다. 출궁할 때 절대로 울지 말아라!"

말을 마치자 고아의 울음소리가 뚝 그쳤다. 궁궐을 나갈 때도 심문하는 사람이 없었다. 한궐은 고아를 데리고 나와서 마치 지극한 보물을 얻은 듯 깊은 방 속에 감춰두고 유모를 시켜 젖을 먹이게 했다. 집안 식구들도 그 사실을 아는 사람이 없었다.

정영이 조씨 고아를 구하다.

한편 도안고는 자신의 저택으로 돌아와 천금의 상을 정영에게 내렸다. 그러나 정영은 사양하고 받지 않았다. 도안고가 물었다.

"너는 본래 상을 타려고 자수해놓고 어찌하여 지금은 사양하느냐?"

정영이 말했다.

"소인은 오랫동안 조씨 댁 문객으로 지냈소. 지금 고아를 죽이고 죄에서 벗어났으나 이는 벌써 의로운 일이 아니오. 그런데도 감히 많은 상금을 타서 이익까지 취할 수 있겠소? 만약 사구께서 소인의 작은 공로라도 생각해주신다면 이 상금으로 조씨 일문의 시신을 수습하게 해주시오. 이것으로라도 소인이 조씨 댁 문하에 있었던 정을 만분의 일이라도 표시하고 싶소."

도안고가 아주 기뻐하며 말했다.

"그대는 정말 신의가 있는 사람이오. 조씨 댁의 버려진 시신은 그대 마음대로 거두도록 하시오. 내가 금하지 않겠소. 이 상금은 그대가 저들의 장례를 치를 때 그 비용으로 쓰도록 하시오."

정영은 배례를 올리고 그 돈을 받았다. 그는 각 집안의 시신을 모두 수습하여 관목을 사서 염을 하고 조돈의 묘 옆에 나누어 장례를 치러줬다. 일이 끝나자 다시 도안고에게 가서 감사 인사를 했다. 도안고가 그를 잡고 벼슬자리에 등용하려 했으나 정영은 눈물을 흘리며 말했다.

"소인은 한때 죽음이 두려워 삶을 탐하며 이 불의한 일을 저지르고 말았소. 이제 진晉나라 사람들을 볼 면목이 없으니 지금부터 먼 곳으로 가서 입에 풀칠이나 하며 살겠소."

정영은 도안고에게 작별 인사를 하고 다시 한궐을 찾아갔다. 한궐은 유모와 고아를 정영에게 맡겼다. 정영은 조씨 댁 고아를 자기 아들로 삼아 우산盂山(山西省 盂縣 북쪽 臧山) 깊은 곳으로 숨어들어갔다. 후세 사람들이 그

산을 장산藏山이라고 부르는 이유도 바로 조씨 댁 고아를 감춘 산이라는 뜻에서 이름을 취했기 때문이다.7

3년 뒤 진 경공은 신전新田에 놀러 갔다가 그곳의 땅이 기름지고 물맛이 좋은 것을 보고 도읍을 그곳으로 옮기고 신강新絳(山西省 新絳)이란 이름을 붙였다. 이 때문에 옛날 도성은 고강故絳(山西省 絳縣)이라 불렸다. 백관들이 모두 입조하여 하례를 올렸고 경공은 내궁에서 잔치를 열고 신하들을 융숭하게 대접했다. 그러던 중 해가 뉘엿뉘엿 서산으로 넘어가자 좌우 내시들이 촛불을 밝혔다. 그때 갑자기 일진광풍이 불어와 한기가 소름을 돋게 했다. 자리에 앉아 있던 임금과 신하가 모두 놀라 떨지 않는 사람이 없었다. 잠시 후 광풍이 그치고 나서 경공은 봉두난발을 한 거대한 귀신을 보았다. 그 귀신은 키가 10척이 넘었고 머리카락은 땅에까지 닿아 있었다. 문밖에서 걸어 들어와 팔뚝을 휘두르며 마구 욕을 퍼부었다.

"하늘도 무심하시지! 내 자손이 무슨 죄가 있기에 네놈이 죽였단 말이냐? 내가 이미 옥황상제께 네놈을 고발하고 네놈 목숨을 가지러 왔다."

말을 마치고는 청동 철퇴로 경공을 때렸다. 경공은 크게 비명을 질렀다.

"백관들은 나를 구하라!"

그러고는 차고 있던 칼을 뽑아 귀신을 베려 하다가 잘못하여 자신의 손가락을 베었다. 신하들은 무슨 까닭인지 모르고 황급히 칼을 빼앗았다. 경공은 입으로 선혈을 토하며 땅바닥에 쓰러져 인사불성이 되었다. 진 경공의 목숨이 어찌될지 다음 회를 보시라.

7_ 탁고구조託孤救趙: 고아를 정영에게 부탁하여 조씨 가문을 구하다. 은인의 한 점 혈육을 살리기 위해 자신의 자식을 희생하는 것을 비유한다.(『사기』「조세가趙世家」)

제58회

햇보리 죽을 먹지 못하다

위상은 진백에게 유세하여 명의를 맞아오고
양유기는 위기에게 보복하며 자신의 솜씨를 뽐내다

說秦伯魏相迎醫, 報魏錡養叔獻藝.

진晉 경공은 봉두난발한 큰 귀신에게 맞아서 입으로 선혈을 토하며 땅
바닥에 쓰러져 기절했다. 내시가 그를 부축하여 침소에 눕히고 나서도 오
랜 시간이 지난 후에야 정신을 차렸다. 백관들은 모두 우울한 마음으로 흩
어졌다. 경공은 결국 병으로 누워 일어나지 못했다. 좌우의 내시들 중 어
떤 자가 말했다.

"상문桑門에 대단한 무당이 있다고 합니다. 어찌 불러보지 않으십니까?"

상문의 무당은 경공의 부름을 받고 침전의 문으로 들어서면서 말했다.

"귀신이 있습니다."

경공이 물었다.

"귀신의 모습이 어떠하냐?"

그 무당이 대답했다.

"봉두난발을 하고 키는 10척이 넘으며 손으로 가슴을 치면서 매우 분노한 모습입니다."

경공이 말했다.

"무당의 말이 내가 본 귀신의 모습과 같다. 과인이 그 귀신의 자손을 억울하게 죽였다는데 그 귀신이 누구의 귀신인지 모르겠다."

무당이 말했다.

"선대의 공신 중에 그 자손이 가장 비참하게 화를 당한 사람입니다."

경공이 경악하며 물었다.

"그럼 조씨의 조상이 아닌가?"

도안고가 옆에 있다가 아뢰었다.

"이 무당은 전에 조돈의 문객이었습니다. 그래서 이 기회를 빌려 조씨의 원한을 풀려는 것입니다. 주상께선 믿지 마십시오."

진 경공은 오랫동안 아무 말이 없다가 다시 물었다.

"푸닥거리를 하면 귀신이 물러가겠느냐?"

"분노가 심하여 푸닥거리를 해도 아무 소용이 없습니다."

"그럼 과인의 남은 수명이 얼마나 되는가?"

"소인이 죽음을 무릅쓰고 직언을 올리겠습니다. 아마도 주상께선 병환이 깊어져 올해 햇보리를 드시지 못하실 듯합니다."

그러자 도안고가 말했다.

"한 달 안에 보리가 익을 것이다. 주상께서 환후 중이라고는 하나 정신이 이토록 맑으신데 어찌 그런 일이 있겠느냐? 만약 주상께서 햇보리를 드신다면 너는 죽음을 면치 못하리라."

도안고는 경공의 지시에 따르지도 않고 그 무당을 꾸짖어 쫓아냈다. 무당이 나간 후에 경공의 병세는 더욱 악화되었다. 진나라 의원들이 들어가 보았으나 무슨 병인지 알 수 없어 감히 약을 쓰지도 못했다.

이때 대부 위기의 아들 위상이 신하들에게 말했다.

"내가 소문을 들어보니 진秦나라에 고화高和와 고완高緩이라는 명의가 있다고 하오. 그들은 편작에게서 의술을 전수받아 음양의 원리에 통달했고 신체 안팎의 질환을 잘 치료하기 때문에 진나라의 태의太醫(어의)가 되었다 하오. 주상의 병을 치료하려면 이 사람이 아니면 안 될 것이오. 그런데 어찌 사신을 보내 그를 초청하지 않으시오?"

신하들이 말했다.

"진나라는 우리의 원수요. 어찌 우리 주상을 구원하라고 명의를 보내주려 하겠소?"

위상이 다시 말했다.

"우환을 구제하고 재난을 분담하는 건 이웃 나라가 참여할 수 있는 아름다운 일이오. 나는 비록 재주가 없지만 세 치의 혀라도 놀려 반드시 그 명의를 우리 진나라로 오게 하겠소."

신하들이 말했다.

"그렇다면 온 조정의 백관들이 모두 그대의 은혜에 절을 올릴 것이오."

위상은 그날 바로 행장을 꾸려 초거軺車[1]를 몰고 밤새도록 진나라로 달려갔다. 진秦 환공이 그가 온 뜻을 물었다. 위상이 아뢰었다.

"우리 주상께서 불행하여 광증狂症에 걸렸습니다. 신은 귀국에 고화와 고완이라는 명의가 있고, 그가 죽은 사람도 살릴 수 있는 의술을 갖고 있

1_ 초거軺車: 말 한 마리가 몰고, 한 사람이 타는 작은 수레.

다고 들었습니다. 그래서 신이 특별히 달려와서 삼가 그분들을 청하오니 그들을 보내시어 우리 주상을 구원해주십시오."

환공이 말했다.

"진晉나라는 이유도 없이 누차 우리 군사에게 패배를 안겼소. 그런데 우리 나라에 명의가 있다고 어찌 그대 나라 군주를 구원해줄 수 있겠소?"

위상이 정색을 하면서 말했다.

"명공의 말씀은 진상과 차이가 있습니다. 대저 진秦과 진晉은 이웃 나라입니다. 이 때문에 우리 진晉 헌공과 귀국 진秦 목공은 혼인으로 우호를 맺고 대대로 친하게 지냈습니다. 귀국 진 목공은 처음에 우리 진晉 혜공을 보위에 올려주셨다가 다시 한원으로 와서 싸웠습니다. 이어서 우리 진晉 문공을 보위에 올려주셨다가 다시 범남에서 양국 간의 맹약을 어겼습니다. 끝까지 우호를 유지하지 못한 것은 모두 귀국의 행위에 의한 것이었습니다. 우리 문공께서 세상을 뜨시자 귀국의 목공께서는 또 맹명의 말을 잘못 들은 나머지 우리 양공의 유약함을 업신여겨 효산으로 군사를 출정시켜 우리 속국 정나라를 기습했으나 스스로 패배를 자초하고 말았습니다. 우리는 그때 진나라의 세 장수를 사로잡았지만 모두 죽이지 않고 살려 보냈습니다. 그런데 그들은 돌아서자마자 서약을 어기고 우리 관리를 잡아갔습니다. 그 후 우리 진晉 영공과 귀국 진秦 강공 때 우리가 한 번 숭나라를 침범하자 귀국에서는 바로 우리 진을 정벌했습니다. 그리고 지금의 우리 주상께서 제나라에 군사를 보내 죄를 묻자 명공께서는 두회를 보내 제나라 군사를 구원했습니다. 이를 보면 귀국은 패배하고도 조심할 줄 모르고 승리하고도 멈출 줄 모르는 듯합니다. 양국이 우호를 버린 뒤 원한을 맺게 된 것은 귀국 진나라로부터 비롯되지 않은 적이 없습니다. 명공께서는 생각해보십시오. 우리 진晉이 귀국 진秦을 침범했습니까? 귀국 진이 우리 진을 침범했습니까? 지금 우리 주상께선 환후 중이라 훌륭한 이웃 나라에서 의원을 데려오라고 하셨습니다. 그런데 우리 진나라의 신하들은 모두 진나라가 우리를 배척함이 심하니 틀림없이 허락하지 않을 것이라고 했습니다. 그러나 신은 이렇게 말했습니다. '그렇지 않소. 진나라 군주들이 여러 번 부당한 일을 벌였지만 어찌 그 마음속에 후회가 없으리오? 이번에 내가 가서 명의를 빌려와 선군 때의 우호를 다시 회복할 것이오.' 그런데 명공께서 만약 이를 허락하지 않으시면 귀국에 대한 우리 진나라 신하들의 생각이 맞다는 걸 증명하는 것이 됩니다. 대저 이웃 나라에게는 우환을 구조해주는 마음을 가져야 하는데 명공께서는 그 마음을 내버리려 하십니까? 또의원에게는 본디 사람을 살리려는 마음이 있는데 명공께서는 그 마음을 등지려 하십니까? 아마도 명공께서 이런 조치는 취하지 않으시리라 생각합니다."

진 환공은 위상의 말이 비분강개에 가득 차 있는 데다가 사실에 대한 분석이 자세하고 명쾌한 것을 보고 자기도 모르게 공경심이 일어서 말했다.

"대부께서 바른 말로 과인을 꾸짖으니 과인이 어찌 감히 그 가르침에 따르지 않을 수 있겠소?"

그러고는 바로 어의 고완을 진나라로 보냈다. 위상은 진 환공의 은혜에 감사를 드린 후 마침내 고완과 함께 옹주를 나서 밤새도록 신강을 향해 수레를 치달렸다. 후세 사람이 시를 지어 이 일을 증명했다.

인척이 오늘에는 원수가 되었으니 婚媾於今作寇仇

적국 재앙 즐기는 걸 좋은 꾀라 여겼다네 幸災樂禍是良謀

說秦伯
魏相
迎醫

위상이 진秦에서 명의를 맞아오다.

위상이 세 치 혀로 유세하지 않았다면 若非魏相瀾翻舌

어떻게 진秦 명의가 진晉 강주로 갔겠는가? 安得名醫到絳州

이때 진 경공은 병이 아주 위독해져서 밤낮으로 진나라 명의가 오지 않을까 고대하고 있었다. 그러던 중 문득 꿈을 꾸었다. 꿈에 두 어린아이二竪가 자신의 코에서 튀어나왔다. 그중 한 아이가 말했다.

"진나라 고완이란 사람은 당세의 명의라는데 만약 이곳으로 오면 약을 사용해 틀림없이 우리를 해칠 거야. 어떻게 피하지?"

또 다른 아이가 대답했다.

"만약 황肓(횡경막 윗부분)의 위쪽, 고膏(심장 아랫부분)의 아래쪽에 숨어 있으면 그자가 우리를 어찌할 수 있겠니?"

잠시 후 경공은 심장 아랫부분이 심하게 아파서 비명을 질렀다. 그는 앉아 있어도 편치 못했고 누워 있어도 편치 못했다. 이윽고 위상이 고완을 데리고 입궁하여 경공을 진맥했다. 진맥을 마치고 고완이 말했다.

"이 병은 고칠 수 없습니다."

경공이 물었다.

"무슨 까닭이오?"

고완이 대답했다.

"이 병은 이미 황의 위, 고의 아래에 들어가 있기 때문에 뜸으로도 치료할 수 없고, 침으로도 치료할 수 없습니다. 설령 약의 힘을 빌린다 해도 그곳에는 미칠 수 없습니다. 아마도 천명인 듯합니다."

경공이 탄식하며 말했다.

"그 말씀이 내 꿈과 딱 들어맞았소. 그대는 진정한 명의요!"

그러고는 송별의 예물을 후하게 내린 후 진나라로 돌아가게 했다.[2]

이때 강충江忠이란 젊은 내시가 경공을 곁에서 모시며 고생하다가 아침이 다가올 무렵 자기도 모르게 잠에 빠져들었다. 그는 꿈을 꾸었다. 꿈속에서 그는 경공을 등에 업고 하늘 위로 비상했다. 그는 깨어나서 좌우 시종들에게 꿈 이야기를 했다. 마침 도안고가 입궁하여 문병을 왔다가, 그의 꿈 이야기를 듣고 경공에게 축하의 인사를 건넸다.

"하늘은 양陽으로 밝은 것이고, 병은 음陰으로 어두운 것입니다. 하늘 위로 비상했다는 것은 어둠을 떠나 밝음으로 나아간 것이니, 주상전하의 환후가 점차 나을 것입니다."

진 경공은 이날 마침 가슴 부분의 통증이 좀 가라앉은 상태라 그 말을 듣고 몹시 기뻐했다. 그때 갑자기 보고가 올라왔다.

"교외에 사는 농부가 햇보리를 바쳤습니다."

경공은 햇보리 맛을 좀 보려고 궁중 요리사를 시켜 그 반을 가져다 빻아서 죽을 쑤게 했다. 도안고는 상문의 무당이 조씨의 원한을 이야기한 것이 미워서 경공에게 이렇게 아뢰었다.

"지난번에 무당이 말하기를 주상께서 햇보리를 드실 수 없다고 했습니다. 이제 그자의 말이 맞지 않게 되었으니 불러서 지금 상황을 보게 하십시오."

경공은 그 말에 따라 상문의 무당을 입궁하게 했다. 그러고는 도안고를 시켜 그를 질책했다.

2_ 고황지질膏肓之疾: 뜸이나 침, 또는 약으로도 치료할 수 없는 불치병을 말한다. '병입고황病入膏肓'이라고도 한다. 자연이나 어떤 취미에 깊이 빠져 헤어나오지 못하는 경우에도 '고황'이라고 한다. 예를 들면 자연을 깊이 사랑하여 산수 간에 노니는 것을 '천석고황泉石膏肓'이라 하기도 한다.(『좌전』 성공 10년)

"햇보리가 지금 바로 눈앞에 와 있다. 이제 어찌 이걸 먹지 못할까 근심하겠느냐?"

무당이 말했다.

"아직 알 수 없습니다."

경공의 안색이 변하자 도안고가 소리쳤다.

"하찮은 놈이 계속 저주를 일삼다니, 당장 참수하라!"

그러고는 좌우 시종에게 무당을 끌고 나가게 했다. 그러자 무당이 탄식했다.

"나는 작은 술수에 밝아서 이제 내 몸이 화를 입게 되었다. 어찌 비통하지 않으랴?"

좌우 시종들이 무당을 참수하고 그 머리를 바쳤다. 이때 마침 요리사가 보리죽을 올렸다. 시간은 이미 정오 무렵이었다. 경공이 막 보리죽을 맛보려는데 갑자기 배가 당기면서 설사가 나려 했다. 경공이 강충을 불렀다.

"나를 업어라. 측간으로 가자."

바야흐로 측간에 앉았을 때 경공은 가슴이 몹시 아팠다. 그래서 발을 제대로 딛지도 못하고 측간 속으로 떨어졌다. 강충은 더러움을 신경 쓸 겨를도 없이 경공을 안아 올렸지만 이미 숨이 끊어져 있었다. 결국 햇보리는 맛도 보지 못했는데, 상문의 무당만 억울하게 죽이고 만 셈이었다. 이 모든 것이 도안고의 잘못이었다. 상경 난서가 백관을 거느리고 세자 주포州蒲를 받들어 장례를 선포한 뒤 보위에 올랐다. 이 사람이 진 여공이다. 강충이 경공을 업고 하늘로 올라가는 꿈을 꾼 후 바로 경공을 업고 측간에 갔으므로 그의 꿈이 딱 맞았다는 공론에 따라 마침내 강충을 순장했다. 당시에 강충이 만약 꿈 이야기를 하지 않았다면 그런 참화를 당하지 않았을 것이다. 함부로 입을 놀려 그 화가 자신의 몸에 미쳤으니 삼가지 않을 수 있겠는가? 진 경공이 사나운 귀신에게 맞아 죽은 후 진나라에는 조씨 가문의 원한을 이야기하는 사람이 많아졌다. 그러나 난씨와 극씨 집안은 도안고와 서로 친밀하게 왕래했다. 이에 한궐 혼자서는 "한 손으로 박수를 칠 수 없다孤掌難鳴"는 속담처럼 감히 조씨 댁을 위해 신원伸寃을 추진할 수 없었다.

한편 이때 송 공공은 상경 화원을 진나라로 보내 경공을 조문하는 동시에 새로운 군주 진 여공에게 하례를 올리게 했다. 그러고는 바로 난서와 상의하여 진나라와 초나라 간의 강화를 중개하고자 했다. 그것은 남북 간의 다툼 속에서 백성이 도탄에 빠지는 걸 방지하기 위한 조치였다. 난서가 말했다.

"초나라를 아직 믿을 수 없소."

화원이 말했다.

"나는 초나라 자중子重(공자 영제의 자)과 친분이 있소. 그에게 일을 맡길 만하오."

이에 난서는 그의 어린 아들 난겸欒鍼을 시켜 화원과 함께 초나라로 가게 했다. 그들은 먼저 공자 영제와 만났다. 영제는 난겸이 어린 나이에도 준수한 외모를 갖고 있는 것을 보고 화원에게 누구냐고 물었다. 화원이 진나라 중군원수 난서의 아들이라고 대답했다. 영제는 그의 재주를 시험해 보고 싶어서 물었다.

"귀국의 용병술은 어떠한가?"

난겸이 대답했다.

"질서정연하오整."

또 물었다.

"또 무슨 장점이 있는가?"

난겸이 대답했다.

"여유롭소暇."

영제가 말했다.

"적은 어지러운데 우리는 질서정연하고, 적은 분주한데 우리는 여유로우면 어떤 싸움을 이기지 못하겠는가? 두 마디 말로 간단하게 모든 걸 다 말하는구나."

이로 인해 어린 난겸을 더욱 존중하며 마침내 초왕을 만나보게 했다. 그리하여 두 나라는 강화를 하기로 했다. 각각 자신의 영토를 지키고 백성을 편안하게 하며, 전쟁을 일으키는 군주는 귀신이 그를 죽일 것이라는 맹세문을 작성했다. 마침내 두 나라는 날짜를 정해 회맹을 했다. 진나라 사섭과 초나라 공자 파罷는 함께 송나라 서문 밖에서 삽혈을 했다.

초나라 사마 공자 측은 강화 논의에 참여하지 못하여 몹시 화를 내며 말했다.

"남북이 서로 통하지 않은 지 오래되었다. 자중이 혼자서 강화를 성공시킨 공로를 독차지하려고 하는데 내가 반드시 그렇게 하지 못하게 하리라."

그는 무신이 오나라 군주 수몽을 규합하여 진晉, 노魯, 송, 위衛, 정나라 등 각국 대부와 종리鍾離(安徽省 鳳陽 臨淮關)에서 회합을 갖는다는 사실을 탐지했다. 공자 측이 마침내 초왕에게 말했다.

"진나라와 오나라가 우호를 맺은 것은 틀림없이 우리 초나라를 도모하려는 의도입니다. 송나라와 정나라가 모두 진나라를 따르게 되어 우리 초나라의 천하 한구석이 텅 비게 되었습니다."

초 공왕이 말했다.

"과인은 정나라를 정벌하고 싶지만 진나라와 서문西門에서 맺은 맹약을 어찌하면 좋소?"

공자 측이 말했다.

"송과 정이 우리 초楚와 맹약을 맺은 것은 하루 이틀이 아닙니다. 그런데도 맹약을 돌아보지도 않고 진에 붙었습니다. 국가 대사란 오직 이익이 있을 때 그대로 추진해나가면 됩니다. 어찌 맹약에 구애될 필요가 있겠습니까?"

이에 공왕은 공자 측에게 군사를 거느리고 정나라를 정벌하라고 명령을 내렸다. 그러자 정나라는 다시 진晉나라를 배반하고 초나라를 추종했다. 이것은 주 간왕簡王 10년의 일이다.

진 여공은 진노하여 대부들을 모아 정나라를 정벌할 계책을 논의하게 했다. 이때 진나라는 난서가 정치를 맡고 있었지만 세 극씨가 권력을 마음대로 휘두르고 있었다. 세 극씨는 누구인가? 바로 극기郤錡, 극주郤犨, 극지郤至가 그들이다. 당시 극기는 상군원수였고, 극주는 상군 부장이었으며, 극지는 신군 부장이었다. 게다가 극주의 아들 극의郤毅, 극지의 동생 극걸郤乞도 모두 대부로 등용되었다. 백종은 사람됨이 정직하여 직언을 서슴지 않았기에 누차 여공에게 간언을 올렸다.

"극씨는 문벌이 크고 세력이 강성하오니 마땅히 어진 자와 어리석은 자를 분별하여 저들의 권력을 좀 억누르셔야 합니다. 그래야 공신의 후예를 보전할 수 있을 것입니다."

그러나 진 여공은 듣지 않았고, 그 말을 들은 세 극씨는 뼈에 사무치도록 백종을 미워했다. 그들은 마침내 조정을 비방했다는 혐의로 백종을 참소했다. 여공은 그 말을 믿고 오히려 백종을 주살했다. 백종의 아들 백주리伯州犁는 초나라로 망명했고, 초나라에서는 그를 태재로 임명하여 그와 함께 진나라를 도모할 계책을 세우게 되었다. 진 여공은 평소에 성격이 교만하고 사치스러웠으며 궁궐 안팎에 편애하는 측근이 아주 많았다. 궁궐 밖에서는 서동胥童, 이양오夷羊五, 장어교長魚矯, 장려씨匠麗氏 등 일반 미소년들이 여공의 총애를 받아 모두 대부에 임명되었다. 궁궐 안에서는 아름다운 무희와 사랑스러운 비첩들이 부지기수로 여공의 총애를 받았다. 날마다 음탕한 짓을 일삼으며 아첨을 좋아하고 직언을 싫어했다. 여공이 전혀 정사를 돌보지 않자 신하들도 기강이 풀어졌다. 사섭士燮은 조정이 날마다 잘못되어가는 것을 보고 정나라 정벌에 나서고 싶지 않았다. 그러나 극지가 말했다.

"정나라를 정벌하지 않고 어떻게 제후들을 따르게 할 수 있겠소?"

난서도 말했다.

"지금 정나라를 잃으면 노나라와 송나라도 우리 진나라를 떠날 것이오. 온계溫季(극지의 자)의 말이 옳소."

초나라에서 항복해온 장수 묘분황苗賁皇도 정나라 정벌을 권했다. 진 여공은 그 말에 따라 순앵만 홀로 남겨 도성을 지키도록 하고 마침내 친히 대장 난서, 사섭, 극기, 순언荀偃, 한궐, 극지, 위기, 난겸 등을 거느리고 병거 600승을 출병시켜 호호탕탕하게 정나라로 쇄도해 들어갔다. 또 다른 한편으로는 극주를 노나라와 위衛나라로 보내 지원군을 요청했다.

정 성공은 진나라 군사의 규모가 거대하다는 소식을 듣고 도성을 나가서 항복하려 했다. 그러자 대부 요구이姚鉤耳가 말했다.

"우리 정나라는 땅이 좁은 데다 두 대국 사이에 끼여 있어서 그중 강한 나라 한 곳을 선택하여 섬겨야 합니다. 어찌 아침에 초나라를 섬기다가 저녁에 진나라를 섬기면서 해마다 침략을 받을 수 있겠습니까?"

정 성공이 말했다.

"그럼 어떻게 하면 좋소?"

요구이가 말했다.

"신이 보기에는 초나라에 구원을 요청하는 것이 가장 좋을 듯합니다. 초나라 군사가 당도한 뒤 우리가 그들과 힘을 합쳐 협공하면 진나라 군사를 대파하여 몇 년 동안의 안정을 보장받을 수 있을 것입니다."

성공은 마침내 요구이를 초나라로 보내 구원병을 요청하게 했다.

초 공왕은 끝내 진나라와 서문에서 맺은 우호 맹약이 마음에 걸려서 군사를 일으키고 싶지 않았다. 그래서 그 일을 공자 영제에게 물었다. 영윤 직을 맡고 있는 공자 영제가 대답했다.

"기실 우리가 신의를 지키지 않아서 진나라 군사를 불러들인 꼴입니다. 또한 정나라를 비호하며 진나라와 전쟁을 한다면 백성을 심하게 고생시킬 것입니다. 그럼 승리를 반드시 보장받을 수 없습니다. 차라리 기다리는 편이 좋을 듯합니다."

공자 측이 앞으로 나서며 말했다.

"정나라 사람들은 차마 우리 초나라를 배신할 수 없어서 그들의 위급함을 알려온 것입니다. 지난번 제나라를 구원하지 못한 상황에서 지금 또 정나라까지 구원하지 못한다면 초나라로 귀의하고자 하는 열국의 희망을 끊는 일이 될 것입니다. 신이 비록 재주는 없지만 군사 한 부대를 이끌고 어가를 보위하며 진격하여 한 줌의 공이나마 세워보겠습니다."

초 공왕은 크게 기뻐하며 사마 직을 맡고 있는 공자 측을 중군원수로 임명했고, 영윤 직을 맡고 있는 공자 영제를 좌군 대장으로 임명했으며, 우윤 직을 맡고 있는 공자 임부任夫를 우군 대장으로 임명했다. 그리고 자신은 친히 양광의 군사를 거느리고 정나라를 구원하기 위해 북쪽을 향해 출발했다. 날마다 백 리를 행군하며 마치 질풍처럼 치달려갔다. 그 소식은 일찌감치 전초 기마병에게 탐지되어 진나라 군영에 보고되었다. 사섭이 난서에게 말했다.

"주상께서 보령이 어려 국사를 잘 모르시오. 그러니 내가 거짓으로 초나라를 두려워하며 피하는 척하겠소. 그리하여 주상께 경계심을 심어주어 조심하고 두려워하는 마음을 갖도록 해야겠소. 그래야 나라가 조금이나마 안정을 찾을 수 있을 것이오."

그러나 난서는 이렇게 말했다.

"두려워 피했다는 오명을 나는 감히 쓰고 싶지 않소."

사섭은 물러나와 탄식했다.

"이번 싸움에서 패하면 오히려 다행일 것이다. 만일 싸워서 이긴다면 밖으로는 평화를 얻을 수 있을지 모르지만 안으로는 반드시 우환이 있을 것이니 그런 사태가 일어날까 심히 두려울 뿐이다."

이때 초나라 군사는 이미 언릉鄢陵(河南省 鄢陵)을 지나고 있었다. 진나라 군사는 더 이상 전진할 수가 없어서 팽조강彭祖岡(河南省 鄢陵 彭店鄉)에 머물러 군영을 세웠다. 양군이 각각 진채를 세운 다음 날은 6월 갑오일甲午日로 한 달이 끝나는 날, 즉 그믐날이었다. 그믐날에는 군사를 움직이지 않는 것이 관례였기에 진나라 군사들은 아무 준비도 하지 않았다. 새벽 오경의 북소리가 울리면서 물시계의 물도 다 흘러내렸다. 날이 아직 다 밝기도 전에 갑자기 진채 밖에서 고함소리가 크게 울렸다. 군영을 지키던 군사들이 바쁘게 달려와 보고했다.

"초나라 군사가 직접 본채를 핍박하며 전투를 위한 진陣을 펼치고 있습니다."

난서는 깜짝 놀라며 말했다.

"저들이 이미 우리 군영을 압박하며 진을 펼치고 있으므로 우리 군사는 대열도 지을 수 없다. 이런 상황에서 교전이 벌어지면 불리한 상황에 빠질까 두렵다. 차라리 군영을 굳게 지키며 조용하게 계책을 세워 적을 격파하는 것이 좋을 것이다."

장수들은 의견이 분분했다. 정예병을 선발하여 적진을 돌파하자는 사람도 있었고 군사를 뒤로 물리자는 사람도 있었다. 이때 사섭의 아들 사개士匃는 나이가 겨우 열여섯 살이었는데 장수들이 의견을 정하지 못하고 있다는 소식을 듣고 중군으로 달려가 난서에게 아뢰었다.

"원수께선 싸울 땅이 없을까 걱정이십니까? 그건 아주 쉬운 일입니다."

난서가 말했다.

"자네에게 무슨 계책이 있는가?"

"우리 군영의 문을 굳게 지키라 명을 내리십시오. 그다음 군사들을 시켜 우리 군영 내의 부뚜막을 모두 평평하게 헐어버리시고 또 우물도 목판을 덮어 막아버리십시오. 그럼 불과 반 시진時辰 안에 우리 진을 펼치고도 시간이 남을 것입니다. 우리 군영 내에서 진을 펼친 뒤 군영의 문을 열고 전투를 위한 길을 마련하면 초나라 군사가 우리를 어떻게 할 수 있겠습니까?"

"우물과 부뚜막은 군영에서 가장 중요한 시설이다. 부뚜막을 헐어 평평하게 하고 우물을 덮어 막아버리면 무엇으로 밥을 해먹는단 말이냐?"

"먼저 각 군에 건량과 물을 준비하게 하면 하루나 이틀은 지탱할 수 있을 것입니다. 그러고는 진을 모두 펼치고 난 뒤 노약자들을 시켜 우리 진영 뒤에서 다시 우물을 파고 부뚜막을 설치하게 하면 됩니다."

본래 싸울 마음이 없었던 사섭은 자신의 아들이 계책을 올리는 것을 보고 몹시 화를 내며 꾸짖었다.

"전투의 승부는 천명에 달린 것이다. 너 따위 어린아이가 무엇을 안다고 감히 이처럼 함부로 혓바닥을 놀리는 것이냐?"

그러고는 마침내 창을 들고 아들을 찌르려 했다. 옆에 있던 장수들이 사섭을 둘러싸고 막는 틈에 그 아들 사개는 군막에서 탈출했다. 난서가 웃으면서 말했다.

"어린 아들의 지혜가 나이 든 아비보다 낫도다."

그는 사개의 계책에 따라 각 군영에 건량을 많이 준비하라고 명령을 내린 뒤 부뚜막을 평평하게 헐고 우물을 덮어 막으라고 했다.[3] 그리고 나서 그 위에 진을 펼치고 내일 있을 교전을 준비했다. 호증이 영사시로 이 일을 읊었다.

군영 안에서 진을 치는 건 기이한 계책인데	軍中列陣本奇謀
사섭은 창을 빼들고 원수처럼 대하였네	士燮抽戈若寇仇
어찌하여 마음 씀이 어린 아들만 못하였나?	豈是心機遜童子
노장의 우국충정에 심모원려가 있었던가?	老成憂國有深籌

3_ 색정이조塞井夷竈: 우물을 덮고 부뚜막을 메워 진을 치다. 진을 치고 전투 준비를 하다. 마음 먹고 전투에 나섬을 비유한다. 평조색정平竈塞井, 전정평조塡井平竈라고도 한다.

한편 초 공왕은 곧바로 진晉나라 군영을 핍박하며 진을 친 후 스스로 적이 예상하지 못한 작전을 펼쳤으므로 적의 군영이 틀림없이 어지러워질 것이라고 생각했다. 그러나 적진은 고요한 상태에서 아무런 움직임도 보이지 않았다. 이에 태재 백주리伯州犁에게 물었다.

"진晉나라 군사가 군영을 굳게 지키며 아무 움직임도 없소. 경은 진나라 사람이니 틀림없이 저들의 사정을 잘 알 것이오."

백주리가 말했다.

"청컨대 대왕마마께선 사다리 수레에 올라 적진을 살펴보십시오."

초왕은 사다리 수레에 올라 백주리를 자신의 곁에 세웠다. 왕이 물었다.

"진나라 군사들이 말을 치달리며 왼쪽으로도 가고 오른쪽으로도 가는 건 무엇 때문인가?"

"군리軍吏를 부르고 있습니다."

"지금 중군에 장수들이 모여들고 있소."

"한데 모여서 대책을 마련하고 있습니다."

초왕이 또 적진을 바라보며 말했다.

"갑자기 장막을 치는 건 무슨 까닭이오?"

"저들의 선군에게 전투의 제례를 올리는 것입니다."

초왕이 또 말했다.

"지금 또 장막을 걷고 있소."

"군령을 내릴 것입니다."

"저들의 군중이 어찌하여 저렇게 소란스러워지며 먼지가 끝없이 날리는 것이오?"

"저들이 전투 대열을 펼칠 수 없자 우물을 막고 부뚜막을 헐어 싸울 땅을 마련하는 것입니다."

"병거에 모두 말을 매고 군사들이 병거에 오르고 있소."

"전투를 위한 진을 펼치는 것입니다."

"병거에 올랐던 자들이 어찌하여 다시 내리는 것이오?"

"전투를 위해 신에게 기도를 드리는 것입니다."

"중군의 기세가 심히 성대한 것을 보니 저들의 군주가 있는 것 같소?"

"난씨와 범씨 가문이 저들의 군주를 호위하며 진을 치고 있으니 적을 가볍게 볼 수 없습니다."

초왕은 진나라 군영의 상황을 모두 알고는 군사들에게 경계하라는 명령을 내리고 내일의 전투에 대비하게 했다. 초나라에서 항복해온 장수 묘분황도 진晉 여공의 옆에 서서 계책을 아뢰었다.

"영윤 손숙오가 죽고 난 후 군령이 일정하지 않습니다. 또 양광의 정예병도 교체하지 않은 지 오래되어 전투에 나설 수 없는 노병이 많습니다. 또 좌군과 우군의 두 장수는 서로 반목하고 있으니 이 일전에서 우리가 초나라 군사를 패퇴시킬 수 있을 것입니다."

염옹이 시를 지어 이 일을 읊었다.

초에 임용된 백주리는 본래 진나라 인재였고	楚用州犁本晉良
진인은 초나라의 묘분황을 임용했네	晉人用楚是賁皇
인재는 얻기 어려우니 소중하게 대해야지	人才難得須珍重
우리 모사를 외국에 빌려주지 말지라	莫把謀臣借外邦

이날 양군은 각각 진지를 굳게 지키며 대치한 채 전투를 하지 않았다.

이때 초나라 장수 반당은 자기 진영 뒤에서 과녁 정중앙에 화살 쏘기 연습을 하고 있었다. 그가 연이어 세 발을 적중시키자 옆에 있던 장수들이 함성을 지르며 찬탄했다. 때마침 양유기가 그곳으로 오자 장수들이 말했다.

"신궁께서 납시었네!"

그러자 반당이 화를 내며 말했다.

"나의 활솜씨가 어찌 양숙(양유기의 자)보다 못하단 말인가?"

양유기가 말했다.

"장군은 단지 과녁 중앙에 맞추기에 급급하니 신기할 것이 없소. 나는 백보천양百步穿楊[4]을 할 수 있소."

장수들이 물었다.

"백보천양이 무엇이오?"

"일찍이 어떤 사람이 버들잎 하나에 색깔 표시를 했고, 내가 백 보 밖에서 그 잎을 쏴서 중심을 꿰뚫었소. 그래서 백보천양이란 말이 나돌게 됐소."

"이곳에도 버드나무가 있으니 시험해볼 수 있겠소?"

"그게 뭐가 어렵겠소?"

장수들이 크게 기뻐하며 말했다.

"오늘에야 양숙의 귀신 같은 활솜씨를 볼 수 있게 되었다."

그들은 먹으로 버들잎 한 장에 검은 표시를 하고 양유기에게 백 보 뒤로 가서 활을 쏘게 했다. 양유기가 쏜 화살이 떨어지는 건 볼 수 없었다. 장수들이 가서 보니 화살은 버드나무 가지에 걸려 있는데, 그 화살이 버들

4_ 백보천양百步穿楊: 백 보나 떨어진 거리에서 작은 버들잎을 맞춘다는 뜻. 활솜씨가 뛰어난 명궁을 비유한다.(『전국책戰國策』「서주책西周策」)

잎 한복판을 꿰뚫고 지나가 있었다. 반당이 말했다.

"화살 한 발은 우연히 맞을 수도 있으니 이제 내 말대로 해보시오. 버들잎 세 장에 차례로 표시를 하고 장군께서 그 버들잎을 차례대로 쏴서 적중시키면 내가 고수로 인정하리다!"

양유기가 말했다.

"꼭 적중시킨다는 보장은 없지만 내가 한번 시험해보겠소."

반당은 높낮이가 다른 버드나무 잎에 '一' '二' '三' 글자를 차례대로 썼다. 양유기도 그 글자를 알아보고 백 보 밖으로 물러서서 자신의 화살에도 一, 二, 三을 썼다. 그러고는 차례대로 발사하여 한 치의 오차도 없이 명중시켰다. 장수들이 모두 두 손을 앞으로 잡고 존경의 예를 표하며 말했다.

"양숙은 정말 신궁神弓이오."

반당은 마음속으로 기이하다고 생각하면서도 끝끝내 자신의 활솜씨를 자랑하고 싶어서 양유기에게 말했다.

"양숙의 활솜씨는 정말 기묘하오. 그러나 사람을 죽일 때는 힘으로 적을 꿰뚫을 수 있어야 하는 법이오. 나는 화살로 여러 겹의 튼튼한 갑옷을 꿰뚫을 수 있소. 이제 나도 장군들을 위해 내 활솜씨를 시험해보고자 하오."

장수들이 모두 대답했다.

"보고 싶소이다!"

반당은 수행 갑사들에게 갑옷을 벗게 했다. 갑사들이 갑옷을 다섯 겹으로 겹쳤다. 장수들이 말했다.

"그것으로 충분하다."

그러나 반당은 거기에 다시 두 겹을 더 보태서 모두 일곱 겹이 되게 했다. 장수들이 속으로 이렇게 생각했다.

'갑옷 일곱 겹은 거의 1자 두께에 달한다. 어떻게 꿰뚫을 수 있단 말인가?'

반당은 그 일곱 겹의 갑옷을 화살 과녁 앞에 갖다놓게 하고, 백 보 밖에 서서 검은 조궁彫弓(활 몸체에 아름다운 조각을 한 활)을 한껏 당겨 이리 이빨로 촉을 만든 화살을 메겼다. 왼손은 마치 태산을 떠받치는 듯, 오른손은 마치 갓난아이를 끌어안은 듯 정확하게 목표를 겨냥하여 힘을 다해 화살을 발사했다. '퍽' 하는 소리와 함께 함성이 울렸다.

"명중이다."

이번에도 역시 화살이 날아가는 것만 보이고 화살이 떨어지는 것은 보이지 않았다. 군사들이 앞으로 달려가 목표물을 구경하면서 일제히 박수를 치며 탄성을 질렀다.

"훌륭한 솜씨입니다. 훌륭합니다!"

반당의 활은 강궁인 데다 힘까지 엄청나서 일곱 겹의 단단한 갑옷을 뚫고 마치 못처럼 단단하게 박혀 조금도 흔들리지 않았다. 반당의 얼굴에는 흡족한 기색이 떠올랐다. 그는 군사들에게 화살에 꿰인 일곱 겹 갑옷을 가져오게 하여 전체 군영에 두루 자랑을 하려 했다. 그러자 양유기가 말했다.

"잠깐 그대로 두시오. 나도 한번 쏴보고 싶소. 그러나 결과가 어떻게 될지는 모르겠소."

장수들이 말했다.

"양숙의 완력도 보고 싶소."

양유기는 활을 손에 들고 화살을 쏘려다가 잠시 멈추었다. 장수들이 말했다.

"양숙께선 어찌 화살을 쏘지 않으시오?"

양유기가 말했다.

"남이 하던 대로 과녁을 꿰뚫는 건 희귀한 일이 아니오. 나만의 방법으로 한번 쏴보겠소."

말을 마치자마자 화살을 메기고는 휙 하고 발사했다. 또 함성이 일었다.

"명중이다!"

양유기가 쏜 화살은 높지도 낮지도 않게, 좌우로도 치우침 없이 정확하게 반당이 먼저 쏜 화살을 맞혀 과녁 저편으로 밀어내버리고 여전히 본래의 일곱 겹 갑옷을 똑같이 꿰뚫고 있었다. 장수들 가운데 그 광경을 보고 혀를 내두르지 않는 사람이 없었다. 반당도 그제야 굴복하며 감탄했다.

"양숙의 활솜씨는 정말 기묘하오. 내가 도저히 미칠 수 없소!"

역사책에 초왕이 형산荊山에서 사냥할 때의 일이 기록되어 있다. 당시 형산에는 긴팔원숭이가 살고 있었다. 그 원숭이는 날아오는 화살을 잘 받아냈다. 초나라 군사들이 그 원숭이를 몇 겹으로 포위했다. 초왕이 좌우 군사들에게 화살을 발사하라고 명령을 내렸지만 발사된 화살은 모두 그 원숭이에게 잡혔다. 이에 양유기를 부르자 원숭이가 양유기의 이름을 듣고 바로 소리 내어 울었다. 양유기는 화살 한 발로 원숭이의 심장을 꿰뚫었다. 양유기는 춘추시대 제일의 명궁이었으니 참으로 명불허전名不虛傳이라 할 만했다. 잠연이 이 일을 시로 읊었다.

까마귀 쏘고 이 꿰뚫는 그 명성 짝이 없지만	落鳥貫蝨名無偶
백 보 밖에서 버들잎 쏘기 더욱 희귀한 솜씨였네	百步穿楊更罕有
갑옷 뚫은 그 장수도 기이할 것 없음이니	穿札將軍未足奇
강자 속에 더욱 강한 진짜 고수가 있었다네	强中更有强中手

장수들이 말했다.

"진과 초가 대치하고 있는 가운데 우리 대왕께서 이제 인재를 등용해야 할 때요. 두 분 장군께선 이처럼 귀신 같은 활솜씨를 갖고 있으니 우리 대왕께 아뢰어 중용되도록 해야겠소. 아름다운 보옥을 상자 속에 감춰둘 수는 없는 법이오."

이에 군사들에게 화살에 꿰뚫린 일곱 겹 갑옷을 들고 오라고 명령을 내린 뒤 그것을 초왕의 면전에 바쳤다. 양유기와 반당도 함께 갔다. 장수들은 두 사람이 활솜씨를 겨룬 상황을 자세하게 초왕에게 아뢰었다.

"우리 나라에 이와 같은 신궁이 있으니 진나라 군사가 백만 명이라 하더라도 무엇을 근심하겠습니까?"

그러나 초왕은 오히려 진노하며 말했다.

"장차 승리를 도모해야 하는 판국에 어찌 화살 한 대의 요행을 바란단 말이냐? 그대들은 이처럼 자만심이 심하니 뒷날 반드시 그 하찮은 솜씨 때문에 죽을 것이다."

그러고는 양유기의 화살을 전부 회수하여 다시는 활을 쏘지 못하게 했다. 양유기는 치욕을 느끼며 물러났다.

다음 날 새벽 오경五更의 북소리가 울리자 양쪽 군영에서도 각각 진군의 북소리가 울렸다. 진晉나라 상군원수 극겸은 초나라 좌군을 공격하면서 공자 영제와 대치했고, 진나라 하군원수 한궐은 초나라 우군을 공격하면서 공자 임부와 대치했다. 또 진나라의 난서와 사섭은 본진의 병거를 거느리고 중군을 호위하며 초 공왕과 공자 측의 초나라 본진과 대치했다. 이쪽의 진나라 여공은 극의를 어자로 삼고 난겸을 거우장군으로 삼았다. 극지 등은 신군을 이끌고 후대와 호응했다. 저쪽에서는 초나라 공왕이 출전했다.

오전에는 본래 우광의 군사가 나설 차례였고, 우광의 대장은 양유기였다. 그러나 공왕은 양유기의 활솜씨 과장이 지나치다고 나무라며 우광의 군사를 쓰지 않고 오히려 좌광 군사에게 기회를 줬다. 또한 팽명彭名을 어자로, 굴탕을 거우장군으로 삼고 정 성공은 자기 나라 병거를 이끌고 후대로 호응했다.

이때 진 여공은 머리에 봉황 날개가 하늘로 치솟은 투구衝天鳳翅盔를 쓰고, 몸에는 용을 수놓은 붉은 비단 전포蟠龍紅錦戰袍를 입고, 허리에는 보검을 차고 손에는 방천대극方天大戟을 든 채 금색 비늘로 뒤덮인 융로를 타고 전장으로 치달려나오고 있었다. 왼쪽에는 난서, 오른쪽에는 사섭이 군문을 열고 초나라 진영으로 쇄도해왔다. 그러나 초나라 진영 앞에 진흙 웅덩이가 있을 줄 누가 알았겠는가? 아직도 날이 어둑한 여명 무렵 극의는 앞길을 자세히 살피지도 않고 병거를 몰고 용맹하게 전진하다가 진 여공의 융로를 진흙 웅덩이에 빠뜨리고 말았다. 이에 수레를 끌던 말을 움직일 수 없었다. 이때 초 공왕의 아들 웅패熊茷는 어린 나이에 용기를 뽐내며 선봉대를 이끌고 있었다. 그는 진 여공의 병거가 웅덩이에 빠진 것을 보고 자신의 병거를 휘몰아 나는 듯이 달려왔다. 진나라에서는 거우장군 난겸이 황급히 병거에서 내려 진흙 구덩이에 선 채 젖 먹던 힘까지 다 써서 두 손으로 진 여공이 탄 병거의 바퀴를 들어올렸다. 수레가 번쩍 들리자 말이 움직이며 한 걸음 한 걸음 진흙탕에서 빠져나왔다. 초나라 웅패가 달려왔을 때 진나라에서도 난서의 군마가 당도했다. 난서가 고함을 질렀다.

"어린놈이 버릇이 없구나!"

웅패는 진나라 군사의 깃발에 '중군원수中軍元帥'라는 글자가 쓰여진 것을 보고 대군이 당도했음을 알았다. 그는 크게 겁을 먹고 병거를 돌려 달아나다가 난서에게 추격을 당해 사로잡히고 말았다. 초나라 군사는 웅패가 사로잡히는 것을 보고 일제히 달려와 구원하려 했다. 그러나 바로 그때 진나라 사섭이 군사를 이끌고 쇄도해왔고, 또 후대의 극지 등도 달려왔기 때문에 초나라 군사는 매복에 떨어질까 두려워 군사를 거두어 되돌아갔다. 진나라 군사도 그들을 추격하지 않고 각각 진채로 귀환했다. 진나라 전초병은 초나라 좌군이 진중한 군세를 유지하고 있음을 탐지했다. 그리하여 진나라 상군은 그들과 교전하지 않았다. 진나라 하군은 초나라 우군과 20여 합을 겨루다가 서로 사상자가 많이 생기자 승부를 내지 못한 채 내일 다시 결전을 벌이기로 약속했다. 난서는 초나라 왕자 웅패를 진 여공에게 바쳤다. 여공이 그를 죽이려 하자 묘분황이 앞으로 나서며 말했다.

"초왕이 자기 아들의 구금 소식을 듣고 내일 틀림없이 직접 출전할 것입니다. 그러므로 웅패를 함거에 태우고 내일 우리 진영 앞에서 끌고 다니며 저들을 유인하는 것이 좋을 듯합니다."

진 여공이 말했다.

"좋소!"

그날 밤은 모두 편안하게 휴식했다.

이튿날 날이 밝을 무렵 난서는 진영의 문을 열고 싸움을 독촉하게 했다. 그러자 대장 위기가 서찰을 보내 알려왔다.

"내가 지난밤 꿈을 꾸었소. 하늘 위에 둥근 달이 걸려 있는데 내가 화살을 쏴서 달의 정중앙을 꿰뚫자 달 속에서 한 줄기 금빛 광채가 쏟아져 내렸소. 황급히 물러서다가 나도 모르게 발을 헛디뎌 진영 앞의 진흙탕에 빠지고 말았소. 그러다가 갑자기 꿈에서 깼는데, 이것이 무슨 조짐이오?"

난서가 자세하게 해몽을 하며 말했다.

"주 왕실의 동성同姓인 나라는 태양이고 이성異姓인 나라는 달이오. 화살로 달을 쏘아 맞힌 것은 틀림없이 초나라 군주를 쏜 것이오. 그러나 진흙탕은 바로 황천이기 때문에 진흙탕에 빠진 것은 길조가 아니오. 장군께선 조심하셔야 할 것이오."

위기가 말했다.

"만약 초나라를 깨뜨릴 수만 있다면 비록 죽는다 해도 무슨 여한이 있으리오?"

난서는 마침내 위기에게 초나라 진영을 치라는 명령을 내렸다. 초나라에서는 공윤 양이 선두에서 치고 나왔다. 몇 합을 겨루지 않았을 때 진나라 군사들이 함거를 밀며 진영 앞을 왕래했다. 초 공왕은 자신의 아들 웅패가 함거에 갇혀 있는 것을 보고 불같이 화를 내며 서둘러 팽명을 시켜 앞으로 치달려가서 함거를 탈취하게 했다. 위기는 멀찌감치 떨어져 그 모습을 바라보고 있다가 공윤 양은 내버려둔 채 곧바로 초왕을 추격하며 화살 한 발을 발사했다. 화살은 초왕의 왼쪽 눈에 명중했다. 반당이 힘을 다해 전투를 벌이며 초왕의 수레가 귀환할 수 있도록 호위했다. 초왕은 고통을 참고 화살을 뽑았다. 눈동자가 화살촉에 매달려 나오자 그것을 땅바닥에 내던졌다. 그러자 어떤 병졸이 그것을 주워 바치며 말했다.

"이것은 용안龍眼이니 함부로 버릴 수 없습니다."

초왕은 그 화살을 다시 전대 속에 넣었다.

진나라 군사는 위기가 승세를 타고 있는 것을 보고 일제히 초나라 진영으로 치달려갔다. 공자 측은 군사를 이끌고 죽을힘을 다해 항거하며 초 공왕을 구출했다. 그러자 위기는 정 성공을 포위했다. 그러자 정 성공의 어자가 큰 깃발을 궁의𢎥衣(활집) 속에 감춘 틈에 정 성공도 역시 진나라의 포위망을 탈출했다. 이때 초왕은 몹시 화가 치밀어 급히 신궁 양유기를 불러와 어가를 구조하게 했다. 양유기는 자신을 소환하는 명령을 받고 서둘러 병거를 치달려 공왕 곁으로 다가갔다. 그러나 그의 몸에는 화살이 한 발도 없었다. 초왕은 화살 두 발을 뽑아 그에게 주며 말했다.

"과인을 쏜 놈은 바로 저 수염이 덥수룩하고 녹포綠袍를 입은 자요. 장군이 과인을 위해 복수를 해주시오. 장군은 뛰어난 솜씨를 갖고 있으니 많은 화살이 필요하지는 않을 것이오."

양유기는 화살을 받아 나는 듯이 병거를 몰고 진晉나라 진영으로 치달려갔다. 더부룩한 수염에 녹포를 입은 자를 마주치고 보니 그가 바로 진나라 장수 위기였다. 양유기가 욕설을 퍼부었다.

"보잘것없는 놈이 무슨 대단한 솜씨가 있다고 감히 우리 주상을 쏴서 상처를 입혔단 말이냐?"

위기가 무슨 대답을 하려는 순간에 양유기의 화살은 벌써 위기의 목 아래쪽을 꿰뚫었다. 그는 궁의에 엎어져 죽었다. 그러자 난서가 군사를 이끌고 달려와 위기의 시신을 빼앗아 돌아갔다. 양유기는 남은 화살 한 발을 초왕에게 돌려주며 아뢰었다.

"대왕마마의 위엄과 영험하심에 힘입어 그 녹포 입은 놈을 화살로 쏘아 죽였습니다."

초 공왕은 크게 기뻐하며 자신의 비단 전포를 벗어서 양유기에게 하사했고 아울러 늑대 이빨로 만든 화살狼牙箭 100발도 함께 주었다. 군중에서는 그를 양일전養一箭이라 칭송했다. 이 말은 두 번째 화살이 필요 없다는 의미다. 이를 증명한 시가 있다.

양유기가 위기를 화살로 쏘아 죽이다.

나는 듯이 병거 몰고 범처럼 달려오니	鞭馬飛車虎下山
진나라 병사는 그를 보고 간담이 서늘했네	晉兵一見膽生寒
수많은 군사 속에서 명장을 쏴 죽이고	萬人叢裏誅名將
화살 한 발 전공으로 개가 부르며 귀환했네	一矢成功奏凱還

진나라 군사는 더욱 긴박하게 초나라 군사를 추격했다. 그러나 양유기가 화살을 뽑아 활을 당기자 선두에 선 진나라 장수들이 모두 그의 화살을 맞고 죽었다. 진나라 군사는 감히 더 이상 초나라 군사를 핍박할 수 없었다. 초나라 장수 공자 영제와 임부도 초왕이 화살을 맞았다는 소식을 듣고 모두 구원하러 달려왔다. 양국 군사 간에 혼전이 벌어지자 진나라 군사도 물러났다. 난겸은 저 멀리 초나라 영윤의 깃발이 보이자 공자 영제의 군사임을 알아보고 진 여공에게 청했다.

"신이 앞서 초나라에 사신으로 갔을 때, 초나라 영윤이 신에게 진나라의 용병 방법을 물었습니다. 그때 신은 '질서정연함整'과 '여유로움暇'이라고 대답했습니다. 그런데 지금 두 나라의 혼전 중에 '질서정연함'은 사라졌고, 또 각각 후퇴하느라 '여유로움'도 찾아볼 수 없습니다. 원컨대 신이 사자를 시켜 저들에게 마실 것을 제공하며 지난번에 한 말을 실천하고자 합니다."

진 여공이 말했다.

"좋다!"

난겸은 사자에게 술통을 가져가 초나라 공자 영제의 군대에 바치게 했다. 그러고는 이렇게 말을 전하게 했다.

"우리 주상에게 인재가 부족하여 이 보잘것없는 난겸에게 창을 잡고 거우 직을 맡게 했소. 이 때문에 내가 직접 가서 귀국의 군사를 위로하지 못하는 상황이라 아무개를 대신 보내 술 한 잔 올리는 바이오."

공자 영제는 지난번에 난겸이 '질서정연함'과 '여유로움'을 용병의 비법으로 든 것을 상기하고 감탄하며 말했다.

"그 어린 장수가 기억력도 좋구나!"

그러고는 술통을 받아 사자를 상대로 술을 마신 뒤 사자에게 말했다.

"내일 진영 앞에서 얼굴을 뵙고 감사 인사를 하겠소."

사자가 귀환하여 그 말을 전했다. 난겸이 말했다.

"초나라 군주가 화살에 맞았는데도 저들 군사는 아직 물러나려 하지 않고 있소. 어찌하면 좋소?"

묘분황이 말했다.

"병거를 사열하고 병졸을 보충한 뒤, 말에게 배부르게 꼴을 먹이고 군사의 사기를 높여 진영을 더욱 단단하게 정비하소서. 이후 닭이 울 무렵 군사들을 배불리 먹이고 한 번 결전을 치른다면 초나라의 무엇이 두렵겠소?"

이때 마침 극주와 난염欒魘이 노나라와 위衛나라에게 구원병을 청하러 갔다가 돌아왔다. 두 사람은 노나라와 위나라가 군사를 일으켜 구원병을 보내기로 했으며, 이미 두 나라 군사가 20리 밖에 와 있다고 알렸다. 초나라 세작이 그 소식을 탐지하여 초왕에게 보고했다. 초왕이 깜짝 놀라며 말했다.

"진나라 군사의 숫자도 많은데 노나라와 위나라의 군사까지 온다면 어떻게 감당할 수 있겠는가?"

그리하여 즉시 시종을 시켜 중군원수 공자 측을 불러오게 한 다음 대책을 상의했다. 뒷일이 어떻게 될지는 다음 회를 보시라.

제59회

간신배의 종말

서동을 총애하여 진나라는 큰 혼란에 빠지고
도안고를 주살하고 조씨는 새로 가문을 일으키다
寵胥童晉國大亂, 誅岸賈趙氏復興.

초나라 중군원수 공자 측은 평소에 음주를 좋아하여 한번 마시기 시작하면 백 잔을 마시고도 그만두지 않았다. 또 한번 술에 취하면 온종일 깨어나지 않았다. 초 공왕은 그에게 이런 병폐가 있는 것을 알고 매번 출전할 때마다 절대로 술을 마시지 말라고 경계했다. 그리하여 공자 측은 지금 진晉과 초가 서로 대치하고 있는 상황에서 대임을 맡았기 때문에 술은 한 방울도 입에 대지 않았다. 이날 초왕은 화살을 맞고 진채로 돌아와 수치심을 이기지 못하며 분노했다. 그때 공자 측이 앞으로 나아가 아뢰었다.

"양군이 모두 피로에 지쳐 내일은 잠시 하루를 쉬어야 합니다. 그동안 신이 조용하게 계책을 생각하여 주상과 더불어 이 크나큰 치욕을 씻겠습니다."

공자 측은 중군으로 돌아와 한밤중까지 앉아 있었지만 마땅한 계책이 떠오르지 않았다. 공자 측은 곡양穀陽이란 아이를 데리고 다니며 자신의 곁에 두고 총애했다. 그 아이가 주인이 노심초사하며 고민에 싸여 있는 것을 보았다. 그 아이는 외지로 나올 때 접대용으로 맛있는 술을 몇 통씩 갖고 다녔다. 그래서 술 한 사발을 데워 공자 측에게 올렸다. 공자 측이 냄새를 맡고 놀라며 물었다.

"술이냐?"

곡양은 자기 주인이 술을 마시고 싶어하는 것을 알았지만 좌우 군사들이 소문을 낼까 두려워 거짓말을 했다.

"술이 아니고 산초탕입니다."

공자 측은 그 마음을 알아채고 단숨에 술 한 사발을 모두 들이켰다. 달콤한 향기에 목구멍이 상쾌해지며 그 묘한 기분을 말로 표현할 수 없었다. 그리하여 또 물었다.

"산초탕이 더 있느냐?"

곡양이 대답했다.

"더 있습니다."

곡양은 산초탕이라고 말했기 때문에 가능한 한 술잔에 술을 가득 채워 진상했다. 공자 측은 오랫동안 술에 기갈이 들려 있던 터라 입으로 이렇게 되뇌었다.

"좋은 산초탕이로구나! 이 녀석이 이처럼 나를 아끼는구나!"

그러고는 술잔을 가져와 바로 다 마셔버렸다. 얼마나 많은 잔을 마셨는지도 모르게 공자 측은 인사불성으로 만취하여 앉은 자리에서 고꾸라지고 말았다. 초왕은 진나라 군사가 닭이 울면 출전할 것이고, 또 노나라와 위衛나라 군사까지 쳐들어올 것이란 첩보를 받았다. 그는 황급히 내시를 보내 공자 측을 불러와 적을 맞아 싸울 대책을 상의하려 했다. 그러나 누가 공자 측이 만취했음을 알았으랴? 공자 측은 정신을 잃고 이미 취향醉鄉에 빠져들어 불러도 대답이 없었고 부축을 해도 몸을 일으키지 못했다. 내시는 술 냄새가 진동하는 것을 보고 그가 이미 술에 절어 있는 상황임을 알았다. 내시는 돌아가서 초왕에게 보고했다. 초왕은 연이어 사람을 10여 차례나 보내 재촉했다. 그러나 급하게 재촉하면 할수록 공자 측은 더욱더 깊은 잠에 빠져들었다. 곡양이 울면서 혼잣말을 했다.

"나는 본래 원수를 아끼는 마음으로 술을 드렸는데 그것이 오히려 원수를 해칠 줄은 몰랐다. 대왕께서 사실을 아셨으니 목숨을 보장하기가 어렵게 되었다. 도망치는 것이 좋겠다."

이때 초왕은 사마인 공자 측이 오지 않자 어쩔 수 없이 영윤인 공자 영제만을 불러서 대책을 상의했다. 공자 영제는 본래 공자 측과 반목하는 사이였기 때문에 이렇게 아뢰었다.

"신은 진나라 군사가 강하여 우리가 승리하지 못할 것을 예상하고 애초부터 정나라를 구원하지 말자고 했습니다. 이번에 우리가 출전한 것은 모두 사마의 주장입니다. 지금 또 사마가 술에 탐닉하여 일을 그르치게 되었으니 신도 아무 대책이 없습니다. 차라리 밤을 틈타 몰래 군사를 철수하여 패배의 치욕을 면하는 것이 좋을 듯합니다."

초왕이 말했다.

"그렇더라도 사마가 취하여 중군에 있으면 틀림없이 진나라 군사에게 사로잡힐 것이오. 그럼 우리 초나라의 치욕이 적지 않을 것이오."

이에 양유기를 불러서 말했다.

"장군의 신묘한 활솜씨에 의지하여 사마의 귀국을 호송하도록 하시오."

그러고는 당장 몰래 전군에 암호를 전해 진채를 모두 철수하게 했다. 정성공은 군사를 거느리고 초나라 군사를 국경 밖까지 호송했다. 오직 양유기만 뒤에 남아 적의 공격에 대비했다. 양유기는 이렇게 생각했다.

'사마가 술이 깨기를 기다리는 건 부지하세월이다.'

그는 곧바로 좌우에 명을 내려 공자 측을 부축해 일으켜 가죽끈으로 병거 위에 몸을 묶게 했다. 그런 다음 병거를 재촉하여 앞서간 부대를 따라가게 했다. 양유기 자신은 친히 궁노수 300명을 이끌고 천천히 후퇴했다.

날이 밝아올 무렵 진나라 군사들이 군문을 열고 싸움을 걸기 위해 초나라 군영 앞으로 달려갔지만 모두 빈 군막뿐이었다. 그제야 초나라 군사가 이미 도망간 것을 알게 되었다. 난서가 추격하고자 했지만 사섭은 그 불가함을 역설했다. 그때 세작이 보고를 올렸다.

"정나라가 곳곳에 강한 군사를 세워 수비를 튼튼히 하고 있습니다."

정나라를 공격할 능력이 안 된다는 것을 짐작한 난서는 마침내 개선가를 부르며 귀환했다. 노나라와 위나라 군사들도 모두 흩어져 본국으로 돌아갔다.

한편 공자 측은 50여 리를 가서야 술에서 깼다. 그는 자신의 몸이 단단하게 묶인 것을 알고 고함을 질렀다.

"어떤 놈이 나를 이렇게 묶었느냐?"

좌우 군사들이 말했다.

"사마께서 술에 취해 있어서 수레에서 떨어질까봐 양장군이 이렇게 묶어놓으라고 했습니다."

그러고는 급히 가죽끈을 풀었다. 공자 측은 아직도 두 눈을 몽롱하게 뜨고 물었다.

"지금 이 병거가 어디로 가는 것이냐?"

좌우 군사들이 대답했다.

"귀환하는 길입니다."

또 물었다.

"어째서 바로 돌아가느냐?"

좌우 군사들이 말했다.

"밤에 대왕께서 여러 차례 사마를 불렀으나, 사마께서 취하여 일어나지 못하셨습니다. 그래서 대왕께서는 진나라가 싸움을 걸어오면 맞아 싸울 사람이 없을까 걱정하시며 군사를 거두게 하셨습니다."

공자 측이 통곡하며 말했다.

"그 어린놈이 나를 죽게 만들었구나."

그러고는 급히 곡양을 불렀다. 그러나 그는 이미 도망친 뒤라 간 곳을 알 수 없었다. 초 공왕은 200리를 행군하고 나서 추격하는 적군의 움직임이 없다는 걸 알고서야 마음을 놓았다. 그러나 공자 측이 자신의 죄를 두려워하며 자결할까 걱정이 되어 사람을 보내 공자 측에게 말했다.

"지난날 대부 자옥(성득신의 자)이 패배할 땐 우리 선군께서 군영에 계시지 않았소. 그러나 오늘의 전투는 그 죄가 과인에게 있지 사마와는 아무 상관이 없소."

이때 공자 영제는 공자 측이 살아 돌아올까 걱정이 되어 따로 사람을 보내 공자 측에게 말했다.

"돌아가신 대부 자옥이 패배하고 자결한 일을 사마께선 알고 계실 것이오. 설령 대왕께서 차마 사마를 죽이지 못하더라도 사마께서 무슨 면목으로 다시 초나라 군사의 윗자리에 앉을 수 있겠소?"

공자 측이 탄식하며 말했다.

"영윤께서 대의로 질책하시니 내가 어찌 감히 삶을 탐할 수 있겠소?"

이에 스스로 목을 매어 죽었다. 초왕은 탄식을 그치지 않았다. 이것이 주 간왕 11년의 일이다. 염선이 시를 지어 술 때문에 일을 망친 공자 측을 풍자했다.

애꾸가 된 군왕은 노신의 도움 바랐으나	眇目君王資老謀
영웅이 곤경당할 줄 그 누가 알았으랴	英雄誰想困糟邱
어린아이가 나를 위하다 오히려 해를 끼쳤으니	豎兒愛我翻成害
음주로 근심 푼다고 함부로 말을 말라	謾說能消萬事愁

이야기가 두 갈래로 나뉜다. 진 여공은 초나라에 승리를 거두고 조정으로 돌아와서 스스로 천하무적이라 생각하고는 교만과 사치가 더욱더 심해졌다. 앞서 진나라가 반드시 혼란에 빠질 것이라 예상한 사섭은 우울한 마음이 심해져 병이 되었다. 그는 병을 치료하려 하지도 않고 태축[1]을 시켜 신에게 빨리 죽게 해달라고 기도를 올리게 했다. 과연 얼마 지나지 않아 사섭은 세상을 떠났고 그의 아들 범개范匄[2]가 작위를 세습했다. 이때 서동은 교묘한 아첨으로 총애를 얻었고 여공은 그를 경으로 임용하고자 했다. 그러나 경의 자리에 결원이 없어서 어찌할 수가 없었다. 서동이 아뢰었다.

1_ 태축太祝: 춘추전국시대 육경六卿의 하나. 국가 대사에 대한 점을 치고 국가의 제례를 올릴 때 축문을 작성하고 낭독하는 관리.

2_ 범개范匄: 사섭(범문자范文子)의 이들. 범씨范氏는 사씨士氏의 일파이므로 사개士匄라고도 한다. 시호가 선宣이므로 흔히 범선자范宣子로 칭해진다.

"지금 세 극씨가 모두 병권을 잡고 있습니다. 그래서 문벌은 크고 세력은 강하여 제 마음대로 행동하고 있으니 장차 틀림없이 역모를 꾸밀 것입니다. 일찍 제거하는 편이 좋습니다. 만약 극씨 일족을 제거하면 그 자리가 대부분 빌 것입니다. 그런 뒤 주상께서 사랑하는 인재를 선택하여 임명하면 누가 감히 따르지 않겠습니까?"

진 여공이 말했다.

"극씨의 반역 행위가 아직 밝혀지지도 않았는데 그들을 주살하면 신하들이 복종하지 않을까 두렵구나."

서동이 또 아뢰었다.

"언릉 싸움에서 극지는 정나라 군주를 포위하고도 양쪽에서 병거를 나란히 대고 오래도록 사사로운 이야기를 주고받았습니다. 그런 뒤 마침내 포위를 풀고 정나라 군주를 놓아주었습니다. 저간에 틀림없이 금기를 어긴 내막이 있을 것입니다. 포로로 잡아온 초나라 공자 웅패에게 물어보시면 바로 그 내막을 알 수 있을 것입니다."

진 여공은 서동에게 웅패를 불러오게 했다. 서동이 웅패에게 말했다.

"공자께선 초나라로 돌아가고 싶으시오?"

웅패가 대답했다.

"돌아가고 싶은 마음은 간절하지만 한스럽게도 내게 그런 능력이 없소."

서동이 말했다.

"내 말대로만 하면 돌아가게 해주겠소."

웅패가 말했다.

"명령을 따르겠소."

그러자 서동은 웅패의 귀에 대고 이렇게 속삭였다.

"만약 우리 진나라 군후를 알현했을 때 극지와 관련된 일을 물으시면 반드시 여차여차하게 대답하시오."

웅패가 그렇게 하겠다고 대답했다. 서동은 마침내 웅패를 인도하여 내전으로 데리고 왔다. 진 여공은 좌우를 물리치고 물었다.

"극지가 일찍이 초나라와 몰래 연락을 주고받은 적이 있느냐? 네가 사실대로 말하면 너를 풀어주도록 하겠다."

웅패가 말했다.

"신의 죄를 묻지 않고 용서해주시면 말씀 올리도록 하겠습니다."

여공이 말했다.

"네가 진실을 말한다면 어찌 죄를 묻겠느냐?"

웅패가 대답했다.

"극씨는 우리 나라 공자 영제와 평소에 교분이 깊은 사이입니다. 그는 누차 서신을 통해 이런 말을 전했습니다. '우리 진나라 주상은 대신을 믿지 못하고 황음무도하기 때문에, 백성이 원망을 품고 우리 주상이 아니라고 욕을 하고 있소. 그래서 우리 나라의 민심은 양공을 깊이 그리워하고 있소. 양공의 손자 중에 주라는 분이 있는데 지금 주 왕실의 도성에 머물고 있으니, 뒷날 남북 교전이 벌어져서 다행히 우리 군사가 패배하게 되면 나는 양공의 손자 주를 받들고 초나라를 섬길 것이오.' 유독 이 일은 신만 알고 있을 뿐 다른 사람은 모릅니다."

진 양공의 서장자庶長子3 중에 이름이 담談이라는 사람이 있었다. 그는 조돈이 영공을 옹립하자 주나라로 몸을 피해 선양공單襄公의 문객이 되었

3_ 원문의 오류. 기실 양공의 서자는 환숙桓叔 첩捷이고 환숙의 아들이 담談이다.

다. 그 뒤 담은 아들 하나를 낳았고 주나라에서 낳았기 때문에 그 이름을 주(周)라고 했다. 당시 영공이 시해되고 사람들이 문공을 그리워하자 문공의 아들 공자 흑둔(성공成公)을 맞아들여 보위에 올렸다. 흑둔은 환歡4(경공景公)에게 보위를 전했고, 환은 다시 주포(여공厲公)5에게 보위를 전해 지금에 이르게 되었다. 주포가 황음무도하고 아들이 없자 사람들은 다시 양공을 그리워했다. 이 때문에 서동은 웅패를 시켜 양공의 손자 주를 끌어들여 여공의 마음을 흔들게 한 것이다. 웅패의 말이 다 끝나기도 전에 서동이 바로 말을 받아서 말했다.

"어쩐지 지난번 언릉 싸움 때 우리 진나라 극주와 초나라 공자 영제가 대치하면서도 화살 한 발 쏘지 않았으니 저들이 서로 내통하고 있었다는 사실을 가히 짐작할 수 있습니다. 그러니 극지가 정나라 군주를 풀어주었다는 분명한 사실을 어떻게 의심할 수 있겠습니까? 주상께서 만약 믿지 못하시겠다면 극지를 주 왕실로 보내 승첩을 고하게 하고 사람을 시켜 염탐해보십시오. 만약 비밀 모의가 있으면 틀림없이 양공의 손자 주와 몰래 만날 것입니다."

진 여공이 말했다.

"참으로 좋은 계책이구나."

그리하여 마침내 극지를 주 왕실로 보내 승첩을 고하게 했고, 이와는 별도로 서동은 또 몰래 사람을 보내 주에게 이렇게 이야기했다.

"진나라 정치는 그 절반을 극씨가 장악하고 있소. 지금 온계(극지의 자)가

4_ 성공成公 다음 경공景公의 이름은 누孺 또는 거據로 적어야 하지만, 여기에서는 원문에 있는 그대로 반영했다.

5_ 『사기』에는 수만壽曼으로 기록되어 있다.

승첩을 보고하기 위해 왕성으로 와 있는데, 어찌 만나보지 않으시오? 그럼 뒷날 공손께서 다시 고국으로 돌아오실 때 알아주는 사람이 있을 것이오."

양공의 손자 주도 그 말을 옳게 생각하고 극지가 주 왕실에 도착하여 공무를 다 끝내자 공관으로 가서 극지를 만났다. 그는 극지에게 본국의 일을 자세히 물어보았고 극지도 일일이 본국의 상황을 알려줬다. 두 사람은 한 나절이나 대화를 나눈 후 헤어졌다. 여공이 보낸 염탐꾼도 돌아와서 이와 같이 말을 전했다. 여공은 웅패가 한 말을 마침내 사실로 믿고 극씨를 제거할 마음을 품게 되었으나 아직 실행에 옮기지는 않고 있었다.

어느 날 진 여공은 부인과 술을 마시다가 아주 급하게 안줏거리로 사슴고기를 찾았다. 여공은 내시 맹장孟張을 시장으로 보내 사슴고기를 사오게 했다. 그러나 시장에 마침 사슴고기가 다 떨어지고 없었다. 그때 극지가 교외에서 수레에 사슴 한 마리를 싣고 들어와 저잣거리 가운데를 지나고 있었다. 맹장은 아무 말도 하지 않고 그것을 빼앗아 갔다. 극지는 크게 화를 내며 활에 화살을 메겨 맹장을 쏘아 죽였다. 여공이 그 소식을 듣고 분노하며 말했다.

"그놈이 나를 심히 능멸하는구나!"

그러고는 마침내 서동과 이양오 등 자신이 총애하는 측근들과 함께 대책을 논의한 후 극지를 죽이기로 했다. 서동이 말했다.

"극지를 죽이면 극기와 극주가 틀림없이 반란을 일으킬 것입니다. 차라리 함께 제거하는 것이 좋겠습니다."

이양오도 말했다.

"공사公私의 갑사를 합하면 대략 800여 명은 될 것이니 주상의 명령에 따라 한밤중에 쳐들어가서 저들의 빈틈을 노린다면 틀림없이 승리할 수 있을 것입니다."

그러자 장어교가 말했다.

"세 극씨 집안의 갑사들은 궁궐의 갑사보다 두 배는 많습니다. 우리가 싸워서 이기지 못하면 주상께 화가 미치게 됩니다. 또 지금 극지가 사구 직을 겸하고 있고 극주도 사사 직을 겸하고 있습니다. 차라리 거짓으로 소송을 하는 체하면서 빈틈을 보아 저들을 칼로 벤 뒤 여러 사람이 군사를 이끌고 와서 호응하는 것이 좋을 듯합니다."

여공이 말했다.

"묘책이로다! 나도 역사 청비퇴清沸魋를 시켜 그대들을 돕도록 하겠노라."

장어교는 이날 세 극씨가 강무당講武堂에서 무슨 일을 논의한다는 소식을 염탐한 뒤 청비퇴와 함께 닭 피를 얼굴에 바르고 서로 목숨을 걸고 싸운 것처럼 위장했다. 그러고는 각자 날카로운 칼을 품은 채 함께 강무당으로 가서 시비곡직을 판단해달라고 고소했다. 극주는 이들의 흉계를 알아채지 못하고 자리에 앉아 사실 관계를 심문했다. 이때 청비퇴는 짐짓 사실을 아뢰겠다고 하면서 극주의 신변으로 가까이 다가가서 칼을 뽑아 극주를 찔렀다. 극주는 허리에 칼을 맞고 땅바닥으로 고꾸라졌다. 그러자 옆에 있던 극기가 칼을 황급히 빼들어 청비퇴를 베려고 했다. 그때 장어교가 그의 칼을 막았다. 두 사람은 마루 아래 마당에서 전투를 벌이기 시작했다. 극지는 빈틈을 보아 수레를 타고 도망쳤다. 청비퇴가 극주를 다시 한 번 베자 극주는 더 이상 목숨을 부지할 수 없었다. 그러고 나서 그들은 바로 극기를 협공했다. 극기는 비록 무장이었지만 천 근도 가볍게 들어올리는 청비퇴를 어떻게 감당할 수 있겠는가? 장어교도 나이가 젊은 데다 손놀림이 빨랐다. 그러니 극기 한 사람이 어떻게 이들 두 사람과 싸울 수 있겠는가?

결국 극기는 청비퇴의 칼을 맞고 쓰러졌다. 장어교는 달아나는 극지를 보고 말했다.

"큰일 났소! 내가 추격하겠소."

세 극씨가 같은 날 죽을 운명이었던지, 극지는 달아나다가 갑사 800명을 거느리고 달려오는 서동과 이양오를 만났다. 그들이 일제히 소리쳤다.

"주상전하의 명령이다. 반역자 극씨를 체포하라. 절대 놓쳐서는 안 된다."

극지는 상황이 좋지 않은 것을 보고 수레를 돌리다가 장어교와 정면으로 마주쳤다. 장어교는 한달음에 극지의 수레로 뛰어올랐다. 극지는 일찌감치 마음이 황급해져서 손을 쓸 수 없었다. 극지는 결국 장어교에게 난도질을 당한 뒤 목이 베어졌다. 청비퇴도 극기와 극주의 목을 벴다. 이들은 피가 뚝뚝 떨어지는 세 사람의 수급을 가지고 조정으로 들어갔다. 이를 증명한 시가 있다.

무도한 폭군에겐 신하도 불량한 법	無道君昏臣不良
측근들이 어지럽게 조정을 흔들었네	紛紛嬖幸擅朝堂
간신배의 참소를 하루아침에 듣고서	一朝過聽讒人語
강무당 앞뜰에서 싸움을 일으켰네	演武堂前起戰場

이때 상군 부장 순언은 상군원수 극기가 강무당에서 적을 만났다는 소문을 듣고 적이 누구인지도 모른 채 즉시 수레를 몰고 조정으로 들어가 진여공에게 적을 토벌하자는 주청을 드리려고 했다. 마침 중군원수 난서도 마치 약속한 것처럼 함께 조정 문 앞으로 달려왔다. 그곳에서 두 사람은 군사를 이끌고 달려오는 서동과 마주쳤다. 난서와 순언은 자신들도 모르는

서동이 진晉 나라를 혼란에 빠뜨리다.

사이에 화가 치밀어 올라 고함을 질렀다.

"반란을 일으킨 놈들이 누군가 했더니 바로 쥐새끼 같은 네놈들이었구나! 금궁禁宮의 위엄이 시퍼런 곳에 누가 감히 갑사들을 데리고 왔느냐? 어서 해산하지 못할까?"

서동은 대답도 하지 않고 군사들에게 호령을 내렸다.

"난서와 순언도 세 극씨와 공모하여 반란을 일으킨 놈들이다. 너희가 나와 함께 저 두 놈을 잡으면 후한 상을 받게 될 것이다."

그러자 갑사들은 용감하게 앞으로 달려들어 난서와 순언 두 사람을 포위한 채 조당 위로 밀고 갔다. 여공은 장어교 등이 일을 마무리하고 돌아왔다는 소식을 듣고 즉시 어전으로 가다가 갑사들이 분분하게 모여 있는 것을 보고 깜짝 놀라 서동에게 물었다.

"죄인을 이미 주살했다면서 군사들을 어찌하여 해산시키지 않는 것이냐?"

서동이 아뢰었다.

"역도逆徒 난서와 순언을 잡아들였으니 주상께서 직접 처결하십시오."

여공이 말했다.

"이 일은 난서와 순언과는 아무 관계가 없다."

장어교는 진 여공 앞에 무릎을 꿇고 몰래 아뢰었다.

"난씨와 극씨는 일심동체이고, 순언은 극기의 부장이었습니다. 지금 세 극씨가 주살되었으므로 난서와 순언은 불안을 느끼고 머지않아 극씨를 위해 복수를 도모할 것입니다. 주상께서 오늘 이 두 사람을 죽이지 않으시면 조정이 태평하지 못할 것입니다."

여공이 말했다.

"하루아침에 세 명의 경을 죽이고 그 가족들에게까지 죄를 연루시키는 짓을 과인은 차마 할 수 없노라."

이에 난서와 순언을 무죄방면하고 다시 본래의 관직에 복귀시켰다. 난서와 순언은 여공의 은혜에 감사 배례를 올리고 집으로 돌아갔다. 장어교가 탄식했다.

"주상께서 차마 두 사람을 죽이지 못했지만, 두 사람은 장차 주상에게 못할 짓을 할 것이다."

그리고 나서 장어교는 즉시 서융西戎으로 도망쳤다.

진 여공은 갑사들에게 후한 상을 내리고 세 극씨의 수급을 조정 문밖에 내걸라고 명령을 내렸다. 그리고 사흘 동안 효수한 후에 장례를 치르게 했다. 극씨 일족 중 조정에서 벼슬을 하는 사람들은 가까스로 사형을 면하여 관직을 버리고 귀향했다. 이후 서동은 상군원수가 되어 극기의 지위를 대신했고, 이양오는 신군원수가 되어 극주의 지위를 대신했으며, 청비퇴는 신군 부장이 되어 극지의 지위를 대신했다. 초나라 공자 웅패도 석방되어 귀국했다. 서동이 경의 대열에 서자, 난서와 순언은 그와 함께 조정의 일을 하는 것을 부끄럽게 여기고 매번 병을 핑계로 조정에 나오지 않았다. 그러나 서동은 진晉 여공의 총애만을 믿고 두 사람의 행동에 신경 쓰지 않았다.

어느 날 진 여공은 서동과 함께 측근 장려씨의 집으로 놀러 갔다. 그의 집은 태음산太陰山 남쪽에 있었고 강주성에서 20여 리 정도 떨어진 거리였다. 여공은 그 집에서 사흘을 묵으며 조정으로 돌아오지 않았다. 그러자 순언이 몰래 난서에게 말했다.

"주상의 무도함을 대부께서도 아실 것이오. 우리 두 사람은 병을 핑계로 조정에 나가지 않아 목전의 편안함은 얻고 있지만 뒷날 틀림없이 서동 등의 의심을 사게 될 것이오. 저놈들이 다시 우리에게 조정을 원망한다는 죄

목을 덮어씌우면 아마 우리도 결국 세 극씨와 같은 참화에서 벗어날 수 없을 것이오. 염려하지 않을 수 없는 일이오!"

난서가 말했다.

"그럼 어떻게 하면 좋겠소?"

"올바른 대신大臣의 길을 가려면 사직은 무겁게 생각하고 임금은 가볍게 생각해야 하오. 지금 백만의 군사가 대부 수중에 있소. 만약 우리가 저들이 예측하지 못한 일을 추진하여 따로 어진 임금을 세우면 어느 누가 감히 우리를 따르지 않을 수 있겠소?"

"대사를 반드시 이룰 수 있겠소?"

"용이 깊은 못에 잠겨 있으면 아무도 엿볼 수 없지만, 못을 떠나 육지에 오르면 어린아이라도 쉽게 제압할 수 있소. 지금 주상이 장려씨 집에 놀러 가서 사흘 동안 돌아오지 않고 있소. 이것이 바로 연못을 떠난 용이 아니겠소? 무엇을 의심하시오?"

난서가 탄식하며 말했다.

"우리 집안은 대대로 진나라에 충성을 바쳐왔소. 그러나 오늘날 사직의 존망이 걸려 있어 이처럼 부득이한 계책을 낼 수밖에 없게 됐소. 후세 사람들은 틀림없이 나를 가리켜 임금을 시해한 역적으로 비난하겠지만 나는 지금 이 일을 사양할 수가 없소."

그들은 병이 다 나아서 주상을 뵙고 논의할 일이 있다는 핑계를 대기로 했다. 그전에 미리 아장牙將 정활程滑에게 갑사 300명을 거느리고 태음산 좌우에 매복하게 했다. 두 사람은 장려씨의 집으로 가서 여공을 알현하며 이렇게 아뢰었다.

"주상께서 정사도 돌보지 않고 유람을 나가시어 사흘 동안이나 환궁하지 않으시니 신하들과 백성이 실망하고 있습니다. 그래서 신 등이 어가를 맞아 환궁하기 위해 특별히 왔습니다."

여공은 강요에 못 이겨 마지못해 어가에 오를 수밖에 없었다. 서동이 앞장서고 난서와 순언이 뒤를 따랐다. 행차가 태음산 아래에 당도했을 때 갑자기 한 줄기 포성이 울리며 복병들이 들고일어났다. 정활이 먼저 앞으로 달려와 서동을 베어 죽였다. 여공은 대경실색하며 어가에서 뛰어내리다 앞으로 고꾸라졌다. 난서와 순언은 갑사들에게 분부하여 여공을 사로잡게 하고 태음산 아래에 주둔했다. 진중에 여공을 가둔 뒤 난서가 말했다.

"범씨와 한씨韓氏 가문에서 다른 말을 할지도 모르니 주상의 명을 빙자하여 그들을 부르는 것이 좋겠소."

순언이 말했다.

"좋소!"

이에 빠른 수레 두 대를 보내 사개와 한궐을 불러오게 했다. 사자가 사개의 집에 당도하자 사개가 물었다.

"주상께서 나를 무슨 일로 부르는가?"

사자가 대답을 못하자 사개가 말했다.

"의심스러운 일이로다!"

그리하여 즉시 심복을 보내 한궐이 가는지 알아보게 했다. 한궐도 이미 병을 핑계로 못 간다는 통보를 해놓고 있었다. 사개가 말했다.

"지혜로운 분의 견해도 대략 나와 같구나."

난서는 사개와 한궐이 모두 오지 않자 순언에게 물었다.

"이 일을 어찌하면 좋소?"

순언이 말했다.

"벌써 호랑이 등에 올라타신 분이 왜 자꾸 내려오려 하시오?"

난서는 그 뜻을 짐작하고 고개를 끄덕였다. 이날 밤 정활을 시켜 여공에게 짐독鴆毒을 탄 술을 올렸다. 여공은 독주를 마시고 세상을 떠났다. 곧바로 진중에서 염을 한 뒤 익성 동문 밖에 묻었다. 사개와 한궐은 갑자기 여공이 죽었다는 소식을 듣고 함께 장례에 참석하기 위해 성을 나섰다. 그러나 이들도 임금이 죽은 연유는 묻지 않았다.

장례가 끝나자 난서는 대부들을 모아놓고 새 임금을 세우는 일을 논의했다. 순언이 말했다.

"세 극씨가 죽은 것은 그들이 양공의 손자인 공손주公孫周를 옹립하려 했다고 서동이 모함했기 때문이오. 이것은 미리 앞일을 알려주는 참언讖言이라고 할 수 있소. 영공은 도원에서 죽었고 이번 주상도 결국 후손 없이 죽었소. 하늘의 뜻이 그분께 있으니 마땅히 맞아와야 할 것이오."

신하들이 모두 기뻐했다. 난서는 순앵을 주나라 왕성으로 보내 공손주를 맞아들여 보위에 올리고자 했다. 그때 공손주의 나이는 겨우 14세였다. 그러나 태어날 때부터 총명하고 영특했으며 지략도 출중했다. 그는 순앵이 온 것을 보고 모든 상황을 자세히 물은 뒤 그날 바로 선양공과 작별하고 순앵과 함께 진나라로 귀환했다. 행차가 청원清原(山西省 聞喜 북쪽)이란 곳에 이르자 난서, 순언, 사개, 한궐 등 경대부卿大夫들이 모두 영접을 나왔다. 공손주가 말했다.

"과인은 다른 나라에서 나그네로 떠돌면서 귀향할 희망도 갖지 못했소. 그런데 어찌 임금이 되길 바랄 수 있었겠소? 임금된 자가 귀하게 여기는 것은 명령을 스스로 내리는 것이오. 만약 임금의 명칭만 떠받들면서 명령에 따르지 않는다면 차라리 임금이 없는 것이 더 나을 것이오. 경들이 과인의 명령에 기꺼이 따르려면 오늘 바로 결정해야 할 것이오. 그렇게 하지 않겠다면 다른 사람을 섬기기 바라오. 과인은 윗자리에서 허울뿐인 이름만 안고 주포(진 여공)의 뒤를 잇지는 않겠소."

난서 등은 모두 몸을 떨었다. 그러고는 재배를 올리며 말했다.

"여러 신하가 어진 군주를 섬기길 원합니다. 어찌 감히 명령에 따르지 않을 수 있겠습니까?"

그 자리를 물러나오며 난서가 신하들에게 말했다.

"새 주상은 지난 주상과 비교할 수 없을 정도로 현명하오. 마땅히 조심해서 섬겨야 할 것이오."

공손주는 강주성으로 들어가서 종묘를 배알하고 진후의 지위를 계승했다. 이 사람이 진 도공悼公이다. 즉위한 다음 날 도공은 지난 임금을 악의 구렁텅이로 빠져들게 했다는 이유로 이양오와 청비퇴 등을 면전에서 꾸짖고 좌우 시종에게 그들을 조문朝門 밖으로 끌어내 참수하라고 했다. 그 가족도 모두 국경 밖으로 추방했다. 또 여공의 죽음에 연루된 정활에게도 죄를 주어 저잣거리에서 몸을 찢어 죽였다. 깜짝 놀란 난서는 밤새도록 잠을 이루지 못하고 이튿날 늙음을 핑계로 벼슬을 내놓고 한궐을 추천하여 자신의 직무를 대신하게 했다. 그러고는 얼마 지나지 않아 놀람과 두려움이 결국 병이 되어 시름시름 앓다가 죽었다. 도공은 평소에 한궐의 현명함을 들었던 터라 그를 중군원수에 임명하고 난서의 지위를 대신하게 했다.

한궐은 사은謝恩 인사를 한다는 핑계로 도공을 만나 몰래 아뢰었다.

"신 등은 모두 선대의 공로에 힘입어 주상의 좌우를 지키고 있습니다. 그러나 선대의 공을 거론한다면 조씨보다 큰 공을 세운 가문은 없습니다. 조최는 문공을, 조돈은 양공을 보좌했습니다. 이 두 분은 모두 충성과 정성을 다 바쳐 위엄을 세우고 선군을 제후의 패자가 되게 했습니다. 그러나 불행하게도 영공이 실정을 저지르며 간신 도안고를 총애했습니다. 그리하여 음모를 꾸며 조돈을 죽이려 했으나, 조돈이 도망쳐서 겨우 죽음을 면했습니다. 그러다가 영공은 변란을 만나 도원에서 시해되었고 경공이 보위를 이었습니다.[6] 경공은 또다시 도안고를 총애했고, 도안고는 이미 죽은 조돈을 욕보이며 조돈이 영공을 시해했다고 거짓말을 했습니다. 이에 영공이 조씨 가문에 죄를 물어 전 가족을 몰살시키자, 신민들은 원망을 품은 채 지금까지도 불평불만을 터뜨리고 있습니다. 그러나 천행으로 조씨 가문의 고아 조무趙武가 아직 생존해 있습니다. 주상께서는 지금 공로가 있는 자에게 상을 주고 죄를 지은 자에게는 벌을 내리며 우리 진나라의 정치를 크게 개선하고 계십니다. 그리하여 이미 이양오 등을 처벌하셨으면서 어찌하여 조씨의 공로에는 보답을 하지 않으십니까?"

진 도공이 말했다.

"그 일은 과인도 선친에게서 들은 적이 있소. 지금 조씨 가문의 고아는 어디에 있소?"

한궐이 대답했다.

"당시는 도안고가 조씨 고아를 매우 다급하게 찾던 때입니다. 조씨의 문객 중에 공손저구와 정영이란 사람이 있었습니다. 그중 공손저구가 가짜 고아를 안고 기꺼이 죽음을 맞으면서 조무를 탈출시켰습니다. 그 후 정영은 조무를 우산盂山에 감추었는데 그것이 오늘에 이르러 벌써 15년이 되었습니다."

6_ 기실 경공보다 성공이 먼저 보위를 이었으나, 원문에 적혀 있는 그대로 해석했다.

"경이 과인을 위해 그를 불러다주시오."

"도안고가 아직 조정에 있사오니, 주상께선 반드시 비밀을 지켜주셔야 합니다."

"알았소!"

한궐은 궁궐 문을 나와 친히 수레를 몰고 우산으로 가서 조무를 맞았다. 정영이 귀환하는 수레를 몰았다. 지난날에는 고강으로 나왔지만 오늘은 신강으로 들어가게 되었다. 성곽이 모두 달라져서 정영은 슬픈 마음을 금할 수 없었다. 한궐은 조무를 인도하여 내궁으로 들어가 도공을 알현하게 했다. 도공은 조무를 궁중에 숨기고 자신은 몸이 아프다고 거짓말을 했다.

다음 날 한궐은 백관을 인솔하고 내궁으로 들어가 도공을 문병했다. 도안고도 옆에 있었다. 도공이 말했다.

"경들은 과인이 무슨 병에 걸렸는지 아시오? 공신록에 불명확한 일이 한 가지가 있어 과인의 마음이 불쾌해서 생긴 병이오."

대부들이 머리를 조아리며 물었다.

"공신록의 어떤 일이 불명확합니까?"

도공이 말했다.

"조최와 조돈은 2대에 걸쳐 국가에 공을 세웠는데 어찌하여 그 제사까지 끊어졌단 말인가?"

대부들이 일제히 대답했다.

"조씨가 멸문지화를 당한 지 벌써 15년이 넘었습니다. 지금 주상께서 그들의 공로를 추모하시려 해도 그 제사를 받들 사람이 없습니다."

그러자 도공이 즉시 조무를 불러내어 대부들에게 두루 절을 하게 했다. 대부들이 말했다.

"이 젊은이는 누구입니까?"

한궐이 대답했다.

"이 아이가 바로 이른바 조씨 고아 조무요. 지난날에 주살한 조씨 고아는 바로 문객 정영의 아들이었소."

이때 도안고는 마치 취한 사람처럼 혼비백산하여 땅 위에 엎드려 한 마디 말도 할 수 없었다. 도공이 말했다.

"이 일은 모두 도안고가 꾸민 일이오. 오늘 도안고 일문을 멸족시키지 않고 어떻게 지하에 있는 조씨의 원혼들을 위로할 수 있겠소?"

그러고는 좌우 시종들에게 호령을 내렸다.

"즉시 도안고를 포박하여 참수하라."

또 한궐과 조무에게 명령을 내려 군사를 거느리고 가서 도안고의 저택을 포위하고 남녀노소 모두를 주살하게 했다. 조무는 도안고의 수급을 달라고 하여 자신의 선친 조삭의 묘에 가서 제사를 올렸다. 백성 가운데 통쾌해하지 않는 사람이 없었다. 잠연이 영사시를 지어 이렇게 읊었다.

도안고가 당시에는 조씨를 멸족시켰고	岸賈當時滅趙氏
오늘은 조씨가 도씨 가문을 멸족시켰네	今朝趙氏滅屠家
단지 15년 동안 앞뒤를 다투었으나	只爭十五年前後
원한에 대한 복수는 한 치 오차도 없었다네	怨怨仇仇報不差

진 도공은 도안고를 주살한 뒤 즉시 조무를 조정으로 불러들여 관冠을 씌워주고 도안고가 맡고 있던 사구 직에 임명했다. 또한 이전의 봉토와 녹봉을 모두 돌려줬다. 또 정영의 의로운 행동을 듣고 그를 군정軍正7에 임명

도안고를 주살하고 조씨를 부흥시키다.

하고자 했다. 그러자 정영이 말했다.

"애초에 제가 죽지 않았던 것은 조씨 고아가 아직 성장하지 못했기 때문이었습니다. 이제 조씨 가문의 관작도 회복되었고 복수도 했습니다. 이런 때에 제가 어찌 부귀를 탐할 수 있겠습니까? 지난번에 공손저구를 홀로 죽게 했으니 저는 이제 지하로 가서 공손저구에게 이 일을 알리겠습니다."

그러고는 스스로 칼로 목을 찔러 죽었다. 조무는 그 시신을 어루만지며 통곡했다. 그는 도공에게 정영의 시신을 융숭하게 염을 해달라고 청하고 운중산雲中山으로 가서 공손저구의 무덤 곁에 장사 지냈다. 사람들은 이 두 의사의 무덤을 '이의총二義塚'이라 부른다. 조무는 부모의 상과 같이 3년상을 치르며 정영의 은혜에 보답했다. 이를 증명한 시가 있다.

그늘진 계곡에서 15년을 숨었다가	陰谷深藏十五年
속곳 속의 아이가 선조 원한 갚았도다	褲中兒報祖宗冤
정영과 저구는 두 의사로 일컬어지니	程嬰杵臼稱雙義
그들의 죽음을 선후 따져 무엇하리?	一死何須問後先

진 도공은 조무를 임명하고 나서 송나라로 망명 가 있던 조승을 불러와 다시 한단 땅을 봉토로 주었다. 또 신하들의 지위를 크게 바로잡아 어진 자는 높여주고, 능력 있는 자는 임용했다. 또한 지난 공로에 보답하고 작은 죄는 사면해주니 많은 백관이 모두 재주를 발휘하며 각각 자신의 직분을 다하였다. 유명한 관리를 열거하면 다음과 같다. 한궐을 중군원수에 임명

7_ 군정軍正: 군중軍中에서 법을 집행하는 관리.

하고 사개를 부장으로 삼았다. 순앵을 상군원수에 임명하고 순언을 부장으로 삼았다. 난염을 하군원수에 임명하고 사방士魴을 부장으로 삼았다. 조무를 신군원수에 임명하고 위상魏相을 부장으로 삼았다. 기해祁奚를 중군위로 삼고 양설직을 부위로 삼았다. 위강魏絳을 중군사마로, 장노張老를 후엄8으로, 한무기韓無忌를 공족대부公族大夫로, 사악탁士渥濁을 태부로, 가신賈辛을 사공司空으로, 난규欒糾를 친군융어9로, 순빈荀賓을 거우장군으로, 정정程鄭을 찬복10으로, 탁알구鐸遏寇를 여위11로, 적언籍偃을 여사마12로 삼았다. 백관을 갖추고 나서 국정을 크게 쇄신했다. 밀린 세금을 면제해주고 세율을 가볍게 했으며, 빈민을 구제하고 노역을 줄였다. 또 폐지된 제도를 다시 부흥시키고 정체된 통상을 소통시켰으며, 홀아비를 구휼하고 과부에게 은혜를 베푸니 백성이 모두 크게 기뻐했다. 송나라와 노魯나라 등 여러 제후국에서도 소문을 듣고 조공을 바치지 않는 나라가 없었다. 오직 정 성공만이 지난번 초왕이 그를 돕다가 한 눈을 잃었다는 이유로 그에 감복하여 진나라를 섬기려 하지 않았다.

한편 초 공왕은 진 여공이 시해되었다는 소식을 듣고 희색이 만면하여 다시 복수의 마음을 품었다. 그러나 새로운 군주가 즉위하여 신상필벌信賞必罰 정책을 시행하고, 현인을 등용하여 치세를 도모하고, 조정의 기강을

8_ 후엄候奄: 환관들의 질서를 바로잡고 감시하는 관리.

9_ 친군융어親軍戎御: 군주가 친위대의 수레를 탈 때 그 수레를 모는 관직.

10_ 찬복贊僕: 군주의 수레와 말을 총괄하여 관리하는 관직.

11_ 여위輿尉: 백성 가운데에서 군사를 징발하는 일을 총괄하는 관직.

12_ 여사마輿司馬: 군대에 소속된 병거와 보병을 총괄하는 관직.

깨끗이 바로잡아 내외의 민심이 귀의하는 가운데 다시 패업을 추구한다는 소문이 들려왔다. 초 공왕은 자기도 모르게 기쁨은 사라지고 근심에 사로잡혔다. 그리하여 바로 백관을 불러 대책을 상의하게 했다. 그는 다시 중원을 소란케 하여 진晉나라가 패업을 달성할 수 없게 할 생각이었다. 영윤 영제는 아무 대책이 없었다. 그러자 공자 임부가 앞으로 나서며 말했다.

"중원에서는 오직 송나라가 작위도 높고 나라도 큽니다. 게다가 송나라는 진晉나라와 오나라 사이에 자리 잡고 있습니다. 우리가 진나라의 패업을 교란시키려면 반드시 송나라부터 시작해야 합니다. 지금 송나라 대부 어석魚石, 상위인向爲人, 인주鱗朱, 상대向帶, 어부魚府 다섯 사람이 송나라 우사 화원과 사이가 좋지 않아 우리 나라로 망명 와 있습니다. 그들에게 병력을 주어 송나라를 정벌하고 고을을 빼앗은 뒤 그곳을 그들에게 봉토로 주십시오. 이것이 바로 적을 이용하여 적을 공격하는 계책입니다. 진나라가 만약 송나라를 구원하지 못하면 자신의 속국을 잃게 될 것이고, 송나라를 구원하러 나선다면 반드시 어석을 공격할 것입니다. 그럼 우리는 앞서서 저들의 승패를 구경만 하면 되니 이것이 한 가지 계책이 될 수 있을 것입니다."

초 공왕은 그 계책을 이용하여 바로 임부를 대장에 임명하고 어석 등을 길잡이로 삼아 대군을 이끌고 송나라를 정벌하게 했다. 두 나라의 승부가 어떻게 될지 다음 회를 보시라.

제60회

임금의 아우를 벌하다

지무자는 군사를 나누어 적을 괴롭히고
핍양성에서 세 장군은 용력을 발휘하여 적과 싸우다
智武子分軍肆敵, 偪陽城三將鬪力.

주 간왕 3년 여름 4월 초 공왕은 우윤 임부의 계책을 이용하여 친히 대군을 이끌고 정 성공과 함께 송나라 정벌에 나섰다. 어석 등을 길잡이로 삼아 팽성彭城(江蘇省 徐州)을 함락시키고 근거지로 삼게 했다. 또한 병거 300승을 남겨서 그곳을 지키게 했다. 초 공왕이 다섯 대부에게 말했다.

"진晉나라가 바야흐로 오나라와 수교하여 우리 초나라에 어려움을 안겨주고 있소. 이곳 팽성은 바로 오나라와 진나라가 왕래하는 길목이오. 지금 강한 군사를 남겨서 그대들을 돕게 하겠소. 나아가 싸울 때는 송나라의 땅을 분할할 수 있을 것이며, 물러나 지킬 때는 오나라와 진나라의 왕래를 끊을 수 있을 것이오. 그대들은 심혈을 기울여 직무에 충실하며 과인의 부탁을 저버리지 말기 바라오."

그리고 나서 초 공왕은 초나라로 귀환했다.

이해 겨울 송 성공은 대부 노좌老佐를 시켜 군사를 거느리고 팽성을 포위하게 했다. 어석은 수비병을 이끌고 싸움에 나섰으나 노좌에게 패배했다. 초나라 영윤 영제는 팽성이 포위되었다는 소식을 듣고 군사를 이끌고 구원에 나섰다. 노좌는 자신의 용기만 믿고 적을 가볍게 보았다. 그리하여 그는 초나라 군영 깊숙이 들어갔다가 화살을 맞고 전사했다. 영제는 마침내 진군 명령을 내려 송나라를 침범했다. 송 성공은 몹시 두려워하며 우사 화원을 진晉나라에 사신으로 보내 위급함을 알렸다. 한궐이 진 도공에게 말했다.

"지난날 문공의 패업은 송나라를 구원하는 것에서 시작되었습니다. 앞으로 성패의 기회가 이번 일에 달려 있사오니 힘쓰지 않을 수 없습니다."

이에 사방으로 많은 사신을 보내 제후들에게 파병을 요청했다. 그리고 도공은 친히 대장 한궐, 순언, 난염 등을 거느리고 먼저 태곡台谷(山西省 澤州 大口村)에 주둔했다. 초나라 영윤 영제는 진나라 대군이 몰려온다는 소식을 듣고 군사를 거두어 초나라로 돌아갔다.

주 간왕 14년, 진 도공은 송, 노魯, 위衛, 조曹, 거, 주邾, 등, 설 등 여덟 나라 군사를 거느리고 팽성을 포위했다. 이때 송나라 대부 상수向戌[1]는 병졸을 시켜 초거에 올라가 성을 바라보고 사방으로 고함을 지르게 했다.

"어석 등 주상을 배신한 도적놈아! 하늘이 네놈들을 용서치 않을 것이다. 지금 진나라가 20만 대군을 거느리고 너희 외로운 성을 유린하여 풀 한 포기도 남기지 않을 것이다. 네놈들이 만약 무엇이 순리이고 무엇이 반역인지 안다면 어찌하여 역적을 사로잡아 투항하지 않느냐? 무고한 살육

1_ 상수向戌: 『좌전』에는 상술向戌로 되어 있지만, 이 소설에서는 일관되게 상수向戌로 표기하고 있다.

은 면해야 하지 않겠느냐?"

이와 같이 여러 번 외치자 팽성의 백성은 어석이 도리에 어긋난 짓을 저지른 걸 알고 성문을 열고 진晋나라 군사를 받아들였다. 이때 성안에는 초나라 수비병이 많았지만 어석 등이 평소에 잘 보살펴주지 않아 힘써 싸우려 하지 않았다. 그리하여 진 도공이 입성하자 초나라 병졸들은 모두 뿔뿔이 도망쳤다. 한궐은 어석을 사로잡았고, 난염과 순언은 어부를 사로잡았다. 또한 송나라 상수는 상위인과 상대를 사로잡았고, 노나라 중손멸은 인주를 사로잡았다. 그들은 각각 포로를 진 도공 앞으로 끌고 와 전공을 고했다. 도공은 다섯 대부를 참수하라고 명령을 내린 뒤 그들의 가족을 하동河東 호구虎邱 땅에 안치하게 했다. 그러고는 마침내 군사를 정나라로 이동시켜 그들의 죄를 물었다. 초나라 우윤 임부는 송나라를 침범하여 정나라를 구원하려 했지만 제후들의 군사 또한 송나라를 구원하러 왔다. 이에 초나라 군사와 제후국의 군사들은 모두 흩어져 귀국했다.

이해에 주 간왕이 세상을 떠나고 세자 설심泄心이 즉위하니 이 사람이 주 영왕靈王이다. 영왕은 태어날 때부터 코밑에 수염髭鬚이 있어서 주나라 사람들은 그를 자왕髭王(콧수염왕)이라 불렀다. 자왕 원년 여름 정 성공은 병이 위독해지자 상경 공자 핍偪에게 일렀다.

"초나라 군주가 우리 정나라를 구하러 왔다가 눈에 화살을 맞았소. 과인은 그 일을 감히 잊을 수가 없소. 과인이 죽은 후에도 경들은 절대 초나라를 배신하지 마시오."

유언을 마치고 마침내 숨을 거두었다. 공자 비騑 등이 세자 곤완髡頑을 받들어 즉위케 하니 이 사람이 정 희공僖公이다.

진 도공은 정나라 사람들이 복종하지 않자 척戚(河南省 濮陽 북쪽 戚城) 땅에서 제후들을 크게 모아 정나라를 칠 모의를 했다. 노나라 대부 중손멸이 계책을 말했다.

"정나라 땅 중에서 가장 험한 곳으로는 호뢰虎牢 땅을 꼽을 수 있습니다. 그곳은 초나라와 정나라가 소통하는 요로에 해당합니다. 그곳에 성을 쌓고 관문을 만들어 강력한 군사를 주둔시키고 저들을 압박하면 정나라가 반드시 우리에게 복종할 것입니다."

또 초나라에서 항복해온 장수 무신이 계책을 올렸다.

"오와 초는 물길이 서로 통합니다. 신이 지난해 오나라로 사신을 갔다가 함께 초나라를 공격하기로 약조했습니다. 그리하여 오나라 사람들은 누차 초나라 속국을 침략했고 초나라 사람들은 이를 괴로워하고 있습니다. 지금 다시 오나라로 사신을 보내 초나라를 정벌하게 하면 초나라는 동쪽에서 오나라 군사로 인해 고초를 겪게 될 터이니 어찌 북쪽에서 우리와 정나라를 놓고 다툴 수 있겠습니까?"

진 도공은 두 가지 계책에 모두 따랐다. 이때 제 영공도 세자 광光과 상경 최저崔杼를 그곳으로 보내 논의에 참여하게 하고 진나라의 명령에 따르게 했다. 진 도공은 아홉 나라 제후국의 병력을 규합하여 호뢰 땅에 큰 성을 쌓고 돈대墩臺까지 높게 설치했다. 그 후 큰 나라에서는 군사 1000명을, 작은 나라에서는 군사 300~500명 정도를 뽑아 그 땅을 함께 지키게 했다. 정 희공은 과연 크게 두려워하며 진나라와 우호를 맺었다. 이에 진 도공은 본국으로 귀환했다.

당시 중군위 기해祁奚는 나이가 칠십이 넘어 늙음을 핑계로 벼슬을 그만두려 했다. 도공이 물었다.

"누가 경의 직위를 대신할 수 있겠소?"

기해가 대답했다.

"해호解狐만 한 사람이 없을 것입니다."

도공이 말했다.

"소문을 듣건대 해호는 경의 원수라는데 어찌하여 그를 천거하시오?"

기해가 대답했다.

"주상께선 신의 직위를 대신할 수 있는 사람이 누구인지 물으셨지, 신의 원수가 누군지 묻지 않았습니다."

도공이 해호를 불러 아직 관직에 임명하지도 않았는데 해호는 벌써 병으로 죽었다. 도공이 다시 물었다.

"해호 이외에는 또 어떤 사람이 있소?"

기해가 대답했다.

"그다음으로는 기오祁午만 한 사람이 없습니다."

도공이 물었다.

"기오는 경의 아들이 아니오?"

기해가 대답했다.

"주상께선 신의 직위를 대신할 수 있는 사람이 누구인지 물으셨지, 신의 아들이 누군지는 묻지 않았습니다."

도공이 말했다.

"지금 중군 부위 양설직도 세상을 떠났소. 경이 과인을 위해 그 직위를 대신할 사람 또한 추천해주시오."

기해가 대답했다.

"양설직에게 적赤과 힐肹이라는 두 아들이 있는데 둘 다 현명하오니 주상께서 가려 쓰십시오."

그러자 도공이 그 말에 따라 기오를 중군위로 삼고 양설적을 부위로 삼았다. 대부들도 모두 기쁘게 복종했다.[2]

이야기가 두 갈래로 나뉜다. 한편 무신의 아들 무호용巫狐庸은 진 도공의 명령을 받고 오나라로 가서 왕 수몽을 알현하고 초나라를 정벌할 군사를 청했다. 수몽도 그 일을 허락하고 세자 제번諸樊을 대장으로 삼아 장강 어구에서 군사를 훈련시켰다. 그 소식은 세작에 의해 초나라로 보고되었다. 초나라 영윤 영제가 아뢰었다.

"오나라 군사들이 아직 우리 초나라로 들어온 적은 없습니다. 만약 이번에 처음으로 우리 변경을 침범하면 이후에도 계속 다시 쳐들어올 것입니다. 차라리 먼저 저들을 정벌하는 것이 좋겠습니다."

초 공왕도 그렇게 생각했다. 영제는 수군을 크게 사열하고 정예병 2만 명을 뽑았다. 그는 장강을 따라 구자鳩玆(安徽省 蕪湖)를 기습하여 격파하고 마침내 장강의 물길을 따라 하류로 내려갔다. 초나라의 날랜 장수 등요가 앞으로 나서며 말했다.

"장강의 물길을 따라 내려가면 진격은 쉽지만 물러나기는 어렵소. 원컨대 소장이 군사 한 부대를 이끌고 앞서 가겠소. 형세가 유리하면 진격할 것이고, 형세가 불리하다 해도 크게 패하지는 않을 것이오. 원수께선 학산郝山(安徽省 蕪湖) 강변에 군사를 주둔시키고 임기응변으로 대처하시면 만전을 기할 수 있을 것이오."

2_ 기해천수祁奚薦讎: 기해가 원수怨讐를 천거했다는 고사성어가 여기서 나왔다. 공평무사하게 적임자를 천거함을 비유한다. 기해지거祁奚之擧, 기해지천祁奚之薦, 기해천구祁奚薦仇, 기해천자 祁奚薦子 등으로도 쓴다.(『좌전』 양공 3년)

영제는 그 대책이 옳다고 생각하며 갑사 300명과 명주 전포를 입은 병졸 3000명을 뽑았다. 이들은 모두 기세도 드높고 용력도 강하여 한 사람이 열 명은 당해낼 만했다. 이들이 탄 대소 전선 100척은 한 줄기 포성을 신호로 동쪽을 향해 출발했다. 장강에서 소식을 염탐해온 오나라 전초선前哨船이 일찌감치 구자 땅을 잃은 사실을 세자 제번에게 보고했다. 제번이 말했다.

"초나라 군사가 구자를 함락시켰으니 틀림없이 그 승세를 타고 동쪽으로 내려올 것이다. 그러니 미리 단단히 준비를 해야 한다."

그는 공자 이매夷昧에게 수군 수십 척을 거느리고 동서 양산梁山[3]에서 적을 유인하게 했다. 공자 여제餘祭는 군사를 거느리고 채석항采石港[4]에 매복했다. 등요의 군사가 학산 강가를 지나 양산을 바라볼 무렵 오나라 병선兵船이 나타났다. 등요가 용기를 뽐내며 진격하자 이매는 대략 싸우는 척하다가 패배를 가장하고 동쪽으로 달아났다. 등요가 채석항까지 추격해 들어가자 제번의 대군이 나타났다. 바야흐로 접전이 벌어져 채 10여 합도 싸우지 못했을 때 채석항에서 포성이 크게 울리며 여제의 복병이 뒤쪽에서 협공을 해왔다. 앞뒤에서 화살이 비 오듯 쏟아지는 가운데 등요는 얼굴에 세 발의 화살을 맞았다. 화살을 뽑고 힘써 싸웠으나 이매가 탄 대형 병선이 당도했다. 병선에 탄 정예 용사들은 큰 창으로 어지럽게 적선을 들쑤셨다. 많은 병선이 뒤집히고 침몰했다. 등요는 굴복하지 않으려고 힘을 다하다가 결국 죽었다. 나머지 군사 중 도망친 자는 갑사 80여 명과 명주 갑옷을 입

3_ 양산梁山: 안휘성 무호蕪湖에 있다. 동양산東梁山과 서양산西梁山이 있다. 무호 북쪽에 있는 것이 동양산이고, 장강 건너 맞은편에 있는 것이 서양산이다.

4_ 채석항采石港: 안휘성 마안산馬鞍山 서남쪽 5킬로미터 근처에 있는 장강 동쪽 연안.

은 병졸 300명뿐이었다. 영제는 패전으로 문책을 당할까 두려워서 패전을 감추고 전공으로 속일 작정이었다. 그러나 오나라 세자 제번이 승세를 타고 반격을 개시하여 초나라를 습격할 줄 그 누가 알았으랴? 영제는 대패하여 돌아갔고 구자는 다시 오나라로 귀속되었다. 영제는 수치와 울분으로 병이 나서 영도로 돌아가기 전에 죽었다. 사관이 이 일을 시로 읊었다.

병거 이용한 공수 전술 오나라에 가르치자	乘車射御敎吳人
이때부터 동방에 전운이 일어났네	從此東方起戰塵
갑사들은 포로가 되고 명장이 죽은 것은	組甲成擒名將死
당년에 무신 일가를 잘못 죽였기 때문일세	當年錯着族巫臣

초 공왕은 우윤 임부를 영윤으로 승진시켰다. 임부는 타고난 성격이 탐욕스러워 속국에 뇌물을 요구했다. 진陳 성공은 감당할 수가 없어서 원교여轅僑如를 진晉나라로 보내 복속을 청했다. 진晉나라 도공은 계택鷄澤에서 제후를 크게 규합하고 다시 척 땅에서 제후들과 회맹했다. 오나라 군주 수몽도 회맹에 참여하여 중원의 세력이 크게 위엄을 떨쳤다. 초나라 공왕은 진陳나라를 잃자 분노하여 임부에게 죄를 씌워 죽였다. 그러고는 자신의 동생 공자 정貞(자는 子囊)에게 영윤의 직위를 대신하게 한 뒤, 크게 군사를 사열하고 병거 500승을 출전시켜 진陳나라 정벌에 나섰다. 이때 진 성공 오午가 세상을 떠나 세자 약弱이 보위를 이었다. 이 사람이 진 애공哀公이다. 그는 초나라 군사의 위세가 두려워 다시 초나라로 귀의했다. 진 도공은 그 소식을 듣고 진노하여 군사를 일으켜 진陳나라를 놓고 초나라와 싸움을 벌이려 했다.

그 무렵 무종국無終國 군주 가보嘉父가 대부 맹낙孟樂을 진晉나라로 보냈다는 보고가 올라왔다. 그는 호랑이와 표범 가죽 100장을 바치며 아뢰었다.

"산융의 여러 나라는 제 환공이 그들을 정복한 이후 줄곧 평화를 유지해왔습니다. 근래 연과 진秦[5]이 미약해지자 산융은 중원에 패자가 없음을 기회로 다시 침탈을 자행하고 있습니다. 우리 주상은 지금 진晉나라 군후께서 영명하시어 장차 제 환공과 진 문공의 패업을 잇고 진나라의 위엄과 덕망을 널리 떨칠 것이란 소식을 들었습니다. 이에 여러 융족은 진나라와 우호의 맹약을 맺고자 합니다. 이 때문에 우리 주상께서 보잘것없는 신을 보내 가르침을 받들게 한 것입니다. 가부간 결정을 내려주십시오."

도공은 장수들을 소집하여 대책을 상의했다. 장수들이 모두 말했다.

"융적과는 친할 수 없으니 정벌하는 것이 좋을 것입니다. 옛날 제 환공은 패자의 지위로 먼저 산융을 안정시켰고 뒤에 형초荊楚를 정벌했습니다. 이것은 바로 승냥이 같은 저들의 본성이 병력을 동원하지 않고는 제압할 수 없다는 본보기입니다."

그러나 사마인 위강은 혼자 이렇게 주장했다.

"불가합니다. 지금 제후들을 처음 규합하여 패업이 아직 안정되지 못했습니다. 이런 때 군사를 일으켜 산융을 정벌하면 초나라 군사가 반드시 우리의 허점을 파고들어 사단을 일으킬 것입니다. 그럼 제후들은 틀림없이 우리 진나라를 배반하고 초나라에 조공을 바칠 것입니다. 대저 오랑캐는 금수요, 제후는 형제입니다. 지금 금수를 얻기 위해 형제를 잃는다면 이는 좋은 대책이 아닙니다."

5_ 진秦: 원문에는 '秦'으로 되어 있으나 문맥이나 나라의 위치로 볼 때 '제齊'가 되어야 옳다.

도공이 말했다.

"그럼 산융과 우호를 맺어야 한단 말이오?"

위강이 대답했다.

"산융과 우호를 맺으면 다섯 가지 이익이 있습니다. 산융은 우리 진과 이웃으로 땅이 매우 광활한데, 저들은 땅을 천하게 여기고 재화財貨를 귀하게 여깁니다. 우리가 재화로 땅을 바꾸면 영토를 넓힐 수 있습니다. 이것이 첫 번째 이익입니다. 저들의 침략이 그쳐서 변방의 백성이 편안하게 농사에 전념할 수 있습니다. 이것이 두 번째 이익입니다. 우리 진나라의 덕망으로 먼 나라까지 포용할 수 있으니 병거를 수고롭게 하지 않아도 됩니다. 이것이 세 번째 이익입니다. 융적이 우리 진을 섬기면 사방의 이웃 나라에 모두 우리의 위세를 떨칠 수 있어 제후들이 두려워 복종할 것입니다. 이것이 네 번째 이익입니다. 우리가 북쪽을 걱정할 필요 없이 남쪽에 전념할 수 있습니다. 이것이 다섯 번째 이익입니다. 주상께서 어찌 이 이익을 따르지 않으십니까?"

진 도공이 크게 기뻐했다. 그리하여 곧바로 위강을 화친 사절로 삼아 맹낙과 함께 먼저 무종국으로 가게 하여 국왕 가보와 타당한 대책을 상의하게 했다. 이에 가보는 산융의 여러 나라 군주를 모두 무종국으로 불러 삽혈 동맹을 맺었다. 그 맹약문은 이렇다.

이제 진후께서 패업을 계승하여 중화의 맹주가 되셨다. 여러 융족도 진후를 받들어 북방을 방어하고, 서로 침략하지 않고, 배반하지 않고, 각각 자신의 영토만을 지킬 것을 약속한다. 만약 맹약을 어기는 자가 있으면 천지신명이 그자를 돕지 않으리라.

융족들은 서로 맹약을 맺고 각각 기뻐하며 귀한 토산품을 위강에게 바쳤다. 그러나 위강은 하나도 받지 않았다. 융족의 군주들이 서로 돌아보며 말했다.

"상국 사신의 청렴함이 이와 같다!"

그러면서 더욱 존경심을 표했다. 위강은 맹약문을 가지고 돌아와 도공에게 보고했다. 도공은 크게 기뻐했다.

이때 초나라 영윤 공자 정은 진陳나라를 얻고 나서 다시 군사를 움직여 정나라 정벌에 나섰다. 그러나 호뢰관에 강력한 군대가 지키고 있어서 사수汜水로 통하는 길로 가지 못하고 허나라를 경유하여 영수 쪽으로 방향을 잡았다. 그러자 정 희공 곤완은 크게 두려워하며 육경을 모아 함께 대책을 상의했다. 당시 정나라 육경 중 세 명은 공자 비騑(자 子駟), 공자 발發(자 子國), 공자 가嘉(자 子孔)였는데 이들은 모두 정 목공의 아들로 희공에게는 종조부였다. 나머지 세 명 중 공손첩公孫輒(자 子耳)은 공자 거질의 아들이었고, 공손채公孫蠆(자 子蟜)는 공자 언偃의 아들이었으며, 공손사公孫舍(자 子展)는 공자 희의 아들이었다. 이 세 명은 모두 목공의 손자로 부친의 작위를 계승하여 경의 직위에 있었고 희공에게는 당숙이었다. 이들 육경은 모두 항렬이 높아서 평소에 정나라 정치를 좌우하였다. 희공 곤완은 마음 씀씀이가 오만하여 이들에게 그다지 예를 갖추지 않았다. 이 때문에 군신 간에 오래도록 화합하지 못했다. 특히 상경인 공자 비와는 더욱 사이가 좋지 못했다. 회의를 하는 도중에도 희공의 주된 목표는 도성을 굳게 지키며 진晉나라의 구원을 기다리는 것이었다. 그러자 공자 비가 입을 열었다.

"속담에 이르기를 '멀리 있는 물로 어찌 가까운 불을 끌 수 있으랴遠水豈能救近火?'라고 했습니다. 차라리 초나라를 섬기는 편이 낫습니다."

희공이 말했다.

"초나라를 섬기면 또 진나라 군사가 쳐들어올 것인데 그들을 어떻게 당한단 말이오?"

공자 비가 대답했다.

"진나라와 초나라 중에서 어느 나라가 우리를 가엽게 여긴단 말입니까? 우리가 두 나라 중에서 어느 나라를 섬겨야 하겠습니까? 오직 강한 나라를 섬겨야 합니다. 지금 이후로는 국경 밖에 희생과 옥백을 마련해두고 초나라가 쳐들어오면 초나라와 맹약을 맺고, 진나라가 쳐들어오면 진나라와 맹약을 맺으십시오. 두 강국이 함께 다투다 보면 틀림없이 크게 굴욕을 당하는 나라가 있을 것입니다. 강약이 판별된 후 우리는 강한 나라를 선택하여 우리 백성을 보호하면 될 것이니, 이 또한 가능한 대책이 아닙니까?"

그러나 희공은 그 계책을 따르지 않고 이렇게 말했다.

"경의 말대로 하면 우리 정나라는 아침저녁으로 동맹을 맺느라 편안한 세월이 없을 것이오."

희공은 진나라에 사신을 보내 구원을 요청하려 했다. 대부들은 공자 비의 뜻을 거스를까 두려워 아무도 사신으로 가려 하지 않았다. 그러자 희공은 분통을 터뜨리며 자신이 직접 가기로 하고 이날 밤 역사驛舍에서 묵었다. 공자 비는 문객을 매복시켰다가 희공을 찔러 죽이고 급환으로 세상을 떠났다고 거짓말을 했다. 그 후 희공의 동생 가嘉를 보위에 올리니 이 사람이 정 간공簡公이다. 그러고는 초나라로 사신을 보내 보고했다.

"초나라가 진나라를 섬긴 건 모두 죽은 군주 곤완의 뜻이었습니다. 이제 곤완이 죽었으므로 원컨대 맹약을 따를 것이오니 군사를 물려주십시오."

이에 초나라 공자 정은 맹약을 맺고 군사를 물렸다.

진 도공은 정나라가 다시 초나라를 섬긴다는 소식을 듣고 대부들에게 물었다.

"지금 진陳과 정이 모두 배반했소. 어느 나라를 먼저 정벌해야 하오?"

순앵이 대답했다.

"진陳은 나라도 작고 땅도 외진 곳에 있어서 승패와 아무 관계가 없습니다. 그러나 정나라는 중원의 요충지에 자리하고 있습니다. 패업을 도모하려면 반드시 먼저 정나라를 정복해야 합니다. 차라리 진나라 열을 잃을 수 있을지언정 정나라 하나를 잃을 수는 없습니다."

또 한궐이 말했다.

"자우子羽(순앵의 자)의 식견이 명쾌합니다. 정나라를 정복할 수 있는 사람은 바로 이 사람입니다. 신은 힘도 쇠약해졌고 지혜도 늙어서 원컨대 중군의 부월斧鉞을 그에게 양보하겠습니다."

도공이 허락하지 않았지만 한궐은 굳게 청하기를 그치지 않았다. 도공이 그의 말에 따랐다. 한궐이 늙음을 핑계로 벼슬에서 물러나자 마침내 순앵이 중군원수 직을 맡아 대군을 거느리고 정나라 정벌에 나섰다. 군사가 호뢰 땅에 이르자 정나라가 회맹을 청했고 순앵이 허락했다. 진나라 군사가 깃발을 돌려 돌아갈 무렵, 초나라 공왕이 친히 정나라를 정벌한 뒤 다시 강화를 맺고 돌아갔다. 진 도공은 진노하여 대부들에게 물었다.

"정나라 사람들이 반복해서 배반을 일삼고 있소. 군사를 이끌고 쳐들어가면 순종하고 군사를 철수시키면 다시 배반하고 있소. 이제 저들을 단단히 복종시키려면 어떤 대책을 써야 하오?"

그러자 순앵이 계책을 올렸다.

"우리 진이 정나라를 거두어들일 수 없는 까닭은 초나라 사람들이 우리 진나라와 다투는 힘이 매우 강하기 때문입니다. 지금 우리가 정나라를 거두어들이려면 반드시 먼저 초나라를 지치게 해야 하고, 초나라를 지치게 하려면 반드시 '이일대로以逸待勞'6의 계책을 써야 합니다."

도공이 말했다.

"무엇이 이일대로의 계책이오?"

순앵이 대답했다.

"군사는 자주 움직일 수 없습니다. 자주 움직이게 되면 군사가 지치게 됩니다. 제후들도 빈번하게 출동시킬 수 없습니다. 빈번하게 출동시키면 원망하게 됩니다. 안으로 우리 군사가 지치고 밖으로 제후들이 원망하는 상황에서 초나라를 제압한다면 승리를 장담할 수 없습니다. 신은 우리 사군四軍의 군사를 셋으로 나누고, 거기에 각국 군사를 나누어 배치하기를 청합니다. 그리하여 매번 일군一軍만 동원하고 순서에 따라 출전하게 하십시오. 초나라가 진격해오면 우리는 물러나고, 초나라가 물러나면 우리가 다시 진격하는 것입니다. 우리의 일군으로 초나라의 전군全軍을 상대하면, 저들은 싸우고 싶어도 싸울 수 없으며, 쉬고 싶어도 쉴 수 없을 것입니다. 이렇게 되면 우리는 군사들이 죽는 흉사가 없을 것이지만, 저들은 길 위를 오고가는 고통에 시달릴 것입니다. 우리는 신속하게 저들에게 다가갈 수 있지만, 저들은 신속하게 우리에게 다가올 수 없습니다. 이렇게 하면 초나라는 지치게 되므로, 우리는 정나라를 튼튼하게 지킬 수 있습니다."

도공이 말했다.

---

6 이일대로以逸待勞: 나는 편안하고 안정된 상태를 유지하면서 장차 적이 피로해지기를 기다리는 전략. 적의 기세가 강성할 때 간접적인 방식으로 적의 전력을 소모시키며 기다리다가 유리한 기회가 되면 일거에 적을 격파하는 전략이다.(『손자孫子』「군쟁軍爭」)

"그 계책이 참으로 훌륭하다!"

그리하여 바로 순앵에게 명령을 내려 곡량에서 군사를 정비하여 사군을 셋으로 나누고 출병 순서를 정하게 했다. 순앵은 단상으로 올라가 명령을 내리고 단상에 살구색 큰 깃발을 세웠으며 그 깃발에 '중군원수 지中軍元帥 智'라는 글자를 썼다. 그는 본래 순씨인데 어째서 '지智'라고 쓴 것인가? 순앵과 순언은 숙질 간으로 모두 대장이 되었는데, 군중에서 같은 성을 쓰자 군사들이 구별할 수 없었기 때문이다. 순앵의 부친 순수는 지 땅에 봉토가 있었고, 순언의 부친 순경荀庚은 진晉나라에서 삼항三行을 편성할 때 일찍이 중항장군中行將軍을 역임한 적이 있기 때문에 두 사람은 각각 지씨智氏와 중항씨中行氏로 구별했다. 이때부터 순앵을 지앵智罃이라고 칭하고, 순언을 중항언中行偃이라고 칭하자 군중軍中의 이목이 혼란을 일으키지 않게 되었다. 이것은 모두 순앵의 법도였다. 단하에 나뉘어 늘어선 삼군의 편성을 보면 다음과 같았다.

제1군: 상군원수上軍元帥 순언, 부장副將 한기韓起. 노魯, 조曹, 주邾 세 나라가 군사를 보내 그 뒤를 따른다. 중군 부장 범개가 지원군을 이끈다.

제2군: 하군원수下軍元帥 난염, 부장 사방. 제, 등, 설 세 나라가 군사를 보내 그 뒤를 따른다. 중군 상대부上大夫 위힐魏頡이 지원군을 이끈다.

제3군: 신군원수新軍元帥 조무, 부장 위상. 송, 위衛, 예 세 나라가 군사를 보내 그 뒤를 따른다. 중군 하대부下大夫 순회荀會가 지원군을 이끈다.

순앵이 명령을 내려 제1차는 상군이 출정하도록 했고, 제2차는 하군이 출정하도록 했으며, 제3차는 신군이 출정하도록 했다. 그리고 중군의 군사

智莋子
分肆
軍敵

지앵이 군사를 나눠 초에 대항하다.

와 장수는 삼군에 나누어 호응하고 순서에 따라 돌아가며 출정하도록 했다. 그리하여 우호의 맹약을 맺고 귀환하면 공로를 인정하기로 했지만 초나라 군사와의 교전은 허락하지 않았다. 공자 양간楊干은 바로 진 도공의 친동생이었고 나이는 바야흐로 19세로 새로 중군융어中軍戎御[7] 직에 임명되었다. 혈기가 넘쳤지만 아직 전투 경험이 없었다. 그는 군사를 정비하고 정나라를 친다는 소식을 듣고 손바닥을 문지르며 전투를 별렀다. 그는 혼자서 한 부대를 맡아 즉시 전진하여 적을 죽이기를 간절히 바랐다. 그러나 지앵智罃(순앵)의 인정을 받지 못하자 마음속 한 가닥 예기銳氣를 억누를 수 없었다. 그래서 마침내 선봉장을 자청하여 사력을 다하겠다고 공언했다. 지앵이 말했다.

"내가 오늘 군사를 나눈 것은 신속하게 전진하고 신속하게 후퇴하기 위함이지 승리를 위한 것이 아니오. 출정 순서는 이미 정해졌소. 소장군小將軍께선 용맹하다 하더라도 지금은 아무 쓸모가 없소."

양간은 자신이 온 힘을 다 바치겠다고 간절하게 청하였다. 지앵이 말했다.

"소장군께서 간절히 청하시니 잠시 순荀 대부 휘하로 들어가서 신군을 지원하시오."

양간이 또 말했다.

"신군은 세 번째로 출정할 것인데, 나는 그때까지 순서를 기다릴 수가 없소. 청컨대 제1군으로 배치해주시오."

지앵이 그의 말을 듣지 않았다.

그러자 양간은 자신이 진후의 친동생임을 믿고, 자신이 소속된 부대의

7_ 중군융어中軍戎御: 중군원수를 보좌하며 병거를 모는 관직.

병거와 병졸을 이끌고 따로 부대를 편성하여 중군 부장 범개의 뒤에 섰다. 사마 위강은 대장의 영을 받들어 대오를 엄숙하게 정비하다가 양간이 출정 순서를 뛰어넘어 대열 뒤에 서 있는 것을 보았다. 그는 바로 북을 울려 군사들에게 말했다.

"양간이 고의로 대장의 명령을 어기고 대오의 순서를 어지럽혔다. 군법에 의하면 마땅히 참수해야 할 것이나, 그가 주상의 친동생임을 감안하여 그의 노복을 대신 죽여 군대의 질서를 바로잡겠다."

그러고는 바로 군교軍校를 시켜 양간의 수레를 모는 노비를 잡아 참수하고 그 목을 단하에 걸도록 했다. 군중이 숙연해지며 질서가 잡혔다. 양간은 평소에 고귀한 신분을 믿고 교만을 부리며 군법을 알지 못했다. 그런데 자신의 수레를 몰던 노비가 참수되자 혼비백산할 정도로 놀랐다. 그는 두려움 속에서도 부끄러움과 분노를 느끼며 당장 수레를 몰고 군영으로 달려가 진 도공 앞에 엎드려 울었다. 그러고는 위강이 여차여차하게 자신을 업신여겨서 이제 장수들 앞에 나설 면목이 없다고 하소연했다. 도공은 동생을 사랑하는 마음에 자세한 내막은 알아보지도 않고 발끈 화를 내며 말했다.

"위강이 과인의 아우를 욕되게 한 것은 과인을 욕되게 한 것과 같다. 반드시 위강을 죽여 방자한 행동을 못하게 하리라!"

도공은 위강을 잡아오라는 명령을 내리기 위해 중군 부위副尉 양설직을 불러오게 했다. 그러자 양설직이 입궁하여 도공을 뵙고 아뢰었다.

"위강은 뜻이 곧은 사람입니다. 험한 일이 있어도 어려움을 피하지 않을 것이며 죄가 있어도 형벌을 피하지 않을 것입니다. 법 집행을 마쳤으면 틀림없이 스스로 사죄하러 올 것이니, 굳이 신이 갈 필요까지는 없을 것입니다."

경각간에 과연 위강이 바로 당도했다. 오른손으로는 칼을 잡고 왼손으로는 상소문을 들고 있었다. 그는 이제 조정으로 들어가 죄를 청하려고 오문午門에 이르렀다. 그때 도공이 자신을 잡아오라고 사람을 보냈다는 소식을 듣고 마침내 자신의 시종에게 상소문을 건네준 뒤 자신의 마음을 대신 아뢰어달라고 하고 바로 칼 위에 엎어져 죽으려 했다. 그러자 두 사람의 관리가 숨을 헐떡이며 달려왔다. 그들은 바로 하군 부장 사방과 주후대부主候大夫[8] 장노였다. 그들은 위강이 스스로 칼로 목을 찌르려는 것을 보고 황급히 달려와 칼을 뺏으며 말했다.

"아무개 등은 사마께서 입조한다는 소식을 듣고 틀림없이 양楊 공자의 일 때문이란 걸 알았소. 그래서 서둘러 달려온 것이오. 우리는 이제 힘을 합쳐 주상께 사실을 아뢸 생각인데 사마께선 어찌하여 목숨을 이렇게 가볍게 버리려는 것이오?"

위강은 도공이 양설 대부를 부른 저의를 모두 이야기했다. 그러자 두 사람이 말했다.

"이번 일은 국가의 공무이고, 사마께선 법을 집행함에 사사로움이 없었소. 그런데 어찌 스스로 몸을 해치려 하시오? 시종에게 상소문을 올려달라고 할 필요도 없이, 아무개 등이 사마 대신 주상께 사실을 아뢰겠소."

세 사람은 함께 조정 문 앞에 이르자 사방과 장노가 먼저 들어가서 도공을 알현하고 위강의 상소문을 올렸다. 도공이 상소문을 펼쳐 읽어보니 대략 다음과 같은 내용이었다.

8_ 주후대부主候大夫: 평소 임금의 일상과 동정 그리고 건강을 살피는 대부.

주상께선 신을 불초하다 여기지 않으시고 중군사마中軍司馬 직을 맡기셨습니다. 신이 듣건대 '삼군의 명령은 원수에게 달려 있고, 원수의 권력은 명령에 달려 있다三軍之命, 系於元帥, 元帥之權, 在乎命令'고 했습니다. 명령을 내렸는데도 따르지 않고, 명령을 내렸는데도 시행하지 않은 것이 하곡河曲에서 아무 전공도 세우지 못한 이유이며, 필성에서 패배를 자초한 까닭입니다. 신이 명령에 따르지 않은 자를 주살한 것은 사마로서의 직책을 다한 것입니다. 신은 위로 주상의 아우를 범하여 그 죄가 만 번 죽어 마땅하다는 것을 잘 알고 있습니다. 이제 청컨대 주상의 곁에서 스스로 칼날에 엎어져 죽은 뒤 주상께서 친척과 친해야 한다는 대의를 밝히고자 합니다.

진 도공은 상소문을 읽고 나서 급히 사방과 장노에게 물었다.
"위강은 지금 어디에 있소?"
사방 등이 대답했다.
"위강이 죄를 받을까 두려워 자살하려 하는 것을 신 등이 힘껏 제지하여 지금 조정 문밖에서 대죄待罪하고 있습니다."
도공은 당황해하며 자리에서 일어나 신발을 신을 겨를도 없이 맨발로 조정 문을 나서서 위강의 손을 잡고 말했다.
"과인의 말은 형제의 정이지만, 경의 행동은 군대의 공무요. 과인이 아우를 가르치지 못해서 군중의 형벌을 범하게 되었소. 그 죄는 과인에게 있지 경과는 아무 상관이 없소. 경은 조속히 직위에 복귀하도록 하시오!"
양설직이 도공의 곁에서 큰 소리로 외쳤다.
"주상께서 위강이 죄가 없다고 용서하셨으니 위강은 물러가도록 하시오."
이에 위강은 머리를 조아리며 자신을 살려준 은혜에 감사의 배례를 올렸다. 양설직, 사방, 장노도 동시에 머리를 조아리며 축하의 말을 건넸다.

"주상에게 이처럼 법을 집행하는 신하가 있으니 어찌 패업을 이루지 못할까 근심하겠습니까?"

네 사람은 도공에게 인사를 하고 함께 조정에서 물러나왔다. 도공은 내궁으로 들어가 양간을 심하게 꾸짖었다.

"네놈이 예법을 몰라서 과인이 오늘 자칫하면 실수로 내 사랑하는 장수를 죽일 뻔했다."

그러고는 바로 내시를 시켜 양간을 공족대부公族大夫9 한무기에게 압송하게 하고 그곳에서 3개월 동안 예법을 배우게 한 뒤에야 알현을 허락하겠다고 했다. 양간은 부끄러움을 안고 우울하게 궁궐을 나섰다. 염옹髯翁이 이 일을 시로 읊었다.

군법은 공정한데 감히 함부로 행동하니	軍法無親敢亂行
중군사마 얼굴은 추상과 같았도다	中軍司馬面如霜
진晉 도공은 패업 이루려 뜻을 갈고 있었으니	悼公伯志方磨勵
충신을 칼날 아래 죽이려 했겠는가?	肯使忠臣劍下亡

지앵은 군사를 삼군으로 나누라고 명령을 내린 후 정나라를 정벌하려 했다. 그러자 내관이 도공에게 보고를 올렸다.

"송나라에서 국서國書가 당도했습니다."

도공이 그것을 펼쳐 읽어보니 바로 초나라와 정나라가 여러 차례 군사

9_ 공족대부公族大夫: 임금의 친족을 관리하는 대부.

를 일으켜 송나라 국경을 침략했는데, 그때마다 핍양偪陽(山東省 棗莊 남쪽)을 동쪽 근거지로 삼았으며 지금 또 사태가 위급하다는 내용이었다. 상군원수 순언이 청했다.

"초나라가 진陳나라와 정나라를 얻은 후 다시 송나라를 침략한 것은 우리 진晉나라와 패업을 다투기 위해서입니다. 핍양은 초나라가 송나라를 정벌하기 위한 길목입니다. 그러나 만약 우리가 군사를 일으켜 먼저 핍양을 치면 북소리 한 번으로 성을 함락시킬 수 있을 것입니다. 지난번 팽성을 포위할 때 송나라 상수가 전공을 세웠사오니 그를 핍양에 봉하고 부용국으로 삼아 초나라의 길목을 끊는 것이 한 가지 계책이 될 것입니다."

지앵이 말했다.

"핍양은 비록 작은 땅이지만 그 성곽이 매우 견고합니다. 만약 포위했다가 함락시키지 못하면 틀림없이 제후들의 웃음거리가 될 것입니다."

중군 부장 사개가 말했다.

"팽성 전투에서 우리는 정나라를 쳤고, 초나라는 송나라를 침범하여 정나라를 구원했습니다. 호뢰의 싸움으로 우리가 정나라를 평정할 때 초나라는 또 송나라를 침범하여 보복을 했습니다. 그러므로 지금 정나라를 얻으려면 먼저 송나라를 튼튼하게 해줄 수 있는 계책 없이는 불가능한 일입니다. 순언의 말이 옳습니다."

지앵이 말했다.

"두 분은 핍양을 반드시 함락시킬 수 있다고 생각하시오?"

순언과 사개가 이구동성으로 말했다.

"그것은 우리 두 사람이 맡겠소. 만약 성공하지 못하면 기꺼이 군령을 받겠소."

도공이 말했다.

"백유伯游(순언의 자)가 제창하고 백하伯瑕(사개의 자)가 돕겠다고 하니 어찌 일이 성공하지 못할까 근심하겠소?"

이에 핍양을 공략하러 제1군을 보냈다. 노魯, 조曹, 주邾 세 나라도 모두 군사를 출동시켜 그 뒤를 따랐다. 핍양국 대부個陽大夫 운반妘斑이 계책을 올렸다.

"노나라 군사가 북문에 주둔하고 있습니다. 제가 거짓으로 성문을 열고 출전하면 저들은 틀림없이 성안으로 밀고 들어올 것입니다. 저들이 반쯤 들어왔을 때 성문을 내리면 저들의 군사는 두 갈래로 끊어질 것입니다. 노나라가 패하면 조나라와 주나라도 틀림없이 두려워할 것이고, 진나라의 예기도 꺾일 것입니다."

핍양국 군주는 그 계책을 쓰기로 했다.

한편 노나라 장수 맹손멸孟孫蔑은 부하 장수 숙양흘叔梁紇,[10] 진근보秦董父, 적사미狄虒彌 등을 이끌고 북문을 공략하다가 성문이 닫혀 있지 않은 것을 보았다. 진근보와 적사미는 자신들의 용기를 믿고 먼저 들어갔고 숙양흘도 그 뒤를 따랐다. 그때 갑자기 성 위에서 한 줄기 나팔 소리가 들리더니 현문懸門[11]이 숙양흘의 머리 위로 내려오기 시작했다. 숙양흘은 곧바로 창을 땅에 내던지고 두 손을 들어 현문을 가볍게 받쳐 올렸다. 그러자 뒤를 따르던 군사들이 바로 징을 울렸다. 진근보와 적사미 두 장수는 후미에 변고가 생겼음을 알고 황급히 몸을 돌렸다. 그러자 성안에서 북소리와 뿔피리 소리가 요란하게 울리며 운반이 대군을 이끌고 그들의 후미를 뒤쫓

10_ 숙양흘叔梁紇: 공자孔子의 부친.
11_ 현문懸門: 위에서 아래로 내려오는 성문.

아왔다. 성문 근처에 이르니 한 거한이 손으로 현문을 떠받치고 군사와 장수를 밖으로 내보내는 것이 보였다. 운반은 깜짝 놀라 속으로 생각했다.

'저 현문은 위에서 아래로 내려오는데 천 근을 지탱할 수 있는 힘이 없이 어떻게 떠받칠 수 있겠는가? 만약 저곳을 뚫고 나가다가 저자가 성문을 놓아버리면 정말 위험하지 않겠는가?'

그리하여 잠시 병거를 멈추고 사태를 관망했다. 숙양흘은 진나라 군사가 모두 성을 나가자 크게 고함을 쳤다.

"노나라의 유명한 상장上將 숙양흘이 여기 있다. 성 밖으로 나가고 싶은 자가 있으면 내가 이 손을 놓기 전에 어서 나가거라!"

그러나 성안에서는 아무도 감히 나서지 못했다. 운반은 활에 화살을 메겨 숙양흘을 쏘려고 했다. 그것을 보고 숙양흘은 두 손을 놓으며 바로 밖으로 몸을 피했다. 그러자 그 현문은 큰 소리를 내며 땅바닥으로 떨어졌다. 숙양흘은 본영으로 돌아가서 진근보와 적사미에게 말했다.

"두 분 장군의 목숨이 나의 이 두 팔에 달려 있었소."

그러자 진근보가 말했다.

"만약 징을 울리지 않았다면 우리가 핍양성으로 쇄도해 들어가서 큰 공을 세웠을 것이오."

적사미는 또 이렇게 말했다.

"내일 내가 혼자 핍양을 공략해서 노나라 사람의 무서움을 보여주겠소."

다음 날 맹손멸은 군사를 정비하고 성 위를 향해 소리치며 싸움을 걸었다. 그는 한 부대를 100명씩 편성했다. 적사미가 말했다.

"나는 다른 사람의 도움 없이 단신으로 한 부대의 역할을 할 수 있소."

그는 커다란 수레바퀴 하나를 들고 그것에다 튼튼한 갑옷을 입힌 후 단단하게 묶었다. 그러고는 왼손으로 그것을 방패처럼 들고 오른손으로는 큰 창을 잡고서 나는 듯이 뜀뛰기를 했다. 핍양성 위의 군사들은 노나라 장수가 용력을 뽐내는 것을 바라보다가 바로 성 아래로 기다란 베를 늘어뜨리며 소리쳤다.

"우리가 네놈들을 성 위로 끌어올려주겠다. 누가 올라오려느냐? 진정으로 용기가 있다면 나서 보아라."

말이 아직 다 끝나지도 않았는데 노나라 군중에서 한 장수가 맞장구를 쳤다.

"그게 뭐가 대단한 일이겠느냐?"

그 장수는 바로 진근보였다. 그는 성 아래로 내려온 베를 잡고 좌우로 위치를 바꾸며 순식간에 성가퀴 아래까지 뛰어올라갔다. 그러자 핍양 사람들이 칼로 그 베를 잘랐다. 진근보는 공중에서 가볍게 성 아래로 뛰어내렸다. 핍양성은 높이가 수십 길이나 된다. 만약 다른 사람이었다면 발을 헛디뎌서 죽지는 않았다 해도 중상을 입었을 것이다. 진근보는 전혀 그렇지 않았다. 성 위에서 또 베를 늘어뜨리며 물었다.

"또다시 올라올 수 있겠느냐?"

진근보가 또 대답했다.

"이까짓 것을 누가 못하겠느냐?"

그러고는 다시 손으로 베를 잡고 그 탄력을 이용해서 몸을 솟구쳐 성 위로 올라가려 했다. 핍양 사람들이 다시 베를 잘랐다. 이번에는 몸을 심하게 비틀거렸다. 다시 성 위로 기어오르려 하자 성 위에서 또 베를 내려주며 물었다.

"다시 해볼 테냐?"

偪陽城三將鬪力

핍양성에서 세 장수가 용력을 발휘하다.

진근보는 더욱 사나운 목소리로 대답했다.

"이까짓 걸 못한다면 대장부가 아니다."

그러면서 먼저 했던 것처럼 베를 잡아당겼다. 핍양 사람들은 진근보가 두 번이나 떨어졌다가 다시 올라오려 하면서도 전혀 두려운 기색을 보이지 않자 오히려 당황하고는 황급히 베를 끊으려 했다. 그러나 진근보는 벌써 성 위의 한 병졸을 낚아채서 성 아래로 내던졌고, 그 병졸은 거의 반죽음이 되어 쓰러졌다. 진근보도 뒤이어 베를 잡고 땅으로 뛰어내리며 성 위를 향해 소리쳤다.

"아직도 베를 내려줄 생각이 있느냐?"

성 위의 군사들이 대답했다.

"장군의 신용神勇함을 알았으니 이제 베를 다시 내리지 않겠소이다."

진근보는 마침내 잘린 베를 다시 세 동강 내서 군사들에게 두루 구경하게 했다. 군사들 중에 그걸 보고 혀를 내두르지 않는 사람이 없었다. 맹손멸이 감탄하며 말했다.

"시詩에 이르기를 '그 용력이 범과 같다有力如虎'[12]고 했는데, 이 세 장수가 바로 그런 사람이다."

핍양성 대부 운반은 노나라 장수들이 하나같이 모두 용맹한 것을 보고 감히 성을 나와 싸울 생각은 하지 못하고 군사와 백성에게 성을 고수하는 데 진력하라고 분부했다. 군사들은 여름 4월 병인일丙寅日에 핍양성을 포위하기 시작하여 5월 경인일庚寅日까지 모두 24일 동안 공격했다. 시간이 길어지자 공격하는 군사들은 피로에 지쳤지만 대응하는 군사들은 여유가 있었

12_ 이 시구는 『시경』「패풍邶風·간혜簡兮」 제2연에 나온다.

다. 그때 갑자기 큰비가 내려 평지에도 3자尺까지 물이 찼다. 군사들은 놀라 두려움에 떨었다. 순언과 사개는 수재水災로 인해 변란이 발생할까 두려워 함께 중군으로 가서 지앵에게 군사를 철수시키자고 권했다. 지앵이 그 말을 따를지 어떨지는 다음 회를 보시라.

제61회

대부를 굶기다니

진 도공은 초와 싸운 뒤 소어에서 회맹을 하고
손임보는 노래를 듣고 위 헌공을 쫓아내다
晉悼公駕楚會蕭魚, 孫林父因歌逐獻公.

진晉나라 및 각국 제후들의 군사는 핍양성偪陽城을 포위하고 24일 동안 공격했지만 성을 함락시키지 못했다. 갑자기 큰비가 내려서 평지에도 3자尺까지 물이 찼다. 순언과 사개 두 장수는 군중에 변란이 발생할까 두려워서 함께 중군으로 가서 지앵에게 말했다.

"본래 핍양은 성이 작아서 쉽게 함락시킬 수 있다고 말씀드렸지만 지금 오랫동안 포위하고도 성을 빼앗지 못했습니다. 게다가 갑자기 큰비가 내렸고 계절도 여름이라 장차 홍수가 발생할 듯합니다. 이곳은 포수泡水[1]가 서쪽에 있고 설수薛水[2]가 동쪽에 있으며, 곽수灌水[3]는 동북쪽에 있습니다. 이

1_ 포수泡水: 중국 고대의 물 이름. 풍수豐水라고도 한다. 산양山陽 평락平樂에서 발원하여 동북쪽으로 흘러 사수泗水로 유입되었다.
2_ 설수薛水: 중국 고대의 물 이름. 산동성山東省 등주滕州 남쪽을 흘러 사수泗水로 유입되었다.

세 강물은 모두 사수泗水4와 통합니다. 만일 연일 쉬지 않고 비가 내려 세 강물이 범람하면 아마 군사를 철수시키기도 쉽지 않을 듯합니다. 잠시 귀환했다가 다음 날을 기다리는 것이 더 좋겠습니다."

그러자 지앵은 몹시 화를 내며 자신이 기대고 있던 안석을 두 장수에게 집어던지고는 욕을 퍼부었다.

"노부가 앞서 말했잖는가? '성은 작지만 견고하여 쉽게 함락시킬 수 없다'고. 그런데 어린 네놈들은 깨부술 수 있다고 자신하면서 주상의 면전에서 함께 일을 맡아 이 노부까지도 이곳으로 끌고 왔다. 성을 포위 공격한 지 오랜 시간이 지났지만 아직 한 치의 전공도 세우지 못했다. 그래 놓고 우연히 비가 내리니 군사를 거두어달라고 하느냐? 올 때는 네놈들 마음대로 왔지만 갈 때는 네놈들 마음대로 갈 수 없다. 지금 네놈들에게 7일의 기한을 주겠다. 그 안에 반드시 핍양을 함락시켜라. 만약 그러고도 공을 세우지 못하면 군령에 따라 참수할 것이다. 썩 물러가거라. 다시는 이곳에 얼쩡거릴 생각하지 말고."

두 장수는 얼굴이 흙빛이 되도록 겁을 먹고 예예 소리를 연발하며 물러

---

3 곽수灈水: 산동성山東省 등주滕州 곽하郭河로 남사하南沙河라고도 한다. 본래 사수泗水로 유입되었으나 원명元明 이래 여러 차례 물길이 변하여 지금은 남쪽의 양하梁河와 합류하여 운하運河로 유입된다.

4 사수泗水: 노魯나라 곡부曲阜 근처를 흐르는 물 이름. 지금은 사하泗河라고 부르며, 고대의 물길과는 사뭇 달라졌다. 고대에는 지금의 사하 상류의 사수泗水와 곡부曲阜를 거쳐 서남 방향으로 흘러 제령濟寧 동남쪽에서 경항운하京杭運河 물길인 남양호南陽湖로 흘러들었다. 그 이후 소양호昭陽湖 서쪽을 거쳐 강소성江蘇省 패현沛縣 동쪽을 지나 남쪽으로 흘러 서주徐州를 경유했다. 그런 다음 다시 동남쪽으로 사양泗陽을 거쳐 회안淮安 회음淮陰구 마두진碼頭鎭에서 회하淮河와 합류했다. 1128~1855년까지 황하가 회수의 물길로 흐를 때는 서주 이하의 사수 물길은 황하에 의해 침탈되었다. 다시 황하가 북쪽으로 물길을 돌린 이후에는 회수로 흘러들던 사수의 물길은 사라져버렸다. 지금의 사수泗水 즉 사하泗河는 노교진魯橋鎭 이상의 상류 지역을 일컫는 명칭이다.

나왔다. 돌아와 본대 소속 장수들에게 말했다.

"원수께서 엄격하게 기한을 정하셨다. 만약 이레 안에 적을 쳐부수지 못하면 반드시 너희들의 목을 자르겠다고 하셨다. 이제 나도 너희에게 기한을 주겠다. 지금부터 엿새 안에 성을 함락시키지 못하면 내가 먼저 너희의 목을 자르겠다. 그 후 나도 스스로 목을 찔러 군법을 분명하게 밝히겠다."

장수들은 모두 서로 얼굴을 쳐다보며 두려워했다. 순언과 사개가 말했다.

"진중에는 희언戲言이 없는 법! 우리 두 사람도 직접 화살과 돌멩이를 무릅쓰고 밤낮없이 공격에 나설 것이다. 진격만 있고 후퇴는 없을 것이다."

그러고는 노魯, 조曹, 주邾나라와도 일제히 힘을 합치기로 약속했다. 이때 홍수가 좀 잦아들자 순언과 사개는 초거를 타고 병졸들보다 먼저 공격에 나섰다. 성 위에서 화살과 돌멩이가 비 오듯 쏟아졌지만 전혀 몸을 피하지 않았다. 경인일庚寅日에 공격을 시작하여 갑오일甲午日까지 이어졌다. 그러자 성안에 화살과 돌멩이가 모두 고갈되었다. 이때 순언은 초거에서 성가퀴를 잡고 성 위로 올라갔고 사개도 그 뒤를 따랐다. 각국의 장수도 승세를 타고 개미 떼처럼 성 위로 올라갔다. 핍양 대부 운반은 성안 골목에서 전투를 하다 죽었다. 원수 지앵이 입성하자 핍양 군주는 신하들을 이끌고 말 머리에까지 나와 항복했다. 지앵은 그 가족들을 모두 거두어 중군의 군영에 가두었다. 성을 공격한 날짜에서 성을 함락한 날짜를 계산해보면 겨우 닷새일 뿐이었다. 만약 지앵이 화를 내지 않았다면 이번 공격에서도 전공을 세우지 못했을 것이다. 염옹이 이 일을 시로 읊었다.

부월 잡고 단에 오르면 천지도 없는 법인데　　　　仗鉞登壇無地天

비장이 어찌 감히 군권을 침범했나　　　　　　　偏裨何事敢侵權

한 사람이 안석 던지니 삼군이 두려워하여   一人投机三軍懼

높다란 철옹성도 겁내지 않았다네   不怕隆城鐵石堅

이때 진晉 도공은 핍양을 함락시키지 못할까 두려운 나머지 다시 정예병 2000명을 선발하여 싸움을 돕기 위해 초구楚邱(河南省 滑縣 동쪽)로 행차해 있었다. 그러다가 지앵이 이미 큰 공을 세웠다는 소식을 듣고 마침내 사자를 송나라로 파견해 핍양 땅을 송나라 상수에게 봉토로 하사했다. 상수와 송 평공平公은 친히 진 도공을 알현하기 위해 초구로 왔다. 상수가 봉토를 사양하며 받지 않자 도공은 그 땅을 송 평공에게 귀속시켰다. 송과 위衛 두 나라 군주는 각각 잔치를 베풀고 진 도공을 융숭하게 대접했다. 지앵이 노나라 세 장수의 용맹함을 아뢰자 도공은 그들에게 각각 수레와 의복을 하사하고 귀환했다. 진 도공은 핍양의 군주가 초나라를 도왔다고 질책하고 서민으로 강등시켰다. 또한 그 일족 중에서 현인을 뽑아 운씨妘氏 성의 제사를 주관하게 하면서 곽성霍城(山西省 霍縣 서남)에 거주하게 했다. 이해 가을 순회가 죽었다. 진 도공은 법 집행에 능한 위강을 신군 부장新軍副將에 임명하고 장로를 사마로 삼았다.

이해 겨울 제2군이 정나라 정벌에 나서 우수牛首에 군영을 세우고 다시 호뢰虎牢의 수비를 강화했다. 이 무렵 정나라 사람 울지尉止5가 변란을 일으켜 서궁西宮의 조당에서 공자 비, 공자 발, 공자 첩을 죽였다. 공자 비의 아들 공손하公孫夏(자는 子西), 공자 발의 아들 공손교公孫僑(자는 子産)는 각각 집안 갑사를 거느리고 적들을 공격했다. 적들은 패배하여 북궁北宮으로 달

5_ 울지尉止:『강희자전康熙字典』에 '尉止'와 '尉遲'는 모두 발음이 '於物切'(울) '鬱'(울)이라고 했다.

아났다. 공손채도 군사를 거느리고 이들을 도우며 마침내 울지의 잔당을 모두 주살하고 공자 가嘉를 상경으로 세웠다. 이때 진나라에서는 난염이 도공에게 이렇게 청했다.

"정나라에 바야흐로 난리가 일어나 외국과 싸움을 할 수 없을 것입니다. 서둘러 공격하면 저들의 도성을 함락시킬 수 있습니다."

지앵이 말했다.

"다른 나라의 난리를 틈타 공격하는 건 의롭지 않은 일이오."

이에 공격을 늦추게 했다. 그러자 정나라 공자 가嘉는 사람을 시켜 진나라와 강화를 하자고 했고 지앵도 그것을 허락했다. 초나라 공자 정이 정나라를 구원하러 왔을 때는 진나라 군사들이 모두 물러간 뒤였다. 정나라는 다시 초나라와 우호의 맹약을 맺었다. 전해오는 말에 의하면 '진 도공이 세 번 수레를 타고 나가 모두 초나라를 굴복시켰다'고 한다. 이번 공격이 그 세 번 중 첫 번째였고, 주 영왕 9년의 일이었다.

이듬해 여름 진 도공은 정나라 사람들이 복종하지 않자 다시 제3군으로 정나라를 쳤다. 송나라 상수의 군사가 먼저 정나라 동문에 이르자, 위衛나라 상경 손임보는 예邾나라 사람들과 정나라 북쪽 변경에 주둔했다. 진나라 신군원수 조무 등은 서쪽 교외에 군영을 세웠고 순앵(지앵)은 대군을 이끌고 북림에서 서쪽을 향해 가다가 정나라 남문에서 군대의 위엄을 떨쳤다. 그러고는 각 방면의 군마를 모이게 하여 같은 날 정나라 도성을 포위했다. 정나라 군주와 신하들은 몹시 두려워하며 또 사신을 파견해 우호 맺기를 청했다. 순앵은 그것을 허락한 뒤 송나라 땅으로 군사를 물렸다. 정나라 간공은 직접 박성亳城(河南省 商邱의 북쪽)까지 가서 많은 음식을 장만하여 여러 나라 군사를 크게 위로했다. 그러고는 순앵과 삽혈 동맹을 맺었다.

이후 진나라와 송나라 군사 등 각국의 군사는 모두 흩어져 돌아갔다. 이것이 진 도공의 세 번의 출진 중 두 번째였다. 초나라 공왕은 진노하여 공자정을 진秦나라로 보내 군사를 빌리게 했다. 그리고 진나라와 함께 정나라를 정벌하기로 약속했다. 당시 진秦 경공의 누이동생은 초 공왕의 부인이었다. 두 나라는 혼인으로 우호를 맺고 있던 사이였기 때문에 진나라에서는 대장 영첨嬴詹에게 병거 300승을 거느리고 초나라를 돕게 했다. 초 공왕은 친히 대군을 이끌고 형양滎陽(河南省 滎陽)을 목표로 출정하면서 말했다.

"이번에 정나라를 멸망시키지 않으면 맹세컨대 절대 군사를 철수시키지 않을 것이다."

정나라 간공은 박성亳城 북쪽에서 진晉나라와 회맹하고 귀환한 후 조만간 초나라 군사가 반드시 들이닥칠 것이라 예상하고 백관들을 불러 모아 대책을 상의했다. 대부들이 모두 말했다.

"지금 진晉나라의 세력이 강성하여 초나라는 진나라에 미치지 못합니다. 그러나 진나라 군사는 올 때는 매우 느리지만 갈 때는 매우 빠르기 때문에 두 나라는 아직도 진정으로 자웅을 겨뤄본 적이 없습니다. 그래서 두 나라 사이의 다툼이 사라지지 않고 있습니다. 만약 우리를 위해 진나라가 사력을 다 바치도록 할 수 있다면 초나라는 힘이 모자라 틀림없이 도피할 것입니다. 그때부터 오로지 진나라만 섬기면 될 것입니다."

이어서 공손사지公孫舍之가 계책을 올렸다.

"우리를 위해 진晉나라가 사력을 다하게 하려면 그들의 화를 돋우는 것이 가장 좋습니다. 그리고 진나라의 화를 돋우려면 송나라를 치는 것보다 더 좋은 방법은 없습니다. 송과 진은 사이가 매우 화목하기 때문에 우리가 아침에 송나라를 치면 진나라는 저녁에 바로 우리를 칠 것입니다. 진나라는 우리 정나라에 신속하게 군사를 보낼 수 있지만 초나라는 틀림없이 그렇게 할 수 없습니다. 그렇게 되면 우리는 초나라에 변명할 말이 있게 됩니다."

대부들이 모두 말했다.

"참으로 훌륭한 계책입니다!"

이렇게 계책을 논의하는 사이에 초나라가 진晉나라의 군사를 빌려 공격을 해온다는 세작의 보고가 올라왔다. 공손사지가 기뻐하며 말했다.

"이것은 하늘이 우리에게 진晉나라를 섬기라고 명령하는 것입니다."

대부들이 무슨 말인지 몰라 의아해하고 있는데 공손사지가 말했다.

"진晉나라와 초나라가 번갈아 정벌에 나서면 우리 정나라는 이중으로 곤경에 처하게 될 것입니다. 그러므로 저들이 우리 국경으로 들어오기 전에 나가서 맞아들인 뒤 길을 안내하여 저들과 함께 송나라를 쳐야 합니다. 그러면 첫째 초나라의 우환에서 벗어날 수 있고, 둘째 진晉나라의 참전을 자극할 수 있으니, 어찌 일거양득이 아니겠습니까?"

정 간공이 그 계책에 따라 즉시 공손사지에게 명하여 홀로 수레를 타고 밤새도록 남쪽으로 치달려가게 했다. 공손사지가 영수를 건너 30리도 채 가지 못했을 때 바로 초나라 군사와 마주쳤다. 공손사지는 수레에서 내려 말 머리 앞에 엎드려 절을 올렸다. 초 공왕이 험악한 얼굴로 물었다.

"너희 정나라가 반복해서 신의를 저버렸기 때문에 과인이 그 죄를 물으러 왔다. 그런데 네놈은 여기까지 무엇하러 왔느냐?"

공손사지가 아뢰었다.

"우리 주상께선 대왕마마의 은덕에 감사하고 대왕마마의 위엄에 두려움을 느껴 종신토록 초나라의 지붕 아래 의지하고 싶어합니다. 어찌 감히 이

탈할 마음을 품을 수 있겠습니까? 그러나 진晉나라 놈들이 포악하게도 송나라와 군사를 합쳐 우리 땅을 끊임없이 침략하니 어찌할 수가 없습니다. 우리 주상께선 사직이 뒤엎어질까 두려워서 대왕마마를 섬기지 못하고 잠시 저들과 강화를 하여 군사를 물러가게 하였습니다. 이제 진나라 군사는 물러났으므로 우리 정나라는 여전히 대왕마마께 조공을 바치는 나라로 남아 있습니다. 대왕마마께서 아직도 우리 나라의 진실함을 살피지 못하실까 두려워, 우리 주상께서 특별히 신을 보내 대왕마마의 군사를 영접하고 우리 마음속 정성을 말씀드리게 한 것입니다. 대왕마마께서 이참에 만약 송나라의 죄를 물으시겠다면 우리 주상께서 채찍을 잡고 앞장서서 견마지로를 다하며 맹세코 배신하지 않을 것입니다."

초 공왕은 분노를 떨쳐버리고 기뻐하며 말했다.

"그대의 군주가 과인을 따라 송나라 정벌에 나서준다면 과인이 더 이상 무슨 말이 필요하겠는가?"

공손사지가 또 아뢰었다.

"미천한 신이 이곳으로 오기 위해 행장을 꾸리던 날 우리 주상께선 벌써 미약한 군사나마 모두 이끌고 장차 뒤처지지 않기 위해 동쪽 변경에서 대왕마마를 기다리고 있었습니다."

공왕이 말했다.

"비록 그렇다 하더라도 진秦나라 서장庶長6과 영양성穎陽城 아래에서 만나기로 하였으니 앞으로 모름지기 그들과 함께 일을 해야 할 것이다."

공손사지가 다시 아뢰었다.

6_ 서장庶長: 진秦나라의 최고 관직으로 우서장右庶長과 좌서장左庶長이 있다. 관직의 품계가 모두 상경上卿이므로 이상二相이라 불린다.

"진秦나라 도성 옹주는 거리가 아주 멀 뿐만 아니라 반드시 진晉나라를 통과하고 주周 왕실을 거쳐야 우리 정나라에 당도할 수 있습니다. 지금이라도 대왕마마께서 사신을 파견하면 행군을 중지시킬 수 있을 것입니다. 대왕마마의 위엄과 초나라 군사의 강한 힘이 있는데 하필 서쪽 오랑캐에게서 도움을 받을 필요가 있겠습니까?"

초 공왕은 그 말을 듣고 기뻐하며 과연 사신을 보내 진나라 군사를 돌아가게 한 뒤 마침내 공손사지와 함께 유신有莘의 들판에 이르렀다. 정나라 간공이 군사를 거느리고 그곳까지 마중 나와 있었다. 두 나라 군사는 함께 송나라를 치러 가서 송나라 땅을 크게 약탈한 뒤 귀환했다.

송 평공은 상수를 진晉나라로 보내 초나라와 정나라 연합군의 침략 소식을 알렸다. 진나라에서는 그날 바로 군사를 일으켰다. 이번에는 순서에 따라 제1군이 출정할 차례였다. 지앵이 앞으로 나서며 말했다.

"초나라가 진秦나라에게 군사를 빌린 것은 바로 해마다 먼 길을 오가느라 이제 피로를 이길 수 없기 때문입니다. 우리가 1년에 두 번씩 정벌에 나서면 초나라가 어찌 다시 올 수 있겠습니까? 이번에는 틀림없이 정나라를 완벽하게 복속시킬 수 있을 것입니다. 마땅히 우리의 강력한 힘을 보여주어 저들이 우리에게 귀의할 마음을 굳건하게 해야 합니다."

진 도공이 말했다.

"좋은 계책이오."

이에 송宋, 노魯, 위衛, 제齊, 조曹, 거莒, 주邾, 등滕, 설薛, 기杞, 소주小邾 등 각국의 군사와 크게 연합군을 편성하여 일제히 정나라로 쳐들어갔다. 그들은 정나라 동문에서 군사를 사열했다. 연도 내내 사로잡은 포로도 매우 많았다. 이번 출정이 바로 진 도공의 세 번의 출진 중 마지막이었다. 정 간공이 공손사지에게 말했다.

"경은 진나라의 화를 돋우어 그들을 오게 해야 한다고 했소. 과연 저들이 왔는데, 이제 우리는 어찌하면 좋소?"

공손사지가 대답했다.

"바라옵건대 한편으로는 진나라에 강화를 청하고, 다른 한편으로는 초나라에 사신을 보내 구원병을 요청하십시오. 초나라 군사가 만약 조속하게 달려오면 반드시 진나라와 교전이 벌어질 것입니다. 그럼 우리는 승리한 나라를 택하여 순종하면 될 것입니다. 그러나 만약 초나라 군사가 오지 못하면 우리는 진나라와 우호의 맹약을 맺으면 될 것입니다. 그리고 진나라에 후한 뇌물을 주면 진나라는 틀림없이 우리를 보호해줄 것입니다. 어찌 초나라를 근심할 필요가 있겠습니까?"

정 간공도 그렇게 생각했다. 그리하여 대부 백변伯騈을 진나라로 보내 강화를 요청하게 했고, 공손양소公孫良霄와 태재 석착石奰을 초나라로 보내 다음과 같이 정 간공의 전언을 알렸다.

진나라 군사가 다시 우리 정나라로 쳐들어왔소. 진을 따르는 나라만도 열한 나라라 저들 군사의 기세는 매우 강성하오. 우리 정나라는 이제 아침저녁 사이에 망국을 맞게 될 지경이오. 대왕께서 강력한 군대로 위엄을 떨쳐 진나라를 위협해주시오. 그것이 과인의 소원이오. 그렇지 않으면 과인은 사직을 보존하지 못할까 두렵소. 그렇게 되면 결국 과인은 진나라의 보호를 받으며 나라를 안정시키지 않을 수 없을 것이오. 대왕께서 우리를 가엾게 여기시고, 우리의 행동을 용서해주시오.

초 공왕은 진노하여 공자 정을 불러 계책을 물었다. 공자 정이 대답했다.

"우리 군사는 얼마 전 귀환하여 아직 가쁜 숨도 고르지 못하고 있는데 어찌 다시 출정할 수 있겠습니까? 정나라를 잠시 진나라에게 양보하더라도 뒷날 다시 찾을 날이 어찌 없겠습니까?"

초 공왕은 분노를 삭이지 못하고 사신으로 온 공손양소와 석착을 군대 내에 가두고 돌려보내지 않았다. 염선이 이를 시로 읊었다.

초와 진은 서로 다퉈 대대로 원수였는데	楚晉爭鋒結世仇
진병이 교대로 가니 초병은 지쳤도다	晉兵迭至楚兵休
사신이 무슨 죄라고 잡아서 가뒀나?	行人何罪遭拘執
삼군으로 나눈 계책이 참으로 훌륭했네	始信分軍是善謀

이때 진나라 군사는 소어蕭魚에 주둔하고 있었다. 정나라 사신 백변이 진나라 군영에 도착하자 진 도공이 그를 불러 사나운 목소리로 물었다.

"네놈들이 강화를 맺고 우리를 속인 것이 벌써 한두 번이 아니다. 이번에도 틀림없이 우리의 공격을 늦출 심산이겠지?"

백변이 머리를 조아리며 말했다.

"우리 주상께서 벌써 먼저 초나라에 사신을 보내 절교를 선언했사온데 어찌 두마음을 품을 수 있겠습니까?"

도공이 말했다.

"과인은 성심으로 네놈들을 대해왔다. 네놈들이 만약 또다시 배반할 마음을 품는다면 이는 여러 나라 제후들의 공적公敵이 되는 길이다. 어찌 과인 한 명에 그치겠느냐? 너는 잠시 돌아가 너희 군주와 논의하여 자세한 내용을 확정한 후 다시 오기 바란다."

그러자 백변이 다시 아뢰었다.

"우리 주상께서 목욕재계하고 미천한 신을 파견한 것은 실로 군후께 나라를 맡기고자 하는 것이니 군후께선 의심하지 마십시오."

도공이 말했다.

"너희의 뜻이 결정되었다면 회맹을 해도 되겠구나."

도공은 신군원수 조무에게 명하여 백변과 함께 성안으로 들어가서 정간공과 삽혈 맹약을 하게 했다. 정 간공도 공손사지로 하여금 조무와 함께 성을 나가 진 도공과 맹약을 하게 했다. 이해 겨울 12월 정 간공은 친히 진나라 군영으로 들어가 제후들과 회맹하고 삽혈을 청했다. 그러자 진 도공이 말했다.

"앞서 이미 맹약을 맺었으니 군후께서 만약 신의를 지키신다면 신령이 보살펴주실 것이오. 어찌 다시 삽혈까지 할 필요가 있겠소?"

이에 다음과 같이 명령을 내렸다.

연도에서 포로로 잡아온 정나라 사람들을 모두 풀어주고 본국으로 돌아가게 하라. 여러 나라의 군사들은 정나라를 추호도 침범하지 말라. 만약 어기는 자가 있으면 군법으로 다스릴 것이다. 호뢰관을 지키는 군사도 모두 철수하고 정나라 사람들이 스스로 그곳을 지키게 하라.

그러자 제후들이 모두 간언을 올렸다.

"정나라는 아직 믿을 수 없소. 만약 다시 배반하면 호뢰관에 수비병을 두기가 아주 어려울 것이오."

진 도공이 소어에서 회맹을 하다.

진 도공이 말했다.

"여러 나라 장수와 병사들이 오랫동안 피로에 지쳐 있는데도, 장차 돌아갈 기약이 없음을 원망하고 있소. 이제 정나라와는 관계를 새롭게 다시 시작하여 우리의 속마음을 다 맡겨야 하오. 과인이 정나라를 배반하지 않는데, 정나라가 과인을 배반할 리가 있겠소?"

또한 정 간공에게 말했다.

"과인은 군후의 나라 군사들이 휴식하고 싶어한다는 것을 잘 알고 있소. 지금부터는 진晉을 따르든 초를 따르든 마음대로 하시오. 과인이 강제하지 않겠소."

정 간공은 감격의 눈물을 흘리며 말했다.

"패주께서 지성으로 사람을 대하시니 비록 금수라 하더라도 그 은혜를 알 것이오. 하물며 사람의 탈을 쓰고 있는데 어찌 감히 비호해주신 은혜를 잊을 수 있겠소? 다시 다른 마음을 품는다면 귀신이 반드시 과인을 죽일 것이오."

정 간공은 하직 인사를 하고 돌아갔다. 이튿날 그는 공손사지를 시켜 후한 예물을 바치며 감사를 표했다. 그 예물을 다음과 같았다.

악사樂師 3명

여악女樂7 16명

박경鎛磬8이 매달린 가종歌鍾9 32매

7_ 여악女樂: 연주나 가무를 담당하는 여인.

8_ 박경鎛磬: '박鎛'은 편종과 같은 작은 종. '경磬'은 경쇠.

9_ 가종歌鍾: 동銅으로 만든 편종編鍾이나 옥으로 만든 편경編磬을 매단 악기. 권력과 명예의 상징이다.

바느질에 능한 여공 30명

돈거輨車**10**와 광거廣車**11** 모두 15승

갑사까지 구비된 또 다른 병거 100승

진 도공은 그것을 모두 받은 뒤 여악 8명과 가종 12매를 위강에게 나눠 주며 말했다.

"경은 과인을 가르쳐 융적들과 화합하게 했고, 중원의 여러 나라를 바로 잡게 했으며, 제후들과도 친하게 지내도록 했소. 그것은 마치 음악의 화음 과도 같은 계책이었소. 그러므로 원컨대 경과 함께 이 음악을 즐기고 싶소."

또 병거 삼분의 일을 지앵에게 하사하며 말했다.

"경은 과인을 가르쳐 군사를 나누어 초나라를 지치게 만들었소. 오늘 정나라와 화친을 맺게 된 것은 모두 경의 공이오."

위강과 지앵 두 장수는 모두 머리를 조아리며 사양했다.

"이것은 모두 주상의 신령함에 의지한 바입니다. 신 등에게 무슨 힘이 있었겠습니까?"

도공이 말했다.

"두 분이 없었다면 과인이 이런 업적을 이룰 수 없었을 것이오. 경들은 물리치지 마시오!"

이에 두 사람은 모두 하사품을 받았다. 그리하여 열두 나라의 병거와 군마는 모두 같은 날 철군했다. 진 도공은 다시 각국으로 사신을 보내 앞

10_ 돈거輨車: 진을 치고 수비를 할 때 진지 바깥에 둘러쳐서 적을 막는 수레.

11_ 광거廣車: 대형 병거兵車.

서 군사를 보내준 노고에 감사의 인사를 전했다. 그러자 제후들이 모두 기뻐했다. 이때부터 정나라는 오로지 진나라를 섬기면서 감히 다른 마음을 품지 않았다. 사관이 이 일을 시로 읊었다.

정인鄭人들이 원숭이처럼 배신을 일삼자	鄭人反覆似猱狙
진晉 도공과 장수들이 그 속임수를 갈아엎었네	晉伯偏將詐力鋤
스물네 해 공을 들여 진나라로 귀의하게 하니	二十四年歸宇下
충과 신이 무기보다 낫다는 걸 알았다네	方知忠信勝兵戈

이때 진秦 경공은 정나라를 구하려고 진晉나라 정벌에 나섰다가, 역 땅에서 진晉나라 일부 군사를 패퇴시켰으나 정나라가 이미 진나라에 항복했다는 소식을 듣고 군사를 되돌렸다.

이듬해 주周 영왕 11년에 오나라 군주 수몽의 병이 위독해졌다. 수몽壽夢은 네 아들 제번諸樊, 여제餘祭, 이매夷昧, 계찰季札을 탑상 앞으로 불러놓고 말했다.

"너희 사형제 중에서 막내 계찰이 가장 현명하다. 만약 막내를 보위에 세우면 틀림없이 우리 오나라가 번창할 것이다. 내가 줄곧 막내를 세자로 세우고자 했으나 막내가 굳게 사양했다. 내가 죽은 후에 보위는 제번이 잇고, 그 이후 제번은 여제에게 전하고, 여제는 이매에게 전하고, 이매는 계찰에게 전해라. 반드시 아우에게 보위를 전해야지, 자기 자손에게 전해서는 안 된다. 부디 막내 계찰이 임금이 되도록 힘써야 한다. 그렇게 되면 우리 사직에 그보다 더 큰 다행이 없을 것이다. 나의 명령을 어기는 놈은 불효자가 될 것이니 하늘이 보우해주지 않을 것이다."

수몽은 말을 마치고 바로 숨을 거두었다. 제번이 계찰에게 나라를 양보하며 말했다.

"이것은 부왕의 뜻이다!"

계찰이 말했다.

"이 아우는 부왕께서 살아 계실 때도 세자의 지위를 사양했는데, 부왕께서 돌아가신 뒤에 어찌 보위를 받을 수 있겠소? 형님께서 만약 다시 양위하시면 이 아우는 다른 나라로 도망칠 것이오."

그리하여 제번은 부득이 아우들에게 차례로 보위를 전하겠다는 약속을 하고 부왕의 명령에 따라 보위에 올랐다. 진 도공은 오나라로 사신을 보내 수몽의 죽음을 조문하고 새로운 군주 즉위를 축하했다.

또 다음 해인 주 영왕 12년에 진晉나라 장수 지앵, 사방, 위상이 연이어 세상을 떠났다. 진 도공은 면산綿山에서 군사를 정비하고 사개를 중군 대장에 임명하려 했다. 그러자 사개가 사양하며 말했다.

"백유(순언의 자)가 신보다 뛰어납니다."

이에 중항언中行偃(荀偃)에게 지앵의 임무를 대신하게 하고 사개를 부장으로 삼았다. 또 한기韓起를 상군 대장에 임명하려 하자 한기가 말했다.

"신은 조무의 현명함에 미치지 못합니다."

이에 조무에게 순언의 임무를 대신하게 하고 한기를 부장으로 삼았다. 난염은 예전처럼 하군 대장의 직위를 유지하게 하고 위강을 부장으로 삼았다. 그러나 신군에는 대장을 보임하지 않았다. 도공이 말했다.

"차라리 자리를 비워두고 사람을 기다려야지, 특정한 사람을 위해 자리를 함부로 남발해서는 안 된다."

그리하여 군리軍吏(군 행정관)를 시켜 신군 소속 군사와 병거를 모두 하군에 배속시키게 했다. 그러자 대부들이 모두 말했다.

"주상께서 이처럼 인재를 등용함에 신중을 기하시는구나!"

그들은 각자 자신의 직분에 충실하며 감히 게으름을 부리지 않았다. 진 나라가 크게 다스려지자 지난날 문공과 양공의 패업이 다시 일어났다. 얼마 지나지 않아 신군을 완전히 폐지하여 삼군으로 편입시키고 제후국으로서의 예절을 지켰다.

이해 가을 9월 초 공왕 심이 세상을 떠나고 세자 소昭[12]가 보위를 이으니 이 사람이 초 강왕康王이다. 오왕 제번은 대장인 공자 당黨에게 군사를 이끌고 초나라를 정벌하게 했다. 초나라에서는 장수 양유기가 적을 맞아 싸우러 나와서 공자 당을 화살로 쏘아 죽였고 오나라 군사는 패배하여 돌아갔다. 제번이 진晉나라에 사신을 보내 패배를 알리자, 진 도공은 제후들을 상向 땅으로 불러 모아 대책을 논의했다. 진나라 대부 양설힐羊舌肹이 앞으로 나서며 말했다.

"오나라는 초나라의 국상을 틈타 공격에 나섰다가 패배를 자초했으므로 불쌍히 여길 필요가 없습니다. 진秦과 진晉은 이웃 나라이며 대대로 혼인으로 우호를 맺어왔습니다. 그런데도 진秦은 초나라를 따르며 정나라를 구원하러 나서서 역櫟(河南省 禹州) 땅에서 우리 군사에게 패배를 안겼습니다. 지금은 이에 대한 복수를 해야 합니다. 만약 진나라를 정벌하여 성공을 거두면 초나라의 세력은 더욱 고립될 것입니다."

진晉 도공도 그렇게 생각했다. 그리하여 순언을 시켜 삼군의 군사를 이끌고 노魯, 송宋, 제齊, 위衛, 정鄭, 조曹, 거莒, 주邾, 등滕, 설薛, 기杞, 소주小

12_ 세자 소昭: 『사기』에는 초招로 기록되어 있다.

郲 등 열두 나라 대부들과 함께 진秦나라를 정벌하게 했다. 진晉 도공은 국경에서 대기했다.

진秦 경공은 진晉나라 군사가 쳐들어온다는 소식을 듣고 사람을 시켜 독약 여러 자루를 경수涇水(陝西省 涇河) 상류에 가라앉혀 놓았다. 그때 노나라 대부 숙손표叔孫豹는 거나라 군사와 함께 먼저 강을 건너려고 했다. 그러나 군사들 중 강물을 마시고 독약에 중독되어 죽는 사람이 많았다. 그러자 각국 군사는 강물을 건너려 하지 않았다. 정나라 대부 공자 교蟜가 위나라 대부 북궁괄北宮括에게 말했다.

"기왕에 진나라를 따르기로 한 이상 어찌 관망만 할 수 있겠소?"

공자 교가 정나라 군사를 이끌고 경수를 건너자 북궁괄도 뒤를 따랐다. 이에 제후들의 군사가 모두 전진하여 역림棫林(陝西省 華縣)에 군영을 세웠다. 그때 첩보가 올라왔다.

"진秦나라 군사가 멀지 않은 곳에 있습니다."

순언이 각 군에 명령을 내렸다.

"닭이 울면 병거를 대기하고 있다가 내 말이 가는 방향을 잘 보고 행군하도록 하라!"

하군원수 난염은 평소 중항언(순언)에게 복종하지 않았다. 그는 명령이 떨어지자 화를 내며 말했다.

"군사에 관한 일은 응당 여러 사람의 지혜를 모아야 한다. 또한 순언이 독단으로 명령을 내리더라도 진퇴의 방향을 분명하게 밝혀야 한다. 그런데 어찌 삼군의 군사들에게 자신의 말 머리만 보고 따라오라는 것이냐? 나도 하군의 원수다. 나의 말 머리는 동쪽으로 향할 것이다."

그는 마침내 자신의 부대를 이끌고 동쪽으로 방향을 잡았다. 부장 위강이 말했다.

"나의 직분은 우리 군사의 원수를 따르는 것이다. 그러니 중항 원수를 따를 수 없다."

그러자 위강도 난염을 따라 군사를 철수시켰다. 이 사실은 일찌감치 중항언에게 보고되었다. 중항언이 말했다.

"분명치 못한 명령을 내린 것은 실로 나의 잘못이지만, 그렇다고 명령을 따르지 않는다면 어떻게 전공을 세울 수 있겠는가?"

그는 각국 제후에게 명령을 내려 자기 나라로 돌아가게 했고 진晉나라 군사도 귀환하게 했다. 이때 난겸은 하군의 융우戎右[13]였다. 그는 혼자 귀환하려 하지 않고 범개范匃(士匃)의 아들 범앙范鞅에게 말했다.

"오늘의 출정은 본래 진나라에 복수를 하기 위함이었네. 만약 아무런 전공도 없이 돌아간다면 이는 치욕을 더하는 일이네. 우리 형제 두 사람이 지금 모두 군중에 있는데 어찌 한꺼번에 돌아갈 수 있겠는가? 자네도 나와 함께 진나라 진영으로 쳐들어갈 수 있겠는가?"

범앙이 말했다.

"장군께서 나라의 치욕을 생각하시는데 제가 감히 따르지 않을 수 있겠습니까?"

이에 각각 자기 휘하의 부대를 인솔하고 진秦나라 진지를 향해 출정했다.

한편 진秦 경공은 대장 영첨과 공자 무지無地를 이끌고 병거 400승을 출정시켜 역림에서 50리 떨어진 곳에 군영을 세웠다. 그리고는 바로 세작을 보내 진나라 군사의 진퇴 동정을 알아보게 했다. 그때 저 멀리서 한 무리의

13_ 융우戎右: 전투 시에 병거兵車의 오른쪽에 타고 적의 공격을 막으며 병거를 호위하는 사람. 거우車右라고도 한다.

병거가 나는 듯이 치달려오는 것이 보였다. 경공은 급히 공자 무지에게 군사를 이끌고 적을 맞아 싸우게 했다. 진晉나라 진영에서는 난겸이 용감하게 앞장을 섰고 범앙이 그 뒤를 받치고 있었다. 그들이 진秦나라 장수 10여 명을 연이어 죽이자 진나라 군사들은 흩어져 달아나려 했다. 그러나 진晉나라 군사 뒤를 따르는 후원군이 없는 것을 보고 다시 북을 쳐 군사를 모아 그들을 포위했다. 범앙이 말했다.

"진나라 군사의 기세가 대단하니 당해낼 수 없을 것 같소."

그러나 난겸은 듣지 않았다. 진나라 영첨의 대군이 당도하자 난겸은 다시 여러 명의 적을 죽이고, 자신은 몸에 일곱 발의 화살을 맞은 채 힘이 다해 죽었다. 범앙은 갑옷을 벗어 던지고 혼자 수레에 올라 질풍같이 도망쳐서 죽음을 면했다. 난염은 범앙이 혼자 돌아오는 것을 보고 물었다.

"내 아우는 어디에 있는가?"

범앙이 말했다.

"이미 진나라 군사들 속에서 전사했소."

난염이 불같이 화를 내며 창을 뽑아 범앙을 곧추 찔렀다. 범앙은 감히 대결할 엄두도 내지 못하고 중군 진영으로 도망쳤다. 난염이 뒤쫓아오자 범앙은 다시 다른 곳으로 달아났다. 범앙의 부친 범개가 난염을 맞으며 말했다.

"우리 사위가 어찌 이리 심하게 화를 내는가?"

난염의 아내 난기欒祁는 바로 범개의 딸이었다. 그래서 범개가 그를 사위라 부른 것이다. 난염은 분노가 폭발하여 스스로도 제어할 수 없을 지경이었다. 그가 고함을 질렀다.

"당신 아들놈이 내 동생을 꾀어 진나라 진영으로 갔다가 내 동생은 죽고 당신 아들놈만 살아왔소. 이것은 당신 아들놈이 내 동생을 죽인 것이나 마찬가지오. 당신이 범앙을 다른 곳으로 쫓아낸다면 용서할 수도 있지만, 만약 그렇지 않으면 내가 반드시 범앙을 죽여 내 동생의 목숨 값을 받을 것이오."

범개가 말했다.

"이 일은 노부도 몰랐다. 지금 당장 쫓아낼 것이다."

범앙은 그 말을 듣고 바로 장막 뒤에서 진秦나라로 달아났다. 진 경공이 그가 온 까닭을 묻자 범앙은 사건의 시말을 자세히 이야기했다. 경공은 크게 기뻐하며 객경客卿의 예로 대우했다. 하루는 경공이 범앙에게 물었다.

"진晉나라 군주는 어떤 사람이오?"

범앙이 대답했다.

"어진 임금입니다. 사람을 잘 알아보고 적재적소에 임용을 잘합니다."

"진나라 대부 중에서 누가 가장 현명하오?"

"조무는 문덕文德이 있고, 위강은 용감하면서도 문란하지 않고, 양설힐은 역사에 밝고, 장노는 신의가 있으면서도 지혜롭고, 기오는 일에 임하는 데 침착하고, 신의 아비 범개는 일의 전체 국면을 잘 파악하는 능력이 있사오니 모두 일세의 인재입니다. 다른 공경대부들 역시 명령을 내리고 법을 집행하는 데 익숙하여 각각 자신의 직무를 잘 수행합니다. 그러니 저들을 가볍게 비난할 수 없습니다."

"그럼 진나라 대부 중에서 누가 가장 먼저 망하겠소?"

"난씨가 가장 먼저 망할 것입니다."

"그건 너무 사치스럽기 때문이 아니겠소?"

"난염은 비록 사치스럽지만 자신의 몸은 지킬 수 있을 것입니다. 그러나 그의 아들 난영欒盈은 참화에서 벗어날 수 없을 것입니다."

"무슨 까닭이오?"

"난염은 백성을 동정하고 선비를 사랑하여 민심이 귀의하고 있습니다. 이 때문에 그에게 군주를 시해한 악행이 있어도 백성은 나쁘다고 생각하지 않고 그의 덕을 높이 받들고 있습니다. 소공召公을 사모하는 사람은 감당甘 棠[14] 나무까지도 사랑하는데, 하물며 그 아들이야 말해 무엇하겠습니까? 그러나 만약 난염이 죽으면 난영의 선행은 다른 사람에 미치지 못하는 데 다 난염의 덕행도 이미 시대가 멀어져서, 그에게 원한을 품은 자들이 그때 틀림없이 보복을 할 것입니다."

진 경공이 감탄하며 말했다.

"경은 가히 생사존망의 연유를 아는 사람이라 할 만하오."

경공은 범앙을 매개로 그의 부친 범개와 연락을 한 후, 서장 무武를 진 나라로 보내 지난날의 우호를 회복하게 했고 아울러 범앙의 지위도 회복해 달라고 했다. 진 도공도 그 제의에 따라 범앙을 진나라로 돌아오게 했다. 도공은 범앙 및 난영을 모두 공족대부로 임명했을 뿐만 아니라 난염에게 도 지난 원한을 갚을 생각을 하지 말라고 타일렀다. 이때부터 진秦과 진晉 은 서로 우호관계를 회복하여 춘추시대가 다 끝날 때까지도 서로 전쟁을 하지 않았다.[15] 이를 증명한 시가 있다.

14_ 감당甘棠: 『시경詩經』 「소남召南·감당甘棠」은 주나라 소공이 남쪽 지방 백성의 고충을 들어 주며 바른 정치를 펴다가 감당나무 아래에서 쉰 것을 노래한 내용이다. 소공이 떠나간 후에도 남 쪽 지방 사람들은 소공의 은혜를 잊지 않기 위해 감당나무를 존중하며 깍듯이 돌보았다고 한다. 감당나무는 팥배나무 또는 아가위나무라고도 한다. 또 소공은 주周나라 초기 소공 석奭을 가리 킨다고도 하고 주나라 중기 소공 호虎를 가리킨다고도 한다. 따라서 소공지애召公之愛 또는 소공 지혜召公之惠는 덕이 높은 위정자를 추앙하는 마음을 말한다.

동과 서 이웃 나라 대대로 혼인하더니 西鄰東道世婚姻

하루아침에 원수 되어 날마다 싸웠다네 一旦尋仇鬪日新

옥백 예물 교환하고 전쟁을 중지하니 玉帛既通兵革偃

종래로 좋은 일은 서로 간의 화친이었네 從來好事是和親

이해에 난염이 죽고 그 아들 난영이 하군 부장을 대신하게 되었다.

이야기가 두 갈래로 나뉜다. 위衛 헌공 간衎은 주周 간왕 10년에 부친 정공을 대신하여 보위에 올랐다. 장례 기간에도 슬퍼하지 않는 헌공 때문에 그의 어머니 정강定姜은 그가 보위를 지키지 못할까 걱정이 되어 누누이 잘못을 바로잡으라고 타일렀으나 말을 듣지 않았다. 보위에 오른 뒤로 헌공은 날이 갈수록 더욱 방종으로 치달았다. 그와 친한 사람은 모두 참소하고 아첨하는 무리들뿐이었고, 음악과 사냥이 그가 좋아하는 것의 전부였다. 위 정공 때부터 정공의 친동생 공자 흑견黑肩이 그의 총애를 믿고 정사를 마음대로 했다. 흑견의 아들 공손표公孫剽는 부친의 대부 작위를 세습했지만 상당한 지략을 갖추고 있었다. 상경 손임보孫林父와 아경 영식甯殖은 헌공이 무도한 것을 보고 모두 공손표와 교분을 맺었다. 손임보는 또 몰래 진晉나라와 우호를 맺고 그들을 바깥의 지원 세력으로 삼아 위나라 안의 기물과 보배를 모두 척 땅으로 옮긴 뒤 자기 아내를 그곳으로 보내 살게 했다. 위 헌공은 손임보가 반역할 마음을 품고 있다고 의심했으나, 첫째 그

15_ 진진지호秦晉之好: 진秦나라와 진晉나라가 이웃에 위치해 있으면서 혼인으로 우호관계를 돈독히 유지한 것을 가리킨다. 흔히 대대로 혼인을 맺은 국가나 가문을 비유한다.(『사기史記』「진세가晉世家」, 喬吉, 『양세인연兩世姻緣』 제3절)

의 반역 행위가 아직 드러나지 않았고, 둘째 그의 강력한 집안 세력이 두려워서 은인자중하며 그들을 잡아들이지 못했다.

그러던 어느 날 위 헌공은 손임보와 영식 두 사람과 함께 점심 약속을 했다. 두 경은 모두 조복朝服을 입고 조정 문밖에서 기다렸다. 그러나 아침부터 정오가 될 때까지 그들을 부르러 오는 사자도 보이지 않았고 궁중에서 사람도 나오지 않았다. 두 사람은 마음속으로 의심이 들었다. 그들은 벌써 해가 기우는 것을 보고 몹시 시장기를 느꼈다. 이에 내궁의 문을 두드리며 헌공을 알현하려고 했다. 그러자 문지기 내시가 대답했다.

"주상께선 후원에서 활쏘기 연습을 하고 계십니다. 두 대부께서 주상을 알현하시려면 직접 그곳으로 가십시오."

손임보와 영식은 마음속으로 분노의 불길이 치솟았으나 배고픔을 참고 곧장 후원으로 갔다. 저 멀리서 헌공이 피관皮冠16을 쓰고 궁술 스승 공손 정公孫丁과 활쏘기를 겨루고 있는 모습이 보였다. 헌공은 두 사람이 다가오는 것을 보고도 피관을 벗지 않고 팔에 활을 건 채 물었다.

"두 분께서 오늘 무슨 일로 이곳까지 오셨소?"

손임보와 영식이 한목소리로 대답했다.

"주상전하께서 신들과 함께 점심을 드시기로 약조하셨기에 지금까지 기다렸습니다. 배가 몹시 고팠지만 주상전하의 명령을 어길까 두려워 이곳까지 온 것입니다."

헌공이 말했다.

"과인이 활쏘기에 빠져서 그만 잊고 말았소. 두 분 경은 물러가시오. 나

16_ 피관皮冠: 중국 고대에 사냥을 할 때 쓰던 가죽 모자.

중에 다시 약속을 잡겠소."

헌공이 말을 마치자 마침 기러기가 울면서 지나갔다. 그러자 헌공이 공손정에게 말했다.

"이제 저 기러기 쏘기 내기를 하는 게 어떻겠소?"

손임보와 영식은 치욕을 참고 물러나왔다. 손임보가 말했다.

"주상이 유희에 탐닉하느라 군소 간신들과는 친하면서도 대신을 존경하는 마음은 없소. 그러니 장차 우리는 틀림없이 참화에서 벗어날 수 없을 것이오. 어찌하면 좋겠소?"

영식이 말했다.

"지금 임금이 무도하여 스스로 참화를 자초하고 있을 뿐이오. 어찌 다른 사람에게까지 화를 미치게 할 능력이 있겠소?"

손임보가 말했다.

"나는 공손표를 받들어 보위에 모시고 싶소. 대부의 생각은 어떠하오?"

영식이 말했다.

"그것 참 좋은 생각이오. 대부와 내가 기회를 보아 움직이는 것이 좋겠소."

말을 마치고 두 사람은 헤어졌다.

손임보는 집으로 돌아와 밥을 먹고 밤새도록 척읍戚邑을 향해 달렸다. 그러고는 비밀리에 가신 유공차庾公差와 윤공타尹公佗 등을 불러 집안 갑사들을 정돈하게 하고 모반 계획을 세웠다. 그 후 맏아들 손괴孫蒯를 위 헌공에게 보내 헌공이 무슨 말을 하는지 알아보게 했다. 손괴는 위나라 도성으로 가서 헌공을 만나 거짓말을 했다.

"신의 아비 임보가 우연히 감기에 걸려 잠시 하상河上[17]에서 몸조리를 하고 있습니다. 주상께서 너그럽게 용서해주십시오."

그러자 헌공이 우스갯소리를 했다.

"너의 아비는 배가 고파서 감기에 걸린 것이다. 과인은 이제 그 아들까지 굶길 수는 없노라."

그러고는 내시에게 술을 가져다 대접을 하라 하고 악공을 불러와 노래를 부르게 하여 주흥을 돋우게 했다. 태사太師(악사)가 물었다.

"무슨 노래를 부를까요?"

헌공이 말했다.

"「교언巧言」18의 마지막 장이 지금 세상 돌아가는 상황과 딱 부합한다. 그것을 불러라!"

태사가 아뢰었다.

"그 노래는 뜻이 아름답지 못하니 즐거운 연회에 어울리지 않을까 두렵습니다."

그러자 노래를 불러야 하는 사조師曹가 일갈했다.

"주상께서 부르라는 노래를 내가 부르면 되지, 뭐 그렇게 여러 말을 하시오?"

원래 사조는 금琴 연주에 뛰어났다. 그래서 헌공이 사조로 하여금 자신의 애첩에게 금을 가르치게 했다. 그런데 그 애첩이 사조의 가르침을 잘 따르지 않자 사조가 그녀에게 10대의 매질을 했다. 그 애첩이 눈물을 흘리며

17_ 하상河上: 황하 근처를 가리킨다. 고대에는 손임보가 재산을 옮긴 근거지 척읍戚邑이 바로 황하 가 복양濮陽 근처에 있었다.

18_ 교언巧言: 『시경』 「소아」에 실려 있는 노래. 「모시서毛詩序」에 따르면 대부가 유왕幽王의 폭정을 풍자한 시라고 한다.

헌공에게 하소연하자 헌공은 그 애첩 면전에서 사조에게 300대의 매질을 가했다. 사조는 울분을 품고 있다가 오늘 이 시의 뜻이 아름답지 못한 것을 분명하게 알면서도, 고의로 이 노래를 불러 손괴의 분노를 자극하려고 한 것이다. 사조가 마침내 소리를 길게 뽑으며 노래를 불렀다.

그자는 어떤 자인가?　　　　　　　　　　　　　　　　彼何人斯

황하 가에 사는도다　　　　　　　　　　　　　　　　居河之麇

주먹도 없고 용기도 없이　　　　　　　　　　　　　無拳無勇

반란의 마음을 키우는도다　　　　　　　　　　　　職爲亂階

위 헌공의 의도는 손임보가 황하 가에 살면서 반란의 마음을 품고 있기 때문에 이 노래를 빌려 그를 두렵게 하려는 것이었다. 손괴는 노래를 듣고 좌불안석으로 전전긍긍하다가 잠시 후 작별 인사를 하고 조정에서 나왔다. 헌공이 말했다.

"방금 사조가 부른 노래를 너는 네 아비에게 자세히 알려주도록 해라. 네 아비는 지금 황하 가에 머물고 있지만 그 동정을 과인이 모두 알고 있다. 조심해서 행동하며 병이나 잘 치료하라고 해라."

손괴는 머리를 조아리고 "감히 그럴 리가 있겠습니까?"를 연발하며 궁궐에서 물러나왔다. 손괴는 척읍으로 돌아가서 부친 손임보에게 그 일을 자세하게 얘기했다. 임보가 말했다.

"주상이 나를 심하게 미워하는구나. 그러나 나는 앉아서 죽음을 기다리지는 않을 것이다. 우리 위나라 대부 거백옥蘧伯玉은 현인이다. 만약 그와 함께 큰일을 도모한다면 반드시 성공할 것이다."

손임보가 위 헌공을 축출하다.

그는 몰래 위나라 도성으로 가서 거원蘧瑗(거백옥의 본명)을 만나 이렇게 말했다.

"주상이 폭정을 일삼고 있는 건 대부께서도 잘 아실 것이오. 이러다 나라가 망하지나 않을까 걱정이오. 대부께선 어떻게 하시겠소?"

거원이 대답했다.

"신하로서 임금을 섬기다가 간언을 올릴 수 있으면 간언을 올리고, 간언을 올릴 수 없으면 떠나면 되오. 나는 다른 일은 아무것도 모르오."

손임보는 거원의 마음을 움직일 수 없음을 알고 그의 집에서 나왔다. 거원은 그날로 바로 노魯나라로 몸을 피했다.

손임보는 구궁邱宮(손임보의 저택)에서 군사를 모아 헌공을 공격하려 했다. 헌공은 두려움을 느끼고 사자를 구궁으로 보내 손임보와 화해하려 했다. 그러나 손임보는 사자를 죽였다. 헌공은 사람을 시켜 영식을 감시하게 했으나 그는 이미 손임보와 호응하고 있었다. 이에 북궁괄을 불렀다. 그러나 그는 병을 핑계로 조정에 나오지 않았다. 공손정이 말했다.

"사태가 급박합니다. 조속히 피하셨다가 나중에 복위를 노리십시오."

헌공은 궁궐 갑사 약 200여 명을 모아 한 부대를 만들었다. 공손정은 궁시를 잡고 헌공을 수행했다. 동문을 열고 도성 밖으로 나와 제나라를 향해 말을 몰았다. 손괴와 손가孫嘉 형제 두 사람은 군사를 이끌고 거야巨野까지 추격하여 한바탕 살육전을 벌였다. 궁궐 갑사 200여 명은 모두 흩어졌고, 살아남은 자는 겨우 10여 명에 불과했다. 다행히 공손정의 활솜씨가 좋아서 한 발도 빗나가지 않았다. 가까이 다가오는 자는 모두 공손정의 화살을 맞고 죽었다. 그는 헌공을 보호하면서 한편으로는 전투를 하고 한편으로는 도망쳤다. 손괴와 손가는 감히 끝까지 추격할 수가 없었다. 그런 상태로 3리도 가지 못했을 때 유공차와 공손타 두 장수가 군사를 이끌고 오는 것이 보였다. 그들이 말했다.

"상국의 명령을 받들고 왔소. 위후衛侯를 잡아가서 보고해야 하오."

손괴와 손가가 말했다.

"궁술에 뛰어난 자가 위후를 수행하고 있소. 장군들께서도 신중하게 화살을 막아야 할 것이오."

유공차가 말했다.

"우리의 궁술 스승 공손정이 아니신가?"

원래 윤공타는 유공차에게서 활쏘기를 배웠고, 유공차는 또 공손정에게서 활쏘기를 배웠다. 이 세 사람은 사제 관계로 맺어져 있었기 때문에 피차간에 서로의 능력을 잘 알고 있었다. 윤공타가 말했다.

"위후가 멀리 가지 않았으니 잠시 후 바로 따라잡을 수 있을 것입니다."

대략 15리쯤 말을 치달려가서 바로 헌공을 따라잡았다. 헌공의 어자가 부상을 당해 공손정이 수레의 고삐를 잡고 있었다. 그는 고개를 돌려 바라보고는 멀리서 추격해오는 사람이 유공차임을 알았다. 그래서 헌공에게 말했다.

"저기 오는 자가 신의 제자입니다. 제자가 스승을 해치는 일은 없사오니 주상께서는 걱정하지 마십시오."

그러고는 수레를 멈추고 그들을 기다렸다. 유공차는 그곳에 당도하여 윤공타에게 말했다.

"정말로 우리 스승님이시다."

그는 수레에서 내려 절을 올렸다. 공손정은 손을 들어 답례를 하고 돌아가라고 손짓을 했다. 유공차가 수레에 올라 윤공타에게 말했다.

"오늘의 일은 각각 자신의 주상을 섬기다가 발생한 일이다. 내가 만약 화살을 쏘면 스승을 배반하게 되고 쏘지 않으면 주상을 배반하게 된다. 나는 오늘 이 두 가지를 모두 원만하게 처리해야 한다."

그리하여 화살을 뽑아 수레바퀴에 대고 두드려 화살촉을 제거한 뒤 소리를 질렀다.

"스승님께서는 놀라지 마십시오!"

그리고는 네 발의 화살을 연속해서 발사했다. 그중 앞으로 날아간 화살은 수레 앞턱 가로나무에 명중했고, 뒤로 날아간 화살은 수레 뒤턱 가로나무에 명중했다. 좌우로는 수레 양쪽 나무를 맞혔다. 수레에 탄 임금과 신하 두 사람에게는 아무 해도 끼치지 않았다. 분명하게 자신의 일을 하면서도 개인의 인정까지 베푼 셈이었다. 유공차는 활쏘기를 마치고 나서 다시 소리를 질렀다.

"스승님! 몸조심하십시오!"

그리고는 자신의 수레를 돌리라고 명령을 내렸다. 공손정도 헌공이 탄 수레의 고삐를 잡고 그곳을 떠났다. 윤공타는 먼저 헌공을 만나 자신의 솜씨를 뽐내고 싶었으나 유공차가 바로 자신의 스승이었기 때문에 마음대로 할 수 없었다. 그래서 돌아오는 도중에 점점 후회가 밀려와 유공차에게 말했다.

"스승님께서는 사제 간의 인연이 있기 때문에 인정을 베푸셨지만 이 제자는 한 단계 건넌 인연일 뿐입니다. 그러니 저에게 사은謝恩은 가벼운 일이고, 주상의 명령은 중대한 일입니다. 만약 아무 공도 세우지 못하고 돌아간다면 어떻게 우리 주상의 은혜에 보답할 수 있겠습니까?"

유공차가 말했다.

"우리 스승님은 신궁이시다. 그 솜씨가 양유기에 뒤지지 않는다. 너는 우리 스승님의 적수가 될 수 없다. 쓸데없이 나섰다간 목숨을 잃게 될 것이다."

윤공타는 유공차의 말을 믿지 않고 당장 몸을 돌려 헌공을 뒤쫓았다. 결말이 어떻게 될지는 다음 회를 보시라.

제62회

맹인 악사의 신통력

제후들은 한마음으로 제나라를 포위하고
진나라 신하들은 계책을 모아 난영을 축출하다
諸侯同心圍齊國, 晉臣合計逐欒盈.

윤공타는 유공차의 말을 믿지 못하고 다시 몸을 돌려 위 헌공을 추격했다. 20여 리를 치달려서야 다시 헌공을 따라잡았다. 공손정이 그가 다시 온 뜻을 물었다. 윤공타가 대답했다.

"나의 스승 유공은 당신과 사제의 인연이 있지만 나는 유공의 제자이므로 당신에게서 궁술을 배운 적이 없소. 그냥 길 가다 만난 사이일 뿐이오. 그러니 어찌 길 가다 만난 사람에게 사사로운 인정을 베풀며 우리 주상을 위한 대의를 팽개칠 수 있겠소?"

공손정이 말했다.

"너는 유공에게서 궁술을 배웠다. 생각해보아라. 유공의 궁술이 어디서 왔겠느냐? 사람이 어찌 근본을 잊을 수 있겠느냐? 사제 간의 우의를 해치지 말고 어서 돌아가거라."

윤공타는 그 말을 듣지 않고 활에 화살을 메겨 공손정을 향해 발사했다. 그러나 공손정은 조금도 당황하지 않고 말고삐를 헌공에게 넘겨준 뒤 자신에게 날아오는 화살을 손을 뻗어 가볍게 받았다. 그러고는 바로 날아온 화살을 활에 메겨 윤공타를 향해 발사했다. 윤공타는 황급히 몸을 피했으나 퍽 하는 소리와 함께 화살은 이미 그의 왼쪽 팔뚝을 관통했다. 윤공타는 아픔을 참은 채 활을 버리고 달아났다. 공손정은 다시 한 발을 쏘아 윤공타의 목숨을 끊었다. 수행한 군사들은 놀라서 수레를 버리고 쥐구멍을 찾기에 바빴다. 헌공이 말했다.

"만약 경의 귀신 같은 활솜씨가 아니었다면 과인의 목숨도 끝이 났을 것이오."

공손정은 다시 말고삐를 잡고 앞을 향해 치달렸다. 다시 10여 리를 갔을 때 또 뒤쪽에서 수레바퀴 소리가 요란하게 울렸다. 헌공이 말했다.

"또 추격병이 오는 것 같소. 이번엔 어떻게 벗어날 수 있겠소?"

이렇게 황망해하는 사이에 뒤쪽에서 수레가 점점 가까이 다가왔다. 뒤를 바라보니 바로 헌공의 친동생 공자 전鱄이 죽음을 무릅쓰고 치달려오고 있었다. 헌공은 그제야 마음을 놓았다. 그들이 마침내 제나라에 당도하자 제 영공은 내성萊城(山東省 龍口 萊子城)에 그들의 공관을 정해주었다. 뒷날 송나라 유학자가 시를 지어 헌공이 대신을 존중하지 않다가 도망친 사실을 풍자했다.

천지처럼 높다랗고 신처럼 빛나는데　　　　　　尊如天地赫如神

어찌하여 신하가 임금을 축출했나?　　　　　　何事人臣敢逐君

이로부터 임금 기강이 추락하게 되었으니　　　自是君綱先缺陷

손임보는 헌공을 축출하고 영식과 의견을 맞추어 공자 표를 보위에 올렸다. 이 사람이 위衛 상공殤公이다. 손임보는 진晉나라에 사신을 보내 위나라의 환난을 알렸다. 진 도공悼公이 중항언에게 물었다.

"위나라 사람들이 한 임금을 내쫓고 또 다른 임금을 세웠다는데 이는 올바른 일이 아니오. 어떻게 처리하면 좋겠소."

중항언이 대답했다.

"위나라 군주 간衎의 무도함은 제후들이 모두 들어 알고 있습니다. 지금 위나라의 신하와 백성이 스스로 공자 표剽를 세우려 한다고 하니, 모른 척하는 것이 좋을 듯합니다."

도공이 그의 말에 따랐다. 제 영공은 진 도공이 손임보와 영식의 죄를 토벌하지 않는다는 소문을 듣고 탄식하며 말했다.

"진나라 군주의 마음이 게을러졌구나. 내가 이 기회에 패업을 도모하지 않고 어느 때를 기다리리오?"

이에 군사를 거느리고 노魯나라 북쪽 변방을 정벌하고 성郕(山東省 寧陽 근처) 땅을 포위하여 그곳을 크게 약탈한 뒤 귀환했다. 이때가 주周 영왕靈王 14년이었다.

한편 본래 제 영공은 애초에 노나라 여인 안희顔姬를 부인으로 맞았으나 아들을 낳지 못했다. 그런데 그 잉첩 종희鬷姬와의 사이에서 아들 광光을 낳아 먼저 세자로 세웠다. 그리고 또 다른 애첩 융자戎子에게서도 아들을 보지 못했으나 그 여동생 중자仲子와의 사이에서 아들 아牙를 낳았다. 융자는 여동생의 아들을 안고 가서 자신의 아들로 삼았다. 또 희씨姬氏 성을 가진 다른 여인에게서도 아들 저구杵臼를 낳았지만 총애하지는 않았다. 융자는 자신이 영공의 사랑을 받고 있음을 믿고 아牙를 세자로 세우고 싶어했다. 영공이 그것을 허락하자 중자가 간언을 올렸다.

"광을 세자로 세운 지 벌써 오래되었고 여러 번 제후들과 회맹을 하여 이를 밝혔습니다. 그러니 지금 아무 연유도 없이 세자를 폐위하면 백성이 복종하지 않을 것이고, 나중에 틀림없이 후회하게 될 것입니다."

영공이 말했다.

"세자를 세우고 아니 세우고는 내가 결정하는 것이다. 누가 감히 복종하지 않는단 말이냐?"

그러고는 마침내 세자 광에게 군사를 거느리고 즉묵卽墨(山東省 卽墨) 땅을 지키러 가게 했다. 광이 떠난 후 영공은 교지를 내려 세자를 폐하고 아를 세자로 세웠다. 그리고 상경 고후高厚를 태부太傅(세자의 스승)로 삼았다. 아울러 내시 숙사위夙沙衛가 힘이 강하고 지혜가 있으므로 그를 소부少傅(세자의 스승 보좌역)로 삼았다. 노 양공은 제나라 세자 광이 폐되었다는 소식을 듣고 사신을 보내 세자의 죄가 무엇인지 물었지만 영공은 대답하지 않았다. 오히려 제 영공은 노나라가 장차 폐세자 광을 도와 나라를 빼앗으려 할까봐 노나라를 원수로 생각하고 먼저 군사를 보내 노나라를 위협한 뒤 폐세자 광을 죽이려 했다. 이것은 영공의 무도함이 극에 달했다는 증거였다. 노나라는 진晉나라에 사신을 보내 위급함을 알렸다. 그러나 진晉 도공이 환후 중이어서 노나라를 구할 수 없었다.

이해 겨울 진 도공이 세상을 떠났다. 백관들은 세자 표彪를 받들어 보위에 올렸다. 이 사람이 진 평공이다. 노나라에서는 또 숙손표를 진나라에 사신으로 보내 도공의 죽음을 애도하고 평공의 즉위를 축하하면서 제나라의 환난을 알렸다. 순언이 말했다.

"다가오는 봄에 제후들과 회맹을 할 것이오. 만약 제나라 군주가 그 회맹에 참여하지 않으면 그때 토벌해도 늦지 않소."

주 영왕 15년, 진 평공 원년, 평공은 추량湨梁(河南省 濟源 북쪽)에서 많은 제후와 회맹을 했다. 그러나 제 영공은 직접 가지 않고 대부 고후를 대신 보냈다. 순언이 대로하여 고후를 잡아 가두려 하자 고후는 제나라로 달아나 귀환했다. 제나라는 다시 군사를 일으켜 노나라 북쪽 변방으로 쳐들어가 방防(山東省 費城 동북) 땅을 포위하고 그곳의 고을 원님 장견臧堅을 죽였다. 숙손표는 다시 진나라로 가서 구원을 요청했다. 진 평공이 대장 중항언中行偃(순언荀偃)에게 제후들의 군사와 힘을 합쳐 제나라를 크게 정벌하도록 명령을 내렸다. 중항언은 군사를 점검하고 돌아오던 날 밤에 꿈을 꿨다. 그의 꿈에 누런 옷을 입은 사자使耆가 나타나 문서 한 꾸러미를 들고 와서 순언을 붙잡고 신분을 대조했다. 순언이 그를 따라 큰 궁전으로 갔다. 궁전 위에는 면류관을 쓴 임금이 단정히 앉아 있었다. 사자는 순언에게 붉은 계단 밑에 무릎을 꿇게 했다. 언뜻 보니 함께 무릎을 꿇고 있는 사람으로 진晉 여공, 난서, 정활, 서동, 장어교, 세 극씨(郤錡, 郤犨, 郤至) 등도 있었다. 순언은 마음속으로 놀랍고 기이한 생각이 들었다. 순언은 서동 등과 세 극씨가 오랫동안 말다툼을 하는 걸 들었다. 아직 분명하게 시비를 가리지 못하고 있는데 잠시 후 옥졸이 그중 몇 사람을 이끌고 갔다. 그곳에는 진 여공, 난서, 순언, 정활 네 사람만 남게 되었다. 진 여공이 자신이 시해된 시말을 하소연하자 난서가 반박했다.

"직접 손을 쓴 건 정활이오."

정활이 말했다.

"주요 계략은 모두 난서와 순언에게서 나왔고 나는 명령을 받든 것에 불과하오. 그런데 어찌 모든 죄를 나에게만 뒤집어씌우는 것이오?"

그때 궁전 위에 앉아 있던 임금이 교지를 내렸다.

"당시 난서가 정사를 맡아보고 있었으니 의당 수괴죄를 받아야 한다. 5년 안에 자손이 모두 끊길 것이다."

그러자 진 여공이 울분을 터뜨리며 말했다.

"역적 순언도 그 일을 힘껏 도왔는데, 어떻게 죄가 없단 말이오?"

그러고는 즉시 몸을 일으켜 창을 뽑아 순언의 머리를 내리쳤다. 꿈속에서도 순언은 자신의 머리가 앞쪽에 떨어지는 것이 느껴졌다. 순언은 자신의 머리를 받쳐들고 무릎을 꿇은 채 머리 위에 붙였다. 바로 궁전 문을 향해 달아나다가 경양梗陽의 무당 영고靈皐를 만났다. 영고가 말했다.

"대부의 머리가 어찌하여 삐딱하십니까?"

그러면서 순언을 대신해서 그 머리를 바로잡아주려고 했다. 순언은 목이 너무 아파서 꿈에서 깨어났다. 그는 매우 이상하게 생각했다.

이튿날 순언은 입조入朝하다가 길에서 실제로 영고를 만났다. 그는 영고를 수레에 태운 후 지난 밤 꿈 이야기를 자세히 들려줬다. 영고가 말했다.

"원혼이 이미 이곳에 이르렀으니 어찌 죽지 않을 수 있겠습니까?"

순언이 말했다.

"지금 동방으로 정벌을 나가야 하는데 그때까진 살 수 있겠는가?"

영고가 대답했다.

"동방에 나쁜 기운이 층층이 쌓여 있으니 정벌을 나가면 반드시 이길 것입니다. 대부께서 비록 돌아가시더라도 승리할 수 있을 것입니다."

순언이 말했다.

"제나라에 승리할 수 있다면 나는 죽어도 괜찮다."

이에 군사를 거느리고 제수濟水[1]를 건너 노魯나라 제濟[2] 땅으로 가서 제후들과 함께 모였다. 진晉, 송, 노, 위衛, 정, 조曹, 거, 주邾, 등, 설, 기杞, 소주小邾 등 모두 열두 나라 병거가 일제히 제나라를 향해 출발했다. 제 영공은 상경 고후에게 태자 아를 보좌하며 도성을 지키게 하고, 자신은 최저, 경봉慶封, 석귀보析歸父, 식작殖綽, 곽최郭最, 내시寺人 숙사위 등과 함께 군사를 거느리고 평음平陰(山東省 平陰 동북 땅)에 주둔했다. 평음성 남쪽에 방防이라는 곳이 있었고 또 그 방성防城에 성문이 있었다. 제 영공은 석귀보에게 방문防門 밖에 넓이가 1리 정도 되는 참호를 깊이 파게 했다. 그러고는 정예병을 선발하여 그곳을 지키며 적을 막아내게 했다. 내시 숙사위가 앞으로 나서며 말했다.

"열두 나라 군사들은 마음이 한결같지 않습니다. 저들이 처음 당도했을 때 바로 기습을 하여 그중 한 곳의 군사만 패퇴시키면 나머지 군사들의 사기가 떨어질 것입니다. 만약 저들이 급히 싸우려 하지 않는다면 험한 곳을 골라 튼튼하게 지키는 것이 가장 좋을 것입니다. 지금 구구하게 방문防門에 참호를 파는 것은 믿을 만한 계책이 아닙니다."

제 영공이 말했다.

"참호가 이렇게 넓고 깊으니 저놈들이 어떻게 날아올 수 있겠느냐?"

1_ 제수濟水: 중국 고대에 장강長江, 회수淮水, 황하黃河와 함께 네 줄기 주요 강물四瀆로 일컬어졌다. 중국 고대에는 황하 바로 아래쪽으로 흐르는 별도의 하천이었으나 황하의 물길이 여러 번 바뀌면서 지금은 산동성을 흐르는 황하 주요 물길이 옛날의 제수와 거의 합쳐졌다.

2_ 제濟: 지금의 산동성 거야巨野 북쪽 제수가 지나는 곳에 대야택大野澤이라는 넓은 소택지가 있었다. 그 인근을 제濟라고 불렀다.

이때 중항언은 제나라 군사들이 참호를 파서 수비를 한다는 말을 듣고 그들을 비웃으며 말했다.

"제나라가 우리를 겁내는구나! 그럼 틀림없이 우리와 싸우지 못할 것이다. 내 이제 계책을 써서 저들을 격파할 것이다."

그리하여 즉시 노나라와 위나라 군사들에게 명령을 내려 수구須句(山東省 東平)로부터 진격 방향을 잡으라고 했고, 주나라와 거나라 군사들에게는 성양城陽으로부터 진격 방향을 잡으라고 한 후, 모두 낭야琅琊(山東省 靑島 黃島區 琅琊鎭)에 모여 그곳에서 함께 공격해 들어가게 했다. 또 진晉나라와 다른 나라 대군은 평음에서 바로 제나라로 공격해 들어가서 임치성臨淄城 아래에 함께 모이기로 했다. 네 나라 제후들은 모두 순언의 계책을 받들고 갔다. 이어서 순언은 사마 장군신張君臣을 시켜 산택山澤의 험한 곳마다 허장성세로 깃발을 꽂아 산과 들을 가득 덮게 했다. 또 짚을 묶어 허수아비를 만들고 갑옷을 입혀 빈 수레에 세운 다음 잘라온 나뭇가지를 수레 끌채에 묶었다. 이에 수레를 치달리게 하자 나뭇가지가 땅에 끌리며 먼지가 날아올라 하늘을 덮었다. 또 힘센 장정에게 큰 깃발을 들고 산골짜기 사이를 왕복하게 하여 군사가 많은 것처럼 보이게 했다. 순언과 사개는 송나라와 정나라 군사를 거느리고 중앙을 맡고, 조무와 한기는 진나라 상군을 거느리고 오른쪽을 맡았으며, 위강과 난영은 하군을 거느리고 조, 기, 소주의 군사와 힘을 합쳐 왼쪽을 맡았다. 이렇게 세 갈래로 나누어 수레마다 각각 나무와 돌을 싣게 하고, 보졸들에게는 모두 흙 한 자루씩 들고 방문防門까지 진격하게 했다. 세 갈래의 군사들은 한 줄기 포성에 호응하여 각각 수레에 싣고 온 나무와 돌을 제나라 군사들이 파놓은 참호에 쏟아부었다. 또 보졸들이 가져온 흙 수만 자루도 그곳으로 던져 넣었다. 순식간에 참호가 평평하게 메워지자 큰 칼과 대형 도끼를 든 도부수들이 적을 죽이며 돌진해 들어갔다.

제나라 군사는 도저히 당해낼 수 없어 태반이 죽거나 부상을 당했다. 석귀보는 진晉나라 군사에게 거의 잡힐 뻔했으나 가까스로 몸을 빼서 도망쳤다. 그는 평음성으로 도망쳐 들어가서 제 영공에게 아뢰었다.

"진나라 군사가 세 갈래로 나누어 참호를 메우며 쳐들어오고 있습니다. 저들의 기세가 강하여 대적하기가 어렵습니다."

그러자 제 영공은 비로소 두려운 기색을 보이며 무산巫山3으로 올라가 적군을 관찰했다. 그는 산택의 험한 곳마다 깃발이 펄럭이고 병거가 치달리는 것을 보고 깜짝 놀라며 말했다.

"제후들의 군사가 어찌 저리도 많으냐? 잠시 피하는 것이 좋겠다."

그러고는 장수들에게 물었다.

"누가 맨 뒤에 남아 적의 진격을 끊겠느냐?"

숙사위가 말했다.

"소신이 일군一軍을 이끌고 적의 진격을 끊고 주상전하를 보호하겠사오니 염려하지 마십시오."

제 영공이 크게 기뻐했다. 그때 갑자기 두 장수가 함께 앞으로 나서며 아뢰었다.

"당당한 우리 제나라에 어찌 용감한 장수가 하나도 없어서 한갓 내시 따위가 맨 뒤에서 적을 막는단 말입니까? 이 어찌 제후들의 웃음거리가 아니겠습니까? 우리 두 사람이 뒤를 맡고자 하오니 숙사위는 앞서 가게 하

3_ 무산巫山: 산동성 비성肥城 서북쪽 60리에 있으며, 효당산孝堂山이라고도 한다.

소서."

그 두 장수는 바로 식작과 곽최였다. 두 사람 모두 만 명의 군사와도 대적할 만한 용력을 지닌 장수였다. 영공이 말했다.

"두 장군께서 맨 뒤를 지켜준다면 과인은 아무 걱정이 없을 것이오."

그러나 숙사위는 제 영공이 자신을 써주지 않는 것을 보고는 부끄럽고 참담한 얼굴로 물러났다. 결국 그는 제 영공을 따라 앞서 갈 수밖에 없었다. 약 20여 리를 행군하여 석문산石門山4에 당도했다. 그곳에는 좁고 험한 산길 양쪽에 큰 바위가 솟아 있고 그 사이로 길이 나 있었다. 숙사위는 식작과 곽최에게 원한을 품고 그들의 전공을 깎아내리려 했다. 그는 제나라 군사가 모두 지나가자 자신이 거느리고 있던 30여 필의 말을 죽여 그 길을 막았다. 그러고는 큰 병거 여러 대를 이어 마치 성처럼 둘러쳐서 계곡 입구를 막았다.

한편 식작과 곽최 두 장수는 군사를 거느리고 뒤쪽을 방어하면서 천천히 후퇴하고 있었다. 부대가 석문의 좁은 입구에 이르자 죽은 말이 종횡으로 어지럽게 쌓여 있고 커다란 병거가 길을 막고 있어서 병거나 말이 지나갈 수 없었다. 두 사람은 서로 얼굴을 돌아보며 말했다.

"이것은 필시 숙사위가 원한을 품고 고의로 한 짓임에 틀림없소."

그리하여 급히 군사들을 시켜 죽은 말을 치우고 길을 뚫도록 했다. 앞쪽에 수레가 막고 있었기 때문에, 죽은 말을 한 필씩 뒤쪽으로 들어내어 공터에다 버리려면 얼마나 많은 시간과 힘이 필요할지 짐작할 수 없었다. 군사들은 비록 많았지만 길이 좁아서 어쩔 수 없었고 힘이 센 사람도 아무

4_ 석문산石門山: 산동성 평음平陰 북쪽, 장청長淸 서남쪽에 있다.

소용이 없었다. 그때 배후에서 먼지가 하얗게 일며 진나라 맹장 주작州綽이 한 무리의 군사를 이끌고 당도했다. 제나라 식작은 병거를 돌려 적을 맞아 싸우려 했다. 그러나 주작이 쏜 화살 한 발이 식작의 왼 어깨에 명중했다. 옆에 있던 곽최가 화살을 메겨 구원에 나서려 하자 식작은 손을 가로저으며 제지했다. 주작도 식작의 그 같은 행동을 보고 역시 다시 손을 쓰지 않았다. 식작은 서두르지 않고 침착하게 자신의 어깨에서 화살을 뽑아내며 물었다.

"지금 오신 장군은 누구시오? 이 식작의 어깨를 맞추실 정도라면 뛰어난 장수임에 틀림없소. 통성명을 하고자 하오."

주작이 대답했다.

"나는 진나라 명장 주작州綽이다."

식작도 대답했다.

"소장도 다른 사람이 아니라 바로 제나라 명장 식작이오. 장군께서는 사람들이 하는 말을 듣지 못하셨소? 요즘 이런 말이 떠돌고 있소. '함부로 날뛰지 마라. 두 분 작綽 장군이 무섭지도 않느냐?' 이처럼 나와 장군의 용력이 나란히 거명되고 있소. 호걸은 호걸을 아끼는 법이거늘 어찌 서로 해칠 수 있겠소?"

그러자 주작이 말했다.

"그대의 말씀은 훌륭하지만 우리는 각각 다른 주상을 섬기고 있으니 이렇게 싸우지 않을 수 없소. 장군께서 만약 몸을 묶고 귀순해온다면 소장이 장군을 힘껏 보호하여 죽지 않도록 해주겠소."

식작이 말했다.

"속임수가 아닌가?"

주작이 말했다.

"장군께서 못 믿으시겠다면 맹약을 맺어도 좋소. 만약 장군의 목숨을 보호해주지 못한다면 나도 장군과 함께 죽겠소."

식작이 말했다.

"곽최의 목숨도 오늘 역시 장군께 맡기겠소."

말을 마치고 두 사람은 포박을 받았다. 두 사람을 따르던 병졸들도 모두 투항했다. 사관이 이 일을 시로 읊었다.

식작 곽최 두 장수는 용맹함이 범 같은데	綽最超超二虎臣
좁은 길에 봉착하여 뜻을 펴기 어려웠도다	相逢狹路志難伸
원한으로 군사를 막고 장수 잡히게 하였으니	覆軍擒將因私怨
나라를 욕되게 한 건 여전히 그 내시였네	辱國依然是寺人

주작은 식작과 곽최 두 장수를 중군에 데리고 와서 중군 대장에게 전공을 바치며 이 두 장수의 용맹함이 쓸 만하다고 했다. 중항언은 두 장수를 잠시 중군에 가두어두게 한 뒤 나중에 철군하고 나서 다시 결정하자고 했다. 대군은 평음에서 진격을 시작하여 거쳐 가는 성곽은 전혀 공격하지 않고 곧바로 임치성臨淄城 외곽으로 치달려갔다. 이미 노나라, 위나라, 주나라, 거나라 군사들이 모두 당도해 있었다. 범앙이 먼저 임치성 옹문雍門5을 공격했다. 옹문 주위에 갈대가 많아서 그곳에 불을 질렀다. 주작도 신지申池6 곁의 대나무 숲을 불태웠다. 각 군의 군사들은 일제히 화공火攻을 하며

5_ 옹문雍門: 춘추시대 제齊나라 임치성의 서문.

6_ 신지申池: 춘추전국시대 제나라 임치성 근처에 있던 연못. 제나라 공실 원림에 속해 있었다.

성곽 주위 사방을 모두 소각시켰다. 그러고는 곧바로 임치성 아래로 압박해 들어가 사방을 포위했다. 함성이 지축을 울리고 화살이 성루까지 넘어 들어가자 성안의 백성이 혼란에 빠졌다. 제 영공은 두려움에 사로잡혀 몰래 좌우 내시에게 수레를 준비하게 하고 동문을 열고 달아나려 했다. 고후가 낌새를 눈치 채고 서둘러 영공의 수레 앞으로 달려왔다. 그는 칼을 뽑아 말고삐를 끊고 눈물을 흘리며 간언을 올렸다.

"제후국의 군사가 비록 날카롭지만 우리 땅으로 깊숙이 들어왔으니 어찌 뒤를 두려워하지 않겠습니까? 오래지 않아 스스로 돌아갈 것입니다. 지금 주상께서 성 밖으로 나가시면 도성을 지킬 수 없습니다. 원컨대 열흘만 더 버텨주십시오. 그때 가서 힘이 다해 피한다 해도 늦지 않을 것입니다."

이에 영공은 도주를 중지했다. 고후는 군사와 백성을 독려하며 서로 힘을 모아 성을 굳게 지키게 했다.

각국의 군사가 제나라를 포위한 지 엿새째 되는 날 갑자기 정나라에서 급보가 날아들었다. 그 급보는 대부 공손사지와 공손하가 연명으로 밀봉해 보낸 서찰이었고 매우 중요한 기밀 사항이 담겨 있다고 했다. 제나라를 공격하던 정 간공이 서찰을 펼쳐보니 대략 다음과 같은 내용이었다.

신 사지舍之와 하夏는 주상의 명을 받들고 자공子孔(공자 嘉의 자)과 함께 나라를 지키고 있었습니다. 그런데 뜻밖에도 자공이 역심逆心을 품고 초나라와 몰래 내통한 뒤 초나라 군사를 불러 우리 정나라를 정벌하게 하고 자신은 안에서 호응하기로 했습니다. 지금 초나라 군사가 벌써 어릉魚陵(河南省 平頂山 북서)에 진을 치고 있으므로 조만간 도성으로 들이닥칠 것입니다. 사태가 급박하오니 밤을 세워서라도 군사를 되돌려 사직을 구해주십시오.

제후들이 힘을 합쳐 제나라를 포위하다.

정 간공은 몹시 걱정을 하며 그 편지를 즉시 진晉나라 진영으로 보내 평공平公에게 바쳤다. 평공은 중항언을 불러 대책을 상의했다. 중항언이 대답했다.

"우리 군사들은 다른 성을 공격도 하지 않고 전투도 치르지 않은 채 바로 임치성으로 달려왔습니다. 그러한 기세를 타고 일거에 임치성을 함락시키려 했습니다. 그러나 지금 제나라의 수비도 허술함이 없을 뿐만 아니라 정나라도 초나라의 공격을 받고 있습니다. 만약 정나라를 잃으면 그 죄는 모두 우리 진나라에 귀착될 것입니다. 차라리 돌아가서 정나라를 구할 계책을 마련하는 것이 좋겠습니다. 이번에 비록 제나라를 깨뜨리지는 못했지만 틀림없이 제나라 군주가 간담이 서늘해져서 다시는 노나라를 침범할 마음을 먹지 못할 것입니다."

평공이 그 말에 따라 바로 포위를 풀고 그곳을 떠났다. 정 간공은 진 평공에게 작별 인사를 한 뒤 먼저 귀환했다.

제후들의 행군 대열이 축아祝阿(山東省 濟南 歷城區)에 이르렀을 때, 진 평공은 초나라 군사가 걱정이 되어 제후들과 술을 마시면서도 즐겁지 않았다. 그러자 악사 사광師曠이 말했다.

"신이 음악 소리로 점을 쳐보겠습니다."

그는 음률에 맞추어 「남풍南風」을 노래하고 또다시 「북풍北風」을 노래했다. 「북풍」은 온화하고 평화로워 듣기 좋았지만, 「남풍」은 소리가 뻗어나가지 못하고 살벌한 기운이 가득 섞여 있었다. 사광이 아뢰었다.

"「남풍」은 소리가 살아나지 못하고 거의 죽은 듯했습니다. 따라서 남쪽의 초나라는 이번에 아무 전공도 세우지 못할 뿐만 아니라 자중지란에 휩싸일 것입니다. 사흘을 넘기지 않고 좋은 소식이 당도할 것입니다."

사광은 자가 자야子野로 진나라에서 제일 귀가 밝고 눈이 밝은 사람이었다. 어려서부터 음악을 좋아했지만 늘 음악에 전념하지 못함을 괴로워했다. 이에 탄식하며 말했다.

"나의 솜씨가 정밀하지 못한 것은 온갖 잡념이 많기 때문이며, 마음을 하나로 집중하지 못하는 것은 잡다하게 보는 것이 많기 때문이다."

그는 쑥 잎을 태워 그 연기를 자신의 눈에 쐬어 눈을 멀게 한 뒤 음악에만 전념했다. 그리하여 마침내 기후의 변화를 살피고 음양의 흐름을 밝게 알 수 있는 능력까지 터득하게 되었다. 그는 천시天時와 인사人事를 알아맞힘에 전혀 틀림이 없었고, 나팔 소리, 피리 소리, 새소리를 듣고도 미래의 길흉을 마치 눈으로 본 것처럼 예측했다. 그는 음악을 관장하는 진나라 태사가 되어 평소에 진후의 깊은 신임을 받았기 때문에 행군 시에도 반드시 진후를 수행했다. 진후는 그의 말을 듣고 군대를 주둔시키고 대기하게 했다. 또한 세작을 전방 멀리까지 보내 초나라의 상황을 염탐하게 했다. 사흘이 되지 않았을 때 세작이 정나라 대부 공손채와 함께 와서 보고를 올렸다.

"초나라 군사가 이미 물러갔습니다."

진 평공은 의아한 마음으로 자세한 내막을 물었다. 공손채가 대답했다.

"초나라가 자경子庚(공자 午의 자) 대신 자낭子囊(공자 貞의 자)을 영윤으로 임명하고 나서 선대先代의 복수를 하려고 정나라를 정벌할 계책을 세웠습니다. 그때 우리 정나라의 공자 가嘉가 몰래 초나라와 내통한 뒤, 초나라 군사가 도착하는 날 거짓으로 적을 맞아 싸운다는 핑계를 대고 군사를 거느린 채 성을 나가 서로 힘을 합치기로 했습니다. 그러나 공손사지와 공손하 두 사람이 미리 공자 가의 계략을 알아채고, 군사를 단속하며 성 밖 출입을 엄격하게 검열했습니다. 그래서 공자 가는 감히 초나라 군사를 맞으러 성 밖으로 나갈 수 없게 된 것입니다. 초나라 자경은 영수를 건너 정나라로 들어왔지만 안에서 호응 소식이 없자 군사를 어치산魚齒山 아래에 주둔시켰습니다. 그때 마침 비와 눈이 쏟아지며 며칠 동안 그치지 않았습니다. 군영에는 물이 한 자尺 이상 차올랐고, 군사들은 모두 높은 언덕으로 피신했습니다. 게다가 심한 추위까지 몰아닥쳐 얼어 죽은 자가 반을 넘었습니다. 병졸들의 원망과 불평이 쏟아지자 자경은 하는 수 없이 군사를 거두어 돌아갈 수밖에 없었습니다. 우리 주상께서는 공자 가의 죄를 성토하고 이미 그를 주살한 뒤, 진晉나라 군후의 군사들이 고생할까 걱정하시며 특별히 소신 채蠆를 시켜 밤새도록 말을 달려 사건의 내막을 보고하게 한 것입니다."

진 평공은 크게 기뻐하며 말했다.

"자야子野(사광의 자)는 음악에 있어서 진정한 성인이로다!"

그는 초나라가 정나라를 정벌하려다 아무 전공도 세우지 못한 사실을 여러 제후에게 모두 알리고 각각 본국으로 귀환하게 했다. 사관이 사광을 찬양한 시를 지었다.

「남풍」을 다 부르고 「북풍」을 노래하다 　　　　　　　　　歌罷南風又北風

초와 진 두 나라의 길흉을 알았도다 　　　　　　　　　便知兩國吉和凶

음악에 정통하면 천지 이치에 통하는 법 　　　　　　　音當精處通天地

사광은 옛날부터 맹인 악사의 조종이었네 　　　　　　師曠從來是瞽宗

이것은 주 영왕 17년 겨울 12월의 일이었다. 진나라 군사가 황하를 건널 무렵 이미 주 영왕 18년 봄이 다가와 있었다.

중항언(순언)은 행군 도중에 홀연 머리에 종기가 생겨서 참을 수 없을 정도로 고통스러워했다. 이에 저옹 著雍 땅에 잠시 머물게 되었다. 급기야 2월까지 그곳에 체류했지만 종기가 짓물러 터져서 눈알까지 모두 빠진 뒤 죽었다. 머리가 잘리는 꿈과 경양 땅 무당의 말이 이즈음에 이르러 모두 맞은 셈이었다. 식작과 곽최는 중항언의 변고를 틈타 차꼬를 끊고 탈출하여 제나라로 달아났다. 범개와 중항언의 아들 오吳는 상여를 맞아 귀환했다. 진 평공은 오에게 부친 중항언의 대부 직을 세습하게 했다. 또 범개를 중군원수로 삼고 오를 그 부장으로 삼았다. 오는 부친의 옛날 성인 순荀을 그대로 써서 순오荀吳라고 칭하게 되었다.

이해 여름 5월 제 영공이 병이 들었다. 대부 최저와 경봉은 대책을 상의한 후 즉묵 땅으로 사람을 보내 옛날 세자 광光을 온거로 모셔오게 했다. 경봉은 집안의 사병을 거느리고 밤에 태부 고후의 저택으로 가서 대문을 두드렸다. 고후가 마중을 나오자 그를 바로 잡아서 죽였다. 광과 최저는 궁궐로 들어가 서모庶母인 융자를 죽이고 다시 세자 아牙까지 죽였다. 제 영공은 변고 소식을 듣고 경악한 나머지 피를 여러 되나 토해내고 순식간에 숨이 끊어졌다. 이에 광光이 즉위하니 이 사람이 제 장공莊公이다. 내시 숙사위는 가족을 이끌고 고당高唐(山東省 高唐)으로 달아났다. 제 장공은 경봉을 시켜 군사를 거느리고 추격하게 했다. 그러자 숙사위는 고당을 근거지로 반란을 일으켰다. 제 장공은 친히 대군을 이끌고 고당을 포위하고 공격을 퍼부었지만 한 달이 넘도록 함락시키지 못했다. 당시 고당 사람 공누工偻가 용력이 뛰어났기 때문에, 숙사위는 그에게 동문을 지키게 했다. 공누는 숙사위의 반란이 성공할 수 없음을 알고 성 위에서 화살에 서찰을 끼워

성 아래로 쏘았다. 그는 서찰을 통해 한밤중에 고당성 동북쪽 일각에서 제나라 대군이 성에 오르기를 기다리겠다고 약속했다. 장공은 그 약속을 확실하게 믿지 못했다. 그러나 식작과 곽최는 이렇게 청했다.

"저쪽에서 먼저 약속을 했으니 틀림없이 안에서 호응이 있을 것입니다. 우리 두 사람이 가서 그 개 같은 고자 놈을 사로잡아 석문산 협곡에서 당한 원한을 갚겠습니다."

장공이 말했다.

"조심해서 전진하시오. 과인이 뒤에서 도우리다."

식작과 곽최는 군사를 이끌고 동북쪽 모서리로 가서 한밤중이 되길 기다렸다. 한밤중이 되자 문득 성 위에서 긴 밧줄이 내려왔다. 이곳저곳 몇 곳에서 계속 밧줄이 내려왔다. 식작과 곽최가 각각 밧줄을 잡고 성 위로 올라가자 군사들도 따라서 성 위로 올라갔다. 공누는 식작을 인도해서 마침내 숙사위를 사로잡았다. 곽최는 바로 성문으로 가서 성문을 깨뜨리고 제나라 군사들을 입성시켰다. 성안에 대혼란이 일어나 서로 살상을 했다. 대략 한 시진時辰의 시간이 지난 후에야 겨우 안정을 되찾았다. 제 장공이 입성하자 공누와 식작은 숙사위를 포박한 채 끌고 나왔다. 장공이 마구 욕을 했다.

"이 개 같은 고자 놈아! 과인이 네놈에게 무슨 잘못을 했다고, 어린놈을 돕고 장자長子의 지위를 빼앗았더냐? 지금 아란 놈은 어디 있느냐? 네놈은 소부少傅 벼슬을 해먹었으니 지하에서라도 네 주인을 보좌해야 하지 않겠느냐?"

숙사위는 머리를 숙이고 아무 말도 하지 못했다. 장공은 그를 끌어내서 참수하라고 한 뒤 숙사위의 고기로 육젓을 담가 수행한 신하들에게 두루 하사했다. 그러고는 공누를 고당을 지키는 관리로 임명하고 군사를 거두어 되돌아갔다.

이때 진晉나라 상경 범개는 전에 제나라를 포위했다가 성공하지 못한 일을 잊지 못하고 다시 평공에게 출병을 요청했다. 그러고는 대군을 이끌고 제나라를 침략했다. 이들은 황하를 건널 때 비로소 제 영공이 죽었다는 소식을 듣고 이렇게 말했다.

"제나라에 새로 국상이 났다고 한다. 국상을 당한 나라를 정벌하는 건 불인不仁한 짓이다."

그리하여 즉시 군사를 거두었다. 그 소식은 일찌감치 제나라에 보고되었다. 제나라 대부 안영晏嬰이 앞으로 나서며 말했다.

"진晉이 우리의 국상 기간에 쳐들어오지 않은 것은 우리에게 인정을 베푼 것이오. 그러니 지금 우리가 진나라를 배신하는 것은 불의한 짓이오. 강화를 청하여 우리 두 나라가 전쟁의 고통에서 벗어나는 것이 가장 좋은 방법이오."

이 안영이란 사람은 자가 평중平仲으로 키는 다섯 자도 되지 않았지만 제나라에서 제일 지혜로운 선비였다. 제 장공도 나라가 조금 안정을 찾은 상황에서 진나라 군사가 다시 쳐들어올까봐 겁이 났다. 때문에 안영의 말에 따라 진나라로 사신을 보내 사죄하고 우호의 회맹을 청했다. 진 평공은 전연澶淵(河北省 濮陽 서북) 땅으로 제후들을 불러서 대회맹을 했다. 진나라 범개는 재상이 되어 제 장공과 삽혈 맹약을 맺고 우호를 다진 뒤 해산했다. 이때부터 1년여 동안 전쟁이 일어나지 않았다.

한편 진나라 하군 부장 난영은 난염의 아들이었다. 또 난염은 바로 범개의 사위였는데, 즉 범개의 딸이 난염에게 시집간 난기였다. 난씨는 난빈欒賓, 난성欒成, 난지欒枝, 난돈欒盾, 난서欒書, 난염에서 난영에 이르기까지 대대로 7대 동안 경상卿相을 역임하며 비할 수 없이 고귀한 영화를 누렸다. 진晉나라 조정의 문무 대신 절반이 그 가문에서 나왔으며 또 신료의 절반이 혼인으로 난씨 가문과 파당을 맺고 있었다. 위씨 가문의 위서魏舒, 중항씨 가문의 중항희中行喜, 양설씨 가문의 숙호叔虎, 적씨 가문의 적언籍偃, 기씨 가문의 기유箕遺 등이 모두 난영의 세력에 의지하며 서로 생사의 동맹을 맺었다. 아울러 난영은 어려서부터 지위가 낮은 선비들에게도 겸손하였고 재물을 풀어 문객을 모았다. 이 때문에 그를 위해 죽음까지 각오한 사람이 많이 모여들었다. 예를 들면 주작, 형괴邢蒯, 황연黃淵, 기유 등이 모두 난영 휘하의 맹장들이었다. 또 장사 독융督戎은 천균鈞의 무게도 들어 올릴 정도의 용력을 지녔는데, 양손에 창을 잡고 찌르면 목표를 맞추지 못하는 경우가 없었다. 그는 늘 난영을 수행하는 심복으로 한 발짝도 난영 곁을 떠나지 않았다. 또 가신 신유辛俞와 주빈州賓처럼 난영 곁에서 온 힘을 다 바치는 사람도 이루 헤아릴 수 없이 많았다.

난영의 부친 난염이 죽을 때 부인 난기는 겨우 마흔이어서 독수공방을 할 수가 없었다. 당시 주빈이 누차 난씨 저택으로 들어와 일을 상의할 때 난기는 병풍 뒤에서 몰래 그의 모습을 훔쳐보았다. 난기는 젊고 준수한 그의 용모를 보고 마침내 시녀를 보내 자신의 마음을 전하고 서로 몰래 정을 통했다. 난기는 집안의 보물을 모두 주빈에게 주었다. 난영이 진 평공을 따라 제나라 정벌에 나서자 주빈은 공공연히 난씨 댁으로 와서 잠을 자며 아무 거리낌 없이 행동했다. 난영은 제나라 정벌에서 돌아와서 그 일을 알았지만 모친의 체면을 생각해야 했다. 그는 그 일을 핑계로 안팎의 문지기를 매질하며 가신의 출입을 엄격히 단속하라고 했다. 난기는 첫째 수치심이 분노로 변했고, 둘째 음란한 마음을 끊을 수 없었으며, 셋째 자신의 아들이 주빈의 목숨을 해칠까 두려워서 부친 범개의 생신에 축수祝壽를 하러 간다는 핑계를 대고 범씨 저택으로 갔다. 난기는 틈을 봐서 자신의 부친에게 일렀다.

"난영이란 놈이 장차 반란을 일으킬 것 같은데 어찌하면 좋습니까?"

범개가 상세한 내막을 물었다. 난기가 대답했다.

"난영이 전에 이런 말을 했습니다. '범앙이 우리 형7을 죽인 탓에 우리 부친께서 그자를 축출했다. 그런데 잠시 후 다시 풀려나 귀국했다. 주살을 당하지 않은 것만 해도 다행인데, 지금은 오히려 주상의 총애가 더해지고 있는 판국이 되어 저들 범씨 부자가 나라의 권력을 오로지하고 있다. 이에 범씨는 나날이 번성하고 우리 난씨는 나날이 쇠퇴하고 있는 실정이다. 나는 차라리 죽으면 죽었지 범씨와 함께 같은 조정에 서지 않겠다.' 그리하여 밤낮으로 지기智起, 양설호羊舌虎 등과 밀실에서 모여 음모를 꾸미며 여러 대부를 모두 제거하고 자신의 파당을 심으려 하고 있습니다. 그리고 제가 그 내막을 발설할까 겁을 내며 문지기를 엄하게 단속하여 외부 사람과 소통하는 것을 허용하지 않고 있습니다. 오늘 제가 가까스로 이곳으로 빠져나왔기 때문에 뒷날 다시 만나 뵙지 못할까 두렵습니다. 저는 부녀간의 은혜가 막중함을 알고 이렇게 말씀드리는 것입니다."

이때 범앙도 옆에서 듣고 있다가 말을 거들었다.

7_ 범앙范鞅과 함께 진秦을 공격하다 전사한 사람은 난겸欒鍼이다. 난겸은 난영의 부친, 난염의 아우이므로 난영에게는 숙부가 된다. 여기에서 난영이 형이라고 한 것은 작가의 착오로 보인다. 이 소설 제61회 참조.

"저도 그 소문을 들었는데 과연 사실이었군요. 저들의 파당은 대단히 많기 때문에 미리 방비하지 않을 수 없습니다."

아들과 딸이 이구동성으로 말을 하자 범개도 믿지 않을 까닭이 없었다. 이에 진 평공에게 비밀리에 아뢰어 난씨의 축출을 청했다.

진 평공은 몰래 대부 양필陽筆에게 난씨를 축출하는 것이 어떻겠느냐고 물었다. 양필은 평소에 난염을 미워하고 범씨와 사이가 좋았다. 그는 이렇게 대답했다.

"난서는 사실 여공을 시해한 자입니다. 그 흉악한 죄과가 계승되어 난염에게 전해졌고 지금은 난영에게까지 이어지고 있습니다. 그러나 백성은 난씨 가문을 친밀하게 여긴 지 오래이기 때문에 만약 난씨를 제거하려면 임금을 시해한 죄를 명백하게 밝힌 뒤 임금의 권위를 세워야 할 것입니다. 그렇게 되면 이 나라가 몇 대에 걸쳐 홍복洪福을 누리게 될 것입니다."

평공이 말했다.

"난서는 선군을 모셔와 보위에 세운 공이 있고, 난영도 그 죄가 아직 드러난 것은 아니오. 아무 명분도 없이 그를 죽이는 것이 어떻게 가능한 일이겠소?"

양필이 대답했다.

"난서가 선군을 모셔와 보위에 세운 것은 자신의 죄를 덮기 위해서입니다. 따라서 선군께서는 그가 나라의 원수임을 망각하고 사사로운 은덕을 따르신 것입니다. 그런데 지금 또 주상께서 그를 용서하신다면 장차 폐해가 더욱 커질 것입니다. 만약 난영의 죄악이 아직 드러나지 않았다고 생각하시면 먼저 그 파당을 제거하고 난영은 사면하여 다른 곳으로 보내십시오. 그자가 만약 또다시 날뛴다면 죽일 명분이 생깁니다. 또 만약 다른 곳으로 도망가서 죽는다면 이것은 주상의 은혜가 될 것입니다."

평공도 그렇게 생각하고 범개를 입궁하게 하여 그 일을 함께 상의했다. 범개가 말했다.

"난영을 제거하지 않고 그 파당을 치게 되면 난리를 재촉하게 됩니다. 주상께선 난영을 저읍著邑으로 보내 성을 쌓게 하는 것이 좋을 듯합니다. 난영이 떠나고 나면 그 패거리들은 주인이 없어지게 되므로 쉽게 도모할 수 있습니다."

평공이 말했다.

"좋은 계책이오."

이에 난영을 저읍으로 보내 성을 쌓게 하기로 했다. 난영이 출발하려 할 때 그 파당인 기유가 간언을 올렸다.

"난씨를 원망하는 자가 많음은 대부께서도 잘 아실 것이오. 조씨는 도안고가 하궁에서 변란을 일으킬 때 난씨가 눈감고 있었다는 이유로, 중항씨는 진秦나라를 정벌할 때 난씨가 대장 중항언의 명령을 따르지 않았다는 이유로, 범씨는 난씨가 범앙을 쫓아냈다는 이유로 다들 난씨를 원망하고 있소. 지씨는 지삭智朔이 요절하고 지영智盈이 아직 어리기에 중항씨의 말을 따르고 있고, 또 정정程鄭은 주상에게 총애를 받고 있는 형편이니 지금 난씨의 세력은 고립되어 있는 것이나 다름없소. 저著 땅에 성을 쌓는 건 나라의 긴급한 일이 아닌데 왜 하필이면 대부를 직접 보낸단 말이오? 대부께서는 어찌 그 일을 사양하신 뒤 주상의 뜻이 어떤지 살펴 장래의 일을 대비하지 않으시오?"

난영이 말했다.

"임금의 명령은 물리칠 수 없는 것이오. 나에게 죄가 있다면 어찌 감히 죽음을 피할 수 있겠소? 만약 죄가 없다면 백성이 나를 동정할 것인데 누가 나를 해칠 수 있겠소?"

난영은 독용을 어자로 삼아 강주를 나서 저읍을 향해 출발했다.

난영이 떠나고 나서 사흘째 되던 날 평공은 조정에 나와 대부들에게 말했다.

"난서는 지난날 임금을 시해한 죄를 범했소. 그런데 아직도 그 죄를 바로잡지 못하고 있고, 지금 그 자손들은 조정에서 벼슬을 하고 있소. 과인은 그것을 치욕으로 여기오. 장차 어찌하면 좋겠소?"

대부들이 한목소리로 말했다.

"추방해야 합니다."

이에 난서의 죄상을 선포하고 그 내용을 적어 도성문 위에 내걸었다. 또 대부 양필에게 군사를 거느리고 가서 난영을 나라 밖으로 추방하게 했다. 그다음 나라 안에 남아 있는 친족들도 모두 추방하고 그의 봉토 난읍欒邑(河北省 石家莊 남쪽)도 회수했다. 난낙欒樂과 난방欒魴도 자신의 친족을 이끌고 주작, 형괴와 함께 강주성을 나서서 난영을 따라 망명했다. 숙호는 기유와 황연을 이끌고 뒤이어 성을 나서려 했으나 성문이 이미 굳게 닫혀 있었다. 난씨의 파당을 수색하여 죄를 다스린다는 소문이 들려오자, 그들은 각기 집안의 사병을 모아 어둠을 틈타 반란을 일으킨 후 동문을 부수고 탈출하자고 모의했다. 이때 조씨의 문객 장갱辜鏗이 숙호의 이웃집에 살다가 그들의 모의를 엿듣고 바로 조무에게 보고했다. 조무는 그 소식을 범개에게 보고했으며 범개는 자신의 아들 범앙에게 갑사 300명을 이끌고 가서 숙호의 집을 포위하게 했다. 뒷일이 어떻게 될지는 다음 회를 보시라.

제63회

몰락하는 난씨

늙은 기해는 힘을 다해 숙향을 구해내고
젊은 범앙은 지혜로 위서를 겁박하다
老祁奚力救羊舌, 小范鞅智劫魏舒.

기유는 숙호(양설호羊舌虎의 자)의 집에서 황연이 오기를 기다리고 있었다. 그들은 한밤에 일제히 성을 탈출하려 하다가 범앙이 이끌고 온 군사들에게 포위당하고 말았다. 집 밖에 있던 사병들은 감히 한곳에 모이지 못하고 멀리서 관망만 하다가 역시 대부분 흩어지고 말았다. 양설호가 사다리를 타고 올라가서 담장 밖을 향하여 물었다.

"소장군이 군사를 이끌고 이곳에 온 건 무슨 까닭인가?"

범앙이 말했다.

"대부께선 평소에 난영과 파당을 맺었고 지금은 또 성문을 깨뜨린 뒤 탈출하려고 계략을 꾸몄소. 그 죄는 반역행위와 같소. 나는 우리 진晉나라 주상의 명령을 받들어 특별히 대부를 잡으러 왔소."

숙호가 말했다.

"절대로 그런 일은 없다. 누가 이야기한 것인가?"

범앙이 곧바로 장갱을 앞으로 불러내 증언을 하게 했다. 숙호는 힘이 장사였다. 그는 담장의 큰 돌멩이를 빼들고 장갱의 머리를 향해 던졌다. 장갱은 정면으로 머리를 맞고 정수리가 박살 났다. 범앙은 크게 화를 내며 군사들을 시켜 대문에 불을 놓게 했다. 숙호는 당황하여 기유에게 말했다.

"사지에선 도망쳐야지 앉아서 포박을 당할 순 없소."

그러고는 마침내 창을 들고 앞장섰다. 기유도 칼을 들고 그 뒤를 따라 고함을 지르며 불길 속으로 뛰어들었다. 범앙은 불길 속에서도 두 사람을 알아보고 군사들을 시켜 일제히 화살을 쏘게 했다. 이때 이미 불길이 활활 타올라 몸을 빼내기도 어려울 정도였다. 그러니 어떻게 메뚜기 떼처럼 날아오는 화살을 감당할 수 있었겠는가? 두 사람이 하늘로 치솟아 오르는 재주를 가졌더라도 아무 소용이 없었다. 두 사람은 온몸에 화살을 맞고 쓰러졌다. 군사들이 갈고리로 끌어냈을 때는 이미 반은 죽어 있었다. 범앙의 군사들은 두 사람을 병거 위에 포박하고 불을 껐다. 그때 뒤에서 수레바퀴가 치달려오는 소리가 들리더니 횃불이 온 하늘을 비추는 가운데 한 무리 군사들이 다가왔다. 바로 중군 부장 순오가 본진의 군사를 거느리고 도와주러 온 것이었다. 오는 도중에 마침 황연을 만나 그를 포로로 사로잡았다. 범앙과 순오는 한곳에 군사를 모아두고 숙호, 기유, 황연을 중군원수인 범개가 있는 곳으로 끌고 갔다. 범개가 말했다.

"난씨의 잔당은 아직도 많다. 겨우 이 세 놈을 잡은 걸로는 우환을 없앴다고 할 수 없다. 모조리 잡아들여야 할 것이다."

그는 다시 길을 나누어 잔당을 체포하게 했다. 이날 강주성은 밤새도록 소란스러웠고 날이 밝을 때까지 그 소란이 계속됐다. 범앙은 지기, 적언,

주빈 등을 잡아들였고, 순오는 중항희, 신유 및 숙호의 형 양설적, 양설적의 동생 양설힐을 잡아들여 모두 조문朝門 밖에 가두었다. 그러고는 진 평공이 조정에 나오길 기다려 상황을 아뢰고 죄를 결정하기로 했다.

양설적은 자가 백화伯華였고, 양설힐은 자가 숙향叔向이었다. 이 두 사람과 숙호(양설호)는 모두 양설직의 아들이었지만 숙호는 서모 소생이었다. 본래 숙호의 어머니는 양설직 본처의 시녀였다. 그녀는 용모가 매우 아름다워 양설직의 마음에 들었지만 본처가 수청을 허락하지 않았다. 이때 백화와 숙향은 모두 장성한 상태여서 자신들의 어머니에게 질투하지 말라고 권했다. 그러자 그 어머니가 웃으며 말했다.

"내가 어찌 질투나 하는 여자이겠느냐? 내가 들으니 용모가 아름다운 사람은 반드시 마음이 악하다고 한다. 깊은 산과 큰 호수에는 용과 이무기가 산다. 혹시 용과 이무기가 태어나면 너희에게 화를 미칠까 걱정이다. 그래서 수청을 허락하지 않은 것이다."

숙향 등은 아버지의 뜻을 받들어 다시 어머니에게 간곡하게 청했다. 이에 수청을 허락했다. 하룻밤을 자고 나서 바로 임신이 되어 아들 숙호를 낳았다. 숙호는 자라면서 용모가 자신의 어머니처럼 아름다웠고 용력도 다른 사람보다 훨씬 뛰어났다. 난영은 어려서부터 그와 침식을 함께하며 마치 부부처럼 사랑했다. 그는 난씨 일당 중에서 가장 두터운 총애를 받았다. 때문에 이복형 두 명까지 함께 구금된 것이다.

당시 대부 악왕부樂王鮒는 자가 숙어叔魚로 바야흐로 평공의 총애를 받고 있었다. 그는 평소에 양설적과 양설힐 형제의 어진 인품을 사모하여 서로 교분을 맺고 싶어했지만 기회를 얻지 못했다. 이때 두 사람이 구금되었다는 소식을 듣고, 특별히 조문 밖으로 나가서 양설힐을 만나 두 손을 모아

예를 표하며 위로했다.

"걱정하지 마시오. 내가 주상을 뵙고 반드시 힘닿는 데까지 도와드리 겠소."

양설힐은 입을 닫고 아무 대답도 하지 않았다. 그러자 악왕부는 수치심 이 들었다. 양설적이 그 소식을 듣고 아우를 나무랐다.

"우리 형제가 여기서 죽으면 양설씨 가문은 대가 끊어지고 만다. 악 대 부는 주상에게 총애를 받는 사람이니 주상께서도 그의 말을 모두 들으실 것이다. 만약 그 사람의 한마디 말이라도 빌려 천행으로 사면을 받을 수 있다면 선조의 종사가 끊어지지 않게 할 수 있다. 그런데 너는 어찌하여 아 무 대답도 하지 않고 다른 사람의 호의를 거절했느냐?"

양설힐이 웃으면서 말했다.

"죽고 사는 것은 천명이오. 만약 하늘이 우리 집안을 도우실 뜻이 있다 면 반드시 노대부 기해 옹을 통해서 하실 것이오. 숙어가 무슨 능력이 있 겠소?"

양설적이 말했다.

"숙어는 아침부터 저녁까지 주상의 곁에 있는데도 너는 '능력이 없다'고 하고, 기 대부는 벼슬을 그만두고 한적하게 사는데도 '반드시 우리를 도와 준다'고 하니 나는 네 마음을 모르겠구나."

양설힐이 말했다.

"숙어는 아첨이나 하는 자이므로 주상이 옳다고 하면 옳게 생각하고, 주상이 그르다고 하면 그르게 생각하오. 그러나 기 대부께선 옳은 일이라 면 밖에서 원수도 피하지 않고, 안에서는 친척도 피하지 않을 것이오. 어 찌 우리 양설씨를 그냥 내버려두겠소?"

잠시 후 진 평공이 조정으로 나왔다. 범개는 사로잡은 난씨 파당 사람들의 성명을 아뢰었다. 평공도 양설씨 형제 세 사람이 모두 포함된 것을 보고 악왕부에게 물었다.

"숙호의 음모를 양설적과 양설힐도 알고 있었던 것이오?"

악왕부는 앞서 숙향(양설힐의 자)의 태도에 수치심을 느꼈기 때문에 이렇게 대답했다.

"이 세상에 형제보다 친한 사람은 없사오니, 어찌 모를 수가 있겠습니까?"

이에 평공은 그들을 모두 옥에다 가두고 사구를 시켜 죄를 논의하게 했다. 그 무렵 기해는 노령으로 관직에서 물러나 기(山西省 祁縣) 땅에 거주하고 있었다. 그의 아들 기오는 양설적의 동료로 그와 매우 친하게 지냈다. 그래서 사람을 시켜 밤새 달려가서 부친 기해에게 상황을 보고하게 하고, 양설적을 구원하기 위한 서찰을 범개에게 보내달라고 요청했다. 기해는 소식을 듣고 깜짝 놀라며 말했다.

"양설적과 양설힐은 모두 진나라의 현신(賢臣)인데 이와 같이 억울한 일을 당하다니, 내가 직접 가서 구해줘야겠다."

그는 수레를 타고 밤새 도성으로 달려갔다. 그는 아들 기오와는 만나지도 않고 바로 범개의 저택 문을 두드렸다. 범개가 말했다.

"연로하신 대부께서 바람과 이슬을 무릅쓰고 이처럼 왕림하셨으니 틀림없이 제게 줄 가르침이 있으시겠지요?"

기해가 말했다.

"노부는 다른 일이 아니라 우리 진나라 사직의 흥망이 걸린 문제가 있어서 이렇게 왔소."

범개는 깜짝 놀라며 물었다.

"사직에 관계된 문제가 어떤 일이기에 노대부께서 이처럼 마음을 쓰시는지 모르겠습니다."

기해가 말했다.

"현인은 사직을 지키는 울타리요. 양설직은 진나라를 위해 많은 공을 세웠고, 그분의 아들 양설적과 양설힐도 그 아름다운 인품을 이어받았소. 다만 서자 한 놈이 불초한 연유로 이들이 모두 죽게 되었으니 어찌 애석한 일이 아니오? 지난날 극예는 반역을 했지만 그의 아들 극결은 조정에서 높은 벼슬을 했소. 죄는 부자간에도 이어받지 않는데 하물며 형제간이겠소? 그대가 사사로운 원한으로 무고한 사람을 많이 죽인다면 이것은 옥과 돌멩이를 모두 태우는 격이오. 이렇게 되면 진나라의 사직이 위태로워질 것이오."

범개는 숙연하게 자리에서 일어나며 말했다.

"노대부의 말씀이 지극히 옳습니다. 다만 주상의 노여움이 풀리지 않고 있으니 저와 함께 주상을 뵙고 아뢰는 것이 어떻겠습니까?"

이에 수레를 나란히 몰고 조정으로 들어가 평공을 뵙고 아뢰었다.

"양설적과 양설힐은 어질지만 숙호는 불초합니다. 적과 힐은 틀림없이 난씨와 관련된 일을 듣지 못했을 것입니다. 또한 양설씨 집안의 공로는 말살할 수 없습니다."

진 평공은 크게 깨닫고 두 사람을 사면했다. 양설적과 양설힐은 풀려나서 다시 원래의 관직에 복귀했다. 지기, 중항희, 적언, 주빈, 신유는 모두 서민으로 신분이 강등되었다. 다만 숙호, 기유, 황연은 참형에 처해졌다. 양설적과 양설힐 두 사람은 사면을 받고 조정으로 들어가 은혜에 감사하는 인사를 올렸다. 사건이 끝나고 양설적이 아우에게 말했다.

"마땅히 기 노대부에게도 가서 감사 인사를 해야겠다."

老祁奚 力救羊舌

기해가 양설 형제를 구하다.

그러자 양설힐이 말했다.

"그분은 사직을 위해 그렇게 하신 것이지 우리를 위해 한 일이 아니오. 그런데 무슨 감사 인사를 한단 말이오?"

그러고는 곧 수레에 올라 자기 집으로 돌아갔다. 양설적은 마음이 불안하여 기오를 찾아가서 부친 기해를 뵙고 싶다고 했다. 기오가 말했다.

"부친께선 주상을 뵌 뒤 즉시 기 땅으로 돌아가셨소. 이곳엔 잠시도 머물지 않으셨소."

양설적이 감탄하며 말했다.

"그분은 정말 다른 사람에게 베풀기만 하고 보답을 바라지 않는 분이다! 내가 아우의 높은 식견에 미치지 못하니 부끄러운 일이로다!"

염옹이 이 일을 시로 읊었다.

조그만 노고에도 보답을 바라나니	尺寸微勞亦望酬
사사로운 보은이 부끄러운 일임을 어찌 알겠는가?	拜恩私室豈知羞
기해와 양설힐 같아야 지공무사라 할지니	必如奚肹才公道
어지러운 뇌물 욕심 우스워 죽겠구나	笑殺紛紛貨賂求

주빈은 다시 난영의 어미 난기와 왕래하며 음행을 이어갔다. 범개가 그 소문을 듣고 역사力士를 주빈의 집으로 보내 주빈을 칼로 찔러 죽였다.

한편 곡옥曲沃 대부 서오胥午는 지난날 난서의 문객이었다. 난영의 행차가 곡옥을 지나게 되자 서오는 그를 맞아 환대하며 매우 극진한 정을 표했다. 난영이 저著 땅에 성을 쌓아야 한다고 하자 서오는 곡옥의 군사를 동원하여 적극 돕겠다고 했다. 곡옥에서 사흘을 머물 무렵 난낙欒樂의 서신이 당도했다.

"양필이 군사를 이끌고 곧 그곳으로 갈 것이오."

그러자 독용이 말했다.

"진나라 군사가 당도하면 바로 교전이 벌어질 터인데, 우리가 반드시 이긴다고 장담할 수 없소."

주작과 형괴가 말했다.

"우리도 오로지 그런 일이 벌어질까봐 이곳으로 온 것이오. 우리에게 은혜를 베푸신 주인의 수하에 사람이 부족할까봐 걱정이 되어, 우리 두 사람이 특별히 도움을 드리러 온 것이오."

그러자 난영이 말했다.

"나는 주상께 죄를 지은 적이 없소. 다만 우리 집안에 원한을 품은 자들이 나를 함정에 빠뜨린 것이오. 그러니 만약 저들과 맞서 싸운다면 저들에게 공격의 구실만 제공해줄 뿐이오. 차라리 지금 도피했다가 주상께서 나중에 밝게 살펴주시길 기다리는 것이 좋을 듯하오."

서오도 맞서 싸우는 것은 불가하므로 즉시 수레를 수습하여 떠나야 한다고 말했다. 난영과 서오는 눈물을 뿌리며 이별했다. 난영은 초나라로 달아났다. 양필의 군사가 저읍에 당도하자 저읍 사람들이 말했다.

"난영은 이곳에 온 적이 없고 곡옥에서 벌써 달아났습니다."

양필은 군사를 거두어 돌아오면서 연도 내내 난씨의 죄목을 두루 알렸다. 백성 모두는 난씨가 공신 집안인 데다가 난영이 백성에게 베풀기를 좋아하며 선비를 존경했다는 사실을 알고 있었다. 때문에 그의 억울함에 탄식하지 않는 사람이 없었다.

晉臣合計
逐欒盈

진晉나라 신하들이 난영을 축출하다.

범개는 평공에게 난씨의 옛 가신들이 난영을 따라가는 걸 엄금하고, 혹시 따라가는 사람이 있으면 반드시 잡아 죽여야 한다고 아뢰었다. 그러나 난씨의 가신 신유는 난영이 초나라에 있다는 소문을 듣자마자 집안의 재산을 수습한 뒤 여러 대의 수레에 나누어 싣고 성을 나섰다. 그는 난영을 따라가려다가 결국 성문을 지키는 문지기에게 잡혔다. 문지기는 신유를 잡아서 진 평공에게 바쳤다. 평공이 말했다.

"과인이 금지한 일을 어찌하여 범하려 하느냐?"

신유가 재배를 올리며 말했다.

"신은 심히 어리석은 놈이라, 주상께서 난씨를 따라가지 말라고 하시는 까닭을 모르겠습니다. 진실로 그 까닭이 무엇입니까?"

평공이 말했다.

"난씨를 따라가는 것은 자신의 임금을 버리는 것이기 때문에 이를 금하는 것이다."

신유가 말했다.

"진실로 이것이 자신의 임금을 버리는 걸 금지하시는 조치라면 이제 신은 죽음에서 벗어날 수 있을 듯합니다. 신은 이렇게 들었습니다. '삼대三代 동안 한 가문을 섬기면 임금으로 섬겨야 하고, 이대二代 동안 섬기면 주인으로 섬겨야 한다. 임금은 죽음으로써 섬기고, 주인은 부지런함으로써 섬긴다.' 신은 조부와 부친 때부터 나라에 큰 공을 세우지 못하고 대대로 난씨 가문에 예속되어 녹봉을 먹어왔습니다. 그것이 지금 벌써 삼대 째이니 난씨는 진실로 신의 임금입니다. 신은 감히 임금을 버릴 수 없어서 난씨를 따라가려는 것인데 어찌 금하십니까? 또 난영은 비록 죄를 지었지만 주상께선 그를 추방만 하고 죽이지는 않으셨습니다. 이것이야말로 난씨 선조의 공로를 생각하여 그를 살려준 것이 아니겠습니까? 그는 지금 타국에서 나그네로 떠돌며 의식도 부족합니다. 혹시라도 어느 날 아침 깊은 도랑에라도 처박혀 죽어버린다면 주상께서 베푸신 어진 덕은 끝이 나버릴 것입니다. 신이 이번에 난영을 따라가려는 것은 신하로서의 의리를 다 바쳐 주상의 어진 덕을 이루어드리려는 것입니다. 따라서 백성이 이 소식을 들으면 '임금이 비록 위기에 처했더라도 버려서는 안 된다'고 할 것입니다. 이것은 임금 버리는 걸 금하는 일보다 훨씬 중대한 도리입니다."

평공은 그 말을 듣고 기뻐하며 말했다.

"경은 이곳에 남아 과인을 섬겨라. 과인이 난씨의 녹봉을 모두 경에게 주겠다."

신유가 말했다.

"신은 지금 진실로 아뢰옵니다. 난씨는 신의 임금입니다. 그런데 주상께선 한 임금을 버리고 다른 임금을 섬기라고 하시면서 어찌하여 임금을 버리는 걸 금지하십니까? 기필코 신을 잡아두시겠다면 신은 죽음을 청하겠습니다."

평공이 말했다.

"그럼 경은 그곳으로 가시오. 과인은 경의 말에 따라 경의 뜻을 이루어주도록 하겠소."

신유는 재배를 올리며 머리를 조아렸다. 그리고는 여러 대의 수레에 많은 재물을 싣고 당당히 강주성을 나와 초나라로 떠나갔다. 사관이 시를 지어 신유의 충성을 칭송했다.

구름 뒤집혀 비 내리듯 세상인심 경박하니   翻雲覆雨世情輕

눈서리 휘날려야 송백의 푸름 알게 되네 霜雪方知松柏榮

삼대 동안 가신이라 목숨 바치려 하는 터에 三世爲臣當效死

진나라 임금을 난영과 바꾸겠는가? 肯將晉主換欒盈

그때 난영은 초나라 국경에 머물며 수개월을 보낸 뒤 영도로 들어가 초왕을 만나보려 했다. 그러다가 갑자기 마음을 돌이켜 생각하게 되었다.

'우리 조상들은 진晉나라에 온 힘을 다 바쳤고, 초나라와는 대대로 원수로 지냈다. 만약 초나라에서 나를 받아들이지 않는다면 어떻게 할 것인가?'

그래서 생각을 바꾸어 제나라로 가려고 했지만 노자가 부족했다. 그러던 중 신유가 재물을 가득 싣고 따라왔고, 이 때문에 비용을 댈 수 있게 되었다. 그는 마침내 수레와 시종을 새로 정비하고 제나라를 향해 출발했다. 이것은 주周 영왕 21년의 일이었다.

한편 제 장공은 사람됨이 용기를 뽐내며 이기는 걸 좋아해서 다른 사람 아래에 있는 걸 참지 못했다. 비록 전연澶淵에서 진나라 군주의 명령을 받았지만 끝끝내 평음에서의 패배를 치욕으로 생각했다. 그는 일찍부터 용력이 뛰어난 무사를 널리 모집하여 스스로 한 부대를 만든 뒤 늘 친히 그들을 인솔하고 천하를 횡행했다. 이 때문에 경대부 벼슬 이외에 따로 '용작勇爵'이란 작위를 만들어 대부와 같은 액수의 녹봉을 주었다. 힘은 반드시 천근의 무게를 들 수 있어야 하고, 화살은 일곱 겹의 나무판을 꿰뚫을 수 있어야 용작에 선발될 수 있었다. 장공은 먼저 식작과 곽최를 뽑았고, 다음으로는 가거賈擧, 병사邴師, 공손오公孫敖, 봉구封具, 탁보鐸甫, 양군襄君, 누인僂堙 등을 선발하여 용작을 모두 아홉 명으로 늘렸다. 장공은 매일 그들을 궁중으로 불러 함께 말을 달리고 활을 쏘고 칼싸움과 격투를 벌이며 즐겁게 소일했다. 하루는 장공이 조회를 주재하는데 측근 신하가 보고를 올렸다.

"지금 진나라 대부 난영이 자기 나라에서 쫓겨나 우리 제나라로 왔다 합니다."

장공이 기뻐하며 말했다.

"과인은 진나라에 대한 원한을 갚으려고 노심초사하고 있는데 지금 진나라의 세신世臣이 망명해오다니, 이는 과인의 뜻이 이루어지려는 조짐이다."

그래서 사람을 보내 환영하려고 했다. 이때 대부 안영이 앞으로 나서며 아뢰었다.

"그건 불가하고 불가한 일입니다. 작은 나라가 큰 나라를 섬기는 방법은 바로 신의입니다. 우리는 새로 진나라와 우호의 맹약을 맺었는데 지금 또 저들에게서 추방된 신하를 받아들이려 하십니까? 만약 진나라 사람들이 달려와 우리를 문책하면 어떻게 대답하려 하십니까?"

장공이 크게 웃음을 터뜨리며 말했다.

"경의 말은 틀렸소. 우리 제나라와 진나라는 국력이 대등한 호적수요. 어찌 크고 작은 차이가 있겠소? 지난날 맹약을 맺은 것은 한때의 위급함에서 벗어나기 위한 조치였을 뿐이오. 과인이 어찌 노, 위, 조, 주邾나라처럼 끝까지 진나라를 섬겨야 한단 말이오?"

장공은 끝내 안영의 말을 듣지 않고 사람을 보내 난영을 맞아와서 조정으로 들게 했다. 난영은 제 장공을 알현하고 머리를 조아리며 자신이 추방된 연유를 눈물로 호소했다. 장공이 말했다.

"경은 염려 마시오. 과인이 경의 한쪽 팔이 되어 반드시 경을 진晉나라로 돌아가게 해드리겠소."

난영은 재배를 올리며 감사의 인사를 했다. 장공은 그에게 큰 집을 하사하고 잔치를 베풀며 환대했다. 이때 주작과 형괴는 난영을 바로 곁에서 호위하고 있었다. 장공은 그들 두 사람이 몸집이 크고 씩씩한 것을 보고 성명을 물었다. 두 사람이 사실대로 고하자 장공이 말했다.

"지난번 평음 전투에서 우리 나라의 식작과 곽최를 사로잡은 사람이 바로 그대들이 아니오?"

주작과 형괴는 머리를 조아리며 사죄했다. 장공이 말했다.

"과인이 두 분을 흠모한 지 오래되었소."

장공은 술과 안주를 하사하라고 명령을 내린 후 난영에게 말했다.

"과인이 경에게 부탁이 있는데 경은 거절하지 마시오."

난영이 대답했다.

"진실로 군후의 명령에 따르는 일이라면 머리를 깎고 피부를 벗겨내는 일이라 하더라도 어찌 아까울 것이 있겠습니까?"

장공이 말했다.

"과인의 부탁은 다른 것이 아니라 이 두 용사를 잠시 과인에게 빌려달라는 것이오."

난영은 감히 거절하지 못하고 그 말에 따를 수밖에 없었다. 연회가 끝난 뒤 불만을 품은 채 수레에 올라 탄식했다.

"독융을 못 봤기에 망정이지, 그렇지 않았다면 모두 뺏길 뻔했다."

제 장공은 주작과 형괴를 얻어서 '용작'의 말석에 서게 했다. 두 사람은 마음속으로 불복했다. 어느 날 두 사람은 식작, 곽최와 함께 장공을 모시고 있다가 거짓으로 놀란 체하며 식작과 곽최를 가리키며 말했다.

"이 두 사람은 우리 나라에 잡혀왔던 죄수인데 어찌 이곳에 있습니까?"

곽최가 대답했다.

"우리는 지난번에 개 같은 고자 놈 때문에 잘못된 것이오. 당신들처럼 몰래 도망쳐 나온 사람과는 비교할 수 없소."

주작이 분노를 터뜨리며 말했다.

"네놈은 내 이빨에 씹힌 이蝨에 불과한 놈이었는데 아직도 감히 발버둥을 치려 하느냐?"

식작도 분노를 터뜨리며 말했다.

"네놈이야말로 오늘 우리 나라에 있으니 내 쟁반 속의 고깃덩이에 불과하다."

그러자 형괴가 말했다.

"네놈들이 우리를 받아들이지 않겠다면 즉시 우리 주인에게 돌아가겠다."

곽최도 이에 뒤질세라 이렇게 말했다.

"당당한 우리 제나라에 설마 네놈들 정도의 사람이 없겠느냐?"

네 사람은 욕설을 퍼붓고 얼굴을 붉히다가 급기야는 각각 칼을 뽑아 들고 격투를 벌이려고 했다. 장공은 좋은 말로 화해를 권했다. 그러고는 술잔을 잡고 위로하며 주작과 형괴에게 말했다.

"과인도 두 분께서 제나라 사람 밑에 있지 않으리란 사실을 알고 있었소."

이에 '용작'의 명칭을 '용작龍爵'과 '호작虎爵' 두 가지로 고쳐 부르게 하고 용사들을 좌우 두 대열로 나누었다. 즉 우반右班인 '용작'은 주작과 형괴를 우두머리로 하여 제나라 사람 노포계盧蒲癸와 왕하王何를 그 아래에 배치시켰다. 좌반左班인 '호작'은 식작과 곽최를 우두머리로 하여 가거 등 일곱 명을 뽑아 이전 순서대로 배열했다. 사람들은 이들 대열에 들어가는 것을 모두 영광으로 생각했다. 그러나 주작, 형괴, 식작, 곽최 네 사람은 끝까지 서로 화합하지 못했다. 이때 최저와 경봉은 제 장공을 옹립한 공로로 모두 벼슬이 상경에 이르렀고 함께 국정을 장악했다. 장공도 늘 그들의 저택으로 가서 술을 마시며 즐겼다. 어떤 때는 검무도 추고 활쏘기도 하면서 전혀 군신 간의 거리를 두지 않았다.

당시 최저의 전처는 성成과 강疆이란 두 아들을 낳고 몇 년 되지 않아 죽었다. 최저의 후처는 동곽씨東郭氏였는데, 바로 동곽언東郭偃의 누이동생이었다. 그녀는 먼저 당공棠公에게 시집갔기 때문에 당강棠姜이라고 불렸다. 아들을 하나 두었고, 그 이름은 당무구棠無咎였다. 당강은 용모가 매우 아름다웠다. 최저는 당공의 장례에 조문하러 갔다가 당강의 용모를 훔쳐보고 동곽언에게 간청하여 당강을 후처로 맞았다. 당강은 최저에게 시집와서도 아들 하나를 낳았다. 그의 이름은 명明이었다. 최저는 후처를 총애했기 때문에 마침내 동곽언과 당무구를 자기 집 가신으로 삼고 어린 아들 최명崔明의 장래를 부탁했다. 또한 당강에게도 이렇게 말했다.

"명明이 장성하면 적자로 삼으리라."

이 이야기는 여기서 잠시 접어두겠다.

한편 제 장공은 어느 날 최저의 집에 들러 술을 마셨다. 최저는 아내 당강을 시켜 장공에게 술을 올리게 했다. 장공은 당강의 아름다운 모습이 마음에 들어 동곽언에게 후한 뇌물을 풀어 당강에게 자신의 뜻을 전하게 하고 틈을 보아 당강과 몰래 사통했다. 서로 간의 왕래가 빈번해지자 최저가 그 일을 알게 되었다. 최저가 당강에게 내막을 따져 묻자 당강이 말했다.

"사실 그런 일이 있었습니다. 저들이 임금의 권세를 내세워 압박을 해와서 저 같은 연약한 여인으로서는 감히 거부할 수가 없었습니다."

최저가 말했다.

"그럼 어찌하여 내게 말을 하지 않았는가?"

당강이 말했다.

"제가 지은 죄를 알고 있는데 어찌 감히 말을 할 수 있겠습니까?"

최저는 오랫동안 아무 말 없이 앉아 있다가 이렇게 말했다.

"이 일은 당신과 무관하다!"

이때부터 최저는 장공을 시해할 마음을 품게 되었다.

주 영왕 22년 오왕吳王 제번은 진晉나라에 구혼을 했고 진 평공은 그의 딸을 제번에게 시집보내려 했다. 이를 계기로 제 장공이 최저에게 한 가지 계책을 상의하며 말했다.

"과인은 난영을 진나라로 귀환시켜주겠다고 약속했지만 아직 그 기회를 잡지 못했소. 소문을 들으니 곡옥을 지키는 관리 서오胥午는 난영과 교분이 두텁다고 하오. 이번에 진나라 군주의 딸이 오나라로 시집갈 때 우리가 잉첩을 보내겠다고 하고 난영을 잉첩의 시종으로 위장하여 곡옥으로 보내고자 하오. 그 뒤 그를 시켜 진나라를 습격하면 어떻겠소?"

최저는 제 장공에게 원한을 품고 몰래 음모를 꾸미던 터라, 제 장공이 진나라와 원수지간이 되고, 이에 진 평공이 군사를 이끌고 제나라를 정벌해주기를 바라고 있었다. 그런 후 장공에게 모든 죄를 뒤집어씌우고 그를 죽여 진나라에게 잘 보이면 될 것 같았다. 이런 상황에서 오늘 마침 장공이 난영을 진나라로 보낸다고 하자 이는 그의 생각과 딱 맞아떨어졌다. 그가 이렇게 대답했다.

"곡옥 사람들은 비록 난씨를 위해 싸우겠지만 아마도 진나라를 공격할 수는 없을 것입니다. 그러니 주상께서 친히 군사를 거느리고 가서 난영의 뒤를 받치십시오. 만약 난영이 곡옥에서 진나라 도성으로 쳐들어가면 주상께선 위衛나라를 정벌한다고 소문을 내신 후 복양을 경유해 남쪽에서 북쪽으로 길을 잡아 양쪽에서 협공하십시오. 그럼 진나라는 틀림없이 지탱할 수 없을 것입니다."

장공은 그 계책이 아주 그럴 듯하다고 생각하고 난영에게 알렸다. 난영은 매우 기뻐했다. 그러자 가신 신유가 난영에게 간언을 올렸다.

"제가 주인을 따르며 충성을 다 바치는 것처럼 주인께서도 진나라 주상께 충성을 다 바치시길 바랍니다."

난영이 말했다.

"진나라 임금이 나를 신하로 생각하지 않으니 어찌하면 좋겠소?"

신유가 말했다.

"옛날 은나라 주왕紂王이 주周 문왕을 유리羑里[1]에 가두었을 때 문왕은 천하의 3분의 1을 차지할 정도로 세력이 컸지만 은나라를 섬겼습니다. 진나라 임금은 난씨 가문의 공훈을 생각지도 않고 우리 주인을 내쫓아 나라 밖에서 입에 풀칠을 하게 했습니다. 그러나 천하에 누가 난씨를 동정하지 않겠습니까? 이런 상황에서 한 번 불충을 저지르면 하늘과 땅 사이 어느 곳에 용납될 수 있겠습니까?"

그러나 난영은 듣지 않았다. 신유가 울면서 또 아뢰었다.

"우리 주인께서 이번에 진나라로 가시면 틀림없이 화를 면치 못할 것입

1_ 유리羑里: 주 문왕이 은 주왕에 의해 감금되어 『주역』 64괘를 지었다고 알려진 곳. 대체로 지금의 중국 하남성 탕음湯陰 유리성羑里城 지역으로 추정되고 있다. 유수羑水가 유리성 동북쪽을 거쳐 흐른다. 유리牖里라고도 쓴다.

니다. 저는 이제 죽음으로 주인을 배웅하겠습니다.”

그러고는 바로 패검을 뽑아 스스로 목을 찔러 죽었다. 뒷날 사관이 신유에 대한 사찬史贊을 지었다.

난영이 망명할 땐 함께 따랐고	盈出則從
난영이 반역할 땐 자결하였네	盈叛則死
공인으론 임금 배반하지 않았고	公不背君
사인으론 주인 배반하지 않았네	私不背主
행적이 탁월하다 신유 공이여	卓哉辛俞
진나라의 의로운 선비이시네	晉之義士

제 장공은 마침내 종친의 딸 강씨를 잉첩으로 삼아 대부 석귀보를 시켜 진나라로 배웅하게 했다. 대부분 온거를 이용해 난영 및 그 종족을 태우고 곡옥까지 데려다주게 했다. 주작과 형괴도 난영을 수행하겠다고 했으나 장공은 그들이 진나라로 가버릴까 걱정이 되어 식작과 곽최를 대신 보내면서 당부했다.

“난 장군 섬기기를 과인을 섬기는 것처럼 하라!”

행차가 곡옥으로 들어서자 난영 등은 옷을 바꾸어 입고 성으로 들어가서 한밤중에 서오의 집 대문을 두드렸다. 서오는 이상한 기미에 대문 밖으로 나와 난영을 보고는 깜짝 놀라며 말했다.

“작은 주인2께서 어떻게 여기까지 오셨소?”

2_ 작은 주인: 서오는 난영의 조부 난서와 부친 난염을 모두 섬겼으므로 난영을 작은 주인이라고 칭한 것이다.

난영이 말했다.

"밀실에서 이야기할 것이 있소."

서오는 난영을 깊숙한 내실로 안내했다. 난영은 서오의 손을 잡고 말을 하려다 말문이 막혀서 자기도 모르게 눈물을 흘렸다. 서오가 말했다.

"작은 주인! 무슨 일이 있으면 나와 상의하면 되니 괜히 슬퍼하지 마시오."

난영은 눈물을 거두고 말했다.

"내가 범씨와 조씨에게 모함을 당해 조상 제사도 받들지 못하고 있소. 지금 제나라 군주께서 나의 죄 없음을 불쌍히 여기시고 나를 이곳으로 보냈소. 얼마 안 있어 제나라 군사도 당도할 것이오. 장군께서 만약 곡옥의 갑사를 일으켜 제나라 군사와 함께 강주성을 기습한다면 제나라는 밖에서 진晉을 공격하는 것이 되고, 우리는 안에서 진을 공격하는 것이 되니 마침내 강주성으로 들어갈 수 있을 것이오. 그런 다음 우리 가문을 원수로 여기는 자들을 잡아들이면 마음이 풀릴 것 같소. 그리하여 진후晉侯를 받들어 제齊나라와 화친을 맺게 하면 우리 난씨는 이 한 번의 거사로 다시 중흥의 계기를 맞을 수 있을 것이오."

서오가 말했다.

"진나라의 세력은 바야흐로 더욱 강해지고 있는 형편이오. 범씨와 조씨, 순씨도 화목하게 지내고 있소. 그러니 요행수를 바랄 순 없을 것 같소. 자칫하면 자해 행위로 그칠 터인데 어찌하면 좋겠소?"

난영이 말했다.

"내가 거느리고 있는 독융 한 명으로 가히 일군一軍을 감당할 수 있소. 또 식작과 곽최는 제나라의 영웅이고, 난낙과 난방도 장사인 데다 명궁들이오. 진나라가 강하다고는 하나 두려워할 것이 없소. 또 지난날 내가 하군下軍에서 위강을 보좌했는데, 그의 손자 위서魏舒가 내게 무슨 부탁을 할 때마다 일을 처리해주지 않은 적이 없었소. 그는 나의 정성에 감동하여 매번 은혜를 갚으려고 했소. 만약 안으로 위씨의 도움까지 받는다면 이 일은 십중팔구 성사될 것이오. 만일 거사가 성공하지 못한다 하더라도 나는 죽어도 여한이 없소."

서오가 말했다.

"그래도 내일 사람들의 마음이 어떤지 탐색해보고 실행하는 것이 좋을 것 같소."

서오는 난영 등을 밀실에 숨겼다.

다음 날 서오는 거짓으로 공共 태자 신생申生을 꿈에 보았다 하고 그 사당에 제사를 지냈다. 제사 음식으로 그곳 관리들을 대접하면서, 난영을 사당의 벽 뒤에 숨어 있게 했다. 술잔이 세 순배 돌자 주흥을 돋우기 위한 음악이 울렸다. 서오는 음악을 중지하라고 명령을 내리고 말했다.

"이곳에 공共 태자의 원혼이 계신데, 우리가 어찌 차마 음악을 들을 수 있겠는가?"

사람들이 모두 한탄했다. 서오가 말했다.

"신하된 도리는 한 가지일 뿐이오. 난씨는 대대로 진나라를 위해 큰 공을 세웠지만 하루아침에 참소를 당해 추방되었소. 이것이 공 태자의 일과 무엇이 다르오?"

사람들이 모두 말했다.

"난영을 쫓아낸 일을 온 나라 사람들이 모두 불평하고 있소. 난씨 댁 젊은 주인이 돌아올 수 있을지 모르겠소."

서오가 말했다.

"만약 그분이 오늘 여기에 있다면 여러분은 어떻게 하시겠소?"

모두들 이구동성으로 말했다.

"그분을 주인으로 모실 수 있다면 온 힘을 다 바치길 원하오. 비록 죽더라도 후회하지 않을 것이오."

좌중에는 눈물을 흘리는 사람도 많았다. 서오가 말했다.

"여러분! 슬퍼하지 마시오. 난씨 댁 주인이 여기에 와 계시오!"

그때 난영이 병풍 뒤에서 뛰어나와 여러 사람을 향해 절을 올렸다. 좌중의 사람들도 모두 답례를 올렸다. 난영은 자신이 진나라로 돌아온 뜻을 직접 이야기했다.

"만약 강주성으로 다시 돌아갈 수 있다면 지금 죽어도 눈을 감을 수 있을 것 같소."

그곳에 모인 사람들은 발을 구르며 난영을 따르고자 했다. 이날 모두 통쾌하게 술을 마시고 헤어졌다.

다음 날 난영은 밀서 한 통을 써서 곡옥의 장사치에게 부탁하여 강주성의 위서魏舒에게 전해달라고 했다. 위서도 범씨와 조씨의 소행이 지나치다고 생각하고 있었다. 그는 밀서를 받고 바로 답서를 썼다.

"아무개는 갑옷을 입고 기다리겠소. 곡옥의 군사가 당도하면 바로 영접을 나갈 것이오."

난영은 답서를 받고 크게 기뻐했다. 서오는 곡옥에서 모은 모든 갑사와 220승의 병거를 난영에게 주어 인솔하게 했다. 난씨 가문의 친족들도 싸울 수 있는 자는 모두 난영을 따랐고 노약자만 곡옥에 남겨놓았다. 독융을 선봉장으로 삼고 식작과 난낙을 우군 장수로, 곽최와 난방을 좌군 장수로 삼아 황혼에 출발하여 강도를 기습하려고 했다. 곡옥에서 강주성까지는 60여 리에 불과했기 때문에 하룻밤 사이에 도착할 수 있었다. 바깥 성곽을 부수고 입성하여 바로 남문에 이르렀다. 강 땅 사람들은 아무것도 몰랐다. 그야말로 "빠른 우레에 귀 막을 틈도 없다疾雷不及掩耳"는 격이었다. 성문을 닫긴 했지만 아무런 방어시설도 갖추지 못했다. 그래서 한 시진時辰도 지나지 않아 성문은 독융에 의해 파괴되었다. 독융은 난씨가 거느린 군사를 불러서 성으로 들어오게 했다. 마치 무인지경을 치달려가는 듯했다. 그 시간 범개는 집에서 아침상을 치우고 있었다. 그때 갑자기 악왕부가 헐레벌떡 달려와서 보고했다.

"난씨가 벌써 남문으로 들어왔다고 하오."

범개는 대경실색하며 황급히 아들 범앙을 불러 갑사를 모아 적에게 대항하게 했다. 악왕부가 말했다.

"사태가 위급하오! 어서 주상을 모시고 고궁固宮으로 가야 수비를 튼튼히 할 수 있을 것이오."

고궁이란 지난날 여생呂甥과 극예가 궁궐을 불태우는 반란을 일으킨 후 진晉 문공이 본궁의 동쪽에 별도로 건축한 궁궐이었다. 문공은 이 별궁을 지어 예측할 수 없는 변란에 대비하고자 했다. 넓이는 10리가 넘었고 안에 궁실과 누대를 마련했으며 비축해둔 곡식도 매우 많았다. 또한 나라 안의 장사 3000명을 배치하여 돌아가며 지키게 했다. 또 바깥에는 해자를 깊이 팠고 성곽의 높이도 여러 길이 넘었다. 성곽이 매우 견고했기 때문에 보통 고궁(견고한 궁궐)이라고 불렀다. 범개는 나라 안에서 호응하는 자가 있을까 걱정이 되었다. 악왕부가 말했다.

"모든 대부는 난씨를 원망하고 있지만 오직 위씨가 염려스럽소. 만약 서둘러 주상의 명령으로 그들을 부르면 잡아둘 수 있을 듯하오."

범개도 그렇게 생각했다. 이에 범앙을 시켜 주상의 명령이라 칭하고 위서를 불러오게 하면서, 한편으로는 노복을 재촉해 수레를 준비하게 했다. 악왕부가 또 말했다.

"일의 승패를 알 수 없으니 마땅히 우리의 행적을 숨겨야 할 것이오."

이때 진 평공은 마침 외가에 초상이 났다. 범개와 악왕부는 모두 속에 갑옷을 입은 채 겉에는 상복을 입었다. 머리에는 수질首絰[3]을 동여매고 여인으로 가장하여 바로 궁궐로 들어가 평공에게 사태를 아뢴 뒤 평공을 호위하여 고궁으로 들어갔다.

한편 위서의 집은 성 북쪽에 있었다. 범앙은 초거를 타고 나는 듯이 수레를 몰았다. 위서의 집 대문 밖에는 이미 병거와 병졸이 늘어서 있었다. 위서도 갑옷 차림으로 병거를 타고 남쪽으로 난영을 맞으러 달려갈 채비를 갖추고 있었다. 범앙은 수레에서 내려서 황급하게 달려가며 말했다.

"난씨가 반역을 했소. 주상께서는 이미 고궁으로 들어가셨소. 저의 가친과 대신들도 모두 주상이 계신 곳에 모여 있소. 주상께서는 저를 보내 장군을 맞아오게 했소."

위서가 아직 대답도 하지 않았는데 범앙은 벌써 한걸음에 펄쩍 뛰어 위서의 병거에 올라탔다. 그러고는 오른손으로 칼을 잡고 왼손으로는 위서의 허리띠를 끌어당겼다. 위서는 깜짝 놀라 소리도 제대로 지르지 못했다. 범앙이 소리를 질렀다.

"어서 출발하라!"

어자가 물었다.

3_ 수질首絰: 옛날 상복을 입을 때에 머리에 두르는 둥근 테. 짚이나 삼 껍질을 감아서 만든다.

小范鞭
智劫輅
舒

범앙이 칼로 위서를 위협하다.

"어디로 가십니까?"

범앙이 호통을 쳤다.

"동쪽 고궁으로 가자."

모든 병거와 병졸은 동쪽을 향해 출발해서 곧바로 고궁에 닿았다. 뒷일이 어떻게 될지는 다음 회를 보시라.

적을 죽이는 것이
장수의 본분

곡옥성에서 난영은 멸족을 당하고
저우문에서 기양은 싸우다가 죽다
曲沃城欒盈滅族, 且于門杞梁死戰.

범개는 아들 범앙을 보내 위서를 맞아오게 했으나 승패가 어떻게 될지
알 수 없어서 마음을 놓지 못했다. 그래서 친히 성 위로 올라가 먼 곳을
바라보았다. 그때 수레와 군사들이 서북쪽에서 쏜살같이 달려오는 것이
보였다. 자신의 아들과 위서도 같은 수레에 타고 있었다. 범개는 기뻐하며
말했다.

"이제 난씨가 외롭게 되었다."

그러고는 즉시 성문을 열고 그들을 맞아들였다. 위서는 범개를 보자 저
절로 안색이 달라지며 불안한 모습을 보였다. 그러자 범개가 그의 손을 잡
으며 말했다.

"외부 사람들은 사정을 잘 알지도 못하고 장군께서 난씨와 몰래 밀통했
다고 하는구려. 나는 장군께서 그렇지 않다는 것을 굳게 믿고 있소. 만약

우리와 함께 난씨를 멸족시킨다면 그 공로의 대가로 곡옥 땅을 드리겠소.”

위서는 이때 이미 범씨의 손아귀에 잡혀 있었기 때문에 예예 하고 명령을 따를 수밖에 없었다. 두 사람은 마침내 진晉 평공을 알현하고 함께 적을 맞아 싸울 계책을 상의했다. 잠시 후 조무, 순오荀吳, 지삭智朔, 한무기, 한기, 기오, 양설적, 양설힐, 장맹적張孟耀 등의 신하가 계속 당도했다. 그들은 모두 병거와 군사를 거느리고 왔기 때문에 군대의 기세가 갈수록 더욱 강성해졌다. 고궁은 성문이 앞뒤로 두 개밖에 없었고 그것도 모두 이중으로 되어 있었다. 범개는 조씨와 순씨 두 가문의 군사들에게 힘을 합쳐 남쪽의 이중 성문을 지키게 했다. 그리고 한무기 형제에게는 북쪽의 이중 성문을 지키게 했다. 또 기오 등 여러 장수에게는 주위를 순찰하게 했고, 범개 자신은 아들 범앙과 함께 평공의 곁을 한시도 떨어지지 않고 지켰다.

난영은 벌써 강주성으로 들어왔지만 마중 나오겠다던 위서가 보이지 않자 마음속으로 의아하게 생각하며 저잣거리 입구에 군사를 주둔시켰다. 그러고는 초병을 시켜 상황을 알아보게 했다. 초병이 돌아와 보고했다.

“진나라 군주는 이미 고궁으로 갔다고 합니다. 백관들도 모두 뒤를 따랐고 위서도 함께 들어갔다 합니다.”

난영은 그 말을 듣고 진노하여 소리쳤다.

“위서란 놈이 나를 속이다니! 만나기만 하면 내 손으로 죽일 것이다.”

이에 바로 독융의 등을 쓰다듬으며 말했다.

“힘을 다해 고궁을 함락시켜라. 그대와 함께 부귀를 누리리라!”

독융이 말했다.

“군사의 반을 나누어주시면 저 혼자서 남쪽 성문을 부수겠습니다. 주인께선 여러 장수를 거느리고 북쪽 성문을 부수십시오. 누가 먼저 입성하는

지 두고 보십시오."

이때 식작과 곽최는 난영과 함께 참전하기는 했지만, 난영이 주작과 형괴를 제나라로 데려온 후 제 장공이 그들만 추켜세우는 탓에 두 사람은 늘 찬밥 신세임을 한탄하고 있었다. 속담에도 "괴상한 나무에 괴상한 가지가 생긴다怪樹怪丫叉"고 한 것처럼 식작과 곽최가 주작과 형괴를 미워하게 되자 결국 그들의 분노는 난영에게 옮겨가게 되었다. 게다가 난영은 입만 열면 독융의 용력을 칭찬하기에만 급급할 뿐 주작과 곽최의 마음은 전혀 굽어살피지 않았다. 그러니 주작과 곽최가 어찌 그들의 열기로 난영의 냉혹한 얼굴을 녹이려 하겠는가? 두 사람은 단지 수수방관하며 승패를 구경이나 하려고 할 뿐 온 힘을 다해 싸우려 하지 않았다. 그러므로 난영이 믿는 건 오직 독융 한 사람뿐이었다. 독융은 당장 창을 잡고 수레에 올라 고궁으로 곧추 달려가 남쪽 성문을 함락시키려 했다. 그는 성문 밖에서 형세를 살피느라 수레를 몰고 이리저리 치달리다가 섰다가 하는 동작을 반복했다. 정말 위풍당당하고 살기등등했다. 흡사 검은 옷을 입은 신장神將이 하늘에서 내려온 것 같았다. 진나라 군사들은 평소에도 독융의 용력과 명성을 듣고 있었기 때문에 그를 직접 보자 간담이 서늘해지지 않는 사람이 없었다. 대장 조무도 혀를 차며 경탄하고 흠모해 마지않았다.

그런데 조무의 부하 중에도 두 명의 용장勇將이 있었다. 그들은 형제간으로 이름이 해옹解雍과 해숙解肅이었다. 그들은 모두 긴 창을 잘 써서 군영 내에서도 명성이 자자했다. 두 사람은 그들의 대장이 적을 보고 경탄하자 마음속으로 인정하기가 싫었다. 그래서 이렇게 말했다.

"독융이 비록 용력이 대단하지만 머리가 세 개이거나 팔이 여섯 개가 달린 것은 아니오. 우리 형제가 보기에는 별로 대단치 않은 것 같소. 지금 우리가 군사 한 부대를 이끌고 성문을 나가서 반드시 저놈을 사로잡아 바치겠소."

조무가 말했다.

"반드시 조심해야 하오. 적을 가볍게 보지 말고."

두 장수는 군장을 잘 갖춰 입고 수레를 치달려 성문 밖으로 나갔다. 그들은 해자를 사이에 두고 고함을 질렀다.

"거기 온 장수가 독융이 맞느냐? 안타깝게도 너같이 용기가 있는 놈이 어찌 역적이나 따라다니느냐? 일찌감치 항복하면 재앙이 복으로 바뀔 수 있을 것이다."

독융은 그 소리를 듣고 대로하여 군사들을 다그쳐 해자를 메우고 성문 앞으로 건너가려 했다. 군사들이 흙과 돌멩이를 지고 와서 해자를 메우고 있는데 성격이 급한 독융은 두 자루의 창을 땅바닥에 짚고 있는 힘을 다해 훌쩍 땅을 박차고 뛰어올라 해자 건너편으로 날아갔다. 건너편에 있던 해씨 형제는 깜짝 놀라 창을 앞으로 내지르며 독융과 싸우러 달려왔다. 독융도 춤추듯 창을 휘두르며 두 사람을 맞아 싸우면서도 전혀 겁을 내지 않았다. 해옹의 병거를 끌던 말은 진작에 독융의 창을 맞고 등뼈가 부러져서 병거를 끌지 못했다. 해숙의 말도 히히잉 소리를 내며 일어났으나 역시 앞으로 나아가지 못했다. 해씨 형제는 독융이 혼자라고 업신여기며 병거에서 뛰어내려 함께 싸움을 걸었다. 독융은 두 자루 긴 창으로 좌우 두 사람을 모두 대적했다. 휙휙 창을 휘두르는 소리가 사방으로 울려 퍼졌다. 해숙이 창으로 찔러오자 독융은 자신의 창 하나로 해숙의 창을 막으며 잡아끌었다. 그러자 독융이 내지른 창의 묵중한 무게 때문에 해숙의 창이 우지끈 소리를 내며 두 동강 나고 말았다. 해숙은 창 자루를 내던지고 달아났다.

해웅도 마음은 급했지만 손이 너무 느려서 독융의 창에 찔려 쓰러졌다. 독융은 곧바로 해숙을 추격했다. 해숙은 걸음이 빨라서 북쪽 성문을 향해 도망쳤다. 해숙은 성 위에서 내려준 밧줄을 타고 성 위로 올라갔다. 해숙을 따라잡지 못한 독융은 몸을 돌려 해웅의 목숨을 끊으려 했지만 해웅도 이미 그들 장수에 의해 구조되어 간 뒤였다. 독융은 불같이 화가 나서 혼자 창을 내지르며 소리쳤다.

"자신 있는 놈은 여럿이 한꺼번에 덤벼라! 내가 모두 죽여주마! 그것이 시간을 절약하는 길이다."

닫힌 성문 안에서는 감히 대답하는 사람이 없었다. 독융은 한참이나 그곳을 지키고 섰다가 결국 본영으로 돌아와서 내일 성문을 공격하겠다고 군사들에게 분부했다. 이날 밤 해웅은 부상이 심해서 목숨을 거두었다. 조무는 애통한 마음을 금하지 못했다. 해숙이 말했다.

"내일 소장이 다시 결전을 벌여 형님의 원수를 갚겠소. 내 비록 죽더라도 여한을 남기지 않겠소."

순오가 말했다.

"나의 부하 중에 노장 모등牟登이란 사람이 있소. 그에겐 모강牟剛과 모경牟勁이란 두 아들이 있는데 모두 천근을 들어 올릴 수 있는 힘을 지녔소. 지금 우리 진나라 주상 휘하에서 호위 업무를 맡고 있소. 오늘 밤 모등을 시켜 두 아들을 불러와서 내일 해 장군과 함께 출전시키는 것이 좋겠소. 세 사람이 한 놈을 대적하면 설마 지기야 하겠소?"

조무가 말했다.

"그렇게 하는 것이 좋겠소."

이에 순오는 자신이 직접 모등에게 명령을 내리러 갔다.

다음 날 아침 모강과 모경이 모두 도착했다. 조무가 보니 과연 몸집이 장대하고 기상이 씩씩했다. 조무는 그들을 위로한 후 해숙과 함께 성문을 나가 싸우라고 명령했다. 저쪽 편의 독용은 일찌감치 해자를 평평하게 메우고 곧바로 성문 밖으로 달려와 싸움을 걸고 있었다. 이때 이쪽의 맹장 세 명이 성문을 열고 달려나갔다. 독용이 고함을 질렀다.

"죽음이 무섭지 않거든 한꺼번에 덤벼라!"

세 장수는 아무 말도 하지 않고 한 명은 긴 창을 들고, 두 명은 큰 칼을 휘두르며 일제히 독용에게 달려들었다.

독용은 전혀 겁을 내지 않고 살기등등하게 병거에서 뛰어내려 두 자루 창을 춤추듯 휘둘렀다. 온 힘을 다해 창을 내리치자 엄청난 무게에 의해 모경의 수레바퀴 축이 절단됐고, 모경도 수레에서 뛰어내릴 수밖에 없었다. 그는 독용의 창을 막다가 온몸이 박살 났다. 모강은 화가 머리끝까지 치솟아 목숨을 걸고 달려나왔다. 그러나 독용이 화살을 쏘듯 신속하게 창을 내지르니 어찌할 수 없었다. 그는 한 걸음도 앞으로 다가가지 못했다. 그러자 노장 모등이 소리를 질렀다.

"잠시 쉬어라!"

성문 위에서 징을 울리자 모등은 직접 성문을 나서서 모강과 해숙을 맞아 성안으로 들어갔다. 독용은 군사를 시켜 성문을 공격하게 했다. 성문 위에서 화살과 돌이 비 오듯 쏟아져서 많은 군사가 부상을 입었지만 독용은 전혀 동요하지 않았다. 정말 용장이라 할 만했다. 조무와 순오는 연속으로 두 번이나 패하고 나서 사람을 보내 범개에게 위급함을 알렸다. 범개가 말했다.

"독용 한 놈을 이기지 못하고 어찌 난씨를 평정할 수 있겠는가?"

범개는 이날 밤 촛불을 밝히고 앉아 답답한 마음을 금치 못했다. 그때 한 노예가 범개를 모시고 있다가 머리를 조아리며 물었다.

"원수께서 답답해하시는 건 독융 때문이 아닙니까?"

범개가 고개를 들어보니 성은 비裵요, 이름은 표豹라는 자였다. 그는 본래 도안고 수하의 맹장 비성裵成의 아들이었는데, 도안고의 파당에 연루되어 관직을 몰수당하고 노예가 되어 중군에서 복역하고 있었다. 범개는 그의 말을 기이하게 생각하고 물었다.

"네게 독융을 제거할 계책이 있다면 내 마땅히 후한 상을 내리리라!"

비표가 말했다.

"소인의 이름은 노비문서에 기록되어 있어서 하늘에 닿을 만한 포부를 품고 있더라도 제 출신을 벗어날 길이 없습니다. 원수께서 만약 노비문서에서 제 이름을 제거해주신다면 독융을 죽여서 두터운 은혜에 보답하겠습니다."

범개가 말했다.

"네가 만약 독융을 죽이면 내 마땅히 주상께 청하여 네 노비문서를 모두 불살라버리고 우리 중군의 아장에 임명하도록 하겠다."

비표가 말했다.

"원수께서 신용을 잃으시면 안 됩니다."

범개가 말했다.

"만약 내가 약속을 지키지 않는다면 천지신명이 용서치 않을 것이다. 그런데 병거와 군사가 얼마나 필요한지 모르겠구나."

비표가 말했다.

"독융이 지난날 강주성에 있을 때 소인과 잘 알고 지냈습니다. 그때 우리는 늘 힘을 겨루며 서로 승부를 다뤘습니다. 독용이란 자는 자신의 용력만 믿고 조급하게 달려들며, 오로지 단독으로 싸우기를 좋아했습니다. 만약 병거와 군사를 보내시면 이길 수 없습니다. 소인은 단신으로 성문을 나가기를 바라옵니다. 제게 독용을 잡을 계책이 있습니다."

범개가 말했다.

"너는 성 밖으로 나가서 돌아오지 않으려는 것이 아니냐?"

비표가 말했다.

"소인에겐 노모가 있는데 금년에 78세입니다. 또 어린 아들과 고운 아내도 있습니다. 어찌 지금의 죄에다 또 다른 죄를 더하여 불충과 불효를 저지를 수 있겠습니까? 만약 그런 짓을 한다면 천지신명이 용서치 않을 것입니다."

범개는 몹시 기뻐하며 술과 음식을 내려 위로하고 무소 가죽으로 만든 갑옷 한 벌을 상으로 줬다.

다음 날 비표는 겉옷 속에 갑옷을 입고, 밖에 흰 명주 전포를 걸친 뒤 군장을 단단히 동여맸다. 그리고 머리에는 가죽 고깔을 쓰고, 발에는 삼으로 엮은 신발을 신고, 허리에는 날카로운 단도를 감추고, 손에는 무게가 52근이나 나가는 철퇴를 들고 범개에게 와서 작별 인사를 했다.

"소인이 이번에 가서 독용을 죽이면 개선할 수 있을 것이고, 그렇지 못하면 독용의 손에 죽을 것입니다. 두 사람 모두 살 수는 없을 것입니다."

범개가 말했다.

"나도 직접 가서 너의 용력을 구경하리라."

그러고는 즉시 병거를 대령하라 명령을 내리고 비표를 참승驂乘으로 삼아 함께 남문으로 달려갔다. 조무와 순오가 그들을 맞아들이며 앞서 독용이 영용하게 두 장수를 연이어 꺾은 일을 이야기했다. 범개가 말했다.

"오늘 비표가 단신으로 놈과 대적할 것이오. 우리 진나라 주상께서 복이 있는지 두고 봅시다."

말을 아직 다 마치지도 않았는데, 성문 밖에서 독융이 고함을 치며 싸움을 걸어왔다. 비표가 성문 위에서 독융을 불렀다.

"독군督君은 이 비대羆大를 알아보겠는가?

비표는 행동거지가 커서 자칭 비대라고 했고, 지난날 두 사람 상호 간에도 비대라는 이름이 통용됐다. 독융이 말했다.

"비대! 오늘 나와 생사를 건 한판 승부를 겨뤄보겠느냐?"

비표가 말했다.

"다른 사람은 널 두려워하지만 나 비표는 널 두려워하지 않는다. 병거를 뒤로 물리고 너와 나 두 사람이 땅바닥에서 싸움을 벌이자. 맨손에는 맨손으로 무기에는 무기로 겨뤄서 네가 죽으면 내가 살고, 내가 죽으면 네가 살면 되지 않겠느냐? 이긴 자가 영웅다운 이름을 후세에 남길 것이다."

독융이 말했다.

"그 말이 내 뜻과 딱 부합한다."

그러고는 마침내 군사를 뒤로 물리자 성문이 열리면서 비표가 단신으로 밖으로 나왔다. 두 사람은 성문 밖에서 싸움을 시작했다. 약 20여 합을 겨뤘지만 승부가 나지 않았다. 비표가 독융을 속여 말했다.

"내가 소변이 급하니 잠시만 쉬자꾸나."

그러나 독융이 어찌 그를 그냥 내버려두겠는가? 비표는 먼저 서쪽에 있는 공터를 흘낏 보았다. 그곳에는 낮은 담장이 둘러쳐져 있었다. 비표는 빈틈을 보아 그곳으로 내달았다. 독융이 그를 추격하며 고함을 질렀다.

"어디로 내빼려는 게냐?"

범개 등은 성문 위에서 독융이 비표를 추격하는 아슬아슬한 순간을 지켜보고 있었다. 지켜보는 사람도 식은땀이 흐를 지경이었다. 그러나 이것이 비표의 유인술이라는 것을 누가 알았겠는가? 비표는 낮은 담장으로 달려가서 훌쩍 안쪽으로 뛰어들어갔다. 독융은 비표가 담장 안으로 뛰어들어가는 것을 보고 자신도 담장을 뛰어넘었다. 그러나 그는 비표가 앞으로 달려가는 것만 봤지 그가 담장 안 큰 나무 뒤에 몸을 숨기고 있다는 것을 알지 못했다. 독융이 담장 안으로 뛰어들자 뜻밖에도 비표는 52근짜리 철퇴를 들어 독융의 뒤를 후려쳤다. 독융은 머리에 정통으로 철퇴를 맞고 뇌수가 터져 땅에 쓰러졌다. 그러면서도 오른발을 비호처럼 날려 비표의 앞가슴 무소 갑옷 한 조각을 차서 떨어뜨렸다. 비표는 황급히 허리에 숨기고 있던 날카로운 단도를 뽑아 독융의 목을 잘랐다. 그 후 다시 담장을 넘어 밖으로 나왔다. 성문 위에서 구경하던 장수들은 비표의 손에 피가 뚝뚝 떨어지는 독융의 머리가 들려 있는 것을 보고 그가 이긴 줄 알았다. 성문이 활짝 열리며 해숙과 모강이 군사를 이끌고 쇄도해 나왔다. 난영의 군사는 대패하여 반은 죽고 반은 항복했다. 도망간 군사들이라고 해봐야 열에 한둘뿐이었다. 범개는 하늘을 우러러 술을 뿌리며 말했다.

"이건 우리 진나라 주상의 홍복이다."

그러고는 술을 부어 친히 비표에게 잔을 권한 뒤 그를 데리고 진 평공을 알현하러 갔다. 평공은 그에게 병거 한 대를 상으로 하사하고 제1등 전공으로 기록하게 했다. 잠연 선생이 이를 시로 읊었다.

귀신 같은 독융의 힘은 세상에 없었는데　　　　　　　　督戎神力世間無

그 적수가 노예일 줄 그 누가 알았으랴?   敵手誰知出隸夫

용인술은 모름지기 격식을 깨야 하나니   始信用人須破格

겉모습만 번드르르한 귀한 분들이 우습도다!   笑他肉食似雕瓠

한편 난영은 대군의 병거를 이끌고 북쪽 성문을 공격하다가 독융이 연이어 승전했다는 소식을 듣고 부하들에게 말했다.

"내게 독융이 두 명만 있었더라면 이따위 고궁을 깨뜨리지 못할까 무엇을 근심하겠는가?"

이때 식작이 곽최의 발을 일부러 슬쩍 밟았다. 곽최도 눈짓으로 대답을 하며 비웃었다. 두 사람은 각각 고개를 숙이고 아무 말도 하지 않았다. 오직 난낙과 난방만 전공을 세우려고 화살과 돌멩이를 피하지 않고 싸웠다. 한무기과 한기는 남쪽 성문에서 거듭 패전 소식이 들려오자 감히 밖으로 나오려 하지 않고 성문만 굳게 지켰다. 사흘째 되던 날 난영은 남쪽 성문의 패전 소식을 들었다.

"독융이 죽고 전군이 무너졌습니다."

그는 깜짝 놀라 손발을 어디에 둘지 몰랐다. 급기야 식작, 곽최와 대책을 상의하려고 했다. 그러자 식작과 곽최가 비웃으며 말했다.

"독융조차 패배했는데 우리 따위가 무엇을 할 수 있겠소?"

난영은 끊임없이 눈물을 흘렸다. 난낙이 말했다.

"우리의 생사는 오늘 밤에 달려 있소. 당장 장수들에게 북문에 모이라고 명령을 내려야 하오. 삼경이 지난 후에 초거를 타고 성문에 불을 지르면 성안으로 들어갈 수 있을 것이오."

난영은 그 계책에 따랐다. 진 평공은 독융이 죽었다는 소식을 듣고 기뻐하며 경축의 술잔을 기울였다. 한무기와 한기도 모두 달려와서 축수의 잔을 올렸다. 이경까지 술을 마시다가 흩어져서 북문으로 돌아왔다. 점호를 마칠 무렵 갑자기 병거 소리가 세차게 울리며 난씨의 군마가 떼거리로 모여들었다. 이어서 초거가 성문 높이만큼 치솟더니 불화살이 메뚜기 떼처럼 쏟아져 들어왔다. 성문이 불타면서 불길이 세차게 치솟았다. 성문 안 군사들은 몸을 의지할 데가 없었다. 난낙이 앞장서고 난방이 뒤따라 쳐들어왔다. 그들은 승세를 타고 이중의 성문 가운데 바깥 성문을 점령했다. 한무기 등은 안쪽 성문까지 물러나 수비를 강화했다. 그러고는 급히 중군으로 사람을 보내 구원병을 요청했다. 범개는 위서에게 남문을 지키게 하고 임시로 순오에게 병마 한 부대를 이끌고 북문으로 가서 한씨 형제를 돕게 했다. 범개는 진 평공과 함께 높은 성루에 올라가 북쪽을 바라보았다. 그러나 난씨의 군사들은 바깥 성문에 주둔한 채 고요한 모습을 보이고 있었다. 범개가 말했다.

"이건 틀림없이 간계다."

그리하여 안쪽 성문을 지키는 군사들에게 주의해서 방어하라고 명령을 내렸다. 황혼 무렵이 되자 난씨의 군사들이 다시 초거에 올라 화기로 성문을 공격했다. 그러나 이번에는 가죽 장막을 성문에 둘러쳐서 방비를 했다. 쇠가죽에 물을 흠뻑 뿌려서 성문을 가려 막자 불길이 전혀 번지지 않았다. 밤새도록 난전을 벌이다가 양쪽 군사들이 잠시 쉬는 틈에 범개가 말했다.

"적이 이미 가까이 다가왔다. 만약 싸움이 오래 지속되면서 저들이 물러나지 않으면 틀림없이 제나라가 그 틈을 노릴 것이다. 그럼 우리 진나라가 위태로워진다."

그러고는 마침내 자신의 아들 범앙에게 명하여 비표와 함께 군사 한 부대를 이끌고 남문을 나가 밖에서 북문을 협공하게 했다. 그리고 서로 시간을 정해 한씨 형제는 북쪽 관문을 지키고 순오는 모강과 한 부대의 군사를 거느린 채 안쪽 성문에서 바깥 성문으로 공격해나가기로 했다. 배와 등에서 일시에 협공을 하여 저들이 양쪽을 다 돌아볼 수 없게 하려는 작전이었다. 또한 조무와 위서의 군사는 성문 밖에 주둔하게 하여 남문을 방어하게 했다. 배치를 모두 마치고 범개는 진 평공을 모시고 싸움을 관전하러 성루로 올라갔다. 범앙은 출발에 앞서 부친 범개에게 청했다.

"저는 아직 나이가 어려서 명망이 없습니다. 원컨대 중군의 깃발을 빌려주십시오."

범개가 그것을 허락하자 범앙이 칼을 들고 병거에 올라 깃발을 세우고 행군을 했다. 그는 남문을 나서면서 부하들에게 소리쳤다.

"오늘 전투는 전진만 있을 뿐 후퇴는 없다. 만약 싸움에서 패배하면 내가 먼저 목을 찔러 죽을 것이다. 제군들만 죽게 하지는 않을 것이다."

군사들이 모두 용기백배하며 펄쩍펄쩍 뛰었다.

그리하여 순오는 범개의 명령을 받들고 장수와 병졸들을 배불리 먹인 후 공격 시간을 기다렸다. 이때 난씨의 군사들이 어지럽게 흔들리며 모두 바깥 성문으로 물러나는 것이 보였다. 그는 밖에서 아군이 당도한 것을 알고 공격의 북소리를 크게 울리며 성문을 활짝 열어젖혔다. 모강이 앞에 서고 순오가 그 뒤를 따랐다. 갑사와 보졸들도 일제히 밖으로 쏟아져 나갔다. 난영도 진나라 군사가 안팎에서 협공할까 염려가 되어 난방에게 철엽거鐵葉車[1]를 이용해 바깥 성문 입구를 막게 하고 군사를 나누어 지키게 했

1_ 철엽거鐵葉車: 수레 표면에 납작한 철편鐵片을 붙인 전투용 병거.

다. 순오의 군사는 밖으로 나갈 수 없었다. 범앙의 군사가 도착하자 난낙은 그들이 들고 온 중군의 대패大旆 깃발을 보고 깜짝 놀라며 말했다.

"저들의 중군원수가 직접 온 것이냐?"

그러고는 사람을 보내 살펴보게 했다. 바로 보고가 올라왔다.

"어린 장수 범앙입니다."

난낙이 말했다.

"그럼 걱정할 것 없다."

이내 활에 화살을 메겨 병거 위에 서서 좌우를 돌아보며 말했다.

"밧줄을 많이 준비하라. 내 화살을 맞고 쓰러진 놈들을 끌어올리게!"

그러고는 진晉나라 군사들 속으로 쳐들어가서 왼쪽 오른쪽으로 화살을 쉬지 않고 발사했다. 그의 화살은 한 발도 빗나가지 않고 백발백중이었다. 그의 아우 난영欒鍼2이 같은 병거를 타고 있다가 말했다.

"화살이 아깝소. 이름 없는 놈들만 쏘시다니!"

이에 난낙은 활쏘기를 그쳤다. 잠시 후 멀리서 병거 한 대가 다가오는 것이 보였다. 병거 위의 장수는 가죽 고깔을 쓰고 하얀 명주 전포를 걸치고 있었으며 모습이 좀 기괴했다. 난영이 그를 가리키며 말했다.

"저놈이 비표요. 우리 독융 장군을 죽인 놈이오. 어서 쏘시오!"

난낙이 말했다.

"백 보 가까이 다가오면 쏴야 한다. 너는 내게 박수를 보낼 준비나 해야 할 것이다."

말이 아직 다 끝나지도 않았는데 병거 한 대가 그의 곁을 스쳐 지나갔

2_ 난영欒鍼: 난낙欒樂의 아우. 난씨 가문의 대표 난영欒盈과 한자가 다르다.

다. 난낙은 그 수레에 탄 사람이 소장군 범앙인 것을 알아보고 생각했다.

'만약 범앙을 쏴 죽이면 비표를 쏜 것보다 훨씬 좋지 않겠는가?'

그는 병거를 휘몰아 범앙을 쫓아가며 화살을 발사했다. 난낙의 화살은 지금까지 백발백중이었다. 그러나 어쩐 일인지 이번 화살은 허공을 쏘고 말았다. 범앙이 놀라 고개를 돌려보니 바로 난낙이었다. 범앙이 욕설을 퍼부었다.

"이 역적 놈아! 네놈이 곧 죽을 줄 모르고 감히 나를 쏘느냐?"

난낙은 병거를 돌려 후퇴하라고 했다. 그는 범앙이 무서워서 후퇴하려는 게 아니라, 그가 쏜 화살이 맞지 않자 수레를 돌려 범앙을 유인할 심산이었다. 가까이 오면 직접 보고 겨냥하여 정확하게 화살을 날리려는 것이었다. 그러나 누가 알았으랴? 식작과 곽최가 군중에서 난낙의 활솜씨를 시기하며 그가 전공을 세울까봐 근심하고 있다는 것을. 그들은 난낙이 후퇴하는 것을 보고 고함을 질렀다.

"난씨가 패했다!"

난낙의 병거를 몰던 군사가 그 소리를 듣고 다른 군사가 패배한 줄 착각하고 고개를 들어 사방을 돌아보다가 말고삐를 제대로 다잡지 못하고 말았다. 그 병거가 가는 도중에 큰 홰나무 뿌리가 튀어나와 있었고, 바퀴가 그곳에 부딪쳐 병거가 뒤집히고 말았다. 그 참에 난씨가 굴러떨어지자 마침 비표가 뒤따라와서 긴 창으로 끌어당겨 그의 팔꿈치를 잘랐다. 가련하게도 난낙은 난씨 가문의 첫째가는 장수였는데, 오늘에 이르러 홰나무 뿌리 옆에서 목숨을 잃고 말았다. 이 어찌 천명이 아니랴? 염옹이 이를 시로 읊었다.

원숭이 팔 난낙 장군 빗나간 화살 없었는데 　　　　　猿臂將軍射不空

잘못 쏜 한 발 때문에 영웅의 일생 망쳤다네 　　　　　偏敎一矢誤英雄

하늘이 난씨 제사를 끊으려고 했으니 　　　　　　　老天已絶欒家祀

군중에서 큰 전공을 세우게 하겠는가? 　　　　　　　肯許軍中建大功

난영은 병거에서 먼저 뛰어내렸으나 난낙을 구하러 갈 엄두도 내지 못하고 황급히 도망쳐서 목숨을 건졌다. 식작과 곽최는 제나라로 돌아가기가 곤란했다. 그래서 곽최는 진秦나라로, 식작은 위衛나라로 도망쳤다.

난영은 난낙이 죽었다는 소식을 듣고 목 놓아 통곡했다. 군사들도 슬퍼하며 눈물을 흘리지 않는 사람이 없었다. 난방은 성문 입구를 지킬 수 없게 되자 군사를 거두어 난영을 보호하면서 남쪽으로 달아났다. 순오와 범앙은 군사를 합쳐 난영의 뒤를 쫓았다. 난영과 난방은 곡옥의 군사들과 함께 적을 맞아 목숨을 걸고 한바탕 결사전을 벌였다. 그제야 진晉나라 군사가 물러갔다. 난영과 난방도 중상을 입었다. 그들의 행군이 남문에 당도했을 때 또 위서가 군사를 이끌고 막아섰다. 난영이 눈물을 흘리며 말했다.

"위魏 장군은 우리가 하군에서 함께 일하던 때를 기억하지 못하오? 나 난영은 반드시 죽을 거란 걸 알지만 위 장군의 손에 죽고 싶지는 않소."

위서는 옛정을 참지 못하고 군사들을 길 양편으로 비키게 하고는 난영을 지나가게 했다. 난영과 난방은 패잔병을 이끌고 서둘러 곡옥으로 달아났다. 잠시 후 조무가 군사를 거느리고 도착하여 위서에게 물었다.

"난영이 이미 지나갔을 텐데 어찌 추격하지 않으시오?"

위서가 말했다.

"저들은 솥 안에 든 물고기요, 독 안에 든 자라 신세이니 요리사가 손만

쓰면 되오. 나는 선인들의 우의가 생각나서 차마 칼을 쓸 수 없었소."

조무도 측은한 생각이 들어 더 이상 추격하지 않았다. 범개는 난영이 이미 도망쳤다는 소식을 듣고 위서가 인정을 베푼 것을 알았지만 아무 말도 하지 않고 자신의 아들 범앙에게 말했다.

"난영을 따라온 자들은 모두 곡옥의 갑사들이니 이번에도 틀림없이 곡옥으로 돌아갔을 것이다. 저들은 이미 발톱과 이빨이 다 빠진 상태라 네가 일군을 이끌고 가서 포위하면 쉽게 함락시킬 수 있을 것이다."

순오도 함께 가기를 청했다. 범개가 허락하자 두 장수는 병거 300승을 거느리고 갔다. 곡옥에서 난영을 포위하게 한 뒤 범개는 진 평공을 받들어 다시 본궁으로 돌아갔다. 범개가 노비문서를 불태우자 비표 때문에 노예에서 벗어난 자가 20여 집이나 되었다. 범개는 마침내 비표를 받아들여 아장으로 삼았다.

이야기가 두 갈래로 나뉜다. 제 장공은 난영을 다시 진나라로 보내 싸움을 걸게 한 후 바로 대군을 선발하여 왕손휘王孫揮를 대장으로 삼고 신선우申鮮虞를 부장으로 삼았다. 또 주작과 형괴를 선봉장으로 삼고 안이晏釐를 후군 장수로 삼았다. 그리고 가거와 병사를 자신의 곁에 두고 어가를 호위하게 하면서 길일을 택해 군사를 출정시켰다. 제 장공은 먼저 위衛나라 땅을 침범했으나 위나라 사람들은 수비만 굳건히 하며 성 밖으로 나와 싸우려 하지 않았다. 이에 제齊나라 군사들도 성을 공격하지 않고 마침내 제구帝邱3를 향해 북상하여 곧바로 진나라 국경 안으로 들어섰다. 이어서

3_ 제구帝邱: 하남성 복양濮陽 서남쪽. 전설에 의하면 오제五帝의 한 사람인 전욱顓頊의 도읍지라고 한다. 춘추시대 위衛나라 도읍지가 있던 곳이기도 하다. 제구帝丘라고도 쓴다.

조가朝歌[4]를 포위하여 사흘 만에 함락시켰다. 제 장공은 조양산朝陽山에 올라가 군사들을 위로하고 마침내 군대를 2군으로 나누었다. 왕손휘에게는 여러 장수와 함께 전대를 이끌고 왼쪽 맹문孟門[5]의 험로로 진격하게 했고, 장공 자신은 용작과 호작 두 친위대를 후대로 삼아 오른쪽 공산共山(河南省 輝縣 북쪽)으로 길을 잡아 모두 태항산太行山에서 함께 모이기로 했다. 연도 내내 살상과 약탈을 자행했음은 말할 필요도 없다. 이때 형괴는 공산共山 아래에서 노숙을 하다가 독사에게 물려 배가 퉁퉁 부어 죽었다. 장공은 이를 매우 애석하게 생각했다. 하루도 안 되어 양군은 모두 태항산에 당도했다. 제 장공은 산 위로 올라가 멀리 강주성과 신강성新絳城을 가늠하면서 그곳을 칠 일을 상의하고 있었다. 그때 마침 난영이 패하여 곡옥으로 달아났고 진나라 군주가 대군을 일으켜 달려오고 있다는 소식이 들려왔다. 제 장공이 말했다.

"이번에는 내 뜻을 이룰 수 없겠구나!"

그러고는 마침내 소수少水(山西省 泌水)에서 군사를 사열한 후 돌아왔다. 한단을 지키던 대부 조승은 본읍의 군사를 일으켜 장공을 추격했다. 제 장공은 진나라 대군이 다가오고 있고 전대도 벌써 출발했기 때문에 황급하게 줄행랑을 놓았다. 다만 안이를 남겨 추격군을 끊으려 했지만 안이는 패배한 후 조승에게 잡혀 참수를 당했다.

범앙과 순오는 곡옥을 한 달여 이상 포위하고 있었다. 난영 등은 누차 전투를 벌였으나 이기지 못했다. 성안의 사망자가 반을 넘으면서 힘이 고갈

4_ 조가朝歌: 하남성 기현淇縣. 은나라 마지막 임금 주왕紂王의 도읍지이기도 했으며, 춘추시대 위衛나라 초기 도읍지가 있던 곳이기도 하다.

5_ 맹문孟門: 산서성 유림柳林 맹문진孟門鎭.

되어 더 이상 성을 지킬 수가 없었다. 곡옥성이 함락되자 성주 서오胥午는 칼 위에 엎어져 자결했다. 난영欒盈과 난영欒榮은 모두 사로잡혔다. 난영欒盈이 말했다.

"후회스럽도다. 내가 신유의 말을 듣지 않아서 오늘 이 지경에 이르렀도다!"

순오는 난영欒盈을 옥에 가두려고 강주성으로 데리고 왔다. 범앙이 말했다.

"주상께서는 우유부단하셔서 난영이 만약 눈물로 애걸하면 살려주실지도 모르오. 그럼 우리의 원수를 풀어주는 것이오."

이에 밤중에 사람을 시켜 난영欒盈을 목 졸라 죽이고 아울러 난영欒榮도 살해했다. 이어서 난씨 가문 사람들을 남김없이 죽였다. 오직 난방만이 밧줄을 타고 성을 탈출하여 송나라로 도망쳤다. 범앙 등은 군사를 거두어 도성으로 돌아가 승리를 보고했다. 진 평공은 명령을 내려 난씨의 반역을 제후들에게 두루 알리게 했다. 그러자 대부분의 제후들이 사신을 보내 축하 인사를 했다. 사관이 이 일에 관한 사찬을 지었다.

난빈은 환숙의 스승이었고	賓傅桓叔
난지는 진 문공을 보좌했었네	枝佐文君
난돈과 난서에 전해지도록	傳盾及書
대대로 나라의 동량이었네	世爲國楨
난염은 지나치게 사치하여서	黶一汰侈
마침내 선대 공훈 실추시켰네	遂隆厥勳
난영欒盈은 선비를 좋아했지만	盈雖好士

曲沃
城藥
盈
滅族

곡옥성에서 난씨가 멸문지화를 당하다.

결국은 자기 몸도 살해당했네 　　　　　　　　　　適殞其身

가문 보존은 정도를 지켜야 하니 　　　　　　　保家有道

이 교훈으로 자손들을 경계할지라 　　　　　　以誡子孫

이때 범개가 늙음을 고하고 벼슬에서 물러나자 조무가 그의 지위를 대신하게 되었다. 이 이야기는 여기에서 잠시 접어둔다.

한편 제 장공은 진나라를 정벌하려다가 아무 전공도 세우지 못했지만 야심은 죽지 않았다. 그는 제나라 경계로 돌아와서도 나라 안으로 들어가려 하지 않고 이렇게 말했다.

"지난번 평음 전투 때 거나라 놈들은 자기 나라에서 우리 제나라를 습격하려 했다. 이 원한을 갚지 않을 수 없다."

그는 국경에 군사를 주둔시킨 채 병거를 크게 모은 뒤, 주작과 가거 등에게 각각 튼튼한 병거 5승씩을 하사하고 '오승지빈五乘之賓'이란 명칭을 붙여줬다. 또 가거가 임치인臨淄人 화주華周와 기양杞梁의 용력을 칭찬하는 것을 듣고 장공은 바로 사람을 보내 그들을 불러오게 했다. 화주와 기양이 장공을 알현하러 오자 장공은 두 사람에게 병거 한 대만 주고는 그 병거에 둘이 함께 타고 군사를 따라가서 전공을 세우라고 했다. 화주는 물러나와 밥도 먹지 않고 기양에게 말했다.

"주상께서 오승지빈을 세운 건 그들의 용력 때문이오. 또한 주상이 우리 두 사람을 부른 것도 우리 용력 때문이오. 그런데 저들은 한 사람이 병거 5승을 받고, 우리는 두 사람이 병거 1승을 받았소. 이것은 우리를 등용한 것이 아니라 우리에게 치욕을 준 것이오. 어찌 사양하고 다른 곳으로 가지 않소?"

기양이 말했다.

"나는 집에 노모가 계시니 그 분부를 받고 난 뒤 결정하겠소."

기양은 돌아가 어머니에게 고했다. 어머니가 말했다.

"너는 살아서 대의를 실천하지 못했으니, 죽어서도 이름을 남기지 못할 것이다. 그러니 네가 비록 오승지빈에 들어간다 해도 남들이 어찌 너를 비웃지 않겠느냐? 너는 마땅히 노력해야 할 것이다. 임금의 명령에서 도피할 수는 없는 법이다."

기양은 자기 어머니의 말을 화주에게 이야기했다. 화주가 말했다.

"여인의 몸으로도 임금의 명령을 잊지 말라고 하는데, 내가 어찌 감히 잊을 수 있겠소?"

그리하여 마침내 기양과 함께 병거를 타고 제 장공을 모시게 되었다. 제 장공은 며칠간 군사를 휴식하게 한 후 왕손휘에게는 대군을 이끌고 제나라 경계에 머물게 하고, 자신은 오승지빈의 장수 및 3000명의 정예부대만 선발하여, 입에는 나무 막대기를 물게 하고 북소리도 울리지 않은 채 거나라를 습격하러 갔다. 화주와 기양은 자청해서 앞 부대에 합류했다. 장공이 물었다.

"그대들은 갑사와 병거가 얼마나 필요한가?"

화주와 기양이 말했다.

"신 두 사람이 맨몸으로 주상전하를 알현하러 온 것은 맨몸으로 적진에 뛰어들기 위해서입니다. 주상께서 하사하신 병거 한 대만으로도 이미 충분합니다."

장공은 그들의 용기를 시험해볼 요량으로 웃으면서 허락했다. 화주와 기양은 서로 번갈아 수레를 몰기로 약속하고 출발에 앞서 이렇게 말했다.

"누가 우리 병거의 융우를 맡아준다면 적 한 부대를 대적할 수 있을 것이다."

그러자 어떤 병졸이 앞으로 나서며 말했다.

"소인이 두 분 장군을 수행하겠습니다. 이끌어주시겠습니까?"

화주가 물었다.

"네 성명이 무엇이냐?"

병졸이 대답했다.

"저는 제나라 본국 사람 습후중隰侯重입니다. 두 분 장군의 대의와 용기를 흠모하여 즐거이 따르고자 합니다."

세 사람은 병거 한 대에 함께 타고 깃발 하나를 세우고 북 하나를 단 채 바람처럼 치달려갔다. 이들은 먼저 거나라 교외에 이르러 하룻밤을 노숙했다. 다음 날 아침 거나라 군주 여비공黎比公은 제나라 군사가 몰려올 것이란 사실을 미리 알고 친히 갑사 300명을 이끌고 교외를 순찰하다가 화주와 기량의 병거를 만났다. 여비공이 심문을 하려는데 화주와 기양이 눈을 부라리며 먼저 고함을 질렀다.

"우리 두 사람은 제나라 장수다. 누가 나와 한판 겨뤄보겠느냐?"

여비공은 깜짝 놀랐다. 그러나 단 한 대의 수레에 후원하는 군사들도 없는 것을 보고 자신의 갑사를 시켜 겹겹이 포위하게 했다. 화주와 기양이 습후중에게 말했다.

"너는 쉬지 말고 북만 치거라!"

그리고 나서 두 사람은 각각 긴 창을 뽑아 들고 병거에서 뛰어내려 좌충우돌하며 맞서는 적들을 모두 죽였다. 순식간에 300명의 갑사 중 절반이 죽었다. 여비공이 말했다.

"과인이 이미 두 장군의 용력을 알았소. 목숨을 걸고 싸울 필요가 없으니 원컨대 우리 거나라를 나누어 두 장군과 함께 다스리고 싶소."

화주와 기양이 이구동성으로 대답했다.

"내 나라를 버리고 적에게 귀순하는 건 충성스럽다고 할 수 없소. 명령을 받은 장수로서 그 명령을 버리면 신의가 있다고 할 수 없소. 적진으로 깊이 들어가 많은 적을 죽이는 것이 바로 장수의 본분이오. 거나라가 나누어주는 이익 따위는 우리가 알 바 아니오."

말을 마치고는 다시 창을 들어 싸움을 계속했다. 여비공은 두 사람을 당할 수가 없어서 대패하여 달아났다. 제 장공은 군사를 이끌고 당도하여 두 장군이 병거 한 대로 싸워서 승리를 거둔 사실을 알고 두 사람을 부르기 위해 사자를 보냈다. 사자가 제 장공 대신 말했다.

"과인은 이미 두 장군의 용맹함을 알았소. 이제 더 이상 싸울 필요 없이 제나라를 나누어 두 장군과 함께 다스리고 싶소."

그러자 화주와 기양이 이구동성으로 말했다.

"주상께서는 오승지빈을 세우시고도 우리를 거기에 넣어주지 않으셨습니다. 이는 우리의 용력이 부족한 탓입니다. 또 이익으로 우리를 대우하시는 건 우리의 행적을 더럽히는 것입니다. 적진으로 깊이 들어가 많은 적을 죽이는 것은 장수의 본분입니다. 제나라에서 나누어주는 이익은 신들이 알 바가 아닙니다."

그러고는 사자에게 읍을 하고 물러난 뒤 병거를 버리고 보행으로 바로 저우문且于門6으로 다가갔다. 여비공은 군사를 시켜 좁은 길에 도랑을 파고 그 속에 숯을 피워놓게 했다. 화주와 기양은 숯불이 이글이글 타올라 앞으로 나아갈 수 없었다. 습후중이 말했다.

"제가 들으니 옛날 선비들 중 후세에 이름을 남긴 사람은 오직 자신의 목숨을 던진 사람이었다고 합니다. 제가 두 분을 건너게 할 수 있습니다."

습후중은 숯불 위에 방패를 놓고 자신은 그 위에 엎드려 두 사람이 자신을 밟고 건너가게 했다. 화주와 기양이 도랑을 건너 습후중을 돌아보았을 때는 이미 온몸이 새카맣게 타버린 뒤였다. 두 사람은 그를 향해 소리를 질렀다. 기양은 눈물을 거두었으나 화주는 울음을 그치지 않았다. 기양이 말했다.

"그대는 죽음을 두려워하는가? 어째서 그렇게 오래 울음을 그치지 않으시오?"

화주가 말했다.

"내가 어찌 죽음 따위를 겁내는 사람이겠소? 저 사람의 용기가 우리와 같은데 저 사람이 우리보다 먼저 죽었기 때문에 그래서 슬퍼하는 것이오."

여비공은 두 장수가 불이 이글거리는 도랑을 건너오는 것을 보고 황급히 활을 잘 쏘는 군사 100명을 불러 성문 좌우에 매복하게 했다. 두 사람이 접근하면 바로 화살을 쏟아부을 심산이었다. 화주와 기양이 성문을 돌파하러 달려오자 100명의 궁수가 모두 화살을 퍼부었다. 두 장수는 화살을 무릅쓰고 돌진하여 다시 27명을 죽였다. 그러자 성문을 지키는 군사와 성 위에 둘러선 군사들이 모두 아래를 향해 화살을 퍼부었다. 기양은 중상을 입고 먼저 죽었고 화주는 몸에 수십 군데 화살을 맞았지만 아직 숨이 끊어지지는 않았다. 여비공은 기양의 시체와 쓰러진 화주를 성안으로

6_ 저우문且于門: 산동성 거현莒縣에 있던 춘추시대 거莒나라 도성의 성문. '且'는 지명이나 인명으로 쓰일 때 '저雎'와 통용된다. 그러므로 '차'가 아니라 '저'로 읽어야 한다.(『한어대자전漢語大字典』)

義丸杞華門于且

저우문에서 화주와 기양이 대의를 위해 죽다.

싣고 들어갔다. 이를 증명한 시가 있다.

씩씩한 오승지빈을 다투어 부러워한 건 　　　爭羨赳赳五乘賓

곰 같고 범 같은 모습에 힘도 장사였기 때문 　　形如熊虎力千鈞

그러나 누가 알았으랴? 적진 부수고 목숨 바친 건 　誰知陷陣捐軀者

병거 한 대로 순절한 세 사람의 의인인 것을 　　卻是單車殉義人

제 장공은 사자의 보고를 받고 화주와 기양이 반드시 죽을 마음을 먹었다는 사실을 알게 되었다. 그리하여 마침내 대군을 이끌고 전진하여 저우문에 당도했다. 그때 벌써 세 사람이 모두 전사했다는 소식을 듣고 진노하여 바로 성을 공격하려고 했다. 그때 여비공이 제나라 진영으로 사신을 파견하여 사죄했다.

"우리 주상께서 병거 한 대만 온 것을 보고 대국이 보낸 장수란 걸 몰라서 잘못을 범하게 되었습니다. 또 대국의 전사자 세 사람은 우리 군사 100여 명 이상을 죽였습니다. 세 사람이 스스로 죽을 자리를 찾아든 것이지 우리가 병력을 더 증원한 것이 아닙니다. 우리 주상께서는 군후의 위엄을 두려워하여 특별히 못난 신하를 보내 백배 사죄를 드리게 한 것입니다. 원컨대 대대로 제나라에 조공을 바치며 두마음을 품지 않겠습니다."

제 장공은 바야흐로 분노가 들끓어오르던 때였기 때문에 강화를 허락하지 않았다. 그러자 여비공은 다시 사신을 보내 강화를 청하면서 아직 목숨이 붙어 있는 화주를 송환하는 동시에 기양의 시신도 돌려주겠다고 했고 또 황금과 비단으로 제나라 군사를 위로해주겠다고 했다. 그래도 장공은 강화를 허락하지 않았다. 그때 갑자기 왕손휘로부터 급보가 날아왔다.

"진晉나라 군주가 이의夷儀(山東省 聊城)에서 송, 노魯, 위衛, 정나라 군주와 회합을 갖고 우리 제나라를 정벌할 모의를 하고 있사오니 주상께선 속히 군사를 거두십시오."

제 장공은 이 급보를 받고 바로 거나라의 강화 요청을 받아들였다. 거莒나라 여비공은 막대한 황금과 비단을 예물로 바쳤고, 화주를 온거에 태우고, 기량의 시신을 상여에 실어 제나라 군영으로 보냈다. 다만 습후중의 시신은 숯불 속에서 모두 재가 되었기 때문에 수습할 수 없었다.

제 장공은 그날 바로 군사를 거두고 기양의 빈소를 제나라 교외에 마련하게 했다. 제 장공이 교외로 들어가다가 마침 남편의 시신을 맞이하러 온 기양의 아내 맹강孟姜을 만났다. 장공이 수레를 멈추고 사자를 보내 조문했다. 맹강이 사자에게 재배하며 말했다.

"제 남편 기양에게 죄가 있다면 외람되더라도 주상전하의 조문을 받겠습니다. 만약 죄가 없다면 남편의 집에서 조문을 받아야지 교외는 조문을 받을 장소가 아니므로 감히 사양하고자 합니다."

제 장공은 몹시 부끄러워하며 말했다.

"모두가 과인의 잘못이오!"

그리하여 기양의 집에 빈소를 마련하게 하고 조문을 했다. 맹강은 남편의 관을 받들고 성 밖에 장사 지내려고 사흘 동안 노숙했다. 그녀가 사흘 동안 남편의 관을 어루만지며 대성통곡하자 눈물이 모두 마르고 눈에서 피가 흘러나왔다. 그 뒤 바로 제나라 도성이 갑자기 수 척尺이나 무너져 내렸다. 애통함이 지극하여 맹강의 정성에 하늘이 감응한 까닭이다. 후세에 전하기를 진秦나라 사람 범기량范杞梁이 만리장성을 쌓는 데 동원되었다가 죽었는데, 그의 처 맹강녀가 겨울 솜옷을 가지고 성 아래로 왔다가 남편이 죽었다는 말을 듣고 통곡하자 만리장성이 무너졌다고 한다. 그러나 이것은 제나라 장수 기양의 이야기가 잘못 전해진 것이다. 화주도 제나라로 돌아왔다가 부상이 심해서 얼마 지나지 않아 죽었다. 『맹자』에 이르기를 "화주와 기양의 아내는 남편의 죽음에 곡을 잘해서 나라의 풍속을 바꿨다華周杞梁之妻, 善哭其夫而變國俗"[7]고 했는데, 바로 이 일을 가리켜 말한 것이다. 사관이 이 일을 시로 읊었다.

천추에 빛난 충용으론 기양을 상기하는데	忠勇千秋想杞梁
슬피 울어 성을 무너뜨린 그의 처도 비범하다	頹城悲慟亦非常
오늘까지 제나라에 풍속이 되었듯이	至今齊國成風俗
과부의 슬픈 울음은 맹강을 배운 것이네	嫠婦哀哀學孟姜

이것은 바로 주周 영왕 22년의 일이었다. 이해에 홍수로 곡수穀水(河南省 洛陽 澗水)와 낙수洛水가 물살을 다퉈 황하가 모두 범람했고 평지에까지 물이 한 자 이상 차올랐다. 이에 진晉 평공은 제齊나라를 정벌하려던 논의를 중단시켰다.

한편 제나라 우경 최저는 장공의 음란함을 미워하여 진晉나라 군사가 정벌해오면 거사를 하려고 학수고대했다. 그 일은 이미 좌경 경봉과도 상의를 끝냈다. 두 사람은 일이 성공하면 제나라를 공평하게 나누어 함께 다스리기로 했다. 그러나 홍수로 일이 중단되자 마음이 몹시 우울했다. 장공을 가까이 모시는 내시 중에 가수賈竪라는 자가 있었다. 그는 일찍이 사소

7_ 이 구절은 『맹자孟子』「고자告子 하」에 나온다.

한 일로 채찍을 100대나 맞았다. 최저는 그가 원한을 품고 있다는 것을 알고 후한 뇌물을 써서 친교를 맺었다. 그리하여 가수는 장공의 행동 하나 숨소리 하나까지 모두 최저에게 보고했다. 최저가 결국 무슨 일을 저질렀는지 다음 회를 보시라.

제65회

태사의 직필

제 장공을 시해하고 최저와 경봉은 권력을 오로지하고
위 헌공을 복위시키고 영희는 정권을 농단하다
弑齊光崔慶專權, 納衛衎寧喜擅政.

주周 영왕 23년 여름 5월, 거莒나라 군주 여비공은 해마다 조공을 바치
겠다는 약속을 지키러 친히 임치로 왔다. 제 장공은 매우 기뻐하며 북곽北
郭에서 잔치를 베풀고 여비공을 융숭하게 접대했다. 최저의 저택도 바로
북곽에 있었다. 최저는 마음속에 감추고 있는 일이 장공에게 들킬까봐 거
짓으로 감기에 걸려 일어날 수 없다고 핑계를 댔다. 대부들이 모두 잔치에
갔지만 최저만 가지 않고 몰래 심복을 가수에게 보내 소식을 염탐하게 했
다. 가수가 비밀리에 보고를 올렸다.

"주상께서 잔치 자리가 파하면 바로 상국의 병문안을 간다고 하오."

최저가 비웃으며 말했다.

"임금이 어찌 내 병을 근심하겠는가? 바로 내 병을 핑계로 우리 집에 와
서 후안무치한 짓거리를 하려는 것이다."

그는 곧바로 그의 아내 당강을 불러서 일렀다.

"나는 오늘 무도한 임금을 죽일 작정이오. 당신이 만약 나의 계책에 따른다면 앞으로 당신의 추행을 드러내서는 안 되오. 또한 당신의 아들 명明을 나의 후사後嗣로 삼을 것이오. 그러나 만약 나의 말을 듣지 않으면 먼저 당신 모자를 참수하겠소."

당강이 말했다.

"여자는 본래 남편을 따르는 것이 본분입니다. 당신이 명령을 내리시면 어찌 감히 따르지 않을 수 있겠습니까?"

최저는 당무구를 시켜 갑사 100명을 데리고 내실 좌우에 매복하게 했고, 자신의 아들 최성崔成과 최강崔疆에게는 문 안쪽에 갑사를 매복해놓으라고 일렀다. 분담을 정하고 나서 나중에 종을 울려 신호를 하기로 약속했다. 그리고 다시 사람을 시켜 비밀리에 가수에게 소식을 보냈다.

"임금이 이곳으로 오면 반드시 여차여차 행동해주시오."

제 장공은 당강의 미색을 사랑해 그녀를 몹시 그리워하며 자나 깨나 잊지 못했으나, 최저의 방비가 근래에 매우 엄밀해져서 자주 왕래하기에 불편을 느끼고 있었다. 그런데 이날 최저가 병을 핑계로 조정에 나오지 않자 자신의 의중과 딱 맞아떨어졌다고 생각했고, 그의 마음은 이미 당강의 몸 위에 엎어져 있었다. 따라서 잔치 자리의 의식은 요식 행위에 불과할 뿐이었다. 잔치가 끝나자 장공은 최저의 집으로 문병을 가기 위해 어가를 치달렸다. 문지기가 거짓으로 대답했다.

"상국께서 병이 위중하여, 방금 약을 드시고 누워 있습니다."

장공이 물었다.

"어디에 누워 있느냐?"

"바깥 침실에 누워 있습니다."

장공은 몹시 기뻐하며 바로 내실로 들어갔다. 이때 주작, 가거, 공손오, 누인 네 사람이 장공을 수행했다. 가수가 그들에게 말했다.

"주상께서 오늘 무슨 일을 하는지 모두 잘 알고 있을 것이오. 그러니 밖에서 대기하시오. 쓸데없이 상국을 놀라게 해서는 안 되오."

주작 등도 그렇게 생각하고 모두 대문 밖으로 나갔다. 오직 가거만이 밖으로 나가려 하지 않고 말했다.

"나 혼자 여기 남는다고 무슨 방해가 되겠소?"

이에 홀로 대청에 남아 있게 되었다. 가수는 중문中門을 닫고 안으로 들어왔다. 문지기들도 대문을 닫고 모두 빗장을 질렀다. 제 장공이 내실에 이르자 당강이 요염한 모습으로 마중을 나왔다. 그러나 서로 한마디 말도 나누지 않았는데 시녀가 와서 알렸다.

"상국께서 목이 마르다고 꿀물을 찾으십니다."

당강이 말했다.

"첩이 가서 꿀물을 타주고 바로 오겠습니다."

당강은 시녀와 함께 곁문으로 나붓나붓 사라졌다. 장공은 침대 난간에 기대 당강을 기다리다가 오래도록 오지 않자 노래를 불렀다.

집 안 그윽한 곳	室之幽兮
미인이 노는 곳이로다	美所遊兮
집 안 깊숙한 곳	室之邃兮
미인 만나는 곳이로다	美所會兮
미인을 볼 수 없으니	不見美兮

노래가 끝날 무렵 회랑 아래에서 칼과 창이 울리는 소리가 들려왔다. 제 장공은 의심이 들어서 혼잣말을 했다.

"이곳에 어찌 군사들이 있단 말인가?"

가수를 불렀으나 대답이 없었다. 그러던 중 잠깐 사이에 갑사들이 모두 들고일어났다. 장공은 대경실색하며 변란이 발생했음을 알았다. 황급히 뒷 문으로 달려갔지만 벌써 잠겨 있었다. 장공은 평소 힘이 세었기 때문에 문을 부수고 탈출했다. 한 누각으로 올라가자 당무구가 갑사를 이끌고 그곳을 포위한 뒤 소리를 질렀다.

"상국의 명령을 받들고 음탕한 도적을 잡으러 왔다!"

장공은 누각 난간에 기대 타일렀다.

"나는 네 임금이다. 나를 나가게 해다오."

당무구가 말했다.

"상국께서 명령을 내렸으므로 내 마음대로 할 수 없다!"

장공이 말했다.

"상국은 지금 어디 있느냐? 원컨대 그와 맹약을 맺고 내가 해치지 않겠다고 다짐을 하겠다."

당무구가 말했다.

"상국께선 환후 중이라 여기 올 수 없다."

장공이 말했다.

"과인은 스스로 지은 죄를 알고 있다. 태묘太廟(종묘)로 보내주면 그곳에서 자결하여 상국께 사죄하겠다. 어떠냐?"

당무구가 또 말했다.

"우리는 간음한 죄인을 잡는 일만 알고 있을 뿐 임금이 누군지는 모른다. 임금 스스로 죄가 있음을 안다면 치욕을 당하지 말고 이곳에서 즉시 자결하라!"

제 장공은 어쩔 수 없이 누각 창으로 뛰어내려 화단으로 올라가 담장을 넘어 도망치려 했다. 당무구는 화살을 쏴서 그의 왼쪽 다리를 맞혔다. 장공은 담장 위에서 추락했고 갑사들이 일제히 몰려가서 장공을 마구 찔러 죽였다. 당무구는 즉시 사람을 시켜 종을 수차례 치게 했다.

때는 이미 황혼에 가까웠다. 가거는 대청에서 귀를 기울여 종소리를 듣고 있었다. 그런데 갑자기 가수가 문을 열고 들어오는 것이 보였다. 그는 손에 촛불을 들고 대청으로 나오면서 말했다.

"내실에 도적이 있다고 주상께서 장군을 부르시오. 장군께서 먼저 들어가시면 나는 주작 장군 등에게 보고하겠소."

가거가 말했다.

"촛불을 이리 주시오."

가수는 촛불을 주는 척하다가 땅에 떨어뜨려 촛불을 껐다. 그러자 가거는 칼을 뽑아 들고 어둠 속을 더듬어 겨우 중문으로 들어가다가 포승줄에 걸려 땅바닥에 넘어졌다. 최강이 곁문에서 달려나와 그를 칼로 쳐서 죽였다. 주작 등은 대문 밖에 있었기 때문에 대문 안에서 일어난 일을 알지 못했다. 또 동곽언東郭偃이 속임수로 그들과 교분을 맺는다고 하면서 행랑채로 불러들여 촛불을 켜고 술과 고기를 대접했다. 동곽언은 그들에게 칼을 풀어놓고 즐겁게 마시기를 권한 뒤 장공을 따라온 모든 시종에게도 두루 술을 따라줬다. 그때 갑자기 집 안에서 종소리가 들리자 동곽언이 말했다.

최저와 경봉이 제 장공을 죽이다.

"주상께서 술을 마시는 신호요!"

주작이 말했다.

"상국께서 들으시면 어쩌려고?"

동곽언이 말했다.

"상국께서 환후가 위중하신데 뭘 걱정하시오?"

잠시 후 다시 종소리가 들렸다. 동곽언이 몸을 일으키며 말했다.

"내가 들어가보고 오겠소."

동곽언이 나가자 갑사들이 모두 들고일어났다. 주작 등은 황급히 무기를 찾았으나 벌써 동곽언이 수하를 시켜 그들의 무기를 훔쳐간 뒤였다. 주작은 대로하여 문 앞에 승거석升車石¹이 있는 것을 보고 그것을 뽑아 들어던졌다. 누인이 마침 그곳으로 달려가다 승거석에 맞아 다리가 부러졌다. 그는 다리가 부러진 채 겁이 나서 옆으로 비켜섰다. 공손오는 말고삐를 매는 말뚝을 뽑아 춤추듯 휘둘렀다. 수많은 갑사가 부상을 당했다. 집안 갑사들이 횃불을 들고 공격하여 공손오의 수염과 머리카락을 모두 태웠다. 이때 갑자기 대문이 열리며 최성과 최강이 갑사를 이끌고 집 안에서 달려나왔다. 공손오는 맨손으로 최성을 잡고 그의 팔을 부러뜨렸다. 그러자 최강이 긴 창으로 공손오를 찔러 죽이고 또 옆에 있던 누인까지 죽였다. 주작은 갑사의 창을 빼앗아 다시 싸우려고 했다. 동곽언이 고함을 질렀다.

"멍청한 임금은 음란하고 무도하여 벌써 주살을 당했다. 이건 당신들과 상관없는 일이다. 어찌 몸을 아껴 새로운 임금을 섬기려 하지 않는가?"

주작은 땅바닥에 창을 내던지며 말했다.

1_ 승거석升車石: 수레를 탈 때 딛고 올라서는 섬돌.

"나는 이리저리 떠도는 망명객이었는데 제나라 군후께서 내 능력을 알아주셨다. 그런데 오늘 제대로 힘을 써보지도 못했을 뿐만 아니라 누인까지 다치게 했으니 이는 하늘의 뜻이다. 내 한목숨을 바쳐 주상의 은총에 보답하는 길만 있을 뿐 어찌 구차하게 살아남아 제와 진晉 두 나라의 웃음거리가 되겠는가?"

말을 마치고는 바로 돌담장에 머리를 서너 번 부딪치더니 마침내 머리가 터져서 죽었다. 병사는 장공이 죽었다는 소식을 듣고 조정 문밖에서 스스로 목을 찔러 죽었다. 봉구도 집에서 목을 매어 죽었다. 탁보와 양윤襄尹은 서로 약속을 하고 장공의 시신이 있는 곳으로 가서 곡을 하려다가 중도에 가거 등이 모두 죽었다는 소식을 듣고 잇달아 자살했다. 염옹이 이 일을 시로 읊었다.

범 같고 용 같으며 그 용력은 출중했고	似虎如龍勇絕倫
임금 은총 생각하여 티끌처럼 목숨 바쳤네	因懷君寵命輕塵
사사로운 은혜에는 사사로운 보답뿐이니	私恩只許私恩報
임금 위해 목숨 바칠 때 어찌 대신이 있었던가?	殉難何曾有大臣

당시에 왕하는 노포계와 함께 죽기로 약속하려 했다. 그러나 노포계가 말했다.

"아무 소용없는 일이오. 차라리 도망쳐서 후일을 도모하는 것이 더 좋을 것이오. 다행히 누구라도 다시 나라를 바로잡거든 서로 이끌어주기로 합시다."

왕하도 말했다.

"함께 맹세를 하도록 하시지요."

맹세를 한 뒤 왕하는 마침내 거莒나라로 도주했다. 노포계도 떠나기에 앞서 자신의 아우 노포별盧蒲嫳에게 말했다.

"주상께서 용작이란 작위를 따로 둔 것은 주상 스스로를 보위하기 위해서였다. 지금 주상과 함께 죽는다면 주상께 무슨 도움을 줄 수 있겠느냐? 내가 떠나고 나면 너는 반드시 최저와 경봉에게 잘 보여 나를 돌아올 수 있게 해다오. 그것을 기회로 나는 주상의 복수를 할 것이다. 이와 같이 될 수 있다면 나의 죽음도 헛되지 않을 것이다."

노포별이 허락하자 노포계는 진晉나라로 도주했다. 노포별이 경봉을 섬기겠다고 청하자 경봉은 그를 가신으로 등용했다. 신선우는 초나라로 달아나 그곳에서 관직에 올라 우윤右尹이 되었다. 이때 제나라 대부들은 최씨가 반란을 일으켰다는 소식을 듣고도 모두 두문불출하고 연락이 오기만을 기다릴 뿐 감히 장공의 시신이 있는 곳으로 가려고 하지 않았다. 그러나 오직 안영만 바로 최씨 댁으로 갔다. 그는 내실로 들어가 장공의 다리에 엎어져 대성통곡했다. 그러고는 일어나서 펄쩍펄쩍 몸을 세 차례 도약한 후 밖으로 나왔다. 당무구가 말했다.

"안영을 죽여야 사람들의 비난에서 벗어날 수 있을 것입니다."

최저가 말했다.

"그 사람은 어진 명성으로 이름이 높다. 그를 죽이면 민심을 잃을지도 모른다."

안영은 돌아와 진수무陳須無에게 말했다.

"어찌하여 새 임금을 세우지 않으시오?"

진수무가 말했다.

"나라의 터줏대감은 고씨高氏와 국씨國氏이고, 지금 권력을 잡고 있는 사람은 최씨崔氏와 경씨慶氏이니 내가 무슨 능력이 있겠소?"

안영이 물러가자 진수무가 말했다.

"반란을 일으킨 역적과는 조정에서 함께 일을 할 수가 없다."

진수무는 결국 수레를 몰고 송나라로 달아났다. 안영은 다시 고지高止와 국하國夏를 만나러 갔다. 두 사람이 모두 말했다.

"최씨가 장차 조정으로 올 것이고, 경씨도 건재하오. 이 일은 내가 주장할 수 있는 일이 아니오."

안영은 탄식하며 돌아갔다. 얼마 지나지 않아 경봉은 자신의 아들 경사慶舍를 시켜 장공의 잔당을 모두 체포하여 남김없이 죽였다. 안영은 수레를 보내 최저를 조정으로 맞아들였다. 최저가 말했다.

"영공의 아들 저구杵臼가 이미 장성했고, 그 모친은 노나라 대부 숙손교여叔孫僑如의 딸이오. 그분을 보위에 모시면 노나라와 우호를 다질 수 있을 것이오."

사람들이 모두 예예 하고 응낙했다. 이에 공자 저구를 보위에 올리니 이 사람이 제 경공景公이다.

이때 제 경공은 나이가 어렸다. 최저는 스스로 우상이 되었고, 경봉을 좌상으로 임명했다. 그는 신하들을 강태공姜太公의 사당에 모이게 한 뒤 희생을 잡아 삽혈하고 신하들과 맹세를 했다.

"신하들 중 최저, 경봉과 마음을 함께하지 않는 자는 저 하늘의 태양처럼 하루 만에 몰락할 것이다."

경봉이 최저의 뒤를 이었고 고지와 국하도 그들을 따라 맹세했다. 안영의 차례가 되자 안영은 하늘을 우러러 탄식했다.

"여러 신료께선 임금에게 충성하고 사직에 이로운 일을 해야 할 것이오. 이러한 일에 이 안영과 마음을 함께하지 않는 자는 하늘이 용서치 않을 것이오."

최저와 경봉은 모두 안색이 변했다. 그러자 고지와 국하가 말했다.

"두 분 재상께서 오늘 이 행사를 거행하는 것도 바로 임금에게 충성하고 사직에 이로운 일을 하기 위한 것이 아니오?"

이에 최저와 경봉이 기뻐했다. 당시에 거나라 여비공도 아직 제나라에 있었다. 최저와 경봉은 경공을 받들어 여비공과도 우호의 맹약을 맺게 했다. 여비공은 맹약을 맺고 거나라로 돌아갔다. 최저는 당무구에게 명하여 주작과 가거 등의 시체를 거두어 장공과 함께 제나라 도성 북곽에 장사 지내게 했다. 장례의 절차를 줄이고 무기도 함께 묻지 않았다. 최저가 말했다.

"지하에서도 용력을 뽐낼까 두렵다."

그러고는 태사 백伯에게 장공이 학질로 죽었다고 사초史草에 기록하게 했다. 태사 백은 그 명령에 따르지 않고 죽간에 이렇게 썼다.

"여름 5월 을해일乙亥日 최저가 자신의 임금 광光(莊公의 본명)을 시해했다."

최저는 그것을 보고 대로하여 태사를 죽였다. 태사에게는 아우 세 사람이 있었다. 그들의 이름은 중仲, 숙叔, 계季였다. 중도 다시 형이 쓴 것과 똑같이 썼다. 최저가 또 그를 죽였다. 숙도 똑같이 썼다. 최저가 또 그를 죽였다. 계가 또 똑같이 쓰자 최저는 죽간을 잡고 계에게 말했다.

"네 형 세 사람이 모두 죽었다. 너는 생명이 아깝지 않으냐? 만약 기록을 바꿔주면 내가 너를 살려주겠다."

계가 대답했다.

"사실에 근거해 정직하게 기록하는 것이 사관의 직분이오. 직분을 버리고 사는 것은 죽는 것만 못하오. 지난날 조천趙穿이 진 영공을 시해했을 때 태사 동호는 조돈이 정경正卿 직에 있으면서도 역적을 토벌하지 않았음을 알고 '조돈이 자신의 임금 이고를 시해했다趙盾弑其君夷皐'고 썼소. 그런데도 조돈이 그것을 탓하지 않았으니 그는 사관의 직분을 폐지할 수 없다는 걸 알았던 것이오. 지금 내가 쓰지 않아도 천하에 반드시 진실을 쓸 사람은 있을 것이오. 또한 진실을 쓰지 않았다고 상국의 추행이 가려지는 것이 아니라 단지 식자들의 웃음거리가 될 뿐이오. 이런 까닭에 나는 목숨도 아까워하지 않는 것이오. 이젠 상국 마음대로 하시오."

최저가 탄식하며 말했다.

"나는 사직이 기우는 것이 두려워 부득이 이 일을 한 것이다. 비록 정직하게 기록하더라도 틀림없이 사람들 중에서는 나를 양해해주는 사람이 있을 것이다."

그러고는 죽간을 계에게 던져줬다. 계가 사실을 기록한 죽간을 들고 사관으로 들어가다가 마침 그곳으로 오는 남사씨南史氏를 만났다. 계는 그가 온 까닭을 물었다. 남사씨가 말했다.

"그대의 형제가 모두 죽었다는 소문을 듣고, 여름 5월 을해일에 일어난 일이 묻힐까 두려워 사실을 기록할 죽간을 들고 오는 길이오."

계季가 사실을 기록한 죽간을 보여주자 남사씨가 인사를 하고 물러갔다.[2] 염옹이 역사를 읽다가 이 대목에 이르러 사찬을 지었다.

조정의 기강이 해이해져서   朝綱紐解

2_ 병필직서秉筆直書: 붓을 잡고 역사를 올바르게 기록한다는 뜻이다. 앞에서 나온 동호직필董狐直筆과 함께 사관의 추상같은 기록 정신과 역사 기록의 엄정성을 일깨우는 성어다.

난신적자 계속해서 발길이었네	亂臣接跡
부월로 그들을 죽이지 못해	斧鉞不加
붓으로 그들을 주살했다네	誅之以筆
자기 몸 죽는 것은 두려워 않고	不畏身死
직분을 다 못할까 두려워했네	而畏溺職
남사씨도 같은 마음 지녔음이라	南史同心
마침내 직필을 막지 못했네	有逢無格
청천에 밝은 해가 비치듯하니	皎日靑天
간웅들의 간담이 떨어지누나	奸雄奪魄
저렇듯 아첨이나 일삼는 자들	彼哉諛語
이 같은 역사책에 부끄러우리!	羞此史冊

최저는 태사의 직필에 부끄러움을 느끼고 가수에게 죄를 뒤집어씌워서 죽였다. 같은 달 5월 진晉 평공은 홍수가 좀 잦아들자 다시 이의夷儀에서 제후들을 크게 모아 제나라 정벌을 계획했다. 최저는 좌상 경봉을 시켜 장공의 죽음을 진나라 군영에 알리며 말했다.

"우리 제나라 신하들은 귀국이 정벌에 나서면 사직을 보전하지 못할까 두려워 귀국을 대신하여 이미 제나라 군주를 성토해서 죽였소. 새로운 주상 저구는 노희魯姬의 소생으로 이제 마음을 바꾸어 귀국을 섬기려 하오니 지난날의 우호를 바꾸지 말아주시오. 앞서 빼앗은 조가朝歌 땅은 다시 귀국에 돌려드리겠소. 또 약간의 종실 보물과 악기도 바치는 바요."

다른 나라 제후에게도 모두 뇌물을 바쳤다. 평공은 크게 기뻐하며 군사를 거두어 돌아갔고 다른 나라 제후도 모두 해산했다. 이로부터 진나라와 제나라는 다시 우호관계를 회복했다. 이즈음 식작은 위衛나라에 있다가 주작과 형괴가 모두 죽었다는 소식을 듣고 다시 제나라로 돌아갔다. 위 헌공 간衎은 제나라로 도망가 있는 동안 평소에 식작의 용력이 대단하다는 소문을 들었다. 그는 공손정을 시켜 후한 뇌물을 주고 그를 불렀다. 식작은 그곳에 머물며 위 헌공을 섬겼다. 이 이야기는 잠시 접어두고자 한다.

이해에 오왕吳王 제번이 초나라를 쳤다. 그는 소巢(安徽省 巢湖) 땅을 지나는 길에 그곳 성문을 공격했다. 소 땅의 장수 우신牛臣은 낮은 담장 밑에 몸을 숨기고 있다가 활로 제번을 쐈다. 제번은 그 화살을 맞고 죽었다. 신하들은 선군인 수몽이 임종할 때 내린 유언을 지켜 제번의 아우 여제를 보위에 올렸다. 여제가 말했다.

"우리 형님은 소 땅에서 화살에 맞아 죽었다고 할 수 없소. 선군께서 유언으로 나라를 아우에게 전하라고 했기 때문에 조속히 죽어 막내아우에게 나라를 물려주려 한 것이오. 그래서 목숨을 가볍게 여긴 것이오."

이에 여제도 하늘에 기도를 올리며 빨리 죽게 해달라고 빌었다. 그러자 좌우 신하들이 말했다.

"사람은 오래 살기를 원하는데 대왕마마께선 일찍 죽게 해달라고 기원하셨습니다. 이는 인정과는 동떨어진 일이 아닙니까?"

오왕 여제가 말했다.

"옛날에 우리 선조이신 태왕3께서는 장자를 폐하고 막내아들을 보위에 올려 마침내 대업을 이루셨소. 그런데 지금 우리 형제 네 사람이 차례로 왕위를 계승하면서 제 목숨대로 산다면 막내 계찰도 늦게 되오. 그래서 내가 빨리 죽게 해달라고 기원한 것이오."

이 이야기도 잠시 여기에서 접어두고자 한다.

한편 위衛나라 대부 손임보와 영식은 자신들의 임금인 간術(獻公)을 축출한 후 그 동생 표剽(殤公)를 보위에 올렸다. 그 뒤 영식은 자신의 병이 위중해지자 아들 영희寧喜를 불러 이렇게 말했다.

"우리 영씨寧氏는 영장자寧莊子(寧速)와 영무자寧武子(寧俞) 이래 대대로 위나라에 충성을 바쳐왔다. 지난번에 주상을 축출한 일은 손임보가 한 일이지 내 뜻은 아니었다. 그러나 사람들은 모두 '손孫·영寧'이라고 병칭하고 있다. 나는 이것을 스스로 해명할 수 없어서 매우 한스러웠다. 이에 나는 죽어서 지하에서 할아버지를 뵐 면목이 없다. 네가 옛 주상을 다시 복위시키고 나의 허물을 덮어줄 수 있다면 그때 내 아들이라고 인정하겠다. 그렇지 않으면 나는 너의 제사를 받지 않을 것이다."

영희는 울면서 엎드려 말했다.

"제가 어찌 감히 힘쓰지 않을 수 있겠습니까?"

영식이 죽자 영희는 그의 부친의 좌상 직을 계승했다. 이때부터 날마다 옛 임금을 복위시키기 위해 마음을 쓰게 되었다. 그러나 위 상공 표는 누차 제후들의 회맹에 참여했기 때문에 사방으로 아무 변고도 일어나지 않

---

3 태왕太王: 주周 문왕文王의 조부 고공단보古公亶父. 주나라 종족은 본래 빈豳 땅에 거주하다가 고공단보에 이르러 기산岐山 아래로 옮겨와 나라 이름을 주周라고 칭했다. 고공단보에겐 태백太伯(泰伯), 우중虞仲(仲雍), 계력季歷(王季)이란 세 아들이 있었다. 그중 막내인 계력에게서 매우 현명한 아들 창昌이 태어났다. 고공단보는 창昌에게 왕위를 전해주고 싶어서 계력을 후사로 세우고 싶어했다. 이에 맏아들 태백과 둘째 아들 우중은 부친의 뜻을 알고 형만荊蠻의 땅으로 달아나 그곳 풍속에 따라 문신과 단발을 하고 살았다. 이후 고공단보는 왕위를 계력에게 전했고 계력은 아들 창에게 전하여 천하 통일의 반석을 놓게 했다. 한편 형만의 땅으로 들어간 태백과 우중도 오吳나라의 시조가 되었다.

앉다. 이에 어쩔 수가 없었다. 상경 손임보도 헌공 간의 원수였지만 역시 도무지 노려볼 만한 틈을 주지 않았다.

주 영왕 24년, 위 헌공은 이의夷儀를 기습하여 점령하고는 공손정을 몰래 제구성帝邱城으로 잠입시켜 영희에게 말을 전하게 했다.

"좌상께서 그대 부친이 행한 일을 돌이켜 생각하고 과인을 다시 복위시켜준다면 위나라의 정권을 모두 좌상에게 주고 과인은 다만 종실 제사만 주관하겠소."

영희는 부친의 유언을 마음속에 간직하고 있는 데다 다시 오늘 정권을 맡기겠다는 헌공의 서찰을 받고는 북받쳐 오르는 기쁨을 금할 수 없었다. 그러나 한편으로는 이런 생각도 들었다.

'위후衛侯가 복위를 하려고 잠시 달콤한 말로 나를 유혹하는 것이 아닐까? 귀국한 후 자신의 약속을 후회하면 어찌할 것인가? 그런데 공자 전鱄이 어질고도 신망이 있다고 하니 그분이 증인이 돼주시면 훗날 틀림없이 약속을 어기지 못할 것이다.'

그는 답서를 써서 비밀리에 사자에게 주고 헌공에게 전하게 했다. 그 내용은 대략 다음과 같았다.

"이 일은 국가 대사인데 신이 혼자서 어찌 감당할 수 있겠습니까? 지금 자선子鮮이 백성의 신망을 받고 있으니 그분을 제게 보내 상의하게 해주십시오."

자선은 공자 전의 자字다. 헌공이 공자 전을 불러서 말했다.

"과인이 귀국하여 복위를 하려면 오로지 영씨寧氏의 힘에 의지해야 한다. 나를 위해 아우가 한번 다녀오기 바란다."

공자 전은 입으로는 그러겠다고 했으나 전혀 갈 마음이 없었다. 헌공이 누차 재촉하자 공자 전이 말했다.

"천하에 정사를 맡지 않는 임금은 없습니다. 그런데 주상께선 '정사를 전부 영씨에게 맡기겠다'고 하셨으니 뒷날 틀림없이 후회하게 될 것입니다. 그렇게 되면 저도 영씨에게 신의를 잃게 될 것이니 감히 명령을 받들지 못하겠습니다."

헌공이 말했다.

"과인은 지금 변방 한구석에 숨어 있는 망명자 신세라 아무 권력도 가진 것이 없다. 만약 선조의 제사나 받들고 그것을 자손에게 이어줄 수 있다면 과인의 소원은 그것으로 족하다. 어찌 내가 식언을 하여 아우에게 누를 끼칠 수 있겠느냐?"

공자 전이 대답했다.

"주상전하의 뜻이 그러하다면 제가 어찌 이 일을 피하여 주상전하의 대업을 그르칠 수 있겠습니까?"

이에 몰래 제구성으로 들어가서 영희를 만나 다시 헌공의 약속을 확인해줬다. 영희가 말했다.

"공자께서 그 말을 신임하시는데 제가 어찌 감히 그 일을 맡지 않을 수 있겠습니까?"

그러자 공자 전이 하늘을 우러러 맹세했다.

"내가 만약 이 말을 어긴다면 우리 위나라의 곡식을 먹지 않겠소."

영희가 말했다.

"공자의 맹세는 태산보다 무겁습니다."

공자 전은 다시 돌아가 헌공에게 결과를 보고했다. 영희는 부친 영식의 유언을 거원蘧瑗(거백옥)에게 이야기했다. 그러자 거원은 귀를 막고 도망가며 말했다.

"나는 임금이 축출될 때도 함께 논의에 참여하지 않았는데, 어찌 감히 복귀 논의에 참여할 수 있겠소?"

그러고는 위나라를 떠나 노나라로 갔다. 영희는 다시 대부 석악石惡과 북궁유北宮遺에게 계획을 알렸다. 두 사람은 모두 찬성했다. 영희가 다시 우재右宰 곡穀에게 알리자 곡은 연신 반복해서 말을 했다.

"불가하오, 불가하오. 새 주상이 즉위한 지 12년이 되었지만 아직 덕德을 잃지 않았소. 그런데 지금 옛 주상을 다시 모시려면 반드시 새 주상을 폐위해야 하오. 두 부자께서 2대 동안 계속 죄를 짓는다면 천하에 누가 두 분을 용납할 수 있겠소?"

영희가 말했다.

"나는 선친의 유언을 받았기 때문에 이 일을 중단할 수 없소."

우재 곡이 말했다.

"그럼 내가 가서 옛 주상을 만나 자신의 지난날을 어떻게 생각하는지 관찰하고 오겠소. 그 뒤 다시 상의하는 것이 어떻겠소?"

영희가 말했다.

"좋소!"

이에 우재 곡은 몰래 이의로 가서 헌공을 만났다. 헌공은 마침 발을 씻고 있다가 우재 곡이 왔다는 보고를 듣고 신발을 신지도 않고 맨발로 뛰어나왔다. 얼굴 가득 기쁜 표정을 드러내고 곡에게 말했다.

"대부께서 좌상 영희가 있는 곳에서 왔다면 틀림없이 좋은 소식을 갖고 왔겠지요?"

곡이 대답했다.

"신은 지나는 길에 주상께 문후를 여쭈려고 온 것입니다. 영희는 모르는 일입니다."

헌공이 말했다.

"그럼 그대는 과인 대신 좌상에게 전해주시오. 속히 과인을 위해 거사를 하라고 말이오. 좌상이 과인을 다시 생각하지 않을 수는 있겠지만 위나라 정권을 맡을 생각이 없지는 않겠지요?"

곡이 대답했다.

"임금으로서 즐거운 일은 정치를 할 수 있기 때문인데 이제 정치를 던져버린다면 무엇으로 임금 노릇을 하시겠습니까?"

헌공이 말했다.

"그렇지 않소. 소위 임금이란 존귀한 호칭을 받고, 영광스런 명성을 누리고, 아름다운 옷을 입고, 맛있는 음식을 먹고, 높은 계단이 있는 화려한 궁궐에 살고, 높다란 수레를 타고, 어가에 네 마리 말을 매고, 창고를 보물로 가득 채우고, 시종들을 앞에 가득 늘어세우고, 들어가서는 비빈과 궁녀들의 보살핌을 받고, 나가서는 사냥과 전쟁의 즐거움을 누리는 사람이오. 그러니 어찌 정치에 노심초사해야만 즐거움이 있다고 할 수 있겠소?"

우재 곡은 아무 말도 하지 않고 물러났다. 이후 곡은 다시 공자 전을 만나 헌공의 말을 이야기했다. 공자 전이 말했다.

"주상께서 억눌려 사신 날이 오래되면서 고생이 극심하여 달콤한 생활을 바라고 계시오. 이 때문에 그런 말씀을 하신 것이오. 대저 임금이란 공경과 예의로 대신을 대하고, 현명하고 능력 있는 사람을 등용하고, 재물을 절약해서 적절하게 쓰고, 백성을 구휼하여 조심스럽게 부리고, 일을 처리할 때는 너그럽게 하고, 말을 할 때는 신용 있게 한 연후에야 영광스러운 명성을 누리고 존귀한 호칭을 받을 수 있는 것이오. 우리 주상께서는 평소에 이 모든 것들을 익숙하게 알고 있소."

우재 곡이 다시 돌아와 영희에게 말했다.

"옛 주상을 만나보니 그 말이 더러운 똥과 같았소. 지난 잘못을 전혀 고치지 않고 있소."

영희가 말했다.

"공자 전은 만나보셨소?"

우재 곡이 말했다.

"공자 전의 말은 모두 도리에 맞았소. 그러나 옛 주상이 공자 전의 말을 행하지는 못할 것 같았소."

영희가 말했다.

"나는 공자 전을 믿소. 또한 선친의 유언도 지켜야 하오. 비록 옛 주상이 잘못을 고치지 않았더라도 이제 어찌 그만둘 수 있겠소?"

곡이 말했다.

"거사를 하시려면 적당한 기회를 기다려야 할 것이오."

이때 손임보는 연로하여 그의 서장자庶長子 손괴와 척戚 땅에 거주하고 있었고, 두 아들 손가와 손양孫襄은 여전히 조정에서 벼슬을 하고 있었다. 주 영왕 25년 봄 2월, 손가는 위 상공의 명령을 받들고 제나라로 사신을 갔고 손양만 도성에 남아 있었다. 때마침 헌공이 또 공손정을 보내 거사 약속을 지키라고 채근했다. 그러자 우재 곡이 영희에게 말했다.

"좌상께서 거사를 하시려면 바로 지금이 그 적기요. 손씨 부형이 부재중이니 손양 정도는 없앨 수 있을 것이오. 손양만 없애면 자숙子叔(殤公 剽의 자)은 아무것도 할 수 없을 것이오."

영희가 말했다.

"대부의 말이 바로 내 뜻과 같소."

그리하여 마침내 몰래 집안 갑사를 모아 우재 곡과 공손정을 시켜 손양을 공격하게 했다. 손씨의 저택은 웅장하고 화려하여 거의 궁궐에 버금갔다. 담장은 두텁고 견고했으며 집안의 갑사도 1000명이나 되었다. 저택 안은 옹서雍鉏와 저대褚帶가 번갈아 당직을 서며 경비를 돌았다. 이날은 저대가 당직을 서는 날이었다. 우재 곡의 군사가 당도하자 저대는 문을 닫아걸고 대문 누대로 올라가 까닭을 물었다. 우재 곡이 대답했다.

"주인을 만나 뵙고 상의드릴 일이 있다."

저대가 말했다.

"상의할 일이 있다면서 어째서 군사를 거느리고 온 것이오?"

저대는 바로 활을 당겨 우재 곡을 쏘려 했다. 곡은 황급하게 뒤로 물러나 병졸을 거느리고 대문을 공격했다. 이때 손양도 친히 대문에 이르러 수비를 감독했다. 저대는 활을 잘 쏘는 군사를 번갈아 내세워 팽팽하게 화살을 메긴 채 대문 누대 창문 옆에 늘어세우고 가까이 오는 자를 쏘게 했다. 대문으로 다가오던 여러 명이 화살에 맞아 죽었다. 옹서도 손씨 댁에 변고가 생겼다는 말을 듣고 집안 군사를 일으켜 구원에 나섰다. 대문 밖에서 양쪽 군사 간에 혼전이 벌어져 서로 사상자가 발생했다. 우재 곡은 이길 수 없다고 생각하고 군사를 이끌고 후퇴했다. 이때 손양이 대문을 열고 직접 준마를 타고 뒤를 추격했다. 손양은 우재 곡을 만나 긴 갈고리로 그의 수레를 끌어당겼다. 우재 곡이 고함을 질렀다.

"공손께선 어서 활을 쏘아 나를 구해주시오."

공손정은 손양을 알아보고 활시위를 힘껏 당겨 단 한 발의 화살로 그의 가슴을 맞췄다. 그러나 옹서와 저대 두 장수가 함께 달려와 손양을 구출해 돌아갔다. 호증 선생이 이 일을 영사시로 읊었다.

손씨는 쇠퇴하고 영씨는 번창하려는지　　　　　　　　孫氏無成寧氏昌

하늘이 화살 한 발로 손양을 맞췄도다　　　　　　　　天敎一矢中孫襄

천년 부귀를 토끼 굴에서 누리려 하다가　　　　　　　安排兔窟千年富

식은 재에서 불꽃 일 줄 그 누가 알았으리　　　　　　誰料寒灰發火光

우재 곡은 돌아가서 영희에게 손씨 저택이 예상보다 함락시키기 어렵다 며 하소연 섞인 보고를 했다.

"만약 공손께서 귀신 같은 활솜씨를 발휘하여 손양을 맞히지 못했다면 추격병이 아직도 물러가지 않았을 것이오."

영희가 말했다.

"첫 번째 공격으로 그곳을 함락시키지 못했으니 두 번째는 더욱 공격하 기 어려울 것이오. 그러나 주인이 화살에 맞았으니 군사들의 마음이 틀림 없이 흔들렸을 것이오. 오늘 밤 내가 직접 공격하러 가겠소. 만약 이번에도 성공하지 못하면 즉시 나라 밖으로 도주하여 참화를 피해야 할 것이오. 나 와 손씨는 이미 양립할 수 없는 신세가 되었소."

한편 영희는 수레와 기물을 정리하여 먼저 처자식을 교외로 내보냈다. 일시에 군사가 패배하면 몸을 빼낼 수 없을까 두려웠기 때문이다. 또 다른 한편으로는 사람을 보내 손씨 집 동정을 염탐하게 했다.

대략 황혼 무렵이 되었을 때 염탐을 나갔던 사람이 돌아와 보고를 올렸다.

"손씨 댁 내부에서 곡성이 들렸고 대문을 출입하는 자들도 몹시 당황해하는 모습이었습니다."

영희가 말했다.

"이는 틀림없이 손양이 심한 부상으로 죽은 것이다."

말을 다 마치지도 않았는데 북궁유도 헐레벌떡 달려와서 말했다.

"손양이 이미 죽어서 그 집에는 주인이 없소. 서둘러 공격해야 하오."

시각은 벌써 삼경을 알리고 있었지만 영희는 직접 갑옷을 입고 북궁유, 우재 곡, 공손정 등과 함께 집안의 사병을 모두 일으켜 다시 손씨의 대문으로 달려갔다. 옹서와 저대는 손양의 시신 앞에서 곡을 하다가 영씨 댁 군사가 다시 몰려온다는 소식을 듣고 황급히 갑옷을 입고 달려나가려 했지만 벌써 대문이 부서진 뒤였다. 옹서 등은 급히 중문을 잠갔지만 손씨 댁 갑사들은 앞다투어 달아나기에 바쁠 뿐 아무도 수비에 협조하지 않았다. 중문도 격파되자 옹서는 뒤 담장을 넘어 척읍으로 달아났다. 저대는 난군들에게 피살되었다. 그 무렵 이미 날은 환하게 밝았다. 영희는 손양의 집안을 멸족시킨 후 손양의 머리를 잘라 궁궐로 가져와 상공에게 바치며 말했다.

"손씨의 전횡이 나날이 심해져서 반역의 기미가 있었습니다. 그래서 신이 집안 군사를 거느리고 가서 토벌하고 손양의 목을 잘랐습니다."

상공이 말했다.

"손씨에게 정말 모반할 뜻이 있었다면 어찌하여 과인에게 그 내막을 알리지 않았소? 그렇게 과인을 안중에도 두지 않으면서 이제 와서 과인을 보러 온 건 무슨 심사요?"

그러자 영희는 칼을 어루만지며 말했다.

"지금 주상은 손씨가 세웠지 선군의 명령으로 세우지 않았소. 그래서 신료들과 백성은 옛 주상을 그리워하고 있소. 청컨대 주상께선 보위를 물려주시어 요순의 성덕을 이루기 바라오."

상공이 진노하며 말했다.

"네놈은 대대로 충성을 바친 신하를 마음대로 죽이고, 임금의 자리까지 마음대로 폐위하려 하는구나. 네놈이야말로 진짜 반역자다. 과인은 남면南面하고 임금 노릇을 한 지 벌써 13년이 되었다. 차라리 죽을지언정 치욕을 당하진 않겠다."

그러고는 바로 창을 잡고 영희를 쫓아냈다. 영희는 궁궐 문으로 달려나갔다. 그때 상공이 눈을 들어 둘러보니 사방에 창칼이 즐비하고 갑사들이 빽빽했다. 영씨 댁 사병들이 궁궐 밖을 가득 메우고 있었다. 상공은 황급히 뒤로 물러났지만 영희의 호령 한 번으로 갑사들이 일제히 몰려와 상공을 잡아 묶었다. 세자 각角은 변란 소식에 칼을 들고 상공을 구조하러 오다가 공손정에게 잡혀서 그의 창을 맞고 죽었다. 영희는 명령을 내려 상공을 태묘에 가두고 강제로 짐독을 마시게 하여 죽였다. 이것은 주 영왕 25년 봄 2월 신묘일辛卯日의 일이었다. 영희는 사람을 시켜 자신의 처자식을 다시 집으로 돌아오게 한 다음 신료들을 조정에 모아 놓고 전 임금을 다시 세울 일을 논의하게 했다. 모든 관리가 다 모였지만 오직 태숙太叔 의儀만 병을 핑계로 조정에 나오지 않았다. 그는 위衛 성공成公의 아들이며 위 문공文公의 손자로 나이는 60여 세였다. 사람들이 그 까닭을 묻자 태숙 의가 대답했다.

"새 주상이나 옛 주상이나 모두 우리 임금이오. 불행하게도 국가에 이런 참변이 일어났으니, 노신으로서 어찌 차마 함께 논의에 참여할 수 있겠소."

영희는 상공의 권속眷屬들을 궁궐 밖으로 옮겨가게 하고 궁궐을 청소한 후 헌공의 어가를 맞을 준비를 했다. 우재右宰 곡, 북궁유, 공손정을 이의로 보내 헌공을 영접해오게 했다. 헌공은 밤을 새워 수레를 몰아 사흘 만에 위나라에 당도했다. 대부 공손면여公孫免餘가 곧장 국경 밖에까지 달려가서 헌공을 알현했다. 헌공은 멀리까지 환영 나온 그의 마음에 감격하여 손을 부여잡고 말했다.

"우리가 오늘 다시 군신 관계를 맺을 줄 생각지도 못했소."

이때부터 공손면여는 헌공의 총애를 받았다. 대부들은 모두 국경 안에서 헌공을 환영했고 헌공은 수레 위에서 대부들을 향해 읍揖을 했다. 종묘에 배알하고 조정에 자리를 잡자 백관들이 모두 절을 올리며 축하를 했다. 그러나 태숙 의는 여전히 병을 핑계로 조정에 나오지 않았다. 헌공이 사람을 보내 질책하며 말했다.

"태숙께선 과인의 귀국을 바라지 않으셨소? 어찌하여 과인을 배척하시는 것이오?"

태숙 의가 머리를 조아리며 대답했다.

"지난날 주상께서 나라 밖으로 나갈 때 신은 그 뒤를 따르지 못했습니다. 이것이 첫 번째 신의 죄입니다. 그리고 주상께서 나라 밖에 계실 때 신은 두마음을 품을 수 없어서 조정 안팎의 소식을 전해드리지 못했습니다. 이것이 두 번째 죄입니다. 또 주상께서 입국하려 하실 때 신은 그 국가 대사에 참여하지도 못했습니다. 이것이 세 번째 죄입니다. 주상께서 이 세 가지 죄목으로 신을 질책하신다면 신은 감히 죽음을 피해 도망칠 수밖에 없습니다."

말을 마치고 그는 즉시 수레를 대령하라 명령을 내리고 나라 밖으로 달아나려 했다. 그러자 헌공이 친히 왕림하여 태숙 의를 붙잡았다. 태숙 의

納衞

術甯

喜壇

政

영희가 위 헌공을 복위시키다.

는 헌공을 알현하고 눈물을 그치지 않으면서 죽은 상공의 장례를 치르겠다고 청했다. 헌공이 허락했다. 그 후 태숙 의는 다시 조정에 나왔다.

위 헌공은 영희에게 위나라 재상 자리를 단독으로 맡게 하고 모든 일을 영희 혼자서 결정하게 했다. 또한 3000호의 식읍을 더해주었다. 북궁유, 우재 곡, 석악, 공손면여 등도 모두 벼슬과 녹봉이 올랐다. 공손정과 식작은 망명을 수행한 공로가 있고, 공손무지公孫無地와 공손신公孫臣은 그들 부친이 헌공을 위해 순절한 사람들이었기에 모두 대부로 승진시켰다. 기타 태숙 의, 제악齊惡, 공기孔羈, 저사신褚師申 등도 모두 이전의 관직을 유지하게 했다. 또 노나라에서 거원蘧瑗(蘧伯玉)을 불러 그 직위를 회복시켜주었다.

한편 손가는 제나라로 사신을 갔다가 돌아오는 도중에 변란 소식을 듣고 바로 척읍으로 돌아갔다. 손임보는 헌공이 자신을 내버려두지 않을 것이란 걸 알고 척읍을 진晉나라에 바쳤다. 손가는 임금을 시해한 영희의 죄악을 알리고 진나라 군주에게 그 처분을 요청했다. 또 헌공이 조만간 군사를 보내 척읍을 정벌할까 두려워 진나라 군사를 보내달라고 애걸했다. 덧붙여 자신도 척읍을 지키기 위해 힘을 보탤 것이라고 했다. 진 평공은 군사 300명을 보내 손임보를 돕게 했다. 손임보는 진나라 군사에게 오로지 모씨茅氏(河南城 濮陽 戚城 동쪽) 땅을 지키게 했다. 손괴가 간언을 올렸다.

"수비병의 숫자가 적어서 위나라 군사를 막아내지 못할까 두렵습니다. 어떻게 하시겠습니까?"

손임보가 웃으면서 말했다.

"그 300명이 우리의 안위에 당장 영향을 미칠 수 없기 때문에 동쪽 변방의 수비를 맡긴 것이다. 만약 위衛나라 군사가 진晉나라 수비병들을 습격해서 죽이면 반드시 진나라의 노여움을 사게 될 것이다. 그럼 진나라가 우리를 돕지 않을까 근심할 필요가 없다."

손괴가 말했다.

"아버지의 높으신 견해에 이 아들은 도저히 따라갈 수 없습니다."

영희는 손임보가 진나라에 군사를 청하여 겨우 300명만 지원받았다는 소식을 들었다. 영희가 말했다.

"진나라가 만약 진정으로 손임보를 도울 생각이었다면 어찌 겨우 300명만 보내 책임을 면하려 하겠는가?"

이에 식작에게 군사 1000명을 선발하여 모씨 땅을 습격하게 했다. 승부가 어떻게 될지는 다음 회를 보시라.

제66회

간신들의 이전투구

영희가 살해당하자 공자 전은 국외로 망명하고
최저를 죽이고 경봉은 혼자 재상 자리를 차지하다
殺寧喜子鱄出奔, 戮崔杼慶封獨相.

식작은 군사 1000명을 선발하여 진晉나라 수비병을 습격했다. 진나라 수비병 300명은 한번 싸워보지도 못하고 모두 몰살당하고 말았다. 식작은 마침내 모씨 땅에 군사를 주둔시킨 뒤 사람을 위衛나라로 보내 승전을 알렸다. 손임보는 위나라 군사가 이미 동쪽 변방으로 침입했다는 소식을 듣고 손괴와 옹서에게 군사를 이끌고 가서 진나라 수비병을 구원하게 했다. 그들은 이미 진나라 수비병이 모두 죽었고, 식작도 제나라에서 명성을 날리던 용장이라는 소문을 들은 터라 감히 전진하여 대적할 마음을 내지 못했다. 그들은 전군을 후퇴시키고 손임보에게 상황을 보고했다. 손임보가 불같이 화를 내며 말했다.

"악귀를 만나더라도 맹렬하게 싸워야 하는데 하물며 사람임에랴? 식작한 놈도 대적할 수 없는 놈들이 위나라 대군이 몰려오면 어떻게 막을 셈이

냐? 다시 가서 싸워라. 만약 이번에도 전공을 세우지 못하면 내 얼굴을 볼
생각도 하지 말라."

손괴는 우울한 마음으로 물러나와 옹서와 대책을 상의했다. 옹서가 말
했다.

"식작의 용력은 한꺼번에 만 명을 대적할 수 있다고 하니 우리가 이기기
는 매우 어려울 것이오. 그러니 반드시 유인술을 써야 하오."

손괴가 말했다.

"모씨 서쪽에 어촌圉村이란 곳이 있소. 사방에 수목이 무성한데 그 속에
한 촌락이 있고 촌락 한가운데 또 작은 토산이 있소. 내가 사람들을 시켜
토산 아래에 함정을 파고 풀로 덮어놓겠소. 장군께선 먼저 군사 100명을
이끌고 가서 저들과 싸움을 하면서 마을 입구로 유인해오시오. 나는 산 위
에 군사를 주둔시키고 있다가 온갖 욕설을 퍼부을 것이오. 저들이 분노하
면 틀림없이 군사를 몰고 산 위로 올라와 나를 잡으려고 할 것인데 그럼
저들이 나의 계책에 떨어지는 것이오."

옹서는 손괴의 말처럼 군사 100명을 거느리고 모씨로 달려가서 짐짓 적
정을 탐지하는 척했다. 그러다가 식작의 군사를 만나자 거짓으로 두려운
모습을 지어 보이며 방향을 돌려 달아났다. 식작은 자신의 용기만 믿고 옹
서의 군사가 적은 것을 업신여겼다. 그래서 본영에 전령을 띄우지도 않고
가벼운 수레에 올라 수행 군사 수십 명만 데리고 옹서의 군사를 추격했다.
옹서는 구불구불 길을 돌아 적을 어촌으로 유인했다. 그러나 마을로 들어
가지 않고 비스듬히 숲 속으로 달려 들어갔다. 식작은 숲 속에 복병이 있
을까 의심이 들어 수레를 멈추게 했다. 그때 토산 위에 한 무리 병졸이 모
여 있는 것이 보였다. 대략 200여 명쯤 되는 군사들이 한 장수를 둘러싸고

있었다. 그 장수는 땅딸막한 체구에 화려한 갑옷을 입고 머리에는 금빛 투구를 쓰고 있었다. 그는 식작의 이름을 부르며 욕설을 퍼부었다.

"네 이놈! 제나라에서 쫓겨난 인간 말종아! 난씨 집에서도 추방당한 쓰레기야! 지금은 우리 위나라에서 밥이나 빌어먹는 주제에 부끄러움도 모르고 감히 또 대가리를 내미는 게냐? 어찌 손씨 댁 8대손인 이 귀한 몸을 몰라보고 감히 함부로 나대느냐? 신분의 고하도 전혀 알지 못하니 금수만도 못한 놈이로구나!"

식작은 그 말을 듣고 노발대발했다. 위나라 군사 중에도 산 위에 있는 장수를 알아본 사람이 있었다.

"저놈이 바로 손 상국의 장자 손괴입니다."

식작이 말했다.

"손괴를 사로잡으면 손임보의 절반을 꺾은 것이나 다름없다."

그 토산은 경사가 완만한 데다 오르기에도 그리 높지 않았다. 식작이 고함을 쳤다.

"수레를 몰아라!"

수레와 말이 치달리며 산언덕 아래에 이르렀을 때, 맹렬한 속도 때문에 수레와 말이 그대로 함정으로 빠져들어갔다. 식작도 함정 속으로 내동댕이쳐졌다. 손괴는 그의 용력을 제압하기 어려울까봐 궁수들을 준비시켰다가 식작이 함정에 빠지자 그대로 화살을 쏟아부었다. 가련하게도 뛰어난 맹장 하나가 오늘 평범한 군사들 손에 목숨을 잃었다. 그야말로 "물 긷는 독은 우물가에서 깨지고, 용맹한 장수는 대부분 자기 진영 앞에서 죽는다瓦罐不離井上破, 將軍多在陣前亡"는 격이었다. 이를 증명한 시가 있다.

용맹한 저 장군을 그 누가 당해내겠는가?	神勇將軍孰敢當
이름 없는 손괴는 도망가기 바빴다	無名孫蒯已奔忙
단 한 번 울분 돋운 게 기적을 이뤘으니	只因一激成奇績
남아는 끊임없이 노력해야 함을 알겠다	始信男兒當自强

손괴는 갈고리로 식작의 시체를 끌어올려서 그의 목을 벤 뒤 위나라 군사를 쫓아버리고 그의 부친 손임보에게 보고했다. 손임보가 말했다.

"진나라에서 만약 우리가 그들 수비병을 지켜주지 못했다고 질책하면 우리가 죄를 뒤집어쓰게 된다. 차라리 승리를 감추고 패배했다고 보고하는 것이 좋겠다."

그는 옹서를 진晉나라로 보내 자신들이 패배했다고 보고했다.

진 평공은 위나라 군사가 자신이 보낸 수비병을 죽였다는 소식을 듣고 진노했다. 때문에 바로 정경 조무에게 명령을 내려 전연 땅에 대부들을 모아 위나라를 공격하라고 했다. 위 헌공도 영희와 함께 진나라로 가서 평공을 뵙고 손임보의 죄를 알렸다. 그러나 평공은 위 헌공과 영희를 잡아 가두었다. 이때 제나라 대부 안영이 제 경공에게 말했다.

"진나라 군주가 손임보를 위해 위나라 군주를 잡아 가두었다고 합니다. 이제 나라의 힘센 신하들이 모두 뜻을 얻게 되었습니다. 주상께서는 어찌 진나라로 가 저들의 화해를 주선하지 않으십니까? 지난번 위나라 군주를 우리 내萊 땅에 기거하게 해준 은덕을 버려서는 안 됩니다."

경공이 말했다.

"좋은 말씀이오."

이에 사신을 정나라로 보내 정 간공과 함께 진나라로 가서 위나라 군주를 위해 화해를 주선하기로 약속했다. 진 평공은 그들이 진나라로 온 의도에 감사를 표하기는 했지만 손임보가 먼저 한 이야기가 있어서 자신의 뜻을 굽히려 하지 않았다. 그러자 안영이 양설힐에게 말했다.

"진나라는 제후의 수장이므로 환난에 빠진 나라를 구제하고, 부족한 나라를 돕고, 약한 나라를 지탱해주고, 강한 나라를 억누르는 것이 맹주의 직분이오. 손임보는 처음에 자기 임금을 축출했을 때도 토벌을 당하지 않았고 지금 또 신하된 몸으로 자기 임금을 잡아 가두라 하고 있소. 이러고서야 임금 노릇 하기가 어찌 어렵지 않겠소? 지난날 진 문공께선 원훤元咺의 말을 잘못 듣고 위 성공을 주周나라 왕성에 가두게 했소. 그러나 주나라 천자께서 그것이 순리에 역행하는 일이라며 싫어하시자 진 문공도 부끄러움을 느끼고 성공을 풀어줬소. 대저 왕성으로 잡아가는 것도 불가한 일인데 하물며 제후가 제후를 어찌 잡아 가둘 수 있단 말이오? 진나라의 여러 군자가 간언을 올리지 않는 것은 신하들이 파당을 지어 군주를 억압하는 일이니 명분이 바로 설 수가 없소. 나 안영은 진나라가 패업을 잃을까 두려워 감히 대부께 몰래 말씀을 드리는 것이오."

양설힐은 그 말을 조무에게 전하고 평공에게 간청을 드리게 했다. 그리하여 평공은 위 헌공을 석방하여 귀국하게 했다. 그러나 여전히 영희가 풀려나지 않자 우재 곡은 헌공에게 여자 악사 열두 명을 곱게 꾸며 진나라에 바치고 영희의 석방을 요청하게 했다. 진 평공은 그것을 받고 기뻐하며 영희를 풀어줬다. 영희는 귀국하여 더욱 거드름을 피우며 매사를 혼자서만 결정하고 전혀 헌공에게 보고하지 않았다. 공무를 의논하는 대부들도 영씨의 사저에 가서 분부를 청했고 헌공도 이에 대해 수수방관했다.

이즈음 송나라 좌사左師 상수는 진나라 조무와 친분이 깊었고 초나라 영윤 굴건屈建과도 사이가 좋았다. 상수는 초나라에 사신을 가서 지난날 화원이 진나라와 초나라의 화해를 추진하려고 했던 일을 언급했다. 굴건이 말했다.

"그거 참으로 좋은 일이오. 다만 제후들의 파당이 각각 나뉘어졌기 때문에 지금까지도 화해가 이루어지지 못한 것이오. 만약 진과 초의 속국들에게 서로 사신을 파견하게 하여 한집안처럼 우호관계를 맺게 하면 전쟁은 영원히 그칠 것이오."

상수도 그렇게 생각했다. 이에 송나라에서 진과 초의 두 군주가 서로 전쟁을 중지하고 회합을 가지며弭兵之會 각각 친교를 맺자고 제창했다. 초나라는 공왕 때부터 지금까지 누차 오나라의 침략을 받아서 변경이 불안했다. 이 때문에 굴건은 진나라와 우호를 맺고 오로지 오吳나라에 대처하려고 했다. 진나라 조무도 초나라 군사가 누차 정나라를 정벌했기 때문에 초나라와 우호를 맺고 몇 해 동안 편안한 휴식을 누리려 했다. 쌍방은 모두 우호를 맺자는 여론에 흔쾌히 따랐다. 그리하여 마침내 쌍방의 속국으로 사신을 보내 회합 날짜를 정하도록 했다. 진나라 사신이 위나라로 가자 영희는 헌공에게 통지하지도 않고 직접 석악을 회맹에 보냈다. 헌공은 그 소식을 듣고 진노하여 공손면여에게 하소연하자 공손면여가 말했다.

"신이 예의에 맞게 영희를 꾸짖어 보겠습니다."

공손면여는 영희를 만나 말했다.

"회맹은 국가 대사인데 어찌 주상께 알리지 않은 것이오?"

영희는 발끈 성을 내며 말했다.

"자선子鮮(公子 鱄의 자)이 내게 약속한 말이 있소. 내가 어찌 다른 신하와 같단 말이오?"

공손면여가 돌아와 헌공에게 보고했다.

"영희가 지나치게 무례합니다. 어찌 죽이지 않으십니까?"

헌공이 말했다.

"만약 영씨가 아니었다면 과인에게 어찌 오늘이 있겠소? 자선이 약속한 말은 기실 과인이 한 말이오. 후회할 수 없는 일이오!"

면여가 말했다.

"신은 지금 주상전하의 특별한 대우를 받고 있는데 보답할 방법이 없었습니다. 청컨대 신의 집안 군사들로 영씨를 치게 해주십시오. 일이 성공하면 그 이득은 전부 주상전하께 돌릴 것이며, 성공하지 못하더라도 그 피해는 신이 홀로 받겠습니다."

헌공이 말했다.

"경이 잘 알아서 처리하고 과인을 연루시키지 말기 바라오."

면여는 그의 친척 아우 공손무지와 공손신을 만나 말했다.

"상국 영희의 전횡을 자네들도 잘 알고 있을 걸세. 그런데도 주상께선 고집스럽게 사사로운 신의를 지키시느라 은인자중하며 아무 말도 못하시네. 뒷날 영희의 세력이 더욱 커지면 손임보가 당했던 참화를 주상께서 당하실 수도 있을 것이네. 어찌하면 좋겠는가?"

공손무지와 공손신이 이구동성으로 대답했다.

"어찌 그자를 죽이지 않으시오?"

면여가 말했다.

"나도 주상께 그렇게 말씀드렸으나 주상께서 따르지 않았네. 만약 우리가 몰래 난리를 일으켜 그자를 죽이면 어떻겠는가? 다행히 성공하면 우리 주상의 복일 것이요, 성공하지 못하더라도 다른 나라로 도망가면 그뿐이지 않겠는가?"

무지가 말했다.

"우리 형제가 선봉을 맡겠소."

그리하여 공손면여는 이들과 삽혈을 하고 신의를 두텁게 했다.

이때가 주 영왕 26년이었다. 영희는 바야흐로 봄 잔치를 열었다. 공손무지가 공손면여에게 말했다.

"영씨가 봄 잔치를 열고 있으니 틀림없이 방비가 허술할 것이오. 제가 선수를 칠 테니 형님께선 제 뒤를 따르시오."

면여가 말했다.

"어찌 점을 쳐보지 않는가?"

무지가 말했다.

"거사를 반드시 실행하면 되는 것이지, 무슨 점을 친단 말이오?"

공손무지는 공손신과 함께 집안의 사병을 모두 일으켜 영씨를 공격했다. 원래 영씨 저택 대문 안에는 복기伏機가 땅에 묻혀 있었다. 복기란 땅을 파서 깊은 웅덩이를 만들고 그 위에 나무판을 덮은 뒤 따로 나무를 깎아 구동 장치를 설치해둔 것을 말한다. 그 구동 장치를 건드리면 아래쪽으로 나무판을 치게 되고 이어서 나무판이 갈라지며 사람이 굴속으로 빠져들게 되어 있었다. 보통 때는 낮에 구동 장치를 제거했다가 밤이 되면 그것을 다시 설치했다. 그러나 이날은 저택 안에서 봄 잔치가 열렸기 때문에 집안 일꾼과 가족들이 모두 대청에서 광대들의 연기를 구경하고 있었다. 또 문지기를 세우지 않은 대신 낮에도 구동 장치를 설치하여 집안을 지키게 했다. 공손무지는 그것도 모르고 공격에 나섰다가 그 구동 장치를 잘못 건드려 웅덩이 속에 빠져버렸다. 영씨는 깜짝 놀라 도적을 잡으러 뛰어나와 공손무지를 사로잡으려 했다. 그때 공손신이 창을 휘두르며 공손무지를 구조하러 달려왔다. 그러나 영씨 댁 군사가 많아서 공손신은 싸움에 패한 뒤 피살되고 말았다. 영희가 사로잡힌 공손무지에게 물었다.

"네놈이 이렇게 나를 죽이러 온 건 누가 시킨 짓이냐?"

공손무지가 눈을 부릅뜨며 욕설을 퍼부었다.

"네놈은 공로만 믿고 방자하게 굴며 신하로서 불충을 저질렀다. 그래서 우리 형제가 특별히 사직의 안위를 위해 네놈을 주살하려 한 것이다. 일이 이루어지지 못했으니 이것도 운명이다. 어찌 시킨 사람이 있겠느냐?"

영희는 노하여 뜰의 기둥에 공손무지를 묶어놓고 거의 죽을 때까지 채찍질을 한 뒤 칼로 목을 베었다.

우재 곡은 영희의 집에 도적이 들었다는 소식을 듣고 밤중에 수레를 몰고 문안 인사를 왔다. 영씨가 우재 곡에게 대문을 열어줄 때 공손면여가 군사를 이끌고 들이닥쳤다. 그는 대문이 열린 틈을 타고 집 안으로 쳐들어갔다. 그는 대문에서 먼저 우재 곡을 참수했다. 영씨의 집안은 큰 혼란에 빠졌다. 영희는 경황 중에 소리쳐 물었다.

"지금 도적질하러 온 놈은 누구냐?"

공손면여가 대답했다.

"온 나라 사람이 모두 달려왔는데 성명을 물어서 무얼 하겠느냐?"

영희가 두려워 도망가자 면여는 칼을 뽑아 들고 그 뒤를 쫓았다. 영희는 대청 기둥을 세 바퀴 돌며 피하다가 결국 몸에 칼을 두 군데 맞고 기둥 아래에서 죽었다. 면여는 영씨 집 사람들을 몰살시키고 돌아가 헌공에게 보고했다. 헌공은 영희와 우재 곡의 시체를 가져다 조정 앞에 걸어놓게 했다. 공자 전은 그 소식을 듣고 맨발로 조정으로 달려와 영희의 시신을 어루만지며 울었다. 공자 전이 말했다.

"주상께선 신의를 저버리지 않았지만, 기실 내가 그대를 속였소. 그대가 죽었으니 내가 무슨 면목으로 위나라 조정에 설 수 있겠소?"

그러고는 세 번이나 길게 하늘을 부르더니 결국 밖으로 달려나갔다. 그는 소달구지에 아내와 어린 자식을 싣고 진晉나라로 망명을 떠났다. 헌공이 사람을 시켜 만류했지만 공자 전은 말을 듣지 않았다. 그의 행차가 황하 가에 당도했을 때 헌공은 다시 대부 제악을 시켜 그를 추격하게 했다. 제악은 반드시 공자 전을 데리고 오라는 위 헌공의 뜻을 전했다. 공자 전이 말했다.

"나를 위나라로 돌아가게 하려면 영희를 살려내야 할 것이오."

그 말을 듣고도 제악은 계속 강력하게 귀환을 권했다. 그러자 공자 전은 꿩 한 마리를 잡아 제악 앞에 놓고 꿩의 머리를 자르며 맹세했다.

"나와 내 처자식이 지금부터 다시 위나라 땅을 밟고 위나라 곡식을 먹는다면 이 꿩처럼 목이 잘려 죽을 것이다!"

제악은 더 이상 강요할 수 없음을 알고 왔던 길로 돌아갈 수밖에 없었다. 공자 전은 마침내 진나라로 망명하여 한단에 숨어 살았다. 그와 집안 식구들은 신발을 삼아 곡식과 바꾸어 먹으면서도 죽을 때까지 '위衛'라는 말을 한 번도 입 밖에 내지 않았다. 사관이 이 일을 시로 읊었다.

타향 땅은 고향 땅의 친숙함만 못한 법인데	他鄕不似故鄕親
쓸쓸하게 신발 삼아 가난하게 먹고 살았네	織屨蕭然竟食貧
오로지 약속한 말 금석처럼 중히 여기며	只爲約言金石重
죽은 사람과 약속 어길까 그것을 근심했네	違心恐負九泉人

殺甯喜子鱄出奔

영희가 살해된 후 공자 전이 망명하다.

제악이 돌아와 헌공에게 보고하자 헌공은 탄식을 그치지 않았다. 그리고 영희와 우재 곡의 시체를 거두어 장사 지내게 한 뒤, 공손면여를 정경으로 삼고자 했다. 공손면여가 말했다.

"신은 신망이 부족하므로 태숙을 시키십시오."

헌공은 태숙 의에게 정사를 맡겼다. 이때부터 위나라는 조금씩 안정을 찾기 시작했다.

이야기가 두 갈래로 나뉜다. 한편 송나라 좌사 상수는 전쟁 중지 회맹을 제창하고 각국 대표가 한데 모여 의견을 교환하자고 했다. 그리하여 진나라 정경 조무와 초나라 영윤 굴건이 모두 송나라에 왔다. 각국의 대부도 속속 도착했다. 진나라의 속국 노, 위衛, 정나라는 진나라를 따라 왼쪽에, 초나라 속국 채, 진陳, 허나라는 초나라를 따라 오른쪽에 진영을 마련했다. 수레를 성처럼 둘러막아 나라마다 각각 한쪽을 차지했다. 송나라가 그 땅의 주인으로서 화해를 주선했음은 더 말할 필요도 없다. 논의는 다음과 같이 정해졌다.

정해진 조공 날짜에 따라 초나라 속국은 진晉나라에 조공 사절을 파견하고, 진나라 속국은 초나라에 조공 사절을 파견한다. 조공으로 바치는 예물은 각각 절반으로 나누어 양쪽에 공평하게 사용한다. 대국인 제나라와 진秦나라는 진晉, 초와 대등한 나라로 간주하여 속국의 숫자에 포함시키지 않고 서로 조공을 하지 않는다. 예를 들면 주邾, 거, 등, 설과 같이 진晉나라에 속한 작은 나라와 돈頓, 호胡, 심沈, 균麇과 같이 초나라에 속한 작은 나라들 중 힘이 있는 나라는 스스로 조공 사절을 파견하고, 힘이 없는 나라는 부용국附

庸國의 예에 따라 이웃 나라에 복속하도록 한다.

그리하여 마침내 송나라 서문 밖에서 삽혈하고 맹약을 맺기로 했다. 그 때 초나라 굴건은 몰래 수행원들에게 지령을 내려 예복 안에 갑옷을 입고 대표들을 위협하여 진晉나라 조무를 죽이려는 마음을 품었다. 그러나 백주리가 한사코 말려서 계획을 중지했다. 조무도 초나라 수행원들이 갑옷을 입고 올 것이란 소문을 듣고 양설힐에게 자문을 구한 뒤 방비 대책을 마련하려 했다. 그러자 양설힐이 말했다.

"본래 이 회맹은 전쟁을 중지하기 위해 모인 것이오. 만약 초나라에서 군사를 쓴다면 저들이 먼저 제후들에게 신용을 잃게 되오. 그럼 제후들 중 누가 복종하겠소? 조 대부께선 신용만 지키시면 되오. 무엇을 근심하시오?"

장차 회맹이 시작되려는데 초나라 굴건이 또 먼저 삽혈을 하겠다고 하며 상수를 시켜 진晉나라에 그의 말을 전하게 했다. 상수는 진나라 진영으로 갔지만 감히 그 말을 입 밖에 내지 못하고 시종을 시켜 대신 말하게 했다. 조무가 말했다.

"지난날 우리 선군 문공께서는 천토에서 천자의 명을 받아 사방의 국가를 굴복시킨 뒤 중원 여러 나라의 패자霸者가 되었소. 그런데 초나라가 어찌 진나라보다 먼저 삽혈을 할 수 있겠소?"

상수가 또 그 이야기를 굴건에게 전하니 굴건이 말했다.

"만약 천자의 명을 논하기로 한다면 우리 초나라도 일찍이 혜왕에게서 명을 받은 적이 있소. 그래서 이번에 참여한 나라들이 말하기를 초나라와 진나라는 서로 필적할 만한 나라인데, 진나라가 오랫동안 회맹을 주재해왔기 때문에 이번에는 초나라에 양보하는 것이 합당하다고 했소. 만약 진나라가 여전히 먼저 삽혈을 한다면 이것은 우리 초나라가 진晉나라보다 약하다고 보는 것인데 이러고서야 어떻게 서로 대등한 나라라고 할 수 있겠소?"

상수는 다시 진나라 진영으로 가서 그 말을 전했다. 그러나 조무는 그 말에 따르려 하지 않았다. 양설힐이 조무에게 말했다.

"회맹의 맹주는 덕으로 되는 것이지 세력으로 되는 것이 아니오. 만약 덕이 있으면 뒤에 삽혈을 해도 제후들이 우리를 높여줄 것이오. 만약 덕이 없으면 비록 먼저 삽혈을 한다 해도 제후들이 그를 배반할 것이오. 또 이번에 제후들과 회맹을 하는 것은 전쟁 중지를 명분으로 삼고 있소. 대저 전쟁이 그치면 천하 모든 나라에 이익이 돌아가오. 그런데 삽혈을 먼저 하겠다고 다투게 되면 반드시 무기를 써야 할 것이고, 무기를 쓰게 되면 반드시 신용을 잃게 될 것이며 결국엔 천하를 이롭게 하려는 의미마저 잃게 될 것이오. 이번에는 잠시 초나라에 양보하는 것이 좋겠소."

이에 조무는 초나라가 먼저 삽혈을 하도록 허락했다. 각국은 회맹을 한 뒤 헤어졌다. 이때 위나라 석악은 회맹에 참여했다가 본국에서 영희가 피살되었다는 소식을 듣고 감히 귀국할 엄두를 못 내고 마침내 조무를 따라 진나라로 갔다. 이로부터 진나라와 초나라는 전쟁을 그치게 되었다.

한편 제나라 우상 최저는 장공을 시해하고 경공을 옹립한 이후로 그 위엄이 제나라 전역에 알려졌다. 좌상 경봉은 술을 즐기고 사냥을 좋아하여 도성에 붙어 있는 날이 없었다. 최저는 혼자 조정을 장악하고 심하게 전횡을 휘둘렀다. 경봉은 마음속으로 시기와 질투를 하기 시작했다. 최저는 지난번에 당강의 아들 최명을 자신의 후계자로 삼겠다고 약속했다. 그러나 장자 최성이 공손오와 싸우다가 팔이 부러진 걸 가엽게 여겨 차마 입 밖으로 말을 꺼내지 못하고 있었다. 최성은 부친의 뜻을 짐작하고 이복동생 최명에게 후계자 자리를 양보하고 자신은 최읍崔邑(山東省 濟陽 동쪽)으로 가서 여생을 편히 보내겠다고 했다. 최저가 이를 허락했으나 동곽언과 당무구가 반대하며 말했다.

"최 땅은 우리의 종읍宗邑(씨족의 근거지)이니 반드시 후계자가 물려받아야 합니다."

그러자 최저가 아들 최성에게 말했다.

"나는 본래 최읍을 네게 주려고 했는데 동곽언과 당무구가 말을 듣지 않으니 어찌하면 좋겠느냐?"

최성은 아우 최강에게 그 이야기를 했다. 최강이 말했다.

"후계자의 자리도 양보했는데 그까짓 고을 하나를 아끼며 형님께 주지 않는단 말이오? 아버지께서 살아 계신데도 동곽언 등이 이런 짓거리를 하는 걸 보면 아버지께서 돌아가신 뒤에는 우리 형제를 노예로 부리려 할 것이오."

최성이 말했다.

"잠시 좌상께 우리를 위해 힘써달라고 부탁해보도록 하자."

최성과 최강은 좌상 경봉을 찾아뵙고 자신들의 사정을 이야기했다. 경봉이 말했다.

"자네들 부친은 오로지 동곽언과 당무구의 계책만 따르는 분이네. 내가 말을 해봐야 듣지 않을 것이야! 뒷날 저들이 자네들 부친을 해칠지도 모르는데 어찌하여 없애버리지 않는가?"

최성과 최강이 말했다.

"저희도 그럴 마음이 있지만 힘이 부족하여 성공하지 못할까 두렵습니다."

경봉이 말했다.

"나중에 다시 상의하기로 하세나."

최성과 최강이 나간 뒤 경봉은 노포별을 불러 두 사람이 한 말을 전했다. 노포별이 말했다.

"최씨 집안의 혼란은 경씨 집안의 이익입니다."

이 말에 경봉은 크게 깨달았다. 며칠 후 최성과 최강이 다시 와서 동곽언과 당무구의 악행을 이야기했다. 경봉이 말했다.

"자네들이 거사를 일으킬 생각이라면 내가 갑옷을 주어 돕도록 하겠네."

그는 좋은 갑옷 100벌을 주고 무기도 그 숫자대로 주었다. 최성과 최강은 몹시 기뻐하며 한밤중에 집안 사병을 인솔하고 갑옷과 무기를 지급한 뒤 부친의 집 근처에 매복하게 했다. 동곽언과 당무구는 매일 아침 반드시 최저에게 문안 인사를 드렸다. 그들이 최저의 저택 대문으로 들어설 때 매복한 갑사들이 갑자기 들고 일어났다. 갑사들은 동곽언과 당무구를 창으로 마구 찔러 죽였다.

최저는 변란 소식을 듣고 대로하여 급히 사람을 불러 수레를 몰고 나가려고 했다. 그러나 수레를 몰던 노복들은 모두 달아나고 오직 어린 어인[1] 하나만 남아 있었다. 그는 어린 어인에게 수레를 몰게 하고 경봉의 집으로 달려가 울면서 집안의 변란 소식을 하소연했다. 경봉은 아무것도 모르는 것처럼 가장하며 놀란 듯이 물었다.

1_ 어인圉人: 말을 사육하고 방목하는 일을 관장하는 마구간지기.

"최씨와 경씨는 사실 한 몸과 같소. 어린놈들이 감히 위아래도 없이 그런 짓거리를 저질렀단 말이오? 만약 우상께서 그놈들을 토벌하려 한다면 나도 전력을 다해 돕겠소."

최저는 그 말이 진실임을 믿고 감사한 마음으로 말했다.

"저 두 역적 놈을 제거하고 우리 최씨 가문을 안정시켜주시면 내 아들 명明을 시켜 좌상을 아버지처럼 받들도록 하겠소."

이에 경봉은 자기 집안의 모든 사병을 일으켜 노포별에게 인솔하게 한 뒤 분부했다.

"여차여차하게 행동하거라."

노포별은 명령을 받들고 최저의 집으로 갔다. 최성과 최강은 노포별의 군사가 오는 것을 보고 대문을 굳게 닫아걸고 수비에 나섰다. 노포별이 그들을 유혹하며 말했다.

"나는 좌상의 명을 받들고 왔소. 그대들을 해치려는 것이 아니라 도움을 주려는 것이오."

최성이 최강에게 말했다.

"서자 최명을 없애려는 것이 아닌가?"

최강이 말했다.

"받아들입시다."

그들은 대문을 열고 노포별을 들어오게 했다. 노포별이 대문으로 들어서자 뒤따라온 갑사들도 모두 몰려 들어왔다. 최성과 최강은 그들을 막을 수 없었다. 두 사람이 노포별에게 물었다.

"좌상께서 어떤 명령을 내리셨소?"

노포별이 말했다.

"좌상께서 네놈 부친의 하소연을 듣고 나를 보내 네놈의 목을 잘라오라고 하셨다."

그러고는 갑사들에게 호령했다.

"공격하라!"

최성과 최강은 대답도 하기 전에 목부터 잘렸다. 노포별은 갑사들을 마구 풀어 집 안을 모조리 약탈했다. 수레와 말과 기물은 남김없이 그들의 차지가 되었고, 대문까지 박살이 났다. 최저의 부인 당강은 깜짝 놀란 나머지 자신의 방에서 스스로 목을 매어 죽었다. 오직 최명만 외부에 있다가 난을 면했다. 노포별은 최성과 최강의 머리를 수레에 걸고 귀환하여 최저에게 보고했다. 최저는 두 아들의 시체를 보고 한편으로 분노하면서도 한편으로는 슬퍼했다. 그러고는 노포별에게 물었다.

"나의 내자内子는 놀라지 않았소?"

노포별이 말했다.

"부인께선 잠이 깊이 드셔서 일어나지 않았습니다."

최저는 기뻐하며 경봉에게 말했다.

"나는 귀가하도록 하겠소. 어린 마구간지기가 말을 잘 몰지 못하니 숙련된 어자 한 사람을 빌려주시오."

노포별이 말했다.

"내가 상국을 위해 말을 몰겠소."

최저는 경봉에게 재삼 감사의 인사를 하고 수레에 올라 그곳을 떠났다. 행차가 자신의 저택에 이르자 모든 문이 활짝 열려 있고 나다니는 사람이 아무도 없었다. 중당으로 들어가 내실을 바라보니 창문이 열려 있고 방이 텅 빈 것처럼 보였다. 그러나 그곳에는 부인 당강이 대들보에 목을 매고 죽

어 있었다. 아직 풀어 내리지 않은 부인의 시체를 보고 최저는 놀라서 넋이
다 빠질 지경이었다. 노포별에게 내막을 물어보려고 했으나 그는 이미 그
곳을 떠나 어디론가 사라진 뒤였다. 여기저기 돌아다니며 최명을 찾았으나
찾지 못하자 대성통곡하며 말했다.

"내가 오늘 경봉에게 속았구나. 이제는 내 집도 없으니 어찌 목숨을 부
지하랴?"

그리하여 최저도 스스로 목을 매어 죽었다. 최저가 당한 재앙은 정말 참
혹했다. 염옹이 이 일을 시로 읊었다.

지난날엔 마음 합쳐 역모를 일으키더니	昔日同心起逆戎
오늘 아침엔 알력이 생겨 서로 공격하는구나	今朝相軋便相攻
최저 가문이 당한 참화를 비참하다 말을 말라	莫言崔杼家門慘
몇 명의 간웅이 좋은 끝을 맞았던가?	幾個奸雄得善終

외부에 있던 최명은 이날 밤 몰래 집으로 돌아와 최저와 당강의 시신을
훔쳐서 관에다 안치한 후 수레에 싣고 탈출했다. 관을 가져다가 조상의 묘
곁에 땅을 파서 하관하고 표시가 나지 않도록 덮었다. 오직 마구간지기 한
사람만 함께 일을 했을 뿐 아무도 그 일을 알지 못했다. 일을 끝내고 최명
은 노魯나라로 달아났다. 다음 날 경봉은 경공에게 아뢰었다.

"기실 최저가 선군을 시해했으므로 토벌하지 않을 수 없었습니다."

경공은 연신 고개를 끄덕이며 수긍할 수밖에 없었고, 마침내 경봉은 혼
자서 경공의 재상이 되었다. 그는 경공의 명령을 빙자하여 진수무를 제나
라로 불러들였다. 진수무는 자신의 늙음을 핑계로 벼슬을 사양한 뒤 아들

殘雀杯
慶村獨相

최저가 죽고 경봉이 전횡하다.

진무우陳無宇에게 직무를 대신하게 했다. 이것은 주 영왕 26년의 일이었다.

이 무렵 오나라와 초나라는 누차 서로 공격을 주고받고 있었다. 초 강왕은 수군을 조련하여 오나라를 정벌했다. 그러나 오나라가 방비를 단단히 하여 초나라 군사는 아무 소득도 없이 되돌아갔다. 오왕 여제가 즉위한 지 겨우 2년째 되던 무렵이었다. 그는 목숨을 하찮게 여기며 용맹을 뽐냈다. 이때 초나라가 오나라를 정벌하자 여제는 몹시 화를 냈다. 그는 상국 굴호용屈狐庸을 시켜 초나라 속국 서구舒鳩를 유혹해 초나라를 배반하도록 했다. 그러자 초나라 영윤 굴건이 군사를 거느리고 서구를 정벌하러 나섰고, 이때 양유기가 선봉이 되겠다고 자청했다. 굴건이 말했다.

"장군께선 연로하셨고 서구는 아주 작은 나라입니다. 이기지 못할 근심은 없사오니 장군께 폐를 끼치지 않겠습니다."

양유기가 말했다.

"우리 초나라가 서구를 정벌하면 오나라가 틀림없이 구원에 나설 것이오. 나는 오나라 군사를 여러 번 막아낸 경험이 있어서 저들의 상황을 잘 알고 있소. 원컨대 이번에 종군했다가 비록 죽는다 해도 후회하지 않을 것이오."

굴건은 양유기가 '죽음'까지 말하자 마음에 측은한 생각이 들었다. 양유기가 또 말했다.

"나는 선왕의 지우知遇(알아주심)를 입어 일찍이 내 온몸을 바쳐 나라에 보답하고자 했으나 은혜를 갚을 자리가 없어서 늘 한스러웠소. 지금 수염과 머리카락이 모두 백발이 된 터에 어느 날 갑자기 내가 창문 아래에서 병으로 죽는다면 이는 영윤이 나를 저버린 것이 되오."

굴건은 양유기의 결심이 굳은 것을 보고 마침내 종군을 허락하고 대부 식환息桓을 시켜 그를 보좌하게 했다. 양유기가 행군 대열을 따라 이성離城에 당도하자 오왕의 동생 이매와 상국 굴호용이 군사를 거느리고 구원에 나섰다. 식환은 대군이 당도하기를 기다리려고 했으나 양유기가 먼저 말했다.

"오나라 사람들은 물에 능한데 지금은 배를 버리고 육지에 올라와 있소. 또 저들은 활이나 수레를 잘 다루지 못하오. 그러니 저들이 아직 자리를 잡지 못한 틈을 타서 서둘러 공격해야 하오."

그리하여 마침내 활을 잡고 화살을 메긴 채 병졸들 앞으로 나섰다. 양유기가 화살을 쏠 때마다 군사가 한 명씩 죽어나가자 오나라 군사들은 조금씩 뒤로 물러날 수밖에 없었다. 양유기는 그들을 추격하다가 병거를 타고 오는 굴호용을 만나 욕설을 퍼부었다.

"나라를 배반한 역적 놈아! 감히 나를 볼 낯짝이 있느냐?"

양유기가 화살로 굴호용을 쏘려 하자 그는 수레를 끌고 질풍같이 후퇴했다. 양유기가 깜짝 놀라며 말했다.

"오나라 사람도 저렇게 수레를 능숙하게 몰 수 있단 말인가? 좀 더 일찍 쏘지 못한 것이 한스럽도다!"

말을 아직 다 마치지도 않았는데, 사방에서 철엽거가 몰려와 그를 포위해왔다. 양유기는 그 복판에 고립되었다. 철엽거를 탄 장사들은 모두 강남의 명사수들이었다. 만 발의 화살이 일제히 쏟아지니 명궁 양유기도 어지러운 화살 아래에서 목숨을 거두었다. 초나라 공왕이 일찍이 자신의 재주만 믿는 자는 그 재주 때문에 죽는다고 했는데, 그 말이 여기에서 증명되었다. 식환은 패잔병을 수습하여 돌아와 굴건에게 보고했다. 굴건이 탄식하며 말했다.

"양숙養叔(양유기)의 죽음은 스스로 선택한 것이다."

굴건은 서산栖山(江蘇省 沛縣 서남)에 정예병을 매복시키고, 별장 자강子疆에게 사병을 거느리고 가서 오나라 군사들에게 싸움을 걸어 유인하도록 했다. 자강은 겨우 10여 합을 겨루고는 도망치기 시작했다. 굴호용은 복병이 있을까봐 자강을 추격하지 않았다. 그때 이매가 높은 곳에 올라가 관전하다가 초나라 군사가 보이지 않는 것을 보고 소리쳤다.

"초나라 군사들이 벌써 도망쳤다!"

이매는 곧바로 모든 군사를 이끌고 초나라 군사를 추격했다. 서산 발치에 이르자 자강이 몸을 돌려 공격해왔고 복병도 모두 떨치고 일어나 이매를 단단하게 포위했다. 이매는 포위망을 뚫고 나갈 수 없었다. 이때 오나라 굴호용의 군사가 당도하여 초나라 군사를 마구 죽였다. 초나라 군사가 잠시 물러나는 사이에 굴호용은 이매를 구출하여 달아났다. 오나라 군사가 패배하여 돌아가자 굴건은 마침내 서구를 멸망시켰다.

다음 해 초 강왕은 다시 오나라를 정벌하려고 진秦나라에 군사를 빌렸다. 진 경공은 자신의 동생인 공자 겸鍼에게 군사를 거느리고 가서 초나라를 돕게 했다. 오나라는 대군을 출동시켜 장강 입구를 지켰다. 초나라 군사는 오나라로 들어갈 수 없었다. 그러자 초나라는 정나라가 오랫동안 진晉나라를 섬겼다는 이유로 군사를 돌려 정나라를 침략했다. 초나라 대부 천봉수[2]는 적진에서 정나라 장수 황힐皇頡을 사로잡았다. 초나라 공자 위圍가 그 포로를 빼앗으려 하자 천봉수가 주지 않았다. 그러자 공자 위는 오히

2_ 천봉수穿封戌: 『좌전』에는 '천봉술穿封戌'로 되어 있다.

려 초 강왕에게 사실을 뒤집어 보고했다.

"신이 이미 황힐을 사로잡았었는데 천봉수가 빼앗아갔습니다."

잠시 후 천봉수도 황힐을 데려와서 자신의 전공을 강왕에게 바치고는 보고를 올렸다. 강왕은 판결을 내릴 수 없어서 태재 백주리伯州犁에게 판단을 해달라고 했다. 백주리가 아뢰었다.

"정나라 포로는 하찮은 졸개가 아니라 대부라고 합니다. 포로에게 물어서 그의 말을 들어보면 해결될 것입니다."

포로를 뜰아래에 세우고 백주리는 그 오른쪽에 섰으며, 공자 위와 천봉수는 그 왼쪽에 서게 했다. 백주리는 공수拱手(두 손을 잡고 앞으로 모음)한 손을 위로 치켜들며 말했다.

"이분은 공자 위圍로 우리 주상의 아우님이시다."

또 공수한 손을 아래로 낮추며 말했다.

"이분은 천봉수인데 방성方城 밖의 현윤縣尹이시다. 누가 너를 사로잡았느냐? 사실대로 말하라."

황힐은 벌써 백주리의 의도가 공자 위를 지지해달라는 것임을 알아챘다. 그래서 거짓으로 두 눈을 부릅뜨고 공자 위를 노려보며 대답했다.

"나는 이 공자님에게 이기지 못하여 포로가 된 것이오."

천봉수는 노발대발하며 무기 걸이에 있는 창을 뽑아 공자 위를 찔러 죽이려 했다. 공자 위는 깜짝 놀라 도망쳤다. 천봉수는 그를 뒤쫓았지만 따라잡을 수 없었다. 그러자 백주리가 쫓아가서 두 사람을 화해시켰다. 그러고는 다시 강왕에게 데리고 와서 전공을 둘로 나누어달라고 아뢰었다. 또 자신이 직접 술을 마련하여 공자 위와 천봉수 두 사람을 화해시켰다. 오늘날 사람들이 사사로운 인정에 따라 어떤 사람을 왜곡되게 비호하는 것을

'상하기수上下其手'3라고 한다. 이 고사성어는 본래 백주리의 일처리에서 비롯된 말이다. 후세 사람이 시를 지어 탄식했다.

포로로 잡은 전공의 시비를 가리는데	斬擒功績辨虛眞
사사롭게 암시를 해서 귀족에게 아첨했네	私用機門媚貴臣
병영의 논공행상 이러한 예가 많았나니	幕府計功多類此
공평무사 실천한 이 그 누가 있었던가	肯持公道是何人

한편 오나라의 이웃에 월越나라가 있었는데 그 작위는 자작子爵이었고 하나라 우왕禹王의 후손이었으며 무여無余 대에 이르러 비로소 제후에 봉해졌다. 하나라에서 주周나라를 거치는 동안 30여 대를 이어가며 보위가 윤상允常에게 전해졌다. 윤상이 치국에 힘쓴 덕분에 월나라는 비로소 강성해지기 시작했다. 그러나 오나라는 그것을 싫어했다. 여제 즉위 4년에 오나라는 처음으로 군사를 일으켜 월나라를 정벌했다. 또한 그 종인宗人(왕실 친척)을 사로잡아 월형刖刑(종아리 아래를 자르는 형벌)에 처하고 문지기로 삼아 '여황餘皇'이란 큰 배를 지키게 했다. 그때 오왕 여제는 뱃놀이를 하다가 술에 취해 쓰러져 잠이 들었다. 그러자 종인은 여제의 칼을 뽑아 여제를 찔러 죽였다. 시종들이 그 사실을 알고 종인을 칼로 찔러 죽였다. 여제의 동생 이매가 형제 순서에 따라 보위에 올라 막냇동생 계찰에게 국정을 맡겼다. 계찰은 전쟁을 그치고 백성을 편안하게 다스리면서 상국上國과 우호관

3_ 상하기수上下其手: 자신의 손으로 위를 가리키기도 하고 아래를 가리키기도 한다는 의미. 사사로운 인정이나 권력에 의지하여 사실을 왜곡하고 시비是非를 뒤집는 것을 비유한다.(『좌전』 양공襄公 26년)

계를 맺으려 했다. 이매도 그 정책에 따라 계찰을 먼저 노魯나라에 사신으로 보냈다. 계찰은 오대五代 및 열국列國의 음악을 들어보고 싶다고 청했다. 음악을 듣고 계찰은 하나하나 품평을 했는데 그 품평이 모두 음악의 내용과 들어맞았다. 그래서 노나라 사람들은 계찰을 평하여 음악을 아는 사람이라고 했다. 이후 계찰은 제나라로 사신을 가서 안영과 교분을 맺고, 또 다음으로 정나라로 사신을 가서 공손교와 교분을 맺었다. 또 위衛나라로 사신을 가서 거원蘧瑗(蘧伯玉)과 교분을 맺었다. 마지막으로 진나라로 사신을 가서 조무, 한기, 위서와 교분을 맺었다. 친하게 교분을 맺은 사람들이 모두 한 시기를 풍미한 어진 신하들이었으니 계찰의 어진 성품을 알 만하다. 뒷일을 알고 싶으면 다음 회를 보시라.

부록

주요 왕실 계보도

⁜ 일러두기 ⁜

1. 이 계보도는 『동주열국지』의 내용을 중심으로 그린 것이다.

2. 한 사람이 여러 이름으로 불린 경우 『동주열국지』에 기재된 것을 우선시했다.

3. 처음 즉위한 후 쫓겨났다가 다시 복위한 제후는 처음 즉위한 순서대로 계보도의 차례를 정했다.

4. 계보도를 한 장에 모두 그릴 수 없는 경우, 두 장 이상으로 나누어 그렸다. 한 나라의 계보도가 두 장 이상인 경우, 각권 등장인물이 포함된 계보도만 실었다.

동주東周 계보도(1)

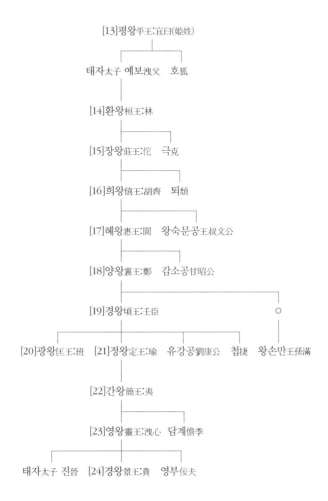

[13]평왕平王:宜臼(姬姓)

태자太子 예보洩父   호호狐

[14]환왕桓王:林

[15]장왕莊王:佗   극극剋克

[16]희왕僖王:胡齊   퇴頹

[17]혜왕惠王:閬   왕숙문공王叔文公

[18]양왕襄王:鄭   감소공甘昭公

[19]경왕頃王:壬臣   ○

[20]광왕匡王:班   [21]정왕定王:瑜   유강공劉康公   첩捷   왕손만王孫滿

[22]간왕簡王:夷

[23]영왕靈王:洩心   담계儋季

태자太子 진晉   [24]경왕景王:貴   영부佞夫

진秦 계보도(1)

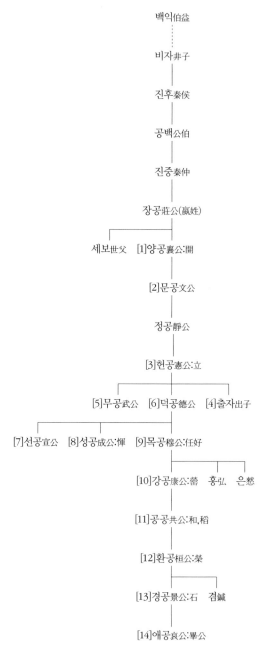

백익伯益
┊
비자非子

진후秦侯

공백公伯

진중秦仲

장공莊公(嬴姓)

세보世父　[1]양공襄公:開

[2]문공文公

정공靜公

[3]헌공憲公:立

[5]무공武公　[6]덕공德公　[4]출자出子

[7]선공宣公　[8]성공成公:懌　[9]목공穆公:任好

[10]강공康公:罃　홍弘　은慭

[11]공공共公:和,稻

[12]환공桓公:榮

[13]경공景公:石　겸鍼

[14]애공哀公:畢公

진晉 계보도(2)

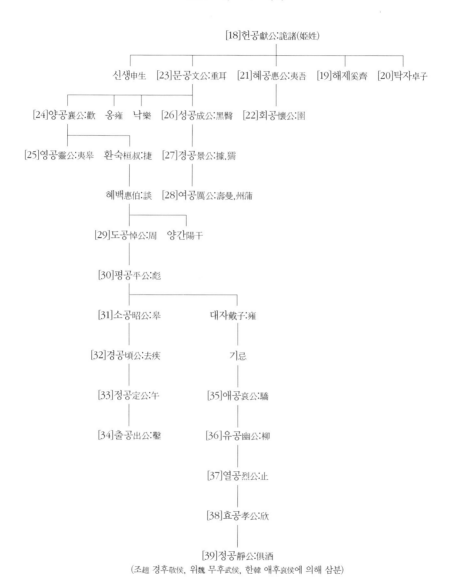

[18]헌공獻公:詭諸(姬姓)

신생申生　[23]문공文公:重耳　[21]혜공惠公:夷吾　[19]해제奚齊　[20]탁자卓子

[24]양공襄公:歡　옹雍　낙樂　[26]성공成公:黑臀　[22]회공懷公:圉

[25]영공靈公:夷皋　환숙桓叔:捷　[27]경공景公:據,獳

혜백惠伯:談　[28]여공厲公:壽曼,州蒲

[29]도공悼公:周　양간陽干

[30]평공平公:彪

[31]소공昭公:皋　대자戴子:雍

[32]경공頃公:去疾　기忌

[33]정공定公:午　[35]애공哀公:驕

[34]출공出公:鑿　[36]유공幽公:柳

[37]열공烈公:止

[38]효공孝公:欣

[39]정공靜公:俱酒
(조趙 경후敬侯, 위魏 무후武侯, 한韓 애후哀侯에 의해 삼분)

초楚 계보도(1)

육웅鬻熊(熊姓)

수숙侸叔(闘氏)　웅려熊麗

웅광熊狂

[1]웅역熊繹　굴순屈紃(屈氏)

[2]웅애熊艾

[3]웅달熊䵣

[4]웅승熊勝　[5]웅양熊楊

[6]웅거熊渠

웅무강熊毋康

[7]웅지홍熊挚紅　[8]웅연熊延

[9]웅용熊勇　[10]웅엄熊嚴

[11]웅상熊霜　중설仲雪　숙감叔堪　[12]계순季詢

[13]웅악熊咢　[14]웅의熊儀:若敖

[15]웅감熊坎:霄敖

[16]웅현熊眴:蚡冒　[17]무왕武王:熊通

[18]문왕文王:貲

초楚 계보도(2)

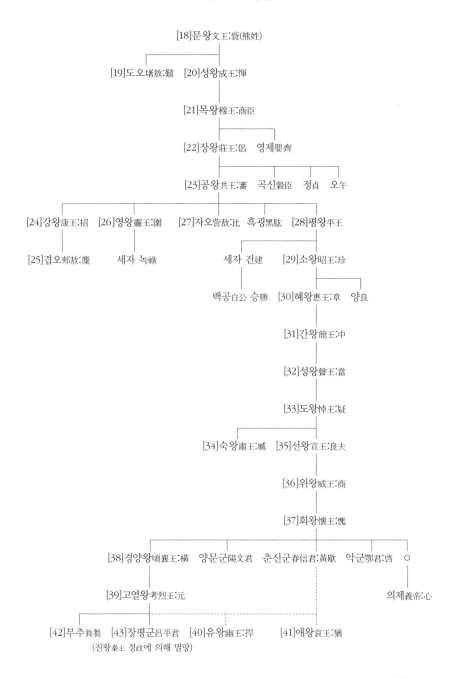

[18]문왕文王:眥(熊姓)

[19]도오堵放:囏 [20]성왕成王:惲

[21]목왕穆王:商臣

[22]장왕莊王:侶 영제嬰齊

[23]공왕共王:審 곡신穀臣 정貞 오午

[24]강왕康王:招 [26]영왕靈王:圍 [27]자오訾放:比 흑굉黑肱 [28]평왕平王

[25]겹오郟放:麇 세자 녹祿 세자 건建 [29]소왕昭王:珍

백공白公 승勝 [30]혜왕惠王:章 양량良

[31]간왕簡王:中

[32]성왕聲王:當

[33]도왕悼王:疑

[34]숙왕肅王:臧 [35]선왕宣王:良夫

[36]위왕威王:商

[37]회왕懷王:槐

[38]경양왕頃襄王:橫 양문군陽文君 춘신군春信君:黃歇 악군鄂君:啓 ○

[39]고열왕考烈王:元 의제義帝:心

[42]부추負芻 [43]창평군昌平君 [40]유왕幽王:捍 [41]애왕哀王:猶
(진왕秦王 정政에 의해 멸망)

제齊 계보도(2)

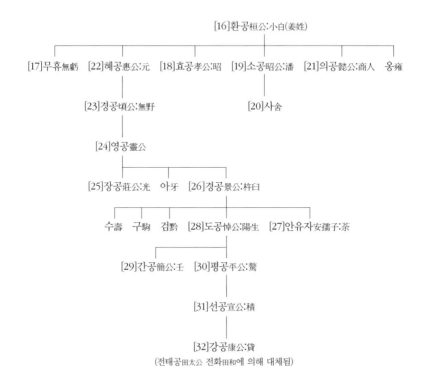

[16]환공桓公:小白(姜姓)

[17]무휴無虧　[22]혜공惠公:元　[18]효공孝公:昭　[19]소공昭公:潘　[21]의공懿公:商人　옹雍

[23]경공頃公:無野　　　　　　　　　　[20]사舍

[24]영공靈公

[25]장공莊公:光　아牙　[26]경공景公:杵臼

수壽　구駒　검黔　[28]도공悼公:陽生　[27]안유자安孺子:茶

[29]간공簡公:壬　[30]평공平公:驁

[31]선공宣公:積

[32]강공康公:貸
(전태공田太公 전화田和에 의해 대체됨)

송宋 계보도(2)

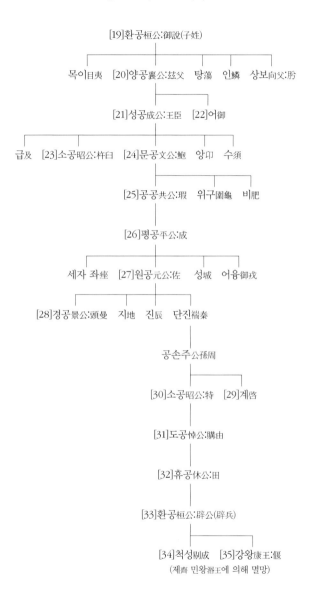

[19]환공桓公:御說(子姓)

목이目夷 [20]양공襄公:玆父 탕蕩 인鱗 상보向父:肸

[21]성공成公:王臣 [22]어御

급及 [23]소공昭公:杵臼 [24]문공文公:鮑 앙卬 수須

[25]공공共公:瑕 위구圍龜 비肥

[26]평공平公:成

세자 좌痤 [27]원공元公:佐 성城 어융御戎

[28]경공景公:頭曼 지地 진辰 단진糯秦

공손주公孫周

[30]소공昭公:特 [29]계啓

[31]도공悼公:購由

[32]휴공休公:田

[33]환공桓公:辟公(辟兵)

[34]척성剔成 [35]강왕康王:偃
(제齊 민왕湣王에 의해 멸망)

노魯 계보도(2)

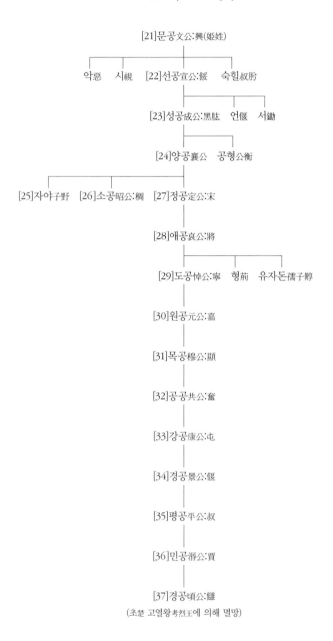

[21]문공文公:興(姬姓)

악惡 시視 [22]선공宣公:餒 숙힐叔肸

[23]성공成公:黑肱 언偃 서鉏

[24]양공襄公 공형公衡

[25]자야子野 [26]소공昭公:稠 [27]정공定公:宋

[28]애공哀公:將

[29]도공悼公:寧 형荊 유자돈孺子嶀

[30]원공元公:嘉

[31]목공穆公:顯

[32]공공共公:奮

[33]강공康公:屯

[34]경공景公:偃

[35]평공平公:叔

[36]민공湣公:賈

[37]경공頃公:讎
(초楚 고열왕考烈王에 의해 멸망)

거莒 계보도

자여기玆輿期(己姓)

사비공玆丕公:期

기공紀公:庶其

여공厲公:季佗

거구공渠丘公:朱

이비공犁比公:密州

거자여莒子輿   저구공著丘公:去疾   공공共公:庚輿

교공郊公:狂
(이후 8세 불명)

오공敖公
(초楚 평왕平王에 의해 멸망)

정鄭 계보도

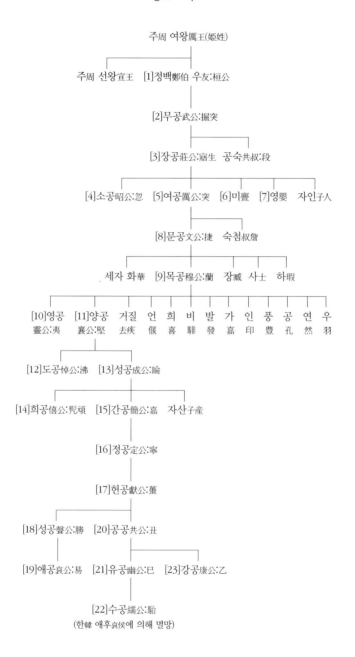

주周 여왕厲王(姬姓)

주周 선왕宣王   [1]정백鄭伯 우友:桓公

[2]무공武公:掘突

[3]장공莊公:寤生   공숙共叔:段

[4]소공昭公:忽   [5]여공厲公:突   [6]미亹   [7]영嬰   자인子人

[8]문공文公:捷   숙첨叔詹

세자 화華   [9]목공穆公:蘭   장臧   사士   하瑕

[10]영공靈公:夷   [11]양공襄公:堅   거질去疾   언偃   희喜   비騑   발發   가嘉   인印   풍豊   공孔   연然   우羽

[12]도공悼公:沸   [13]성공成公:睔

[14]희공僖公:髡頑   [15]간공簡公:嘉   자산子産

[16]정공定公:寧

[17]헌공獻公:蠆

[18]성공聲公:勝   [20]공공共公:丑

[19]애공哀公:易   [21]유공幽公:巳   [23]강공康公:乙

[22]수공繻公:駘
(한韓 애후哀侯에 의해 멸망)

진陳 계보도(1)

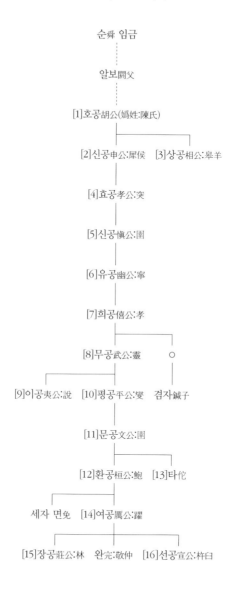

순舜 임금

알보閼父

[1]호공胡公(媯姓:陳氏)

[2]신공申公:犀侯   [3]상공相公:皋羊

[4]효공孝公:突

[5]신공愼公:圉

[6]유공幽公:寧

[7]희공僖公:孝

[8]무공武公:靈   ○

[9]이공夷公:說   [10]평공平公:燮   겸자鍼子

[11]문공文公:圉

[12]환공桓公:鮑   [13]타佗

세자 면免   [14]여공厲公:躍

[15]장공莊公:林   완完:敬仲   [16]선공宣公:杵臼

진陳 계보도(2)

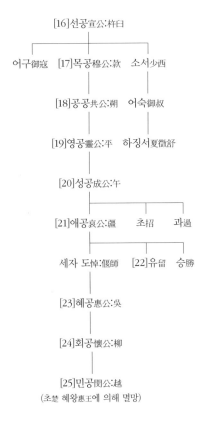

[16]선공宣公:杵臼

어구御寇 [17]목공穆公:款 소서少西

[18]공공共公:朔 어숙御叔

[19]영공靈公:平 하징서夏徵舒

[20]성공成公:午

[21]애공哀公:疆 초招 과過

세자 도悼:偃師 [22]유留 승勝

[23]혜공惠公:吳

[24]회공懷公:柳

[25]민공閔公:越
(초楚 혜왕惠王에 의해 멸망)

위衛 계보도(2)

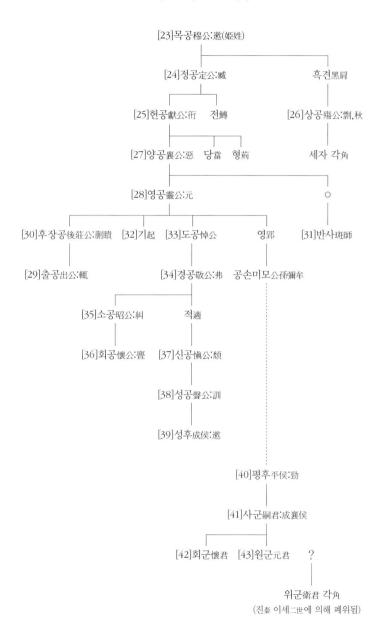

[23]목공穆公:遫(姬姓)

[24]정공定公:臧　　　　　　　　흑견黑肩

[25]헌공獻公:衎　전鱄　　　　[26]상공殤公:剽,秋

[27]양공襄公:惡　당當　형荊　　　세자 각角

[28]영공靈公:元　　　　　　　○

[30]후장공後莊公:蒯聵　[32]기起　[33]도공悼公　영郢　[31]반사斑師

[29]출공出公:輒　　[34]경공敬公:弗　공손미모公孫彌牟

[35]소공昭公:糾　적適

[36]회공懷公:亹　[37]신공愼公:頹

[38]성공聲公:訓

[39]성후成侯:遫

[40]평후平侯:勁

[41]사군嗣君:成襄侯

[42]회군懷君　[43]원군元君　?

위군衛君 각角
(진泰 이세二世에 의해 폐위됨)

오吳 계보도

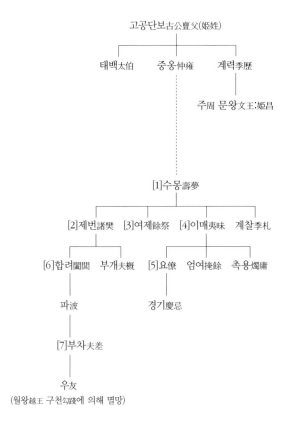

고공단보古公亶父(姬姓)

태백太伯　　중옹仲雍　　계력季歷

주周 문왕文王:姬昌

[1]수몽壽夢

[2]제번諸樊　[3]여제餘祭　[4]이매夷昧　계찰季札

[6]합려闔閭　부개夫槪　　[5]요僚　엄여掩餘　촉용燭庸

파波　　　　　경기慶忌

[7]부차夫差

우友

(월왕越王 구천勾踐에 의해 멸망)

월越 계보도

하夏 우왕禹王(姒姓)

소강少康

부담夫譚

윤상允常

월왕越王 구천勾踐

녹영鹿郢

불수不壽

주구朱勾

월왕越王 예예翳翳   예예豫

무강無疆
(초楚 위왕威王에 의해 멸망)

동주열국지 3

1판 1쇄	2015년 5월 18일
1판 3쇄	2015년 7월 27일

지은이	풍몽룡
정리자	채원방
옮긴이	김영문
펴낸이	강성민
편집	이은혜 박민수 이두루 곽우정
편집보조	이정미 차소영 백설희
마케팅	정민호 이연실 정현민 양서연 지문희
홍보	김희숙 김상만 한수진 이천희
독자 모니터링	황치영

펴낸곳 (주)글항아리 | 출판등록 2009년 1월 19일 제406-2009-000002호

주소	413-120 경기도 파주시 회동길 210
전자우편	bookpot@hanmail.net
전화번호	031-955-1936(편집부) 031-955-8891(마케팅)
팩스	031-955-2557

ISBN	978-89-6735-211-0 04900
	978-89-6735-208-0 (세트)

글항아리는 (주)문학동네의 계열사입니다.

이 도서의 국립중앙도서관 출판예정도서목록(CIP)은 서지정보유통지원시스템 홈페이지
(http://seoji.nl.go.kr)와 국가자료공동목록시스템(http://www.nl.go.kr/kolisnet)에서 이용
하실 수 있습니다. (CIP제어번호 : CIP2015012223)